2024년도 개정판

Budget Accounting Practice Basic Information

예산회계실무
기본서

강인옥 · 최두선 · 최기웅 공저

光 文 閣
www.kwangmoonkag.co.kr

누구나 알기 쉬운 예산회계의 길라잡이

이 책은 지방자치단체와 공공기관(공기업, 출자 · 출연기관, 민간위탁, 보조단체 포함)에서 회계사무에 종사하고 있거나 첫발을 딛는 새내기들을 위한 업무용 교재입니다.

29만 여명의 회원이 가입된 '예산회계실무' 네이버 카페 운영자인 홈지기와 스탭들의 업무 노하우를 담아 예산회계 전 분야의 정보를 쉽게 파악하고, 실무에 바로 적용할 수 있도록 하였습니다.

예산, 지출, 계약 업무에서 필수적인 실무사항을 다루고 있으며, 이외에도 보조금, 결산, 복식부기, 공유재산 등 기본적으로 알아두어야 할 기초 부분을 수록하였습니다. 특히, 네이버의 대표 인기 카페로 선정된 '예산회계실무' 카페와 연동하여 키워드 검색과 자료번호를 통하여 쉽게 보완 학습이 가능하도록 구성하였습니다.

교재는 간단한 매뉴얼 형식으로 구성되었지만, 이와 연계된 자료는 실무에 적용할 수 있는 세부적인 자료들이서 회계 업무 전반에 대한 자신감을 안겨 드릴 것입니다.

공무원 인재개발원, 지자체 및 공공기관 등에서 실무 강의 교재로 사용할 수 있도록 2018년에 초판을 발간한 이후 매년 법규에 맞게 현행화하고 필요 자료를 추가하는 형식으로 보완을 거듭해 나가고 있습니다.

금년에도 개정작업을 마무리하였습니다. 이번 개정작업을 통해서 2024년도 예산 제도의 변화와 2023년도 개정된 회계 법령 및 행정 규칙 변경 내용 중 중요 사항과 카페 회원들의 의견을 공개적으로 수렴하여 손때가 묻은 알찬 자료들을 대부분 반영했습니다.

예산회계는 국민의 세금인 예산집행을 투명하게 처리하고 자금과 재산을 효율적으로 관리하는 일입니다. 이 기본서를 통하여 회계가 어렵다는 고정관념을 깨고 알기 쉽게 이해할 수 있도록 다양한 정보와 요령을 전수할 것입니다.

여러분 모두가 달인의 수준에 이를 수 있도록 홈지기와 스탭들은 기본서와 실무 카페를 통하여 지원을 아끼지 않을 것입니다. 코로나 등으로 바쁜 업무 중에서도 틈틈이 자원봉사를 해주시는 여러 스탭님들께 깊은 감사를 드립니다.

끝으로 기본서 공동 저자이자 카페 고문인 강인옥 교수님, 최두선 원장님과 조양제(미르a), 김영준(발광천사), 한길옥(빛고을길라잡이), 박성문(보상학습자), 정호영(보이루), 김근숙(독희), 김재곤(괄목상대), 관재맨(박우진), 재산송무(이기용), 좋은세상(김승민)님 등 여러 스탭님들, 그리고 출판을 해주신 광문각출판사 박정태 회장님과 임직원께 깊이 감사드립니다.

예산회계실무 카페 매니저 홈지기

(지방행정의 달인 최기웅)

| 달인이 전하는 예산회계 노하우 |

1. 기본에 충실하라! (No.25974)

예산회계는 원칙과 기본 절차만 알면 된다. 지방회계법, 지방계약법은 절차법인데 이것을 한 장으로 요약해 놓은 자료가 교재에 있다. 이것만 마음에 새기고 있으면 예산회계 어렵지 않게 처리할 수 있다.

2. 네이버 카페에 다 있다. (No.121711)

예산회계실무 네이버 카페에 궁금한 게 다 있다. 검색을 통하여 정보를 얻고 실전 자료를 만날 수 있다. 절대로 외우지 말라. 이 업무는 부수적인 것이지 주력 사업이 아니다.

3. 기본서와 연계된 카페 자료를 활용하라.

※ 자료번호 검색요령

예시) NO.25974

인터넷주소표시줄	https://cafe.naver.com/gangseogu/25974 ↵

CONTENTS

PART 02 지출 실무 87

PART 03   계약 실무   227

CONTENTS

PART 05   **결산 실무**   512

PART 06   e - 호조실무   547

CONTENTS

예산실무

PART 01 예산실무

1 지방예산 제도

| 지방예산 관련 법규 | 예산 |

1. 지방재정 법령 체계

구 분	내 용	비 고
지방자치법	• 주민의 권리 의무에 관계되는 사용료, 수수료, 분담금 등에 관한 규정, 지방의회 관련 규정 • 예산회계 관련 기본 조항	
지방재정법	• 국가와 지방자치단체 간, 지방자치단체 상호 간의 경비 부담 원칙, 예산규정 등	
지방세 관련법령	• 지방세기본법, 지방세법, 지방세특례제한법, 지방세징수법, 지방행정제재·부과금의 징수 등에 관한 법률(지방행정제재부과금법)	
기타 법령	• 지방자치단체 기금관리기본법 • 지방자치단체 보조금 관리에 관한 법률 • 지방교부세법, 국가균형발전특별법	

2. 예산편성 관련 주요 지침

구 분	내 용	비 고
사전절차	• 중기지방재정계획 수립 기준 • 지방재정투자사업 심사 규칙 • 지방재정투자사업 심사 및 타당성 조사 매뉴얼	
예산편성	• 지방자치단체 예산편성 운용에 관한 규칙 • 지방자치단체 예산편성 운영 기준 • 지방자치단체별 예산편성 운영 기준 및 기금운용계획 수립 기준	
지방보조금	• 지방보조금 관리기준	

구 분	근 거	내 용
예산공개 원칙	• 예산편성결과(지방자치법 § 149), 결산결과(지방자치법 § 150), 재정운영 상황의 공시(지방재정법 § 60)를 개별적으로 구성	• 재정운영의 주민 참여 • 재정운영 공시제도
회계연도 독립의 원칙	• 지방재정법 § 7 〈예외〉계속비, 예산의 이월, 지난 회계연도 수입, 지난 회계연도 지출 등	• 회계연도 내에 수입·지출
건전재정운영 원칙	• 지방자치법 § 137, 지방재정법§ 3에 포괄적으로 규정 등	• 재정운영의 건전성과 효율성의 확보
목적외 사용금지원칙	〈예외〉 • 예산이용 및 전용: 지방재정법§ 47, § 49	• 예산의 편성된 목적대로 집행
예산총계주의 원칙	• 지방재정법 § 34 〈예외〉일시차입금, 기금운영, 세입세출외현금, 현물출자, 자산보유 등	• 모든 세입·세출은 예산에 편성
단일예산주의 원칙	• 「지방자치법」 제142조 〈예외〉 • 특별회계설치, 추경예산편성, 기금운영	• 모든 세입·세출은 단일한 예산에 편성 • 예산편성은 1년 1회에 한함
예산사전의결 원칙	• 지방자치법 § 142	• 회계연도 개시 이전에 의회의결
수입금 직접 사용금지원칙	• 지방회계법 § 25 〈예외〉수입대체경비(지방재정법 § 26)	• 수입예산의 예산편성 지출(예산 총계주의와 같은 맥락)
예산 통일의 원칙	• 예산과목통일: 지방재정법 § 41 • 예산내용통일: 지방재정법 § 40	• 예산과목의 통일 • 예산내용의 통일
성과중심원칙	• 지방재정법 § 5	• 지방재정 운영에 있어, 지출성과의 극대화를 위한 노력 요구

예산의 원칙 | 예산

1. 예산 종류의 구분 기준

구분 기준	예산의 종류		
예산 성질별 분류	·일반회계예산	·특별회계예산	·기금
예산 계산방법별 분류	·총계예산	·순계예산	
예산 성립 시기에 따른 분류	·본예산	·추가경정예산	·수정예산
예산 불성립 시의 예산의 종류	·준예산	·잠정예산	·가예산
예산관리 기술별 분류	·사업예산(성과주의) ·품목예산 ·영기준예산 ·일몰예산		·계획예산 ·자본예산

2. 예산과 기금의 비교

구분	일반회계	특별회계	기금
설치 사유	자치단체 고유의 일반적 개정 활동	·특정 세입으로 특정 세출에 충당 ·특정 사업운용 ·특정 자금보유 운용	특정 목적 및 시책 추진을위해 특정 자금을 운용할 필요가 있는 경우
재원조달 및 운용 형태	공권력에 의한 지방세 수입과 무상적 급부의 제공이 원칙	일반회계와 기금의 운용형태 혼재	출연금, 부담금 등 다양한 수입원으로 융자사업 등 사업수행
확정 절차	사업부서 예산요구, 예산부서 예산안편성, 지방의회심의·의결	좌동	기금운용부서 계획수립, 예산부서 협의·조정, 지방의회심의·의결
집행 절차	집행 과정에서도 합법성에 입각한 통제가 가해짐 -예산의 목적 외 사용금지 원칙	좌동	집행 과정에서는 합목적성 차원에서 자율성과 탄력성이 보장

구분	일반회계	특별회계	기금
수입과 지출의 연계	특정한 수입과 지출의 연계 배제	특정한 수입과 지출의 연계	좌동
계획 변경	추경예산편성	좌동	주요 항목(분야·부문·정 책사업) 지출금액의100 분의 20 초과 변경시 지 방의회의결
결산	지방의회심의·승인	좌동	좌동

3. 수정예산의 편성

가. 수정예산이 필요한 경우

- ○ 법령·조례 등 개정으로 소요 경비가 불가피하게 반영이 필요한 경우
- ○ 국고보조금, 지방교부세 등의 내시가 변경되어 수정할 필요가 있는 경우
- ○ 기타 제출된 예산안의 내용 중 불가피하게 변경이 필요한 경우

나. 제출 시한 및 절차 등

- ○ 제출 시한은 명시되어 있지 않으나 적어도 예결위 및 소관 상임위에서 심의가 가능한 시한 내 제출
- ○ 본예산에 반영이 충분히 예견될 수 있었던 사항은 특별한 사유 없이 수정예산으로 조정하는 것은 부적절
- ○ 수정안 제출시 의회는 이에 따라 심의·의결하여아 함.

Q&A

Q. 자치단체장의 동의 없이 증액하여 의결한 예산의 효력은?

A. 지방예산의 경우 지방의회에서 의결하면 확정되는 것으로 재의 요구와 별개로 의회가 의결한 예산은 그 시점부터 유효함.

---

2. 지출실무

3. 계약실무

4. 보조금관리

5. 결산실무

6. e-호조실무

7. 복식부기

8. 공유재산 및 물품

9. 변상과 회계 책임

10. 감사 사례

Q. 자치단체장이 동의한 예산을 의결한 경우

A. 적법 절차에 따라 의결된 것이므로 유효함, 의결된 대로 예산 집행

4. 예산 불성립 시 예산집행 – 준예산

가. 예산 불성립 시의 조치사항

○ 예산안이 법정 시한을 경과, 회계연도 시작 이후까지 의결되지 않은 경우
○ 지방자치단체장은 예산안이 의결될 때까지 법정경비 등 경비를 전년도에 준하여 집행하도록 하는 준예산 조치

나. 예산 불성립 시 집행 가능한 경비

○ 법령·조례에 의하여 설치된 기관 또는 시설의 유지·운영비
○ 법령 또는 조례상 지출의무의 이행
○ 이미 예산으로 승인된 사업의 계속

Q. 준예산으로 집행하는 경우 지급단가

A. 전년도 대비 단가 상승, 인원 증가 등이 확정되어 있는 경우에는 지방자치법 제131조 취지상 준예산에 반영하는 것이 적절함.

Q. 법령·조례에 임의 규정으로 설치된 시설 등에 대한 예산집행

A. 그 설치 근거가 강행규정이든 임의규정이든 법령이나 조례에 의하여 설치, 운영하고 있다면 모두 준예산에 포함하여 집행

2 지방예산 과정

지방예산 과정 개관	예산

1. 재정 과정의 흐름

구분	2023	2024	2025
2024년도 예산	중기재정계획수립, 지방재정투자심사, 예산편성·심의·확정	**예산집행**	결산

2. 지방 재정 운영의 기능 분립

구분	집행부	지방의회
지방예산편성	예산의 편성	예산의 심의·의결·확정
집행결과결산	확정된 예산의 집행	집행결과 승인

3. 재정 운영 시스템

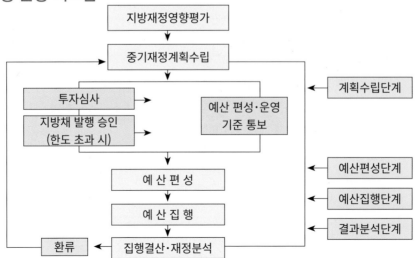

4. 일반회계 예산편성 절차

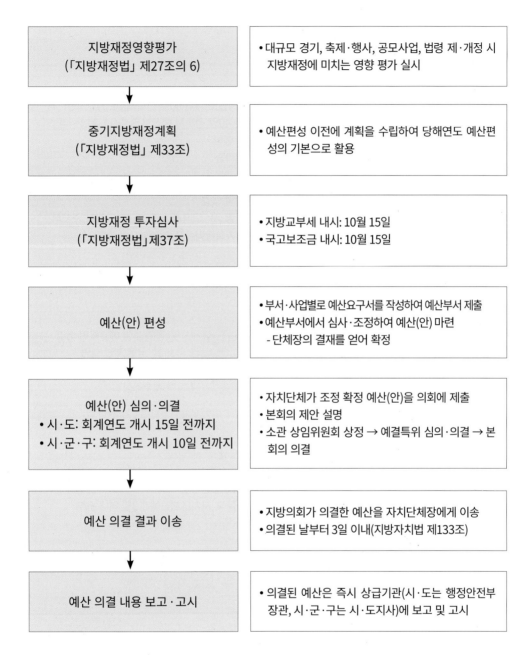

지방재정영향평가 (「지방재정법」 제27조의 6)	• 대규모 경기, 축제·행사, 공모사업, 법령 제·개정 시 지방재정에 미치는 영향 평가 실시
중기지방재정계획 (「지방재정법」 제33조)	• 예산편성 이전에 계획을 수립하여 당해연도 예산편성의 기본으로 활용
지방재정 투자심사 (「지방재정법」 제37조)	• 지방교부세 내시: 10월 15일 • 국고보조금 내시: 10월 15일
예산(안) 편성	• 부서·사업별로 예산요구서를 작성하여 예산부서 제출 • 예산부서에서 심사·조정하여 예산(안) 마련 - 단체장의 결재를 얻어 확정
예산(안) 심의·의결 • 시·도: 회계연도 개시 15일 전까지 • 시·군·구: 회계연도 개시 10일 전까지	• 자치단체가 조정 확정 예산(안)을 의회에 제출 • 본회의 제안 설명 • 소관 상임위원회 상정 → 예결특위 심의·의결 → 본회의 의결
예산 의결 결과 이송	• 지방의회가 의결한 예산을 자치단체장에게 이송 • 의결된 날부터 3일 이내(지방자치법 제133조)
예산 의결 내용 보고·고시	• 의결된 예산은 즉시 상급기관(시·도는 행정안전부장관, 시·군·구는 시·도지사)에 보고 및 고시

※ 중기지방재정계획은 당해연도를 포함한 향후 5개년도의 재원배분 계획으로 다년도 예산편성이라는 성격으로 운영(2024~2028년)

5. 예산안 심의·의결 흐름도

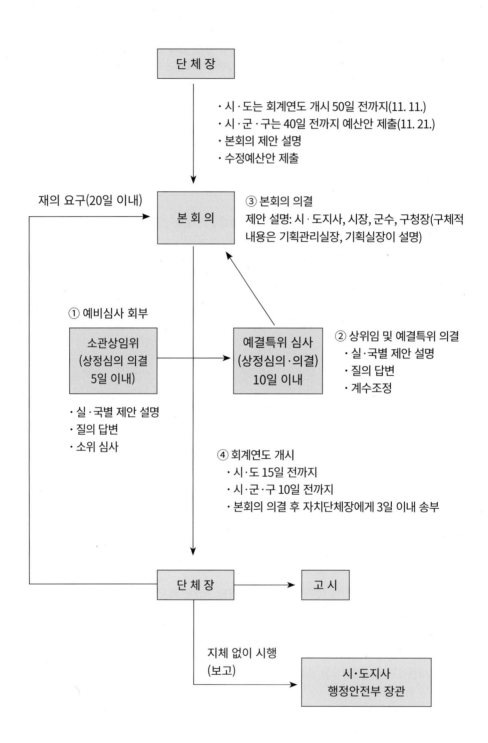

예산안 의결 시한의 의미 등(법령 상담) | No.246818

Q1. 예산안 심의가 지연되어 지방자치법 제118조제2항에 규정된 의결 시한을 지킬 수 없게 된 경우 지연된 의결의 효력 유무

A1. 정쟁의 발생 등으로 법정 시한을 경과하여 예산안을 의결하더라도 그 의결의 효력을 인정하여야 할 것이며 결국 동 조항의 의결 시한은 훈시적 규정에 해당한다고 보아야 할 것임. 이 경우 법정 시한을 지키지 아니한 지방의회의원들에게는 법적 책임을 물을 수는 없고 예산집행상의 차질을 초래한 데 대한 정치적 책임만 남는다고 하겠음.

Q2. 예산안심의특별위원회를 구성한 경우 법정 의결 시한이 경과한 후에도 계속하여 활동할 수 있는지의 여부

A2. 법정 시한에 이르기까지 예산안을 의결하지 못한 경우라 하더라도 예산안심의특별위원회의 활동 시한은 본회의 의결로 정한 바에 따라야 하고, 법정 시한의 경과 여부와 관계없이 동 특별위원회가 계속하여 활동하기 위하여서는 본회의에서 기간 연장을 의결하여야 할 것이며, 그 활동 기간을 연장하였다면 예산안 의결의 법정 시한을 경과한 후에도 계속하여 활동할 수 있다고 보아야 할 것임.

Q3. 지방의회에서 예산안을 수정의결하지 아니하고 부결시킬 수 있는지의 여부

A3. 예산안도 의결사항이므로 그 내용이 심히 부적절한 경우에는 부결시킬 수 있고, 이 경우 지방자치단체장이 새로운 예산안을 제출하여야 한다.

Q4. 예산안을 부결시킨 경우 지방자치단체장은 새로 예산안을 제출할 수 있는지의 여부

A4. 예산안도 의안의 일종이기 때문에 지방자치법 제80조에 규정된 일사부재의의 원칙을 적용 받으며 따라서 같은 의안을 회기 중에 다시 제출할 수 없다. 다만, 회기 내 수정예산안의 제출은 가능

세 입	일정 회계년도에 있어서의 국가 또는 지방자치단체의 지출의 재원이 되는 모든 현금적 수입을 말함. 세입의 주된 재원은 조세 수입이며, 공채 등에 의한 수입, 재산매각 수입, 사업 수입, 수수료 수입 등이 세입에 포함됨.
세 출	한 회계년도에 있어서의 국가 또는 지방자치단체가 그 목적을 수행하기 위한 일체의 지출을 말함. 세출에는 공무원의 급여지급, 재화 및 용역의 구입, 이자 및 보조금의 지급, 고정자산취득, 공채상환 등을 위한 지출이 있음.
일반회계예산	주민의 세금을 재원으로 일반행정 기능 유지를 위한 기본적이고 기초적인 행정수요에 쓰이는 것으로 정부나 지방자치단체의 예산이라 함은 통상적으로 일반회계예산을 말함.
특별회계예산	공기업 기타 특정사업을 운영할 때, 특정자금이나 특정세입·세출로서 일반세입·세출과 구분하여 경리할 필요가 있을 때 법률 또는 조례로 설치
수 정 예 산	예산안을 의회에 제출한 후 예산안이 의결되기 전 부득이한 사유로 그 내용의 일부를 수정하고자 하는 경우에 지방자치단체의장이 작성하여 의회에 제출하는 예산
본 예 산	지방자치단체의 장가 회계연도마다 예산안을 편성, 지방의회에 회계연도 개시 90일 전(시·도 50일 전, 시군구 40일 전)까지 제출하여 의회의 심의·의결로 성립된 당초의 예산
성립전 사용예산	사업 용도가 지정되고 소요경비 전액이 교부된 경비(지방교부세, 국비보조금)와 재해구호 및 복구와 관련하여 교부된 경비에 대하여 의회의 예산승인 전에 자치단체장이 예산을 집행한 후 차기 추경예산에 계상하여 (성립 전 예산임을 명시) 의회의 승인 절차를 거치는 제도를 말함(지방재정법 제45조)
추가경정예산	본예산이 성립된 이후에 발생한 사유로 인하여 본예산상의 내용에 추가하거나 예산에 변경(상호조정 등)을 가할 필요가 있을 때 지방자치단체가 다시 예산을 편성 의회의 심의·의결을 거쳐 성립된 예산
실 행 예 산	실수입이 세입예산에 비하여 심히 감소하거나 감소될 우려가 있어 세출예산 집행에 차질을 가져 왔을 때, 예산부서에서 미집행된 경비예산을 사전 조정하여 예산배정에서부터 통제하여 세입을 고려하면서 점차적으로 집행토록 하는 예산(예산편성기준)
준 예 산	예산은 의회의 사전의결(승인)을 거쳐야 지방자치단체가 집행할 수 있으나 새로운 회계연도에 개시될 때까지 예산안이 의결되지 못할 경우 예산안이 의결될 때까지 ① 법률이나 조례에 의하여 설치된 기관 또는 시설의 유지·운영 ② 법률상 지출의무의 이행 ③ 이미 예산으로 승인된 사업의 계속을 위한 경비를 전년도 예산에 준하여 집행토록 한 예산
기 금	예산 원칙의 일반적인 제약으로부터 벗어나 좀 더 탄력적으로 운영할 수 있도록 특정사업을 위해 보유·운영하는 특정자금. 특정한 분야의 사업에 대하여 지속적이고 안정적인 자금 지원이 필요한 경우에 예산과는 별도로 정부가 직접 기금을 조성해 운영하거나 민간이 조성하여 운영하는 기금에 출연함으로써 정부의 정책 목적을 달성하고 있음.

| 세입예산의 편성 요령 | 예산 |

1. 지방세 추계

예산 과목		검토(예시) 사항
보통세	취득세	• 공시지가 상승률 • 주택가격 평균신장률 • 부동산 경기(토지거래, 건축허가 등) 및 자동차 등록 사항 등
	등록면허세	• 부동산 거래 신장률 • 세액 신장률 • 각종인·허가, 신고, 등록 등 추이분석
	재산세	• 개별 공시지가(개별주택가격) 상승률
	자동차세	• 자동차 등록대수 기준 • 국제 유가변동, 국내경기 상황 • 주행세율 등락, 영업용 차량 증감비율 등
	레저세	• 마사회 등 업체의 예상매출액 증감률
	담배소비세	• 세액증가율 및 소비신장률 분석 • 흡연인구 증감률
	주민세	• 주민등록 세대 수, 개인사업자 수, 법인사업자 수 • 재산분 사업소세의 최근 5년간 세입증감추이 분석
	지방소득세	• 국내총생산(GDP, GRDP), 경제성장률 • 종업원분 사업소세의 최근 5년간 세입증감추이 분석
	지방소비세	• 부가가치세 신장률 • 경제성장률
목적세	지역자원 시설세	• 개별공시지가(개별주택가격) 상승률 • 대규모 공동주택 사용승인, 주택 신·증축 • 대형상가 및 근린생활시설 등에 대한 신축면적 등 적용
	지방교육세	• 해당 세목(7개 세목) 세율 적용
	지난년도수입	• 당해연도 징수 목표액(체납액 심층분석 필요)

2. 세외수입 추계

세 입 과 목		검 토 사 항
세외 수입	재산임대수입	· 유무상 임대재산, 유휴재산 및 임대 가능 재산 검토
	사용료, 수수료, 사업수입	· 현실화 계획 · 각종 징수조례 등 근거법령의 개·제정 사항 · 신규발생수입원 등
	징수교부금 수입	· 각종 부담금 등에 대한 법정요율 적용 · 추가 징수분에 대한 정산분 등
	이자수입	· 전체 세입규모 전망 · 공공체 금리 등 은행금리 전망
	재산매각수입	· 당해연도 공유재산 관리계획 파악 · 도시계획 관련 법규 등 각 개별법에 의해 매각되는 재산 검토
	기타 수입	· 수입 내용과 성질을 면밀히 검토 정당한 세입 항목 계상 필요
	지난년도 수입	· 체납액 심층 분석 필요

3. 이전수입 추계

구분	보조금관리에 관한 법률	지방교부세법	국가균형발전특별법
목적	자치단체가 수행하는 특정 사업 또는 지출지원	자치단체 재원 보장 재정력 불균형 완화	지역주민 삶의 질 향상 및 지역 경쟁력 강화
재원 구성	국가의 일반회계 또는 특별회계예산으로 계상	· 정률분: 내국세 총액의 19.24% · 소방안전 교부세: 담배에 부과되는 개별소비세액의 20% · 부동산 교부세: 종합부동산세 전액	· 지역자율계정: 주세40%, 과밀부담금, 일반회계전 입금 등 · 지역지원계정: 주세 60%, 광역교통시설부담 금, 일반회계전입금 등
용도	용도 지정	용도 지정 없음	포괄적 지역 발전 재원
배분 방법	지원사업별 사업우선 순위 등에 의거 지원	자치단체별 재정력지수(기준재정 수입액/수요액)를 기준으로 배분	지방의 특성, 사업계획 우선순위에 따라 균형발전위 심의조정 등
성격	지정재원	자주재원	포괄보조금

세출예산의 조정 요령 | 예산

1. 예산 조정의 요령

단 계	예산 조정의 요령 및 유의사항
1단계	① 예산요구서에 제시된 계수의 산출 근거가 정확한가? ② 불필요한 경비가 포함되어 있는가? ③ 의무적 경비 등에서 누락된 것은 없는가? ④ 법령 등에 반하거나 해석상 오류는 없는가?
2단계	⑤ 예산편성 관련 규정(예산편성 기준 및 세입·세출예산과목 구분과 설정규정)에서 정한 경비는 준수되었는가? ⑥ 사업비에서 기본운영계획 등의 사업이 반영되고 있으며 그 실시 순위는 타당한가? ⑦ 그 사업의 긴급성은 어떠한가? ⑧ 주민의 요망도는 어느 정도인가? ⑨ 경제적 합리성은 어떠한가? ⑩ 금후의 행정에 어떠한 영향을 미칠 것인가?
3단계	⑪ 세입과 세출의 균형을 맞추기 위해 예산 요구액을 조정

1) 행정운영 경비

○ 인력운영비: 기본인건비 항목에 포함되는 경비로서 인원 및 일정한 기준에 의거 예산소요를 판단하여 조정

○ 기본경비: 정책사업 수행 부서(실·과)의 운영에 필수불가결하게 소요되는 비용으로 인원수 비례 등 적정한 기준에 따라 조정

※ 기존 품목별 예산에서 편성하던 일반운영비, 여비는 가능한 사업에 포함하여 편성

행정운영경비 조정시

- 각 부서 간의 균형 유지
- 전시성·소모성, 불요불급 경비의 억제
- 기본경비의 설정 기준 마련
- 예산 절감의 지속 추진

1. 예산실무
2. 지출실무
3. 계약실무
4. 보조금관리
5. 결산실무
6. e-호조실무
7. 복식부기
8. 공유재산 및 물품
9. 분산상과 회계 책임
10. 감사사례

2) 사업예산

○ 총사업비 기투자액, 금년도 예산 수준, 익년도 예산소요 및 장래 투자소요 등을 재원별로 구분하여 연차별 투자액은 물론 주요 공정단위별로 분석

※ 타당성 조사 → 기본설계 → 실시설계 → 보상 → 공사순으로 단계별 예산편성

○ 사업의 타당성이나 완급 정도, 이에 따른 적정 사업 시기, 타사업과의 우선순위 비교를 통한 적정한 소요 재원을 중장기적 안목에서 충분히 검토하되 항상 주어진 재원의 한계와 가용재원의 규모를 고려하여 지역 여건에 맞는 적정한 재원 배분 계획수반 필요

2. 예산서 작성 시 유의사항 (No. 28932)

○ 예산의 절사와 절상

세입은 1,000원 미만을 절사하고

세출은 1,000원 미만이라도 절상함.

○ 예산의 단위

세입·세출 예산서에 표기하는 금액단위는 '천원'으로 함

○ 계량단위

모든 계량단위는 '미터법'에 의함.

산출 기초 작성 예시

◦ 예산서 작성시 공통 순서
 - 단위(원)X인원(명)X개소X회수(회)X일수(일)X비율(%)

◦ 기본급(봉급)
 - 9급(3호봉) 1,530 ,700원X2명X12개월 = 36,737천 원

◦ 일반운영비(사무관리비) – 산출 기초 생략 가능
 - 기관운영기본경비 10,000,000원 = 10,000천 원

◦ 자산취득비 - 정수물품승인 물품만 인정
 - 고속복사기 구입 15,000,000원X1대 = 15,000천 원

	구 분	예산편성	예산심의	예산집행	결산안작성	결산검사	결산승인
지 방 재 정	지방 자치 단체	• 광역 : 전년도11.11 • 기초 : 전년도11.21 ※ 지방자치법 제142조	• 광역 : 전년도12.16 • 기초 : 전년도12.21 ※ 지방자치법 제142조	1.1 ~ 12.31 ※지방재정법 제6조	다음연도 3.21 (출납폐쇄 후 80일) ※ 지방자치법 제150조	다음연도 5.31까지 의회 제출 ※지방자치법제 134조및 시행령제 83조및제84조,지 방회계법제3장	제1차정례회 (6월·7월) ※ 지방선거 시 9월 ※ 지방자치 법시행령 제 82조
		지방자치 단체의 장	지방의회	지방자치 단체	지방자치 단체의 장	결산검사 위원 선임	지방의회
	지방 교육 자치 단체	광역단체와 동일	좌동	자치단체와 동일	좌동	좌동	좌동
		시·도교육감	지방의회	시도교육감 (교육청)	시·도 교육감	결산검사위원 선임	지방의회
국 가 재 정	중앙 부처	전년도 9. 2	전년도 12. 2	1.1 ~12. 31	다음연도 4. 9 국가결산 보고서 대통령의 승인	• 다음연도 4.10 국가결산보고서 감사원에 결산검 사 의뢰 (기재부) • 다음연도 5.20 국가결산 검사보 고서 기획재정부 에 통보(감사원)	• 다음연도 5.31 감사원의 검 사를 거친 국 가 결산보고 서 국회 제출 (기재부) • 정기국 회개회 전 심의의결
		헌법 제54조 및 국가재정 법 제33조	헌법 제54조	국가재정법 제2조	국가재정법 제59조	헌법 제99조, 국가재정법 제59 조 및 60조	국가재정법 제61조 및 국회법제84조
		기획재정부	국 회	각 중앙부처	기획재정부	감 사 원	국 회
	독립기관 (국회, 대법원, 헌법 재판소, 중앙선관위	중앙 부처와 동일					
		※ 정부가 독립기관의 예산 편성 시 독립기관에 대한 의견 존중, 사전 협의하여야 하고, 독립기 관의 세출예산요구액을 감액하고자 할 때에는 국무회의에서 독립기관의 장의 의견 청취 - 감액한 때에는 그 규모 및 이유, 감액에 대한 독립기관의 장의 의견을 국회에 제출 (국가재정 법 제40조)					

지방재정과 국가재정의 예산 및 결산 과정 비교 | 예산

3 세입 · 세출예산 구조

예산 총칙의 이해 | No. 59525

예 산 총 칙

제 1 조 2024년도 일반회계 및 특별회계 세입·세출 예산총액 및 일시 차입할 수 있는 최고액은 다음과 같다.

(단위:천원)

구 분	세입 · 세출 예산 총액	일시 차입 한도액
합계		
일반회계		
특별회계		
공기업특별회계		
○○사업		
기타특별회계		
○○사업		
○○사업		

제 2 조 세입·세출 예산의 명세는 별첨 "세입·세출 예산"과 같다.

제 3 조 채무부담행위사업은 별첨 "채무부담행위조서"와 같다.

제 4 조 계속비사업은 별첨 "계속비사업조서"와 같다.

제 5 조 명시이월사업은 별첨 "2022년도 명시이월사업조서"와 같다.

제 6 조 일반회계 예비비는 ○○천원으로 한다.

제 7 조 일반회계 및 특별회계(공기업 특별회계 포함) 지방채차입한도액은 ○○천원으로 한다.

제 8 조 지방재정법 제47조의2 제1항 단서규정에 의한 기준인건비에 포함된 경비 및 동일 부서에서 동일 부문에 있는 정책사업 간의 경비는 상호 이용할 수 있다.

제 9 조 ① 용도를 지정해 소요전액이 교부된 교부금, 보조금, 전입금 등을 재원으로 하는 사업은 추가경정예산 성립 이전이라도 이를 사용할 수 있다.
② 제1항의 사업비는 동일회계연도 내에 추가경정예산에 편성해야 한다.
③ 다만, 소요액 전액이 교부된 이후, 추가경정예산을 편성하지 못할 경우 ○○의회의 의결을 받은 것으로 간주처리한다.

| 지방자치단체 세입예산 과목 | 예산 |

1. 지방세 체계

구 분	보 통 세	목 적 세
특별시 및 광역시세	취득세, 레저세, 담배소비세, 지방 소비세, 주민세(개인분), 지방소득세, 자동차세	지역자원시설세 지방교육세
구 세	등록면허세, 재산세, 주민세(사업소분, 종업원분)	
도 세	취득세, 등록면허세, 레저세, 지방소비세	지역자원시설세 지방교육세
시군세	담배소비세, 주민세, 지방소득세, 재산세, 자동차세	

<지방세 체계도>

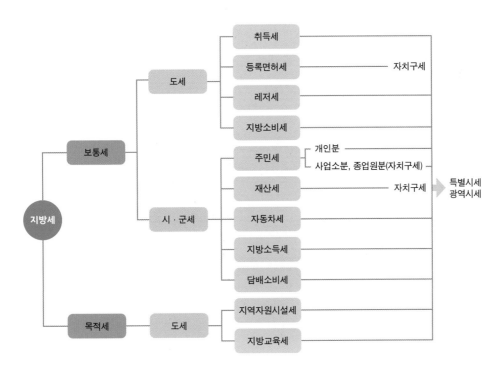

2. 지방재정 조정제도(이전재원)

1) 국가의 지방재정 조정제도

구 분		내 용	비 고
지방교부세		당해연도의 내국세 총액의 19.24%에 해당액 정산액으로 한다(제4조 제1항). 특별교부세는 교부세 총액의 3%에 해당하는 금액이다(제4조 제2항). 교부세는 연(年) 4기로 나누어 교부하며, 특별교부세는 필요할 때에 수시로 교부한다(제10조).	자주재원
	보통교부세	기준재정 수입액이 기준재정 수요액에 미달하는 경우 용도와 목적을 지정하지 않고 그 부족액을 교부해 주는 재원 (서울시는 지원 대상에서 제외)	
	특별교부세	특별한 재정수요나 각종 재해 등 예측하지 못한 재정수요가 발생하는 경우 그 용도와 목적을 지정해서 교부해 주는 재원	정산/반납
	부동산교부세	지방교부세법에 의한 부동산교부세 수입	
	소방안전교부세	지방자치단체의 소방 및 안전시설 확충, 안전관리 강화 등에 소요되는 재원을 보전	
지방소멸대응기금		지방소멸대응 기금 수입(2023년도 과목 신설)	
국고보조금		지방자치단체가 행하는 사무 또는 사업에 대하여 국가가 이를 조성하거나 재정상의 원조를 하기 위하여 교부하는 보조금	
	일반국고보조금	「보조금 관리에 관한 법률」과 「지방재정법」 등에 의한 절차에 따라 관리	정산/반납
	국가균형발전특별회계보조금	「국가균형발전특별법」 제44조의 규정에 따라 국가균형발전특별회계에서 지원되는 수입	포괄보조
	기 금	중앙정부에서 관리하고 있는 각종 기금에서 지원되는 수입 ※기금이 설치된 보조금은 해당 기금에 직접 계상	

2) 광역시·도의 시·군·구 재정지원 제도

구 분	내 용	비 고
조정교부금	시·도세의 일부를 재원으로 하여 재정력이 취약한 자치구의 재정력을 보충해 주기 위한 제도로서 그 재원은 특별시·광역시의 조례로 정하고 있음. (서울시: 보통세의 21%)	

구 분		내용	비고
	보통교부금	기준 재정 수입액이 기준재정 수요액에 미달되는 자치구에 대하여 그 미달액을 기초로 하여 용도를 정하지 않고 교부함.	
	특별교부금	재해 발생, 공공시설의 신설·복구·보수 등의 특별한 재정수요가 발생하여 자치구 재정만으로 충당하기 어려운 경우 그 용도를 지정하여 교부함.	정산/반납
	재원조정수입	조정교부금 이외에 시·군·구에 교부되는 재원조정 수입	
징수교부금		시·군·구에 시·도세의 징수를 위임하는 경우 해당 소요경비를 시·도에서 부담하는 것으로 시·도세의 종류에 따라 다르게 교부함.	
시·도비보조금		시·군·구의 사무 또는 사업에 대하여 광역시·도가 이를 조성하거나 재정상의 원조를 하기 위하여 교부하는 보조금	잔액 반납

3. 세입예산 과목 분류

장(7)/관(13)/항(35)	목(104)	개수
100 지방세수입		12
110 지방세		12
111 보통세	취득세, 등록면허세, 주민세, 재산세, 자동차세, 레저세, 담배소비세, 지방소비세, 지방소득세	9
112 목적세	지역자원시설세, 지방교육세	2
113 지난연도 수입	지난연도 수입	1
200 세외수입		48
210 경상적 세외수입		25
211 재산임대수입	국유재산임대료, 공유재산임대료	2
212 사용료수입	도로사용료, 하천사용료, 하수도사용료, 상수도사용료, 공유수면사용료, 시장사용료, 입장료수입, 주차요금수입, 기타 사용료	9
213 수수료수입	증지수입, 폐기물처리수수료, 재활용품수거판매수입, 보건의료수수료, 기타 수수료	5
214 사업수입	사업장생산수입, 청산금수입, 매각사업수입, 배당금수입, 기타 사업수입	5
215 징수교부금수입	징수교부금 수입	1
216 이자수입	공공예금이자수입, 융자금회수이자수입, 기타 이자수입	3
220 임시적 세외수입		16

1. 예산실무

2. 지출실무

3. 계약실무

4. 보조금관리

5. 결산실무

6. e-호조실무

7. 복식부기

8. 공유 재산 및 물품

9. 변상과 회계 책임

10. 감사 사례

장(7)/관(13)/항(35)	목(104)	개수
221 재산매각수입	국유재산매각귀속수입금, 시·도유재산 매각 귀속수입금, 공유재산매각수입금, 불용품 매각수입	4
222 자치단체간부담금	자치단체 간 부담금	1
223 보조금반환수입	시·도비반환금등수입, 자체보조금등반환수입, 위탁비반환수입	3
224 기타 수입	체납처분수입, 보상금수납금, 기부금, 지적재조사조정금, 지방교부세감소분보전수입, 위약금, 그외 수입	7
225 지난연도 수입	지난연도 수입	1
230 지방행정제재·부과금		8
231 과징금	과징금	1
232 이행강제금	이행강제금	1
233 변상금	변상금	1
234 과태료	차량 관련 과태료, 기타 과태료	2
235 환수금	부정이익 환수금	1
236 부담금	부담금	1
237 범칙금	법칙금	1
300 지방교부세		5
310 지방교부세		5
311 지방교부세	보통교부세, 특별교부세, 부동산교부세, 소방안전교부세	4
320 지방소멸대응기금	지방소멸대응기금	1
400 조정교부금 등		6
410 자치구 조정교부금 등		3
411 자치구 조정교부금 등	자치구 일반 조정교부금, 자치구 특별 조정교부금, 자치구 기타재원 조정수입	3
420 시·군 조정교부금 등		3
421 시·군 조정교부금 등	시·군 일반 조정교부금, 시·군 특별 조정교부금, 시·군 기타재원 조정수입	3
500 국고보조금		4
510 국고보조금 등		3
211 국고보조금 등	국고보조금, 균형발전특별회계보조금, 기금	3
520 시·도비보조금 등		1
521 시·도비보조금 등	시·도비보조금 등	1
600 지방채 및 예치금 회수		9

1. 예산실무

2. 지출실무

3. 계약실무

4. 보조금관리

5. 결산실무

6. e-호조실무

7. 복식부기

8. 공유재산및물품

9. 변상과회계책임

10. 감사사례

장(7)/관(13)/항(35)	목(104)	개수
610 국내차입금		8
611 차입금	정부자금채, 금융기관채, 지방공공자금채, 기타	4
612 지방채증권	모집공채, 매출공채, 교부공채	3
613 지역개발기금	지역개발기금 시·군·구 융자금수입	1
620 국외차입금		1
621 국외차입금	국외차입금	1
700 보전수입 및 내부거래 등		21
710 보전수입 등		12
711 잉여금	순세계잉여금, 법정잉여금	2
712 전년도 이월금	국고보조금 사용 잔액, 시도비 보조금 사용 잔액, 전년도 이월 사업비	3
713 융자금원금수입	민간융자금회수수입, 통화금융기관융자금회수수입, 공사공단 등 융자금 회수수입, 시·군·구 융자금 회수수입	4
714 예치금 회수	예치금 회수	1
715 보조금 등 반환금	국고보조금 등 반환금, 시·도비보조금 등 반환금	2
720 내부거래		9
721 전입금	공기업특별회계전입금, 공사·공단전입금, 기타회계전입금, 기금전입금, 교육비특별회계전입금	5
722 예탁금 및 예수금	예수금수입, 시도지역개발기금예수금수입, 예탁금원금회수수입, 예탁금 이자수입	4

광역과 기초단체 간 경비부담 관련 규정

o 「지방자치법」 제164조에 자치단체 간 사무의 공동처리에 관한 요청이나 협의·조정·승인 또는 지원의 요청이 있을 때에는 법령의 범위에서 협력하도록 규정

o 「지방자치법」 제184조 제2항에 시·도는 지방자치단체(시·군·구)가 당해 지방자치단체(시·도)의 사무를 처리함에 있어 필요하다고 인정할 경우 재정지원을 할 수 있도록 규정

o 「지방재정법」 제28조에 시·도가 시·군·구로 하여금 사무를 집행하게 할 때에는 시·도는 소요되는 경비를 부담하도록 규정

| 세출예산의 사업 구조 | 예산 |

1. 사업 개요

  ○ 투입, 통제, 품목 중심에서 산출, 성과, 정책 중심 사업구조로 개편
  ○ 지방재정 운영 상황을 쉽게 파악할 수 있는 예산체제 구축

2. 사업 구조화 형태

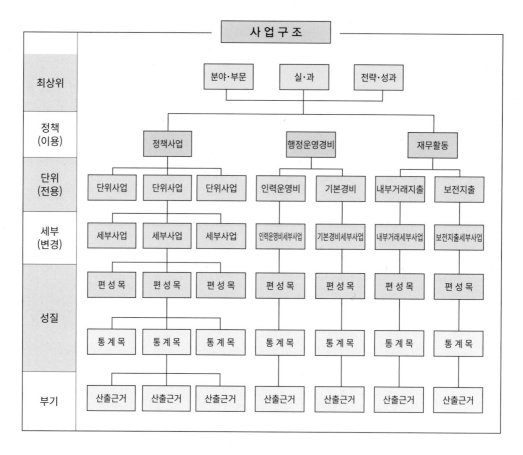

※ 하나의 실·과에서 여러 개의 정책사업 설정 가능(정책사업은 단일 부문으로만 구성)
※ 통계목과 산출 근거는 예산서 1권에는 표시되지 않고, 통계관리 등 내부관리 목적으로 사용

1. 예산실무

2. 지출실무

3. 계약실무

4. 보조금관리

5. 결산실무

6. e-호조실무

7. 복식부기

8. 공유 재산 및 물품

9. 원가와 회계 책임

10. 감사 사례

3. 정책 · 단위 · 세부사업은 다음 원칙에 유의하여 설정

구분	주요 원칙
정책사업	• 1개의 정책사업은 **단일 부문**으로만 구성 • 1개의 정책사업은 **단일 조직**(실·과)에서만 운영 　(본청과 산하기관의 경우는 원칙적으로 유사 정책사업을 단일화가 원칙이나 별도 설정도 가능)
단위사업	• 1개의 단위사업은 **동일 회계** 또는 **기금**으로만 구성
세부사업	• 광역자치단체는 원칙적으로 **직접사업**과 **지원사업**을 구분하나 하나의 세부사업으로도 가능 • **보조사업**과 **자체사업**을 구분함이 원칙이나 혼재 가능 • 특정 사업 유형에 해당되는 세부사업은 별도 구분 관리

4. 지방자치단체 기능 분류

지방재정의 역할 및 환경 변화를 반영하고 중앙정부 및 국제기준(UN COFOG)에 부합되도록 중기지방재정계획 및 통합 재정분석 간 기능 분류를 일원화

| 지방자치단체 기능 분류: 13개 분야 52개 부문 |

분야	부문	명 칭	분야	부문	명 칭	분야	부문	명 칭
010		일반공공행정(4)	070		환경(6)	110		산업 · 중소기업 및 에너지(6)
	011	입법및선거관리		071	상하수도 · 수질		111	산업금융지원
	013	지방행정 · 재정지원		072	폐기물		112	산업기술지원
	014	재정 · 금융		073	대기		113	무역및투자유치
	016	일반행정		074	자연		114	산업진흥 · 고도화
020		공공질서 및 안전(3)		075	해양		115	에너지및자원개발
	023	경찰		076	환경보호일반		116	산업 · 중소기업일반
	025	재난방재 · 민방위	080		사회복지(8)	120		교통 및 물류(5)
	026	소방		081	기초생활보장		121	도로
050		교육(3)		082	취약계층지원		123	도시철도
	051	유아 및 초중등 교육		084	보육 · 가족 및 여성		124	해운 · 항만
	052	고등교육		085	노인 · 청소년		125	항공 · 공항

분야	부문	명 칭	분야	부문	명 칭	분야	부문	명 칭
	053	평생 · 직업교육		086	노동		126	대중교통 · 물류 등 기타
060		**문화 및 관광(5)**		087	보훈	140		**국토 및 지역개발(3)**
	061	문화예술		088	주택		141	수자원
	062	관광		089	사회복지 일반		142	지역 및 도시
	063	체육	090		**보건(2)**		143	산업단지
	064	문화재		091	보건의료	150		**과학기술(3)**
	065	문화 및 관광일반		093	식품의약안전		151	기술개발
			100		**농림해양수산(3)**		152	과학기술연구지원
				101	농업 · 농촌		153	과학기술 일반
				102	임업 · 산촌	160		**예비비(1)**
900		**기타**		103	해양수산 · 어촌		161	예비비

※ UN COFOG: UN의 정부기능분류 (COFOG: Classification Of the Functions Of Government)
※ 행정운영경비는 기타(900) 분야로 처리 (참고로, 기타 분야로 처리된 행정운영경비는 원가 시스템에서 관련 단위사업에 배부되어 해당 단위사업에 따라 분야 · 부문 결정)

5. 성질별 분류

> 지방의회 심의 대상 편성목은 통계관리 및 자치단체 내부관리를 위한 통계목은 세분화하며, 중앙정부 및 국제기준(IMF GFS)에 부합되도록 편제

| 세출예산 성질별 분류 |

과목 분류	용 도
8개 그룹	· 예산편성목의 상위그룹 · 예산전용의 통제목적으로 활용
38개 편성목	· 세출예산의 사용과 사용목적에 다른 분류체계 · 예산서에 표시되는 과목
142개 통계목	· 예산부서 및 사업부서의 통계관리 대상 · 예산서 제1권에 표기되지 않고 제2권에만 표기됨

| 예산 품목 분류 |

그룹(8)	편성목(38)	통 계 목 (147)	개수
100 인건비	101 인건비	보수, 기타직보수, 무기계약근로자보수, 기간제근로자등보수	4
200 물건비	201 일반운영비	사무관리비, 공공운영비, 행사운영비, 맞춤형복지제도시행경비, 공립대학운영비	5
	202 여비	국내여비, 월액여비, 국외업무여비, 국제화여비, 공무원 교육여비	5
	203 업무추진비	기관운영업무추진비, 정원가산업무추진비, 시책추진업무추진비, 부서운영업무추진비	4
	204 직무수행경비	직책급업무수행경비, 직급보조비, 특정업무경비	3
	205 의회비	의정활동비, 월정수당, 의원국내여비, 의원국외여비, 의정운영공통경비, 의회운영업무추진비, 의원역량개발비(공공위탁, 자체교육), 의원역량개발비(민간위탁), 의원정책개발비, 의장단협의체부담금, 의원국민연금부담금, 의원국민건강부담금	12
	206 재료비	재료비	1
	207 연구개발비	연구용역비, 전산개발비, 시험연구비	3
300 경상 이전	301 일반보전금	사회보장적수혜금(국고보조재원), 사회보장적수혜금(취약계층, 지방재원), 사회보장적수혜금(지방재원), 장학금 및 학자금, 의용소방대지원비, 자율방범대실비지원, 통장·이장·반장활동보상금, 민간인국외여비, 외빈초청여비, 사회복무요원보상금, 행사실비지원금, 예술단원·운동부등보상금, 사회성과보상금, 기타보상금	14
	302 이주 및 재해 보상금	민간인 이주보상금, 민간인 재해 및 복구활동보상금	2
	303 포상금	포상금, 성과상여금	2
	304 연금부담금 등	연금부담금, 국민건강보험금, 의원상해부담금, 공무직(무기계약)근로자 보험료부담금 등	4
	305 배상금 등	배상금 등	1
	306 출연금	출연금	1
	307 민간이전	의료및회복비, 민간경상사업보조, 민간단체법정운영비보조, 민간행사사업보조, 민간위탁금, 보험금, 연금지급금, 이차보전금, 운수업계보조금, 사회복지시설법정운영비보조, 사회복지사업보조, 민간인위탁교육비	12

The side tab navigation

1. 예산실무

2. 지출실무

3. 계약실무

4. 보조금 관리

5. 결산실무

6. e-호조실무

7. 특수분기

8. 공유 재산 및 물품

9. 변상과 회계 책임

10. 감사 사례

그룹(8)	편성목(38)	통 계 목 (147)	개수
300 경상 이전	308 자치단체 등 이전	자치단체경상보조금, 징수교부금, 자치구조정교부금, 시군조정 교부금, 자치구 기타 재원조정비, 시군기타재원조정비, 자치단 체간부담금, 교육기관에대한보조금, 지역대학에 대한 경상보조, 시·군·구 교육비특별회계 법정전출금, 시·군·구 교육비특별회계 비법정전출금, 예비군육성지원경상보조, 공기관등에 대한 경상적 위탁사업비, 기타부담금	14
	309 전출금	공사·공단경상전출금, 공무원연금관리공단경상전출금	2
	310 국외이전	국외경상이전, 국제부담금	2
	311 차입금이자상환	시·군·구지역개발기금차입금이자상환, 통화금융기관차입금이자 상환, 중앙정부차입금이자상환, 지방채증권이자상환, 기타차입금 이자상환	5
400 자본 지출	401 시설비 및 부대비	시설비, 감리비, 시설부대비, 행사관련시설비	4
	402 민간자본이전	민간자본사업보조(자체재원), 민간자본사업보조(보조재원), 민간 위탁사업비	3
	403 자치단체등자본 이전	자치단체자본보조, 공기관 등에 대한 자본적 위탁사업비, 예비군 육성지원자본보조, 지역대학에 대한 자본보조	4
	404 공사공단자본 전출금	공사 · 공단자본전출금	1
	405 자산취득비	자산 및 물품취득비, 도서구입비	2
	406 기타자본이전	기타 자본이전	1
	407 국외자본이전	국외자본이전	1
500 융자 및 출자	501 융자금	민간융자금, 통화금융기관융자금, 공사·공단 등 융자금, 시군구융 자금	4
	502 출자금	출자금	1
600 보전 재원	601 차입금원금상환	시·군·구지역개발기금차입금원금상환, 통화금융기관차입금원금 상환, 중앙정부차입금원금상환, 지방채증권원금상환, 기타국내차 입금원금상환, 차관상환, 기타해외채무상환	7
	602 예치금	일반예치금, 의무예치금	2
700 내부 거래	701 기타 회계 등 전출금	기타회계전출금, 공기업특별회계경상전출금, 공기업특별회계자 본전출금	3
	702 기금전출금	기금전출금	1
	703 교육비특별 회계전출금	시·도 법정전출금, 시·도 비법정전출금	2
	704 예탁금	예탁금	1

1. 예산실무

2. 지출실무

3. 계약실무

4. 보조금관리

5. 결산실무

6. e-호조실무

7. 복식부기

8. 공유재산 및 물품

9. 발생과 회계 책임

10. 감사 사례

그룹(8)	편성목(38)	통 계 목 (147)	개수
700 내부 거래	705 예수금원리금 상환	예수금원금상환, 예수금이자상환, 시·도지역개발기금예수금원금 상환, 시·도지역개발기금예수금 이자상환	4
	706 기타 내부거래	감가상각비, 당기순이익, 적립금	3
800 예비비 및 기타	801 예비비	일반예비비, 재해재난목적예비비, 내부유보금	3
	802 반환금 기타	국고보조금반환금, 시·도비보조금반환금, 기타반환금 등 잡손금	4

주요 예산 과목 이해하기　　│　예산

1. 보조사업과 위탁사업의 구분 (No. 78919)

사업 주체 구분	경상적 경비	자본적 경비
민간사업 지원	민간경상사업보조	민간자본사업보조
지자체 간접사업 (위탁·대행)	민간위탁금	
		민간위탁사업비
	공기관등에 대한 경상적 위탁사업비	공기관등에 대한 경상적 위탁사업비

2. 주요 경상이전 경비 구분 (No. 35533)

보조금	출연금	민간위탁금	보상금
해당 지자체 외의 자가 행하는 사무 또는 사업	지자체가 수행해야 할 사업을 민간에 예산 지원	그 지자체의 사무 또는 사업	법령, 조례에 따라 사회 보장, 반대급부적으로 일 방으로 지급하는 경비
지방보조금법/보조금관 리조례	지방재정법 제18조 (출연제한)/ 출자출연기본법	지방자치법/ 민간위탁 조례	개별법령, 조례/ 지자체 예산편성기준
용도 지정 (원칙적으로 일부 부담)	일반출연금(미지정) 목적출연금(지정) (일부 또는 전부 부담)	용도 지정 (민간위탁 비용전 체 부담)	용도 지정 (법령 또는 조례 등에 정 한 금액)

보조금	출연금	민간위탁금	보상금
사후 정산	정산 불필요	사후정산(위탁종료시) 결산보고	정산 불필요 결산보고
민간경상사업보조 등 보조금 과목	출연금 과목	민간위탁금, 민간(공기관 등) 위탁 사업비	사회보장적수혜금, 민간인 여비 등 보상금 과목

3. 주요 일반보전금 비교 (No. 142344)

예산 과목	설 정
301-01~03 사회보장적 수혜금	법령 및 조례에 따라 저소득 계층에 지원하는 사회보장적 경비 및 물품
301-11 행사실비지원금	·교육·세미나·공청회·회의 참석자 급량비·교통비 ·행사 출연자 및 발표자의 반대 급부적 사례금 ·산업시찰·견학·참여를 위한 실비
301-14 기타 보상금	·법령 또는 조례에 민간인에게 반대급부적 경비를 지급하도록 규정 되어 있는 경우의 보상금 또는 물품 ·법령·조례 등에 따라 민간인의 포상에 따른 시상금품

4. 강사료 예산과목 비교 (No. 105850)

예산 과목	과목 해소	수강 대상	지급 명목
201-01 사무관리비	공무원교육	공무원	외래강사료
201-03 행사운영비	행사 지원 강의	초청 외부인사	초빙강사료
301-14 기타보상금	교양 강좌 등	주민	경비보상
307-12 민간인위탁교육비	지자체사무를 위한 교육	주민	경비지원

5. 주요 행사 관련 예산과목 비교 (No. 105848)

예산 과목	사업 주체	설정
지자체 사업	201-03 행사운영비	행사 수용성 경비 등 직접집행 및 위탁비용
	301-11 행사실비보상금	행사참여자 실비 등 이전비
	401-04 행사관련시설비	행사시설 설치 등 위탁
민간사업 지원	307-04 민간행사사업보조	민간행사 경비

6. 연구용역비와 유사용역비

구분	내용	비고
207-01 연구용역비	조사, 강연, 연구 등 용역에 대한 반대급부	학술용역 심사
201-01 사무관리비	11) 소규모 용역 제공에 대한 수수료	
401-01 시설비	○ 기본조사설계비 - 사업계획을 기초로 하여 기술적, 경제적 타당성 조사 및 교통, 환경영향평가에 소요되는 경비 - 주요설계 시행지침, 예비설계, 기본설계 및 개략공사 비 산정에 소요되는 경비	기술용역 심사
205-09 의원정책개발비	지방의회의 정책 개발을 위해 위촉받은 자의 조사, 연구 등 용역에 대한 반대급부	

지방의회의 예산통제 대상 주요 과목 | No. 273531

1. 의회 동의 및 의결 대상과목 (No. 203258)

대상 과목	근 거	시 기
민간위탁금(동의)	지방자치법 제117조에 따른 각 지자체별 민간위탁조례	민간위탁 협약체결 이전
출자 · 출연금(의결)	지방재정법 제18조	예산편성 이전(매년*) * 조례규정 시 일정기간

2. 위탁사업 관련 예산과목 비교

구분	민간위탁	공기관 위탁사업비	관리위탁	민간투자
세출예산 통계목	민간위탁금 (307-05)	- 공기관등에대한경상 적위탁사업비 (308-10) - 공기관등에대한 자본 적위탁사업비 (403-02)	민간위탁금 (307-05)	- BTO: 기타자본이전 (402-01/406-01) - BTL: 민간위탁금 (307-05)

1. 예산실무

2. 지출실무

3. 계약실무

4. 보조금관리

5. 결산실무

6. e-호조실무

7. 복식부기

8. 공유재산및물품

9. 변상과 회계책임

10. 감사 사례

구분	민간위탁	공기관 위탁사업비	관리위탁	민간투자
근거 법령	지방자치법 ($117③)	- 지방자치법($117 ②)→공공단체 - 지방재정법($172) → 공공기관+공익법인	공유재산법($27) 영($19)	- 민간투자법, 민간투 자기본계획, 민간투 자조례, 실시협약 - 민간투자법, 민간투 자기본계획, 민간투 자조례, 실시협약
근거 조례	지자체민간 위탁조례·시행 규칙	- "관련 조례 없음"→ 조례 제정 필요 ※ 제주,부산,충남,전북	- 지자체공유재산· 시행규칙 - 지자체민간위탁 조례시행규칙	예) 민간투자사업에 관 한조례(서울, 부산, 대 구,광주,울산,경기)
대상 기관	- 법인 또는 단체, 법인 또는 단체의 기관, 개인	- 공공단체 - 공공기관(지방공사 공단, 지방출자출연 기관 등) - 공익법인	지방자치단체 외의자	- 민간투자 특수목적법인(SPC)
주민의 권리·의무 관련	관련성 있음	관련성 없음	-	-
예시	- 2030 엑스포 유 치 - 국제콘퍼런스 개최	감만창의 문화촌운영지원	부산예술회관 운영비지원	부산영화체험박물관 위탁운영비
위탁 범위	민간위탁 → 공기관 등에 대한 위탁사업비			

3. 공기관 등에 대한 위탁사업비 편성과 정산

구분	경상적위탁사업비(308-10)	자본적위탁사업비(403-02)	비고
예산 편성	예산편성 운영기준	예산편성 운영기준	
	지방자치법 제104조 제2항	지방자치법 제104조 제2항	
	1. 광역사업 등 당해 자치단체가 시 행해야 할 자본형성적 사업 외의 경비를 공기관에 위임 또는 위탁, 대행해 시행할 경우 부담하는 제 반 경비 ※「지방자치법」제104조 제2항에 의한 위임 또는 위탁, 대행 포함 (자본형성적사업제외)	1. 광역사업 등 당해 자치단체가 시 행해야 할 자본형성적 사업 외의 경비를 공기관에 위임 또는 위탁, 대행해 시행할 경우 부담하는 제 반 경비 ※「지방자치법」제104조 제2항에 의한 위임 또는 위탁, 대행 포함 (자본형성적사업제외)	

구분		경상적 위탁사업비 (308-10)	자본적 위탁사업비 (403-02)	비고
정산 단계	적용	민간이전(307) 적용	민간이전(307) 적용	
	관련 규정	- 지방보조금법 제17조 - 지방보조금관리기준	-「지방자치법」제104조	
	근거	〈지방회계관리에 관한 훈령〉[별표 5]11-3 공기관 등에 대한 경상적 위 탁사업비 (308-11)	〈지방회계관리에 관한 훈령〉[별표 5]14-1 공기관 등에 대한 자본적 위 탁사업비 (403-02)	
	관련 조례	지방자치단체보조금관리조례	-「지방자치단체보조금 관리 조례」 -「민간위탁할수 있는 근거 조례」	
	예	예)「부산시 지방보조금 관리 조례」	예)「부산시 민간위탁 기본 조례」	
지방의회통제		- 지방보조금의 결정 기준, 수행 상 황 점검, 정산 및 운용평가 등 이 행 여부 확인 - 〈지방재정법〉 제17조 제1항 제4 호에 따라 집행하는 보조금 이해 당사업에의 지출근거가 조례에 직접 규정 여부 확인	- 민간위탁 운용평가 결과 확인 - 지도·점검 등	

4. 확정채무와 우발 부채 관련 예산과목

구분	지방자치법 및 지방재정법				
	확정채무			우발부채	
유형	① 지방채	② 일시차입금	③ 채무부담행위	④ 보증채무부담 행위	⑤ 예산 외 의무 부담
근거	- 지방자치법§ 124① - 지방재정법§ 11(지방채의발행) - 지방재정법§ 11의2(지방채 발행의 제한)	- 지방회계법§ 24(일시차입금)	- 지방자치법§ 124② - 지방재정법§ 44(채무부담 행위)	- 지방자치법§ 124③ - 지방재정법§ 13(보증채무부 담행위등)	- 지방자치법 § 39제8호
예산안 및 첨부 서류	- 세입예산으로 계상 - 지방채한도액	- 예산총칙에서 일시 차입금 한도액 명시	- 상환되는 회계 연도에 세출예 산으로 계상 - 채무부담행위 에 대한 설명 서, 지출상황 및 전망금액	- 예산안 첨부서 류: 재정운용 상황 개요서 에 우발채무 로 포함	- 예산안 첨부 서류: 재정운 용상황 개요 서에 우발채 무로 포함

구분	지방자치법 및 지방재정법				
	확정채무			우발부채	
의회 의결	- 지방채한도액범위에서 지방의회의 의결받음	- 미리 지방의회 의결을 받음	- 미리 예산으로 지방의회 의결을 받음	- 의결 받음	- 의결 받음
의결 시점	- 한도액으로 미리 의결을 받음	- 예산에 계상된 범위 내 지출을 위해서 일시차입금이 필요할 때 한도액을 회계연도마다. 회계별로 미리 지방의회의 의결 받음 (제24조)	- 채무부담원인이 될 계약체결이나 그 밖의 행위 시 (법제44조 제1항)	- 주채무/채권자 보증신청 → 단체장 승인 → 지방의회의 결 → 통보	- 명시적 규정 없음
의회 보고	- 규정 없음 - 부채관리, 재정 건전성관리 수립/시행	- 규정 없음	- 의회의결 받지 않고 계약체결 시 → 의회보고 (법 제44조제1항)	- 매년 세입·세출결산과 함께 의회 보고 (법 제13조 제4항)	- 매년 세입·세출결 산과 함께 의회 보고 (법 제13조 제4항)
예산 반영	- 예산으로 반영	- 일시차입금은 해당 회계연도의 수인으로 상환	- 다음다음 회계연도 세출예산 반영(법 제44조 제4항)	- 명시적 규정 없음 ▷세출 불확정	- 명시적 규정 없음 ▷세출 불확정

 TIP – 지방의회 의결사항(No.278582)

지방자치법 제39조(지방의회의 의결사항) ① 지방의회는 다음 사항을 의결한다.

1. 조례의 제정·개정 및 폐지
2. 예산의 심의·확정
3. 결산의 승인
4. 법령에 규정된 것을 제외한 사용료·수수료·분담금·지방세 또는 가입금의 부과와 징수
5. 기금의 설치·운용
6. 대통령령으로 정하는 중요 재산의 취득·처분
7. 대통령령으로 정하는 공공시설의 설치·처분
8. 법령과 조례에 규정된 것을 제외한 예산 외의 의무 부담이나 권리의 포기
9. 청원의 수리와 처리
10. 외국 지방자치단체와의 교류협력에 관한 사항
11. 그 밖에 법령에 따라 그 권한에 속하는 사항

② 지방자치단체는 제1항의 사항 외에 조례로 정하는 바에 따라 지방의회에서 의결되어야 할 사항을 따로 정할 수 있다.

1. 예산실무

2. 지출실무

3. 계약실무

4. 보조금관리

5. 결산실무

6. e-호조실무

7. 복식부기

8. 공유 재산 및 물품

9. 반성과회계 책임

10. 감사 사례

사업 명칭의 부여 기준	예산

1. 일반적 기준

○ 자치단체의 정책을 반영한 전략목표·성과목표를 명확히 설정한 후, 이를 달성하기 위한 사업 명칭으로서 구체적으로 표현

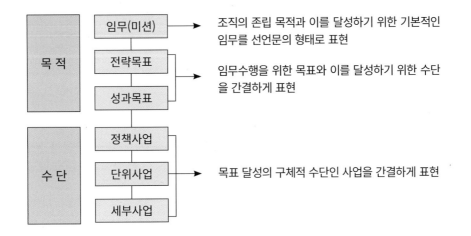

○ 전략목표·성과목표는 목적과 수단을 모두 포함해야 하나, 사업은 수단 부분만을 표시해야 함

○ 추상적 표현을 지양하고 사업 명칭만으로도 사업 내용을 추정할 수 있을 정도로 구체적으로 표현

○ 상위 사업은 하위 사업을 포괄할 수 있는 명칭을 부여

○ '△△사업', '△△업무', '△△실시', '△△추진' 등 사업을 중복적으로 표현하는 명칭은 지양

○ 동사형 명사로 종결되도록 표현 (예: ~관리, ~건설, ~구축, ~운영, ~정비, ~조성, ~상환, ~지원)

2. 사업 명칭 부여 사례

○ 사업 명칭 부여 시 목적과 수단을 모두 포함하려는 경향이 있으므로 목적 부분이 포함되지 않도록 유의

잘못된 사례 (목적+수단)	잘된 사례 (수단)
활기찬 직장 분위기 조성을 통한 생산성 제고	활기찬 직장 분위기 조성
하수시설 정비로 생활환경 개선	하수시설 정비

3. 중앙에서 확정 내시된 사업이 자치단체 세부사업에 없는 경우

1) 국고보조금 교부신청을 위한 사업 구조화

○ 확정 내시된 사업이 자치단체에 없는 경우 보조금 교부신청을 하기 위해서는 신규로 사업구조화(세부사업 설정)하여 보조금 교부신청 대상 사업과 1:1 대응이 되도록 함

※ 해당 국고보조사업이 자치단체에 없는 경우: 해당 사업 신설

○ 중앙부처 국고보조사업 대 자치단체 세부사업을 1:1(기존의 사업과 신설된 사업 모두를 각각 매칭)로 맵핑하거나 1:N(여러 세부사업을 한 개의 국고보조금과 매칭)으로 맵핑하여 보조금 교부신청 실시

○ 중앙부처에서 별도로 공문을 통보해와 자치단체에서도 공문으로 교부신청 작업 등을 수행한 경우에도 반드시 시스템상으로 교부신청 등 작업을 수행해야 함

2) 국고보조금 집행

○ 확정 내시된 국고보조사업이 자치단체에 구조화된 사업이 없어 새로 사업을 만들고, 동 사업을 추경편성 전에 집행하기 위해서는 간주* 또는 성립 전 사용**이 불가피

* 예산 총칙에 간주예산에 관한 예외 규정을 둔 자치단체는 시스템으로 간주예산 편성 후 집행

** 지방재정법 제45조에 의거 용도가 지정되고 소요전액이 교부된 국고보조사업의 경우에는 성립전으로 집행 가능

1. 예산실무

2. 지출실무

3. 계약실무

4. 보조금관리

5. 결산실무

6. e호조실무

7. 목적사기

8. 공유재산및물품

9. 변상과회계책임

10. 감사사례

국고보조사업 예산편성과 확정내시 간 검증 | No. 155386

1. 업무현황

○ e호조에서 지자체 세부사업과 중앙부처 내역사업을 확정내시 매핑을 오류 없이 등록해야 국고보조사업에 대한 정산보고서를 e호조에서 e나라도움으로 제출 가능

○ 확정내시 미등록, 국고보조사업 N:1 매핑 등 국고보조사업에 대한 예산편성과 확정내시 매핑에 대한 검증 필요

- **(정산)** 국고보조사업 정산보고서 생성 및 e나라도움으로 제출불가

- **(결산)** 지자체 결산작업 시 누락된 자료를 수기로 등록 · 수정함.

2. 내시사업 예산 미편성 건 조회 방법

○ 내시사업예산 미편성 탭에 조회되는 자료는 "보조금확정내시등록"(매뉴얼 No. 67046) 화면에서 국고보조사업과 연결한 자치단체 사업이 국비로 예산편성 되지 않은 사업임. 국고보조금으로 예산편성을 하지 않았다면 당연히 집행도 할 수 없으므로 보조금 집행실적이 산출되지 않음. 따라서 이 화면에 조회되는 자료가 있다면 확정내시 등록이 올바른지 확인해 수정해야 함.

───── **e호조 화면 경로** ─────

☞ 수입관리→보조금관리(2017년부터)→보조금집행내역관리→보조사업집행내역검증

＊ 주무부서(예산부서/회계부서)인 경우에만 모든 부서의 자료를 조회할 수 있고 각 사업부서는 자신의 부서 자료만 조회할 수 있음

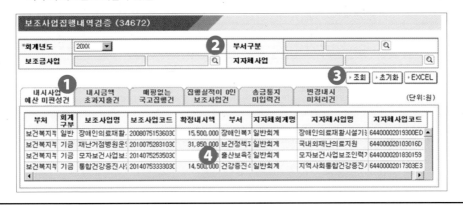

53

1. 정책사업의 설정

○ 1개의 정책사업은 단일 부문으로만 구성

○ 1개의 정책사업은 단일 조직(실·과)에서만 운영

정책사업	단위사업	조 직
해양관광· 레저산업 육성 및 기반조성	어촌체험마을 조성	해양개발과
	동해안해수욕장 선진화	해양개발과
	아름다운 동해안 가꾸기	기획총괄과
	낚시 전문어선 건조지원	어업지원과
	청소년해양수련원 시설확충	해양개발과

→

정책사업	조 직
어업인지원어촌개발	해양개발과
어업활동지원	어업지원과

○ 읍·면·동은 다음 방법 중 하나를 자율 선택 설정

– 방법 1) 읍·면·동이 자체적으로 정책사업을 설정

– 방법 2) 읍·면·동은 행정운영경비만 설정하고, 정책사업은 본청에서 설정

2. 단위사업의 설정

○ 1개의 단위사업은 동일 회계 또는 기금으로만 구성

정책사업	잘 못 된 사 례		잘 된 사 례	
	단 위 사 업	회계	단 위 사 업	회계
주민기초 생활보장	1. 기초생활보장사업	일반+ 기타특별	1. 저소득층 기초생활보장	일반
			2. 저소득층 의료지원	의료보호기금운 용특별회계
	2. 저소득가구 자활지원	일반	3. 저소득가구 자활지원	일반

○ 적정 단위사업 수

– 통상 1개의 정책사업에 4~5개의 단위사업으로 구성되도록 하며, 최대 10개를
넘지 않도록 유의 (World Bank의 권고)

– 1개의 단위사업에 속하는 세부사업 수를 고려

	세부사업의 설정	예산

1. 보조재원 포함 사업의 세부사업의 설정

○ 보조재원포함 사업과 자체재원 사업을 구분

○ 보조재원 세부사업 설정 요령

[예시 1] 하나의 보조재원 세부사업으로 설정

구분	사업명	재원별	사업비	편성목
광역	문화예술회관 건립	계	1,000백만 원	
		국비	500백만 원 (50%)	자치단체등자본이전
		시·도비	300백만 원 (30%)	자치단체등자본이전
			200백만 원 (추가)	자치단체등자본이전
기초	□□문화예술회관 건립	계	1,700백만 원	
		국비	500백만 원 (50%)	시설비 및 부대비
		시·도비	300백만 원 (30%)	시설비 및 부대비
			200백만 원 (추가)	시설비 및 부대비
		시·군비	200백만 원 (20%)	시설비 및 부대비
			500백만 원 (추가)	시설비 및 부대비

※ 시·도비 및 시·군비 추가분은 부지 매입비 및 추가 시설비 등 소요액

[예시 2] 국비 또는 시·도비 보조사업에 기준 인건비 항목(무기계약근로자보수 등)이 포함되어 있는 경우 인력운영비 세부사업으로 편성

보조재원 사 업 명	구분	사업비	편성목	사업 구조화 설정 방법
산림병해충 방제사업	계	150백만 원		
	병해충방제사업	100백만 원	시설비 및 부대비	정책사업–단위사업–세부사업
	병해충방제 예찰원인건비	50백만 원	무기계약 근로자보수	– 인력운영비 – 병해충방제예찰원인건비 또는 – 인력운영비 – 인력운영비(보조)

※ 기간제근로자보수는 정책사업에 편성(기준 인건비 항목이 아님)

2. 행사·축제 예산은 세부사업 별도 구분

○ 행사·축제사업은 각각의 단일 세부사업으로 구조화하여 예산편성
○ 지방재정관리시스템(e-호조)에서 세부사업 단위로 원가회계 정보를 관리

[예시 1] 지자체 행사 · 축제예산이 여러 세부사업에 편성된 경우

【현 행】

(정책사업) 정책 기능 강화

(단위사업) 정책 역량 강화

(세부사업) 도정홍보

(부 기 명) ○○축제 홍보

(정책사업) 지역경제 활성화

(단위사업) 해양산업 육성

(세부사업) ○○축제 지원

→

【개 선】

(정책사업) 지역경제 활성화

(단위사업) 해양산업 육성

(세부사업) ○○축제 지원

(부 기 명) ○○축제 홍보

[예시 2] 하나의 세부사업에 여러 행사 · 축제 예산이 편성된 경우

【현 행】

(정책사업) 문화예술 활성화

(단위사업) 문화예술 진흥

(세부사업) 지역문화예술 활성화 및
　　　　　　　 문화예술단체 육성지원

(부기명 1) ○○○예술제

(부기명 2) ○○○연극제

(부기명 3) ○○○페스티벌

(부기명 4) ○○○기념행사

(부기명 5) ○○○한마당

→

【개 선】

(정책사업) 문화예술 활성화

(단위사업) 문화예술 진흥

(세부사업 1) ○○○예술제

(세부사업 2) ○○○연극제

(세부사업 3) ○○○페스티벌

(세부사업 4) ○○○기념행사

(세부사업 5) ○○○한마당

행정 운영경비 | No. 73403

지방자치단체 행정조직 운영을 위한 최소한의 경상비로서, 기준인건비제도에 따른 인력운영비와 관서 운영을 위한 기본경비로 구분

1. 인력운영비

○ 기준인건비 항목에 포함되는 경비를 의미

| 인력운영비의 범위 |

목 그 룹	편 성 목	통 계 목
100 인건비	101 인건비	보수, 기타직 보수, 무기계약근로자 보수
200 물건비	204 직무수행경비	직급보조비
300 경상이전	303 포상금	성과상여금
	304 연금부담금 등	연금부담금, 국민건강보험금, 공무직(무기계약)근로자 고용보험료 부담금 등

○ 자치단체에서 공무원 보수규정 등에 의해 일괄 편성·집행하는 인력운영비는 총무과·인사과 등 인력운영 및 보수 총괄부서에서 사업 구조화 실시
  – 해당부서의 행정운영경비 내 단위사업으로 설정하는 것임

[예: 인력운영비(총괄)]

○ 각 부서별로 예산편성·집행하는 인력운영비는 각 부서에서 인력운영비 단위사업을 설정

> 보조금이 포함된 인력운영비의 사업 구조화는 "4. 세부사업의 설정" 참고
>
> ■ 통상 특정 부서가 일괄하여 예산편성·집행하는 인력운영비의 예
> - 개인에게 직접 수혜되는 인력운영비 <인건비(101), 직무수행경비(204), 성과상여금 등>
> - 개인에게 간접 수혜되는 인력운영비 <연금부담금등(304) 등>
>
> ■ 통상 각 부서별로 예산편성·집행하는 인력운영비의 예
> - 수당(시간외근무수당), 기타직 보수, 무기계약근로자 보수 등
> ※ 상기 내용은 인력운영비 편성에 있어 이해를 돕기 위한 참고사항이며, 자치단체별
>   로 인력운영비 운영 상황이 서로 상이할 수 있음.

2. 기본경비

○ 정책사업 수행 부서(실·과)의 운영을 위한 기본적인 행정사무비로서 특정 정책
  사업에 속하지 않으며, 부서 운영을 위하여 부서의 인원 수 비례로 산출하는 운
  영경비
○ 각 부서별로 단위사업을 편성하고, 기존 품목별 예산에서 편성하던 일반운영비,
  여비는 가능한 사업에 포함하여 편성

| 기본경비의 범위 예시 |

편성목	통계목	기본경비의 내용
201 일반운영비	사무관리비	• 기본행정사무용품 및 소모성물품구입비: 필기구, 용지대, 토너 등 • 기본업무 수행을 위한 특근매식비, 급량비 • 일반수수료: 세탁, 사진현상, 법령가제료 등 • 신문, 잡지, 관보, 법령추록 등 소규모적 도서구입비 • 당직용 침구구입비(사업소, 읍·면·동) • 일·숙직비(사업소, 읍·면·동) • 행정사무에 필요한 소규모적인 수선비 • 행정사무장비 임차료 • 범용 S/W구입비
	공공운영비	• 공공요금 및 제세

편성목	통계목	기본경비의 내용
202 여비	국내여비	• 기본업무 수행을 위한 국내여비
	월액여비	
405 자산취득비	자산 및 물품 취득비	• 사업과 무관한 경상적인 업무수행용 물품취득비 • PC, 프린터, 복사기, 모사전송기, 문서세단기, 냉온수기 등
203 업무추진비	기관운영 업무추진비	• 기관운영업무추진비
	정원가산 업무추진비	• 정원가산업무추진비
	부서운영 업무추진비	• 부서운영업무추진비
204 직무수행경비	직책급업무 수행 경비	• 직책급업무수행경비

※ 기본경비는 부서 운영에 필수불가결하게 소요되는 비용만 해당되는 것임

※ 행정운영경비는 부서별로 상호 구분될 수 있도록 [행정운영경비(00과)]로 부기하고, 기타(900)으로 관리 (분야 · 부문을 가질 수 없음)

재무활동 | No. 73403

재정보전적 이전재원, 채무상환 등에 해당하는 영역은 총계관리 및 사업관리 방식의 차별화를 위해 재무활동(비사업)으로 설정

1. 재무활동의 범위

1) 내부거래 지출

○ 기관 내의 회계 간 전출·입금

○ 공기업경상전출금 등 4개 편성목에 의해 지출된 예산으로 사업구조 측면에서는 단위사업 수준에 해당

2. 지출실무
3. 계약실무
4. 보조금관리
5. 결산실무
6. e-호조실무
7. 복식부기
8. 공유재산 및 물품
9. 변상과 회계 책임
10. 감사 사례

구 분	편 성 목	내 용 (통계목)
내부거래 지출	기타 회계전출금(701)	기타 회계전출금, 공기업특별회계 경상전출금, 공기업 특별회계 자본전출금
	기금전출금(702)	기금전출금
	예탁금(704)	예탁금
	예수금 원리금상환(705)	예수금 원금상환, 예수금 이자상환 시도 지역개발기금 예수금 원금상환 시도 지역개발기금 예수금 이자상환

2) 보전지출

○ 차입금 이자상환 등 4개 편성목에 의해 지출된 예산으로 사업 구조 측면에서는
단위사업 수준에 해당

구 분	편 성 목	내 용 (통계목)
보 전 지 출	차입금 이자상환(311)	시·군·구 지역개발기금차입금 이자상환, 통화금융기관차 입금 이자상환, 중앙정부차입금 이자상환, 지방채증권 이자 상환, 기타 차입금 이자상환
	차입금 원금상환(601)	시·군·구 지역개발기금차입금 원금상환, 통화금융기관차입 금 원금상환, 중앙정부차입금 원금상환, 지방채증권 원금상 환, 기타국내차입금 원금상환, 차관상환, 기타해외채무상환
	예치금(602)	예치금
	반환금 기타(802)	국고보조금반환금, 시·도비보조금반환금, 기타 반환금 등

2. 재무활동의 설정

○ 각 부서의 분야·부문에 정책사업 수준으로 설정하되, 복수의 분야·부문에
해당하는 경우 1개의 대표적인 분야·부문에만 설정
○ 상호 구분될 수 있도록 각 부서의 명칭을 부기 [예: '재무활동(○○과)']

4 지방예산 운영실무

1. 예산실무
2. 지출실무
3. 계약실무
4. 보조금관리
5. 결산실무
6. e-호조실무
7. 복식부기
8. 공유 재산 및 물품
9. 변상과 회계 책임
10. 감사 사례

성립 전 예산집행(간주처리)	No. 93399

1. 사업 개요

○ 예산성립 후에 생긴 사유로 인하여 이미 성립된 예산에 변경을 가할 필요가 있을 때에는 추가경정예산을 편성 사용하여야 함.

○ 그러나 다음의 경우에는 추가경정예산 성립 이전에 이를 사용할 수 있도록 규정

- 시도의 경우는 국가로부터, 시·군의 경우에는 국가 또는 시·도로부터 그 용도가 지정되고 소요 전액이 교부된 사업비

- 재해구호 및 복구와 관련하여 교부된 경비는 추가경정예산의 성립 이전에 이를 사용할 수 있으며, 이는 동일 회계연도 내의 차기 추가경정예산에 계상하여야 함.

2. 절차

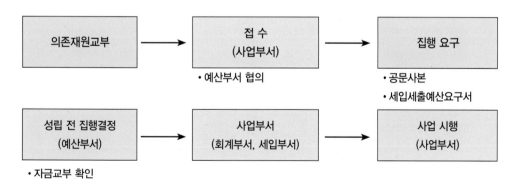

3. (추경)성립 전 사용 vs 간주처리 예산

구분	(추경) 성립 전 사용 예산	간주예산	비고
근거	• 지방재정법 제45조	• 없음 ※ 행정안전부 지침	
절차	• 예산 선 집행 ⇒ 추경편성 ⇒ 의회 예산심사	• 예산 선집행 ⇒ 사후보고 • 최종 추경예산 예산총칙으로 사전 승인	
시기 원칙	• 추경 편성	• 간주처리(추경 편성 안 함)	
의회보고	• (사전보고) 없음	• 사후보고 △(일부 보고, 일부 보고 규정 없음)	
의회 삭감	• 불가	• 불가	의회 권한 침해
의회 동의	• (사후 동의) 의무적	• 사전동의(승인) 형식	

※ 서울시의 경우 간주처리라고 하여 이와 유사한 제도로 운영하고 있으나 법령에서는 차기 추경이란 것을 명시하고 있으므로 추경이 있을 경우에는 성립 전, 최종 추경 종료 후에는 간주처리하는 것이 적절함.

4. 간주처리 근거

 최종 추경예산 성립 후 교부된 경비에 대한 처리기준

• 최종 추경예산편성시 예산총칙에 명시하여 간주처리
　※ 간주처리 동의 여부는 지방의회의 권한 사항이며, 이 경우 간주처리된 예산은
　　　지방재정법 제50조의 규정에 의거 이월 가능
• 간주처리 후 지방의회에 간주처리 내용 보고
• 다만, 지방비부담이 있는 보조금 등의 경우 지방의회와 협의 추진

※ 행안부 재정정책팀-454('05.4.21), 2005년도 추경예산편성 시부터 시행

5. '추가경정예산의 성립 전 사용' 관련 안내(No. 273897)

○ 지방재정 집행 적극 활용 지침 (행안부 회계제도과-703. '24.1.24)

○ 연내 교부 예정인 국고보조사업(지방비 부담사업업 포함)이 월별·분기별로 교부
가 구분되어 있고, 국고보조재원만으로도 집행이 가능한 경우(월별·분기별 수당
정액지급 등)에 한하여 기 교부된 국고보조금 범위 내에서 추가경정예산의 성립
전 사용 가능(필요시 지방의회 사전 보고)

※「2024년도 예산 및 기금운용계획 집행지침(기획재정부)」

  – 각 중앙관서의 장은 자치단체 매칭사업의 경우 자부담 확보 이전에 국비를 교
  부하여 사업을 우선 추진토록 할 수 있음.

예비비의 예산편성 및 집행 | No. 36713

1. 의의

○ 예측할 수 없는 예산 외의 지출 또는 예산 초과 지출에 충당하기 위하여 세입·세
출예산에 예비비 계상을 의무화함.

○ 관련 법령: 지방자치법 제129조

2. 사용 절차

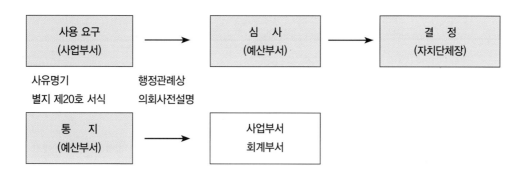

3. 참고사항

1) 예산편성(지방재정법 제43조)

ㅇ 예비비는 당초예산 일반회계 예산규모의 1.0% 이내 편성, 재해·재난 관련 목적 예비비는 별도 계상 가능

ㅇ 특별회계도 1.0% 이내 편성 가능(통합재정안정화 기금 예탁유도)

ㅇ 예비비로 충당한 예산의 집행 잔액은 다시 예비비로 환원 할 수 없음.

ㅇ 예비비를 사용한 다음에는 예비비지출에 관한 총괄표를 작성한 뒤 다음연도 지방의회의 승인을 얻어야 함.

2) 예비비의 지출 제한

ㅇ 내재적 제약

 - 연도 중의 계획이나 여건변동에 의한 대규모 투자지출의 보전

 - 예산편성이나 지방의회 심의과정에서 삭감된 경비

 - 다음연도 이월 경비에 소요되는 것이나 전용 등의 재원의 소요를 우선적으로 충당할 수 있는 경우

ㅇ 실정법상 제약(지재법 제48조)

 - 보조금, 업무추진비 등에는 지출 금지, 단, 긴급재해대책을 위한 보조금은 집행 가능

3) 예비비 과목

801 예비비	01. 일반예비비
	1. 지방자치법 제129조 및 지방재정법 제43조 제1항의 규정에 의한 예비비(일반·특별회계 예산총액의 1% 이내 편성)
	02. 재해·재난목적예비비
	1. 지방자치법 제129조 및 지방재정법 제43조 제2항의 규정에 의한 예비비(예비비 편성 한도는 없음)
	03. 내부유보금
	1. 지방의회의 예산심의 과정에서 삭감된 경비 중 일반 예비비 등 다른 세출예산으로 편성하지 못한 경비

1. 예산실무

2. 지출실무

3. 계약실무

4. 보조금 관리

5. 결산실무

6. e-호조실무

7. 복식부기

8. 공유재산 및 물품

9. 변상과 회계 책임

10. 감사 사례

예산의 전용	No. 14250

1. 사업 개요

○ 예산집행에 있어서 전용이란 정책사업 내 단위사업 간 예산을 변경하거나 동일 단위 사업 내 목 그룹 간 전용

○ 관련법령: 지방재정법 제49조

2. 전용 절차

※ 분기별로 분기 만료일이 속하는 달의 다음 달 말일까지 전용내역 제출

3. 유의사항

○ 심사 검토사항

　– 예산의 변동이 일어나게 된 배경, 사유, 내용 등 전용 사유 파악

　– 예산집행 심의위원회 개최 의견 수렴

○ 전용 제한 비목

　– 전용할 수 없는 경우: 당초예산 미계상 사업, 의회의결 취지와 다른 경우, 기준 인건비, 시설비 및 부대비, 차입금상환금(원금, 이자), 예수금원리금상환

　– 전용받을 수 없는 경우: 업무추진비

○ 세부사업 내 편성목(통계목) 간 변경 사용 원칙

　– 불가피하게 변경 사용코자 할 경우 변경 사용 이행

　– 통계목은 법정과목이 아니므로 상호 융통하는 것이며 전용은 아님.

○ 예산의 전용 후 재전용(재변경)은 원칙적으로 불가하나 「재난관리기본법」 제3조에 따른 재난 관련 예산의 경우 이미 전용된 예산이라도 재난·재해에 대한 긴급한 대응을 위해 필요한 경우 예외적으로 재전용 가능('22년 예산편성운영기준 추가)

| 예산의 이용·전용·변경 사용·이체 구분 |

구 분	이 용	전 용	변경사용	이 체
적용 범위	정책사업 간	단위사업 간	세부사업 간	실·과·사업소 간
요구권자	지방자치단체의 장	부서(기관)의 장	사업담당자	부서(기관)의 장
승인권자	지방의회	지방자치단체의 장	실·국장, 사업소장	지방자치단체의 장

※ 전용은 세부사업 신설하여 전용 불가하나, 변경은 신설 후 변경 가능

Q&A

Q. 전용제한대상 중 기준인건비내 무기계약근로자보수와 기간제근로자보수 간 상호 전용(변경)이 가능한지?

A. 세출예산 집행기준(훈령 별표2)에 따라 기간제근로자에서 무기계약직으로 전환된 경우만 조정해서 사용이 가능하고 무기계약직에서 기간제근로자보수로는 변경 불가

※ 실무에서는 전환 시 예산을 이용해야 하는 경우가 있으므로 회계과 등 급여 총괄부서에서 협조를 받아 집행하고 추경에 반영하는 것이 타당함.

 TIP (No.136548)

○ 예산 전용과 변경을 쉽게 구분하는 방법

- 예산전용: 예산이 단위사업을 넘겨서 사용되거나 목그룹(통계목의 맨 앞의 숫자)이 변경되는 경우 전용(예시: 201-01→301-01)

- 예산변경: 위의 사업을 제외한 사업(세부사업 내, 목그룹이 변경되지 않는 경우)(예시: 201-01 → 201-02)

1. 예산실무

2. 지출실무

3. 계약실무

4. 보조금관리

5. 결산실무

6. e-호조실무

7. 복식부기

8. 공유 재산 및 물품

9. 배상과 회계 책임

10. 감사 사례

예산의 이체 | No. 46099

> 품목별 예산 제도하에서는 조직이 바뀌어도 장-관-항-세항-목이 변경되지 않아 자금·지출에 변화가 없었으나, 사업예산 제도하에서는 정책-단위-세부사업의 위치가 바뀌므로 이에 따른 자금·지출도 변화됨.

1. 사업 개요

1) 이체단위: 정책·단위·세부사업

○ 정책·단위·세부사업은 분할·합병 불가하며, 「예산액」으로 관리

○ 정책·단위사업의 예산액은 세부사업의 합으로 구성

○ 세부사업 관점에서는 이체 후(관리부서 변동) 예산액은 불변

   ※ 추경 시 이체사업을 증감하려면 이체내역서를 첨부한 후 이체된 예산을 부서의 기정액으로 표현

   ※ 분기별로 분기 만료일이 속하는 달의 다음 달 말일까지 이체내역 지방의회 제출

2) 사업승계 원칙

조직 분할·합병 시 기배정 및 기집행된 예산은 반드시 관리부서 지정

2. 이체 방법: 3가지 유형

1) 조직 명칭만 변경된 경우

○ 기존의 정책·단위·세부사업을 그대로 사용하므로 이체 대상이 아님

   ※ 지방재정관리 시스템의 기준정보에서 조직명 및 GCC 코드 변경처리

2) 하나의 조직이 2개 이상으로 분할된 경우

○ 첫째, 한 부서(승계조직)에서는 기존 정책·단위·세부사업, 행정운영경비, 재무활동을 사용

  ※ 명칭이 변경된 경우 지방재정관리 시스템의 기준정보에서 조직명 및 GCC 코드 변경처리

○ 둘째, 다른 부서에서는 새로운 정책·단위사업, 행정운영경비, 재무활동을 신설 (신규사업 처리)

○ 셋째, 새로운 정책·단위사업으로 옮기는 세부사업 전체와 행정운영경비, 재무활동 금액을 이체

3) 2개 이상의 조직이 하나의 부서로 통합되는 경우

○ 첫째, 한 부서(승계조직)에서는 기존 정책·단위·세부사업, 행정운영경비, 재무활동을 사용

  ※ 명칭이 변경된 경우 지방재정관리 시스템의 기준정보에서 조직명 및 GCC 코드 변경처리

○ 둘째, 행정운영경비, 재무활동 사업을 통합 조직에 한 개만 운영하려 할 경우 다른 부서의 행정운영경비, 재무활동 잔액을 승계 조직의 동일 사업으로 이체

○ 셋째, 다른 부서의 기존 정책·단위·세부사업 전체와 행정 운영경비, 재무활동 금액을 승계 조직으로 이체

  ※ 이체 후 사업 이체된 행정운영경비와 재무활동의 예산 현액이 0인 경우 사업 구조화에서 사업 추진 여부를 'N'으로 설정하여 업목록팝업에서 안 보이도록 설정할 수 있음.

 행안부 질의회신 No.233748

조직의 변경이 아닌 소관부처의 변경에 따른 업무 이관의 경우에는 조례의 개정 없이 내부적인 결재로 이루어지는 것이 있어 실무에서는 업무 이관의 경우에도 이체를 많이 하고 있음. (강원도 사례 등)

2. 지출실무

3. 계약실무

4. 보조금관리

5. 결산실무

6. e-호조실무

7. 복식부기

8. 공유재산 및 물품

9. 발생주의 회계 책임

10. 감사 사례

예산의 이체 시 자금처리 | No. 46099

① 지출완료 금액, 지출 중 금액, 잔액 모두 이체받은 부서에서 관리
  • 결산은 결산시점의 조직·사업별로 이루어지며, 지출부 등은 화면 또는 출력물에서 기존 조직의 표시를 보여주도록 함.
② 예산이체 처리 시 자금·지출(계약포함)도 동시에 이체처리
  • 예산부서에서 이체 전 자금·지출부서의 사전 동의를 구한 후 이체처리
  ※ 예산 재배정에 의한 지출도 동일한 방법으로 이체처리

1. 정책·단위·세부사업의 사업이체

○ 예산이체 3가지 유형과 동일한 방식으로 자금·지출(계약 포함)도 사업 이체 처리됨.
  ※ 일상경비, 재배정의 경우도 교부받은 부서의 변동이 있는 경우 이체 처리
○ 지출원 간 이체가 이루어진 경우 원인행위번호 등 기존에 이루어진 지출 내용은 중복되더라도 변경 없이 이체됨.

2. 행정운영경비, 재무활동의 금액이체

1) 조직 명칭만 변경된 경우

○ 기존의 행정운영경비, 재무활동을 그대로 사용하므로 이체 대상이 아님.
  ※ 지방재정관리 시스템의 기준 정보에서 조직명 및 GCC 코드 변경 처리

2) 하나의 조직이 2개 이상으로 분할된 경우

○ 승계조직에 행정운영경비, 재무활동의 지출내역과 지출 중인 내역은 그대로 남겨둠.
○ 신설된 부서는 신규 구조화된 행정운영경비, 재무활동에 금액이체

3) 2개 이상의 조직이 하나의 부서로 통합되는 경우

○ 행정운영경비, 재무활동 사업을 통합조직에 한 개만 운영하려 할 경우 흡수 통합

되는 조직의 행정운영경비, 재무활동사업의 집행 잔액은 모두 반납처리 하여 금액 이체

○ 흡수 통합되는 조직의 정책·단위·세부사업 전체와 행정운영경비, 재무활동 사업을 승계 조직으로 이체

※ 이체 후 사업 이체된 행정운영경비와 재무활동의 예산 현액이 0인 경우 사업 구조화에서 사업 추진 여부를 'N'으로 설정하여 사업목록 팝업에서 안 보이도록 설정할 수 있음.

예산의 이월 | No. 14187

1. 사업 개요

○ 회계연도 독립의 원칙에 대한 예외로서 당해연도에 사용하지 않은 세출예산을 다음연도에 넘겨서 사용할 수 있도록 한 제도
○ 관련법령: 지방재정법 제50조 제1항

2. 이월의 종류

1) 명시 이월

○ 세출예산 중 경비의 성질상 당해연도 내에 그 지출을 끝내지 못할 것이 예측될 때에 그 취지를 세입·세출예산에 명시하고, 사전에 의회의 승인을 얻어 다음연도에 이월하여 사용하는 것

2) 사고 이월

○ 세출예산 중 당해연도 내에 지출 원인 행위를 하고 불가피한 사유로 인하여 그 연도 내에 지출하지 못한 경비와 지출 원인 행위를 하지 아니한 그 부대경비를 다음연도에 이월하여 사용하는 것

3) 계속비 이월

○ 수년도에 걸쳐 시행하는 사업의 경비에 대하여 일괄하여 의결을 얻은 예산
  - 연간 부담액 중 당해연도에 지출하지 못한 금액은 사업 완성 연도까지 계속하여 차례로 이월하여 사용할 수 있음.
  - 계속비로 지출할 수 있는 연한은 당해연도로부터 5년 이내이나, 필요하다고 인정될 때에는 지방의회의 의결을 거쳐 다시 그 연한을 연장할 수 있음.

3. 이월예산의 집행 절차

○ 이월예산의 구분관리: 예산부서는 편성목까지 확정하나, 회계처리 등을 고려하여 통계목까지를 내부적으로 관리함.

구 분	명 시 이 월	사 고 이 월	계 속 비 이 월
이월단위	편성목 단위까지	편성목 단위	편성목 단위
요구권자	자치단체의 장	부서(기관)의장	자치단체의 장
승인권자	지방의회	자치단체의 장	지방의회
요구시기	회계연도 완료되는 날까지	좌동	좌동
확정시기	회계연도 완료 후 10일 이내	좌동	좌동
기간연장	사고이월 가능	불가능	의회의결 연장, 사고

1. 예산실무

2. 지출실무

3. 계약실무

4. 보조금 관리

5. 결산실무

6. e-호조실무

7. 복식부기

8. 공유 재산 및 물품

9. 변상과 회계 책임

10. 감사 사례

4. 유의사항

1) 의회 승인 여부

○ 명시이월은 당해연도에 그 지출을 끝내지 못할 것이 예측될 때에 그 취지를 세입·세출예산에 명시 사전에 지방의회 승인을 받아야 함.

○ 계속비는 수년에 걸쳐 시행하는 사업의 경비에 대하여 일괄하여 의결을 얻은 예산으로 지출 연한은 5년 이내며, 필요시 의회의결을 거쳐 그 연한을 연장할 수 있음.

○ 사고이월은 사전 의회승인을 받는 것은 아니나 불가항력적인 사고로 지연된 것을 원칙으로 함.

2) 이월예산 지출 등

○ 다음연도 지출 원인 행위는 세출예산 배정 이전이라도 이를 할 수 있음.

○ 명시이월은 다시 사고이월할 수 있지만 사고이월은 재사고이월 불가

○ 이월예산의 타 목적의 용도로 전용은 이월 제도 취지에 비추어 불가능

○ 지출 승인된 예비비는 세출예산의 일종인 만큼 이월사유가 충족 된다면 이월사용 하여도 무방

TIP – 명시이월과 사고이월의 우선순위

○ 국도비 잔액의 소진 등 사업비의 효율적 사용을 위하여 명시이월과 사고이월이 둘다 가능할 경우 명시이월로 처리하는 것이 타당할 것임.

○ 명시이월은 의회의 사전의 결액만큼만 이월이 가능하므로 불확정적인 지출액을 포함하여 제출

TIP – 이월예산의 전용 또는 변경(No. 46266)

이월된 예산이라 할지라도 지출 원인행 위가 발생하지 않은 예산에 대하여는 동일 편성목내에서 통계목을 변경하여 사용할 수 있으나 이월된 예산의 전용은 불가

5 기금운용계획

기금운용계획 변경(「지방기금법」 제11조)   No.101998

1. 의회 승인이 필요한 경우

○ 기금운용계획의 정책사업 지출금액(의회 의결을 받은 금액 기준)의 20%를 초과하여 변경하려는 경우, 미리 지방의회의 의결을 받아야 함.

| 계획 변경 업무 절차도 |

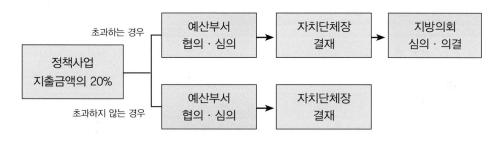

> **< 예시 1: A정책사업 10억 + 재무활동 10억으로 구성된 기금의 경우>**
>
> ① 정책사업 1억 증가, 재무활동 1억 증가: 의결 불필요
> ② 정책사업 1억 증가, 재무활동 1억 감소: 의결 불필요
>   ※ (예) 예치금을 축소하고 사업비를 증액하는 경우
> ③ 정책사업 1억 증가, 재무활동 2.5억 증가: 의결 필요
> ④ 정책사업 2.5억 증가, 재무활동 1억 증가: 의결 필요

< 예시 2: > A기금 '20년 정책사업비 10억 원

• (1차 변경) 1.5억 원 증액: 15% 증가 → 의결 불요

• (2차 변경) 1억 원 증액: <u>10억 원 대비 2.5억 증액(25% 증가)</u>→ <u>의결 필요</u>

< 예시 3: > A기금 '20년 정책사업비 10억 원

• (1차 변경) 2.5억 원 증액: 25% 증가 → 의결 필요

• (2차 변경) 1억 원 증액: <u>12.5억 원 대비 1억 증액(8%)</u> → <u>의결 불요</u>

2. 의회의결이 불요한 경우

○ 예측할 수 없는 소요가 발생한 경우, 긴급한 소요가 발생한 경우, 기존 사업을 보완하는 경우(단, 지방의회의 기금운용계획안 심의 과정에서 삭감된 부분에는 사용 불가)

 기금운용계획 변경 시 유의사항

① **단, 인건비, 시설비 및 부대비, 차입금 등 상환, 예수금원리금 상환에 편성된 금액은 축소 변경 불가**(증액 변경은 가능)
② **업무추진비는 증액 변경 불가**(축소 변경은 가능)
③ **재난관리기금, 재해구호기금은 이와 관계없이 세부항목 지출금액 변경 가능**

○ 정책사업* 지출금액의 20% 이하**를 변경하는 경우
○ 재난관리기금(「재난 및 안전관리기본법」 제67조) 및 재해구호기금(「재해구호법」 제15조)의 정책사업 지출금액을 변경하는 경우

3. 지방의회의 의결 없이 기금운용계획을 변경한 경우

○ 기금 결산보고서에 그 내용과 사유를 명시

4. 기금운용계획 변경 시

○ 해당 기금운용심의위원회 심의 필요

5. 기금운용심의위원회 생략이 가능한 경우

○ 다만, 아래의 경우 변경 내용, 금액 규모, 변경의 필요성 등을 고려하여 기금운용심
  의위원회의 심의를 생략하고 단체장 결재로 변경할지 여부를 자율 판단
  - 「재난관리기본법」에 따른 재난·재해 발생 등 예측할 수 없거나 긴급한 소요가
    발생하여 기금운용심의위원회 심의를 받을 여유가 없는 경우(단, 정책사업 지출
    금액의 20% 이하 범위에서 세부항목 지출금액을 변경하는 경우에 한정하며, 기
    금운용계획 변경사항은 사후 기금운용심의위원회에 보고하여야 함)
    ▷ (예시) A정책사업 10억 → 재난 발생에 따른 긴급 소요 발생으로 2억 증액
  - 동일 세부사업 내 총사업비 증액 없이 통계목만 변경하는 경우
  - 전년도 결산에 따라 예치금 회수(수입 계획) 금액이 변동되어 '예치금'(지출 계
    획) 항목만을 조정하려는 경우(단, '재무활동'의 20% 이하를 변경하는 경우에만
    해당함)

Q&A - 기금의 변경(전용)관련(No. 54217)

Q. 동일세부사업 내 편성목이 변경(전용)되는 경우 기금운용계획의 변경에 해당되는지?
A. 「기금운용계획」의 변경은 예산과목 변경(전용)도 포함됨. 다만, 기금에서는 이것
   을 '전용'이라고 부르지는 않습니다.

---

1. 통합재정안정화기금 설치·운용(지방기금법 제16조)

○ 타 회계 및 개별 기금의 여유재원을 적립하고, 재원이 필요한 타 회계·기금에 예탁
하거나 전출하여 활용할 수 있는 '통합재정안정화기금'의 설치 및 적극 활용

- 설치 목적 달성에 지장이 없는 범위 안에서 타 회계 및 개별 기금의 여유 재원을
'통합계정'에 예탁하고, 예수자금은 채무 상환 또는 재원이 필요한 타 회계·기
금에 예탁하여 활용

- 지방세, 순세계잉여금 등 수입이 증가할 경우 그 일부를 '재정안정화계정'으로
적립하고, 세입 감소 또는 심각한 경기침체 발생 등 재원이 필요할 경우 일반회
계 또는 특별회계로 전출하여 활용

| 통합재정안정화기금의 재원과 용도 |

구분	재원	용도
통합계정	1. 다른 회계 또는 기금으로부터 예탁받는 자금(예수금) 2. 다른 회계 또는 기금에 예탁한 자금의 원금 및 이자 수입 3. 통합기금 운용으로 발생하는 수익금	1. 다른 회계 및 기금으로의 예탁 2. 예수금 원금 및 이자 상환 3. 통합기금의 운용·관리에 필요한 경비
재정안정화 계정	1. 세입 및 결산상 잉여금 등 다른 회계로부터의 전입금	1. 다른 회계로의 전출 2. 지방채 원리금 상환

※ 기금적립과 사용요건 등을 지역 특성에 맞게 조례로 정하여 운용

※ 여유자금 중 통합재정안정화기금에 장기예탁 곤란 시 기금별 금융기관 예치

1. 예산실무

2. 지출실무

3. 계약실무

4. 보조금관리

5. 결산실무

6. e-호조실무

7. 복식부기

8. 공유재산 및 물품

9. 변상과 회계 책임

10. 감사 사례

2. 특별회계도 통합관리 가능하도록 개정(지방재정법 제9조의2)

○ 기존 통합관리기금이 기금에 한정해 여유자금을 통합관리해 재정 융자 및 지방채
상환 등에 활용할 수 있도록 한 것이었다면, 통합재정안정화기금의 통합계정에는
통합관리 가능한 재원으로 특별회계가 포함

○ 지방재정법 제9조의2를 통해 회계와 기금 간 또는 회계(기금) 상호 간에 예탁예수
할 수 있도록 근거를 마련하고, 통합계정을 통해 운용상의 여유재원을 타 회계 또
는 기금에 일정 기간 융자하고 약정 기간이 종료한 뒤에 회수할 수 있도록 한 것
임. 상환이 예정되어 있기 때문에 최종적으로는 당초 목적에 맞게 사용될 수 있으
므로 해당 특별회계나 기금의 설치 목적에 위배되지 않음.

| 혼동하기 쉬운 기금예산과목 |

예탁금(지출)	예수금(수입)	예치금(지출)
채무 조기상환 등을 위해 기금의 여유자금을 일반회계 및 특별회계, 타 기금에 예탁하는 계정 간 이동 자금	다른 회계나 기금에서 전입되는 재원으로서, 예수금을 가져오는 회계나 기금의 지출금액과 일치하여야 함	기금의 여유자금을 다양한 형태(1년 만기, 2년 만기 등)로 금융기관에 예치한 모든 금액

3. 기금운용의 전문성 확보

○ 금융·회계 지식을 갖춘 외부 전문가의 계약직 채용 또는 전담 공무원 배치·활용
(광역단체 및 재정 규모가 큰 기초단체)

○ 기금 관리·운용 사무 민간 위탁을 통한 민간의 전문성 활용

| 2021년도 법·시행령 개정 사항 |

• 기금 관리·운용 사무 일부를 지방자치단체 외의 자에게 위탁할 수 있는 근거 마련
※ 「지방기금법」 제6조 제2항 및 「지방기금법 시행령」 제3조 제1항·제2항 개정

구 분		과목
수입	전입금	공기업 특별회계 전입금(721-01), 공사·공단 전입금(721-02), 기타 회계 전입금(721-03), 기금 전입금(721-04), 교육비특별회계 전입금(721-05), 자치단체 간 부담금(222-01)
	보조금	보조금(500)
	차입금	국내차입금(610), 국외차입금(620)
	융자금회수 (이자 포함)	민간융자금회수수입(713-01), 민간융자금회수이자수입(216-02), 공사·공단 등 융자금 회수수입(713-03), 공사·공단 등 융자금 이자수입(216-04), 시군구 융자금회수 수입(713-04), 시군구 융자금회수 이자수입(216-06), 통화금융기관 융자금(713-02), 통화금융기관 융자금 회수 이자수입(216-03)
	예탁금원금회수	예탁금원금회수(722-03)
	예치금회수	예치금회수(714-01)
	예수금	예수금수입(722-01)
	이자수입	공공예금이자수입(216-01), 기타이자수입(216-03), 예탁금이자수입(722-04)
	기타 수입	그 외 세입과목
지출	비용자성 사업비	장학금, 구호금, 보조금, 보상금 등 기금 고유의 목적사업에 소요되는 경비 (정책사업비 내의 일반운영비, 여비, 업무추진비, 자산취득비 등 포함)
	융자성 사업비	정책사업의 융자금(501), 시군구 지역개발기금 융자금(501-04), 공사공단 등 융자금(513-03)
	인력운영비	정책사업비 및 행정운영경비의 인건비(101), 직급보조비(204-02), 성과상여금(303-02), 연금부담금(304-01), 국민건강보험금(304-02) 등 총액인건비 항목 전체
	기본경비	행정운영경비(정책사업비 제외)의 일반운영비(201), 여비(202), 업무추진비(203), 자산취득비(405) 기타 기금운용을 위한 각종 보조적 경비
	예탁금	재무활동의 예탁금(704)
	예치금	재무활동의 예치금(602)
	차입금원리금상환	재무활동의 차입금 이자상환(311), 차입금 원금상환(601)
	예수금원리금상환	재무활동의 예수금원리금상환(705)
	기타 지출	과태료 등 수입의 자치단체 간 분할(308-11, 식품진흥기금), 보조금 잔액 반환(802-01, 02), 과년도 수입의 반환(802-03) 등

1. 예산실무

2. 지출실무

3. 계약실무

4. 보조금관리

5. 결산실무

6. e-호조실무

7. 복식부기

8. 공유재산및물품

9. 변상과 회계 책임

10. 감사 사례

6 지방재정관리 제도

지방재정영향평가 & 중기지방재정계획 | 예산

1. 지방재정영향평가(「지방재정법」 제27조의 6) (No. 189111)

○ 대규모의 재정적 부담을 수반하는 국내·국제경기대회, 축제·행사, 공모사업 등의 유치를 신청하거나 응모를 하려면 미리 해당 지방자치단체의 재정에 미칠 영향을 평가하고 그 평가 결과를 토대로 지방재정투자심사위원회의 심사를 거쳐야 함.

○ 대상사업: 국내·국제경기대회, 공연·축제 등 행사성 사업으로서 총사업비가 30억원 이상인 사업(시·군·자치구 10억원), 공모사업 등 유치를 신청하거나 응모하는 사업으로서 총사업비가 100억 원 이상이고, 지방재정 부담이 50억 원 이상인 사업

○ 제외사업: 신규 사업이 아닌 지방자치단체의 국내·국제경기대회, 축제·행사, 공모사업, 사업비 전액이 민간자본 또는 외국자본인 사업이거나 국가재원인 사업

○ 심사시기: 정기(2월, 5월, 8월, 10월 말), 중기재정계획수립 이전 시행

※ 긴급히 국가시책사업을 추진하거나 연도 중에 사업을 시행하여야 할 특별한 사유가 있는 때에는 당해 회계연도 사업에 대하여 이를 실시 가능

Q&A - 지방재정부담의 재원 범위(No. 133815)

Q. 재정영향평가 중 지방재정부담이 순수 시 자체 재원만 해당되는지 투자심사처럼 교부세나 조정교부금까지 포함해야 하는 것인지 여부?

A. 기초자치단체 재원과 광역자치단체의 재원만 포함하며, 교부세, 조정교부금 등은 포함되지 않습니다.

2. 중기지방재정계획(지방재정법 제33조) (No. 189111)

○ 대상: 일반회계, 특별회계, 기금

○ 목적: 예산편성, 지방재정투자사업의 심사 실시, 국고보조금 신청 시 중기재정계획에 반영된 사업에 한하여 편성 또는 신청하여 실효성 확보

○ 관리대상(투자심사 기준*으로 적용하되 지자체마다 다른 기준을 적용할 수 있음)

  – 광역자치단체: 총사업비 40억 원 이상, 3억 원 이상 공연·축제 등

  – 기초자치단체: 총사업비 10억(20억) 이상, 1억 원 이상 공연·축제 등

  ※ 중기지방재정계획의 반영은 투자심사 개최를 위한 사전 절차임.

○ 총사업비: 기투자 + 5개년 계획('23~'27) + 향후 투자액이 모두 포함된 사업비(연례 반복적인 사업은 계획 기간 내 사업비 합계)

○ 심사시기: 10월 중(확정 10월 말)

TIP –중기지방재정계획과 투자심사의 관계

중기 미반영 사업은 투자심사 대상이 될 수 없으나 실무에서는 중기 미반영 시 추후 공모 등을 진행할 수 없으므로 예산부서, 의회와 협의하여 중기에 반영하여 유인

| 중기지방재정계획 근거 (「지방재정법」 제33조) |

① 지방자치단체의 장은 지방재정을 계획성 있게 운용하기 위하여 매년 다음 회계연도부터 5회계연도 이상의 기간에 대한 중기지방재정계획을 수립하여 예산안과 함께 지방의회에 제출하고, 회계연도 개시 30일 전까지 행정안전부장관에게 제출하여야 한다.('17.7. 26. 개정)

1. 예산실무

2. 지출실무

3. 계약실무

4. 보조금관리

5. 결산실무

6. e-호조실무

7. 특산부기·8. 공유 재산 및 물품

9. 변상과 회계 책임

10. 감사 사례

지방재정투자심사 & 공유재산관리계획 │ 예산·공유

1. 지방재정 투자심사(지방재정법 제37조) (No. 234929)

○ 심사 대상

심사구분	심사기관	대상사업
자체심사	시·군·자치구	• 20억 원 이상~60억 원 미만 신규 투자사업 • 1억 원 이상~3억 원 미만 공연·축제 등 행사성 사업과 홍보관 사업 • 20억 원 이상 전액 자체 재원 부담 신규 투자사업
자체심사	시·도	• 40억 원 이상~300억 원 미만 신규 투자사업 • 3억 원 이상~30억 원 미만 공연·축제 등 행사성 사업과 홍보관 사업 • 40억 원 이상 전액 자체 재원 부담 신규 투자사업
의뢰심사	시·도	• 시·군·자치구의 60억 원 이상~200억 원 미만 신규 투자 사업 • 시·군·자치구의 3억 원 이상~30억 원 미만 행사성 사업과 홍보관 사업 • 전액 자체 재원 부담 시·군·구의 청사신축사업과 문화·체육시설 신축사업
의뢰심사	중앙	• 시·도의 300억 원 이상 또는 시·군·구의 200억 원 이상 신규 투자사업 • 시·도, 시·군·자치구의 30억 원 이상 행사성 사업 및 홍보관 사업 • 전액 자체 재원 부담 시·도의 청사 및 문화·체육시설 신축 사업 • 10억 원 이상 외국차관 도입 또는 해외투자 사업

※ 총사업비 500억 원 이상의 사업은 투자심사 전 타당성 조사 시행
※ 심사 제외 사업: 재해복구 법령 또는 국가 관련 계획에 의해 확정된 사업(21개)
※ 부동산·동산의 취득·변경 등이 미수반되는 단순 개·보수 및 소모품 교체사업 등 제외(노후 하수도관 및 상
수도관 교체사업, 청사 도색 및 방수공사, 임차료 등)

○ 심사 시기: 정기(3월, 7월, 10월), 수시(필요시)

 TIP – 투자심사의 사업계획 변경시 중기지방재정계획과 연계 수정

투자심사 결과 사업계획이 변경되는 경우 기존 중기지방재정계획의 수정이 필요함. 다
만, 사정 변경 또는 예측하지 못한 사업의 경우 차년도 중기지방재정계획 반영 조건으
로 추진 가능

2. 공유재산의 관리계획(공유재산법 제10조, 시행령 제7조)(No. 168507)

○ 요청 대상

– 예정가격 기준(1건당): 취득 20억 원 이상(시군구 10억 원) , 처분 10억 원 이상
(서울, 경기 20억 원)

※ 전세권의 취득, 매각도 동일함(법제처 11–0430, 2011–09–29)

– 면적기준(1건당): 취득 6천㎡ 이상(시군구 1천㎡), 처분 5천㎡ 이상(시군구 2천㎡)

○ 요청 시기: 예산편성 직전이 아닌 훨씬 전 단계

정수물품 승인 & 출자 · 출연 사전의결 | 예산

---

1. 정수물품취득 승인(공유재산법 제58조, 시행령 제58조)(No. 96075)

○ 불요불급한 물품의 취득 방지를 위해 집행기관 자체 심사로 승인

○ 대상물품: 행정안전부 장관이 정하는 정수물품(59종)

○ 정수 책정 시기: 매년 8~9월 말(시군구 9~10월 말)

2. 출자 · 출연 사전의결(「지방재정법」 제18조)(No. 203258)

○ 모든 출자출연에 대해 매년 사전 의결을 얻어야 하며, 의결을 받아야 하는 출연
금의 금액 범위에 대한 제한은 없으며, 예산편성과 별개로 본회의 의결을 득하여
야 함.

○ 다만, 법령에 따른 의무적인 출자·출연 및 연례적·반복적 출자·출연에 대해서는
조례로 정하는 경우에 한하여 지방의회의 사전 의결을 일정 기간 정하여 얻을 수
있음.

1. 예산실무
2. 지출실무
3. 계약실무
4. 보조금관리
5. 결산실무
6. e-호조실무
7. 특수부기
8. 공유재산및물품
9. 변상과 회계 책임
10. 감사 사례

학술용역 심사 & 지방보조금편성 심의　│　예산·공유

1. 학술용역 심사(지자체별 학술용역심의위원회 조례, 예시)

○ 학술용역 과제의 필요성과 타당성을 미리 심사하여 예산낭비를 방지

○ 심사대상: 2천만 원 이상 학술용역

○ 심사시기: 매년 9월 중순(예산편성 전)

○ 제출기한: 예산편성 전 완료

2. 지방보조금 예산편성 시 심의(「지방보조금법」 제6조)

○ 적용대상: 민간경상사업보조, 민간행사사업보조, 민간자본사업보조, 사회복지사
업보조, 민간단체법정운영비보조, 사회복지시설법정운영비보조, 운수업계보조,
민간행사사업보조

○ 심의 내용

　– 당해 지방자치단체 사무와 관련한 사업비 예산편성 원칙

　– 법령에 명시적 근거가 있는 경우에 한하여 운영비 예산 편성

　– 사업비의 경우 법령, 조례에 명시적 근거 정비 후 예산편성 조치

　– 행사·축제예산은 각각의 단일 세부사업으로 구조화하여 예산편성

○ 보조금 예산 한도액 운영(전년도 보조금 총한도액 × (1+최근 3년간 일반회계 자
체수입 평균 증감률))

　※ 보조금 한도액 증가율은 본예산기준 전년도 대비 증가율을 넘지 못함.

　※ 최근 3년간 자체수입 평균 증감률이란 전전년도, 전전전년도, 전전전전년도, 자
체수입 결산액의 전년대비 증감률의 평균

　(예시) '24년 경우 : 전전년도(22년도), 전전전년도(21년도), 전전전전년도(20년도)

예산의 성과계획서 & 성인지예산서 작성 | No. 266252

1. 예산의 성과계획서(지방재정법 제5조 제2항, 제44조의2 제1항)

○ 자치단체장은 성과계획서를 작성, 예산안의 첨부서류로 의회 제출
○ 행정안전부 장관은 성과계획서 작성 등에 필요한 구체적인 기준을 마련하여 자치
　단체장에게 통보
　※ 2015 회계연도에 성과계획서 시범 작성
〈예산 성과보고서〉
○ 지방재정법 제5조(성과 중심의 지방재정운용) 제2항, 지방회계법 제15조(결산서
　의 구성) 및 제16조(결산서의 작성 등)
○ 「지방재정법」 개정('14.5월)으로 '16 회계연도부터 성과보고서를 작성하도록 법제화

2. 성인지예산 작성(지방재정법 제36조의2)

○ 예산이 여성과 남성에게 미치는 영향을 분석하고 그 결과를 예산편성에 반영하는
　제도로 양성평등을 사회적 형평성 구현
○ 대상 사업 선정: 소관부서 신청(8월 중순)→ 예산담당관실 검토·확정(9~10월)
　※ 13년 예산안부터 성인지 예산서 의회 제출
〈성인지결산서〉
○ (「지방회계법」 제18조 및 같은 법 시행령 제15조)
○ 예산이 성차별을 개선하는 방향으로 집행되었는지 평가

TIP – 성과계획서 및 성인지예산서 작성 계획서(사례)

성과계획서 No.172778 / 성인지 예산서 No.31167

주민참여 예산제 & 행사·축제성 경비 │ 예산

1. 주민참여 예산제 (「지방재정법」 제39조, 운영 조례)

○ 예산편성 과정에 주민이 참여할 수 있는 절차를 마련하여 예산편성 과정의 객관성
및 효율성 제고

○ 지원절차: 지원계획 수립 → 건의사항 취합 → 소관부서 검토 → 분과위원회 → 운
영위원회 → 전체회의

※ 예산안과 함께 주민참여예산 심의의견서 의회 제출

2. 행사 축제성 경비 사전·사후 심사 (No. 221155)

○ 근거

　- 지방재정법 제5조 제3항, 영제1조의2

　- 지방자치단체 주요재정사업평가 기준

○ 목적: 지방자치단체 자체적으로 내부의 사업수행 부서가 재정사업을 스스로 평가
하고 예산부서가 확인 점검한 평가결과를 지방재정 운용에 활용하는 제도

○ 대상: 신규 공연·축제 행사성 사업

※ 단, 정부 승인 국제행사, 투자사업 심사 대상, 법령에 따라 의무적으로 경비를 부담
하여야 하는 사업, 다른 기준에 따라 예산편성 전 사전심사를 기 시행한 사업, 행사
성 사업비 전액이 참가 민간인에 대한 실비보상적 경비(식비, 교통비, 숙박비 등)
인 경우는 사전심사 제외 가능

○ 심사 시기

　- 사전심사: 신규 행사성 사업 예산 편성 시

　- 사후심사: 민간위원회 사후평가 및 예산부서 확인·점검

○ 평가 방법: 5천만 원 미만은 상대평가, 5천만 원 이상은 절대평가

| 주요재정사업평가, 지방재정영행평가, 투자심사 비교 |

구분	재정사업 평가 (주요재정사업 사전심사)	지방재정영향평가	투자심사	비고
법령	지방재정법 제5조 제3항, 영 제1조의2	지방재정법 제27조의6, 영 제35조의 5 및 6	지방재정법 제37조 제1항, 영 제41조	
규칙	「지방자치단체 주요재정사업 평가기준」	「지방재정영향평가지침」	「지방재정투자사업 심사 규칙」	
목적	내부의 사업수행 부서가 재정사업을 스스로 평가하고, 예산부서의 확인 점검한 평가 결과 예산 반영	대규모 재정적 부담이 발생하는 축제·행사가 지방재정에 미칠 영향을 평가	재정투자사업에 대한 사전에 필요성과 타당성에 대한 심사	
대상	신규 공연 축제 행사성 사업 ▷① 행사운영비(201-03) ▷② 행사실비지원(301-11) ▷③ 행사관련시설비(401-04) → 모든 공연 축제 등 행사성 사업	공연 축제 등 행사성사업으로, 총사업비 30억 원 이상 사업(시군구 10억)	▶ 자체심사(총사업비) - 시군구: 1억~3억 - 시·도: 3억~30억 ▶ 중앙심사 - 시도, 시군구: 30억	
시기 (사전 심사)	신규 행사성 사업 편성 시 심사)	- 총사업비 30억 이상 공연 축제 예산편성 시(시군구 10억) - 매년 반복 3년마다 - 격년 반복 4년마다 - 매년 격년 직전 대비 20% 증가 시 실시	- 다음연도 시행하는 신규 사업 - 매년 반복 3년마다 투자심사 - 매년 객년 직전 대비 20% 이상 증액 시 실시 증가 시 실시	
사후평가	-투자사업 : 시도5억원, 시군구2억원 행사성사업 전체 상대평가 원칙, 완료사업에 한해 절대평가			
심사 및 평가 주체	민간위원회	지방재정투자심사위원회	지방재정투자심사위원회	

지출실무

PART 02 지출실무

1. 예산실무

2. 지출실무

3. 계약실무

4. 보조금관리

5. 결산실무

6. e-호조실무

7. 복식부기

8. 공유재산및물품

9. 발생과 회계책임

10. 감사 사례

1 회계제도의 일반

지방회계 관련 법규	지출

1. 지방회계 법령 체계

구 분	내 용	비 고
법 령	• 지방회계법(이하 '지회법' 통칭) • 지방회계법 시행령(이하 '지회령'으로 통칭)	
시행규칙	• 지방자치단체 업무추진비 집행에 관한 규칙 • 지방자치단체 회계 기준에 관한 규칙	
기타법령	• 지방자치단체를 당사자로 하는 계약에 관한 법률 • 공유재산 및 물품관리법	

2. 회계 관련 주요 규정

구 분	내 용	비 고
예산회계	• 지방자치단체 회계관리에 관한 훈령 (이하 '회계훈령'으로 통칭)	훈령
재무회계	• 지방자치단체 재무회계 운영 규정 • 지방자치단체 재무보고서 검토 기준 • 지방자치단체 원가계산 준칙	훈령
자금관리	• 지방자치단체 금고 지정 기준	예규
계약관리	• 지방자치단체 입찰 시 낙찰자 결정 기준 • 지방자치단체 입찰 및 계약 집행 기준	예규
재산물품	• 지방자치단체 공유재산 운영기준 • 지방자치단체 물품관리 운영기준	예규

1. 회계의 개념

회계란 재정활동의 일부로서 금전, 물품, 기타 재산 등의 출납과 보관·관리 등 유용한 재무정보(회계정보)를 종합적으로 정리·기록하여 그 이용자가 합리적으로 의사결정을 할 수 있도록 전달해 주는 정보 시스템(Information System)이다.

- 재정(Finance): 경제 주체로서의 종합적인 경제활동
- 예산(Budget): 회계연도 내 세입·세출의 재정적 계획
- 회계(Accounting): 계수로서 연속적으로 종합 정리하는 작용

2. 회계의 원칙(No. 63020)

○ 회계의 목적(법 제1조)

- 회계를 **투명하게 처리**하고, **자금을 효율적으로 관리**하도록 하는 것

○ 회계의 원칙(법 제5조)

- 신뢰할 수 있는 **객관적인 자료**와 **증명서류**에 의하여 공정하게 처리
- 재정활동의 내용과 그 성과를 **쉽게 파악**할 수 있도록 충분한 정보를 제공하고 **간단·명료**하게 처리

3. 회계의 특성

○ 엄정성: 회계 문서에 기명날인 또는 서명(전자)함으로써 책임 소재의 명확화

○ 정확성: 지출 서류에 개서, 삽입, 삭제, 정정, 도말(수정액 고침) 등의 제한

    ※ 금액 정정은 불가

    ※ 정정하는 경우 정정 날인 또는 서명을 하여 책임 소재 명확화

○ 공정성: 계약 등의 업무처리 시 입찰 등을 통한 기회 균등, 경쟁의 원칙

○ 통일성: 원칙적으로 서식, 시기, 내용 등의 법규화로 재량성 불인정

1. 예산실무

2. 지출실무

3. 계약실무

4. 보조금관리

5. 결산실무

6. e-호조실무

7. 복식부기

8. 공유재산및물품

9. 면상과 회계책임

10. 감사사례

| 회계의 분류 | 지출 |

1. 관리 대상에 의한 회계의 분류

구 분	내 용	관련 법규
현금회계	현금의 출납, 보관을 관리하는 회계 (회계의 주종을 이루고 있음)	지방계약법령, 지방회계법령, 관련개별법령, 업무추진비 집행규칙, 지방자치단체 예산편성 운영기준 및 기금운용계획 수립 기준, 지방자치단체 회계관리에 관한 훈령
물품회계	현금·공유재산·유가증권을 제외한 동산 및 각종 물품을 출납·관리하는 회계	공유재산 및 물품관리법령, 물품관리조례
재산회계	부동산 등 재산을 출납·관리하는 회계	국유재산법, 공유재산관리조례, 공유재산 및 물품관리법 시행령
채권회계	금전의 지급을 목적으로 하는 지방자치단체의 권리를 관리하는 회계	지방재정법, 지방재정법 시행령, 지방자치단체 회계관리에 관한 훈령

2. 목적에 의한 회계의 분류

구 분	일반회계	특별회계	기 금
설치사유	지자체의 일반적인 재정활동	• 특정사업의 운영 • 자금보유 운용 • 특정 세입으로 특정 세출에 충당	특정 목적을 위해 특정 자금을 운용
재원조달 및 운용형태	조세 수입과 무상적 급부 제공이 원칙	일반회계와 기금의 운용형태 혼재	출연금, 부담금 등 다양한 수입원을 토대로 융자사업 등 유상급부를 제공하는 경우가 많음

구 분	일반회계	특별회계	기 금
운용계획 확정·집행	자치단체가 예산편성권을 가지며, 의회가 심의·확정함 집행과정에서도 합법성에 입각한 통제가 가해짐	일반회계와 동일	기금관리 주체가 계획을 수립, 지방의회 심의·의결로 확정 집행과정에서는 합목적성 차원에서 자율성과 탄력성이 예산에 비해 더 보장되어 있음
수입과 지출의 연계	특정한 수입과 지출을 연계하지 않음. 다만, 수입 대체 경비는 초과 지출 시 해당 수입금에 대하여만 지출함	특정한 수입과 지출의 연계	특정한 수입과 지출이 연계되어 있음

Q&A

Q. 법령이나 조례에 규정되지 않은 경우에도 특별회계를 설치할 수 있는지 여부

A. 법령이나 조례에 별도의 근거를 두지 않고는 특별회계 예산을 편성할 수 없으므로 예산을 편성하기 위해서는 별도의 법령에 근거를 두거나 조례에 명시하는 개정을 한 후에 예산을 편성하는 것이 타당하다고 판단됨. 다만, 목적세에 따른 세입·세출은 다른 법률에 특별한 규정이 있는 경우를 제외하고는 특별회계를 설치·운용하여야 함. (지방재정법 제9조 제2항)

세출예산 집행 10대 원칙과 예외 | 지출

1. 국가정책 또는 시책에 반하는 경비 지출의 금지(지방재정법 제3조)

○ 지방자치단체는 국가정책에 反하여 사업비, 민간지원경비, 경상경비는 일체 집행할 수 없음.

- 이 경우, 국가정책(시책)이라 함은 중앙정부가 법령·지침 또는 예산으로 추진하는 정책·시책사업 일체를 말함.

2. 당해 자치단체 사무와 관련 없는 경비지출 금지 (지방재정법시행령 제32조)

○ 법령에 근거 없이 국가 또는 다른 자치단체의 사무 및 교육사무를 처리하기 위하여 경비를 지출할 수 없음.

※ 법령에 위임 없이 조례를 제정하여 국가 또는 다른 자치단체 및 교육경비를 지출할 수 없음.

3. 세출예산의 목적 외 사용 금지 (지방재정법 제47조)

○ 세출예산에 정한 목적 외의 경비를 사용하거나 세출예산이 정한 정책사업 사이에 상호 移用할 수 없음.

※ 사업예산의 경우 예산서에서 정한 내용과 다른 사업비로 임의로 집행 금지

※ 예외: 예산의 이용, 전용 및 변경

4. 회계연도 독립의 원칙 (지방재정법 제7조, 지방회계법 제6조)

○ 세출예산은 회계연도 개시 전은 물론 당해 회계연도를 경과한 후에는 집행할 수 없으며 전년도에 발생한 업무와 관련하여 현년도 예산에서 집행할 수 없음.

※ 예외: 예산의 이월, 지난 회계연도 지출 등

5. 수입의 직접 사용 금지 (지방회계법 제25조)

○ 자치단체 모든 수입은 지정된 수납기관에 납부하여야 하며, 법률에서 별도로 정한 경우를 제외하고는 직접 사용할 수 없다.

※ 예외: 수입대체경비(지방회계법 제26조)

- 자치단체가 용역 및 시설을 제공하고 그 제공을 받은 자로부터 그 비용을 징수하는 경우의 해당 경비로서 수입의 범위 안에서 관련 경비의 총액을 지출할 수 있다.

※ 수입대체경비: 공무원교육원의 교육경비, 보건소의 진료비, 기타 행정안전부장관이 자치단체와 협의하여 지정하는 경비

6. 기부 또는 보조의 제한 (지방재정법 제17조)

○ 지방자치단체는 그 소관에 속하는 사무와 관련하여 다음 각 호의 어느 하나에 해당하는 경우와 공공기관에 지출하는 경우에만 개인 또는 법인·단체에 기부·보조, 그 밖의 공금 지출을 할 수 있다. 다만, 제4호에 따른 지출은 해당 사업의 지출 근거가 조례에 직접 규정되어 있는 경우로 한정한다.

　1. 법률에 규정하고 있는 경우

　2. 국고 보조 재원에 의한 것으로서 국가가 지정한 경우

　3. 용도가 지정된 기부금의 경우

　4. 보조금을 지출하지 아니하면 사업을 수행할 수 없는 경우로서 지방자치단체가 권장하는 사업을 위하여 필요하다고 인정되는 경우

7. 출자 및 출연의 제한 (지방재정법 제18조)

○ 지방자치단체는 법령에 근거가 있는 경우에만 출자를 할 수 있음

○ 지방자치단체는 법령에 근거가 있는 경우와 제17조 제2항의 공공기관에 대하여 조례에 근거가 있는 경우에만 출연을 할 수 있음.

○ 지방자치단체가 출자 또는 출연을 하려면 미리 해당 지방의회의 의결을 얻어야 함.

8. 법령에 근거한 공무원 관련 경비 집행(지방공무원법 제44조)

○ 공무원에 대한 보수는 법령에 의하지 아니하고 어떠한 금전 또는 유가물도 지급할 수 없다.

　※ 법령의 위임 없이 공무원 관련 경비 조례 제정 금지

9. 정당한 채권자 이외에 예산집행 금지(지방회계법 제33조)

○ 세출예산을 집행하는 경우 법령·조례·규칙 또는 계약·기타 정당한 사유로 당해 자치단체에 대하여 채권(정당한 청구권)을 가진 자 외에는 예산을 집행할 수 없음.

　※ 예외: 일상경비출납원에 자금교부, 정부 구매카드 사용 시 예산집행

10. 예산 집행절차 준수

○ 예산을 집행하는 경우 관련 법령·조례·규칙·예규 등으로 기준과 절차를 정한 경우에는 그 절차와 기준을 반드시 준수하여 예산을 집행

○ 행사 관련 시설비, 민간위탁사업비, 민간위탁금, 임차료 등 해당 사업비의 통계목에 상관없이 실질적으로 지방자치단체의 지출 원인이 되는 계약으로서 다른 법령이나 조례 등에 특별한 규정이 없는 경우에는 지방계약법 제2조 및 제4조에 따라 (분임)재무관에 의한 계약을 체결하여야 한다.

 관련 법령

지방재정법, 지방회계법, 지방계약법, 지방자치단체 기금관리기본법, 공유재산 및 물품 관리법, 보조금 관련 법령, 지방자치단체 업무추진비 집행에 관한 규칙, 지방자치단체 예산편성 운영기준, 지방자치단체 회계관리에 관한 훈령, 기타 관련 개별 법령

회계책임관과 통합지출관	지출

1. 회계책임관(지방회계법 제10조)

가. 회계책임관 지정 및 임명

○ 지방자치단체의 장은 그 소관에 속하는 회계업무를 총괄적으로 수행하도록 하기 위하여 통합지출관의 직근 상급자 또는 상위 직급자 중에서 회계책임관을 지정
  예) 광역(본청): 회계업무담당국장 / 기초(본청): 회계업무담당국장

○ 소속 기관에 설치된 직위를 지정함으로써 회계책임관의 임명을 갈음

나. 회계책임관의 임무

○ 회계관계공무원의 대리와 분임자에 대한 지도·감독

1. 예산실무
2. 지출실무
3. 계약실무
4. 보조금관리
5. 결산실무
6. e-호조실무
7. 복식부기
8. 공유재산 및 물품
9. 변상과 회계책임
10. 감사 사례

○ 회계관계공무원의 관리·감독 및 내부 통제 등 회계업무에 관한 사항

○ 회계·결산 및 작성·분석에 관한 사항

○ 회계업무에 관한 지방자치단체 조례·규칙 등 운영에 관한 사항

2. 통합지출관(지방회계법 제45조)

가. 통합지출관의 지정 및 임명

○ 재정자금의 효율적인 사용 및 관서별 분산 지출을 통합하여 운용하기 위해 지방자치단체의 장이나 그 위임을 받은 공무원이 소속 공무원 중에서 통합지출관을 임명, 회계관계공무원 중 어느 하나에 해당하는 공무원과 겸직 가능

예) 광역(본청): 회계업무담당과장 / 기초(본청): 회계업무담당과장

○ 소속기관에 설치된 직위를 지정함으로써 통합지출관의 임명을 갈음

나. 통합지출관의 임무

○ 지방회계법 제14조 제1항에 따른 결산서의 작성

○ 관서별 소요자금의 통합관리

– 통합계좌 자금의 운용 및 관리

※ 세출예산 월별 자금지출 종합계획 수립 및 자금 배정

○ 관서별 지출원 및 출납원에 대한 지도·감독

○ 그 밖의 자금의 통합관리 및 운용

※ 통합지출관은 회계업무담당과장(회계관계공무원이 겸직 가능)

회계관직(시·군·자치구 예시)	지출

1. 임명 또는 위임(지방회계법 제46조)

○ 회계관계공무원의 임명 또는 위임은 지방자치단체의 장이 소속기관에 설치된 직위를 지정하는 것으로 한다.

※ 회계관직의 위임은 세출예산집행 품의시 사무처리전결규정과는 별개임.

2. 회계관직 지정(회계훈령 별표 1)

관 직 명	본 청	의 회	제1관서 (직속기관, 사업소)	읍면동
재무관	회계업무담당국장 (소방본부장)	사무국(과)장	관서의장	읍면동장
분임재무관	회계업무담당과장, 각 실과장(일상경비)	-	회계업무담당과장, 각 실과장(일상경비)	-
지출원	지출업무담당 (소방본부는 지출업무 담당 소방령)	의정담당	지출업무담당	지출업무담당
일상경비출납원	각 실과서무담당	의정(사)담당	각실과서무담당	-
세입세출 외 현금출납원	재무업무담당자	지출업무담당자	지출업무담당자	지출업무담당
	※ 세입세출외현금출납원 외에 세입세출외현금 실무담당자를 별도로 지정하여 반드시 2인 이상이 업무처리			

Q&A

Q. 분임재무관의 장기출장 시 일상경비출납원(또는 지출원)을 분임재무관으로 임명하고 차석담당 또는 주무(담당차석) 담당자를 출납원 또는 지출원으로 임명할 수 있는지 여부

A. 회계관직자의 출장 등 일시적으로 유고가 발생된 경우에는 지방자치단체직무대리규정에 따라 대리인을 임명해야 함. 다만, 직무대리자가 공석 중이거나 다른 회계관직을 담당하고 있어 겸직이 불가능하다면 소속기관장이 별도로 적임자를 지정하여 임명할 수 있을 것임.

1. 예산실무
2. 지출실무
3. 계약실무
4. 보조금 관리
5. 결산실무
6. e-호조실무
7. 복식부기
8. 공유재산 및 물품
9. 변상과 회계책임
10. 감사 사례

3. 재무관의 직무위임(회계훈령 제4조) ⇒ 분임재무관에게 위임

관서 구분	위 임 내 용				
	공사 · 토지 매입	제조 · 용역	물건의 매입	의무적 경비 등	기타
본청	추정가격 1억 이하	추정가격 5천만 원 이하		인건비, 일반운영비, 여비, 복리후생비, 업무추진비, 공공요금, 제세공과금, 전출금, 지방채원리금, 행정재산취득에 따른 보상금, 보조금, 위탁금, 대행사업비, 반환금, 기타 법령 또는 조례에 따른 의무적 경비의 지출과 일상경비 교부	그 외 예정금액 500만 원 이하 및 조달물품
제1 관서	추정가격 3천만 원 이하	추정가격 2천만 원 이하	추정가격 500만 원 이하		그 외 예정금액 50만 원 이하 및 조달물품

※ 직무의 위임 범위는 지방자치단체의 장이 정함. 다만 지방의회의 경우에는 지방의회 의장이 따로 정함.

재정보증	회계책임

1. 근 거

○ 회계관계직원(회계관계직원 등의 책임에 관한 법률 제2조 제2호 나목에 해당하는 사람 포함)은 재정보증이 없이는 그 직무를 담당할 수 없다. (「지방회계법」 제50조)

2. 재정보증 대상

○ 지방회계법 제46조부터 제50조까지에 의한 회계관계직원과 그 대리인 및 분임자, 보조자

○ 회계관계직원 등의 책임에 관한 법률 제2조 제2호 나목에 따라 회계사무에 준하여 회계사무를 처리하는 자(예시: 보상업무 담당자)

3. 재정보증 설정

○ 회계관계직원으로 임명된 날로부터 30일 이내에 설정

○ 재정보증 방법: 보증보험 형태

○ 보증기간: 1년(매년 갱신), 직위 포괄계약 때는 3년

○ 보험료 지급: 해당 연도 세출예산에서 지급

○ 재정보증한도액: 1천만 원 이상으로 회계관계직원의 직위 및 책임 등을 고려 자치
단체의 장이 결정

4. 보험금의 청구 및 변상

○ 사유 발생 때는 보험회사 통지 및 징수

○ 변상책임액이 보험금액을 초과할 경우, 그 초과액을 해당 직원에게 변상 요구

5. 보험가입 시 Check Point

○ 공무원 개인에 대한 변상을 막을 수 있는 특별약관(I, II)을 반드시 가입할 것

○ 직위식 단체계약일 경우는 올바른 직위 기재

○ 보증한도 초과 시, 행정종합배상공제(지방행정공제회)를 통해 해결 가능

※ 특약의 설정

약관종류		보험계약 내용
보통약관		회계관계공무원의 직무상 직위를 이용한 불법 행위(절도, 강도, 사기, 횡령, 배임)로 피보험자가 입은 재산상의 직접 손해를 보상(법률상 손해배상책임 포함)
특별약관	추가위험부담 특별약관(I)	회계관계공무원이 사무를 처리함에 있어 중대한 과실이나 선량한 관리자로서의 책임을 다하지 못함으로써 발생한 재산상의 손해에 대해서도 보상(법률상 손해배상책임 포함)
	직위식 단체계약 특별약관	직원의 성명은 알리지 않고 그 직위(회계관직)와 직위별 보험가입금액을 알리고 단체로 보험계약을 체결
	대위권제한 특별약관	추가 위험부담 특별약관(I)에서 정하는 손해를 보상하는 경우에 회계관계공무원에게 구상 및 대위권을 행사하지 아니함.

1. 예산실무

2. 지출실무

3. 계약실무

4. 보조금관리

5. 결산실무

6. e-호조실무

7. 복식부기

8. 공유재산 및 물품

9. 변상과 회계책임

10. 감사 사례

2 예산집행품의 & 지출원인행위

| 세출 예산의 집행 흐름도 | No. 25974 |

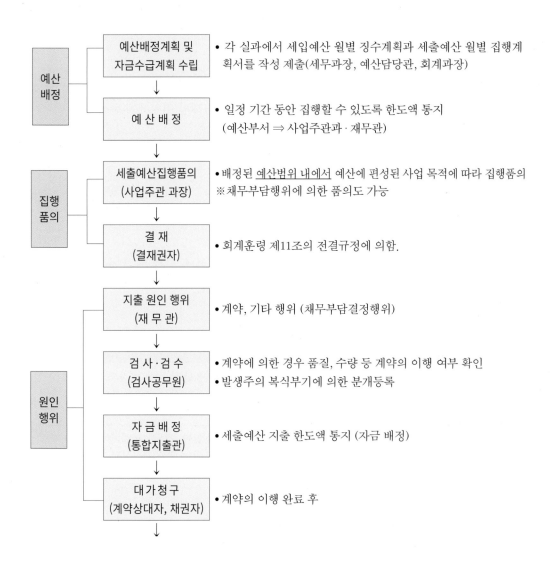

예산 배정

예산배정계획 및 자금수급계획 수립
- 각 실과에서 세입예산 월별 징수계획과 세출예산 월별 집행계획서를 작성 제출(세무과장, 예산담당관, 회계과장)

↓

예 산 배 정
- 일정 기간 동안 집행할 수 있도록 한도액 통지
  (예산부서 ⇒ 사업주관과 · 재무관)

↓

집행 품의

세출예산집행품의
(사업주관 과장)
- 배정된 예산범위 내에서 예산에 편성된 사업 목적에 따라 집행품의
  ※ 채무부담행위에 의한 품의도 가능

↓

결 재
(결재권자)
- 회계훈령 제11조의 전결규정에 의함.

↓

원인 행위

지출 원인 행위
(재 무 관)
- 계약, 기타 행위 (채무부담결정행위)

↓

검 사 · 검 수
(검사공무원)
- 계약에 의한 경우 품질, 수량 등 계약의 이행 여부 확인
- 발생주의 복식부기에 의한 분개등록

↓

자 금 배 정
(통합지출관)
- 세출예산 지출 한도액 통지 (자금 배정)

↓

대 가 청 구
(계약상대자, 채권자)
- 계약의 이행 완료 후

↓

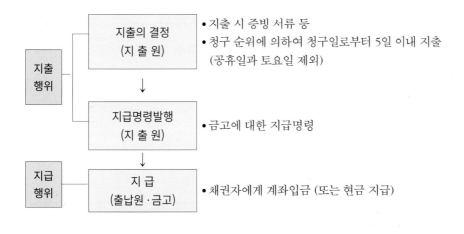

1. 예산실무

2. 지출실무

3. 계약실무

4. 보조금관리

5. 결산실무

6. e-호조실무

7. 복식부기

8. 공유 재산 및 물품

9. 재상과 회계책임

10. 감사 사례

| 예산집행 품의 | No. 252948 |

1. 예산집행품의 전결규정 구분표(회계훈령 제11조)

구 분	공 사	용역·물품	기 타
시·도	50억 원 이하	20억 원 이하	10억 원 이하, 법정경비
일반구가 있는 시 또는 인구 50만 이상 시	20억 원 이하	10억 원 이하	5억 원 이하, 법정경비
시·군·자치구	10억 원 이하	5억 원 이하	2억 원 이하, 법정경비

※ 위 한도 범위 내에서 부단체장, 국장, 실·과장이 자율적으로 운영(사무전결규칙 참고)
※ 직무수행경비, 공공요금, 제세공과금, 인건비, 여비의 경우 예산집행품의 생략 가능

2. 품의서 작성 요령

o 품의종류: 공사집행(수선), 물품의 매입·수리·제조, 보조금 교부 등

o 품의서의 작성 요령

– 제목은 집행 목적을 나타낼 수 있도록 표기

– 집행의 목적, 집행액, 집행 내역(복잡한 경우 별지로 작성)

– 교부처(또는 지급처), 예산과목(통계목까지 정확히 기재)

– 집행의 내용에 따라 사업·예산·세입·회계부서의 협조

3. 품의서 작성 시 검토사항

○ 집행의 내용이 예산편성의 목적과 부합되는지 여부

○ 집행예정금액은 예산액의 범위 이내인지 예산은 배정되었는지 여부

  (※ 자금배정은 예산지출 결의 시 검토할 사항)

○ 집행예정금액이 법령·지침 등에서 근거한 기준액과 부합되는지 여부

○ 자금의 지급(교부)처는 정당한지 여부(정당한 채권자에 해당하는지 여부)

Q&A

Q. 예산집행품의를 하기 위하여는 내부결재 또는 지방자치단체에서 일정한 서식을 만들어 사용하는데 어느 것을 사용해야 하는지?

A. 예산집행품의서에 대한 법정 서식은 없으며, 품의 내용에 따라서 내부결재 방식 또는 품의 서식을 선택하여 사용해야 할 것이며, 품의 내용이 복잡한 경우에는 가급적 별지를 사용하여 품의 내용이 정확하게 명기되도록 하는 것이 타당할 것임.

---

4. 집행품의를 생략할 수 있는 경우 (회계훈령 제11조 제5항)

○ 인건비, 직무수행경비

○ 공공요금, 제세공과금

○ 여비

○ 일상경비 교부

1. 예산 실무

2. 지출 실무

3. 계약 실무

4. 보조금 관리

5. 결산 실무

6. e-호조실무

7. 물품관리

8. 공유재산 및 물품

9. 변상과 회계책임

10. 감사 사례

세출예산 집행품의 예시	지출

예시 1) 제목: 간담회 개최에 따른 급식비 지출

○○○업무를 원활히 추진한 시·구 담당공무원과 간담회를 개최하여 그동안의 노고를 위로 격려하고자 급식을 제공하고 청구에 의거 지출하고자 합니다.

1. 소요금액: 금500,000원(금 오십만 원)

2. 산출기초: 20,000원 × 25명= 500,000원

3. 간담회 개요

　가. 일 시: 2024. ○○. ○○.(수) 18 : 30

　나. 장 소: ○○식당(○○구 ○○○로 소재)

　다. 참석대상: 25명

　1) 시: 10명(○○국장 외 9명)

　2) 구: 15명(자치구별 3명 – 선거담당, 선거·주민전산담당자)

4. 지출방법: 신용카드 결재 후 청구에 의거 계좌입금(BC카드사)

5. 예산과목: 정책-단위-세부사업,기관운영업무추진비(203-01)

붙임 주요 참여자 명단(주된 상대방의 소속 또는 주소 및 성명 기재) 1부. 끝.

  TIP – 금액의 표시 방법

지방자치단체 회계관리에 관한 훈령 제96조(금액의 표시)

(예시) 금 113, 560원(금일십일만삼천오백육십원)

예시 2) 제목: ○○○사업비 교부결정 및 지급결의

1. ○○과-○○호(2024. 8. 7.)와 관련됩니다.

2. 2024년 ○○지원 사업추진을 위한 사업비(공기관위탁사업비)를 다음과 같이 교부
　결정하고 사업비를 지급하고자 합니다.

가. 사 업 명: 2024년 ○○지원 사업

- 사업기간: 2024년 9월 ~ 12월

나. 예 산 액: 금 20,000,000원(금이천만 원)(국50%, 시50%)

다. 기교부액: 금 10,000,000원(금일천만 원)(국50%, 시50%)

라. 금회교부액: 금 10,000,000원(금일천만 원)(국50% 시50%)

마. 교 부 처: ○○공사(대표 ○○○)

바. 교부방법: 청구에 의한 계좌입금(은행명/계좌번호)

사. 예산과목: 정책-단위-세부사업, 자치단체등이전(308-10)

붙임 1.○○○지원사업 검토보고 1부. 2.지방교부금 교부결정서 1부.

　　　 3. 사업계획서 1부. 4.○○박람회 참가비 안내 공문 사본 1부.

　　　 5. 지자체 부담금 산정내역 1부. 6. 교부신청서 및 청구서 1부.

　　　 7. 통장사본 1부. 끝.

예시 3) 제목: 2024년 ○○사업 기간제근로자 7월분 인부임 및 4대보험료 지급

2024년도 ○○사업 관리를 위한 기간제근로자 사역에 따른 7월분 인부임 지급 및 4대보험료를 다음과 같이 지출코자 합니다.

1. 사 역 기 간: 2024. 2. 1. ~ 12. 29.

2. 예 산 액: 금 65,265,000원(금육천오백이십육만오천 원)

3. 기 지 출 액: 금 28,268,000원(금이천팔백이십육만팔천 원)

4. 금회지출액: 금 5,258,460원(금오백이십오만팔천사백육십 원)

　가. 인부임 지급액 및 4대 보험료 지출액

　1) 급여기간: 2024.7.1.~ 7.31

　2) 인부임 지급액

(단위: 원)

성 명	사역일	청구금액	공제액	실수령액	계좌번호	비고
계		4,761,120	415,800	4,345,320		계좌입금
갑○○	21일	1,587,040	138,600	1,448,440		
을○○	18일	1,587,040	138,600	1,448,440		
병○○	21일	1,587,040	138,600	1,448,440		

3) 4대 보험료 지출액

(단위: 원)

구 분	계	국민건강 보 험	장기요양 보 험	국민연금 보 험	고용보험	산재보험	비고
계	913,140	302,580	19,800	444,960	106,260	39,540	
근로자부담금	415,800	151,290	9,900	222,480	32,130		
사용자부담금	497,340	151,290	9,900	222,480	74,130	39,540	

4) 지출액 계

(단위: 원)

지출액 합계	인 부 임		4대보험 사용자 부담금	비 고
	실수령액	공제액		
5,258,460	4,761,120		497,340	
	4,345,320	415,800		

5. 예산과목: 정책-단위-세부사업, 기간제근로자 등 보수(101-04)

붙임 1. 기간제 근로자 인건비 지급내역 1부.   2. 청구서 1부.

　　　3. 기간제 근로자 출근관리부 각 1부.   4. 험료 고지서 1부. 끝.

예시 4) 제목: 2024년 ○○지원사업 보조금 교부결정 및 지급결의

1. ○○과-○○(2024.6.20.) 및 ○○과-○○호(2024.7.19.)와 관련입니다.

2. ○○시 지방보조금 관리조례 제14조(교부결정) 등에 의거 「○○지원 사업」 보조금을 아래와 같이 교부결정하고 지급 결의코자 합니다.

　가. 예 산 액: 금 2,600,000,000원(금이십육억 원)

　나. 기지급액: 금 1,300,000,000원(금일십삼억 원)

　다. 금회지급액: 금 1,300,000,000원(금일십삼억 원)

　라. 보조사업자: ○○○단체

　마. 교부방법: 청구에 의한 계좌입금

예산과목	사업명	예산액	교부액		교부잔액	비고
			기교부	금회교부		
계		1,300,000	1,300,000	1,300,000	0	
정책-단위-세부사업명, 자치단체등이전(308)- 자치단체경상보조금 (01)	(예산서상 의부기명)	500,000	600,000	500,000	0	
정책-단위-세부사업명, 자치단체등이전(308)- 자치단체경상보조금 (01)	(예산서상 의부기명)	800,000	700,000	800,000	0	

붙임 1. 보조금 검토보고서 1부.　　2.보조금 교부 결정 통지서 각 1부.
　　　3. 보조금 교부 신청서 각 1부.　4.대전광역시 보조금관리조례(발췌) 1부.
　　　5. 사업 정산서(서식) 1부.　　　6. 교부신청서 및 청구서 1부.

예시 5) 제목 도로상 비점오염 저감시설 유지관리 용역 집행품의 및 계약 의뢰

「수질 및 수생태계 보전에 관한 법률」에 의거 설치된 비점오염 저감시설의 원활한 유지관리를 위하여 아래와 같이 「도로상 비점오염 저감시설 유지관리용역」에 대해 집행품의 및 계약의뢰 하오니 조치하여 주시기 바랍니다.

　1. 용 역 명: 도로상 비점오염 저감시설 유지관리용역

　2. 위 치: 대전광역시 관내 도로구간(130개소)

　3. 용역개요: 비점오염 저감시설 관리 및 운영(130개소)

　　- 수시(정기)점검(2회): 협잡물 제거 및 준설, 여과세척

　　- 수질오염 모니터링: 수질검사

　4. 용역기간: 착수일로부터 3개월(120일)

　5. 용 역 비: 52,866,000원

6. 예산현황

(단위: 원)

예산액(a)	교부액		금회집행품의액	비고
	기원인행위액(b)	품의가능액(a-b)		
1,000,000,000	45,000,000	55,000,000	52,866,000	

7. 예산과목: 정책-단위-세부사업명, 일반운영비(201), 공공운영비(02)

붙임 1. 업무추진 방침 1부.   2. 설계서 결재표지 1부.

     3. 과업지시서 및 설계내역서 각 1부.   4. 청렴계약이행 서약서 1부.

     5. 용역계약요청서 1부.   6. 계약심사결과 공문 1부. 끝.

 잘못된 사례

(사례1)
- 납부기한 지연으로 연체료, 가산금이 부과된 경우 지출금액에 포함하여 청구
- 통신요금의 경우 컬러링 등 부가서비스 사용료를 지출금액에 포함하여 청구
  ⇒ 업무담당자가 현금으로 변상

(사례2)
- 일상경비계좌가 아닌 법인카드 출금계좌로 등록
- 채권자가 아닌 타인(가족 등) 명의로 지출 등록
  ⇒ 부득이한 사유로 타인에게 입금해야 하는 경우 반드시 위임장, 인감증명서, 본인
  서명 사실확인서 또는 전자본인서명확인서 등 첨부
  (지방자치단체 회계관리에 관한 훈령 제42조)

1. 예산실무

2. 지출실무

3. 계약실무

4. 보조금관리

5. 결산실무

6. e-호조실무

7. 복식부기

8. 공유재산 및 물품

9. 변상과 회계책임

10. 감사 사례

재정사항의 합의(회계훈령 제12조, 14조) | 지출

※ 아래 재정사항 합의 사항은 단체장이 합의 한도를 따로 정한다. 다만, 법령 또는 조례에 따른 의무적 경비는 합의 생략 가능

1. 회계부서의 합의가 필요한 사항

① 시설공사·용역 또는 물품의 제조·구매계약

② 시책추진 또는 기관운영 업무추진비의 집행

③ 민간위탁경비, 민간이전경비, 보조금, 보전금, 행사관련경비

④ 시간외 근무수당, 성과상여금, 포상금

⑤ 설계서 또는 규격서 등에 특허 또는 신기술을 반영하고자 하는 경우 등

⑥ 기타 당해 자치단체에서 정한 경비

2. 예산부서의 합의가 필요한 사항

① 예산외의 의무 부담 또는 권리의 포기에 관한 사항

② 재정에 관계되는 조례, 규칙, 고시, 훈령 및 예규의 제정·개폐에 관한 사항

③ 국고보조의 수입, 세외수입의 감면, 부담금 및 분담금의 결정과 기부금품의 체납에 관한 사항

④ 보조금의 지원계획 통보, 기부금, 대부금 및 장려금의 지출결정에 관한 사항

⑤ 보조단체의 예산, 결산 및 예산의 집행에 관한 규정 또는 사업계획의 인가, 승인, 사업보고에 관한 사항

⑥ 공유재산의 취득, 처분 또는 관리에 관한 사항

⑦ 수입의 감소 또는 지출의 증가를 가져올 사항

⑧ 재정에 관하여 의회의 의결·동의·승인 또는 의회에 보고하여야 할 사항

⑨ 제1호 내지 제8호 외에 시의 재정에 관한 중요 사항 또는 이외에 속하는 사항

3. 세출예산 집행의 제한

① 상급관청의 허가·승인 또는 의회의 의결을 요하는 것으로서 그 결정이 없을 때

② 재원의 전부 또는 일부를 교부금, 부담금, 보조금, 기부금, 지방채 그 밖의 특정 수입에 의하는 것에 있어서 그 수입이 확정되지 않은 경우

※ 다만, 비상재해복구 기타 불가피한 사유가 있는 경우에는 집행 가능

③ 기타 정당한 사유로 중앙행정기관의 장 또는 지방자치단체의 장의 집행중지 요청이 있는 경우

※ Check Point

- 보조금 등 지출 시 자금교부되었는지 확인하고 지출할 것

  (신속 집행을 위해 자금교부 전 지출 후 보조금 예산이 감정정 되어 환수 불가능한 예산에 대해 개인변상)

지출원인행위(법 제29조)	지출

1. 개념

○ "지출원인행위"란 세출예산(계속비, 채무부담행위 등 포함)에 대하여 자치단체 지출의 원인이 되는 계약 및 이미 법령에 의하여 발생되어 있는 채무에 대한 지출을 확정하는 행위를 말한다.

○ 지출원인행위의 주종은 계약이라 할 수 있으나 이외에도 인건비, 경상경비 지출결정, 보조금 교부결정, 출연금 교부결정 등이 있다.

2. 지출원인행위 종류

○ 계약에 의한 지출원인 행위: 공사, 용역, 물품 계약 등

○ 계약에 의하지 않은 지출원인행위: 수당지급, 인건비 지급, 보조금 지급 등 법적·의무적 경비의 지급을 하는 경우를 말하며 주로 경상비 집행행위가 해당됨.

1. 예산실무

2. 지출실무

3. 계약실무

4. 보조금관리

5. 결산실무

6. e-호조실무

7. 복식부기

8. 공유재산 및 물품

9. 변상과 회계책임

10. 감사 사례

3. 지출원인행위 검토사항

○ 예산집행품의는 제대로 되었는가.

○ 법령, 조례, 규칙, 지침, 예규 등의 범위 내에서 집행되는 것인가.

○ 회계의 일반원칙은 준수되는가.

○ 예산의 목적 외 사용은 아닌가.

○ 예산과목은 임의로 전용되지 않았는가.

4. 지출원인행위 시 확인사항

○ 지출원인행위 제한사항 저촉 여부

○ 계약에 의할 경우

  - 계약상대자, 계약금액, 계약기간 등 계약 내용의 정당 여부

  - 계약보증금 납부, 정부수입인지 첨부 여부 등 확인

○ 지출원인행위는 규정을 준수하여 적정하게 산정하였는지 여부

○ 집행 내용은 예산편성 목적과 부합하는지 여부

5. 지출원인행위기관: 재무관 (회계훈령 제4조 – 재무관의 직무위임)

6. 명시이월비의 다음연도에 걸친 지출원인행위 (지방재정법 제50조)

○ 해당 회계연도와 다음 회계연도에 걸쳐서 기간을 정하여 계약(원인행위) 가능

○ 회계연도 독립의 원칙에 대한 예외적 제도로서 통상적으로 마무리 추경 시 명시이월 승인절차를 거침.

7. 경비별 지출원인행위 정리 구분표(舊재무회계규칙 별표 3)

구 분	정리시기	지출원인행위 금액
1. 법령의 규정에 의한 경비	지출결정 시	당해 기간분 급여액
• 급여류	지출결정 시	지출하고자 하는 금액
• 수당류	지출결정 시(교부결정 시)	지출결정액(교부결정액)
• 보조금		
• 부담금 및 교부금	출자 또는 출연결정 시	출자·출연결정액
• 출자금·출연금	납부결정 시(신고 시)	납부세액
• 제세	지출결정 시	지출하고자 하는 금액
• 기타		
2. 계약에 의한 경비	납부결정 시	납부결정액
• 보험료	융자결정 시	융자를 요하는 금액
• 융자금	계약체결 시	계약금액
• 공사비	계약체결 시(청구 받은 때)	계약금액(청구받은 금액)
• 기타		
3. 기타 경비	전출결정 시	전출을 요하는 금액
• 전출금	납부결정 시	납부를 요하는 금액
• 보증금	지출결정 시(계약체결 시)	지출을 요하는 금액
• 특별판공비		(계약금액)
• 기타	지출결정 시	지출을 요하는 금액

원인행위 없이 사고이월 가능 경비 (지방재정법 제50조)

① 회계연도 내에 지출원인행위를 하고 불가피한 사유로 회계연도 내에 지출하지 못한 경비와 지출하지 아니한 그 부대경비

② 입찰 공고를 한 경비로 입찰참가자격 사전심사대상 공사, 협상에 의한 계약대상 공사, 대형공사, 재해복구사업에 소요되는 경비 대상 공사

③ 일반보상금, 포상금 또는 민간이전경비 기관 또는 시설 운영 및 유지에 소요되는 경비로서 단체장이 정하는 경비(기관 또는 시설 유지·운영 경비)

④ 감정평가 등 보상절차가 진행 중인 경비, 재해복구 보상비, 보상에 필요한 감정평가 계약이 된 경우

1. 예산실무
2. 지출실무
3. 계약실무
4. 보조금관리
5. 결산실무
6. e-호조실무
7. 복식부기
8. 공유재산및물품
9. 맞춤형 회계세입
10. 감사 사례

구 분	지출원인행위로 정리할 시기	지출원인 행위의 범위	지출원인행위에 필요한 주된 서류
봉급	지출결정 시	당해 기간 중 급여액	보수명세서
기타수당	지출결정 시	지출하려는 금액	지급조서, 초과근무명령부 및 초과근무 확인대장(시간 외), 당직명령부 및 당직 근무일지(일·숙직수당), 보수명세서, 기 타 근거서류
임금	고용결정 시	고용 인원에 대한 금액	출근부, 지급조서, 고용(근무)조서
여비	지출결정 시	지출하려는 금액	여비명세서, 출장신청서
물건의 매입	구입계약 체결 시	계약금액	계약서, 입찰에 관한 서류, 견적서
공사의 도급 물건의 제조	계약체결 시	계약금액	입찰에 관한 서류, 견적서, 설계서, 사양서, 규격서, 계약서, 기타 근거서류
물건의 수선	계약체결 시	계약금액	계약서, 규격서, 견적서, 기타 구비서류
전기, 수도, 전화료	청구 및 지급 원인이 완성되었을 때	계약지급 기간 실수요액 (청구 및 납입액)	청구서, 납입통지서, 검토서, 단가계약서, 내역서, 기타 근거서류
운반료 보관료	계약체결 시	계약금액	계약서, 물품수탁서, 수량조서, 수령서, 기타 근거서류
조의금 및 이와 유사한 경비	지출결정 시	지출하려는 금액	지출품의 결정서, 기타 근거서류
보조금, 부담금, 교부금	교부결정 시	교부결정액	교부결정서, 내역서, 기타 근거서류
배상금	지출결정 시	지출하려는 금액	판결등본, 청구서, 기타 근거서류
상환 및 지급이자	지출기일 및 지출결정 시	지출을 요하는 금액	차입에 관한 서류, 계산서
대부금	대부결정 시	대부를 요하는 금액	계약서, 확인서, 신청서
재산의 수입	계약체결 시	계약금액	계약서, 등기서, 감정서, 입찰에 관한 서류
임차료	계약체결 시	계약금액	계약서, 견적서, 지급조서, 기타 근거 서류
보험료	계약체결 시 또는 납입통지 수령 시	납입지정액	계약서, 납입통지서

1. 예산 실무
2. 지출 실무
3. 계약 실무
4. 보조금 관리
5. 결산 실무
6. e-호조실무
7. 복식부기
8. 공유 재산 및 물품
9. 빵상과 회계책임
10. 감사 사례

계약체결을 통한 원인행위 시 회계공무원 확인사항 │ No. 19753

1. 계약의 체결

○ 낙찰통지 받은 후 10일 이내에 계약 체결

○ 낙찰자가 정당한 이유 없이 계약을 체결하지 아니한 경우에는 입찰보증금의 자치
단체 귀속 및 부정당 업자 제재 조치

○ 장기 계속 공사(동일 회계연도 차수 계약을 포함)의 경우 해당 연도 예산 범위 안
에서 제1차 공사에 대하여 계약을 체결하되 총 공사 낙찰금액 부기

2. 계약문서의 종류

○ 품의서·계획서

○ 계약서(계약 당사자 간 상호 날인·간인·전자서명)

  – 계약금액 5천만 원 이하, 국가기관·지방자치단체간 계약은 계약서 작성
    생략 가능(시행령 제50조)

○ 입찰 유의서, 계약 일반조건, 계약 특수조건 (필요시)

○ 설계서(설계 설명서, 설계도면, 현장설명서), 규격서 (물품)

○ 물량내역서 (입찰·수의계약 안내 공고의 경우)

○ 과업내용서·과업지시서 (용역·물품 등)

○ 착공·준공 신고서, 공정 예정표, 산출내역서 등

○ 감독관, 검사·검수 공무원이 지정하는 서류, 감독조서, 검사·검수조서 등

○ 입찰·계약·하자·선금·손해배상 보증서 (계약기간·보증기간·보증금액 등 확인)

  – 면제자는 보증금 지급 확약서

○ 정부 수입인지 (인지세법)

○ 지역개발공채 매입필증 등 (지역개발 기금 설치조례 등)

○ 하도급 계약서 사본 (하도급계약 통지의 경우)

○ 하도급대금 직불 합의서(하도급대금 직불의 경우)

○ 공동계약 이행 계획서 (공동계약의 경우)

○ 그 밖의 계약 이행에 필요한 서류

3. 대가의 지급 시 구비서류

○ 세금계산서 및 대금청구서

○ 기성검사인 경우 기성검사조서

　　– 30일마다 지급하는 경우 감독조서로 갈음. 단, 3회마다 1회는 정식검사

○ 선금, 보증금을 지급하는 경우 보증서 및 필요한 담보권 확보

○ 세입의 원인이 되는 계약인 경우도 필요한 채권 확보

○ 국세 및 지방세 납세증명서(지방계약법 시행령 제25조 제1항 각 호에 따른 수의계
　약의 경우 생략 가능. 다만, 제7호 나목은 제외)

○ 국민건강보험 및 국민연금 납부증명서(일상경비로 지출되는 일상 거래행위, 기타
　계약서 작성 생략 대상은 제외)

○ 준공금인 경우 준공검사조서, 하자보증서

○ 채권이 양도된 경우 양도가 되었다는 입증서류

○ 공사 하도급대금을 지급하였다는 입증서류(하도급자 통장사본, 하도급자의 대금
　수령 확인서 등)

○ 그 밖에 계약담당자가 대금 지급에 필요하다고 판단되는 서류

 TIP

■ 계약 품의서 첨부서류 예시

구 분	공사	용역	물품
명 령	시방서	과업지시서	사양서 or 규격서
내 역	원가계산서 산출내역서	원가계산서 산출내역서	원가계산 or 산출기초조사서
계획서	사업시행 계획서 청렴서약서 등	좌동	좌동

1. 예산실무

2. 지출실무

3. 계약실무

4. 보조금관리

5. 결산실무

6. e-호조실무

7. 복식부기

8. 공유재산 및 물품

9. 보상과 회계책임

10. 감사 사례

3 지출 & 지출결의서

| 지출의 개념과 절차 | 지출 |

1. 지출의 개념

가. 광의의 지출

지방자치단체장의 예산집행결정(집행품의) 행위와 재무관의 지출원인행위로 확정된 채무를 이행하기 위하여 지출원이 금고 또는 일상경비출납원에 대하여 지급을 명하고 금고에서 현금을 채권자에게 지급할 때까지의 일체의 행위를 말한다.

나. 협의의 지출

지출원이 지출의 결정과 금고 또는 일상경비출납원에게 지급을 명령하는 행위

2. 지출의 절차

가. 지출결의서(구입과 지출 결의서 등 포함)의 작성

○ 결의서의 작성은 지출원이 지방자치단체의 채무를 조사·결정하여 지급명령을 발행하기 위해 의사를 결정하는 서류이다.

○ 결의서에 첨부하는 서류는 재무관이 지출원인행위를 위하여 첨부한 집행품의서, 계약서 등이다.

나. 지급명령

지출원이 지급 대상인 채권자에게 현금을 직접 교부하는 대신, 현금출납을 책임진 금고를 지급인으로 하는 지급명령을 발행·교부함으로써 지방자치단체의 채무를 면하는 하는 절차

지출결의서 작성 방법 | No. 5035, 43066

1. 지출결의서 작성 요령

○ 지출결의서는 지출원이 지방자치단체의 채무를 조사 결정하여 지급명령을 발행하는 의사를 결정하는 서류(원단위 절사: 지방회계법령)

○ 지출결의서에 붙이는 증빙서류는 원본에 한하며, 부득이한 경우 원본대조필 고무인 및 도장 날인(회계훈령 제98조)

2. 지출결의서의 종류 (회계훈령 제43조)

구 분	용 도	비 고
(일 반) 지출결의서	일반적 경비 집행, 구매카드대금 집행	
(인건비) 지출결의서	공무원 봉급·비정규직 인건비 등 집행	
(여 비) 지출결의서	국내·외 여비 집행	
구입 (물품·기타) 지출결의서	물품구입(구매카드 구입제외)대금 지급	
(공사·용역) 집행과 지출결의서	공사·용역·수리 수선 등의 대금 지급	

3. 호조 지출품의 유형 및 지출결의서 양식(e-호조사업단 공지, 2008. 1. 28)

○ 구매카드로 물품 구매 시: (일반) 지출결의서 사용

○ 인터넷으로 물품구매 시: 일반지출로 품의 (일반) 지출결의서 사용(구매카드결제)

○ 공사와 관련된 관급자재 구입 시: 구입(물품,기타) 지출결의서 이용

○ 계약서 작성 여부와 관계없이 물품구입인 경우 구입(물품, 기타) 지출결의서 이용, 공사 또는 용역인 경우 공사, 용역 지출결의서 이용

○ 물품(자산)과 소모품(비용)의 구분 기준: 비품인 경우 물품(자산) 등재 필수

○ 비계약 건인 경우 자산등재 가능토록 기능 보완

○ 자치단체 자체 물품 제작 시 물품코드는 000… 기타 코드 임시 등록하여 사용하고, 주기적으로 조달번호 확인하여 물품관리관이 사후 보정

Q&A

Q. 지출결의서와 구입과 지출결의서 사용의 차이점은 무엇입니까?

A. 지방자치단체 회계관리에 관한 훈령 제43조의 규정에 따라 지출원이 지급명령을 발하기 위하여 지출결의서를 작성하여야 하며 그 구분 기준은

① 지방자치단체를 당사자로 하는 계약에 관한 법률 시행규칙 제48조에 따라 간이계약인 경우에는 구입과 지출결의서 사용

② 지출용도에 따라 구분

- 지출결의서: 인건비, 물건비 중 업무추진비 등, 이전경비 중 보상금 등
- 구입과 지출결의서: 물건비 중 인쇄비·물품구입비 등, 자본지출 중 자산취득비 등 따라서 상기의 구분에 따라서 적정하게 작성하여야 할 것입니다.

Q. 수의계약 시 5천만 원 이하면 계약서를 생략할 수 있다고 알고 있는데, 만약 이 경우에 계약서를 생략하고 공사(수선) 지출결의서로 갈음할 수 있나요?

A. 지방자치단체를 당사자로 하는 계약에 관한 법률 제14조와 동법 시행령 제50조에 따라 계약금액이 5천만 원 이하인 계약을 체결하는 경우에는 계약서의 작성을 생략할 수 있습니다. 그러나 동법 시행규칙 제48조의 규정에 계약서의 작성을 생략하는 경우 승낙사항 등 계약성립의 증거가 될 수 있는 서류를 제출받아 비치하도록 되어 있고 행정안전부장관이 따로 정하는 회계경리에 관한 서식에 의한 경우에는 그러하지 아니하도록 되어 있습니다.

따라서 질의와 같이 지방자치단체 회계규칙 별지 제50호 서식인 "공사(수선) 집행과 지출결의서"로 집행한다면 계약서 작성을 생략할 수 있을 것입니다.

1. 예산실무

2. 지출실무

3. 계약실무

4. 보조금 관리

5. 결산실무

6. e-호조실무

7. 복식부기

8. 공유 재산 및 물품

9. 민간자과 회계책임

10. 감사 사례

[별지 제37호 서식]

일반 지출결의서

〔 당해예산 〕　　　　　　　　　년도　회계　　　　　　　　　　　　〔　　연계 〕

세 출 과 목					
조직	정책사업	단위사업	세부사업	편성목	통계목

품 의 정 보				
지출건명				
부 서 명		담당자	팀장	과장	국장

원 인 행 위				
제　호 (　．．．)	담당자	팀장	과장	재무관

금　　　　　원(금　　　　원)

지출상세		
거래처	주소	
	상호	성명(대표자)

지 출 결 의		
검사(수)	검사(수)자	확인자
지출결의 누계액	금　　　　원(금　　　　원)	

금　　　　원(금　　　원)

결의정보	공급가액	부가세 액
	거래유형	금융기관
제　호 (　．．．)	증빙구분	계좌번호
	사업자등록번호	예금주

거래처	주소	
	상호	성명(대표자)

지 급 명 령		
제　호 (　．．．)	담당자	지출원

위 금액을 채권자에게 지급하시기 바람.

년　월　일

○○○시·군·구 지출원

○○○시·군·구 금고 귀하

1. 예산실무

2. 지출실무

3. 계약실무

4. 보조금관리

5. 결산실무

6. e-호조실무

7. 복식부기

8. 공유재산및물품

9. 법령상과 회계책임

10. 감사 사례

[별지 제40호 서식]

물품(기타) 구입 지출결의서

〔 당해예산 〕　　　　　　　　　　　년도　　회계　　　　　　　　　　〔　　연계 〕

세 출 과 목

조직	정책사업	단위사업	세부사업	편성목	통계목

품 의 정 보

지출건명					
부서		담당자	팀장	과장	국장

원 인 행 위

제 호 (　...)	담당자	팀장	과장	재무관

금　　　　　원(금　　　　　원)

지출상세		
거래처	주소	
	상호	성명(대표자)

지 출 결 의

검사(수)	검사(수)자		확인자	

지출결의 누계액	**금　　　　　원(금　　　　　원)**			

결의정보	금　　　　　원(금　　　　　원)		
제 　호 (　...)	공급가액		부가세액
	거래유형		금융기관
	증빙구분		계좌번호
	사업자등록번호		예금주
거래처	주소		
	상호		성명(대표자)

지 급 명 령

제 　호 (　...)	담당자		지출원	

위 금액을 채권자에게 지급하시기 바람.

년　월　일

○○○시·군·구 지출원

○○○시·군·구 금고 귀하

※ 계약서를 작성하는 경우에는 이면 기재사항 및 승락사항 생략 가능　　　　　　　　(앞면) **119**

(뒷면)

물품(기타) 구입명세서						
품명	규격	단위	수량	단가	금액	비고

[별지 제40-1호 서식]

물품(기타) 구입 승락사항

접수번호	접수일자

1. 　년　　월　　일까지 지정한 장소에 납품할 것이며, 그 납품 중 검사 불합격품이 있는 때에는 지정기일까지 교환하겠음.

2. 납품 기일 내에 완납하지 못한 때에는 그 지연 일수에 대하여 1일당 1,000분의(　)에 상당하는 지체상금을 징수하여도 이의가 없음.

3. 납품 기한 또는 교환 기간이 경과된 후 10일까지 납품하지 못하는 때 또는 납품된 물품이 규격서·견본 등과 다른 때에는 그 계약을 해제할 수 있음.

4. 제3호에 의하여 계약해제를 할 때에는 손해배상으로서 계약이 해제된 물품대가의 100분의 10에 해당하는 금액을 납부하여야 함.

5. 제2호 및 제4호에 따라 납부하여야 할 금액은 물품대금과 상계하여도 이의를 제기하지 않겠음.

이 계약에 있어 위 내용을 승락함.

년　　월　　일

주소
성명

○○○시·군·구 재무관 귀하

[별지 제40호 서식] - 간이계약시 출력 사용

구입(물품 · 기타) 지 출 결 의 서

증 제 ① 호						(일상경비)
담 당	팀장	분임재무관	년도 ⑤ 회계	취 급 자	일상경비출납원	
		②	세출과목	⑦		
발 ③ 의	. . . 인	조 직		발 ⑧ 의	. . . 인	
원인행위부 기 ④ 재	. . . 인	정 책	⑥	지출부기재 ⑨	. . . . 인	
주 ⓐ 문	. . . 인	단 위				
납 ⓑ 부	. . . . . . 인	세 부		지 급 명 령 발행부기재 ⑩	. . . . . . 인	
검 ⓒ 수	. . . 인	편성목				
물품출납부 기 ⓓ 재	. . . 인	통계목		지 급 명 령 번 ⑪ 호	제 호	

금 원 (금 원)

이 계약에 있어 이면 기재사항을 승낙함ⓕ

년 월 일
주 소
성 명 인

적 ⓔ 요		거래은행	⑬
위 금액을 청구함.⑫ 년 월 일 성 명 인		위 금액을 영수함.⑭ 년 월 일 성 명 인	
주관과 취급자⑮인			

※ 계약서를 작성하는 경우에는 이면기재사항 승낙란 및 이면기재사항 생략 가능

(앞면)

구 입 물 품 명 세 서

ⓖ

품 명	규 격	단 위	수 량	단 가	금 액	비 고

승 낙 사 항

ⓗ 1.　　 년　 월　 일까지 지정한 장소에 납품할 것이며, 그 납품중 검사 불합격품이 있는 때에는 지정기일까지 교환하겠음.

2. 납품기일 내에 완납하지 못한 때에는 그 지연일수에 대하여 1일당 1,000분의(　)에 상당하는 지체상금을 징수하여도 이의가 없음.

3. 납품기한 또는 교환기간이 경과된 후 10일까지 납품하지 못하는 때 또는 납품된 물품이 규격서·견본 등과 다른 때에는 그 계약을 해제할 수 있음.

4. 제3호에 의하여 계약해제를 할 때에는 손해배상으로서 계약이 해제된 물품대가의 100분의 10에 해당하는 금액을 납부하여야 함.

5. 전 각호에 의하여 납부하여야 할 금액은 물품대금과 상계하여도 이의를 제기하지 않겠음.

1. 지급명령의 종류 (영 제36조)

○ 계좌지급명령: 채권자의 예금계좌로 지급할 때

○ 현금지급명령: 금고에서 직접 채권자 또는 대리인이나 현금교부를 받을 자에게 지급할 때

 현금 지급이 가능한 경우 (영 제52조)

○ 계좌입금 및 카드 사용이 불가능한 경우

○ 일반운영비 중 일·숙직비를 지급하는 경우

○ 업무추진비 중 격려금, 조의금, 축의금을 지급하는 경우

○ 공무원의 여비를 지급하는 경우

○ 그 밖에 경비의 용도상 현금 사용이 불가피하다고 인정되는 경비로서 행정안전부 장관이 정하는 경비

2. e-호조 명령구분 선택 (No.121145)

○ 명령 구분 선택(명령 구분에 따라 선택 가능한 입금 유형이 정해져 있음)

명령구분	선택가능 입금유형
계좌지급명령	계좌이체, 대량이체, 원천징수, CMS 유형만 선택가능
현금지급명령	고지서, 수표, 현금 유형만 선택가능
계좌·현금지급명령	전체 입금유형 선택가능(조달청 구매인 경우 물품구매 대금 계좌이체, 조달수수료 고지서로 지급)

※ 지방회계법 시행령에 따른 명령구분 변경(시행 2016.11.30.)

1. 예산실무
2. 지출실무
3. 계약실무
4. 보조금 관리
5. 결산실무
6. e-호조실무
7. 복식부기
8. 공유 재산 및 물품
9. 반상과 회계책임
10. 감사 사례

3. 지급명령 시 지출원 검토사항

○ 지출원인행위부에 등재되어 있는가.

○ 해당 경비의 금액이 정당하게 산정되어 있는가.

○ 해당 경비는 배정을 받은 예산 및 지출한도액을 초과하지 않았는가.

○ 소속 회계연도와 세출예산과목은 틀림이 없는가.

○ 필요한 관계서류는 구비되어 있는가.

○ 세입·세출을 혼동하고 있지 않는가.

○ 예산전용을 제한한 전용이 아닌가.

○ 지출의 특례로서 인정하고 있는 범위, 기타의 제한을 넘은 것이 아닌가.

○ 지출하여야 할 시기는 도래하였는가.

○ 정당한 채권자인가.

○ 소멸시효가 완성되지 않았는가.

○ 지출의무가 법령·조례·규칙·예규·지침·계약, 기타 정당한 사유 등에 의한 것인가.

4. 지급명령 발행요건 (회계훈령 제39조)

○ 예산과목별, 채권자별(인건비 중 다수인에게 지급하여야 할 경비 및 집합지급은 제외)로 작성하고 채권자의 청구서를 첨부.

○ 지급명령은 지출원이 지출결의서의 빈 자리에 그 뜻을 기재하고 날인하여 금고에 제시함으로써 이에 갈음. 금고는 채권자의 영수인을 받고 지급.

○ 지급명령의 수수금액을 정정·도말 또는 개서할 수 없음.

5. 원천징수할 경우의 지급명령 (회계훈령 제40조)

○ 소득세법 등에 의한 원천징수액과 기타 법규 또는 계약에 의하여 공제할 금액이 있는 경우에는 지출결의서에 공제액과 채권자 지급액을 구분하여 기재한 다음 총액에 대하여 지급명령을 발함.

○ 공제액은 지급명령 당일에 납부하는 경우에는 계좌입금명령에 의하여야 하며, 지급명령 당일에 납부하지 않을 경우에는 세입세출외현금 계좌에 입금조치하여 관리함.

6. 전자이체 방식에 의한 지급명령 (지방회계법 시행령 제37조 제2항)

○ 지출원이나 일상경비출납원이 금고와 약정을 통하여 전자이체 방식으로 지급명령
을 하는 방식을 말하며 통합지출관제도 의무적 시행으로 모든 자치단체가 시행하고
있음.

 근거법령

지방회계법 시행령 제37조(지출의 방법) ② 제1항에 따라 지출원이 금고로 하여금 채권자
등의 예금계좌로 이체하도록 할 때에는 지급명령서를 금고에 보내야 한다. 이 경우 지방자
치단체의 장은 금고와 협의하여 지급명령서를 전자적으로 보내게 할 수 있다.

7. 청구서 생략이 가능한 경우 (회계훈령 제39조, 단서)

○ 인건비 중 다수인에게 지급하여야 할 경비

○ 보조금, 교부금, 부담금, 전출금

○ 보상금(단, 토지 등 재산의 매수에 따른 보상금 등 채권채무의 권리관계로 지급하
는 보상적 경비는 제외)

○ 일상경비(지출원 → 일상경비출납원), 직무수행경비

○ 법령 및 조례에 의한 의무적 경비

○ 축조의금, 위문금, 사례금, 시상금, 의정활동비

4 세출예산 세부집행기준

인건비(101목)	지출

1. 보수(101-01)

① 기본급

- 「공무원 보수규정」 제5조, 「지방공무원 보수규정」 제4조에 의한 봉급을 지급받는 각종 공무원에게 「공무원수당 등에 관한 규정」 제7조, 「지방공무원수당 등에 관한 규정」 제6조에 의거 지급

② 수당, 정액급식비, 명절휴가비, 연가보상비

- 「공무원 보수 등의 업무지침」 및 「방공무원 보수업무 등 처리지침」에 따라 지급

지방공무원 보수관련 법규 (No.75473)

① 지방공무원 보수규정(행안부)

② 지방공무원 수당 등에 관한 규정(행안부)

③ 「지방공무원보수업무 등 처리지침」(행안부 예규)

　　제1장 지방공무원봉급업무 처리기준(* 공무원봉급표와 연봉표)

　　제2장 지방공무원특별승급제도 운영기준

　　제3장 지방공무원원천징수 등 업무 처리기준

　　제4장 지방공무원연봉업무 처리기준

　　제5장 지방공무원수당 등의 업무 처리기준(*공무원 수당체계 No.1762)

　　제6장 지방공무원성과상여금업무 처리기준

시간외수당 정액분 계산 방법 (No.277176)

○ 출근근무일수가 15일(1일8h) 이상인 경우: 10일분(지급단가 × 10일)

○ 출근근무일수가 15일 미만인 경우: 10일분 − {10일분 × (15일에 미달하는 일수/15)}

※ 1일 8h: 정규근무시간 09:00~18:00이외의 초과근무시간도 반영

2. 기타직 보수 (101-02)

○ 지방공무원법 및 지방공무원임용령 제3조의2에 의하여 채용하는 직원에 대한 보수(상여금수당 포함, 이하 같음)

○ 지방공무원임용령 규정에 의한 시보공무원이 될 자에 대한 보수

○ 청원경찰법 및 청원산림보호직원배치에 관한 법률에 의한 청원경찰의 보수

○ 법령 및 조례에 의한 각종 위원회 상임위원 및 간사 등 비정규직원에 대한 보수

○ 의무소방대 설치법에 의한 의무소방대원의 보수

○ 기타 법령 및 조례에 의하여 지급하는 비정규 직원에 대한 보수

3. 공무직(무기계약) 근로자보수 (101-03)

○ 공무직(무기계약) 근로자보수는 예산에 정해진 목적에 부합되게 집행

○ 공무직(무기계약) 근로자의 보수 및 정액급식비, 명절휴가비 지급

※ 기본급, 수당(근로기준법상 각종 수당)외 경비성 비용은 별도 편성목(201, 202, 203, 303, 304 등)에서 집행

○ 「공공부문 비정규직 근로자 정규직 전환 가이드라인」('17.7.20.)에 따라 편성된 수당 등을 지급하여야 함.

Q&A

Q. 공무직(무기계약) 근로자 출장 시 국내여비(202-01)로 집행 가능 여부

A. 국내여비(202-01)에서 집행 가능함. 2022년도부터 공무직(무기계약) 근로자의 보수 및 정액급식비, 명절휴가비 지급외 경비성 비용은 공무원과 동일한 편성목 (201, 202, 203, 303 등)에서 집행하도록 예산편성기준 개정됨

4. 기간제계약근로자등 보수 (101-04)

○ 인부임 및 급량(간식)비, 부상치료비, 피복비, 여비 등 근로자고용에 따라 관련법령에 근거하여 고용주가 부담해야 하는 경비

○ 기간제근로자 등 보수 집행상 불가피하게 발생하는 국민연금부담금, 퇴직금 등 법정부담금은 기간제근로자 등 보수 예산에서 충당함.

○ 「기간제 및 단시간근로자 보호 등에 관한 법률」에 따라 채용되는 근로자 임금 편성 및 지급(상여금 지급 등 차별금지)

○ 기간제근로자 등 보수 예산에 계상되어 있으나 직제개편에 따라 정규직으로 전환되었거나 무기계약자로 전환되었을 경우 예산부서와 협의를 통하여 기간제근로자 등 보수(101-04)를 해당 인건비로 통계목을 변경하여야 함.

○ 지방자치단체의 장은 「공공부문 비정규직 근로자 정규직 전환 가이드라인」 ('17.7.20.)에 따라 편성된 수당 등을 지급하여야 함.

일반운영비(201목)	No. 4418

 일반운영비 총칙

• 일반운영비는 자치단체의 행정활동수행을 위해 기본적으로 필요한 경비이면서 경상적 소모적 경비로 과다편성 운영시 예산의 낭비요인이 될 수도 있음
• 일반운영비 "통계목"을 사무관리비와 공공운영비, 행사운영비로 대분류한 것은 목의 세분화에 따른 통계목 변경의 복잡성 등을 감안, 이를 탄력적으로 운영하기 위한 것임

1. 사무관리비 (201-01)

1) 일반수용비

- 관서운영에 소요되는 수용비
- 현수막, 간판 등의 안내·홍보물 제작비 및 기관(관서)의 간판, 명패, 감사패, 상패 등 제작비, 현수막 등 홍보물 제작비
- TV, 신문, 잡지 등에 의한 공고료 및 광고료
- 학술행사, 세미나, 워크숍 등 행사 또는 교육에 참여할 경우 발생되는 등록비 또는 참가비
- 재물조사 대상이 아닌 내용연수 1년 미만 소모성 물품 구입비
- 무인경비, 전기안전관리대행, 냉온수기 소독료, 환경측정기기 정밀검사수수료, 방역수수료 등 소규모 용역(행사용역은 제외)에 대한 역무대가로 지급
- 정책·사업의 홍보 목적으로 유명인 등을 홍보대사로 선정·활용하는 경우 무보수 또는 여비·부대비 등 실비 보상적 성격의 사례금만을 지급하는 것을 원칙으로 한다.(타 비목으로 지출하는 경우에도 동 규정을 적용한다.)

Q&A

Q. 공무상 출장 시 사무관리비에서 고속도로 통행료, 주차료의 집행이 가능한지

A. 공무원 여비규정에 따라 여비를 지급받는 경우 일비에 속하는 경비로 집행할 수 없는 경비임

Q&A

Q. 공무원 워크숍 사전등록비를 사무관리비로 집행 가능 여부

A. 사전등록비가 숙박비+식비일 경우 공무원의 공무상 출장에 따른 실비보장으로서 국내여비로 집행하되 숙박비, 식비, 교통비를 제외한 교육등록비 또는 참가비는 사무관리비(201-01)에서 집행

1. 예산실무
2. 지출실무
3. 계약실무
4. 보조금관리
5. 결산실무
6. e-호조실무
7. 복식부기
8. 공유 재산 및 물품
9. 변상과 회계책임
10. 감사 사례

TIP – 소모품과 비품의 구분

- 소모품: 그 성질이 상함으로써 소모되거나 파손되기 쉬운 물품과 공작물 기타 구성 부분이 되는 것
  - 한 번 사용하면 원래의 목적에 다시 사용할 수 없는 물품
  - 다른 물품의 수리, 완성 제작(생산)하거나 시설공사에 투입함으로써 그 본성을 상실하는 물품
  - 1년 이상 사용할 수 있는 물품일지라도 취득 단가가 50만 원 미만인 소액 물품

- 비품: 그 품질 현상이 변하지 않고 비교적 장기간 사용할 수 있는 물품
  - 내용연수가 1년 이상이면서 소모성 물품에 속하지 아니하는 물품
  - 기타 지방자치단체장이 지정한 물품

2) 위탁교육비

○ 민간기관에 위탁교육 시 1인당 교육단가를 산정하여 위탁교육 완료 시 교육인원을 확인하여 집행. 다만, 필요한 경우 입교시 집행 가능

○ 위탁교육기관의 선정 및 교육실시는 지방계약법, 동법 시행령, 동법 시행규칙(이하 "지방계약법령"이라 한다) 및 관련법령을 적용하여 수탁기관을 선정하고 집행

○ 지방공무원의 국가기관, 다른 지방자치단체 등 공공의 교육기관 위탁 교육 시에는 해당교육기관장이 요구한 금액을 집행

3) 운영수당

가. 위원회 참석수당

○ 법령, 조례 및 사업추진을 위해 설치된 위원회 참석수당

○ 예산에 계상된 단가 또는 자치단체가 조례 등 자체적으로 정한 기준에 의하여 집행

○ 교통비, 식비, 숙박비는 실비의 범위 안에서 같은 과목 내 별도 지급 가능

○ 공무원인 경우 직접 담당 사무 또는 소속 자치단체 위원회 참석수당 지급 불가

○ 지방의회의원 자격으로 참여하는 경우 참석수당 지급 불가, 다만 회기 중이 아닌 경우 교통비나 식비 등 실비 범위 내 지급 가능

나. 심사수당

○ 법령·조례, 규칙 등에 규정되어 있는 내용에 따라 지급
  예) 지방세 이의신청심의, 투자심사수당 등

○ 법령·조례 등에 의하여 설치된 위원회의 위원이 단순한 회의참석 이외에 사전 자료수집·회의안건 검토 등을 하는 경우 계상된 예산액의 범위 내에서 지급할 수 있음. 다만, 공무원인 경우 자기가 소속된 지방자치단체에 설치된 위원회에 참여하는 경우에는 다른 법령에 특별한 규정이 없는 한 심사수당을 지급할 수 없음.

○ 법령에서 달리 정한 경우를 제외하고, 법령·조례 및 사업추진을 위해 당해 지방자치단체가 설치한 위원회에 지방의회의원 자격으로 참여하는 경우에는 위원회 심사수당을 지급할 수 없음.

○ 변호사, 회계사, 감정평가사, 건축사, 변리사 등 관련 전문가로부터 자치단체 사무처리와 관련하여 자문을 받는 경우 거래실례가격 등을 기준으로 자문료를 지급할 수 있음.

Q&A

Q: 국가기관 소속 공무원에게 참석수당 지급 가능 여부

A. 공무원이 자기 소관 사무가 아니면서 타 기관의 위원회에 참석하는 경우 예외적으로 지급이 가능할 것이나, 여기서 자기 소관 사무는 위원회에 참석하는 공무원의 담당업무뿐만이 아니라 소속된 중앙부처의 사무까지 포함하는 개념임. 따라서, 국가기관 소속 직원이 자기 소관 사무가 아니면서 타 기관의 위원회에 참석하는 경우에 한하여 지급 가능

Q&A

Q: 사업수행을 위해 실무협의회를 구성하여 참석한 민간인에게 수당을 지급하고자 하는데, 위원회 참석수당 지급이 가능한지 여부

A: 「지방자치단체 회계관리에관한훈령」에 따라 위원회 참석수당은 법령, 조례 및 사업 추진을 위해 설치된 위원회의 참석수당으로 일반운영비의 사무관리비의 운영수당(위원회 참석수당)에서 예산을 집행할 수 있음. 따라서 사업추진을 위해 설치된 위원회에 해당 위원이 참석하였을 경우에는 위원회 참석수당 지급이 가능할 것이나, 지급 기준과 단가는 해당 지방자치단체에서 결정할 사항임.

1. 예산실무
2. 지출실무
3. 계약실무
4. 보조금 관리
5. 결산실무
6. e-호조실무
7. 복식부기
8. 공유 재산 및 물품
9. 변상과 회계책임
10. 감사 사례

다. 공무원교육 외래강사료

○ 소속 공무원이 담당업무 또는 교관요원으로 지정된 자체교육인 경우 강사료 지급 불가

○ 담당공무원이 아닌 자치단체 소속 공무원의 강사료 지급 여부는 복무와 관련된 사항이므로 자체적으로 판단하여 집행

 외부강의 사례금 상한액 No. 153099

- 일반직 공직자: 40만 원, 1시간 초과 등 최대 60만 원 이내
- 공공 및 학교 등의 공직자: 100만 원, 1시간 초과 등 최대 150만 원 이내

4) 피복비

○ 피복은 업무 성격상 제복착용(작업복)이 불가피한 경우에 한하여 집행

○ 청원경찰 복장 등 통일된 복장을 구입할 경우 회계부서에서 일괄하여 집행하도록 하여야 한다.

○ 피복비를 개인에게 직접 지급하는 것은 불가

○ 소속 공무원 및 현업 부서 공무직(무기계약) 근로자의 피복비 외의 자에게 본 과목에서 피복 구매 집행 불가

Q&A

Q. 정규직 모든 공무원에게 근무복 지급을 위한 피복비 집행 가능 여부

A. 피복비는 업무 성격상 제복 착용(작업복)이 불가피한 경우에 해당 업무를 직접 담당하고 있는 자에게 지급하고, 기타 지원요원 등에게 확대 지급하는 것은 타당하지 않음.

5) 급량비

가. 공무원에게 급여하는 경비

○ 주식대, 부식대, 주식 및 부식 취사에 필요한 연료대 등. 다만 합숙의 경우에는 숙박비를 포함하여 지급할 수 있다.

1. 예산 실무

2. 지출 실무

3. 계약 실무

4. 보조금 관리

5. 결산 실무

6. e-호조 실무

7. 복식부기

8. 공유 재산 및 물품

9. 맞춤형 회계책임

10. 감사 사례

- 기타 급식에 소요되는 부대경비(운반비 및 공고료 등), 주·부식물 생산에 필요한 제 경비, 주·부식물 조리 및 취사하는데 필요한 소모성 소도구 구입비로 집행할 수 있다.

※ 공무원에게 급식비를 보전 또는 지원할 목적으로 집행하여서는 안 된다.

나. 공무원에게 지급하는 매식비

○ 1인당 1식 급식단가는 8,000원 이내 집행(현금 지급 불가)

○「지방공무원 복무규정」상 정규 근무시간 최소 1시간 전에 출근하여 근무하거나, 근무 종료 후 최소 1시간 이상 근무하는 자 또는 휴일에 근무하는 자에 대하여 급식 제공

○ 유연근무(시간선택제·한시임기제공무원 포함)를 실시하는 경우 근무시간 개시 전과 근무 종료 후에 최소 1시간 이상 근무하는 자에게 급식을 제공할 수 있으나 정규 근무시간(09:00~18:00) 중에는 급식 제공 대상에서 제외

○ 급식 제공 대상자에게 급식을 제공할 때에는 실제 근무를 하였는지 객관적인 사실 (초과 근무실적, 출퇴근 인증내역, PC 접속기록, 문서 생산내역 등)을 확인 후 집행

○ 공무원 여비 규정에 따라 식비를 지급받은 자 제외 (중복 지급 불가)

○ 1인 1일 1식을 초과하는 급식제공 여부는 내부적으로 방침을 세워 집행

○ 급식비의 집행은 불가피한 경우를 제외하고는 신용카드를 제외한 지방자치단체 구매카드 중에서 선택하여 사용하는 것을 원칙(지출증빙 현금영수증 등)

○ 시간외근무수당을 지급받고 있는 자 중에서 교대근무자, 야간근무수당·휴일근 무수당 지급 대상자는 제외함.

○ 공무직(무기계약)근로자의 급량비

Q&A

Q. 야간근무수당 지급 대상자는 무조건 급식대상에서 제외되는 것인지 야간근무 시(22:00~익일 06:00) 이전 18:00부터 익일 09:00까지 근무하면 급식 대상이 될 수 있는 것인지?

A. 지방자치단체가 세출예산을 집행함에 있어서 근무시간을 초과하여 근무하는 자 등에게 지급하는 급량비는 교대근무자, 야간근무수당 및 휴일근무수당을 지급 받는 자를 제외한 평일의 정규근무시간 개시 전 또는 근무시간 종료 후 근무자 에 대한 급식 제공이므로 해당하지 아니할 것이나, 예산의 범위 내에서 시간외 근무수당과 병급이 가능할 것임.

6) 임차료

○ 시설 및 장비 등의 임차계약은 특별한 사유가 없는 한 「지방계약법」을 적용하여 계약을 체결함.

○ 임차료는 원칙적으로 임차가 만료된 때 지급하되 선금을 지급할 수 있음. (선금지급 시 월별, 분기별로 지급)

사무관리비 (201-01) 감사 사례

- 직원 화합 족구대회 경기복을 사무관리비로 구입
  ⇒ 제복착용(작업복)이 불가피한경우에 예산편성하여 집행(회계부서)
- 사무관리비에서 부서직원 명의로 재직 기념패 제작 퇴직 공무원 수여
  ⇒ 기관을 대표하는 경우에 한하여 집행
- 유관기관 축하용 화환을 사무관리비로 구입
  ⇒ 기관운영업무추진비에서 집행가능
- 커피, 녹차 등을 사무관리비로 구입
  ⇒ 행사실비지원금 또는 업무추진비에서 집행가능
- 견학 및 컨설팅 급식비를 사무관리비로 집행
  ⇒ 행사실비지원금 또는 업무추진비에서 집행가능

2. 공공요금 및 제세 (201-02)

1) 공공요금 및 제세

○ 우편물 발송대, 전보통신 회선사용료, 전기, 가스료, 상하수도료, 자동차세, 오물수거료 등 법령 및 조례에 의하여 지불하는 제세

○ 법령 또는 협약에 의한 협회비 등의 부담금

○ 보험(공제)계약에 의한 해상보험료, 화재보험료, 손해보험료, 차량보험료, 배상공
제료, 공무원책임보험료, 기타보험료

2) 연료비

○ 에너지 절약 성과배분계약에 따른 설비투자 상환금 지급

3) 시설장비유지

○ 시설장비 유지비 적용범위는 건물 및 건축설비(구축물, 기계장비), 공구, 기구, 비
품, 기타 시설물의 유지관리비와 통신시설(민방위경보시설 포함) 및 기상관측장비,
원동기 등 동력장치, 중장비 및 항공기에 소요되는 유류비, 기타 육상운반구(차량제
외) 유지비, 시설장비 유지관리의 용역비로 한다.

○ 장비, 시설, 시스템 등에 부속되어 일부를 이루는 부품(물품)을 수리차원에서 교체
하는 경우에는 본 과목에서 집행할 수 있다.

○ 시설장비의 내용연수를 증가시키거나 기능을 변화시키는 핵심부품의 교체비용 등
은 자산 및 물품취득비(405-01) 또는 시설비(401-01)로 집행한다.

성질이 유사한 예산과목

- **일반수용비(201-01):** 기계·기구·집기 및 기타 공작물의 소규모 수선비
- **시설장비유지비(201-02):** 건물 및 건축설비(구축물, 기계장비), 공구, 기구, 비품, 기타
시설물의 유지관리비
- **시설비(401-01):** 주로 자본 형성적 경비로서 도로·하천의 개보수, 건물·공작물·구축
물·대규모 기계·기구의 수선비, 청사의 대규모 도장 등 그 내용연수가 길고 비용투입
의 효과가 장기간에 걸쳐 나타나는 대규모 수리비

4) 차량·선박비

○ 차량용 유류를 구입은 원칙적으로 "공공조달 유류구매카드"를 활용하여 구매하여
야 한다. 다만, 예외적으로 가격 및 접근성 등을 고려하여 조달 등록된 주유소와 비

1. 예산실무

2. 지출실무

3. 계약실무

4. 보조금 관리

5. 결산실무

6. e-호조실무

7. 복식부기

8. 공유 재산 및 물품

9. 판상과 회계책임

10. 감사 사례

교한 후 유리한 조건의 주유소를 이용할 수 있다.

※ 조달청 나라장터 홈페이지(www.g2b.go.kr) 및 모바일(App)을 통해 공공조달 납품 주유소와 시중 주유소(www.opinet.or.kr) 유가 확인 가능

Q&A

Q. 청사 주변 잔디 깎기 예산집행 시 시설장비유지비로 집행 가능 여부

A. 청사시설물 관리 차원에서 필요한 경우 집행이 가능할 것으로 사료됨.

Q&A

Q. 관용차량을 운행하다가 본인 과실로 사고가 발생한 경우 차량 보험료가 아닌 본인 부담으로 집행할 수 있는지

A. 해당 기관의 공용차량 관리규칙 등에서 정하는 사항으로 자체적으로 판단하여 정하는 사항임.

Q&A

Q. 친환경차(전기차, 수소차)의 충전요금을 공공운영비로 집행 가능 여부

A. 공공운영비의 차량ㆍ선박비에서 집행이 가능함.

---

3 행사운영비 (201-03)

가. 자치단체가 직접 주관하는 행사에 소요되는 다음의 일반운영비

○ 행사운영을 위한 초청장, 홍보유인물, 현수막, 상패제작 등 일반수용비

○ 행사개최를 위한 시설·장비·물품의 임차료

○ 행사지원을 위한 강사료

○ 행사지원을 위해 참여한 공무원에게 지급하는 식비(식비 단가는 특별한 사유가 없는 한 특근매식비 단가를 적용한다)

유의사항

- 행사에 참여한 초청인사 등을 대상으로 하는 식비, 행사관련 기념품이나 기관선물의 구입 등은 본 과목에서 집행할 수 없다. (사업 성격을 고려하여 행사실비보상금 또는 업무추진비로 집행)

나. 부서의 연찬회 경비로는 집행할 수 없다. (기관 또는 부서단위의 체육행사 경비는 정원가산업무추진비에서 집행)

　○ 공무원 연찬회(워크숍) 경비(숙박비, 식비, 교통비)로 지급 불가

다. 행사는 자치단체가 직접 주관하고, 예산을 직접 집행함을 원칙으로 한다.

　○ 다만, 고도의 전문성과 내용이 복잡·다양하여 사실상 자치단체가 직접 주관하는 것이 곤란하다고 판단되는 경우에 민간위탁이 가능하며 민간위탁 계약 시에는 「지방계약법령」을 적용하여 수탁기관을 선정하고 집행한다.

Q&A

Q. 우수 사례 발표 공모전에 따른 수상자 상품 구입 가능 여부

A. 법령, 조례 등에 따라 민간인의 포상에 따른 시상 금품은 기타보상금(301-12)으로 집행

Q&A

Q. 행사운영비로 발대식 행사에 소요되는 민간인 조끼 구입 가능 여부

A. 행사를 운영하는 데 있어 불가피한 경우 민간인에게 대여(지급하지 않고 회수)하는 조건으로 집행은 가능할 것으로 사료됨(행사 참석자에게 단체복을 구입하여 지급 불가)

Q. 자치단체가 주관하는 행사가 복잡·다양하여 민간위탁을 하는 경우 참가자 식비 등이 집행 범위에 포함되는지 여부

A. 지방자치단체 세출예산 집행기준에 따라 행사는 자치단체가 직접 주관하고, 예산을 직접 집행함이 원칙이나 자치단체가 직접 주관하는 것이 곤란하다고 판단되는 경우에 한하여 행사운영비에서 민간위탁이 가능하며, 민간위탁 계약 시에는 「지방계약법령」 및 관련 법령을 적용하여 수탁기관을 선정하고 집행하도록 규정하고 있음. 또한, 행사용역과 관련 없는 참가자의 식비를 포함하여 예산을 편성하거나 집행하여서는 안 될 것임.

Q. 행사운영비로 우수기관 벤치마킹을 위한 기관방문 기념품, 벤치마킹 방문자 식비, 교통비 집행 가능 여부

A. 우수기관 벤치마킹을 위한 기관 방문 기념품 및 방문자 식비, 교통비는 행사운영비에서 집행 불가

 행사운영비 (201-03) 감사 사례

- 행사운영비를 행사와 무관한 일반수용비로 사용
  ⇒ 행사와 관련이 없는 일반수용비는 사무관리비(201-01)에서 집행
- 행사 참석자에 대한 식비 및 숙박비 등을 행사운영비에서 지출
  ⇒ 민간인은 행사실비지원금(301-09)으로 집행
- 각종 운영수당을 행사운영비로 지출
  ⇒ 행사와 관련이 없는 운영수당은 사무관리비(201-01)에서 집행
- 행사에 참석한 공무원을 대상으로 식비, 숙박비 등 지급
  ⇒ 공무원은 국내여비(202-01)에서 집행
- 행사에 참석한 유관단체장 및 간담회에 참석한 직원 식비 및 기념품구입비 집행
  ⇒ 업무추진비 또는 여비 등으로 집행

1. 예산실무

2. 지출실무

3. 계약실무

4. 보조금관리

5. 결산실무

6. e-호조실무

7. 복식부기

8. 공유재산및물품

9. 변상과 회계책임

10. 감사사례

여비(202목) | No. 76658

┌─────────── 공통기준 ───────────┐

○ 여비는 출장자에게 현금으로 지급하거나 계좌로 이체하여야 한다. 다만, 항공사 또는 여행사 등을 통해 대행 구매한 항공권인 경우에는 항공사 또는 여행사로 직접 지급할 수 있다.

○ 회계관계공무원은 항공운임 집행 시 사전에 출장자가 제출한 「항공운임 지급 신청서」 및 증빙서류를 확인하여 공적 항공 마일리지의 우선 활용 가능 여부를 점검한 후 항공운임을 지급하여야 한다.

※ 증빙서류: 항공사 홈페이지 예약신청 결과 출력물(항공사 발행 전자항공권 등), 마일리지 보유 현황(출력물)

┌─────── 〈지방공무원 여비규정 적용 순서〉 ───────┐

① 지방자치단체별 여비조례
② 공무원여비규정(국가규정 준용)
③ 공무원여비업무 처리기준(국가규정 준용)
④ (연도별)공무원보수 등의 업무지침(인사혁신처 예규)
　　제9장 공무원여비업무 처리기준

└──────────────────────────────┘

└──────────────────────────────────────┘

※ 2022년도부터 공무직(무기계약)근로자의 여비도 공무원과 동일 통계목에 편성 및 집행

1. 국내여비 (202-01)

가. 근무지 내 국내출장 시의 여비

○ 같은 시·군 및 섬 안 출장이나, 여행 거리가 왕복 12km 미만인 출장

○ 4시간 미만인 경우 1만 원, 4시간 이상인 경우 2만 원을 지급

○ 왕복 2km 이내의 근거리 출장인 경우 실비로 지급

– 실비 상한액: 4시간 미만 출장은 1만 원, 4시간 이상 출장은 2만 원

나. 근무지 외 국내출장 시의 여비

○ 운임, 숙박비는「공무원 여비 규정」별표 2에 따라 실비 지급

※ 출장기간이 2일 이상인 경우 상한액 내 실비는 출장기간 전체 숙박비의 총액한
도를 기준으로 계산

○ 식비, 일비는「공무원 여비 규정」별표 2에 따라 정액 지급

○ 공동숙박 여비 추가지급(No.289563)

　– 총 숙박비를 [7만 원×(출장자 수-1)] 이하로 지출한 경우, 인원수당 1야당 2만 원
씩 추가지급

　– 숙박비를 지출하지 않은 인원수(계산식)

　　= 총 출장인원 – (총숙박비 ÷ 7만 원,* 단, 소수점 이하는 올림)

　　※ 위 '7만 원'을 서울시는 '10만 원', 광역시는 '8만 원'으로 한다

○ 자가용 승용차를 이용한 경우(No. 49933)

　– 철도 또는 버스운임(통상 이용되는 대중교통요금)

　– **부득이한 경우** 연료비 지급기준 : 여행거리(km)×유가×연비

　– 자가용 동승자에게는 운임 미지급

　– 통행영수증, 주유결제전표, 주차영수증 출장 증거서류 구비

 자가용 이용-공무 형편상 부득이한 사유

- 산간오지, 도서벽지 등 대중교통수단이 없어 자가용을 이용할 수밖에 없는 경우
- 출장경로가 매우 복잡·다양하여 대중교통을 사실상 이용할 수 없는 경우
- 공무 목적상 부득이한 심야시간대 이동 또는 긴급한 사유가 있는 경우
- 자가용을 이용함으로써 운임이 적게 소요되는 경우(No. 334838)
- 하중이 무거운 수하물을 운송해야 하는 경우
- 대중교통을 이용하여 출장업무를 수행하는데 어려움이 있는 장애인 공무원 등
  ※ 기타 부득이한 사유는 각 기관의 업무특성에 따라 소속기관장이 정하여 운영 공용
  의 '차량·선박 또는 항공기' 등을 이용하여 여행하는 경우에는 운임을 지급하지 아
  니한다. 단, 주차비, 고속도로 통행료, 항만 이용료, 공항 이용료 등은 지급한다.

1. 예산실무

2. 지출실무

3. 계약실무

4. 보조금관리

5. 결산실무

6. e-호조실무

7. 복식부기

8. 공유재산 및 물품

9. 보상과 회계책임

10. 감사사례

 출장증빙자료

- 출장지에서 식사 등의 용도로 사용한 개인카드 사용내역서 사본
- 출장 시 이용한 숙박비 세금계산서, 구매카드 매출전표, 현금영수증
- 출장 시 이용한 교통(철도, 선박, 항공, 시외버스 등) 이용 승차권 등
- 기관을 방문한 경우 방문기관 등에서 제공한 자료, 사진, 기타 입증자료
- 위 내용의 구비가 곤란한 경우 출장복명서
   ※ 제외 대상: 다른기관 공문 요청에 의한 회의, 행사, 연찬회 등 출장 입증자료가
      명백한 경우 별도자료 구비 불필요

Q&A

Q. 개인·철도 마일리지를 사용하여 철도승차권(무료 또는 일부 할인)을 구매하여
   근무지 외 출장을 간 경우 교통비 지급 여부

A. 공무상 출장 시 교통비는 실비정산을 원칙으로 하며 철도 이용 계약을 통해 할
   인된 요금으로 철도를 이용할 수 있으므로 개인이 보유한 철도 마일리지를 사용
   한 것에 대해 교통비를 지급할 수 없음.

Q&A

Q. 제주도청 직원의 거주지가 서귀포시인데 전주로 출장을 갈 경우, 거주지인 서귀
   포에서 직접 출발하는 때의 교통비 지급 방법은?

A. 근무지 외의 곳에 거주하는 공무원이 그 거주지에서 목적지까지 직접 여행하는
   경우에는 그곳에서 목적지에 이르는 여비를 지급하되, 그 여비는 근무지에서 목
   적지까지의 여비를 초과하지 못하므로 제주도청 ↔ 전주의 운임비(예매 사이트
   에서 금액 확인)를 지급하여야 함. 증거서류는 서귀포시 ↔ 전주의 운임 영수증
   을 첨부하면 됨.

Q&A

Q. 1박 2일 근무지 외 출장 시 자가숙박한 경우 숙박비 지급 여부

A. 자가 숙박 시에는 숙박비를 지급하지 않음. 친척, 친구 집에서의 숙박 시에는 1
   야당 2만 원을 정액으로 지급하는데, 이는 친지 집에서 숙박할 경우 관례상 발
   생할 수 있는 선물비용 등을 감안한 것임.

Q. 근무지 외 출장 시 숙박시설 부족, 성수기 요금 부과 등의 불가피한 사유로 실비 상한액을 초과하여 지출한 경우, 숙박비 지급 방법은?

A. 공무상 불가피한 사유가 인정될 경우 상한액 30% 범위 내에서 추가 지급 가능하나, 그 이상으로 지출한 금액은 개인 부담을 해야 함.

Q. 도서, 벽지 등 신용카드 가맹점이 없는 지역에서 출장업무를 수행함에 따라 현금으로 숙박비를 지급한 경우 숙박비 지급 방법은?

A. 간이영수증도 증거 서류로 인정할 수 있으므로 영수증에 따른 숙박비를 지급할 수 있음. 숙박업소가 간이영수증도 발급할 수 없는 민박집 등인 경우 주인의 확인증과 출장지의 소명서를 근거로 지급할 수 있음.

Q. 운전직 공무원도 본연의 임무로 4시간 미만 출장 시 출장비 지급 가능 여부

A. 「공무원보수 등의 업무지침」에서는 운전업무를 담당하기 위해 임용된 운전원이 본연의 업무수행을 위해 차량을 운행하는 경우에는 여비를 지급하지 아니하되, 4시간 이상 근무지내 출장 시에는 1만 원을 감액하여 지급할 수 있다고 규정하고 있음. 그러므로 본연의 임무로 4시간 미만의 출장 시 출장비 지급은 불가함

국내여비 (202-01) 감사 사례

- 실제 출장하지 않은 직원에게 여비지급
- 4시간 미만 출장자에게 2만 원 지급
  ⇒ 4시간 미만 1만 원 지급(회수 조치)
- 숙박비를 지급했으나 근거자료 미 첨부
  ⇒ 숙박관련 영수증 첨부
- 국외 출장 시 출발일에 국내여비 지급
  ⇒ 공항가는 대중교통비는 지급가능(인천 등 공항버스 요금)
- 2명이 자가용 이용 시 동승자에게 교통비 지급
  ⇒ 운전자에게만 지급

2. 월액여비 (202-02)

○ 상시출장을 요하는 공무원에 대하여 자치단체별로 편성 여부 및 대상 부서, 월정
   액을 자율 결정(월액여비를 운영하지 않는 경우는 국내여비를 적용)

3. 국외업무여비 (202-03) 및 국제화여비 (202-04)

○ 지역 특수성 등을 고려하여 출장자가 항공권 등의 국외출장경비를 안정적으로 구
   매할 수 있는 방안*을 마련할 수 있다.

   * 조례 등 자치법규(공무국외여행 규정 등)로 정하거나 거래여행사 선정제도[여행사
     선정 시 수의계약 또는 경쟁입찰 방식으로 일정기간(월, 분기, 반기, 년 등)을 정하여 항공권 구
     매 및 기타 편익정보(숙박시설 등)를 제공 받을 수 있음] 등을 도입

   - 거래 여행사를 통해 항공권을 구매하는 경우에도 항공운임 지출이 적정하게 이루
     어졌는지 확인하여야 한다.

○ 국외항공운임은 당해 지방자치단체 여비 조례 등에 따라 실비로 지급

○ 식비. 일비는 정액. 숙박비는 실비(상한액)로 지급하되, 카드(구매·개인) 사용을
   원칙으로 한다. 부득이한 경우 현금 결재 가능하나 증빙서류 제출

○ 민간인 해외여행 경비 지원 시 본 과목에서 집행 불가

   - 민간인 국외여비(301-06)에서 집행

○ 지방의회의원의 국외 출장여비는 의원국외여비(205-03)에서만 집행

○ 직무와 연관성이 적은 선심성 국외여행은 최대한 억제

○ 항공권을 구매하는 경우 발권(취소·변경) 수수료까지 지급 가능

○ 준비금 실비지급 가능, 대상 항목은 비자발급비(비자발급 대행 수수료 포함), 예방
   접종비, 여행자보험가입비, 풍토병 예방약구입비에 한함.

TIP - 항공, 숙박시설 등의 예약취소 시 수수료의 지급

- 항공·호텔 등을 사전예약(또는 구매) 후 취소 시 수수료는 출장자가 지급함.
- 다만, 다음의 사유인 경우 여비 예산(202목)에서 집행 가능

  ① 공무 형편상 부득이한 경우

② 출장자 본인 또는 배우자의 직계 존속·비속과 형제자매가 사망한 경우

③ 출장자 본인, 배우자 또는 본인 및 배우자의 직계 존속·비속에게 출장 신청 당시 예측하지 못하였던 불의의 사고가 발생하여 정상적인 출장업무 수행이 곤란하다고 소속 기관장이 판단한 경우

Q&A

Q. 국외 출장 시 대전근무지에서 인천공항까지의 교통비 지급이 가능한지?

A. 국외 출장 시 일비는 여행일수에 따라 정액으로 지급하는 것으로 국외 출장자의 귀국 당일도 공무 국외 출장기간에 포함되므로 국외일비를 지급하는 것이 타당함. 국외 출장비 일비에서 당일 공항까지의 국내운임을 충당하기 어렵다고 판단되는 경우, 해당기관에서 종합적으로 판단하여 국내운임을 지급할 수 있음.

4. 공무원 교육여비 (202-05)

가. 지급기준: 「지방공무원 교육훈련 운영지침」 [별표 3]

나. 교육훈련 여비 지급 절차

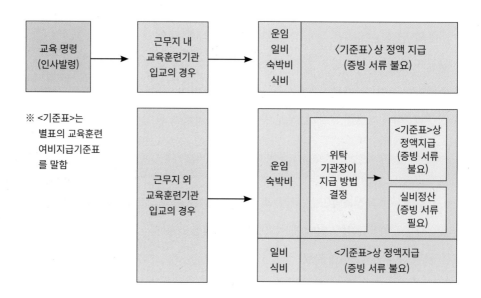

다. 지방공무원 교육훈련여비 지급기준 (운영지침 [별표 3])

교육기관구분 \ 여비구분		운 임	일 비	숙 박 비	식 비
근무지 내의 지역에 있는 교육훈련 기관에 입교하는 경우	합숙의 경우	지급 않음	○등록일(입교일), 수료일은 전액 ○기타 일은 지급 않음	○당해 교육훈련 기관이 청구하는 금액	○당해 교육훈련 기관이 청구하는 금액
	비합숙의 경우		○등록일(입교일), 수료일은 전액 ○기타 일은 공무원 여비규정 [별표 2] 일비의 5할	○지급 않음	○공무원여비규정 [별표 2] 식비의 3분의1 또는 당해 교육훈련 기관이 청구하는 금액
근무지 외의 지역에 있는 교육훈련 기관에 입교하는 경우	합숙 또는 기숙사 이용의 경우	여행구간 등급별 철도·선박·항공·자동차 왕복 운임 정액	○등록일(입교일), 수료일은 전액 ○기타 일은 지급 않음	○당해 교육훈련 기관이 청구하는 금액	○당해 교육 훈련 기관이 청구하는 금액 또는 구내 식당 가격
	비합숙의 경우		○등록일(입교일), 수료일은 전액 ○기타일은 공무원 여비규정 【별표 2】 일비의 5할	〈정액지급 시〉 공무원보수 등의 업무지침상의 〈정액여비지급기준〉 준용 〈실비정산시〉 공무원여비규정 【별표 2】 숙박비 준용	○공무원여비규정 【별표 2】 상의 식비. 단, 교육훈련 기관이 중식비를 청구하는 경우에는 중식비를 제외한 차액

공무원 여비 제도의 개요 | No. 34981

○ 근거규정: 공무원여비규정(대통령령) 및 여비업무 처리지침(예규)

○ 여비등급: 제1호[3급(국장급) 이상], 제2호[3급(국장급) 제외) 이하]

○ 여비항목별 지급액

구 분			지급 항목	지급 방법	지급액
출장	국내 출장	근무지 내 출장	근무지 내 여비	정액	1만 원(4시간 미만), 2만 원(4시간 이상) * 공용차량 이용 시 1만 원 삭감
		근무지 외 출장	운임 (정산)	실비	• 제1호: 철도 특실, 선박 1등급 • 제2호: 철도 일반실, 선박 2등급 * 부득이한 경우 자가용이용

			숙박비
			(정산)
				실비
				(1夜당)
					• 제1호: 실비
					• 제2호: 서울 10만 원, 광역 8만 원, 그 외 7만 원
					* 업무상 부득이한 경우 1/3 추가지급 가능
					* 공동숙박 또는 친지집 등에서 숙박 시 1야당 2
					  만 원 지급(공동 숙박비 별도산식에 따라 추가
					  지급)

			일비	정액 (1日당)	2.5만 원 * 공용차량 이용 시 1/2 삭감
			식비	정액 (1日당)	제1호: 2.5만 원, 제2호: 2.5만 원
	국외출장		운임	정액	• 항공운임 지급기준 : 장관급 이상 1등석, 차관급 ~국장급 비즈니스석, 과장급 이하 2등석 * 철도, 선박 및 자동차 운임은 실비 지급
			숙박비 (정산)	실비 (1夜당)	$471~$77 상한범위 내 실비 * 4개 지역에 따라 6개 계급별로 차등 실비 지급 * 업무상 부득이한 경우 50% 추가지급 가능
			일비	정액 (1日당)	$60~$26 * 6개 계급별로 차등 지급
			식비	정액 (1日당)	$186~$30 * 4개 지역에 따라 6개 계급별로 차등 정액 지급 * 업무상 부득이한 경우 50% 추가지급 가능
			준비금	실비	국외출장시마다 실비로 지급(실비정산) * 비자 발급, 예방 접종, 여행자 보험, 풍토병 예 방약 구입(4종)

근무지 변경
(신규임용 포함)
			부임여비
			가족여비
					* (본인)국내외 여비기준에 따라 지급
					  (가족)운임은 본인과 같은 등급, 일비·식비·숙
					  박비는 12세 이상은 본인의 2/3, 12세 미만은
					  1/3

			이전비	실비
				(화물량)
					• 국내는 5톤은 실비, 5톤 초과 7.5톤은 실비의
					  50%
					• 국외는 10m³은 실비, 11~15m³은 실비의 85%,
					  16~25m³(상한)은 실비의 80%

※ 공무원 여비 Q&A(2012.2.행안부) ⇒ No. 34815

1. 예산실무

2. 지출실무

3. 계약실무

4. 보조금관리

5. 결산실무

6. e-호조실무

7. 복식부기

8. 공유재산 및 물품

9. 민간관 회계책임

10. 감사 사례

업무추진비(203목) | No. 110014

- 공통사항 -

가. 기관운영·정원가산·시책추진업무추진비는 연간 집행계획을 수립하고 그 계획에 근거하여 월별 또는 분기별로 균형 있게 집행한다.

나. 업무추진비는 원칙적으로 현금을 사용할 수 없다. 다만, 「지방자치단체 업무추진비 집행에 관한 규칙」에 근거한 격려금, 축의·부의금 등 현금 집행이 불가피한 경우에 한하여 사용이 가능하다.

- 현금지출 중 격려금을 전달하고자 하는 경우 격려금 지급 목적과 대상, 금액 (기 지급, 금회지급) 및 지급 필요성 등의 내용이 포함된 지출품의서(기본계획을 수립·방침 포함)를 작성하여야 한다.

- 개산급으로 전달자에게 현금을 지급할 경우 전달자와 최종 수요자의 영수증을 모두 징구하여 회계 증빙서류에 첨부하여야 한다. 다만, 최종 수요자가 1인이거나 전달자를 거치지 않고 직접 최종 수요자에게 지급하는 경우에는 전달자의 영수증을 징구하지 아니한다.

- 최종 수요자에게 영수증을 받을 수 없거나 부적절한 경우에는 지급 목적, 지급일시, 지급금액, 지급대상자, 전달자 등이 명시된 집행내역서를 현금 전달자 등으로부터 징구하여 회계 증빙서류에 첨부하여야 한다.

다. 다음 각 호의 어느 하나에 해당하는 경우에는 업무추진비를 사용할 수 없다. 다만, 직무 관련성이 입증되는 객관적인 증빙서류(출장명령서 등)를 제출한 경우에는 사용할 수 있다.

(1) 법정공휴일 및 토·일요일

(2) 관련 근무지와 무관한 지역(관련 근무지란 시·도의 경우, 해당 시·도, 시·군·구의 경우, 해당 시·군·구와 그 경계를 접한 인접 시·군·구를 말함)

(3) 비정상 시간대(23시~다음날 6시)

(4) 사용자의 자택 근처

(5) 주류판매를 주목적으로 하는 업종에서 사용

 - 증빙자료 작성 시에는 일시, 장소, 목적, 집행 대상, 구체적인 업무내용과 사유 등을 포함하여야 한다.

라. 간담회 등 접대비는 특별한 사유가 없는 한 1인 1회당 4만 원 이하 범위에서 집행하고, 행사 성격 등 불가피한 경우에는 증빙서류 등에 사유를 명시하고 4만 원을 초과하여 집행할 수 있다. 다만, 「청탁금지법」 적용 대상인 경우에는 그 법을 따른다. (공직자 등 접대비 3만 원, 선물 5만 원 이내, 농수산가공품은 10만 원 이내)

마. 업무추진비를 집행하고자 하는 경우에는 집행 목적, 일시, 장소, 집행 대상 등을 증빙서류에 기재하여 사용 용도를 명확히 하여야 하며 건당 50만 원 이상의 경우에는 주된 상대방의 소속 또는 주소 및 성명을 증빙서류에 반드시 기재하여야 한다.

바. 업무추진비로 상품권, 기념품, 특산품 등을 구매한 경우에는 지급관리대장에 지급일시, 대상자 및 수량을 반드시 기재하여 결재를 받아 관리함으로써 사적으로 사용되지 않도록 하여야 한다.

사. 업무추진비를 단체장 위주로 집행하여서는 안 된다.

  ○ 개인명의의 불우이웃돕기 성금

  ○ 재해의연금 등 기타 개인별로 거두어서 내는 성금

자. 지방자치단체는 지방회계관리훈령 제121조에 따라 업무추진비 집행내역을 기관 홈페이지에 공표하도록 노력하여야 한다.

1. 기관운영업무추진비 (203-01), 시책추진업무추진비 (203-03)

가. 「지방회계법 시행령」 제64조에 의한 「지방자치단체 업무추진비 집행에 관한 규칙」(이하 "규칙"이라 한다)에 따라 집행하여야 한다.

나. 규칙 [별표 1] 3호 다목(지역사회를 위하여 자원봉사활동을 하는 자원봉사자·단체·센터에 대한 격려금품 지급 및 식사 제공)의 경우 업무추진비 집행 대상 자원봉사자·단체·센터의 범위를 아래의 경우로 한정한다.

  ○ 해당 지방자치단체 관할 구역의 농·어촌 일손돕기에 참여하는 자원봉사자·단체·센터

○ 해당 지방자치단체 관할 구역에서 장애인·홀몸 어르신, 국민기초생활보장법에 의한 수급자 등 불우 소외계층에 대한 봉사활동에 종사하는 자(개인·단체·센터)에 대한 격려금품 지급 또는 식사 제공

다. 규칙 [별표 1] 8호 나목 3)-나)의 경우 공직선거법 제113조 제1항에 해당하지 아니하는 자의 축의·부의금품은 아래와 같이 집행한다.

○ 집행 한도액은 1건당 5만 원을 초과할 수 없다. 다만, 축의·부의금을 대신하여 화분 또는 화환으로 지급할 수 있으며 10만 원을 초과하여 집행할 수는 없다.

○ 축의·부의금품은 「기관운영 업무추진비」에서만 집행할 수 있다.

○ 지방자치단체의 관할구역 내에 있는 업무 유관기관의 임직원에 한하여 집행이 가능하다.

    – 해당 지방자치단체 관할 업무 유관기관은 국가기관, 지방자치단체, 그 밖의 공공기관*을 의미한다.

       * 공공기관이라 함은 공익 목적으로 설립되고, 상시 근무하는 인력으로 운영되는 조직으로서, 국가 및 지방자치단체의 예산으로 운영되며, 당해 지방자치단체와 업무상 직접적인 관련성이 있는 기관을 의미하며, 법령 또는 조례에 근거하여 설치된 위원회·협의회 등 관할 유관단체를 포함한다. 다만, 유관단체의 경우는 유관단체의 대표자 1인에 한하여 지급할 수 있다.

    – 업무추진비 집행기관(부단체장, 실·국장 및 실·과·소장 등)이 담당하는 업무 관련 범위 내에서 현재 직접적인 업무 연관성이 있고 상호 간에 지속적으로 업무관계가 발생하는 기관으로서 이를 입증할 수 있는 기관에 한하여 집행이 가능

○ 동일 관서 내에서 소속 상근직원에 대한 축의·부의금은 해당 부서 소속 구성원을 대상으로 집행하되 동일관서 내 부서를 달리하는 경우에는 집행할 수 없다.

    – 부단체장은 해당 자치단체, 일반구의 구청장은 해당 구청, 읍·면·동장은 소관 읍·면·동에 한하여 각각 집행할 수 있다.

○ 같은 지방자치단체 내에서 본청, 제1관서, 읍·면·동 등 관서를 달리하는 경우에는 업무가 서로 연계되어 있는 경우로서 감독 권한을 가진 상급기관에서 하급기관에 한하여 축의·부의금을 집행할 수 있다.

    – 부단체장, 일반구의 구청장, 읍·면·동장은 업무영역이 제한되지 않으며, 부단체장은 해당 지방자치단체, 일반구의 구청장은 해당 구청, 읍·면·동장은 소관 읍·면·동에 한하여 각각 집행할 수 있다.

       ※ (예시) 시 본청 재무국 → 시 일반구 세무과

○ 자치단체를 달리하는 경우에는 광역자치단체와 관할 기초자치단체 간 동일한 업무를 담당하고 직접적인 업무 관련성이 있는 경우에 한하여 축의·부의금품을 집행할 수 있다

※ (예시) 광역시 재무국 ↔ 구·군 재무국, 도 건설국 ↔ 시·군 건설국

○ 지방의원에 대한 축의·부의금품 지급은 해당 지방자치단체 집행기관(실·국장 및 실·과·소장등)의 업무와 관련된 소관 상임위원회 의원에 대해서만 집행이 가능하다.

‑ 부단체장은 모든 상임위원회 위원에게 집행할 수 있다.

‑ 상임위원회가 설치되어 있지 않는 지방자치단체의 경우에는 부단체장에 한하여 모든 지방의원에게 집행할 수 있다.

○ 지방자치단체장 또는 회계관계공무원은 규칙 [별표 1] 8호 나목 2)‑(나)의 공직선거법 제113조 제1항에 해당하지 아니하는 자의 축의·부의금품을 집행하는데 있어서 공직선거법 제114조 및 제115조에 위반되지 않도록 하여야 한다.

라. 규칙 [별표 1] 2호 가목 언론 관계자에게 제공하는 의례적인 수준의 특산품은 해당 자치단체의 관할 행정구역 안에서 생산되거나 가공되는 물품으로서 공산품도 포함되나, 통상적이고 보편적인 수준을 말한다.

마. 규칙 [별표 1] 2호 다목에 의한 내방객에 대한 의례적인 수준의 기념품 지급은 공무나 특정한 목적을 가지고 공식적으로 방문하는 자에 한정되고 통상적인 민원인이나 수시방문자는 제외되며, 특정 업무와 관련되지 않은 일반 주민이 일상적인 시·도정 설명회 등에 참석하기 위한 방문은 이에 해당되지 않는다.

바. 지방자치단체의 장이 새로 선출된 지방의회의장에게 취임을 축하하기 위하여 의례적인 화분을 제공하는 것은 규칙 [별표 1] 7호 나목에 의하여 가능하나, 그 밖에 지방의회부의장 및 상임위원장에게는 제공할 수 없다.

사. 기관운영업무추진비 집행 시 부단체장이 지방자치단체장 지위에서 직무수행을 할 경우 지방자치단체장의 업무추진비를 집행할 수 있다. 다만, 지방자치단체장과 권한대행자의 기준액을 동시에 집행할 수 없다.

2. 업무추진비 집행내역 공개 (회계훈령 별표2)

가. 공개대상

ㅇ 기관운영업무추진비, 시책추진업무추진비, 의정운영공통경비, 의회운영업무추진비

나. 공개단위

- 기관운영업무추진비, 시책추진업무추진비는 기관장, 부기관장, 실·국장과 과장급이 장인 부서(부서장의 집행내역 포함) 단위로 집행내역 공개
- 의정운영공통경비는 지방의회와 상임위원회 별로, 의회운영업무추진비는 지방의회의장, 부의장, 상임위원장, 예결위원장의 집행내역 공개

다. 공개항목

- 사용자, 일시, 장소, 집행목적, 대상 인원수, 금액, 결제방법(신용카드, 제로페이, 현금 등), 비목으로 구분

라. 공개 방법 등

- 해당기관 홈페이지에 최소 분기마다 공개하며 매 분기 후 1개월 이내에 공개

경조금 집행의 부적정 사례

ㅇ 경조사비 지급기준액(1인당 50,000원) 초과 집행
ㅇ 퇴직 직원에 대한 경조사비 집행
ㅇ 관내 협조자, 지역지도자 명목으로 집행
ㅇ 부모 회갑연·고희연, 형제자매 사망, 자녀 돌, 가족 병문안

1. 예산실무

2. 지출실무

3. 계약실무

4. 보조금관리

5. 결산실무

6. e-호조실무

7. 돈내기

8. 공유 재산 및 물품

9. 발생과 회계책임

10. 감사 사례

업무추진비 집행 규칙 | No. 87851

1. 업무추진비 개요

기관운영	시책추진	정원가산	부서운영
○ **기관운영**에 소요되는 업무추진비로 사용 ○ 월 정액으로 지급할 수 없음 ○ 연간 집행계획	○ **사업추진**에 소요되는 경비 ○ 월 정액으로 지급할 수 없음 ○ 연간 집행계획	○ 동호인, 취미 클럽, 생일 선물, 불우 공무원 지원 등 ○ 연간 집행계획	○ **통상적**인 부서운영 업무추진 제잡비 ○ 실과 사기 앙양 경비 ○ 월 정액*으로 집행할 수 있음

* 정액은 현금지급을 의미하나 카드사용 활성화 이후로 잘 활용하지 않음 (No. 135319)

2. 시책업무추진비와 기관업무추진비 집행 구분 요령

○ 직무활동 열거주의 (시책과 기관)

○ 집행 내역 증빙 (정액은 제외)

○ 사실에 입각한 품의 서류

○ 접대비/ 3백 미만 물품은 구매 카드

○ 현금 축·조의금(기관), 격려금

○ 비정상 시간대(23시 ~ 익일 6시) / 자택 근처 사용금지

○ 현금에 준하는 상품권, 고가의 선물 등 물품은 수불부 작성

○ 1인 4만 원(공직자 등 3만 원, 선물 5만 원, 농수산물가공품 10만 원) 초과 금지

3. 축·부의금품 집행 범위 등

○ 집행 범위: 결혼 또는 사망

○ 집행 대상: 본인과 배우자, 본인과 배우자의 직계 존 비속

○ 대상구분

- 단체장 또는 후보자 명의: 소속 상근직원(본청직원, 차하급기관 대표자)
- 단체장 및 후보자외의자 명의: 소속 상근직원(본청, 의회, 사업소 포함, 시·군·구는 읍면동 직원 포함), 지방의회의원, 업무 유관기관의 임직원
- 집행 과목: 기관운영업무추진비
- 집행 금액: 현금 5만 원(또는 화분·화환은 10만 원, 화환 5만 원+축의금 5만 원 가능)을 초과할 수 없음.

 질의 회신

[제목] 축·부의금품 등을 제공할 수 있는 소속 상근직원의 범위

[질의] (행안부 질의. 2016. 6. 9.)

○ "소속 상근직원"의 범위에 아래 열거된 직원도 포함되는지 여부
  - 「지방공무원 임용령」 제3조의2에 의하여 임용된 임기제공무원(일반임기제공무원, 시간선택제임기제공무원, 한시임기제공무원)
  - 「지방공무원 임용령」 제3조의3에 의하여 임용된 시간선택제채용공무원
  - 자치단체장이 근로기준법에 의거 고용한 무기계약근로자
  - 자치단체장이 근로기준법에 의거 고용한 기간제근로자

[답변] (중앙선관위원회 회답 2016. 7. 11.)

지방자치단체의 장이 「공직선거법」 제112조 제2항 제2호 아목에 따라 축의·부의금품 등을 제공할 수 있는 소속 상근직원에는 귀문의 공무원 및 근로자(소속 행정기관 및 하부행정기관과 그 밖에 명칭 여하를 불문하고 이에 준하는 기관·단체·시설의 직원은 제외함)가 포함됨.

 질의 회신

[질의] (행안부 질의. 2021. 2. 2.)

○ "부서원들의 사기앙양을 위해 부서운영 업무추진비로 기프티콘 집행 가능 여부

[답변] (행안부 회답 2021. 2. 24.)

「예산편성기준」 및 훈령에 부서운영업무추진비는 부서운영업무추진을 위한 제잡비로 보조기관의 기본운영경비로 규정하고 있습니다. 따라서 부서운영에 필요한 경비로 사용되어야 하며 상품권 등을 소속 직원에게 1/n로 분배하는 방식으로 지급하는 것은 적절하지 않을 것으로 사료됩니다.

1. 예산실무
2. 지출실무
3. 계약실무
4. 보조금관리
5. 결산실무
6. e-호조실무
7. 복식부기
8. 공유재산 및 물품
9. 민생과 회계책임
10. 감사 사례

4. 업무추진비 현금, 축하화환·기념품 지급 가능 대상

1) 현금 집행의 대상

○ 소속 상근직원 중 현장 근무자 (기능직 현장 근로자)

○ 상근직원의 퇴직, 부상, 사망하는 경우

○ 관내 유관 공공기관의 장이 퇴임 또는 전출하는 경우

○ 단체장, 간부 공무원이 소속기관, 하급기관을 방문하는 경우

○ 전국, 자치단체 단위평가 우수 성적으로 입상한 자·부서

○ 지역사회를 대가 없이 자원봉사를 하는 자(단체·센터 포함)

○ 해당 지방자치단체를 대표한 체육선수, 관할 구역 내에서 학술·문화예술을 위해 공연 또는 행사를 하는 경우 현장 근무자

○ 관내 집배원, 수로원, 방범대원, 청원경찰, 방호원, 하천 및 그린벨트 감시원, 청소원 등 취약지역 현업근무자

○ 군부대, 전투경찰대, 소방서, 경찰서, 우체국, 그 밖의 국가기관 및 다른 지방자치단체에서 종사하는 현업 근무자 등

○ 축·조의금

 현금집행의 **부적정** 집행 사례

○ 사적 모임 등의 회비 납부
○ 일반 부서 직원을 격려 목적으로 격려금 집행
○ 구청에서 시청 공무원에 대한 경조사비 집행
○ 공무국외 출장자, 비서, 전출 직원 등에 대한 격려
○ 개인적인 출판기념회, 학위 취득에 따른 현금 격려
○ 지역 발전을 위한 사업 유치 격려 목적으로 현금지출

2) 축의·조의 화환·기념품 집행 대상

- ○ 공식 방문하는 내방객(민원인 제외)에 대한 의례적인 수준의 기념품
- ○ 지방자치단체장의 의회 취임 축하 화분은 의장만 가능
- ○ 관내 유관기관장의 퇴임 또는 전출하는 경우 화환·화분
- ○ 국경일 기념식, 공공기관 이전 또는 공공시설 개소에 따른 화환·화분
- ○ 축의·부의금을 대신하여 화분 또는 화환

축하화환 · 기념품 집행의 부적정 집행사례

- ○ 내부직원 승진·전출직원 등에 대한 화환·화분
- ○ 공무원 등의 승진, 전·출입시 화환·화분
- ○ 관내의 지역·직능단체, 협회 등의 창립총회 시 화환·화분
- ○ 국회의원 등의 사무실 개소, 출판기념, 학위취득 축하화환

업무추진비 (203, 205) 감사 사례

- 언론인에게 10만 원 초과 특산품 제공
  - ⇒ 『농수산물 품질관리법』 제2조 제1항 제1호에 따른 농수산가공품은
    10만 원까지 가능
- A국장이 B국 직원 경조사비 지급
  - ⇒ 『지방자치단체 업무추진비 집행에 관한 규칙』 제3조 1항
    - 축,부의금 집행대상(소속상근직원, 해당상임위 의회의원, 관할구역내 업무유관기관 직원)
- 접대성 경비를 카드사용 없이 이체
  - ⇒ 카드사용을 원칙으로함(계좌입금 불가)
- 물품(상품권 등)을 수불부 없이 배분 사용

1. 예산실무
2. 지출실무
3. 계약실무
4. 보조금관리
5. 결산실무
6. e-호조실무
7. 복식부기
8. 공유 재산 및 물품
9. 원가와 회계책임
10. 감사 사례

1. 직책급업무수행경비 (204-01)

○ 직위별 당해 직무수행 활동에 소요되는 경비를 월정액으로 지급하는 경비

○ 퇴직, 직책 신설 또는 해외연수, 교육, 파견, 병가, 휴직 등 기타 직책의 변동 등의 사유로 30일 이상 수행할 수 없는 자는 발령일을 기준으로 그 월액을 일할 계산한다.

○ 지방자치법 제111조에 의한 권한대행, 직무대리, 『직무대리규정』에 의한법정대리, 지정대리의 경우 대리하고 있는 해당 직위에 대한 기준액을 지급할 수 있으며, 원 직책자에게는 지급 안 함.

○ 실제로 2개 이상의 겸임 발령을 받고, (수평적인)겸임업무를 수행하는 경우에는 각각 그 기관 또는 부서 단위별로 지급 가능. 다만, 당해 부서 국장의 공석으로 과장이 직무대리 발령(겸직)을 받은 경우에는 국장급의 직책급만 지급 (중복 지급 불가)

○ 파견근무자의 경우에는 파견받은 기관에서 지급한다. 다만 원소속기관과 파견기관이 협의하여 원소속기관이 지급하기로 한 때에는 원소속기관이 지급할 수 있다.

Q&A

Q. 과장이 승진 리더과정 교육(1개월 이상)을 가서 해당 부서의 주무팀장이 직무대리를 맡게 되는 경우 직책급업무수행경비 지급 가능 여부

A. 직무대리의 경우 대리하고 있는 해당 직위에 대한 기준액을 지급할 수 있으므로 4급 기관장에 대한 기준액을 지급하면 됨.

Q&A

Q. 조례 또는 규칙에 의한 기관 또는 기관이 아닌 경우에도 사실상 해당 직위의 업무를 수행하는 경우에는 직책급업무수행경비를 지급할 수 있도록 규정하고 있는데 재정협력관(4급)에게 직책급 업무수행경비 지급 가능 여부

A. 조례 또는 규체에 의한 조직(기관)이 아니더라도 단기 T/F 또는 핵심 프로젝트 수행을 위해 추진단 등을 구성, 운영하는 경우에 해당되며, 이 경우에도 예산편성 운영기준의 지급 기준에 따른 동등한 직위 업무를 수행하는 경우 지급하는 것이 타당할 것으로 사료됨.

2. 특정업무경비 (204-03)

○ 특수업무 담당분야에 근무하는 자에 대한 활동비로 월정액으로 지급하는 경비

○ 지급 대상 범위에 해당되는 직무를 전담하는 부서(전담팀, 전담계 포함)의 담당 공무원에게 지급

　- 전담 조직이 없는 경우 해당 업무만 전담하여 업무를 수행하는 담당공무원에게 지급 가능

○ 지급대상 및 지급 기준액은 『지방자치단체 예산편성 운영기준』에 의함.

○ 특정업무경비 상호 간에는 원칙적으로 중복 지급 불가 (예외 있음)

○ 대민활동비와 직책급 업무수행경비 중복 지급 불가

○ 특수직무수당(읍·면·동 근무수당) 지급 대상자는 지급 제외

※ 보건지소·보건진료소 및 농업기술센터 지소·상담소 포함.

○ 특정업무경비 지급 대상 업무에 30일 이상 근무를 하지 않은 기간에 대하여는 발령(명령)일을 기준으로 일할 계산하여 지급한다.

　- 다만, 파견근무자(근무 조정 포함)도 특정업무경비 지급대상의 직무를 수행하는 경우에는 경비를 지급할 수 있으며 경비지급 기관은 직책급 업무수행경비 지급 규정을 준용한다.

○ 특정업무경비 지급 대상자인 시간선택제·한시임기제공무원은 월정액을 기준으로 하여 근무시간에 비례하여 지급한다.

$$지급액 = 월정액 \times \frac{시간선택제\text{-}한시임기제공무원\ 주당\ 근무시간}{지방공무원\ 복무규정상\ 주당\ 근무시간}$$

〈예시〉 주당 15시간을 근무하는 시간선택제·임기제공무원(일반임기제 9급상당)에 대한 대민활동비 지급액은?

☞ 18,750원 = 50,000원 × (15시간/40시간)

1. 예산실무
2. 지출실무
3. 계약실무
4. 보조금 관리
5. 결산실무
6. e-호조실무
7. 복식부기
8. 공유재산 및 물품
9. 변상과 회계책임
10. 감사 사례

Q. 올 8월 조직 개편으로 예산과 소속이었던 대외협력팀이 대외협력사업소로 신설됨. 사업소 업무는 국비 확보, 기재부 예산실 파견 등 예산과 관련된 업무가 주임. 특정업무경비 지급 대상 여부

A. 지방자치단체 예산편성 운영기준에 따르면 특정업무경비(204-03)는 특수업무 담당 분야에 근무하는 자에 대한 활동비로서 시, 군, 구의 경우 예산담당 공무원(과장 이하)에게 지급되는 경비는 예산업무를 직접 담당하는 부서를 지급 대상으로 규정하고 있음. 또한, '00시 행정기구 및 정원조례시행 규칙'의 분장사무에서 ○○시 대외협력사무소는 중앙, 지방 간 협력체계 구축, 국비 확보 지원, 신규 사업 및 정책관련 자료 수집, 중앙부처. 기관 단체 등과의 교류 추진, 각종 공모사업 발굴 등의 업무가 분장되고 있음. 따라서, 귀 질의상 대외협력사무소의 국비 확보 지원은 예산업무의 일부로서 예산업무 전체를 직접 담당하고 있다고 보기 어려움.

의회비 (205목) | No. 69872

- 공통사항 -

○ 의원 개인별 집행액을 정하여 정액으로 집행할 수 없다.

○ 의정활동 등과 관련되지 않은 개인적 목적 및 중복으로 집행할 수 없다.

○ 지방의회 관련 경비는 「지방자치단체 예산편성 운영기준」에서 정하는 기준경비 별표 1에 따른다.

○ 의회비는 지방의회의원의 의정활동 등과 관련하여 편성한 경비이므로 집행부 예산에서 지방의원과 관련된 경비(법정경비 제외)를 집행하여서는 아니 된다.

○ 지방의회의원의 임기가 개시된 날과 지방의회의원의 직을 상실하는 날이 속하는 월의 의정활동비 및 월정수당은 그 월의 재직일수에 해당하는 금액을 지급한다.

1. 의원국내여비 (205-03)

○ 지급 대상은 지방의회의원으로 한정(사무처 및 사무국 직원 지급 금지)

2. 의원국외여비 (205-04)

○ 집행부와 함께 공무상 국외출장 시에도 지방의원은 본과목에서 집행

○ 지방자치단체 예산편성 운영기준에서 정하고 있는 예산편성 한도액을 초과하여 집행하거나 의정활동과 관련이 적은 관광여행은 금지

○ 국외항공운임 발권(취소·변경 포함) 수수료, 거래여행사 선정제도, 숙박비 결제 및 정산 등과 관련한 경비의 집행은 국외업무여비(202-03) 및 국제화여비(202-04) 과목의 집행기준을 따른다.

○ 국외항공운임 발권(취소·변경 포함) 수수료, 거래여행사 선정제도, 숙박비 결제 및 정산 등과 관련한 경비의 집행은 국외업무여비(202-03) 및 국제화여비(202-04) 과목의 집행기준을 따름.

Q&A

Q. 지방의원이 공무상 여행 시 개인별로 한도액 최대 250만 원을 초과하여 집행할 수 있는지 여부

A. 의원 개인별로 정액 지급된다는 의미가 아니며, 예산편성 운영기준상 연간 편성 예산의 범위 안에서 집행하되 지방자치법 시행령 제33조 별표5 및 관련 조례에 따른 금액을 지급

---

3. 의정운영공통경비 (205-05), 의회운영업무추진비 (205-06)

- 공통사항 -

가. 「지방자치단체 업무추진비 집행에 관한 규칙」 제3조 제2항의 별표 2에서 정한 범위 내에서 집행할 수 있다.

1. 예산실무
2. 지출실무
3. 계약실무
4. 보조금관리
5. 결산실무
6. e-호조실무
7. 특수부기
8. 공유재산 및 물품
9. 변상과 회계책임
10. 감사 사례

나.~바. 생략(업무추진비(203) 공통사항과 같음)

　　※ 축의·부의금의 집행 한도액은 1건당 5만 원을 초과할 수 없다. 다만, 축의·부의금을 대신하여 화분 또는 화환으로 지급할 수 있으며 10만 원을 초과하여 집행할 수는 없다.

사. 의정활동 등과 관련되지 않은 개인적 목적 및 중복으로 집행할 수 없다

아. 업무추진비 집행 시 반드시 클린카드를 발급받아 등록 후 사용하며 유흥·퇴폐·향락·사행업소 등에서는 사용할 수 없다.

　　※「지방의회의원 행동강령」클린카드 제도 준용 (국민권익위원회)

자. 지방의회 관련 경비는「지방자치단체 예산편성 운영기준」에서 정하는 기준경비 별표1에 따른다.

차. 의회비는 지방의회의원의 의정활동 등과 관련하여 편성한 경비이므로 집행부 예산에서 지방의원과 관련된 경비(법정경비 제외)를 집행하여서는 아니 된다.

카. 지방의회의원의 임기가 개시된 날과 지방의회의원의 직을 상실하는 날이 속하는 월의 의정활동비 및 월정수당은 그 월의 재직일수에 해당하는 금액을 지급한다.

| 의회 업무추진비 비교 |

구 분	205-05. 의정운영공통경비	205- 06. 의회운영업무추진비
편성 기준	• 의회 또는 상임위원회 명의의 공적인 의정활동을 수행하는데 필요한 공통적 경비 ※ 공청회, 세미나, 각종 회의 및 행사 등의 소요경비 예산편성	지방의회 의장·부의장·상임위원장의 의정활동 및 직무수행을 위한 제경비
		예산결산특별위원회의 위원장에 대하여는 상임위원장 예산편성액을 적용 계상 가능
	• 의정활동 수행에 필요한 경우, 위로금, 격려금 및 소액경비는 관련 증빙서류 첨부 현금집행 가능 • 특별위원회의 원활한 활동과 전문분야별 연구활동 지원경비	예결위위원장에 대한 의장단활동비는 예산의 심의·의결등 의정활동 및 직무수행을 지원하기 위한 경비로서 본회의 의결로 특위가 구성되어 위원장이 선출된 경우에 한하여 활동비 지급이 가능하며, 특위 활동기간 중 지급 가능함

구 분	205-05. 의정운영공통경비	205-06. 의회운영업무추진비
집행 기준	의정활동 수행과 직접적 관련성이 있는 경우에 한해 집행	사전에 연간 집행계획을 수립하여 선심·중복성 예산 집행이 되지 않도록 함.
	특별위원회의 원활한 활동과 전문분야별 연구활동을 위한 경비로 지원	예결위원장에 대한 의장단활동비는 예산의 심의·의결 등 의정활동 및 직무수행을 지원하기 위한 경비로 특위 활동기간 중 지급이 가능함.
	업무추진을 위한 접대성 경비집행 또는 물품의 구입은 구매카드(신용카드, 직불카드, 현금영수증, 제로페이 등) 선택 사용	
	현금지출은 격려금·축의금·조의금 등 불가피한 경우에 한하여 지출 • 격려금을 전달하고자 하는 경우 격려금 지급 목적과 대상, 금액 및 지급 필요성 등의 내용이 포함된 지출품의서를 작성 • 축의·부의금 한도액은 1건당 5만 원(또는 화분·화환은 10만 원)을 초과하여 집행할 수는 없음. • 간담회 등 접대비는 1인 1회당 4만 원(공직자 3만 원) 이하에서 집행, 기념품 및 특산품은 5만 원 이하(농수산물 10만 원)집행	

Q&A

Q. 지방자치단체 업무추진비 집행에 관한 규칙 중 별표 2 지방의회 의장 등 업무 추진비 집행대상 직무활동 범위에서 제1호 다목에 공직선거법 제11조 제2항 제3호에 규정된 구호적, 자선적 행위가 가능하다고 되어 있는데 의장단이 국제교류활동으로 해외 방문 시 해당 의회에서 지원한 기금 등으로 설립된 세종학당(한글학교)에 의정운영공통경비에서 후원금 또는 발전기금 명목으로 예산 집행 가능 여부

A. 「지방자치단체 업무추진비 집행에 관한 규칙」 제3조에 따라 제2조 제1호 나목에 따른 업무추진비를 집행하는 회계관계공무원 및 업무추진비 집행 공무원은 별표 2 제1호 다목에 의하면 「공직선거법」 제112조제2항2제3호에 규정된 구호적, 자선적 행위에 대하여 업무추진비 집행이 가능함. 그러나 귀하께서 질의하신 해당 의회에서 지원한 기금 등으로 설립된 세종학당에 후원하는 행위는 별표 2에 규정된 직무활동에 해당되지 않아 의정운영공통경비 집행이 어려울 것으로 사료됨.

4. 의원역량개발비(공공위탁, 자체교육) (205-07)

○ 지방의회의원의 역량강화를 위한 경비

○ 국가기관 또는 지방자치단체 등 공공의 교육기관에 한해 집행 가능

※ 의원 개인의 학위과정 등에 대하여 지원 불가

○ 의원의 역량강화 자체교육을 위한 외래 강사료

　※ 교통비, 숙박비는 실비의 범위 안에서 같은 과목내 별도 계상 가능

5. 의원역량개발비(민간위탁) (205-08)

○ 민간교육기관 위탁교육에 따른 경비

6. 의원정책개발비 (205-09)

○ 중복 과제에 대한 연구용역을 지양하고 연구결과의 활용도를 제고하도록 노력한다.

○ 지방의회 및 집행기관 소속직원, 연구단체 구성원의 용역 수탁은 불가하다.

○ 정책연구용역비로 사용하되, 공청회나 세미나, 간담회 등은 의회운영공통경비로 편성

※ 해당 지방의회에 등록된 지방의원 연구단체에서 발주하는 경우 지원(의원 개인에게 지원 불가)

재료비 (206목)　　　│　No. 23065

---

1. 재료비(206-01)

○ 교육기관의 외래강사 수송용 유류대

○ 제품 또는 생산에 소비되는 물적재화에 관한 비용(재료소비에 의한 주요재료비, 보조재료비, 매입부분품비, 소모공기구비품비로 구분), 종자 및 자재운송에 따른 조작비

○ 광물 및 기타 특수한 물건의 구입비

○ 동물, 식물 및 식물종자 구입비와 사료 구입비

○ 소방관서 구급대 응급처치용 의약품 및 소모성 기자재

○ 방역에 필요한 약품 및 재료비 기타

1. 예산실무

2. 지출실무

3. 계약실무

4. 보조금관리

5. 결산실무

6. e-호조실무

7. 복식부기

8. 공유재산 및 물품

9. 변상과 회계책임

10. 감사 사례

연구개발비 (207목) | No. 203257

1. 연구용역비 (207-01)

○ 연구용역 결과를 행정에 활용하지 아니하고 장기간 사장하거나 용역 결과가 지나
치게 이상에 치우쳐 실제 활용이 곤란한 사례가 없도록 용역 결과에 대한 사후관
리를 철저히 하여야 한다.

○ 지방자치단체 업무추진에 있어 조사·연구 등 용역에 대한 반대급부로 분야별 용
역은 다음 기준을 상한으로 집행하여야 한다.

   - 기술용역: 「엔지니어링사업대가의 기준」(산업통상자원부 고시) 또는 「측량대
     가의 기준」(국토지리정보원 고시)

   - 전산용역: 「SW사업 대가 산정 가이드」(한국소프트웨어산업협회)

   - 임상연구용역: 실 소요경비

   - 학술연구용역등: 「지방자치단체 입찰 및 계약 집행기준」(행정안전부 예규) 제2
     장 예정가격 작성요령

○ 계약 방법, 절차 등은 「지방계약법령」을 적용한다.

Q&A (No. 45554)

Q. 원가계산 용역이 학술용역인지 일반용역인지 여부

A. 원가계산용역은 부가가치세가 면제되는 학술연구용역 또는 기술연구용역에 해당
하지 아니하며, 부가가치세가 과세되는 일반용역임.

2. 전산개발비 (207-02)

○ 정보화사업의 낙찰 차액은 원칙적으로 재사용할 수 없다. 다만, 다음과 같은 경우
에는 사용할 수 있다.

   - 해당 사업의 정보 시스템 감리비 또는 정보보호 강화

   - 법령 개정 등으로 불가피하게 SW사업 과업 확대에 따른 추가 과업 수행

일반보전금 (301목)　｜ No. 105848

- 공통사항 -

○ 「일반보전금」은 통계목으로 구분된 내용대로 집행

○ 공공성·형평성을 감안하여 특정인에게 선심성·시혜성으로 운영되지 않도록 하여야 함.

○ 보전금 편성목에서 집행할 수 없는 경비

　- 격려·위문·간담회·보고회 경비 등 업무추진비적 경비

　- 의정운영공통경비 또는 의회운영업무추진비에서 집행되어야 하는 의정활동 수행경비

　- 민간단체 법정운영비보조에서 집행되어야 할 협의회 등 지원경비

　- 기념품 구입, 수첩 발간 등 일반운영비, 물품구입비 또는 업무추진비에서 집행되어야 할 경비

　- 기금조성에 따른 경비는 출연금(306목)에 편성

---

1. 사회보장적수혜금 (301-01~03)

301-01(국고보조재원)	국고보조사업에 의한 민간에 지급하는 사회보장적 현금성 수혜금 또는 물품지원비
301-02(취약계층, 지방재원)	자치단체가 법령에 의하여 민간에 지급하는 사회보장적 수혜금 및 물품지원비
301-03(지방재원)	자치단체가 법령(조례포함)의 근거에 따라 자체적으로 추진(민간에 지급)하는 사회보장적 수혜금 및 물품지원비

※ 2023년부터 사회복장적수혜금 1개 과목에서 재원별 3개 과목으로 세분화시킴

2. 통장·이장·반장활동보상금 (301-07)

○ 「지방자치단체 예산편성 운영기준」(행정안전부 훈령)의 규정 및 자치단체 조례에 의하여 읍·면의 이장과 동의 통장, 반장에게 지급
○ 기본수당 및 상여금은 기관장이 정한 날 지급
  - 해당 월(1일~월말)의 수당 및 활동비를 말한다.
  - 통·이장 변경에 따른 기본수당 지급 방법을 일할계산방식으로 지급할 수 있다.
○ 기준액
  - 통·리장: 기본수당 월 300,000원 이내, 상여금 연 200%,
    회의참석수당 1회당 20,000원(월 2회)
  - 반장수당: 연 50,000원

3. 민간인 국외여비 (301-06)

○ 자치단체의 사업을 수행하기 위하여 학계, 언론, 기업, 연구기관 등 전문가가 동행하게 되는 경우 당해 사업 수행을 위한 국외여행경비
○ 공무원 여비규정 제30조의 규정에 의해 자치단체장이 정한 기준 내에서 집행
○ 국외여행을 실시하는 대상자에게 직접 지급하여야 한다. 다만, 항공권 및 발권(취소·변경 포함) 수수료의 지급과 관련한 사항은 국외업무여비(202-03) 및 국제화여비(202-04)에 따라 항공사 또는 여행사에 직접 지급할 수 있다.
○ 자치단체 사업수행과 연관성이 없는 선심성 국외여행경비 집행 불가

4. 외빈초청여비 (301-09)

○ 외빈초청경비는 당해 자치단체가 공식적으로 초청하는 국내·외 인사에 대한 항공료, 숙박비, 식비 및 지방시찰 여비, 버스 임차료 등에 한하여 집행할 수 있다.
○ 연회비, 선물 구입비, 환송·영 행사경비 등은 외빈초청여비로 집행할 수 없으며 업무추진비로 집행한다.

5. 행사실비 지원금 (301-11)

○ 교육·세미나·공청회·회의에 참석하는 민간인에게 지급하는 급량비 및 교통비(실비)
  - 급량비는 매식비 기준단가를 적용하여 계좌 입금한다.
  - 단체급식 및 다과 시에는 지방자치단체 구매카드 사용을 원칙으로 한다.
○ 교통비 및 숙박비를 지급하는 경우에는 「공무원 여비 규정」을 준용하여 지급한다.
  이 경우 일비는 지급하지 않는다.
○ 문화제 행사, 세미나, 공청회 등 출연자 및 발표자의 반대급부적 사례금을 현금 지
  급한 경우에는 영수증 징구한다.
  ※ 예산편성 시 행사 출연자 및 발표자의 강연료 등 예상비용 산출 근거를 작성하
    여 지방의회의 심의가 가능하도록 하여야 함.
○ 국가(지방)단위 행사 참석을 위한 여비, 산업시찰, 견학 참여를 위한 실비는 본 과
  목에서 지급하되 국내에 한하며, 급량비는 매식비 기준단가에 준하여 지급한다.
  (2021.1.1.단서 추가)

식비의 실비 논란 (No.331053)

"실비"는 실제비용의 개념으로서 교통비, 식비, 숙박비에 대해서는 여비규정 등과
같은 개산급 개념이 아니라 실제비용을 산출하여 그 범위 안에서 지급함을 의미한
다고 판단함 (2013.4.17.행안부)

행사관련 예산 (No.167994)

- 교육, 세미나, 공청회, 회의(개별참가): 행사실비보상금-개별지급 원칙
- 행정 목적 민간 대상 워크숍(공동참가): 행사운영비-직접집행 원칙

Q&A

Q. 민간인 박람회 견학 시 제작한 현수막을 행사실비보상금으로 집행 가능 여부
A. 행사실비보상금은 민간인에게 지급하는 반대급부적 경비로 일반 수용비 성격의
   현수막 제작비를 행사실비보상금으로 집행하는 것은 불가

1. 예산실무

2. 지출실무

3. 계약실무

4. 보조금관리

5. 결산실무

6. e-호조실무

7. 복식부기

8. 공유재산및물품

9. 방산과 회계책임

10. 감사 사례

Q&A

Q. 행사실비보상금에서 세미나 발표자에게 강사수당 집행 가능 여부

A. 세미나 등의 출연자 및 발표자에 대한 강사료는 행사실비보상금에게 집행 가능할 것으로 사료됨.

Q&A

Q. 행사실비보상금 지급 시 일비 지급 가능 여부 및 차량(버스) 임차비를 지급해도 되는지 여부

A. 일비는 개산급에 해당하여 문리적으로는 실비에 해당되지 않아 지급 불가이며, 차량을 임차하여 단체로 이동하였다면 이에 대한 임차료도 신용카드 또는 현금 영수증에 의한 결제가 가능할 것으로 판단되나 자치단체에서 결정할 사항임(계약법령 여부 등).

Q&A

Q. 행사운영비와 행사실비 지원금의 구분 기준

A. 행사실비 지원금은 "민간인에게" 급량비, 교통비 및 출연 사례금 등 각종 행사 참석에 대한실비를 지급하는 것이며, 행사운영비는 "행사운영을 위한 일체의 일반운영비"로 자치단체가 직접 주관하고, 예산을 직접 집행함이 원칙임

예를 들어, 지방자치단체에서 행사운영을 위한 버스를 임대한다면 행사운영비로 집행할 수 있을 것이고, 대중교통버스를 이용하여 행사에 참석한 민간인에게 교통비를 지급하고자 한다면 행사실비 지원금으로 집행하여야 함

6. 기타보상금 (301-14)

○ 법령 또는 조례에 민간인에게 반대 급부적 경비를 지급하도록 규정되어 있는 경우 (보상금 또는 물품)에 집행한다.

○ 법령·조례 등에 따라 민간인의 포상에 따른 시상금품

○ 지방자치단체가 주관하는 각종 행사나 시책사업을 추진하는 과정에서 민간인이 상해를 입었을 경우 상해치료비

○ 공익신고자보호법에 따라 국민권익위원회로 납부하여 공익신고자에게 지급되는
   보상금 및 부패방지권익위법 제70조의2에 따른 보상금 상환액

이주 및 재해보상금 (302목) | No. 61080

1. 민간인 이주보상금 (302-01)

○ 공공용지의 취득 및 손실보상에 관한 특별법에 대한 댐건설 등 대규모 공공사업의
   수행을 위하여 이주자에게 대가 없이(토지의 매입에 의하지 않고 토지를 제공받는
   경우 포함) 지급하는 이주 정착비 등 이주보상비
   - 이주정착지 조성 등 지방자치단체가 직접 공사를 하는 경우는 해당과목에 계상

2. 민간인 재해 및 복구활동 보상금 (302-02)

○ 재해대책을 위하여 민간인에게 지급하는 보상금(재해보상비, 장제비 등)
○ 재해예방 및 복구 등에 참여하는 민간인의 활동수당 및 상해치료비, 식비, 동원장
   비 유류대 등

포상금 (303목) | No. 110871

1. 포상금 (303목)

○ 법령 또는 조례에 의하여 모범 공무원 산업시찰경비
○ 법령 또는 조례에 의하여 반대급부 또는 채권채무에 대한 원인 행위가 없이 일방
   적으로 공무원에 대하여 급여하는 포상금 및 상여금

1. 예산실무

2. 지출실무

3. 계약실무

4. 보조금관리

5. 결산실무

6. e-호조실무

7. 복식부기

8. 공유재산 및 물품

9. 법인과 회계책임

10. 감사 사례

※ 객관적 공적심의 절차 없이 장기근속·퇴직(예정) 공무원(가족 포함)에 대한 단순 일률적 지원 목적의 예산 편성 불가

○ 모범 공무원 산업시찰에 필요한 숙박비, 식비 등은 「공무원 여비 규정」에 준하여 집행하고 부대경비는 실비로 집행한다.

○ 모범 공무원의 가족 등 공무원이 아닌 자를 산업시찰에 동반하는 경우에는 포상금 조례·규칙에 근거 없이 그 동반자의 경비를 포상금으로 집행할 수 없다.

○ 예산성과금은 「지방재정법시행령」 제50조에서 제54조까지의 규정 및 「지방자치단체 예산성과금 운영규칙」에 따라 집행한다.

※ 시상기관이 포상금 과목으로 편성·집행하여 수상기관이 이를 수령한 경우 수령한 포상금은 세입으로 편성하여 집행할 필요가 없으며, 기관별 별도 배분 기준에 따라 수상 부서 격려비용 등으로 사용하거나 해당 분야 공로자에게 격려금을 지급할 수 있다.

※ 단, 평가나 대회 등의 결과로 지급되는 인센티브가 포상금이 아닌 조정교부금, 보조금 등 별도의 사업예산인 경우 예산으로 편성하여 집행해야 한다.

민간이전 (307목) | No. 115187

1. 의료 및 구료비 (307-01)

가. 의료비

○ 병원, 수용기관 및 기타 의료기관 시약대

○ 수술 관계 약품 및 소모품비

○ 소모성 의료기구, 집기, 기타 용품대

- 대규모적이며 자본적인 기구, 집기는 405-01(자산 및 물품취득비)에 계상

○ 기타 환자 관계 제용지(약포지, 진단서, 체온표, 처방전 등)

나. 환자 · 수용자 및 요구호 대상자에게 급여 또는 대여하는

○ 피복의 구입비

○ 피복을 직접 제조·지급할 경우에는 피복 제조에 소요되는 재료비, 노임, 운반, 기타 제경비

○ 주·부식용, 취사용 연료비

○ 다항의 부대경비(운반비 및 공고료 등)

○ 주·부식물 생산에 필요한 제경비

○ 주·부식물을 조리 및 취사하기 위하여 필요한 소모성 소도구 구입비

○ 치료비 및 시약대

2. 민간경상사업보조 (307-02), 민간단체 법정운영비보조 (307-03), 민간행사사업보조 (307-04), 사회복지시설 법정운영비 보조 (307-10), 사회복지사업보조 (307-11)

구분	당해연도		출납폐쇄 이후	
	세입	세출	세입	세출
집행 잔액		해당사업 과목에반납	**223 보조금등반환수입** 01.시도비보조금등 02.자체보조금등	
			715 보조금등반환금 01.국고보조금등 02.시도비보조금등	**802 반환금기타** 01.국고보조금 02.시·도비보조금
이자	**216 이자수입** 03. 기타이자수입		**224 기타수입** 07. 그외수입	
	715 보조금등반환금 01. 국고보조금등 02. 시도비보조금등	**802 반환금기타** 01. 국고보조금 02. 시·도비보조금		

1) 민간경상사업보조 (307-02)

> 1. 민간이 행하는 사업에 대하여 자치단체가 이를 권장하기 위하여 교부하는 것으로 자본적 경비를 제외한 보조금
>   ※ 민간경상사업보조를 받은 자는 보조금교부 조건에 특별한 규정이 없는 한 제3자에게 재위탁 불가
> 2. 지방재정법 제17조의 보조제한 사유에 해당되지 않는 경우에 한하여 지원

○ 지방재정법 제17조 제1항 제4호에 따라 집행하는 보조금은 해당 사업에 대한 지출 근거가 조례에 직접 규정되어 있는 경우에만 지원 가능

○ 사업기간이 2개월을 초과하는 민간경상사업보조의 경우 지방재정 신속집행제도 지침에 따라 해당연도 보조금을 일괄 교부할 수 있다.

Q&A

Q. 환경 관련 책자 제작에 따른 보조금 정산 시 원고 제작에 따른 원고료 증빙 서류는?

A. 지방보조금 관리기준(예규)에 의거 보조금 집행은 보조금 전용카드(체크카드 등) 사용을 원칙으로 하며, 보조금 정산 시에는 증빙서를 제출하되, 부득이한 경우에는 세금계산서 등 관련 증빙자료로 첨부하도록 규정하고 있는 바, 원고료 등 체크카드로 지급이 곤란한 경우에는 계좌입금 조치 후 입금 확인증 등을 제출

2) 민간행사 사업보조 (307-04)

○ 지방자치단체가 사실상 주관하는 행사의 경우 보조금 집행 불가

○ 법령에 명시적 근거가 있는 경우 외에는 운영비 지원 금지
   (보조단체 사무실 임대료, 상근직원 인건비 등 단체 운영비 지원 금지)

1. 예산실무
2. 지출실무
3. 계약실무
4. 보조금 관리
5. 결산실무
6. e-호조실무
7. 복식부기
8. 공유 재산 및 물품
9. 발생과 회계책임
10. 감사 사례

Q. 보조사업자가 대행사업자를 선정할 때 지출 항목별로(인쇄비, 장비임대 등) 사업자를 선정하여 보조금을 집행할 수 있는지 여부

A. 지방자치단체 입찰 및 계약 집행기준에 의거 용역, 물품 계약에 대하여도 단일사업을 부당하게 분할하거나 시기적으로 나누어 체결하지 않도록 하여 원칙적으로 분할계약을 금지하고 있음. 다만, 지방계약법 시행령 제77조 제1항의 예외규정에 따른 분할, 분리계약 가능 여부는 해당 자치단체에서 검토하여야 할 사항임.

○ 민간 축제 등에 대한 보조금 결정 시 보조사업자로 하여금 기부금을 모집하게 할 필요가 있는 경우 「기부금품의 모집 및 사용에 관한 법률」을 준수하여야 한다.

3. 민간위탁금 (307-05) (No.189111)

1. 국가 또는 지방자치단체가 법령 및 조례에 의하여 민간인에게 위탁관리시키는 사업 중 기금성격의 사업비로서 사업이 종료되거나 위탁이 폐지될 때에는 전액 국고 또는 지방비로 회수가 가능한 사업
2. 지방자치단체가 「지방자치법」 제117조에 의한 위임 또는 위탁, 대행사무에 수반되는 경비로서 위임 또는 위탁, 대행하는 자에게 지급하는 자본형성적 경비 이외의 부담경비
   - 시가지 · 도로 청소대행사업비 등
   ※ 보조금 관계법령, 보조금 관리조례 등에 따라 집행하여야 할 민간보조사업을 위탁금으로 예산편성 금지

○ 민간수탁자 선정 및 민간위탁의 이행 등에 관한 사항은 해당 법령에서 정한 절차에 따름. 다만, 법령 또는 조례에서 정한 절차가 없는 경우 관련 법령(지방계약법령, 공유재산 등)에서 정한 절차를 따름.

1. 예산실무

2. 지출실무

3. 계약실무

4. 보조금 관리

5. 결산실무

6. e-호조실무

7. 복식부기

8. 공유 재산 및 물품

9. 변화와 회계책임

10. 감사 사례

Q. 민간위탁조례에 사업자 선정 방법에 관한 조항이 있을 경우 해당 부서에서 사업자와 협력만으로도 민간위탁금 지급 가능 여부

A. 민간위탁조례에 의해 수탁자를 선정할 수 있으나, 조례나 규칙에서 정하고 있지 아니하는 사항에 대해서는 지방계약법령에서 정한 절차에 따라 처리해야 하며, 다른 법령과 조례에 따라 협약을 체결하는 경우에도 협약서의 내용에 법령과 조례에서 위임하고 있는 않은 사항(협약금액 조정 등)까지를 포함할 수 없으며 계약 일반조건의 내용을 적용함.

○ 위탁경비 산출 및 사후정산

- 「지방계약법령」에 따라 계약방식을 적용할 경우에는 지방계약법령 및 예규 등에 의하여 소요비용을 산정 및 정산

- 「지방계약법령」 이외의 다른 법령 등에 따라 위탁한 경우로서 예상수입이 소요비용을 초과하는 경우에는 계약 시 초과 수입액을 확정하여 사업 종료 후 초과 수입액을 지방자치단체에 납부토록 조치하고 업무효율성 향상, 이자발생 등에 따라 비용이 계약금액보다 절감되는 부분은 당해 자치단체에 정산하여 귀속한다.

4. 민간인 위탁교육비 (307-12)

○ 「지방회계법 시행령」 제11조에 따른 결산검사위원 교육 등 법령 또는 조례 등에 따라 자치단체 사무를 위해 민간인을 위탁교육할 경우, 그 교육기관의 장이 정하는 교육비를 지급한다.

 보조금(307) 관련 감사 사례

• 사업계획 변경 승인 없이 사업 변경 시행 후 정산

⇒ 보조금 사업의 규모 축소, 폐지 및 예산의 변경을 수반하는 사항에 대해서는 반드시 단체장의 사전 승인(변경승인)을 받은 후 시행

보조금(307) 관련 감사 사례

- 사전 사용승인을 받은 사업 외에 보조결정 통지일 이전에 집행한 사업비
  ⇒ 보조결정 통지일(사업개시일) 이전에 집행한 사업비는 보조금으로 보전할 수 없음
     (정산 시 환수)
- 당초, 예산집행계획에 설정되지 않은 비목을 신설하거나 단체의 자의적인 판단에 따라
  세부사업간 예산을 전용하여 집행
  ⇒ 비목의 신설 및 예산배분 변경사항은 사전승인 사항임
- 각종 행사 후 간담회 성격의 매식비를 과다하게 집행한 사례
  ⇒ 일상적인 소규모 식대는 활동비 또는 자부담 지출원칙 단체 임직원 등으로 구성된 행
     사의 참석자 식대 등 집행금지
- 회의비, 간담회비 등으로 편성된 사업비를 식대 등 업무추진비로 편법 집행하거나 소모
  성 경비로 과다하게 집행하는 경우
- 보조사업비는 당해 회계연도 내 집행 완료
  ⇒ 특별한 사유가 없는 한 그 회계연도 내에 완료(12.31일)
- 보조사업비에 포함된 자부담 비용의 집행
  ⇒ 사업계획서상의 부담비율에 따라 집행 및 정산
- 반환받는 보조금에 대한 이자의 계산
  ⇒ 통장계좌에서 발생한 이자, 보조금 반환일 까지의 이자, 반환 기한을 경과한 날부터
     실제 반환일 까지의 이자 등
- 결제전용카드를 사용하지 않고 사업비를 일괄 인출하여 사후 정산하는 형태로 회계처리
  하는 사례
  ⇒ 사업비 집행은 반드시 결제전용카드 사용, 회의 참석수당 등 부득이한 경우 계좌입금
- 내부임직원 및 특수 관계자에 대한 강사료, 원고료 지급 사례
  ⇒ 강사료는 외래강사에 한하여 지급, 단체 소속 직원에게는 강사료, 원고료를 지급할
     수 없음(계좌 입금 원칙)
- 강사료, 원고료 등 인건비 성 경비에 대해 지출 당시 원천징수를 하지 않고 연말에 보조
  금에서 일괄 납부한 사례(개인별 지급액에서 공제)
- 사업비를 일괄 인출하여 사후 정산하는 형태로 회계처리 함으로써 사업비 정산보고 내
  역과 통장 지출 내역이 일치하지 않는 경우(건별 지출)

1. 예산실무

2. 지출실무

3. 계약실무

4. 보조금관리

5. 결산실무

6. e-호조실무

7. 복식부기

8. 공유 재산 및 물품

9. 민간위탁 회계책임

10. 감사 사례

자치단체등 이전 (308목) | No.105919

1. 자치단체 간 부담금 (308-07)

○ 자치단체 간 부담금의 집행 및 정산은 민간 이전(307목)의 예와 같이 한다.

2. 교육기관에 대한 보조 (308-08)

○ 보고 및 정산은 실적보고서에 집행내역을 확인할 수 있는 내역서를 첨부하여 제출하되, 계산서 등 증빙서류 원본은 보조금을 교부받아 실제로 집행하는 교육기관에 보관

3. 공기관 등에 대한 경상적 위탁사업비 (308-10)

○ '공기관'이란 「공공기관의 운영에 관한 법률」에 따라 기획재정부 장관이 지정하는 기관과 「지방재정법」 제17조 제2항에 따른 공공기관이 포함된다.

○ 광역사업 등 당해 지방자치단체가 시행하여야 할 자본형성적 사업 외의 경비를 공기관에 위임 또는 위탁, 대행하여 시행할 경우 부담 경비

○ 지방자치단체조합(한국지역정보개발원 등)에 위탁하는 자본 형성적 사업 외 제반경비

○ 사업 종료 후 정산은 민간이전(307목)의 예와 같이 한다.

자본지출 (401~405목) | 지출

1. 시설비 및 부대비 (401목)(No. 100503)

1) 시설비 (401-01)

○ 기본조사설계비, 실시설계비 및 공모설계비, 토지매입비, 시설비(401-01-4), 문화재 발굴 경비로 구분하여 집행한다.

○ 시설비(401-01-4)의 낙찰 차액이 발생한 경우 원칙적으로 재사용할 수 없다.

  – 다만, 동일 편성목 내의 낙찰 차액을 토지매입비(보상비), 실시설계비, 부대공사비, 감리비로 사용할 수 있다.

  – 낙찰 차액을 이외의 신규사업으로 사용하는 경우 반드시 추가경정예산을 편성하여 사용하여야 하므로, 낙찰 차액 사용 전에 신규사업에 해당되는지 여부를 예산부서와 협의하여야 한다.

  – 시설비의 낙찰 차액을 시설부대비로 변경하여 국내 및 국외여비로 집행할 수 없다.

2) 시설부대비 (401-03)

○ 현장감독 공무원의 여비 및 체재비, 피복비 등으로 집행하며 지급 대상은 감독공무원으로 명을 받은 자에 한한다. 다만, 자치단체장의 명을 받아 일시적으로 현장감독 또는 점검에 참여하는 자와 기성·준공 검사자 및 입회자, 당해 시설공사에 따른 재산취득 담당자에게도 여비를 지급할 수 있다.

  – 지방자치단체의 장은 현장감독 공무원을 위한 피복비를 집행하는 경우, 다음 사항을 감안하여 합리적으로 집행하여야 한다.

    ＊ 공사기간(동일 기간 다수 현장 감독자에 대한 중복지급 제한), 구매 대상 물품의 내용연수, 구매의 타당성(공사현장감독용 안전모, 안전화 등 실제 필요성), 가격의 적정성 등

  – 현장감독 공무원의 피복비를 집행하는 경우 조달청을 통해 우선 구매하도록 한다.

    ＊ 고가의 등산용품 등 구입 금지

○ 시설부대비를 여비로 집행하는 경우 해당 시설공사와 직접적으로 관련이 있는 여비로만 사용하여야 하며, 국외여행 경비로 집행할 수 없다.

  – 선진지 견학, 계약체결 전 업무협의 등을 위한 경비는 국내여비(202-01)로 집행한다.

○ 시설비가 별도로 계상되어 있지 않은 민간투자사업(BTO, BTL BOT사업 등)에 대한 시설부대비는 사무관리비(201-01)에 예산을 편성하여 집행한다.

3) 행사관련시설비 (401-04)

○ 자치단체가 추진하는 행사 중 전문성이 요구되고 내용이 복잡·다양한 행사의 경우에는 민간위탁으로 추진할 수 있다. 다만, 민간위탁관련 예산은 「지방계약법령」또는 「지방자치법령」 등을 적용하여 수탁기관을 선정하고 집행한다.

1. 예산실무

2. 지출실무

3. 계약실무

4. 보조금관리

5. 결산실무

6. e-호조실무

7. 복식부기

8. 공유재산 및 물품

9. 변상과 회계책임

10. 감사 사례

Q&A

Q. 제안평가위원회를 구성하여 우선 협상 대상자를 선정하는데 위원회 참석 수당을 시설부대비로 집행 가능 여부

A. 지방계약법 제43조 제9항에 따를 제안서평가위원회 평가수당 지급은 당해시설 공사의 계약 체결에 직접 관련이 있는 경비로 시설부대비에서 집행 가능할 수 있는 것으로 사료됨.

Q&A

Q. 당해 공사 대상 부지의 토지 사용료를 시설부대비로 집행 가능 여부

A. 시설부대비에서 당해 시설공사의 계약 체결, 감정평가 및 현장지도감독 경비, 물품검수경비 등 당해 시설공사와 직접 관련이 있는 경비에 한해서 지출할 수 있도록 규정하고 있으므로 해당 토지가 시설공사와 직접 관련이 있을 경우 공사 기간 동안 토지임차료를 시설부대비로 집행 가능

Q&A

Q. 설계도면을 대량으로 복사하거나 출력하는 경우 토너를 시설부대비에서 집행 가능한지

A. 관서운영경비에 해당하는 복사기 유지관리비용을 시설부대비로 집행하는 것은 타당하지 않음.

Q&A

Q. 공무상 출장 시 사무용품 구입 또는 생수 구입 등을 시설부대비로 집행 가능한지

A. 현장감독 공무원에게 지급하는 여비에서 충당할 수 있는 경비로 불가

Q&A

Q. 시설공사현장에서 경미한 사고로 공사 인부가 다친 경우나 주변에 주차된 차량이 파손된 경우 시설부대비로 집행이 가능한지

A. 경미한 사고로 인한 치료비 및 파손된 차량에 대한 보상비 지급 가능

177

2. 민간자본이전 (402목) (No. 105919)

1) 민간자본사업보조 (자체재원)(402-01), (이전재원)(402-02)

○ 민간의 자본 형성을 위하여 민간이 추진하는 사업을 권장할 목적으로 민간에게 직접 지급하는 보조금

○ 보조금의 집행 및 정산은 민간이전(307목)의 예와 같음.

○ 보조사업자가 계약 상대자 선정 시 다른 법령 등에 특별한 규정이 없는 한 지방계약법령을 준수토록 보조금 교부조건에 명시

○ 전체 사업비 중 보조사업자의 자비 부담률이 50% 이상인 경우 사업수행자 선정 시 지방계약법 적용 제외

○ 민간자본사업보조 시에는 교부 조건에 구체적인 사용 용도 및 필요한 경우 단체 해산 시 환수에 대한 내용 적시

○ 민간자본사업보조로 취득한 자산의 매각, 대여, 교환, 담보제공 등에 대하여는 해당 자치단체장의 승인을 받도록 보조금 교부 조건에 명시

○ 신기술·신산업 관련 보조사업 지원 설정 시, 신산업·신기술 파급효과 고려

○ 지방계약법 제8조(계약의 대행)의 규정에 따라 지방자치단체에서 계약사무의 일부 또는 전부를 대행할 수 있다.

Q&A

Q. 민간자본사업보조금을 지원받는 보조사업자가 사업수행자를 선정하는 경우 사업비 부담 비율이 5:3:2(국비:지방비:자부담)로 정해져 있음에도 불구하고 보조사업자가 자부담 비율을 늘려 전체 사업비 중 자부담 비율이 50% 이상이 되는 경우 보조사업자가 수의계약을 할 수 있는지 여부

A. 보조금 관리에 관한 법률 제23조에서 보조사업자는 사정의 변경으로 보조 사업자의 내용을 변경하거나 보조사업에 드는 경비의 배분을 변경하려면 중앙 관서의 장의 승인을 받아야 하고, 다만 중앙관서의 장이 정하는 경미한 사항은 그러하지 않다고 규정하고 있는바, 해당 부처 사업지침을 확인하여 보조금 교부 부처와 경비 배분 변경에 대하여 협의 할 사항으로 판단됨. 만약, 중앙관서의 장의 승인을 받아 보조사업자의 자비 부담률이 전체 사업비의 50% 이상인 경우 지방자치단체 세출예산 집행 기준에 따라 지방계약법령 적용에서 제외될 수 있음.

2) 민간위탁사업비 (402-03)

○ 자치단체가 직접 추진하여야 할 사업으로서 법령의 규정에 의하여 민간에 위임 또는 위탁, 대행시키는 사업비

　※「지방자치법」제117조 제3항에 의한 위임 또는 위탁, 대행 포함(자본형성적 사업 경비에 한함)

　※ 시설물의 건설 및 이의 유지보수를 위한 사후관리 등 자본형성적 경비에 한함.

○ 민간수탁자 선정, 계약이행 등에 관한 사항은 지방자치법령 및 해당자치단체의 조례·규칙을 준수해야 한다.

○ 집행 및 정산은 민간이전(307목)의 예와 같이 한다.

○ 청소 등 단순노무용역 외주 시「용역근로자 근로조건 보호지침」(고용노동부 공공기관노사관계과-1779, 2019.9.11.)을 준수하여야 한다.

대행사업비 집행 감사사례

- 위반사례
  - 육아종합지원센터 등 행정재산에 대한 시설 개·보수사업을 민간대행사업비로 예산에 편성하여 행정재산의 관리수탁자를 민간위탁자(민간위탁금)로 하여금 민간대행사업비를 집행
- 기 준
  - 자치단체가 직접 추진하여야 할 사업으로서 법령의 규정에 의하여 민간에 대행 또는 위탁시키는 사업비 → 민간대행사업비(402-02)
  - 「공유재산 및 물품 관리법 시행령」 제20조 제2항에 의거 관리위탁 행정재산의 원형이 변경되는 대규모의 수리 또는 보수는 해당 지방자치 단체가 직접 시행 → 시설비(401-01)
  - ⇒ 관리위탁 행정재산의 시설 개·보수 사업을 하면서 개별 법령에 민간에 대행 또는 위탁시킬 수 있다는 근거 규정이 없다면 시설비로 예산에 편성하여 직접 집행

1. 예산실무
2. 지출실무
3. 계약실무
4. 보조금 관리
5. 결산실무
6. e-호조실무
7. 복식부기
8. 공유 재산 및 물품
9. 변상과 회계책임
10. 감사 사례

3. 자치단체 등 자본이전 (403목)(No. 172876)

1) 공기관 등에 대한 자본적 위탁사업비 (403-02)

○ 광역사업 등 당해 자치단체가 시행하여야 할 자본 형성적 사업을 공기관에 위임 또는 위탁, 대행하여 시행할 경우 부담하는 제반경비

　※「지방자치법」제117조 제2항에 의한 위임 또는 위탁, 대행 포함(자본형성적 사업 경비에 한함)

○ 지방자치단체조합(한국지역정보개발원 등)에 위탁하는 자본 형성적 사업 제반 경비

　※ (예시)「역사문화권정비법」제19조에 따른 국가기관에 위탁하는 업무의 경상적 경비 외의 제반경비

○ 사업비의 정산은 민간이전(307목)의 예와 같이 한다.

4. 자산취득비 (405목)(No. 94485)

1) 자산 및 물품취득비 (405-01)

○ 일반운영비로 구입하여야 할지 구분이 불분명한 경우에는 물품의 내용연수, 취득 예상가격 등을 종합적으로 고려하여 자치단체별 기준을 정하여 집행

○ 자산 취득에 따른 부대경비(공고료, 수수료, 임차료 등)

○ 정보화시스템 구축운영을 위한 H/W 구입비

　- 행정기관 및 공공기관 정보시스템 구축·운영 지침을 적용

○ 자동차, 컴퓨터, 전자복사기, 모사전송기, 책상, 의자 등 내용연수가 정해져 있는 물품은 불가피한 사유 이외에는 내용연수 경과 이전에 교체할 수 없다.

○ 내용연수가 남아 있고 사용이 가능한 자동차, 복사기, 프린터, 컴퓨터 등을 단순히 신형으로 교체하기 위하여 신규 물품을 구입할 수 없다.

○ 연간 집행계획을 수립하여 연말에 집행이 집중되지 않도록 노력하여야 한다.

○ 자산 취득을 위한 이·전용은 직제개편에 의한 조직 신설 등 불가피한 경우를 제외하고는 최소화한다.

2) 도서구입비 (405-02)

○ 도서관, 자료실 등에 자산적 가치를 형성하는 도서구입에 한하여 집행한다. 다만, 민원실, 부서의 업무 참고용 도서는 일반운영비로 집행하여야 한다.

5. 기타 자본이전 (406목)(No. 225059)

1) 무형고정자산

<임대차계약에 의한 청ㆍ관사 임차 보증금 및 전세금의 집행에 해당한다.>

가. 임차계약은 당해연도 예산의 범위 내에서 체결하여야 한다.

○ 임차계약 시 지방자치단체장(사업부서장) 또는 계약담당공무원은 전세권 설정등기 등 채권확보책을 강구하여야 하며, 기간 만료 후 기간 연장할 때에도 연장계약과 병행하여 반드시 채권확보 조치 등을 하여야 한다.

나. 임차료는 원칙적으로 임차가 만료된 때 지급하되 선금을 지급할 수 있다.

○ 임차료는 임차계약 형태에 따라 보증금, 전세금 등 채권 형태로 집행이 가능하다.

보조금(307) 관련 감사 사례

- 낙찰차액의 사용 부적정
  ⇒ 신규사업 여부 등 여부는 반드시 예산부서 합의 필요
- 공사비 감액 설계변경 미실시
  ⇒ 감액 또는 증액인 경우 반드시 설계변경을 통하여 실시
- 수의계약을 하기 위하여 분할 발주를 통하여 수의계약 사례
  ⇒ 한 가지 사업(공사 등)에 대하여 통합발주 및 입찰을 통한 계약원칙
- 시설비(401-01) 항목에서 책상, 책장 등 물품구입
  ⇒ 건축에 따른 책상, 가구 등 구입은 자산취득비(405-01)에서 구입
- 선금급 보증서 기간 미연장으로 선금급 미반환 사례
  ⇒ 공사 중단, 준공기한을 연장 시 선금급에 대한 보증기한 연장 조치

1. 예산실무

2. 지출 실무

3. 계약실무

4. 보조금 관리

5. 결산실무

6. e-호조실무

7. 복식부기

8. 공유 재산 및 물품

9. 빈출 자료 회계책임

10. 감사 사례

5 지출의 특례 (일상경비 등)

| 지출의 원칙과 특례 | 지출 |

1. 개념

　회계 제도는 일정한 원칙을 두고 있으나 그 원칙에 예외적인 제도로서 특례를 인정하여 예산집행의 신축성을 도모하고 있음.

2. 원칙과 특례

원　칙	특　례
○ 정당한 채권자를 수취인으로 하는 경우가 아니면 지급명령서를 발행할 수 없음(지방회계법 제33조)	○ 일상경비의 교부(지방회계법 제34조) ○ 신용카드의 사용(지방회계관리훈령 별표 4)
○ 회계연도 독립의 원칙에 의하여 해당연도 세출예산에서 지출(지방재정법 제7조, 지방회계법 제7조)	○ 지난회계연도지출(지방회계법 제37조) ○ 예산의 이월제도(지방재정법 제50조)
○ 확정된 채무가 존재하고 이행 시기가 도래해야만 지출가능(지방자치단체회계관리에 관한 훈령 제33조)	○ 선금급(지방회계법 제35조) ○ 개산급(지방회계법 제35조)
○ 모든 대가는 계좌입금원칙(지방회계법 제43조, 지방회계관리훈령 제50조)	○ 현금 취급 제한의 예외(지방회계법령 제52조)

1. 예산실무

2. 지출실무

3. 계약실무

4. 보조금관리

5. 결산실무

6. e-호조실무

7. 복식부기

8. 공유재산 및 물품

9. 맞춤형 회계책임

10. 감사 사례

일상경비 등의 범위 (지회령 제38조) | No. 100078

1. 일상경비출납원에게 자금을 교부할 수 있는 경비

1) 교부 한도액: 1천만 원

- ○ 여비(1호)

- ○ 장소가 일정하지 아니한 사무소의 경비(4호)

- ○ 다수인에게 소액을 직접 지급하는 경비(6호)

- ○ 선박 운항에 소요되는 경비(8호)

- ○ 당해 지방자치단체의 관할구역 외에서 지급하는 경비. 다만, 도의 경우에는 도청 소재지의 행정구역 밖에서 소요되는 운반경비를 포함한다. (10호)

- ○ 각 관서에서 필요한 부식물의 매입경비 또는 공사·시험·검사에 소요되는 재료의 구입비(13호)

2) 교부 한도액: 2천만 원

- ○ 각 관서가 시행하는 공사·제조 또는 조림에 소요되는 경비(5호)

3) 교부 한도액: 필요 금액

- ○ 일반운영비(2호)

- ○ 지출원이 없는 관서의 경비(3호)

- ○ 외국에서 지급하는 경비(7호)

- ○ 지방채증권 또는 차입금의 원리금의 지급(9호)

- ○ 공무원에게 지급하는 급여·상여금·그 밖의 직의 보수·수당·정액수당 및 정액의 복리후생비(11호)

- ○ 각종 수당·사례금 및 업무추진비(12호)

- ○ 법 제48조에 따라 국가기관 또는 다른 지방자치단체의 공무원을 회계관계공무원으로 임명한 경우 당해 공무원에게 교부하는 경비(14호)

- ○ 민간이전경비, 보상금, 용역비 및 물품구입비(15호)

2. 일상경비로 교부되는 일반운영비 범위 설정

1) 일반운영비 자금교부 범위 설정

○ 지출원은 예년의 자금교부 수준, 예산서 상 일반운영비 내의 부기상 구분된 금액 내용을 기준으로 하여 각 실·과의 조직 구조, 인력, 업무량, 업무 특성 등을 종합 고려하여 일상경비 교부 한도액을 설정한다.

| 일반운영비 자금교부 한도액 결정시 검토사항 |

지출원이 직접집행	일상경비출납원에게 교부
○ 공공요금 중 기관단위요금 성격의 경비 ○ 피복비, 임차료, 연료비, 시설장비 유지비, 차량선박비 성격의 경비 ○ 재료비, 의료비 성격의 경비 등	○ 일반수용비, 급량비, 위탁교육비, 운영수당 성격의 경비 ○ 공공요금 중 해당 부서 납부용 공공요금 성격의 경비 등

2) 자금 교부범위 통보

○ 시·도 및 시·군·구 지출원은 위 내용을 참고하여 1월 말까지 일반운영비 자금교부 한도액을 설정, 각 분임재무관(실·과장)에게 통보

○ 일상경비로 계약할 수 있는 범위를 정하여 통지해야 함.

 일상경비 계약지출한도 설정사례 (No. 335038)

서울특별시 강서구 회계관리에 관한 규칙 제7조(지출의 절차)

① 훈령 제32조 제2항에 따른 일상경비 등의 기준액은 소모품의 매입·제조·운반, 소규모 용역 및 임차, 인쇄물의 경우에는 1건당 추정가격 300만 원 이하로 한정한다.

② 추정가격 200만 원 이하 물품의 제조·구매·임차 및 용역은 계약을 체결하지 않고 일반 지출로 처리할 수 있다.

③ 추정가격 200만 원 이하 소모품을 구매하는 경우 산출 기초조사서를 생략할 수 있다. 다만, 구매내역서 등 필요한 증빙자료를 갖추어 검수 절차를 반드시 이행하여야 한다.

1. 예산 실무

2. 지출 실무

3. 계약 실무

4. 보조금 관리

5. 결산 실무

6. e-호조실무

7. 복식부기

8. 공유 재산 및 물품

9. 반성과 회계책임

10. 감사 사례

임시 일상경비 출납원 (지회령 제42조) | No. 56820

1. 개념

채권자 및 채무액이 확정되지 않은 상태에서 일정 기간 동안 특정 업무수행에 필요한 경비를 집행하고자 할 때 임시 일상경비 출납원을 임명하여 이를 집행하게 한 후 지출원에게 정산토록 하는 제도

2. 교부 요건

○ 행사 등으로 현지에서 직접 현금을 주고 물품을 구입하게 할 경우

○ 훈련에 참가하는 장병에게 현지에서 직접 여비를 지급하는 경우

○ 국내에서 구입할 수 없는 외국의 물품을 현지에서 직접 구매하지 아니하면 구입할 수 없을 경우

○ 기타 임시 일상경비 지출이 필요한 경우

3. 집행 및 정산 절차

○ 주관과에서 소요경비에 대한 집행품의(지출원 협조) 및 집행 결정

○ 인사부서에 의뢰하여 임시 일상경비 출납원 임명(집행 결정과 동시)

○ 회계부서로 임시 일상경비 지급 의뢰 및 수령

○ 임시 일상경비 집행

　- 집행 시 지급 원인행위(계약) 생략 가능

○ 임시 일상경비 정산

　- 정산서 제출: 집행 후 5일 이내(지출원에게 제출)

　- 잔액이 있을 때: 당초 집행한 예산과목에 반납

　- 부족금이 있을 때: 증빙서를 구비하여 청구

　- 과부족이 없을 때: 정산서만 제출(집행 관계서류 첨부)

　※ 직전에 지급한 일상경비를 정산한 후가 아니면 재교부 금지(긴급한 사유 시 제외)

일상경비 집행 시 유의사항 | 지출

1. 일상경비 교부신청 및 품의단계

1) 일상경비 교부신청 범위 적합 여부 확인

○ 일상경비로 교부 신청할 수 있는 예산과목: 여비, 일반운영비, 업무추진비 등

○ 월별 지출액을 예상하여 반드시 지출 시점에 교부 요청

2) 일상경비 교부신청 및 지급 시 정확한 예산과목 적용 여부 확인

○ 기본경비와 경상사업 구분하여 일반운영비 교부신청 여부

○ 예산과목에 적합하게 지급했는지 여부

3) 물품 등 구매 시 지출품의 등 적정 여부 확인

○ 물품 등의 구매 시 구매카드 사용 건별 지출품의 여부

○ 산출기초조사서 작성 여부

○ 정수물품 등 사무용 장비를 일상경비로 집행하였는지 여부

4) 인터넷을 통한 물품구매의 경우 다른 사이버몰과의 가격을 충분히 비교한 후 물품 구입 여부 확인

○ 가격조사 비교한 산출 기초조사서 작성

2. 집행 단계

1) 예산 목적에 적합하게 지출 여부 확인

○ 기관운영업무추진비 집행 내역

‒ 개인적 용도 사용 금지(동문회비, 학위취득, 축하연 등)

- 소속 부서 직원 이외의 자에 대한 경조사비 지출 시 업무와의 관련성 명시 여부(한도 건당 50,000원)
○ 시책추진업무추진비 집행 내역
- 축의금, 조의금 집행금지
- 시책추진을 위한 접대성 경비 - 집행 내용을 구체적으로 명시

2) 집행품의 금액을 초과하여 구매카드(현금영수증) 사용 여부 확인

3) 구매카드(현금영수증, 제로페이 등)의 의무 사용 여부 확인

4) 관내 출장여비 지급 적정 여부 확인

○ 근무상황부 확인 후 "실제 출장한 자"에게 여비 지급
○ 공용차량 및 업무용 택시 이용자 여비지급 기준 준수
(출장 시간 4시간 이상일 경우 – 1만 원 공제 후 지급)

5) 물품구입 시 검수조서 작성 및 물품관리 시스템 등록 여부 확인

○ 물품관리 시스템 등록 대상: 비품 등(예시: 50만 원 이상, 1년 이상 사용하는 물품)

6) 법인카드 사용대금 이체를 태만히 하여 연체료가 발생하지 않도록 주의

7) 현금인출의 적정성 여부 확인

○ 격려금, 조의금, 축의금 등 현금 집행이 불가피한 경우에 한하여 지출
○ 현금으로 최종 수요자에게 지출한 경우 최종 수요자의 영수증을 첨부
(부득이한 경우 집행내역서 첨부)

8) 심야(23시) 이후 및 공휴일 등에 사용한 법인카드의 적정 사용 여부 확인

1. 예산실무
2. 지출실무
3. 계약실무
4. 보조금관리
5. 결산실무
6. e-호조실무
7. 복식부기
8. 공유재산및물품
9. 변상과 회계책임
10. 감사 사례

3. 일상경비 정산 및 사후관리 단계

1) 매월 1회 카드 사용내역을 검색하여 분임재무관(실 · 과장)까지 보고(결재)

2) 일상경비로 교부받아 집행한 예산은 다음 달 5일까지 e-호조 시스템을 통한 자동 정산

   ○ 사업부서 일상경비출납업무담당자: 지출관리 → 일상/도급경비

      → 일상/도급지급명령 → e-Banking 일상경비교부금정산(승인요청)

   ○ 사업부서 일상경비출납원: 지출관리 → 일상/도급경비

      → 일상/도급지급명령 → e-Banking 일상경비교부금정산(승인)

3) 채권자로부터 징구한 세금계산서는 부서에 보관하고 e-세로에서 확인

4) 구매카드 발급 및 보관·관리 철저

   ○ 구매카드 결제계좌는 사용 부서단위(실·과)별로 1개 계좌 개설이 원칙

   ○ 구매카드는 부서단위로 1개 계좌 개설을 원칙이나 필요시 회계부서의 협조를 받아 해당 부서장의 결재를 득한 후 추가로 발급 사용. 이 경우 카드별로 비밀번호 부여

   ○ 부서장 등이 해외 출장 시 발급받은 법인카드는 국내에서 사용할 수 없으며, 귀국 후 반납해야 함.

   ○ 구매카드 발급대장 비치(카드번호, 비밀번호 보안 유지)

   ○ 담당공무원이 교체되는 경우에는 비밀번호 변경

   ○ 카드 수령 일로부터 3일 이내에 발급 상황을 지출원에게 통보

5) 법인카드 관리 시스템 모니터링 강화

   ○ 부당 사용 개연성이 있는 사용 내역에 대한 실시간 모니터링

      ※ 업무추진과 연관성이 없다고 판단되는 공휴일·심야·조조 및 타 지역 사용 등

   ○ 감사부서에 열람 권한 부여로 집중적인 모니터링 실시 및 취약 부서 관리

일상경비 카드 사용 소액구매 요령 | No. 62777

1. 계약이 불가한 경우(비계약)

소모품		비소모품	
200만 원 이하	200만 원 초과	200만 원 이하	200만 원 초과
○ 일반지출결의서	○ 구입과지출결의서 (검수인)	○ 일반지출결의서 (검수인)	○ 구입과지출결의서 (검수인)
○ 구매내역서	좌동	좌동	좌동
○ 카드전표	좌동	좌동	좌동
○ 품의서	좌동	좌동	좌동
	○ 현장 물가비교 (상품소개서 등)	좌동	좌동

2. 계약 가능한 경우(계약)

소모품		비소모품	
200만 원 이하	200만 원 초과	200만 원 이하	200만 원 초과
○구입과 지출결의서 (승락, 검수, 청구인)	○구입과 지출결의서 좌동	○구입과 지출결의서 좌동	○구입과 지출결의서 좌동
○구입명세서(이면) (사양서 or 규격서)	좌동 좌동	좌동 좌동	좌동 좌동
○ 카드전표	좌동	좌동	좌동
○ 결제계좌입금증	좌동	좌동	좌동
○ 공채매입필증 (광역시도조례)	좌동	좌동	좌동
-	○ 1인 견적서(시담)	-	○ 1인 견적서(시담)
○ 품의서	좌동	좌동	좌동
○ 산출기초 (비교견적)	좌동	좌동	좌동
○ 청렴서약서	좌동	좌동	좌동

※ 검사조서 생략 시 지출결의서 검수란에 검수자[물품(분임)출납원] 날인

※ 1, 2호 금액(200만 원)은 지자체 규칙에서 정한 기준적용하되, 규정이 없는 경우 종전 舊세출예산집행기준 준용.

1. 예산실무
2. 지출실무
3. 계약실무
4. 보조금관리
5. 결산실무
6. e-호조실무
7. 복식부기
8. 공유재산및물품
9. 민간성과회계책임
10. 검사 사례

1. 선금급 (No. 301224)

1) 개념

지방자치단체가 부담할 금액이 확정된 채무에 대하여 상대방의 의무 이행 이전 또는 지급할 시기가 도래하기 전에 미리 지급하는 경비로서 미리 지급하지 아니하면 사무 또는 사업에 지장이 초래될 경우에 지급

2) 선금급의 지급 범위

구 분	선금급	선급금(선금)
근 거	지방회계법 제35조 및 동법시행령 제44조	지방계약법 제18조 (계약예규) 제1장 제2절
범 위	미리 지급하는 채무 또는 경비 ※ 선금도 포함됨	미리 지급하는 계약이행 대가
한 도	**전액지급가능** ※ 일부 한도 제한	**최소 30%이상 의무 지급** **최대 70~100% 이내 지급**
담 보	규정 없음(사안에 따라 판단)	(계약예규) 선금보증금(서) 필요
대 상	토지 또는 건물의 임차료와 용선료, 운임 및 사례금, 관보 등 정기간행물의 대금, 부담금·교부금 및 보조금, 물건의 대금·보상금 또는 이전료, 시험·연구 또는 조사의 수임인에게 지급하는 경비, 재해 구호 및 복구에 드는 경비, 공사·제조 또는 용역 계약의 대가 등	(영)공사·제조 또는 용역 계약의 대가 (70/100 이내) (회계훈령) 201-01 임차료 선금 지급 가능 (월별, 분기별)
책 임	재무관, 재산관리관 등	재무관

2. 개산급 (지방회계법 제35조)

1) 개념

채무액이 확정되기 전에 지급액을 개략적으로 산출하여 지출할 수 있는 제도로, 채무가 성립되어 있고 이행 기한 도래 전에 지출하는 점은 선금급과 같으나 채무액이 미확정인 점이 다름

2) 개산급의 범위 (영 제45조)

○ 여비·업무추진비·업무추진비 등 일상경비

○ 소송비용

○ 관서에 지급하는 경비

○ 부담금, 교부금 및 보조금

○ 재해구호 및 복구에 드는 경비

○ 그 밖에 행정안전부 장관이 정하는 경비

3) 개산급의 정산 (훈령 제53조)

○ 개산급을 받은 자는 사무 종료 후 5일 이내에 정산서를 지출원에게 제출
  - 잔액이 있을 때 → 반납 고지서 발행받아 반납
  - 부족금이 있을 때 → 청구서를 받아 지출
  - 과부족이 없을 때 → 정산서만 제출
    ※ 개산급 중 여비, 업무추진비 중 기타 업무추진비, 의회 의정활동비의 경우 과부족이 없을 때 정산서 제출을 생략할 수 있다.
  - 소송비용을 개산급으로 지급하는 경우 정산을 의무화하도록 위임계약서에 명시하여야 하며, 법원소송 경비 중 인지대와 송달료 반환 계좌는 자치단체 명의의 계좌번호를 명시
  - 소송업무를 전담하는 송무부서는 소송 관련 정보와 비용 등을 시·도 행정시스템(시·군·구 새올 행정 시스템)에 입력하여 체계적으로 관리

1. 예산실무
2. 지출실무
3. 계약실무
4. 보조금관리
5. 결산실무
6. e-호조실무
7. 복식부기
8. 공유 재산 및 물품
9. 변상과 회계책임
10. 감사 사례

3. 지난 회계연도 지출 (지방회계법 제37조)

1) 개념

○ 지난 회계연도에 속하는 채무 확정액으로서 채권자로부터 청구가 없거나 기타의 사유로 인하여 회계연도 내에 지출하지 아니한 경비는 현 연도의 세출예산에서 지출할 수 있도록 하는 제도

2) 지출의 제한

○ 지난 회계연도 지출은 그 경비가 속한 회계연도의 각 정책사업의 금액 중 불용금액을 초과할 수 없다.

○ 단, 지방회계법 시행령 제47조에 의한 보충적 경비는 불용액을 초과하여 지출할 수 있다.

  ※ 보충적 경비(지방회계법 시행령 제47조)

  – 공무원의 보수, 「공무원연금법」제71조에 따른 연금부담금, 공무원 사망급여금, 공무원 공상급여금, 배상금과 보상금, 반환금·결손보전금 및 상환금, 이자, 소송 및 등기비용, 법령 또는 조례·규칙에 따라 지방의회에 제출하는 의안류 인쇄비, 지방세 징수교부금, 체납처분비 및 범칙처분비, 감염병 예방 및 검역비, 증표류 제조비, 물품회송 및 보관료, 각종 세금과 공과금, 공공요금 인상에 따르는 차액, 보험료

○ 지난 회계연도 지출은 다음 연도에 이월하여 집행할 수 없다.

  ※ 전 전년도분에 대한 과년도 지출은 불가

○ 채무이행을 위한 부득이한 경우의 특례인 만큼 남용 금지

Q&A

Q. 지난 회계연도 지출 가능 여부

A. 지난 연도지출은 지난 연도에 속하는 채무확정액으로서 지출 못한 경비를 현연도 예산에서 지출하는 것이며, 이를 후 연도까지 이월·지출할 수 없으며, 미지급된 채무액을 정산하기 위해서는 별도로 예산조치를 하여 처리하는 것이 타당할 것이다. 다만, 보충적 용도에 속하는 경비(미지급된 공무원 보수 등)는 시효가 소멸되지 아니한 경우 그 경비 소속 연도의 불용액의 유무에 불구하고 현 연도 세출예산에서 지출할 수 있다.

4. 세출예산의 이월 (지방재정법 제50조)

1) 개념

○ 매 회계연도의 세출예산의 집행은 해당 연도 내에 한하여야 한다는 회계연도 독립
의 원칙에만 충실하여 경비를 지출하거나 지방재정을 운영할 경우 특정 사업에 대
한 예산 뒷받침이 중단되어 사업 수행에 차질이 발생할 수도 있으므로 회계연도
독립의 원칙의 예외로 융통성을 부여하는 제도

2) 이월의 종류

○ 명시이월 (법 제50조 제1항)

경비의 성질상 그 회계연도에 그 지출을 마치지 못할 것으로 예상되어 명시이월비
로서 세입 세출예산에 그 취지를 분명하게 밝혀 미리 지방의회의 의결을 얻은 금액
은 이를 다음 회계연도에 이월하여 사용할 수 있다.

○ 사고이월 (법 제50조 제2항)

세출예산 중 해당 연도 내에 지출원인행위를 하고 불가피한 사유로 인하여 그 연도
내에 지출하지 못한 경비와 지출원인행위를 하지 아니한 그 부대 경비의 금액은 사
고이월비로서 다음연도에 이월하여 사용할 수 있다.

 - 해당 연도 내에 지출원인행위를 하여야 한다. 다만 아래의 경비는 원인행위없이
   사고이월이 가능하다.
 - 불가항력적인 불가피한 경우이어야 한다. (천재지변, 파업, 태업 등)
 - 상대방의 채권확정이 연도 내에 완료되지 않은 것이어야 한다.
 ※ 당초부터 연도 내에 완료되지 못할 것이 명백함에도 해당 연도 이행 가능한 사
   업으로 당초 계약을 체결하여 연도 말에 사고이월하는 것은 본 취지에 맞지 않
   음(명시이월비로 조치하는 것이 타당)

○ 계속비이월 (지방재정법 제50조 제3항)

지방재정법 제33조에 따른 계속비의 회계연도별 필요경비 중 해당 회계연도에 지
출하지 못한 금액은 그 계속비의 사업 완성 연도까지 차례로 이월하여 사용할 수
있음.

1. 예산실무
2. 지출실무
3. 계약실무
4. 보조금관리
5. 결산실무
6. e-호조실무
7. 복식부기
8. 공유 재산 및 물품
9. 재산상과 회계책임
10. 감사 사례

- 계속비의 지출 기간은 5년 이내(필요 시 지방의회의 의결로 연장 가능)
- 계속비에 대한 명시이월은 불가(단, 최종 연도에 사고이월은 가능)

3) 이월예산의 제한사항

○ 재이월의 제한: 사고이월된 예산은 재이월이 불가능하다.
○ 예비비 사용 경비의 이월
  - 예비비 사용 경비에 대하여는 이월을 승인하지 않는 것을 원칙으로 하여야 하나 사고이월의 조건에 해당되면 이월 처리는 불가피할 것이다.
○ 이월된 예산의 전용은 경비의 성질상 불가능하다.
○ 이월에 수반된 자금
  - 원칙적으로 현금이 유보되어 있어야 한다.
  - 단, 지방자치단체가 재원의 사용 용도를 지정하여 지원하는 국비 기채사업으로서 소요자금의 일부가 차입되지 않은 사업의 이월(자금 없는 이월)
○ 이월예산 확정: 회계연도 완료 후 10일 이내(요구는 회계연도 완료되는 날까지)

 TIP - 감사 지적 사례

○ 사고이월은 해당 연도 계약 이행 완료를 전제로 지출원인행위를 하고 불가피한 사유로 지출하지 못한 경비를 다음 연도에 이월하여 사용하는 것임에도
○ 절대 공기 부족 등 사유로 연도 내에 계약 이행 완료가 불가능함이 사전 예측됨에도 회계부서에서는 사고이월을 전제로 계약 체결하였으며 예산부서에서는 사업발주 전에 예측 가능한 부분은 명시이월제도를 적극 활용하여야 함에도 사고이월로 부적정하게 처리하였음.

6 구매카드 사용기준

지방자치단체 구매카드 발급 및 사용기준 | No. 252948/별표7

- 공 통 사 항 -

 구매카드 종류

① 신용카드·직불카드 (「여신전문금융업법」 제2조 제3호 및 제6호)

② 직불전자지급수단(제로페이 등) (「전자금융거래법」 제2조 제13호)

③ 현금영수증증빙제도(현금영수증카드) (「조세특례제한법」 제126조의 3)

○ 「지방회계법 시행령」 제41조 제2항에 따라 **직불카드·직불전자지급수단은 일상경비**
등으로서 행정안전부 장관이 정하는 경비로 교부된 경우에 한하여 사용할 수 있다.

○ 지방자치단체 구매카드를 결제수단으로 사용한 경우 사용금액을 정확하게 확인하
여야 하고, 지방재정관리시스템(e호조)으로 사용내역을 확인한 후 사용자의 실명
을 반드시 입력하여 지방자치단체 구매카드 사용에 따른 책임을 명확히 구분하여
야 한다.

○ 부서별로 발급된 지방자치단체 구매카드는 지방자치단체 구매카드 발급대장에 등
재(별표 제1호 서식) 및 지출원에게 통보(카드 수령일로부터 3일 이내)하여, 지출
원이 해당 기관의 모든 지방자치단체 구매카드 발급현황을 관리하도록 한다.

○ 지출원 또는 일상경비등 출납원은 「공공기관의 정보공개에 관한 법률」 및 같은 법
시행령 또는 조례에서 정하는 사항에 따라 업무추진비 사용내역을 해당기관 홈페
이지에 공개하도록 한다.

1. 의무적 제한 업종

- 유흥업종(한국표준산업분류에 따라 접객요원을 두고 술을 판매하는 일반유흥주점, 무도시설을 갖추고 술을 판매하는 무도유흥주점)
  - 일반유흥주점: 룸살롱, 단란주점, 가라오케, 가요주점, 요정, 비어홀, 바 등
  - 무도유흥주점: 클럽, 극장식 주점, 나이트클럽, 스탠드바, 카바레 등
  - ※ 의무적 제한 업종이 아닌 '기타 주점'에서 음주 목적의 부적정 사용 제한(권고)
- 위생업종: 이·미용실, 피부미용실, 사우나, 안마시술소, 발마사지, 스포츠마사지, 네일아트, 지압원 등 대인 서비스
- 레저업종: 골프장, 골프연습장, 스크린골프장, 노래방, 사교춤, 전화방, 비디오방, 당구장, 헬스클럽, PC방, 스키장
- 사행업종: 카지노, 복권방, 오락실
- 기타업종: 성인용품점, 총포류 판매점

2. 관리 방안

- 구매카드 발급 시에는 발급대장을 작성·비치하고 카드번호 및 비밀번호에 대하여는 보안을 유지하여야 한다.
- 구매카드 계좌는 지출원(일상경비출납원) 책임하에 기관 명의로 개설하되 회계관직 공무원이 없는 실·과에서는 해당 실·과 주무 담당이 개설
- 지방자치단체 구매카드를 신청할 때에는 카드별로 비밀번호를 부여하고 담당 공무원이 교체되는 경우에는 변경
- 구매카드는 부서단위로 1개 계좌 개설을 원칙이나 필요시 회계부서의 협조를 받아 해당 부서장의 결재를 득한 후 추가로 발급 사용

1. 예산실무

2. 지출실무

3. 계약실무

4. 보조금 관리

5. 결산실무

6. e-호조실무

7. 복식부기

8. 공유 재산 및 물품

9. 발생과 회계책임

10. 감사 사례

구매카드 사용 대상 | No. 9073

구 분	적용 기준
일반운영비(201)	**급량비는 구매카드(신용카드 제외) 의무적 적용**, 나머지는 현금영수증카드 및 신용카드 임의 적용
사무관리비(01)	물품구매, 수수료, 임차료, 급량비, 연료비, 직원능력개발비, 피복비, 인쇄 및 유인물 제작비 등 소규모 물품 및 용역 경비
공공운영비(02)	공공요금(전기, 가스, 통신료, 수수료, 상하수도요금, 우편요금 등) 및 제세, 시설장비유지비, 차량·선박비, 공무원을 대상으로 하는 의료비
행사운영비(03)	행사 지원에 소요되는 유인물 및 홍보물 제작비, 임차료, 물품구매 등
업무추진비(203, 205)	**구매카드 선택 사용**
재료비(206)	**신용카드 또는 현금영수증카드 임의 적용**
재료비(01)	제품 또는 생산에 소요되는 물품 등 구입과 유류비, 사료·종자 구입비 및 자재운송에 따른 조작비
연구개발비(207)	**신용카드 또는 현금영수증카드 임의 적용**
시험연구비(03)	사업용 및 시험연구에 소요되는 소모성 기계·기구, 기재, 약품, 비료 및 종축 등의 구입비
일반보상금(301)	**신용카드 또는 현금영수증카드 의무적 또는 임의 적용** ※ 급량비에 한하여 지방자치단체 구매카드 선택 사용
외빈초청여비(07)	신용카드 또는 현금영수증카드 의무적 적용(일부 임의 적용)
행사실비보상금(09)	식비를 단체로 집행하는 경우 신용카드 또는 현금영수증카드 의무적 적용
	교육·세미나, 공청회에 참석하는 민간인의 실비보상과 관련하여 편의상 식당을 지정하여 공동으로 식사를 제공하는 경우에는 식사와 관련된 보상금의 집행은 당해 음식점을 통해 구매카드 선택 사용

구 분	적용 기준
기타 보상금(12)	신용카드 또는 현금영수증카드 임의 적용
	법령·조례 등에 따라 민간인의 포상에 따른 시상금품 구입 및 지방자치단체가 주관하는 각종 행사나 시책사업을 추진하는 과정에서 민간인이 상해를 입었을 경우 상해 치료비
민간이전(307)	**신용카드 또는 현금영수증카드 임의 적용**
의료 및 구료비 (307-01)	• 시약대, 수술 관계 약품 및 소모품, 소모성 의료기구, 집기, 제용지 등 • 환자·수용자 및 요구호대상자 피복비, 주·부식용 및 취사용 연료비 등
시설비 및 부대비(401)	**신용카드 또는 현금영수증카드 임의 적용**
시설비(01)	감정료, 측량수수료, 등기등록비, 전신전화가입 및 가설료, 무선설비, 무선허가 신청료 및 검사료, 기타 소규모 용역경비
시설부대비(03)	공공재산 취득 및 공사 추진상 시공관리에 필요한 물품구입비, 수수료, 임차료 등
행사 관련 시설비 (04)	행사장 각종 시설 및 장치에 소요되는 소규모 경비
자산취득비(405)	**신용카드 또는 현금영수증카드 임의 적용**
자산 및 물품취득 비(01)	• 정수물품 및 일반운영비에서 계상할 수 없는 비정수 물품 구입 • 공관 및 관사 운영물 취득비, 자산 취득에 따른 부대경비 등
도서구입비(02)	자본 형성적 도서 구입비
전자상거래	**신용카드 임의 적용**
	「전자상거래 등에서의 소비자보호에 관한 법」 제12조에 의거 등록된 통신판매업자가 동법 제10조(사이버몰의 운영)의 규정에 의하여 운영되는 업체를 이용하여 2천만 원 이하의 물품구매 시 가능

1. 예산 실무

2. 지출 실무

3. 계약 실무

4. 보조금 관리

5. 결산 실무

6. e-호조 실무

7. 복식부기

8. 공유 재산 및 물품

9. 법성과 회계책임

10. 감사 사례

신용카드 사용 절차 | No. 42697

1. 회계처리 절차

신용카드 사용 시 회계처리 절차

① 지방자치단체에서 필요한 물품 및 재화의 생산 등에 대하여 예산의 범위내에서 집행 대상, 집행 금액 등에 대한 의사결정을 한다 ⇒ 품의

② 가격 비교 후 신용카드를 사용 후 지출을 결정한다 ⇒ 원인행위

③ 신용카드 결제일이 도래하여 대금청구서 등에 의하여 지급을 결정 및 지급(해당 구매카드 결제 계좌에 대금을 입금)한다 ⇒ **지출**

※ 긴급 간담회 등 부득이한 경우 품의전 카드사용 가능(사후 증빙구비 절차 이행)

○ 정기적으로 소액의 예산을 지출하는 경우 일정 기간(1개월 미만)을 합산하여 1건으로 구매카드를 사용할 수 있다.

○ 신용카드 사용 시에는 집행품의 금액 한도 내에서 구매카드를 사용하고 비목별 예산액을 초과하여 사용하지 않도록 관리하여야 한다.

○ 매 회계연도의 경비를 신용카드로 사용할 때에는 회계연도가 끝나는 날까지 예산을 집행하여야 한다.

– 다만, 출납 폐쇄 기한 전에 원인행위까지 완료된 건은 회계연도 1월 20일까지 신용카드의 사용대금을 지급한다.

○ 세출예산 집행 시 무이자 할부 등 현금분할 납부 조건을 이용하여 구매카드를 사용할 수 있다.

Q&A No. 252957

Q. 회계훈령 개정으로 신용카드 또는 인터넷으로 200만 원 이하의 물품 구매 시 일반지출결의서를 사용하는 근거가 삭제되었는데 반드시 물품(기타) 구입 지출결의서를 사용해야 하는지?

A. 신용카드 매출전표는 신용 공여의 증거로서 계약 성립의 증거로 볼 수 있으므로 신용카드 이용 소규모 물품 등을 구매하는 경우 계약서를 생략한 일반지출결의서 사용이 가능할 것으로 판단됨(행안부.2020.5.7)

2. 유의사항

○ 카드사용 인센티브(포인트, 마일리지, 적립금 등)는 사적으로 사용할 수 없으며 해당 자치단체에 연 1회 이상 세입조치

※ 세입조치가 불가능한 경우에는 사무용품 등의 구매나 불우이웃 돕기 등 행정용 도로 사용

○ 카드사와 이용 약정 체결 시 특별한 사유가 없는 한 구매카드 사용에 따른 포인트의 최소 적립률(0.2%)을 카드사와 협의하여 정한다.

○ 신용카드 이용대금은 카드대금 결제일까지 해당 예산과목에서 실·과별 카드 이용대금 결제계좌로 입금 조치

○ 신용카드를 사용하여 현장에서 여러 업체의 가격 비교를 한 후에 거래처에서 직접 구매하는 경우 가격이 표시된 상품 소개서 및 카탈로그를 견적서로 간주한다.

○ 물품구매 또는 소규모 용역 제공 등에 대한 계약 이행을 완료한 후 구매대금 지급 방법으로 구매카드를 사용 가능

3. 신용카드를 사용한 일반지출결의서 사용

〈 회계제도과-2137(2020.5.7.)에 따른 행정안전부 유권해석 사항〉

○ 「지방자치단체 회계관리에 관한 훈령」 별표4에는 신용카드를 사용할 수 있는 비목별 대상을 정하고 있으며, 「여신전문금융업법」에 의한 신용카드가맹점과 물품구매 또는 소규모 용역 제공 등에 대한 계약이행을 완료한 후 구매대금 지급방법으로 신용카드를 사용할 수 있습니다.

○ 이와 관련하여, 신용카드 매출전표는 「여신전문금융업법」에 따른 신용공여의증거로서 지방자치단체와 계약상대자 간의 계약성립의 증거로 볼 수 있을 것입니다.

○ 이에 따라, 「지방자치단체 회계관리에 훈령」별표4에 따라 수의계약 범위 내에서 소규모 물품 구매 또는 용역 계약 등을 체결하는 경우에는 신용카드 매출전표를 계약성립의 증거로 보아 계약서를 생략한 일반지출결의서를 사용할 수 있을 것으로 판단됩니다.

TIP - 신용카드 회계처리 절차 변천사와 배경 (No.377800)

	2010.5.4	2011.5.23	2013.7.29	2015.1.1~
		카드 사용후		카드 사용후
사업부서	집행품의	집행품의	집행품의	집행품의
사업담당	카드사용	카드 사용후	카드 사용으로	카드 사용후
재무관	원인행위 (지출결정시)	원인행위 (지출결정시)	원인행위 (카드사용시)	원인행위 (지출결정시)
지출원	지출	지출	지출	지출

※ 사전품의가 어려운 경우
· 긴급간담회 등 업무추진비 사용 시
· 추정가격 200만 원 미만 소모성 물품 구입 등
  (지계칙 제3조 준용)
· 비품등 물품을 현장에서 카다로그 등 비교 직접 구입 시

※ 원인행위 시기(구 재무회계규칙 별표2)
· 지출결정 시
· 계약체결 시

TIP - 연도별 신용카드 사용절차 개정배경과 문제점

연도별	개정 배경과 문제점	비고
2010	카드사용회계처리절차를 4단계로 규정하여 소액의 긴급간담회시 등 결재 및 카드사용 시기를 시.분.초까지 비교할 경우 후품의가 대부분(감사 다수 지적됨)	
2011	카드사용 단계를 삭제하고 품의-원인행위-지출 3단계로 완화하여 카드사용시기를 품의 전·후로 특정하지 않음	감사완화

1. 예산실무
2. 지출실무
3. 계약실무
4. 보조금관리
5. 결산실무
6. e-호조실무
7. 복식부기
8. 공유재산 및 물품
9. 변상과 회계책임
10. 감사사례

연도별	개정 배경과 문제점	비고
2013	시민단체의 주장을 받아들여 카드사용시기를 원인행위로 규정하여 결과적으로 2010년 절차로 회귀(원인행위 시기와 주최를 이해하지 못한 결과) ※ 원인행위자: 재무관(카드사용자는 대부분 사업담당) ※ 원인행위시기: 지출결정시	원인행위개념 미숙
2015	'품의 – 원인행위 – 지출' 일반지출 3단계로 다시 2011년도 절차로 복귀	

현금영수증카드의 등록 및 관리 ｜ 지출

1. 현금영수증카드 사용 절차

현금영수증카드 사용 시 회계처리 절차

① 예산의 범위 내에서 집행 대상, 집행 금액 등에 대한 의사결정을 한다 ⇒ **품의**

② 사업자에게 신용카드를 사용하여 **지출증빙용**(소득공제용이 아님) 현금영수증을 발급받아 지체 없이 회계담당자에게 증빙서류로 제출하고 현금영수증카드 사용대장(별표 제2호 서식)을 정리한다.

③ 현금영수증을 제출받은 날로부터 5일 이내(공휴일 등 제외)에 사업자의 계좌번호를 확인하여 지급을 결정 ⇒ **원인행위**

④ 회계담당자는 해당 사업자 계좌에 대금을 입금한다. ⇒ **지출**

○ 현금영수증으로 결재한 내역은 국세청 홈텍스에서 확인 가능

○ 현금영수증에는 사용자의 실명을 반드시 기재하도록 한다.

○ 급량비 중 특근매식비와 같이 정기적으로 소액 예산 지출되는 경우 일정 기간 (1개월 미만)을 합산하여 1건으로 현금영수증 사용 가능

○ 현금영수증을 제출받은 날로부터 5일 이내에 지출을 결정하여 해당 사업자 계좌로 입금한다.

○ 「조세특례제한법」에 의한 현금영수증가맹점의 경우 물품 구매 또는 소규모 용역에 대한 계약 이행을 완료한 후 구매대금 지급 가능

※ 현금영수증카드에 의한 예산집행에 관하여 그 성격에 반하지 않는 한도 내에서 구매카드에 관한 사항을 준용

2. 현금영수증카드의 보관·관리

○ 신용카드를 현금영수증 발급용으로 등록한 경우에는 현금영수증카드 사용대장(별표 제2호 서식)을 작성·비치하고 카드번호 및 비밀번호에 대하여는 보안을 유지

○ 담당공무원은 매월 1회 현금영수증 사용 내역을 검색하여 분임재무관(실·과장)까지 보고(결재)

| 직불카드 · 직불전자지급 | No. 193948 |

1. 도입 배경

소상공인의 대금 결제의 수수료 부담 완화를 위하여 일상경비 등의 일부에 대해 직불카드나 직불전자지급수단(제로페이)을 사용할 수 있도록 「지방회계법시행령」제41조제2항과 제3항을 신설하여 근거를 마련(2019.5.28.)

제로페이란

※ 제로페이란 소비자의 휴대폰(앱) 등으로 가맹점(판매자)에 부착된 QR코드를 촬영하면, 소비자 계좌에서 가맹점 계좌로 결제금액이 즉시 이체되는 결제 방식임.(연 매출 8억 원 이하 수수료 0%)

1. 예산실무
2. 지출실무
3. 계약실무
4. 보조금 관리
5. 결산실무
6. e-호조실무
7. 복식부기
8. 경우 제산 및 물품
9. 빠른상계 회계책임
10. 감사 사례

2. 주요 내용

가. 일상경비 등으로 지급원인행위를 하려는 경우에는 직불카드 또는 직불전자지급수단(제로페이 등)을 사용할 수 있음

나. '회계훈령'에 따라 업무추진비(203-01~04), 의정운영공통경비(205-05), 의회운영업무추진비(205-06)로 정함.

다. 그 외에 급량비(특근매식비, 행사운영비 식비, 행사실비 지원금)로 지급되는 경비에 한하여 사용할 수 있음.

라. 직불카드 또는 직불전자지급수단의 사용 등에 필요한 사항은 회계훈령(별표7)에 정함.

○ 직불카드 또는 직불전자지급수단을 사용하여 지급원인행위를 한 때에는 그 시점에 일상경비등 출납원이 지급명령을 한 것으로 봄.

○ 분임재무관은 지급원인행위를 했을 때에는 일상경비 등 출납원에게 지급원인행위 관계 서류를 보내야 함.

○ 지급명령이 된 후 일상경비 등 출납원은 지급명령의 요건을 모두 갖추었는지 확인하여야 함.

　　– 지급원인행위 관계 서류가 보내졌을 것

　　– 지출원으로부터 교부된 일상경비 등의 목별 금액과 지급한도액 이내일 것

　　– 소속연도의 세출과목과 일치할 것

　　– 이 경우 지급원인행위가 있은 날부터 5일 이내에 확인

 신용카드 이용대금 관련 감사 사례

• 신용카드 이용대금 처리 부적정
　사례1> '22년 1월 복사용지 구입에 지방자치단체 구매카드를 사용하였으나 연말까지 카드 이용대금을 미입금
　사례2> 신용카드 결제 건을 신용카드 결제 계좌가 아닌 채권자의 계좌에 직접 입금하여 채권자에게 중복지급하거나 카드 결제 후 회계처리 누락
　사례3> '20~`21년 법인카드 이용대금을 기한 초과하여 95일 지연 입금

| 일상경비 등 회계처리 절차의 원칙과 예외 |

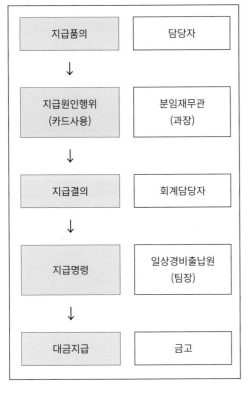

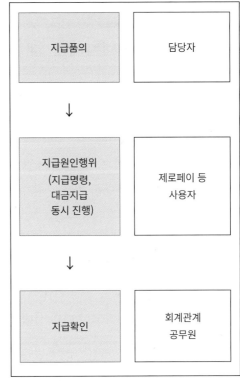

1. 예산실무

2. 지출실무

3. 계약실무

4. 보조금관리

5. 결산실무

6. e-호조실무

7. 부식부기

8. 공유재산 및 물품

9. 변상과 회계책임

10. 감사사례

Q&A

Q. TV "유선방송시청료"와 "사무실무인경비수수료" 를 해당업체와 계약체결한 후 매월 일정액을 정액으로 통장에서 자동납부 하고 있는 경우 납부금액에 대한 집행품의를 생략할 수는 없는지요?

A. 동 시청료 등에 대하여 연간 총액으로 계약서를 작성하고 매월 정액 등을 지급하기로 명시하였다면 매월 지급시마다 집행품의는 생략할 수 있을 것입니다.

7 세외현금, 장부관리, 계산증명

세입세출 외 현금 | No. 123614

1. 개념

세입세출과 관계없이 지방자치단체가 보관하는 공유 또는 사유의 현금을 말하며, 연도 소속 구분은 출납한 날이 속하는 연도에 의함.

2. 종류

○ 보증금: 계약 상대방의 채무 불이행이 있을 경우를 대비하여 그 채무 불이행으로 인한 손해를 보전하고자 미리 상대방으로 하여금 납부시키는 금전을 뜻하며, 상대방의 채무이행과 동시에 반환

  예) 입찰보증금, 계약보증금, 하자보수보증금, 병원입원보증금 등
○ 보관금: 법률이나 명령에 의하여 지방자치단체에 보관하는 금전 등

  예) 체납처분에 의한 압류 물건 경매대금의 미교부금 등
○ 잡종금 등 기타: 보관금, 보증금 이외의 세입세출외현금으로써 회계 목적과 관계없이 지방자치단체에서 취급하는 금전

  예) 불우이웃돕기성금, 위문금, 재해의연금, 기여금 등

3. 보관 및 귀속

○ 출납관리: 세입세출 외 현금출납원

  ※ 세입세출 외 현금출납원 외에 세입세출 외 현금 실무 담당자를 별도로 지정하여 반드시 2인 이상이 업무처리

○ 보관: 금융기관에 예치보관이 원칙

○ 귀속: 반환 기간 경과한 후에도 반환 청구가 없을 경우 소멸시효 기간이 정하는 바에 따라 자치단체에 귀속 조치

  ※ 공법상 채권소멸시효: 5년(공법상 원인에 기한 것)

4. 수납 및 반환 (e-호조 매뉴얼 No. 329684)

○ 수납: 납부의뢰→세입세출외현금납부서 발부(세입세출외현금 출납원)→금고에 납부(납부자)→영수증 교부 및 납입통지서 송부(금고)→세입세출외현금출납부 정리

○ 반환: 반환요구→요구서 심사 및 지급명령(세입세출외현금출납원)→지급·계좌송금(금고)→지급필 통보(금고)

  ※ 지방재정관리 시스템 결재 절차

    실무담당자 → 세입세출외현금출납원→ 사업부서팀장 → 지출(경리)팀장→ 회계(재무)과장

5. 세입세출외현금의 관리기준 (회계훈령 제67조)

○ 예탁금 이자지급 기준

구분	예탁기간	대상종류	이자율	비고
정기예금 예탁	만 6개월 이상	○ 계약·하자보수 보증금 ○ 공공시설 손실부담금 ○ 법률에 의한 각종 예치금	당해 지방자치단체금고의 정기예금 중 최고이자율	국가의 경우 계약보증금, 차액보증금
별단예금 예탁	만 6개월 미만	○ 정기예금 예탁대상 중 만6개월 미만인 경우 ○ 공공예금 예탁대상 이외의 모든 세입세출외 현금	별단예금으로 예탁하고 동예금 최고의 이자율	국가의 경우 계약보증금 등을 제외한 보관금
공공예금 예탁	예탁 기간과 관련없음	○ 원천세, 의료보험료, 기여금 등 사무관리상 필요에 의하여 지방자치단체가 일시적으로 보관하는 경비	이자 미지급	

○ 출납원은 세입세출외현금 및 이자를 반환하는 경우 이자에 대한 소득세, 법인세, 주민세 등을 금고에서 원천징수하도록 조치하여야 한다.

1. 예산실무
2. 지출실무
3. 계약실무
4. 보조금 관리
5. 결산실무
6. e-호조실무
7. 복식부기
8. 공유재산 및 물품
9. 원상과 회계책임
10. 감사 사례

| 소멸시효 | No. 101324 |

1. 의의

상대적인 이해관계가 있는 어떠한 사실 상태가 일정 기간 계속되어 완료되었을 때, 지금까지 평온하게 계속되어 온 사실 상태 그 자체를 기초로 하여 당사자 간의 권리관계를 확정하는 제도이다.

2. 채권소멸시효

○ 지방자치단체 등 행정 주체가 채무자인 주민 등의 채무불이행에 대하여 민법상의 채권 청구절차 등에 의하지 아니하고 스스로 행정권의 강제수단에 의하여 징수할 수 있는 기간으로 공법상 채권소멸 시효기간은 5년이다.

○ 받을 채권: 세금, 수수료, 사용료, 분담금 등

○ 줄 채권(채무): 과오납 세금 반환청구 등

 ※ 민법상 채권소멸시효: 10년

○ 사법상의 매매나 도급 기타 사법상의 원인에 기한 채권

지방자치단체의 채권소멸시효 적용: 5년

금전의 급부를 목적으로 하는 국가 또는 지방자치단체의 금전채권은 공 사법상의 권리를 망라하고 공법상 채권소멸시효인 5년을 적용하는 것이 타당함.

※ 대법원 판례 65다 2506호('66. 9. 20.)

TIP - 공무원 봉급 청구권의 소멸시효 및 시효기간의 기산점 (No. 272666)

ㅇ 청구권의 소멸시효기간

　- 과다지급된 보수에 대한 반환청구권의 소멸시효기간은 5년

　- 과소지급된 보수에 대한 추가지급청구권의 소멸시효기간은 3년

ㅇ 소멸시효기간의 기산점

　- 그 호봉을 정정한 때부터 진행함

　- 단, 호봉획정이 당연무효인 경우에는 봉급을 지급한 때부터 소멸시효가 진행

　※ 관련근거: 민법 제163조,제166조, 판례

3. 시효 중단

시효의 기초가 되는 사실 상태와 일정 사실이 생겼을 경우 그때까지 진행된 시효기간은 효력을 잃는다. (청구·압류·가압류·최고 등)

Q&A

Q. 관할 학교급식실 공사 계약을 하면서 하자보증금(현금)을 받은 것이 있는데 당시(1996년)이 업체가 부도가 났습니다. 그리고 하자 기간이 있었기 때문에 그 동안은 세외통장에 계속해서 보관을 하고 있었는데 하자 기간과 보관(5년)하고 있어야 하는 기간이 지나 ○○시교육청으로 세입조치를 하려고 하는데 이것이 맞는지 그리고 세입조치를 할 경우 첨부해야 할 서류는 무엇인지?

A. 지방자치단체의 금전채권에 대한 소멸시효는 지방재정법 제69조에 5년으로 정하고 있음. 귀 기관의 경우 하자 책임기간 종료 후 계약 상대자가 채권에 대한 권리를 행사하지 않아 소멸시효가 지났다면 귀 기관에 귀속시킬 수 있을 것임. 세입조치를 할 경우 하자 보수 보증금 납부서 등을 관계 징수관에게 송부하여 징수토록 하여야 할 것임.

1. 장부의 비치 정리 (지방회계법 제52조, 회계훈령 제6장)

회계 관직	장부 목록
징수관	○ 징수부 ○ 징수총괄부(본청에 한한다) ○ 과오납금정리부
재무관	○ 지출원인행위부 ※ 지출원인행위부 및 지출부로 갈음할 수 있음
지출원	○ 지출부 ※ 지출원인행위부 및 지출부로 갈음할 수 있음 ○ 지급명령발행부 ○ 일상경비정리부
(총괄)채권관리관	○ (총괄)채권관리부
(총괄)부채관리관	○「지방재정법」및 같은법 시행령에 따라 행정안전부 장관이 따로 정 하는 서식 및 조례·규칙에서 정하는 서식
수입금출납원	○ 현금출납부 ※세입세출일계표로 갈음할 수 있음
일상경비출납원	○ 현금출납부 ○ 지급내역부 ※ 지급내역부 앞에 현금출납부를 붙여 통합할 수 있음
세입세출외현금출납원	○ 세입세출외현금출납부 ○ 유가증권수급부

2. 증거서류 및 장부의 보존, 보존 (회계훈령 제112조)

○ 비품 관계 장표를 제외한 장부는 매년도 별도 조제하여야 한다. 다만, 기재사항이 적은 장부는 연도 구분을 명백히 하여 구 장부를 계속 사용할 수 있다.

○ 증빙서류 및 장부는 5년간 보존

○ 지정정보 처리장치 (e-호조, 에듀파인 등)에 의하여 회계처리를 하는 경우에는 전산 출력물로 장부를 갈음하여 관리할 수 있다.

3. 장부기재상의 주의 (회계훈령 제111조)

○ 장부에는 세입세출결의서 또는 수지의 근거가 될 수 있는 것에 의하여 기재 원인
이 발생할 때마다 즉시 이를 기재

○ 각 계좌의 색인을 붙인다.

○ 각 난의 사항 및 금액을 소급하여 기재하지 아니한다.

○ 매월 말의 월계를, 2월 이상에 걸치는 때에는 누계를 기재

○ 잔액의 난에 기재할 금액이 없을 때에는 검은 글씨로 0을 기재

○ 예산에 대하여 수입액이 초과하였을 때에는 초과액을 기재하고 그 앞에 (+)의 기
호를 붙인다.

○ 장부의 상위 첫 난에는 "전 페이지에서 이월" 또는 "전 옆에서 이월"사항을 기재
하고 아래 마지막 난에는 누계액을 기재

계산증명 | No. 279523

---

1. 계산서의 작성 및 제출 (감사원 계산증명규칙 제3조)

증명 책임자는 증명 기간마다 계산서를 작성한 후 소속 관서의 장이 이를 확인하여 그
증명 기간이 지난 뒤 15일 안에 전자정보 처리 조직을 이용하여 감사원에 제출하여야 함.
다만, 전자정보처리 조직을 이용할 수 없는 부득이한 사유가 있는 경우에는 그 자료가 입
력된 이동식 저장 매체 등의 정보통신 기록 매체 또는 서면으로 25일 안에 제출해야 함.

2. 채권자의 영수인 (회계훈령 제42조)

○ 채권자의 영수인은 청구서에 날인한 것과 동일하여야 한다.

○ 다만, 청구자와 영수자를 달리하는 경우, 분실 기타 부득이한 사유로 개인을 신청
한 때에는 채권자를 확인할 수 있는 인감증명서, 본인서명사실 확인서 또는 전자본

인서명 확인서 등의 서류를 받아야 한다.

○ 채권자의 계좌로 입금하는 경우에는 금고의 송금 납입통지서를 첨부하며, 이를 영수인에 갈음한다.

3. 금액의 표시 (회계훈령 제96조)

금전의 수지에 관한 증빙 서류의 금액 표시는 아라비아숫자로 쓰되 괄호를 하고 다음 예시와 같이 한글로 기재하여야 한다.

(예시) 금113,560원(금일십일만삼천오백육십 원)

※ 금전의 수지에 관한 증빙 서류의 금액은 정정·도말 또는 개서 불가

4. 금액, 수량 등의 정정 (회계훈령 제97조)

부득이한 사유로 정정·삽입 또는 삭제하고자 할 때에는 그 사항에 붉은 선을 긋고, 작성자가 날인한 후 그 우측 또는 윗자리에 정정하여 삭제한 문자를 명료하게 해득할 수 있게 해 두어야 함.

5. 증거 서류 원본주의 (회계훈령 제98조)

수입 또는 지출결의서에 붙이는 증빙 서류는 원본에 한한다.

※ 부득이한 경우에는 "원본과 같음" 확인 후 사본을 첨부

6. 회계문서의 날인 등 (회계훈령 제98조)

회계문서상의 모든 날인은 무인, 서명, 전자서명 등으로 갈음할 수 있음.

7. 회계 서류 편철 (지방자치단체 회계관리에 관한 훈령 제126조)

○ 지출에 관한 증빙 서류는 지출증빙서임을 표시하는 표지를 첨부하여야 한다.

○ 증빙 서류는 지출일자 순으로 편철하고 표지의 다음 장에 지출증빙서류 목록을 첨부하여야 한다.

8. 계산서 등의 수취 및 세무관서 제출 (회계훈령 제107조)

○ 회계관계공무원은 공사, 물품 구매·제조 또는 용역계약을 체결한 사업자로부터 세금계산서나 영수증 또는 계산서나 영수증, 신용카드매출전표 또는 현금영수증을 받아야 함.

○ 회계관계공무원은 교부받은 세금계산서 또는 계산서에 따라「부가가치세법」에 의한 매입처별 세금계산서 합계표 또는「소득세법」에 의한 매입처별 계산서 합계표를 작성하여 관할 세무서장에게 제출

끝수 처리	No. 28932

---

1. 끝수 처리 (지회법 제55조)

○ 수입 또는 지출에서 10원 미만은 계산하지 아니할 수 있고, 전액이 10원 미만이면 0원으로 처리할 수 있다.

　(예시) 산출금액이 113,566원일 경우 113,560원 지급

　※ 다만, 세입금을 징수하는 등 대통령으로 정하는 경우에는 예외

2. 유의사항

가. 신용카드 회사의 원 단위 청구

○ 신용카드 회사는 원 단위까지 청구·인출하기 때문에 카드 청구금액에서 10원 미만이 있을 경우 원 단위를 올림한 금액으로 지출해야 미납 금액이 발생하지 않음.

　(예시) 청구액 113,566원 → 지급금액 113,570원(잔액은 세입조치)

나. 채권자 지급액과 원천징수 금액에 원 단위가 발생할 경우

○ 기타 소득 등 과세 대상 총지급액에서 채권자 지급액과 원천징수 금액이 각각 원 단위로 발생할 경우 원천징수 금액 단수는 채권자 지급액으로 포함 지출

　(예시) 총지급액이 263,000원으로 채권자 지급액이 251,428원, 과세금액이 11,572원인 경우 → 지급금액: 채권자 251,430원 / 원천징수(과세) 11,570원

1. 예산실무

2. 지출실무

3. 계약실무

4. 보조금관리

5. 결산실무

6. e-호조실무

7. 복식부기

8. 공유재산 및 물품

9. 변상과 회계책임

10. 감사 사례

8 세금계산서 & 원천징수

| 세법상 지출 증빙 | No. 69524 |

1. 거래 유형별 지출 증빙

물품(재화) or 용역
- (전자)세금계산서/계산서
  & 계좌이체송금증
- 신용카드/체크카드영수증
  & 계좌이체송금증

인적용역
[내부인력외부전문가]
- 원천징수영수증
  & 계좌이체송금증

2. 지출 행위별 증빙

가. 지출 행위 – 지출 성질(nature)을 설명

○ 세금계산서·계산서(청구)

　* 신용카드·체크카드·현금영수증으로 대체

○ 원천징수영수증

○ 거래명세서·청구서(Invoice)

○ 회의록(참석 확인)

나. 지급 행위 – 자금 지출을 입증

○ 계좌이체 영수증(수령인 및 수령 계좌 표시 필요)

○ 세금계산서·계산서(영수)

세금계산서(계산서) & 영수증 | No. 69524

1. 사업자 발행 가능 증빙 (NO. 69524)

사업자 구분		물품 구분	발행 가능한 증빙
과세사업자	일 반 과세자	과세물품	세금계산서, 구매카드 매출전표, 현금영수증
		면세물품	계산서, 구매카드 매출전표, 현금영수증
	간 이 과세자	과세, 면세물품	구매카드 매출전표, 현금영수증, 영수증
면세사업자		과세물품	세금계산서, 구매카드 매출전표, 현금영수증 * 과세물품은 별도 사업자 등록(겸업)
		면세물품	계산서, 구매카드 매출전표, 현금영수증

2. 전자 세금계산서(계산서)

○ 세금계산서: 과세 재화·용역(VAT 부기)

○ 계 산 서: 면세 재화·용역(VAT 없음)

○ 전자의무발행자: 법인사업자, 일정 규모 이상 개인(매출 2억 원 이상)

○ 발행방식: 이메일로 전송·수신 ← 거래 내역 국세청 송신

○ 세금계산서와 계산서의 대용

  - 등록한 지로 영수증

  - 신용카드 및 체크카드 영수증

○ 신용카드 결재 → 세금계산서 발행자[X]

○ 세금계산서 발행 → 신용카드(자금결제)[○]

1. 소득 및 비율

소득 종류	소득 유형	원천징수세율 (주민세 포함)	비 고
사업소득	개인적 인적 용역으로 부가세 면세사업자	3%(3.3%)	
기타 소득	강연료 등	20%(22%)	강연료 등은 필요경비 60% 공제 후 원천징수
	복권당첨금	20%(22%) 또는 30%(33%)(5억 초과분)	
근로소득	일반근로자	6%~38% (6.6%~41.8%)	간이세액표에 의거 원천징수 후 연말정산
	일용근로자	6%(6.6%)	1일 약 15만 원 이하 비과세
연 금 소 득		6%~38% (6.6%~41.8%)	간이세액표에 의거 원천징수 후 연말정산
퇴 직 소 득		6%~38% (6.6%~41.8%)	

2. 소득 구분

	특정 조직 소속	독립적 입장
계속반복성	근로소득 (정규직)	사업소득
일시적	근로소득 (일용직)	기타소득

3. 신고 및 납부

○ 원천징수 시기: 소득 지급시

○ 신고 및 납부 시기

  - 일반적인 경우: 지급일의 익월 10일

  - 반기납부: 반기 종료 후 일월 10일(20인 이하)

○ 신고 방식

  - 수작업 작성 → 직접 접수 or 우편물

  - 홈텍스(소득세). 위텍스(지방소득세) 전자신고

○ 납부 방식

  - 창구납부

  - 인터넷뱅킹

  - 홈텍스, 위택스 납부

4. 근로소득 원천징수

○ 예납적 원천징수

○ 원천징수 기준: 비과세소득 제외한 과세소득과 부양가족 인원 기준

○ 원천징수 방식: 간이세액조견표에 따라 원천징수(소득세+지방소득세)

○ 근로소득세액조견표 활용

월급여액 (천원) [비과세및학자금제외]		공제대상가족의 수						
이상	미만	1	2	3	4	5	6	7
1,930	1,940	17,800	13,300	5,210	1,830	0	0	0
1,940	1,950	18,010	13,510	5,410	2,030	0	0	0
1,950	1,960	18,210	13,710	5,600	2,230	0	0	0
1,960	1,970	18,420	13,920	5,800	2,430	0	0	0
1,970	1,980	18,630	14,130	6,000	2,630	0	0	0
1,980	1,990	18,880	14,330	6,200	2,820	0	0	0
1,990	2,000	19,200	14,540	6,400	3,020	0	0	0
2,000	2,010	19,520	14,750	6,600	3,220	0	0	0
2,010	2,020	19,850	14,950	6,800	3,420	0	0	0
2,020	2,030	20,170	15,160	6,990	3,620	0	0	0

(소득세)*10% = 지방소득세

1. 예산실무

2. 지출실무

3. 계약실무

4. 보조금 관리

5. 결산실무

6. e-호조실무

7. 복식부기

8. 공유 재산 및 물품

9. 법인과 회계책임

10. 감사 사례

5. 사업소득 원천징수

○ 원천징수 대상 금액: 필요경비 전 지급 총액

○ 원천징수액: 지급액의 3%(소득세)+소득세의 10%(지방소득세)

○ 원천징수영수증/지급명세서 발급

○ 원천징수 대상 금액: 필요경비 전 지급 총액

○ 원천징수액: 지급액의 3%(소득세)+소득세의 10%(지방소득세)

○ 원천징수영수증/지급명세서 발급

귀속 연도	2018년	[●]거주자의 사업소득 원천징수영수증 [ ]거주자의 사업소득 지급명세서 ([√]소득자 보관용 [ ]발행자 보관용)			내·외인인		내국인1 외국인9
					거주 지국		거주지국 코 드

징 수 의무자	① 사업자등록번호 123-82-12345		② 법인명 또는 상호 사회복지법인 ****			③ 성명 ***
	④ 주민(법인)등록번호		⑤ 소재지 또는 주소 서울시 은평구 ****길**			

소득자	⑥ 상 호				⑦ 사업자등록번호
	⑧ 사업장 소 재 지				
	⑨ 성 명 김 ○ ○				⑩ 주민등록번호 720312-2123456
	⑪ 주 소 서울시 용산구 ****로 **길 23				

⑫ 업종구분	940902	❋ 작성방법 참조

⑬ 지 급			⑭ 소득 귀속		⑮ 지 급 총 액	⑯ 세율	원 천 징 수 세 액		
연	월	일	연	월			⑰ 소 득 세	⑱ 지방소득세	⑲ 계
18	7	5	18	7	300,000	3%	9,000	900	9,900

> **예 시**
>
> ○ 고용과 관계없이 독립된 자격으로 계속적, 반복적으로 직업상 용역을 제공하고 성과에 따라 지급받는 금액의 경우 사업 소득에 해당
>
> ⇒ 소득금액의 3%를 원천징수
>
>   <예> 주민자치센터 등에서 계속, 반복적으로 이루어지는 강좌의 강사료
>
> ○ 월 2회 이상 강의 시
>
> – 일반 특강강사: 매회 금액 기준 ⇒ 기타소득
>
> – 계속·반복적 교양강사: 매회·매월 ⇒ 사업소득
>
> – 대학시간 강사: 위촉서(계약서) ⇒ 근로소득

6. 기타소득 원천징수

○ 기타소득의 종류: 세법에 열거된 소득(§ 21조)

○ 기타소득 금액 = 총수입 금액-필요경비

  ※ 필요경비 max(실제 발생 금액, 간주경비)

○ 60% 필요 경비율 인정소득

  - 고용 관계없는 강연료

  - 전문인적 용역

  - 원고료, 저작권료

  - 기타 고용 관계없이 대가를 받고 제공하는 용역

○ 원천징수세액: 기타소득금액의 20%+소득세의 10%

○ 과세 최저한 = 기타소득 5만 원 이하인 경우

  - 60% 경비율 기준인 경우 총수입/지급액이 125,000 이하

  - 원천징수 절차 이행(원천징수 영수증 발행, 지급명세서 국세청 제출)

○ 소액 부징수

  - 원천징수액 1천 원 미만

○ 원천징수 영수증 교부의무 제외

  - 총수입/지급액이 100만 원 이하인 경우

1. 예산 실무
2. 지출 실무
3. 계약 실무
4. 보조금 관리
5. 결산 실무
6. e-호조실무
7. 복식부기
8. 공유 재산 및 물품
9. 발생주의 회계책임
10. 감사 사례

강사료(기타소득)가 200,000원인 경우

① 기타소득에서 필요경비(60/100)를 제한다.

  200,000원(강사료) - {200,000원 × 60/100(필요경비)} = 80,000원

② 필요경비를 제한 금액의 20%는 소득세, 소득세의 10%는 지방소득세

  원천징수세액 = {80,000원 × 0.2(소득세율)} + {12,000 × 0.1(지방소득세율)}

       = 17,600원

  ※ 이 경우 세금은 총금액의 8.8%(8%는 소득세, 0.8%는 지방소득세)임.

※ 국세청 홈페이지 자료실 납부서 작성 프로그램 활용

소득세 과세 & 비과세 대상 | No. 159516

1. 과세 소득 (소득세법 제4조, 제21조)

○ 종합(이자, 배당, 사업, 근로, 연금, 기타), 퇴직, 양도소득

○ 기타 소득

  - 상금, 포상금, 복권, 추첨권에 당첨되어 받는 금품

  - 필름 등의 양도, 대여, 사용의 대가, 인세

  - 원고료, 통·번역료, 미술·음악·사진 창작품

  - 고용 관계없는 수당, 용역 등 (강연료), 사례금

  - 변호사, 세무사 등 전문 지식을 활용한 용역 대가

2. 비과세 소득 (소득세법 제12조)

가. 근로소득 중 비과세 대상

  사병의 급여, 학자금

  ○ 산업재해보상보험법에 의한 급여 · 연금 등

  ○ 법령 · 조례에 의한 제복 · 제모 · 제화

○ 일직·숙직료, 여비로서 실비 변상 정도

○ 근로자가 받는 월 20만 원 이하의 식사대

○ 실비 변상적 급여(영 제12조)

― 보수(근로제공)를 받지 않은 위원회 등(법령·조례)의 수당(2021.2.17. 삭제)

나. 기타소득 중 비과세 대상(제5호)

○ 상금과 부상(국가, 지방) 부상, 경조금, 노벨상 상금과 부상

○ 보수(근로 제공)를 받지 않은 위원회 등(법령·조례)의 수당(2021.1.1. 시행)

3. 결산검사 전문직 위원 수당의 과세 여부

※ 결산위원(회계사, 세무사)의 수당은 기타소득인 경우 비과세 대상임

구 분	해당 내용 발췌	법 근거
사업소득	전문, 과학 및 기술 서비스업에서 발생하는 소득(공인회계사 보수 규정에 따른 일당을 수당으로 지급받는 경우)	법 제19조 제1항13호
근로소득	근로를 제공함으로써 받는 봉급·급료·보수·세비·임금·상여·수당과 이와 유사한 성질의 급여	법 제20조 제1항1호
기타 소득	인적용역을 일시적으로 변호사, 공인회계사, 세무사, 건축사, 측량사, 변리사, 그 밖에 전문적 지식 또는 특별한 기능을 가진 자가 그 지식 또는 기능을 활용하여 보수 또는 그 밖의 대가를 받고 제공하는 용역	법 제21조 제1항19호다 (2000.12.29.)

9 공무원수당, 휴가·여비 FAQ

| 지방공무원 수당 체계 | No. 1762 |

1. 수당 (43종)

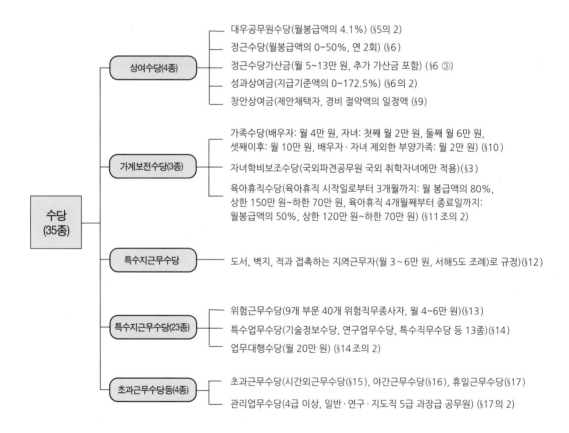

수당 (35종)

상여수당(4종)
- 대우공무원수당(월봉급액의 4.1%) (§5의 2)
- 정근수당(월봉급액의 0~50%, 연 2회) (§6)
- 정근수당가산금(월 5~13만 원, 추가 가산금 포함) (§6 ③)
- 성과상여금(지급기준액의 0~172.5%) (§6의 2)
- 창안상여금(제안채택자, 경비 절약액의 일정액 (§9)

가계보전수당(3종)
- 가족수당(배우자: 월 4만 원, 자녀: 첫째 월 2만 원, 둘째 월 6만 원, 셋째이후: 월 10만 원, 배우자·자녀 제외한 부양가족: 월 2만 원) (§10)
- 자녀학비보조수당(국외파견공무원 국외 취학자녀에만 적용)(§3)
- 육아휴직수당(육아휴직 시작일로부터 3개월까지: 월 봉급액의 80%, 상한 150만 원~하한 70만 원, 육아휴직 4개월째부터 종료일까지: 월봉급액의 50%, 상한 120만 원~하한 70만 원) (§11조의 2)

특수지근무수당
- 도서, 벽지, 적과 접촉하는 지역근무자(월 3~6만 원, 서해5도 조례)로 규정)(§12)

특수지근무수당(23종)
- 위험근무수당(9개 부문 40개 위험직무종사자, 월 4~6만 원)(§13)
- 특수업무수당(기술정보수당, 연구업무수당, 특수직무수당 등 13종)(§14)
- 업무대행수당(월 20만 원) (§14조의 2)

초과근무수당등(4종)
- 초과근무수당(시간외근무수당(§15), 야간근무수당(§16), 휴일근무수당(§17)
- 관리업무수당(4급 이상, 일반·연구·지도직 5급 과장급 공무원) (§17의 2)

2. 실비보상 등 (4종)

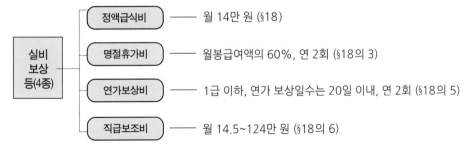

실비
보상
등(4종)
- 정액급식비 — 월 14만 원 (§18)
- 명절휴가비 — 월봉급여액의 60%, 연 2회 (§18의 3)
- 연가보상비 — 1급 이하, 연가 보상일수는 20일 이내, 연 2회 (§18의 5)
- 직급보조비 — 월 14.5~124만 원 (§18의 6)

신분변동 등에 따른 수당 등의 지급 방법 | No. 237077

1. 소속기관 변동 시 수당 등 지급

가. 현 소속기관 지급 원칙, 전 소속기관에서 지급한 경우는 미지급

나. 현 소속기관의 보수 지급일 및 실비보상 등 지급일을 기준

2. 신분변동 등에 따른 수당등의 지급 방법

가. 직위해제   나. 징계처분

다. 직위해제 중인 자가 징계처분을 받은 경우 수당의 감액

라. 휴 직   마. 파 견

바. 출 장   사. 결 근

아. 권한대행

※ 도표정리자료(경기도교육청) 참고 ⇒ No. 53327

1. 예산실무
2. 지출실무
3. 계약실무
4. 보조금 관리
5. 결산실무
6. e-호조실무
7. 복식부기
8. 공유 재산 및 물품
9. 발생과 회계책임
10. 감사 사례

3. 수당의 병급 문제

가. 병급이 불가능한 경우   나. 병급이 가능한 경우

※ 발췌 자료 바로보기 ⇒ No. 25944

4. 기타 사항

가. 휴가 및 공무상 질병 또는 부상으로 인한 휴직 기간 중의 수당 등 지급

나. 임기제 공무원의 특수근무수당 지급

다. 연봉제 공무원에게 지급하지 아니하는 수당 등

라. 정년·명예·조기·자진 퇴직 및 공무상 사망 시 수당 등의 지급 방법

마. 면직 또는 징계처분 등이 무효 또는 취소된 경우

바. 시간선택제임기제 공무원의 수당 등 지급

사. 시간선택제 근무를 하는 공무원 등의 수당 등 지급

아. 한시임기제 공무원의 수당 등 지급

자. 직종 변경('13.12.12.)에 따른 수당 등 지급 특례(영 제 24919호 부칙 제2조 및 제3조)

휴가 (출산, 육아, 병가 등) & 여비 관련 FAQ | 복무

※ 아래 FAQ는 일부만 발췌한 자료이며, 답변 당시와 현재 규정이 달라질 수 있으므로 최근 개정된 보수 및 여비 규정의 확인이 필요함

1. 출산휴가, 육아휴직 관련 (No. 36594)

○ 경조사 등 특별휴가의 사용 시점

○ 육아휴직 기간 중 출산 시 출산휴가 사용

○ 육아휴직 분할 및 연장 사용

○ 육아휴직 기간의 근속기간 포함

○ 육아휴직 대체 인력 활용

○ 육아휴직 기간 산정

○ 시보 기간 중 육아휴직

○ 육아휴직 복직 후 재휴직

○ 쌍생아의 육아휴직 기간

○ 배우자가 임신 중인 남성 공무원의 육아휴직

○ 출산휴가 전 병가 사용 가능 여부

○ 육아휴직수당 분할 지급 가능 여부

○ 육아휴직 기간 내 승진 가능 여부

○ 육아휴직자 연가일수

○ 계약직 공무원의 출산휴가 가능 여부 문의

2. 휴가(연가, 병가, 공가, 특별) 관련 (No. 229995)

○ 재직기간과 휴가

○ 휴가 기간 중 전보 발령

○ 가족의 연락에 따른 휴가 허가

○ 휴가 사유가 중복되는 경우

○ 휴가 일수 계산 방법

○ 연속 30일 이상의 병가

○ 2개 년도에 걸쳐 30일을 초과하는 병가

○ 병가와 연속된 연가

○ 연도 중 퇴직 예정자의 연가 사용

○ 미용을 위한 성형수술의 병가 가능 여부

○ 징계·소청·행정소송의 당사자 등 공가 처리

1. 예산실무

2. 지출실무

3. 계약실무

4. 보조금관리

5. 결산실무

6. e-호조실무

7. 복식부기

8. 공유 재산 및 물품

9. 변상과 회계책임

10. 감사 사례

3. 공무원 여비 관련 (No. 34815)

○ 출장명령에 따른 근무지 내 출장 시, 반드시 근무지 내 출장여비를 지급해야 하는지?

○ 하루 동안 4시간 미만 근무지 내 출장을 여러 차례 간 경우, 여비 지급 방법은?

○ 서울에서 제주도로 1박 2일 출장 시, 공무 형편상 부득이 제주도 내에서의 이동은 렌트 차량을 이용한 경우, 여비 지급 방법은?

○ 서울에서 제주도로 2박 3일 출장 시, 출장 첫날 서울 근무지에서 김포공항까지 공용차량을 이용한 경우, 첫날 일비를 감액하여야 하는지?

○ 120km 미만 출장 시 식비감액제도(1/3만 지급)가 폐지되었는데, 식비(2만 원)를 모두 지급해야 하는지?

○ 섬 지역으로 근무지외 출장시, 개인차량을 이용한 경우 발생한 도선료 지급방법은?

○ 1박 2일 근무지 외 출장 시, 자가 숙박한 경우 숙박비 지급 여부는?

○ 서울에서 제주도로 출장 시, 공무 항공 마일리지를 사용하려고 하였으나 2등석 보너스 좌석이 없는 경우, 공무 항공 마일리지 사용 방법은?

○ 국외 출장 시 대전 근무지에서 인천공항까지의 교통비 지급이 가능한지?

○ 2박 3일 근무지 외 출장 시, 친지 숙박을 하여 숙박비 영수증이 없고, 출장 첫날과 마지막 날 출장지에서 사용한 영수증도 없는 경우, 여비 지급 방법은?

○ 기상 악화로 당초 출장 일정을 초과하여 숙박한 경우, 숙박비, 식비, 일비 등의 여비를 추가 지급해야 하는지?

○ 감사담당 공무원에 대한 숙박비 실비 정산 여부는?

○ 상급자와 동행하여 해외 출장을 갈 경우, 숙박비 또는 식비의 상한액을 상향 조정할 수 있는지?

 Q&A (No. 17692)

Q. 맞벌이 부부 가족수당 중복 수급 여부

A. 부부 둘 다 국가에서 인건비를 보조받는 공공기관 또는 지방공사 공단인 경우 가족수당을 중복 지급받을 수 없습니다. 다만, 귀하의 배우자가 가족수당 지급을 제한하는 기관이 아닌 경우 귀하와 배우자 모두 가족수당을 받으실 수 있음

계약실무

03 PART

PART 03 계약실무

1 계약의 의의와 종류

| 계약의 의의 | 계약 |

1. 계약의 개념

계약이란 "법률상 일정한 효과의 발생을 목적으로 복수 당사자 사이에 서로 반대되는 의사표시의 합치에 의하여 성립되는 법률행위"로 사법상 효과 발생을 목적으로 하는 행위를 말한다.

→ 사법상의 계약으로 민사소송 대상(대법원 1996. 12. 20. 선고 96누14708)

→ 부정당업자 제재조치와 과징금 부과는 행정처분으로 보아 행정소송 대상

2. 계약의 원칙

○ 계약은 상호 대등한 입장에서 당사자의 합의에 따라 체결하여야 하며, 당사자는 계약의 내용을 신의와 성실의 원칙에 따라 이를 행하여야 한다. (지계법 제6조, 민법 제2조)

○ 지방자치단체 계약은 사법상의 계약이므로 민법상의 일반원칙인 계약자유의 원칙, 신의성실의 원칙, 사정변경의 원칙, 권리남용 금지의 원칙 등이 적용된다

○ 계약담당공무원은 계약을 체결함에 있어서 관계법령에 규정된 계약 상대자의 계약상 이익을 부당하게 제한하는 특약 또는 조건을 정하여서는 아니 된다.

3. 공공기관 계약의 특성

○ 공공기관이 체결하는 계약은 개인의 이익을 추구하는 사인 간의 계약과는 달리 공공복리 추구라는 목적 달성을 위하여 체결되며, 이에 따라 계약 관련 법령 및 하위

규정으로서 행정규칙을 제정하여 적용하고 있으며,

○ 계약담당자의 자의적인 행위를 방지하고 회계질서를 엄정하게 유지하는 동시에 예산집행의 공익성·공정성·경제성 확보를 위해 지방계약법령 등에서 정하는 바에 따라 처리되어야 한다.

4. 계약 관련 법령

○ 2006년부터 지방의 특성에 맞는 지방자치단체를 당사자로 하는 계약에 관한 법률, 시행령, 시행규칙과 계약 관련 각종 예규, 훈령이 제정되어 시행되고 있다.

○ 지방계약법 제4조의 규정에서 '지방자치단체를 당사자로 하는 계약에 관하여는 다른 법률에 특별한 규정이 있는 경우 외에는 이 법에서 정하는 바에 따른다'라고 규정함으로서 개별 법령에서 규정하고 있는 사항이 우선 적용 대상임을 명시하고 있으며 판로지원법, 조달사업법 등이 지방계약법의 특별법적 성격을 지닌다.

| 지방계약 관련 법령 체계 | 계약 |

1. 지방계약 관련 법령

구 분	종 류	소관부처
기본법	계약방법 결정·입찰 및 계약절차·계약관련 보증금·검사, 대가지급 등	
	• 지방재정법 • 지방회계법 • 지방자치단체를 당사자로 하는 계약에 관한 법률 • 지방자치단체를 당사자로 하는 계약에 관한 법률 시행령 • 지방자치단체를 당사자로 하는 계약에 관한 법률 시행규칙	행안부

1. 예산실무
2. 지출실무
3. 계약실무
4. 보조금관리
5. 결산실무
6. e-호조실무
7. 복식부기
8. 공유재산및물품
9. 변상과 회계 책임
10. 감사 사례

구 분	종 류	소관부처
개별법	계약 이행 자격, 하도급, 영업정지, 원가계산 요령 등	
	· 건설산업기본법 · 건설기술진흥법 · 시설물안전법 · 건축사법 · 건축법	국토 교통부
	· 폐기물관리법 · 건설폐기물의 재활용촉진에 관한 법률 · 환경기술 및 환경산업 지원법 · 가축분뇨의 관리 및 이용에 관한 법률	환경부
	· 공중위생관리법 · 장애인복지법 · 국민건강보험법 · 사회복지사업법	복지부
	· 전기공사업법 · 전기사업법 · 소프트웨어 진흥법 · 엔지니어링산업 진흥법	산자부
	· 근로기준법 · 최저임금법 · 산업안전보건법 · 고용보험법 · 산업재해보상보험법 · 고용보험 및 산업재해보상보험의보험료징수 등에 관한 법률	고용 노동부
	· 인지세법 · 부가가치세법	기재부
	· 정보통신공사업법	과기부
	· 소방시설공사업법	소방청
	· 조달사업에 관한 법률	조달청
	· 중소기업진흥에 관한 법률 · 중소기업제품구매촉진 및 판로지원에 관한 법률	벤처부
	· 국가유산보호기금법 · 국가유산 수리등에 관한 법률 · 매장유산재보호 및 조사에 관한 법률	국가유산청
	· 하도급거래 공정화에 관한 법률	공정위
예 규	• 지방자치단체 입찰시 낙찰자 결정 기준 • 지방자치단체 입찰 및 계약 집행기준	행안부

※ 「지방계약법」 제4조 및 「동법 시행령」 제3조에 따라 다른 법률(법령)에 특별한 규정이 있는 경우에는 해당 법률(법령)을 우선 따르고, 그 외에는 「지방계약법령」에서 정한 바에 따름.

2. 지방계약 관련 예규

연번	예규명	구성
1	지방자치단체 입찰 시 낙찰자 결정기준 (행안부)	제1장 입찰참가자격 사전심사기준 제2장 적격심사 기준 제3장 종합평가 낙찰자 결정기준 제4장 일괄입찰 등의 입찰참가자격 사전심사기준 제5장 일괄입찰 등에 의한 낙찰자 결정기준 제6장 국가유산 수리 종합평가 낙찰자 결정기준 제7장 협상에 의한 계약 낙찰자 결정기준 제8장 경쟁적 대화에 의한 계약 낙찰자 결정기준 제9장 설계공모 낙찰자 결정기준 제10장 품질 등에 의한 낙찰자 결정기준 제11장 건설업역 개편에 따른 낙찰자 결정기준
2	지방자치단체 입찰 및 계약 집행기준 (행안부)	제1장 입찰 및 계약 집행기준 제2장 예정가격 작성요령 제3장 계약심사 운영요령 제4장 제한입찰 운영요령 제5장 수의계약 운영요령 제6장 공동계약 운영요령 제7장 종합계약 운영요령 제8장 입찰 유의서 제9장 계약 일반조건 제10장 일괄입찰 등의 공사입찰 특별유의서 제11장 일괄입찰 등의 공사계약 특수조건 제12장 계약분쟁 조정위원회 운영요령 제13장 과징금부과심의위원회 운영요령
3	기타예규(행안부)	지방자치단체 회계관리에 관한 훈령
4	고시금액	행정안전부 장관이 고시하는 금액 기획재정부 장관이 고시하는 금액
5	조달청 기준	국가종합 전자조달시스템 이용약관 국가종합전자조달시스템 전자입찰 특별유의서 물품 다수공급자계약 2단계경쟁 업무처리지침

1. 지출의 원인이 되는 계약

계약목적물별	계약체결형태별	경쟁형태별	경쟁입찰의 낙찰자 결정방법
· 공사계약 –종합공사 –전문공사 –전기공사 –정보통신공사 –소방공사 –국가유산수리공사 –환경관련공사 등 · 물품제조·구매계약 · 용역계약 –기술용역 –일반용역 –학술연구용역	· 확정계약, 개산계약, 사후원가검토조건부계약 · 총액계약, 단가계약 · 장기계속계약, 계 속비계약, 단년도 계약, 단년도차수 계약 · 회계연도 시작전 계약 · 단독계약, 공동계약 · 종합계약	· 입찰계약 –일반입찰 –제한입찰 –지명입찰 · 수의계약 –금액에 의한 구분 –내용에 의한 구분	· 공사 –적격심사 –턴키,대안입찰 –종합평가 –기술제안,공모 –최적가치 낙찰 · 용역,물품 –협상에의한 계약 –적격심사, 2단계 경쟁입찰 –희망수량경쟁입찰 –설계공모 –중소기업자간 경 쟁입찰 –경쟁적대화 방식 (NO.236156)

 TIP – 질의 회신

Q 제조와 제조 설치는 어떻게 다른가?

A 제조 구매는 규격서나 사양서대로 제품을 제조하여 완성품을 납품하는 것이며 제조·설치 구매는 완성품을 제조하여 발주기관이 지정한 현장에 설치까지 완료하는 형태의 계약으로 현수막의 경우 제조 설치 구매에 포함.

2. 장기계속계약, 계속비계약 및 단년도계약 비교

구분	장기계속계약	계속비 계약	단 년도 계약	
			일 반	차 수
사업내용	확 정	확 정	확 정	확 정
총예산확보	미확보 (해당년도분 확보)	확 보	확 보	미확보 (일부만 확보)
계약체결	총 공사금액으로 입찰하고 각 회계연도 예산범위 안에서 계약체결 및 이행 (총공사금액 부기)	총공사금액으로 입찰·계약 (연부액 부기)	해당 연도 예산범위 내 입찰·계약	총공사금액으로 입찰하고 예산범위 내에서 동일 회계년도 내에 시기별 차수계약 (총공사금액 부기)
관련법 조문	지방재정법 제42조, 지방계약법24조 지방계약법 시행령78조		-	지방계약법 시행령78조의2

3. 수입의 원인이 되는 계약과 지출의 원인이 되는 계약 구분

구 분	수입의 원인	지출의 원인
경쟁입찰의 낙찰자 결정	예정가격 이상으로 최고 가격 낙찰자	예정가격 이하로서 적격심사 등을 통하여 낙찰자 결정
계약보증금(서)	대가를 일시에 선납 받는 경우 불필요	필요
대가지급	• 선납원칙	• 선금 지급(보증서 징구) • 계약이행 후 지급
입찰보증금	• 필요(면제 가능)	• 필요(면제 가능)
예정가격	• 작성 • 일반재산은 2인이상 감정평가	• 작성(전자수의) • 생략 가능(1인 견적 수의)
하자보증	불필요	필요
지연배상금	부과	부과
계약담당공무원	재산관리관, 물품관리관	재무관(분임, 대리)

1. 예산실무

2. 지출실무

3. 계약실무

4. 보조금 관리

5. 결산실무

6. e-호조실무

7. 복식부기

8. 공유 재산 및 물품

9. 보상과 회계 책임

10. 감사 사례

1. 업종 중심의 관련 법체계

전문건설업 - 지방조성포장공사업, 실내건축공사업 등 15종

1) 건설업(전문건설업종 개편. 2022.1.1.)

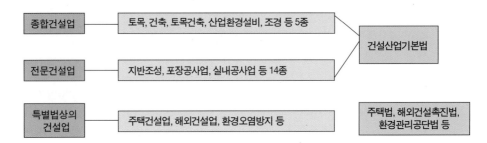

종합건설업	→	토목, 건축, 토목건축, 산업환경설비, 조경 등 5종	⟶	건설산업기본법
전문건설업	→	지반조성, 포장공사업, 실내공사업 등 14종	⟶	
특별법상의 건설업	→	주택건설업, 해외건설업, 환경오염방지 등		주택법, 해외건설촉진법, 환경관리공단법 등

※ 2021.1.1. 건설산업기본법 개정으로 종합과 전문건설업 간 업무영역 상호진출허용(NO.269175)

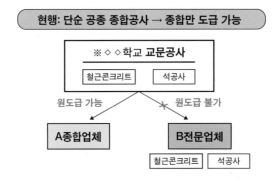

현행: 단순 공종 종합공사 → 종합만 도급 가능

※◇◇학교 교문공사
철근콘크리트 / 석공사

원도급 가능 → A종합업체
원도급 불가 → B전문업체 (철근콘크리트 / 석공사)

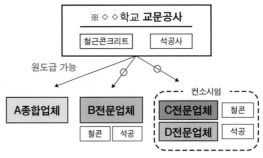

개선: 종합공사 → 종합·전문·컨소시엄 도급 가능

※◇◇학교 교문공사
철근콘크리트 / 석공사

원도급 가능 →
A종합업체
B전문업체 (철콘 / 석공)
컨소시엄: C전문업체(철콘) / D전문업체(석공)

※전문업체간 컨소시엄: 2027.1.1. 시행

2) 개별 공사업

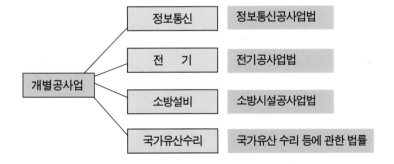

개별공사업	정보통신	정보통신공사업법
	전 기	전기공사업법
	소방설비	소방시설공사업법
	국가유산수리	국가유산 수리 등에 관한 법률

2. 건설업종 현황

구분		건설	전기	소방	정보통신
법령	시공 법령	건설산업기본법	전기공사업법	소방시설공사업법	정보통신공사업법
	용역 법령	건설기술진흥법, 건축법, 건축사법	전력기술관리법	소방시설법	
소관부처		국토교통부	산업통상자원부	소방청	과학기술정보통신부
관련 단체	시공	건설협회,전문건설협 회,기계설비협회	전기공사협회	소방시설협회	정보통신공사협회
	용역	건설기술인협회,건설 기술관리협회,건축사 협회	전기기술인협회	소방기술인협회	한국정보통신 기술인협회
기술자 분류		건설기술인	전력기술인, 설계사, 감리원	소방기술인, 감리원	정보통신기술인, 감리원
용역업 분류		건설용역업 ※설계엔지니어링사업 자 또는 기술사사무소	설계업자, 감리업자	설계업자, 감리업자	용역업자 ※설계엔지니어링사업 자 또는 기술사사무소

1. 예산실무
2. 지출실무
3. 계약실무
4. 보조금관리
5. 결산실무
6. e-호조실무
7. 복식부기
8. 공유재산및물품
9. 발생과 회계 책임
10. 감사 사례

1. 용역계약의 종류별 구분표

구 분	기술용역	학술용역	일반용역
정 의	「건설기술진흥법」제2조 제3호,「엔지니어링산업 진흥법」제2조 제1호 등에 따른 설계, 감리 용역	학술, 연구, 조사, 검사, 평가, 개발 등 지적활동을 통한 정책이나 시책의 자문에 제공되는 용역	기술용역 및 학술용역을 제외한 용역
대 상	공사를 전제로 한 사업이나 시설물의 설계, 조사, 감리 등	사업계획 단계에서 광범위하고 심도 있게 분석되어야 할 시정 정책	시설물관리, 청소, 경비, 행사대행용역, 교육, 의료 서비스, 건설폐기물 등
사전심의	건설기술 심의위원회	학술용역 심의회	지방계약법 제32조 해당시
총 괄 담당부서	기술심사담당관	해당 기관 업무분장에 따름	각 사업부서
사전심의 근 거	○○건설기술심의위원회 조례	○○학술연구용역 조례	지방계약법 제32조

2. 기술용역 분류

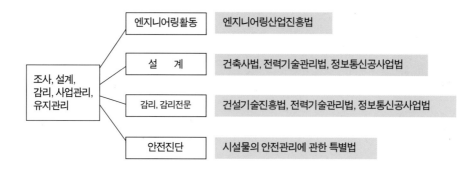

경미한 공사 | No. 35503

1. 경미한 건설공사(건산령 8조): 건설업 등록 없이 공사 가능/No. 328873

○ 종합공사: 공사예정금액이 5천만 원 미만인 종합건설공사

○ 전문공사: 공사예정금액이 1천5백만 원 미만인 전문건설공사(가스시설공사, 철강구조물공사, 삭도설치공사, 승강기설치공사, 철도·궤도공사, 난방공사 제외)

○ 조립·해체하여 이동이 용이한 기계설비 등의 설치 공사(해당 기계설비 등을 제작하거나 공급하는 자가 직접 설치하는 경우에 한함)

2. 경미한 전기공사(전기령 5조): 전기공사업자가 아니어도 시공 가능

○ 꽂음접속기, 소켓, 로제트, 실링블록, 접속기, 전구류, 나이프스위치, 그 밖에 개폐기의 보수 및 교환에 관한 공사

○ 벨, 인터폰, 장식전구, 그 밖에 이와 비슷한 시설에 사용되는 소형변압기(2차측 전압 36볼트 이하의 것으로 한정한다)의 설치 및 그 2차측 공사

○ 전력량계 또는 퓨즈를 부착하거나 떼어내는 공사

○「전기용품 및 생활용품 안전관리법」에 따른 전기용품 중 꽂음접속기를 이용하여 사용하거나 전기기계·기구(배선기구는 제외) 단자에 전선(코드, 캡타이어케이블 및 케이블을 포함)을 부착하는 공사

○ 전압이 600볼트 이하이고, 전기시설 용량이 5킬로와트 이하인 단독주택 전기시설의 개선 및 보수 공사. 다만, 전기공사기술자가 하는 경우로 한정

3. 경미한 정보통신공사(정통령 4조): 정보통신공사업자가 아니어도 시공 가능

○ 간이무선국·아마추어국 및 실험국의 무선설비설치공사

○ 연면적 1천 제곱미터 이하의 건축물의 자가유선방송설비·구내방송설비 및 폐쇄회로텔레비전의 설비공사

○ 건축물에 설치되는 5회선 이하의 구내통신선로 설비공사

○ 라우터 또는 허브의 증설을 수반하지 아니하는 5회선 이하의 근거리통신망(LAN) 선로의 증설공사 등

1. 의의

　단가계약이란 일정한 기간 계속하여 제조·구매·수리·보수·복구·가공·매매·공급·사용 등의 계약을 체결할 필요가 있을 때에는 해당 회계연도 예산의 범위에서 미리 단가(單價)에 대하여 계약을 체결할 수 있는 제도

| 단가계약의 구분 |

구 분	공사(영15조)	물품 · 용역(영16조)
추정가격(영7조)	총액(추정단가x예정물량의 합)	
예정가격(영9조)	단가(총액) * 총액=단가×예상물량	– 단가(단품) – 단가의 합(다품목)
입찰금액(영15/16조)		
계약금액(법14조)		
계약보증금(영51조)	총금액×10% (10% 개정 입법 예고)	1회 최대납품량 x 10%
납품방법(일반조건)	1회납품 완료	수요발생 시에 납품

※ 단가계약은 임의사항이므로 물품 · 용역도 공사처럼 단가(총액)으로 발주할 수 있음.

2. 공고문에 반드시 기재할 사항

　○ 품목별 총예정 물량(또는 총예정금액)과 매회(월)별 최대 납품물량 명시

　○ 입찰시 단가내역서(품목별 단가 및 예상물량) 공고문에 첨부

　○ 반드시 단가(다품목은 품목별 단가의 합)로 투찰함

　○ 낙찰자는 계약시 품목별 단가에 낙찰률(입찰가격/예정가격)을 적용한 단가내역서
　　제출 (임의 산출내역서 작성 불가)

3. 단가내역서 작성 사례 (No. 300338)

| 단가 내역서(예시) |

연번	식재료명	규격	사양	단위	원산지	예정수량 (A)	단 가 (B)	예정금액 (A*B)	비고
합 계 (과세+비과세)							2,556,320	45,136,280	
1	2배 사과식초	1.8L	유통기한내, 포장상태양호, 오뚜기	통	국내 제조	5	4,000	20,000	
2	2배 양조식초	1.8L	유통기한내, 포장상태양호, 오뚜기	통	국내 제조	1	3,200	3,200	
: :	가시파래	1kg	크기와 모양 균일, 윤택매끈	kg	수입	4	4,500	18,000	

공동계약의 종류와 비교 | No. 40197

1. 공동계약 시 선금 및 대가 지급 방법 비교

구 분	공동이행방식	분담이행방식	주계약자관리 방식
신청자	대표자(예외 연명 가능)	좌 동(예외 연명 가능)	좌동(예외 연명)
신청 방법	신청서상에 출자비율에 따라 구성원별로 날인하여 구분 신청	신청서상에 분담 내용에 따라 구성원별로 날인하여 구분 신청	구성원별로 날인하여 구분 신청
지급계좌	구성원별 계좌	좌동	좌동
채권확보	- 원칙적으로 출자비율에 따라 분할납부 - 대표자 또는 구성원 중 1인이 일괄납부 가능	분담 내용에 따라 분할 납부	구성원별로 분할 납부
선금반환	반환사유가 발생한 구성원의 선금에 대하여만 반환청구	좌동	좌동

2. 공동계약의 형태 및 비교

구분	공동이행방식	분담이행방식	주계약자관리방식
구성방식	출자비율로 구성	분담내용으로 구성 (면허분담 가능)	○주계약자 종합 조정·관리 ○부계약자 분담내용 시공
대표자	공동수급체 총괄관리	공동수급체 총괄관리	주계약자가 총괄관리
하자책임	구성원 연대책임	분담 내용에 따라 구성원 각자 책임	구성원 각자 책임, 다만, 하자책임 구분 곤란한 경우 관련 구성원 연대책임
하도급	구성원 전원동의 시 하도급 가능	구성원 각자 책임하에 하도급 가능	부계약자 중 전문건설업자 또는 전문공종을 시공하는 종합건설사업자는 직접시공 의무
실적인정	○금액: 출자비율로 산정 ○규모-실제 시공부분	구성원별 분담시공부분	○주계약자-기준 제1장 〈별표1〉 제1절 4-나-5), 6) ○부계약자-분담 시공부분
지연 배상금	출자비율에 따라 공동납부	공사 지체를 야기시킨 자가 납부	분담이행방식과 동일
현장대리 인선임	구성원 간 협의하여 선임	자신의 분담 부분에 대하여 각자선임	구성원이 분담부분에 대하여 각자 선임하되 주계약자가 총괄하여 현장 대리인 배치
안전관리 및 산재보험등 관리	안전관리는 출자비율로부담하여 공동운영하고 산재보험 등은 대표자가 가입납부(수급체 간 협의 통해서 결정 가능)	안전관리는 분담 내용별로 구성원 각자가 책임지고 산재보험 등도 각자 가입 납부	안전관리는 구성원이 공동부담하여 주계약자가 관리하고 산재보험 등도 주계약자가 가입 납부
적용분야	○하자불분명공사에 유리 ○건축, 동일 구조물 공사 등	○분할 용이한 공사에 유리 ○토목, 면허분담공사 등	○분할 용이한 공사에 유리 ○토목, 면허분담공사 등

3. 공동계약 보증금 처리 및 보증기관에 보증책무 청구

구 분	공동이행방식	분담이행방식	주계약자관리 방식
입찰보증금	구성원 출자 비율에 따라 면제각서에 서명으로 갈음	구성원 분담 비율에 따라 면제각서에 서명으로 갈음	주계약자 명의로 면제각서에 서명으로 갈음
계약보증금	구성원의 출자비율에 따라 분할 납부 단, 일괄납부 가능	구성원의 분담 내용에 따라 분할 납부	각각 명의로 납부
하자보증금	구성원의 출자비율에 따라 분할 납부	구성원의 분담 내용에 따라 분할 납부	각각 명의로 납부
중도 탈퇴	새로운 구성원을 추가하여 계약을 계속 이행하면 계약 보증금 징구하지 않음	좌동	좌동
보증기관이 보증 책무 이행 시 계약보증 여부	보증기관이 보증 시공하는 경우에도 계약상대자의 명의는 당초의 계약자로 하여야 함으로 계약보증금은 필요하지 않고 대가는 보증업체에 지급		
계약상대자가 보증기관에 구상권 행사 여부	도급계약상 갑과 을의 연대보증인의 지위에 있는 병에게 구상권을 행사할 수 없다[대법원 1997. 4. 11. 선고 95다56606,56613 판결].		

Q&A

Q. 공동계약의 대표사 탈퇴시 처리방법

A. 잔존 구성원만으로 면허, 실적, 시공능력공시액 등 잔여 계약이행에 필요한 요건을 갖추지 못할 경우에는 잔존 구성원이 발주기관의 승인을 얻어 새로운 구성원을 추가하는 등의 방법으로 해당 요건을 충족하여야 함.

잔여 계약이행에 필요한 요건은 잔여 계약의 내용에 따라야 할 것이니, 입찰공고시 요구한 자격요건과 같을 수도(계약이행 중 과업내용이 변경되었다면 그 이상일 수도) 있고 그 미만일 수도 있을 것으로 봄.

구분	입찰 대상	2인 수의계약
금액 기준	종합공사(4억 원 초과) 전문공사(2억 원 초과) 전기·통신·소방(1.6억 초과) 용역·물품(1억 원 초과)	종합공사(2천만 원 초과~4억 이하) 전문공사(2천만 원 초과~2억 원 이하) 전기·통신·소방(2천만 초과~1.6억 이하) 용역·물품(2천만 원 초과~1억 원 이하)
적격 심사	대상	비대상
공고 장소	·G2B	·G2B
공고명	입찰공고	견적서 제출 안내공고
기준 법령	지방계약법령	지자체 입찰 및 계약집행기준 (제5장 수의계약운영요령)
공고 기간	긴급: 5일 이상 일반: 7일 이상 (금액에 따라 상이)	3일 이상(공휴일, 토·일요일 제외)
입찰 보증금	대상	비대상
계약 과정	입찰 과정	입찰 과정과 동일함
낙찰자 결정 후	적격 심사 후 계약	배제 대상자 확인 후 계약

 TIP

■ 계약 품의서 첨부서류 예시

구 분	공사	용역	물품
명 령	시방서	과업지시서	사양서 or 규격서
내 역	원가계산서 산출내역서	원가계산서 산출내역서	원가계산 or 산출기초조사서
계획서	사업시행 계획서 청렴서약서 등	좌동	좌동

계약 관련 제도

1. 예산실무

2. 지출실무

3. 계약실무

4. 보조금관리

5. 결산실무

6. e-호조실무

7. 복식부기

8. 공유재산및물품

9. 원상과 회계책임

10. 감사 사례

중대재해 처벌법의 핵심 쟁점	No. 319627

1. 중대재해처벌법과 산업안전보건법

구 분		중대재해처벌법	산업안전보건법
의무 내용		안전보건 확보의무(거시적 관점) 시스템구축 및 관리체계 정립 여부	안전보건 조치의무 위반(미시적 관점) 안전보건법령상 구체적 조치준수 여부
보호대상		• 중대산업재해:종사자 • 중대시민재해:이용자	노무를 제공하는자(사업장근로자)
장소		"사업" 단위, 실질적 지배·운영·관리 여부	"사업장" 단위, 실질적 지배·관리
상호 연결관계		안전보건관리체계 구축 및 이행	대표이사 안전보건계획수립 및 보고
형사처벌 대상		개인사업자 또는 경영책임자/법인 (※결과 책임)	행위자(안전보건관리책임자)/법인도급인에서 "건설공사발주자"제외
제3자보호대상		도급, 위탁, 용역 등	도급
형사처벌수준 (행위자기준)	사망시	1년 이상 징역 또는 10억 원 이하 벌금 (※병과 가능)	7년 이하 징역 또는 1억 원 이하 벌금
	그 외	7년 이하 징역 또는 1억 원 이하 벌금	5년 이하 징역 또는 5천만 원 이하 벌금
징벌적 손해배상		손해액의 5배 이하	없음

2. 건설안전특별법(안)상 발주자 의무

※ 발주자 핵심 의무는 "적정 공사비 및 적정 공기 보장"

공연법상 안전관리 산업안전보건법과 비교 │ No. 363146

구분	공연법	산업안전보건법	비고
안전관리자 자격	·공연장 또는 공연의 안전을 위해 공연장 운영자 등이 지정하는 자로서 공연장 또는 공연의 기술적, 운영적안전사항을 충분히 숙지할 수 있는 자	·산업안전지도사 ·산업안전기사 및 산업기사 ·건설안전기사 및 산업기사 ·산업안전 관련 학과 졸업자	안전관리 전문성 부족
안전관리비 사용기준	·안전관리 인력의 인건비 및 수당 ·공연 및 공연장의 안전관리를 위한 설비의 설치, 유지 및 보수 ·보호 장비의 구입 ·안전교육과 그 밖의 안전교육 및 훈련비용 ·무대시설의 안전진단과 그 밖의 안전점검 비용 ·안전관련 보험 관련비용 ·그 밖에 공연장 및 공연의 안전관리를 위하여 필요한 사항으로서 문체부 장관이 정해 고시 하는 용도	·안전관리자 등 인건비 및 각종 업무수당 ·안전시설비용 ·개인보호구 및 안전장구 구입 비용 ·안전진단비용 ·안전보건교육 및 행사비용 등 ·노동자 건강진단비용 등 ·건설재해예방 기술지원 비용 ·본사 안전팀의 사용비용	산안법은 노동자 재해 예방 목적으로만 사용
안전교육	〈공연자 교육〉 ·무대시설의 위험성, 작업 순서 및 동선에 관한 사항 ·작업 또는 공연 개시 전 점검에 관한 사항 ·공연 시 유해 및 위험요인 ·보호장비 및 안전장치의 취급 및 사용에 관한 사항 ·정리, 정돈 및 청소에 관한 사항 ·사고 발생 시 긴급조치에 관한 사항 ·그 밖에 공연장 및 공연의 안전관리에 관한 사항	〈노동자 교육〉 ·산업안전 및 사고예방 사항 ·산업보건 및 직업병 예방 사항 ·건강증진 및 질병예방 사항 ·유해위험작업환경 관리 관련사항 ·산안법 및 일반관리 사항 ·산재보상보험 제도 사항 ·특별안전보건교육 ·신규채용 시 교육 ·작업내용 변경 시 교육 ·물질안전보건자료의 교육	공연법의 공연자는 아티스트가 포함됨(실효성 부족)

건설재해예방 기술지도	No. 314448

1. 기술지도 대상 및 개요

○ 계약대상 구분(산업안전보건법 시행령 별표18)

  ① 건설공사 지도분야(문화재수리 포함)

  ② 전기공사, 정보통신공사 및 소방시설공사 지도분야

○ 금액대상 : 공사금액 1억 이상, 120억(토목공사 150억) 미만의 공사(1개월 이상의 공사)

○ 계약시기 : 발주자가 공사 착공 전 기술지도 계약 체결

○ 기술지도 진행 : 공사시작 후 15일마다 1회

2. 기술지도 제외공사

○ 공사기간 1개월 미만인 공사

○ 육지와 연결되지 아니한 도서지역(제주도 제외)에서 이루어지는 공사

○ 안전관리자를 선임하여 안전관리자 업무만을 전담할도록 하는 공사

○ 유해위험방지계획서 제출 대상공사

3. 계약의 체결

○ (시 기) 공사착공 전일까지 계약체결

  ※ 공사착공신고서에 기술지도계약서 사본 첨부(건축법 시행규칙 제14조제6항)

○ (계약서) K2B전산시스템 발급 표준계약서(시행규칙 별지 104호) 사용

  ※ 계약 당사자인 건설재해예방전문지도기관에서 전산시스템을 통해 발급

수의계약 체결 제한 여부 확인서 징구 | No. 314147

1. 관계규정

○ 대상기관: 국가, 지자체 및 공공기관

○ 징구근거

- 공직자이해충돌방지법 제12조, 시행령 제14조, 지침 [별지 10]
- 수의계약 체결제한 의무 이행관련 안내(권익위, 2022.6.27.)

> 「국가계약법시행령」제30조 제7항 및 동법 시행규칙 제33조 제3항, 「지방계약법 시행규칙」제33조에 따라 「수의계약 체결 시 견적서 제출을 생략할 수 있는 경우」에 대해서는 수의계약 체결 제한 확인서를 제출받지 않을 수 있음.
>
> **【수의계약 체결 시 견적서 제출생략 대상】**
> 1. 전기, 가스, 수도 등의 공급계약을 체결하는 경우
> 2. 추정가격이 200만 원 미만인 물품의 제조·구매·임차 및 용역계약을 체결하는 경우
> 3. 추정가격이 200만 원 미만인 물품을 「여신전문금융업법」에 따른 신용카드로 구매하는 경우
> 4. 국가 및 다른 지방자치단체와 수의계약을 체결하는 경우

※ 동일한 업체와 반복해 수의계약을 체결할 시, 업체의 대표 또는 기관의 제한 대상자가 변경되지 않는 한 최초 제출받은 확인서로 갈음할 수 있고, 온라인 쇼핑몰을 통한 물품 등 구입의 경우에는 확인서를 제출받지 않을 수 있음.

2. 관련 서식

○ 서식: 8개 항목(1~6은 개인사업자, 7~8은 법인사업자 문항임)

1. 예산실무
2. 지출실무
3. 계약실무
4. 보조금관리
5. 결산실무
6. e-호조실무
7. 복식부기
8. 공유재산및물품
9. 변상과 회계책임
10. 감사사례

건설공사 업역 규제 폐지(건산법 개정)　　│ No. 353879

1. 관계 규정

○ 건설산업기본법 제16조, 제25조

○ 국토교통부 고시 (건설공사 발주 세부기준)

○ 행정안전부 예규 (지방자치단체 입찰시 낙찰자 결정기준 제 11장)

2. 세부기준 주요 내용

○ 종합 · 전문 공사 구분 (§4)

○ 주된 공사와 부대공사 판단(§4)

○ 신설공사와 유지보수공사 구분 (§4의2)

○ 부대공사 판단기준(§5)

○ 종합공사에 전문공사 공동도급 허용(§6.2)(2027.1.1.유예)

○ 4.3억 원 이하 전문은 전문으로 제한 가능(§7.2)(2027.1.1.한 유예)

○ 전문공사 주력분야 제한 가능(§8의2)

○ ~~2억원미만 제외(종합, 전문 각각 발주)(§8.3) -- 2024.1.23.자~~

○ ~~3.5억원이하 전문은 전문으로만 발주가능(§8.4) -- 2023.12.31한~~

○ ~~시설물유지관리공사는 시설물, 종합(전문) 허용(§9) – 시설물유지업 폐지(2024.1.1.자)~~

※ 공동계약운영요령(개정 2024.1.1)

　계약담당자는 공동이행방식으로 발주하는 경우 입찰참가자가 주계약자 관리방식으로 공동수급체를 구성하여 참여할 수 있도록 해야 한다. 계약담당자는 공종 내역을 구분하여 입찰공고에 명시해야 하며, 부계약자가 시공할 수 있는 전문공사의 공종이 2개 이상인 경우에는 입찰참가자가 필요한 공종을 부계약자 공종으로 선택하여 공동수급체를 구성할 수 있다. 단, 이 경우에도 '2)'에 따라 구성원별 계약참여 최소비율은 5% 이상으로 해야 한다.

분리발주 제도 | No. 102689

1. 전기공사 (법 제11조)

○ (원칙) 전기공사는 다른 업종의 공사와 분리발주

○ (예외) 다음 각 호의 어느 하나에 해당하는 경우

- 공사의 성질상 분리발주 불가한 경우

- 긴급조치가 필요한 공사로 기술관리상 분리발주 불가한 경우

- 국방·국가안부 등 공사로 기밀유지를 위해 분리발주 불가한 경우

2. 정보통신공사 (법 제25조)

○ (원칙) 정보통신공사는 다른 업종의 공사와 분리발주

○ (예외) 다음 각 호의 어느 하나에 해당하는 경우

- 터널·댐·교량 등 대형공사로서 하자 책임구분 불명확

- 천재지변·비상재해로 인한 긴급복구공사

- 국방·국가안부 등 공사로 기밀유지를 위해 분리발주 불가한 경우

- 통신구설비공사로 분리발주가 곤란한 경우

- 경미한 공사(영 제4조 제1항)

3. 소방시설공사 (법 제21조)

○ (원칙) 소방공사는 다른 업종의 공사와 분리발주

○ (예외) 공사의 성질상 또는 기술관리상 분리하는 것이 곤란한 경우(영 제11조의2)

4. 건설폐기물 처리용역 (법 제15조)

○ 건설폐기물 발생량이 100톤 이상인 건설공사

5. 소프트웨어 사업 (소프트웨어 진흥법 제54조)

※ 소프트웨어사업 계약 및 관리감독에 관한 지침 제7조

○ 분리발주 대상

- 3억 원 이상 소프트웨어사업으로서 상용 SW

· 조달청 종합쇼핑몰등록 SW

· 단일 5천만 원 이상 또는 동일 SW 다량 구매로 총금액 5천만 원 이상

○ 분리발주 비대상

- 기존 정보시스템과 새로 구축하는 정보시스템과 통합이 불가능 하거나 비용이 현저히 상승하는 경우

- 소프트웨어 제품을 직접 공급 시 사업 기간이 현저한 지연될 우려가 있는 경우

6. 공사용 자재의 직접구매 (판로지원법 제12조, 영 제11조)

○ 직접구매 대상 품목 (중소벤처기업부 고시)

- 산업용·일반용 음식물처리기, 엘리베이터 등 리프트 장비 및 액세서리, 골재 등 건자재, 전기 시스템, 조명, 부품, 액세서리 및 보조용품, 컴퓨터 등 정보기술방송 및 통신기 200여 종

○ 직접 구매 대상 공사 규모

- 40억 원 이상의 종합건설공사, 3억 원 이상의 전문공사, 전기공사, 정보통신공사, 소방시설 공사로서 직접구매 대상 품목이 추정가격이 4천만 원 이상인 경우

○ 구매방법

- 공사의 관급자재로 설계반영 직접 구매

7. 전력시설물 설계감리용역 건축설계등과 분리발주(전력기술관리법 제14조의3)

○ 분리발주 대상

- 고시금액 이상 전력시설물의 설계·공사감리 용역사업

- 「건축법」 제67조에 따라 관계전문기술자의 협력을 받아야 하는 사업

○ 예외대상

- 건축물에 사용되는 전력시설물로서 그 건축물의 바닥면적의 합계가 2천제곱미터 미만인 건축물(아파트 및 연립주택은 제외)인 경우

- 국방 및 국가안보 등과 관련되는 공사로서 기밀 유지를 위해 분리발주가 곤란한 경우

1. 예산실무

2. 지출실무

3. 계약실무

4. 보조금관리

5. 결산실무

6. e-호조실무

7. 특수부기

8. 공유재산및물품

9. 배상과 회계 책임

10. 감사 사례

계약정보의 공개와 구매규격 사전공개 | No. 66419

1. 계약정보의 공개

가. 법 제43조 및 시행령 제124조 에 따라 아래 사항을 계약이행 완료일로부터 5년 이상 인터넷 홈페이지에 공개하여야 한다.

1) 발주계획(사업명, 발주 물량 또는 그 규모, 예산액을 포함한다)
2) 입찰공고(시행령 제30조 제2항에 따라 2인 이상으로부터 견적서를 제출받은 수의계약의 공고를 포함한다)의 내용
3) 개찰의 결과
4) 계약 체결의 현황(하도급 현황을 포함한다)
    가) 계약부서, 계약명, 계약금액, 계약일자, 계약기간, 계약방법, 계약상대자명
    나) 하도급 금액, 하도급 계약 체결일 등
5) 계약 내용의 변경에 관한 사항
6) 감리·감독·검사의 현황
7) 대가의 지급 현황

나. "가"에서 정한 사항을 공개하려는 경우에는 시행령 제6조의2에 따른 지정 정보처리장치와 「지방재정법」 제96조의2 제1항에 따른 정보시스템 등과 연계하여 공개할 수 있다.

다. 시행령 제124조 제5항에 따라 공립학교가 체결하는 계약의 공개사항에 대해서는 교육부 장관이 따로 정할 수 있다.

2. 물품 및 용역의 구매규격 사전공개

가. 계약담당자는 법 제9조의2, 시행령 제32조의2에 따라 물품 및 용역의 입찰공고 전에 구매규격을 5일간 사전공개하여 열람하도록 하고, 지정정보처리장치 (나라장터, 학교장터 등)을 통해 다음에 정하는 구매 규격을 공개해야 한다. 다만, 긴급을 요하는 경우에는 3일간 공개할 수 있다.

1. 예산실무

2. 지출실무

3. 계약실무

4. 보조금관리

5. 결산실무

6. e-호조실무

7. 복식부기

8. 공유재산및물품

9. 변상과 회계책임

10. 감사 사례

1) 물품제조·구매계약: 규격서, 사양서, 시방서 등 계약목적물의 성능, 제원, 재질 등을 기재한 서류, 협상에 의한 계약으로 집행할 경우 실적평가 여부와 그 기준

2) 용역계약: 과업지시서, 제안요청서 등 계약상대자가 이행하여야 할 구체적인 과업의 내용을 기재한 서류 및 협상에 의한 계약으로 집행할 경우 실적평가 여부와 그 기준

나. 계약담당자는 다음의 경우에는 사전 공개 절차를 생략할 수 있다.

1) 긴급한 수요로 구매하는 물품 또는 용역

2) 구매를 비밀로 하여야 하는 물품 또는 용역

3) 추정가격이 5천만 원 미만인 물품 또는 용역

4) 해당 연도에 1회 이상 구매 규격 사전공개를 실시한 물품 또는 용역

5) 시행령 제25조에 따른 수의계약에 의하여 구매할 수 있는 물품 또는 용역

6) 음식물(재료 또는 가공품인 경우를 포함한다) 또는 농·축·수산물

다. 계약담당자는 규격 사전 공개와 관련된 의견이 있을 때에는 그 의견을 받은 날부터 14일 이내에 그 내용을 검토하여 필요한 조치를 하고 지체없이 그 결과를 의견을 제출한 자에게 통지하여야 한다. 다만, 제출된 의견이 시행령 제108조 제1항 각 호의 어느 하나에 해당하는 계약에 관한 것이면 법 제32조에 따른 계약심의위원회의 심의를 거쳐 의견을 제출받은 날부터 50일 이내에 통지하여야 한다.

회계연도 시작 전 또는 예산배정 전의 계약 | No. 65796

1. 의 의

○ 임차, 운송, 보관, 기타 그 성질상 중단할 수 없는 사업에 있어서는 회계연도 개시 전에 당해 연도의 확정된 예산의 범위 안에서 미리 체결하는 계약

○ 계약의 효력은 당해 회계연도 개시 이후에 발생

2. 근 거: 지방계약법 제23조, 시행령 제76조

3. 계약 요령

○ 긴급한 재해복구계약 또는 임차·운송·보관 계약 등 그 성질상 중단할 수 없는 계약에서는 회계연도 시작 전 또는 예산 배정 전이라도 그 회계연도의 확정된 예산의 범위에서 미리 계약 체결

○ 회계연도 시작 전 또는 예산 배정 전에 계약을 체결하려는 경우에는 계약의 효력이 회계연도 시작일 이후 또는 그 예산 배정 이후에 발생하도록 하여야 함.

| 종합계약 | No. 277888 |

---

1. 의 의

동일 장소에서 다른 중앙행정기관, 지방자치단체 또는 정부투자기관 등이 관련되는 공사 등에 대하여 관련기관과 공동으로 체결하는 계약

2. 근 거

○ 지방계약법 제28조, 시행령 제87조
○ 행정안전부 예규(지방자치단체 입찰 및 집행기준 제7장)

3. 절 차

가. 관련기관 협의체 구성 및 협정서 작성

○ 관련기관 협의체 구성기관들은 대표 관련기관 장 선임
○ 협정서 양식은 「지방자치단체 입찰 및 계약 집행기준」제7장 별지서식 참고
나. 종합 집행계획서 작성

○ 관련기관 협의체는 종합 집행계획서를 작성해야 하고, 작성 책임은 대표 관련기관의 장이 가짐(전체 사업개요, 설계서 및 설계금액, 예상 사업기간 등 포함)

라. 입찰공고 및 계약체결

○ 대표 관련기관의 장은 입찰공고 시 종합계약에 의한다는 뜻을 명시하고,

○ 종합 집행계획서의 내용을 바탕으로 계약 체결해야 함.

4. 집행 방식에 따른 처리 절차

구분	대표기관 집행방식	공동집행방식
책임	대표기관은 단독으로 종합계약의 발주자가 되며, 계약상대자 및 제3자에 대한 협의체의 의무이행에 대해 단독 책임	입찰 실시, 계약상대자 선정 및 약체 결은 대표 관련기관이 협의체 관련기관과 협의하여 시행 각 관련기관은 공동으로 종합계약 발주자가 되며, 관련기관 전체에 공통되는 부분에 대한 집행 책임은 대표 관련기관이, 공통되지 않는 부분에 대한 집행 책임은 각 해당 관련기관이 책임
감독 및 검사	대표 관련기관과 계약상대자가 감독 및 검사	관련기관 전체에 공통되는 부분에 대해서는 대표 관련기관이, 공통되지 않은 부분에 대해서는 해당 관련기관이 각각 감독 및 검사
대가지급	선급금·대가 등은 계약금액 비율에 따라 각 관련기관이 각자 분담, 각자의 분담 분을 대표 관련기관에게 지급하고 대표 관련기관이 계약상대자에게 대가 지급	선급금·대가 등은 각 해당 관련기관이 계약상대자에게 각자의 분담분을 지급, 다만 공통되는 부분에 대하여는 대표 관련기관이 우선 일괄 지급하고 각 관련기관에 대해 지급 요청 가능
하자담보책임	관련기관 협의체 해산 후 하자 발생시 대표 관련기관이 계약상대자에게 하자 보수토록 지시	관련기관 협의체 해산 후 하자 발생시 공통되는 하자에 대해서는 대표 관련기관이, 공통되지 않는 하자에 대해서는 관련기관 단독으로 계약상대자에게 하자 보수토록 지시

지명입찰 계약 | No. 24108

1. 지명입찰 대상 (영 제22조)

○ 입찰 대상자가 10인 이내인 경우

○ 추정가격 3억 원(기타 공사 1억 원) 이하 종합공사

1. 예산실무
2. 지출실무
3. 계약실무
4. 보조금 관리
5. 결산실무
6. e-호조실무
7. 복식부기
8. 공유재산및물품
9. 변상과 회계 책임
10. 감사 사례

○ 추정가격 2억 이하 용역, 1억 이하 물품

○ 수의계약 대상을 입찰하는 경우

○ 인증 제품, 시설물 보수, 복구 단가계약을 하는 경우

○ 중기청장이 지정 공고한 물품을 중소기업자로부터 구매하는 경우

2. 지명입찰 방법

○ 5인 이상 지명, 2인 이상 입찰 참여

- 지명 대상자가 5인 미만일 때에는 모두 지명

○ 지명기준(물품)

- 기계, 기구, 기술, 생산설비, 판매망 등 납품 능력으로 지명

- 유류단가 계약 등은 특정 위치를 기준으로 지명

조달구매 및 제3자 단가 구매 | No. 39818

1. 조달구매 대상 (No. 39818)

구　분	조달청 구매	수요기관 구매
국가기관	○1억 원 이상의 물품 및 용역 ※ 임차, 대여 포함 ○단가계약된 물품(MAS 포함) ※공사30억 원(전문·전기·정보통신·소방은 3억 원)이상	○1억 원 미만의 물품 ○긴급구매물자(천재/지변 등) ○국방목적수행 등 비밀을 요하는 물자 ○수요기관이 직접 구매함이 적합한 용역 ○조달청장이 구매 위임한 경우 등 -음·식료품류, 동·식물품류, 농·수산물 -무기등 총포, 화약류와 그 구성품 -차량용 유류
지방자치단체 (교육기 관포함)	○단가계약된 물품(MAS 포함)	○단가계약 이외의 물품
공기업 · 준정부기관	○중소기업자 간 경쟁제품으로 추정가격 기획재정부 고시금액 이상인 물품	○조달청 구매 대상 이외의 물품

2. 조달 제3자 단가 구매 (No.276863)

가. 관계 규정: 조달사업에 관한 법률, 시행령, 시행규칙

나. 적용 대상

   ○ (의무조달) 제3자를 위한 단가계약, 다수공급자계약

     ※ 나라장터 종합쇼핑몰(http://shopping.g2b.go.kr/)에 해당 물품이 등록되어

      있으면 조달계약으로 진행해야 함.

   ○ (임의조달) 제3자를 위한 단가계약, 다수공급자계약 등 의무조달 외의 계약

다. 구매절차

MAS 2단계 경쟁 구매 | No. 335091

1. 관계 규정

   ○ 「조달사업에 관한 법률」 제13조 및 같은 법 시행령 제13조

   ○ 물품 다수공급자계약 2단계 경쟁 업무처리기준(조달청고시)

   ○ 개인용 컴퓨터와 모니터에 대한 다수공급자계약 2단계 경쟁 업무처리기준

   ○ 레미콘·아스콘 다수공급자계약 2단계 경쟁 업무처리기준(조달청고시)

2. 2단계 경쟁 대상 구분

「수요기관이 일정금액 이상 구매 시 투명성·경쟁성 확대를 위하여 2차 경쟁 시행」→
품질, 성능의 차별성과 가격을 평가하여 구매

    ① 중소기업자 간 경쟁 또는 중소기업 제조 품목: 1억 원 이상

1. 예산실무
2. 지출실무
3. 계약실무
4. 보조금관리
5. 결산실무
6. e-호조실무
7. 복식부기
8. 공유재산및물품
9. 변상과회계책임
10. 감사 사례

② 대기업, 중견기업, 중소기업 공급 품목: 5천만 원 이상

※ 초·중등학교 3천만 원 이상 폐지(2015. 1. 1)

3. 제안절차

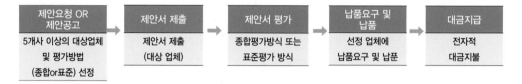

4-1. (제안요청) 대상자 선정 방식

가. 5개사 이상 선정 + 나라장터에서 2개사 추가 자동 선정(부적합 시 배제 가능)

   ○ 납품요구대상금액이 구매 예산 범위를 초과하지 않아야 함.

   ○ 수요 물자의 세부품명(물품분류번호 10자리)이 동일해야 함.

   ○ 종합쇼핑몰을 통하여 5인 이상의 계약상대자를 대상으로 제안 요청

   ○ 구매 희망 규격이나 예산범위 이내인 계약상대자가 2인 이상 5인 미만인 경우 나라장터 종합쇼핑몰에 사유 입력(5인 미만 경쟁 가능)

나. 시스템을 통해서 제안 업체를 추천하는 방식(15개사 이상인 세부품명)

   ○ 자동추천 10개사 중 수요기관 예산·규격 등을 감안하여 5개사 이상 선정

   ○ 동일 제조사 품목 계약상대자(제조 또는 공급업체)만을 대상으로 제안요청 금지

   ※ 나라장터(종합쇼핑물) 등록 업체가 1개로 경쟁이 불가한 경우 자체입찰 가능

4-2. (제안공고) 대상자 선정 방식

가. 제안공고 적용대상 - 1회 납품요구금액 5억 원 이상(의무)

   ※ 의무적용 제외 가능 물품

   - 공동수급체 구성 허용 물품, 구매규격 충족 계약상대자가 2인 미만

   - 운반비 미포함, 별도 원가산출 프로그램 활용 물품(배전반, 엘리베이터 등)

   - 사업추진 시급성 등으로 제안공고를 할 수 없는 불가피한 사유가 있는 경우

나. 제안공고 등록

  ○ 세부품명, 희망규격, 수량, 예산, 평가방법을 포함한 공고를 종합쇼핑몰에 등록 (5일 이상)

    ※ 공고일 전일기준 종합쇼핑몰에 등록된 업체 중 최소 3인 이상의 공통규격으로 희망규격 작성

  ⇒ 수요기관은 종합쇼핑몰 제안공고 등록 메뉴에서 입력하고, 계약업체는 제안공고 목록을 조회하여 확인 가능

다. 납품 대상업체 평가 방법

  ○ 종합평가방식: 제안서 제출자 중 가격, 적기납품, 품질관리 평가 항목의 합산 점수거 높은 순, 5인을 대상으로 전체 항목(선택항목 및 신인도)평가

4-3. 2단계 경쟁 공동수급체 구성

> 수요기관은 구매 편의성을 위해 세부품명이 2개 이상인 경우 복수의 계약상대자가 공동수급체를 구성하여 제안토록 운영 가능
> (세부품명 기준 대분류 2자리 동일 물품, 동일 예산 사업에 한함)

가. 공동수급체 구성 공고

수요기관명, 2단계 경쟁 건명, 대상 세부품명, 예산액, 공동수급체 등록마감일 등의 내용을 5일(공휴일 미포함) 이상 종합쇼핑몰 시스템에 공고하여야 함.

나. 제안서 평가

수요기관은 공동수급체의 대표가 제출한 제안서를 구성원별로 평가 후 구성원별 제안 총금액에 따라 가중평균 방식으로 평가점수를 산출하여 관련 기준에서 정한 가산점을 합산하여 최종 점수를 산출

1. 예산실무
2. 지출실무
3. 계약실무
4. 보조금관리
5. 결산실무
6. e-호조실무
7. 복식부기
8. 공유재산및물품
9. 반상과 회계 책임
10. 감사 사례

5. 업체의 제안서 제출 방식

○ 제안가격은 제안요청 시점의 종합쇼핑몰 계약단가 이하

○ 할인행사, 다량납품 할인 → 할인된 가격 이하

○ 중소기업자 간 경쟁제품 → 계약가격의 90%까지만 허용

○ 제안서를 제출하지 않은 때는 종합쇼핑몰 계약가격을 제안한 것으로 간주

○ 업체는 제안서 유효기간을 설정하여 제한

○ 수요기간은 서류 일부 누락 또는 불명확할 경우 3일 이내 보완 요구

6. 납품업체 선정기준 – 제안서 종합점수가 높은 자 선정

○ 종합평가방식(가격 A형, B형 중 선택) 또는 표준평가방식(Ⅰ~Ⅳ 중 선택)

○ 동일 점수 발생 시 신인도 고용 우수기업 점수 취득자를 우선 선정

○ 동점이면서 고용 우수기업 점수를 취득한 자가 복수인 경우 제안 가격(A형*) 및 제안율(B형*)이 낮은 자를 우선 납품 대상자로 선정

　※ A형: 규격, 성능, 가격 차이가 작은 경우(예산절감)

　※ B형: 규격, 성능, 가격 차이가 큰 경우(고성능 물품 구매)

○ 가격(A형) 및 제안율(B형)이 같을 경우 추첨(자동 추첨 시스템 이용 가능)

　※ 수요기관은 별도의 동점자 처리기준을 정할 수 있음.

6. 2단계 경쟁의 예외

가. 수요기관 요청 시 허용

○ 재해복구나 방역사업에 필요한 물자를 긴급 구매하는 경우

○ 농기계 임대사업에 따라 농기계를 구매하는 경우

○ 기존 설치 물품과 호환을 위한 설비 확충 및 부품교환을 위해 구매

○ 2단계 경쟁 회피가 아닌 명백한 사유가 있어 구매업무심의회에서 예외를 인정한 경우

나. 원칙적 허용

- ○ 수요기관 선호도 우선 및 국민 생명·안전 물품(수요기관의 장이 요청 시 2단계 경쟁 허용 가능)
- ○ 일반 차량(소방차 제외)을 구매
- ○ 백신구매
- ○ 소방용 특수방화복 구매('22.12.31. 한시적 허용)

7. MAS2 단계 구매 감사 사례

- ○ MAS 2단계 대상을 분할하여 3자단가계약으로 구매
- ○ MAS 2단계 종합평가방식 지역가점 5점 부여로 예산낭비(단가 98% 계약)
- ○ MAS 2단계 구매 시 특정 업체 사실상 지정(나머지 업체 전략적으로 지명)

| 조달수수료 (내자구매, 나라장터) | No. 277307 |

1. 관계 규정

- ○ 조달사업에 관한 법률 제16조, 시행령 제20조
- ○ 조달수수료 고시(조달청)

2. 조달수수료율

사업	적용기준	금액구분	요율(%)		비고
내자구매	계약금액(납품금액)		총액	단가(일반, 3자, MAS)	(총액) • 1억 원을 초과한 총액계약 수수료는 초과분 체감적용 • 총액계약에는 일반용역포함 • 장기분할대지급 건은 계약금액의 (연)0.94% 수수료 할증
		2천만 원까지	210,000원 (정액)	0.54 (정률)	
		2천만 원 초과 5천만 원까지	530,000(정액)		
		5천만 원 초과 1억 원까지	1.07(정률)		

1.예산실무
2.지출실무
3.계약실무
4.보조금관리
5.결산실무
6.e-호조실무
7.복식부기
8.공유재산및물품
9.반성과회계책임
10.감사 사례

사업	적용기준	금액구분	요율(%)			비고
내자구매	계약금액(납품금액)	1억 원 초과-10억 원까지	0.76	0.54 (정률)		(단가) • 10억 원을 초과한 단가 수수료는 초과분 체감적용 • 저장용 유류는 0.27% • 유류구매카드로 구매하는 비저장용 유류는 0.135%
		10억 원 초과-100억 원까지	0.48	0.47		
		100억 원 초과	0.38	0.37		
나라장터	전자입찰	물품구매, 일반용역		시설공사, 기술용역		• 나라장터 수수료는 조달청 고시 '국가종합전자조달시스템 이용 수수료 부과 지침' 참조
		2천만 원 미만	10,000원	5천만 원 미만	10,000원	
		2천만 원 이상 5천만 원 미만	20,000원	5천만 원 이상 2억 원 미만	20,000원	
		5천만 원 이상	30,000원	2억 원 이상	30,000원	

3. 조달수수료 감면 및 기타사항

구분	내용
면제	① 전통공예품(문화상품), 전통주, 전통식품
	② 계약 체결 지연, 수요기관 직불시 수수료가 1,000원 미만인 경우
감경	① 선금선납 동의 시 선납한 금액에 대하여 비율에 따라 조달수수료 감경 ※ 선납비율(할인율): 30% 이상 50% 미만(8%), 50% 이상 70% 미만(14%), 70% 이상 80% 이하(20%)
기타	① 리스계약은 계약(총액) 수수료의 40% 적용(리스 대상 물건)
	일괄·기술제안
	– 약정체결 10.3%
	– 공사 발주업무 21.9% – 실시설계 심의 16.7%

※ 기관과 업체가 G2B로 계약을 체결하는 경우 조달수수료는 없음.

중소기업자 제한 & 국제입찰 고시금액　｜　No. 132413

1. 중소기업자 제한 (의무사항)

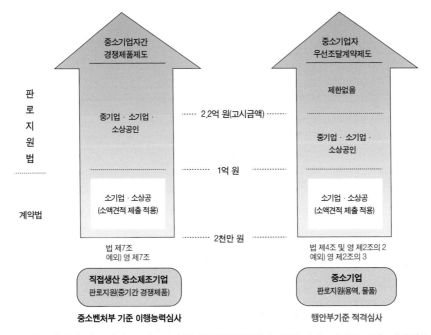

※ 판로지원법 적용기관: 국가, 지자체, 특별법설립법인, 공공기관, 지방공기업, 지방의료원

※ 중소기업제품 구매촉진 및 판로지원에 관한 법률(약칭 판로지원법)

🧑 TIP – 국제입찰 고시금액 (NO.105558)

① 지방자치단체 국제입찰 고시금액

대상기관	계약의 종류	대상금액
광역(16개)	공사	249억 원
	물품 · 용역	3.3억 원
기초(51개)	공사	249억 원
	물품 · 용역	6.7억 원

② 기획재정부 국제입찰 고시금액

▶ 물품 · 용역: 2.2억 원　　▶ 공사: 83억 원

263

2. 중소기업자 간 경쟁 제품

구 분	계약방법
추정가격 1억 원 초과	○ 제한입찰(중소기업자), 직접생산증명서 보유 확인 ○ 낙찰자 결정 기준 ⇒(물품) 중기간 물품 계약이행능력(낙찰하한율: 87.995%) ⇒(용역) 지자체 및 조달청 일반용역 적격심사 세부기준 적용
추정가격 2천~1억 원 이하	○ 방법 1 조합추천: 중기정보망을 통해 5개 업체 추천 받아서 g2b에서 지명방식 가격경쟁으로 진행(낙찰하한율 88%) 예) 수기견적, 지명전자수의, 다자 간 전자수의시담 ○ 방법 2 소액수의: 소기업·소상공인(직접생산증명서 보유업체)을 대상으로 소액수의 g2b에서 진행(낙찰하한율 88%)
추정가격 1천~2천만 원 이하	직접생산증명서 보유 업체와 1인수의(중기법령 제10조)
추정가격 1천만 원 미만	1인수의 – 대기업 제외

※ 중기간물품심사: 중기업자간경쟁제품중물품의구매에관한계약이행능력심사 세부기준

3. 중소기업자 우선조달계약 제도 (일반 물품·용역)

구 분	계약방법
추정가격 고시금액 이상	○ 제한 및 일반입찰 ○ 낙찰자 결정 기준 ⇒ (물품) 행안부 물품적격심사 세부기준(80.495%) ⇒ (용역) 지자체 및 조달청 일반용역 적격심사 세부기준 적용
추정가격 1억 원~고시금액 미만	○ 제한입찰: 중소기업(소기업 또는 소상공인 포함) ○ 낙찰자 결정: 1억 미만과 같음
추정가격 5천 초과~1억 원 미만	○ 제한입찰: 소기업, 소상공인, 벤처기업, 창업자 ○ 낙찰자 결정 기준 ⇒ (물품) 행안부 물품적격심사 세부기준(84.245%~80.495%) ⇒ (용역) 지자체 및 조달청 일반용역 적격심사 세부기준 적용
추정가격 2천~5천만 원 이하	○ 2인수의 견적계약 88% (낙찰하한율, 행안부 기준) ○ 물품, 용역 참가자격 제한: 소상공인 또는 소기업
추정가격 2천만 원 이하	1인 수의계약(예가 작성시 용역·물품은 낙찰하한율 90%)

4. 중소기업자 우선조달계약 제도의 예외 (판로지원법령 제2조의3)

○ 학술연구 등을 위한 용역계약을 비영리법인과 체결하려는 경우

(중소기업 확인서가 없는 비영리법인 참여가 대부분인 학술연구 용역에서만 예외적으로 허용)

○ 입찰에 참가한 중소기업자가 2인 미만이거나 2인 이상인 경우에도 적격자가 없는 등의 사유로 유찰된 경우

○ 특수한 성능, 품질, 기술 등이 필요한 경우(사유를 입찰공고에 반드시 명시)

○ 건설폐기물의재활용 촉진에 관한 법률 제15조에 따라 발주하는 경우, 폐기물관리법제13조에 따라 폐기물을 처리하는 경우(일정 수준 이상의 기술 등이 필요한 경우, 중소기업제품 공공구매제도운영 요령 제44조)

5. 중소기업 간 경쟁입찰의 예외 (판로지원법령 제7조)

○ 이 법과 다른 법률에서 우선 구매 대상으로 규정한 중소기업 제품이나 수의계약에 따라 구매할 수 있도록 규정한 중소기업 제품을 구매하는 경우

○ 영 제8조(조합 추천 수의계약)에 따라 공공기관의 장이 조합이 추천한 소기업 또는 소상공인과 수의계약을 체결하는 경우

○ 유찰됨에 따라 중소기업자 간 경쟁입찰 외의 경쟁입찰 방법으로 재공고입찰을 하려는 경우

○ 특수한 성능, 품질, 기술 등이 필요한 경우(예외 사유를 입찰공고에 반드시 명시)

○ 공고 예시(우선조달 계약의 예외 적용)

> 학술연구용역 고시금액 미만 입찰 참가자격(우선조달 계약의 예외 적용)
> ○ 아래 각 항의 자격을 모두 갖춘자
> ① 국가종합전자조달시스템(나라장터)학술.연구용역[업종코드1169]으로 입찰참가 등록한자
> ② 다음 각 항 중 어느 하나에 해당 하는 자이어야 합니다.
>   가. 중소기업기본법」 제2조에 따른 중소기업자 또는 「소상공인보호 및 지원에관한법률」 제2조에 따른 소상공인으로서 「중소기업범위 및 확인에관한규정」에 따라 발급된 '중소기업(중기업·소기업·소상공인)확인서'를 소지한자
>   나. 「중소기업제품구매촉진 및 판로지원에관한법률시행령」 제2조의3 제1항제2호에 해당하는 비영리법인

1. 예산실무
2. 지출실무
3. 계약실무
4. 보조금 관리
5. 결산실무
6. e-호조실무
7. 복식부기
8. 공유재산및물품
9. 빗상과 회계 책임
10. 감사 사례

공공기관 우선구매 대상별 구매목표 비율 | No. 237742

우선구매 대상	근거법령	강행성 여부	구매목표 비율	소관부처
중소기업제품	중소기업제품 구매 촉진 및 판로 지원에 관한 법률	의무	물품·용역·공사 총구매액대비 50%	중소벤처 기업부
중증 장애인 생산제품	중증 장애인 생산품 우선 구매 특별법	의무	물품·용역 총구매액대비 1%	보건복지부
녹색제품 (친환경상품)	녹색제품구매촉진에 관한 법률	의무	구매가능제품구매 (비율 없음)	환경부
기술개발제품	중소기업제품 구매 촉진 및 판로 지원에 관한 법률	의무	중소기업제품 물품구매액대비 15%	중소벤처 기업부
인증신제품 (NEP)	산업기술혁신 촉진법	의무	해당 신제품목의 20%	산업통상 자원부
장애인기업생산품	장애인기업활동촉진법	의무	물품·용역·공사 총구매액대비 0.6%	고용 노동부
여성기업생산품	여성기업지원에관한법률	의무	총구매액대비 물품·용역 5% /공사3%	중소벤처 기업부
사회적기업생산품	사회적기업육성법	임의	총구매액대비 3% 수준권고	고용노동부
사회적협동조합 생산품	협동조합기본법	임의	총구매액대비 0.1% 수준권고	기획재정부

표준계약서 작성의 생략 | No. 52198

1. (표준) 계약서 작성의 생략이 가능한 경우 (영 제50조)

○ 계약금액이 5천만 원(국가 3천만 원) 이하인 계약을 체결하는 경우

○ 경매에 부치는 경우

○ 물품매각의 경우에 있어서 매수인이 즉시 대금을 납부하고 그 물품을 인수하는 경우

○ 국가기관과 계약을 체결하거나 다른 지방자치단체와 계약을 체결하는 경우

○ 전기·가스·수도의 공급계약 등 성질상 계약서의 작성이 필요하지 아니한 경우

2. (표준) 계약서의 작성을 생략하는 경우 (규칙 제48조)

○ 청구서, 각서, 협정서, 승낙사항 등 계약 성립의 증거서류

○ 지방자치단체 구입과 지출결의서 등 사용 가능(승낙사항 간이 계약서)

3. 계약서의 작성 방법(규칙 제47조)

○ 표준계약서에 따라 계약체결

○ 표준계약서에 적힌 일반사항 외에 필요시 특약사항을 명시하여 계약체결 가능

○ 표준계약서 서식에 따르기 곤란한 경우 다른 계약서식 사용 가능

○ 계약보증금 납부면제 시 그 사유 및 면제금액을 적은 지급각서 제출

TIP 판시 사례

Q. 지방계약시 협약서(약정서)는 인정이 안 되나요?

A. …(중략) 단지 원고가 이 사건 미술품의 계약에 있어 '표준계약서'를 사용하지 않았다는 이유만으로 국가계약법시행규칙 제49조를 위반하였다고 보기는 어렵다고 판단한 원심을 그대로 수긍하였다(대법원 2010. 9. 9. 선고 2010두 8638 판결참조).

1. 예산실무
2. 지출실무
3. 계약실무
4. 보조금 관리
5. 결산실무
6. e-호조실무
7. 복식부기
8. 공유재산및물품
9. 배상과 회계 책임
10. 감사 사례

지방계약 & 기타 계약의 작성자 | No. 333124

1. 관련 근거

○ 표준계약서 서식에 따르기 곤란한 경우 다른 계약서식 사용 가능(규칙 § 47)

○ 다른 법률에 특별한 규정이 있는 경우 외에는 지방계약법 적용(법 § 4)

2. 계약서 작성자

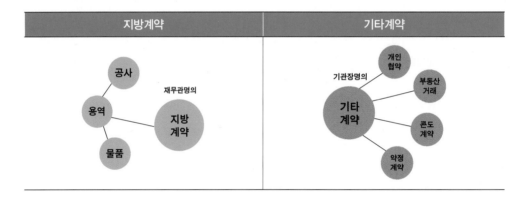

3. 집행 방법

○ 지방계약: 계약의 기본법/재무관명의/회계과/계약지출

○ 기타계약: 타법령에 의한 계약/기관장명의/사업부서/일반지출

> Q. 국가(지방)계약은 반드시 표준계약서를 사용하여야 하나?
>
> A. 국가계약법 시행규칙제49조제1항은 "각중앙관서의장 또는 계약담당공무원은 계약상대자를 결정한 때에는 지체없이 별지제7~9호 서식의 표준계약서에 의하여 계약을 체결하여야한다"고 규정해 표준계약서의 사용을 강제하고있다. 그러나 현실적으로는 국가계약법령의 적용이 곤란한 거래들이 있고 그경우 표준계약서의 사용이 쉽지않은 때가 있다. 이에 국가계약법 시행규칙 제49조제3항은"제1항의규정에 의한 서식에 의하기가 곤란하다고 인정될때에는 이와 다른 양식에 의한 계약서에 의하여 계약을 체결할수있다"고 하여 표준계약서 사용의무의 예외를 두고있는데, 실제 미술품구입과 관련하여 표준계약서 사용의무의 예외를 인정한 판례가 있다.(대법원 2010. 9. 9. 선고2010두8638 판결참조)-No.219392

MOU(협약) 체결 시 반드시 알아야 할 5가지 | No. 223177

1. MOU는 국문으로 작성할 때 '의향서', '협정서', '양해각서' 등으로 불린다.

- ○ 보통 MOU는 정식계약 체결 전에 서로 간에 공통된 의향, 이해 등을 정리하기 위한 목적으로 작성되는데, 영어로는 LOI(Letter of Intent)라고도 하며, 국문으로 작성할 때는 '의향서', '협정서', '양해각서'라고 칭함.

- ○ '약정서'는 MOU와는 다른 의미임에 유의하시길. 즉 '약정서'는 '계약서'와 동일한 의미를 갖고서 쌍방에 대한 계약적인 구속력을 갖는 문서라는 점에서 MOU와는 차이가 있음.

2. MOU는 법적 구속력이 있을 수도 있고 없을 수도 있다.

- ○ MOU와 관련해서 가장 법적인 분쟁이 많은 테마가 '과연 MOU는 법적 구속력이 있는지 여부'입니다. 그런데 이는 MOU 상의 내용에 따라 달라진다.

- ○ 법적 구속력을 없게 하려면 '법적 구속력 배제조항'을 삽입해야 함. 이런 뜻을 나타내려면 보통 "본 양해각서상의 내용은 상대방을 법적으로 구속하지 않는다"라고 기재함. 오히려 은근히 법적 구속력이 있는 것을 원하는 乙로서는 위 조항을 빼는 것이 더 유리할 수도 있음. (즉, 양해각서만 체결했으면서도 사실상 계약체결과 같은 구속력을 가질 수도 있음).

- ○ 또한, MOU상에 갑의 '권리, 의무', 을의 '권리, 의무'라는 용어를 쓰게 되면 이는 법적인 구속력을 갖는 징표로 취급될 가능성이 있음. 따라서 법적 구속력을 발생하기 싫다면 '갑의 역할', '을의 역할' 등으로 기재하는 것이 좋다. 특히 MOU에 '손해배상 조항'이 들어가면 구속력이 있는 것으로 이해되기 쉽다.

- ○ 제목이 '양해각서'나 '의향서'이면 당연히 법적 구속력이 없는 것으로 오해하는 분들이 많은데, 내용에 따라 구속력 여부가 달라진다는 점을 알아두기 바람.

3. MOU에는 유효기한을 기재해 두어야 한다.

- ○ 일반적으로 계약서를 작성할 때는 유효기간을 규정하면서도(예: 본 계약서는 서명날

인한 날로부터 1년간 유효하다), MOU에는 그런 기간을 정하지 않는 경우가 많다. 그렇게 되면 마치 MOU는 무한정 효력을 발휘하는 듯한 오해를 불러 일으킬 수 있음.

○ 보통 MOU는 정식 계약을 체결하기 전까지 한정적인 기간 내에서만 효력을 발휘하는 것이 일반적이므로, 유효기간 조항을 두어야 한다. 그 예는 아래와 같다.

> "본 MOU는 다음 두 경우 중 먼저 도래하는 날에 효력을 상실한다.
> ① 2020년 9월 10일까지 본 계약이 체결되지 않는 경우에는 2020년 9월 10일이 도래한 때
> ② 본 계약이 체결된 때"

4. MOU에는 상대방의 잘못 없이도 MOU를 해제/해지할 수 있다고 규정해 두는 것이 좋다.

○ MOU는 보통 서로에 대해 구속력을 주지 않으려는 의도로 체결하는 경우가 많다 (속칭 '간을 보기 위해서' 체결하는 경우가 많다). 따라서, 일단 MOU를 체결하고 '간을 보는 상황'에서 상대방이 당초 기대에 미치지 못하거나 내 마음이 바뀐 경우에는 부담 없이 MOU를 날려 버릴 수 있도록 규정하는 것이 좋다. 서로 부담감 갖지 말자는 것임.

○ 그래서 보통 MOU에는 "갑과 을은 쌍방의 귀책 사유가 없어도 당사자의 판단에 따라 MOU를 해제/해지할 수 있다. 상대방은 이러한 해제/해지에 대해 이의를 제기하지 않기로 한다."라는 문구를 기재한다.

5. MOU에도 비밀 유지 약정은 포함시키고, 이를 위반했을 경우에는 손해 배상 규정을 두는 것이 좋다.

○ MOU를 체결하고 서로 협의를 진행하는 과정에는 서로의 비밀스런 정보를 제공할 경우가 많다. 따라서 비밀스런 정보가 외부에 유출되는 것을 막기 위한 비밀 유지 약정은 해 두는 것은 필요함. 보통 다음과 같은 예문을 사용.

> "본 MOU 이행을 위해 갑, 을간에 서로 제공된 정보 중 비밀로 표시된 것은 서로 간에 보안을 유지해야 하며, 만약 이를 위반하여 그 정보를 외부로 유출한 자는 그로 인한 손해배상금으로 금 _____원을 지급해야 한다."

입찰 및 계약집행 기준

| 입찰 참가자격 제한 | No. 26242 |

1. 필수적 참가자격 (규칙 제14조)

○ 기본 요건: 개별법에서 정한 허가 · 인가 · 면허 · 등록 · 신고 등 요건에 적합한 자

　※ "수의계약"의 경우에도 「지방계약법 시행규칙」 제35조(입찰에 관한 규정의 준용)

○ 사업자등록증: 해당 사업에 관한 사업자등록증을 발급 받는 자

○ 고유번호증: 해당 사업에 관한 고유번호증을 부여받은 자

○ 전자입찰: 국가종합전자조달시스템에 입찰 참가자격을 등록한 자

○ 기타: 일반 물품의 경우 제조 또는 공급업체 제한 여부

2. 필수적 제한 요건

○ 부정당 업자로 입찰참가 자격을 제한받아 제한 기간이 경과되지 아니한 자

○ 조세포탈로 유죄 판결 확정된 날부터 2년 이상 경과되지 아니한 자

○ 당해 자치단체장 · 지방의원 · 배우자 · 직계존속 · 비속(지계법 제33조 이충법 제12조)

3. 임의적 제한 요건

구 분	입찰계약	전자수의계약
제한 종류	① 실적, ② 기술보유, ③ 시공능력, ④ 지역, ⑤ 설비, ⑥ 유자격자, ⑦ 납품능력, ⑧ 중소기업자 등	① 지역제한(시 · 군, 시 · 도) ② 실적, 규격, 재질 · 품질, 인력 · 기술보유장비 · 보유시설, 시공 여유율 등
중복 제한	중복제한 금지원칙, 예외로 특수기술 · 공법시 ④+①, ④+② 또는 ⑧+(①~⑦중1)	①+② 중복 제한 가능

1. 입찰 참가자격의 판단 기준일

판단기준일	대상 입찰참가자격
입찰공고일 전일	① 법 제29조 제2항 지역의무공동도급 시 지역업체 ② 시행령 제20조 지역·동일실적 ③ 적격심사 세부기준 지역업체 가산점 지역업체
입찰참가신청 서류접수 마감일 (입찰참가등록마감일)	① 시행령 제13조 입찰참가자격 ② 시행령 제20조 지역·동일실적 이외의 제한요건 (기술보유상황, 시공능력평가액, 유자격자명부, 물품납품능력, 설비)

2. 입찰참가자격 G2B 등록 (마감일 전일)

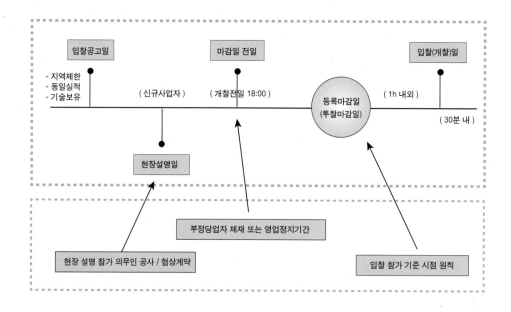

3. 입찰무효 (영 제39조, 규칙 제42조, 입찰유의서)(No. 35093)

○ 입찰 참가자격이 없는 자가 한 입찰

○ 입찰보증금 납부하지 않는 입찰(미달자 포함)

○ 입찰서가 그 도착 일시까지 소정의 입찰 장소에 도착하지 아니한 입찰(지정 정보처리장치를 이용한 입찰의 경우 제외)

○ 동일인(입찰에 참가한 복수의 법인 대표자가 같은 경우 그 복수의 법인은 동일인으로 봄)이 2통 이상의 입찰서를 제출한 입찰, 타인의 대리를 겸하거나 2인 이상을 대리한 입찰

○ 상호 또는 법인의 명칭, 대표자(대표자가 여럿인 경우에는 대표자 전원) 성명을 변경 등록하지 아니한 입찰

○ 추정가격 300억 원 이상 공사의 경우 현장설명에 참가하지 아니한 자의 입찰

○ 추정가격 100억 원 이상 공사의 경우 입찰서 금액과 산출내역서 금액이 다른 입찰

○ 지정 정보처리장치를 이용하여 입찰서를 제출하도록 하는 경우 그 규정에 따른 방식에 의하지 아니하고 입찰서를 제출한 입찰

○ 품질 등에 의한 낙찰자를 결정하는 입찰일 때 품질 등 표시서를 제출하지 아니한 입찰

○ 공동계약인 경우 공동계약의 방법(절차)을 위반한 입찰

○ 대안입찰의 경우 원안을 설계한 자 또는 원안을 감리한 자가 공동으로 참여한 입찰

○ 기술제한입찰의 경우 원안을 설계한 자 또는 원안을 감리한 자가 공동으로 참여한 입찰

○ 그 외 입찰유의서에 위반된 입찰

1. 예산실무
2. 지출실무
3. 계약실무
4. 보조금 관리
5. 결산실무
6. e-호조실무
7. 복식부기
8. 공유재산 및 물품
9. 변상과 회계책임
10. 감사 사례

1. 동가입찰 시 낙찰자 선정기준

법규명	조문명	동가입찰 시 낙찰자선정 기준
지계령	제42조(재정지출의 부담이 되는 입찰에서의 낙찰자 결정)	계약이행 능력을 심사
	제48조(동일가격입찰인 경우의 낙찰자 결정)	이행능력 심사 결과 점수가 가장 높은 자
입찰유의서	17. 낙찰자 결정	이행능력 심사결과 최고점수인 자
적격심사 세부기준	공사(제6절 낙찰자 결정)	적격 통과점수 이상인 자 중에서 최고점수
	용역(제6절 낙찰자 결정)	사업수행 능력(PQ) 평가결과 최고점수 * 비 PQ는 추첨
	물품(제7절 낙찰자 결정)	적격 통과점수 이상을 받은 자 중에서 최고점수

2. 동가입찰 시 자동 낙찰자 선정 (No. 89533)

○ 공고 예시

11. 예정가격 작성 방법 및 낙찰자 결정기준

나. 낙찰이 될 수 있는 동일가격으로 입찰한 자가 2인 이상인 경우에는 「지방자치단체를 당사자로 하는 계약에 관한 법률 시행령」 제48조 제1항의 규정에 따라 이행능력 심사 결과 점수가 가장 높은 자를 낙찰자로 결정하되, 이행능력 심사 결과도 같은 경우에는 「국가종합전자조달시스템 전자입찰특별 유의서」 제15조에 의거 전자조달시스템을 통한 자동추첨방식에 의하여 낙찰자를 결정합니다.

○ g2b 공고 시스템

[입찰집행]

9. 동가입찰 낙찰자 자동추첨프로그램	○ 이용　○ 별도추첨　🛈 <-? 클릭하여 내용 반드시 확인하세요.

제한입찰

제한의 종류	계약 목적물	제 한 요 건	비 고
1. 실적제한	공사	○추정가격 30억 원 이상 종합공사 ○추정가격 3억 원 이상 전문·그밖의 공사	○규모(양)의 1/3 이내, 금액의 1배 이내 ○공고 전일까지 실적(10년 이내)
		○〈별표〉 특수한 기술·공법이 요구되는 공사	
	물품 용역	○〈별표〉 추정가격 2.2억 원 이상 특수한 설비·기술이 요구되는 물품제조 ○추정가격 2.2억 원 이상 특수한 기술이 요구되는 용역	

계약
담당자 → 실적 제한
방법 선택 →

① 규모·양	규모·양의 단위 [예시] km, ㎡, ㎥, kg, 개, M, 개소등
② 금액	해당 계약목적물의 추정가격을 기준으로 판단

제한의 종류	계약 목적물	제 한 요 건	비 고
2.기술보유 상황	공사	○〈별표 1〉 특수한 기술·공법이 요구되는 공사	
	물품 용역	○〈별표 1〉 특수한 기술이 요구되는 물품제조·용역	No. 61322
3. 시공능력 평가액	공사	○추정가격 30억 원 이상 종합공사 ○추정가격 3억 원 이상 전문·그밖의 공사	

제한의 종류	계약 목적물	제 한 요 건	비 고
4. 지역제한	공사	○추정가격 100억 원 미만 종합공사 ○추정가격 10억 원 미만 전문공사 ○추정가격 10억 원 미만 전기·그밖의 공사	※(법인) 등기부상 본점소재지, (개인) 사업자 등록증 또는 관련 법령에 따른 허가·인가·면허·등록·신고 등 관련 서류에 기재된 사업장 소재지를 말함.
	물품 용역	○추정가격 3.3억 원 미만 시·도(세종시제외) 일반용역·물품 ○추정가격 5.0억원 미만 세종시, 시·군·구 일반용역·물품 ○추정가격 3.3억원 미만 건설기술용역, 설계 및 공사 감리 용역, 엔지니어링기술 용역 ○추정가격 1.5억 원 미만 안전점검 및 정밀안전진단용역	
5. 설비제한	물품	○특수한 설비가 요구되는 물품제조	
6. 유자격자 명부	공사	○시·도지사가 공사 성질별·규모별 유형화 및 제한기준을 정하여 등록한 사업자로 제한	
7. 물품납품 능력	물품	○특수한 성능·품질이 요구되는 경우 해당 인증 등을 받은 물품인지 여부	
8. 중소기업 자	물품	○「중소기업제품 구매촉진 및 판로지원에 관한 법률」제6조 중소기업청장이 지정·고시한 물품의 제조·구매하는 경우 중소기업기본법 제2조의 중소기업자로 제한	경쟁제품 및 일반
9. 소기업· 소상공인	물품	○「판로지원법」제7조의2제2항제1호에 따른 제한경쟁입찰 방법에 따라 물품 제조·구매 계약을 체결하는 경우에는 같은 항에 따른 공동사업에 참여한 소기업 또는 소상공인(해당 물품 등을 납품할 수 있는 소기업 또는 소상공인)	경쟁제품 및 일반
10.벤처기업, 소상공인, 소기업, 창업기업, 중소기업자	물품 용역	○추정가격 1억 원 미만 물품 또는 용역을 제조·구매 계약을 체결하는 경우 벤처기업, 소상공인, 소기업 또는 창업자 ○추정가격 2.2억 미만 추정가격 1억 원 이상인 물품 또는 용역을 제조·구매하는 경우에는 중소기업자	일반제품

공사의 분할계약 금지	No. 30554

1. 분할계약 금지

○ 계약담당자는 동일 구조물 공사 또는 단일공사로서 설계서 등에 따라 전체 사업 내용이 확정된 공사는 시행령 제77조 제1항에 따라 이를 시기적으로 분할하거나 공사량을 구조별·공종별로 분할하지 아니하고 일괄하여 계약을 체결해야 한다.

○ 용역, 물품도 분할계약금지(입찰 및 계약집행기준 제1장 제1절)

2. 분할계약 금지의 예외
(「지방 입찰 및 계약집행 기준」 제1장 제1절 4.~5.-나.)

가. 다른 법령에 따라 다른 업종의 공사와 분리 발주할 수 있도록 규정된 공사

나. 공사의 성질이나 규모 등에 비추어 공구나 구조물을 적정 규모로 분할 시공하는 것이 효율적인 공사

다. 공사의 성격상 공종을 분리해도 하자책임 구분이 용이하고 품질·안전·공정 등의 관리에 지장이 없는 공사로서 공종을 분리 시공하는 것이 효율적이라고 인정되는 아래의 공사

○ 관계 법령 등에 따라 설계서가 별도로 작성되는 공사

○ 다른 공종과 시공 목적물이 명확하게 구분되는 공사

○ 선·후행 또는 병행되는 다른 공종의 공사와 상호 영향을 미치지 않아 개별적인 시공이 가능한 공사

○ 다른 공종과 시공 장소(작업 위치)가 달라 독립적인 시공이 가능한 공사

3. 기타 유의사항 (「지방 입찰 및 계약집행 기준」 제1장 제1절 4.~5.)

가. 지방자치단체의 장 또는 계약담당자는 공사의 예산 편성과 기본설계 등 사업의 계획단계부터 "나"에 따른 분할·분리계약 가능 여부를 검토하여야 한다. 다만, 1인 견적 수의계약을 체결하기 위하여 시기적으로 분할하거나 공사량을 분할하여서는 아니 된다.

277

나. 계약담당자는 용역·물품 계약에 대하여도 단일 사업을 부당하게 분할하거나 시기적으로 나누어 체결하지 않도록 해야 한다.

다. 계약의 특성상 물품과 용역을 통합 발주하는 것이 효율적이라고 판단되는 경우에는 시행령 제16조 제3항에 따라 물품과 용역을 한꺼번에 입찰에 부칠 수 있다.

물품 · 용역 · 공사가 혼재된 계약의 집행 | No. 173645

1. 법령 규정 (지계령 제16조)

○ 물품의 제조·구매 및 용역 등의 입찰

- 계약의 특성상 물품과 용역을 통합 발주하는 것이 효율적이라고 판단되는 경우에는 물품과 용역을 한꺼번에 입찰에 부칠 수 있다.

2. 예규 규정

> 「지방자치단체 입찰 및 계약집행 기준」제1장 제1절
> 10. 물품·용역·공사가 혼재된 계약의 집행

가. 계약담당자는 물품, 용역, 공사 중 2개 이상이 혼재된 계약을 발주하려는 경우에는 사업의 계획단계부터 다음의 사항을 고려하여 분할 발주 여부를 검토하여야 한다.

  1) 계약 목적물의 일부에 공사가 포함된 계약을 발주함에 있어 「건설산업기본법」, 「전기공사업법」, 「정보통신공사업법」 등 공사 관련 법령의 준수 여부

  2) 물품·용역·공사 등 각 목적물 유형별 독립성·가분성

  3) 하자 등 책임 구분의 용이성

  4) 계약 이행 관리의 효율성

  5) 각 발주 방식에 따른 해당 시장의 경쟁 제한 효과

    ※ 계약 목적물이 공사가 명백한 경우 물품·용역·공사가 혼재된 계약집행 금지

1. 예산실무

2. 지출실무

3. 계약실무

4. 보조금 관리

5. 결산실무

6. e-호조실무

7. 복식부기

8. 공유재산및물품

9. 발생과 회계책임

10. 감사 사례

나. 계약담당자는 "가."에 따라 계약을 분할 발주하지 않는 경우 예정가격을 작성함
　에 있어 다음 사항을 유의하여야 한다.

　1) 예정가격 산정에 있어 설치비용 등 부수적인 목적물에 대한 비용이 누락되었는
　　지 여부

　2) 공사가 혼재된 계약의 예정가격 산정에 있어 공사 부분에 대한 의무적 가입이 요
　　구되는 보험의 보험료 및 환경보전비, 폐기물처리비, 안전관리비 등을 「건설산
　　업기본법」 제22조 제7항 등 관련 법령에서 정한 바에 따라 계상하였는지 여부

계약담당자 주의사항 | No. 106628

–「지방자치단체 입찰 및 계약집행 기준」 제1장 제1절 7.–

〈입찰 및 계약 시 금지해야 할 사항〉

1) 부당한 방법으로 입찰 참가자격을 제한하는 사례

　① 입찰 참가자격을 대표자의 본적·주소 등으로 제한하거나 해당 지역에 일정 기
　　간 이상 거주한 자(업체)로 제한하는 사례

　② 공사의 지역의무공동도급시 지역 업체 수를 과도하게 제한하는 사례(예: 3개사
　　이상 지역 업체 참여 의무화 등)

　③ 입찰공고·특수 조건 등에서 해당 지역 업체에게 의무적으로 하도급하게 하거나
　　자재납품업체를 해당 지역 업체로 제한하는 사례

2) 특수한 기술·공법 등이 꼭 필요하지 않음에도 불구하고 무차별적으로 제한하는
　사례

3) 해당 계약 이행에 불필요한 등록·면허·자격요건 등으로 제한하는 사례

4) 동일한 종류의 공사 실적을 인정하지 아니하는 사례

5) 국가·지방자치단체·정부투자기관 등 특정 기관이 발주한 실적만 인정하고 지방공기업·지방자치단체출자·출연법인, 민자·민간 실적 또는 해외 실적을 인정하지 아니하는 사례. 하도급 계약을 승인하는 경우에도 이와 같다.

6) 특정한 명칭의 실적으로 제한하여 실제 동일 실적에 해당되는 발주실적을 인정하지 아니하거나 입찰참가를 제한하는 사례

7) 입찰공고나 설계서(도면·시방서·물량내역서·현장설명서)·규격서·사양서 등에 부당하게 특정 규격·모델·상표 등을 지정하여 입찰에 부치거나 계약을 하고 품질·성능 면에서 동등 이상의 물품을 납품하더라도 이를 인정하지 아니하는 사례 (특히, 수의계약 및 협상 절차 등을 통해 특정 업체와의 수의계약 및 협상에 의한 계약을 체결하기 위해 특정 규격·사양 등을 명시하는 사례) 다만, 국민의 생명보호, 건강, 안전, 보건위생 등 특별한 사유가 있을 경우는 예외로 한다.

8) 관련 법령 등에 따라 1개의 등록·면허 등으로 계약 이행이 가능함에도 2개 이상의 등록·면허 등 과도하게 자격요건을 강화하는 사례

9) 교량·도로 등의 공사발주 시 실적 평가의 주요 기준을 규모·양으로 제한하지 아니하고 폭 등 독특한 실적만으로 제한하는 사례, 또는 폭·연장·경간·공법 등을 모두 제한하는 사례

10) 창의성이 요구되는 건축설계 등의 특정 용역에 대해서 과도하게 용역 수행 실적으로 제한하는 경우

11) 건설사업관리 용역을 발주함에 있어서 감리용역이 주요 부분인데도 건설사업관리 실적만 요구하고 감리용역 실적은 인정하지 아니하는 사례

12) 시행령 제18조 제5항에 따른 2단계 입찰 및 시행령 제43조에 따른 협상에 의한 계약에 의할 경우 평가기준 및 절차(외부 전문가를 위원으로 선정하여 평가하는 경우를 포함한다) 등을 정함에 있어 특정 업체에 유리한 평가기준 적용 등 공정성, 객관성, 적합성 등이 결여되는 사례

13) 법 제22조 및 시행령 제75조의 그밖에 계약 내용의 변경에 따른 계약금액 조정 신청 시 계약담당자가 계약금액 조정 신청을 거부하거나 인정하지 아니하는 사례

14) 현장대리인(「건설산업기본법」 등 공사 관련 법령에 따른 기술자 배치기준에 적합한 자를 말한다)을 불필요하게 현장에 상주시키는 사례

15) 특수한 기술이나 공법*이 요구되지 않음에도 실적을 지역 제한이나 기술의 보유 상황과 중복하여 제한하는 사례

> ▪ 제4장 제한입찰 운영 요령 별표 특수한 기술·공법·설비 등이 필요한 공사와 물품의 제조·구매
> ▪ 예시) 특수한 기술이 요구되는 공사가 아닌 일반 도로공사를 발주하면서 지역과 기술보유 상황 및 실적으로 중복 제한

16) 규모(양)로 제한하는 경우 특별한 사유가 없는데도 공사·용역·물품 규모의 1/3을 초과하거나, 금액으로 제한하는 경우 추정가격의 1배를 초과하여 제한하는 사례

> ▪ 예시: 추정가격 4억 원의 물품 구매 시 납품 실적 10억 원 이상 보유자로 입찰 참가자격을 과다 제한

17) 규모(양)와 금액으로 또는 규모(양)와 다른 규모(양)로 이중 제한하는 사례

> ▪ 예시 1) 200병상 및 2억 원 이상
>   2) 도로 5km 및 교량 2km

1. 예산실무
2. 지출실무
3. 계약실무
4. 보조금관리
5. 결산실무
6. e-호조실무
7. 복식부기
8. 공유재산및물품
9. 변상금 회계 책임
10. 감사 사례

18) 과도한 시설요건으로 제한하거나 필요하지 않은 특수한 설비요건을 요구하는 사례

> ▪ 예시) 기계설비공사 자격이 있는 업체를 참여토록 하면 자격이 충분한데도 불필요한
> 특수 설비 요건을 갖춘 업체로 과다하게 제한

19) 수의계약 시에도 규격서나 시방서 등에 특별한 이유가 없는 한 표준시방서를 명시하고 재무관(계약부서)에서 수의계약 대상 제품(규격)을 효율성·안전성·경제성을 고려하여 최종 선택해야 함에도 사업부서에서 특별한 경우(에너지 효율 등 특수한 기술 개발 제품이 필요하거나 자재선정심의위원회를 통해 기술개발제품 등을 설계에 반영한 경우 등) 이외에 특정 제품 규격이나 인증번호 등을 명시하여 수의계약 체결을 요구하는 사례

20) 계약 목적(물)과 관련이 없는 실적 제한이나 법령·예규에 근거가 없는 실적 건수로 제한하는 사례

> ▪ 예시 1) 전기공사를 발주하면서 전기공사와 관련 없는 생물안전실 100㎡ 이상 허가
> 실적이 있는 ○○ 도내 업체로 제한
> 예시 2) " ○○설치 공사 실적이 최근 5년간 5건 이상 있는 업체"로 제한

21) 신기술·특허공법 보유자 또는 물품공급·기술 지원사가 발주기관과 당초 협의한 내용과 다르게 부당한 요구를 하여 낙찰자와 신기술·특허 보유자 또는 물품공급·기술 지원사 간 협약이 체결되지 않거나 발주자가 발주 전에 협약을 체결하지 않아 낙찰자가 계약을 체결할 수 없는 경우 부정당 업자로 입찰 참가자격 제한 조치 및 입찰보증금을 자치단체에 귀속하는 사례

22) 신기술·특허공법 보유자 또는 물품공급·기술 지원사가 발주 전에 사용 협약 또는 물품공급·기술 지원 협약을 체결하지 아니하고 낙찰자로 하여금 직접 신기·특허 보유자 또는 물품 공급·기술 지원사와 체결한 사용협약서 또는 물품공급·기술 지원 협약서를 제출하게 하는 사례

> ▪ 낙찰률을 감안한 "사용협약서"를 적격심사 서류제출 시 제출 요청하는 내용을 공고
> 문에 반영하여 집행함으로써 분쟁 예방

23) 발주기관이 신기술·특허공법 보유자 또는 물품공급·기술 지원사와 협약을 체결
시 하도급대금 등에 대해 신기술·특허 사용협약서 규정과 달리 협약을 체결하는
사례

> ▪ 예시) 발주기관이 협약 내용을 공고 시 하도급 계약금액으로 결정할 경우 하도급계
> 약의 적정성 심사 대상이 되는 비율(82%)보다 높게 책정(예: 90%)

24) 신기술·특허공법이 사용되는 공사의 전부 또는 일부가 기술 보유자의 기술력을
활용하지 아니하면 시공과 품질 확보가 불가능하거나, 기술 보유자가 보유한 특
수 장비 등을 직접 사용하지 아니하면 시공과 품질 확보가 불가능한 경우 이외에
발주기관이 계약 상대자에게 신기술·특허공법 보유자와 하도급계약을 체결하도
록 강요·유도하는 사례

> ▪ 예시) 계약 상대자가 신기술·특허 개발자로부터 기술 지원만 받으면 직접 시공이
> 가능한데도 하도급계약 체결

25) 현장 설명 참가자에 한하여 투찰이 가능하도록 제한하는 사례

> ▪ 다만, 300억 원 이상 공사입찰 시 현장 설명을 하는 경우에 현장 설명에 참가한 자
> 만을 입찰에 참여시켜야 함.

26) 전문성, 기술성, 창의성, 예술성, 안정성 등이 요구되지 않는 물품, 용역을 협상에
의한 계약으로 체결하는 사례

> ▪ ※ 예시) 단순노무용역 등

27) 발주기관이 계약체결 이후 과업을 변경 시 계약 목적 달성을 위해 필요한 최소한
의 과업만을 변경하지 않고 빈번하게 과업 변경을 계약 상대자에게 요구하는 사
례 또는 계약금액 감액 시 업체의 적정 대가를 보장하지 않는 사례

28) 하도급자 승인 조건으로 특정 기관에 납품한 실적을 요구하거나 특정 업체와의
하도급을 요구하는 사례

1. 예산실무
2. 지출실무
3. 계약실무
4. 보조금 관리
5. 결산실무
6. e-호조실무
7. 복식부기
8. 공유재산 및 물품
9. 변상과 회계 책임
10. 감사 사례

29) 계약체결 부대비용 등 계약체결 및 이행 과정에서 발생하는 비용 중 발주기관이 부담할 부분을 계약 상대자에게 전가하는 행위

30) 신기술·특허 사용협약 및 물품공급 기술 지원 협약 시 낙찰률을 고려하지 않고 협약을 체결하는 사례

31) 물품·공사·용역 등을 구성하는 재료비·노무비·경비의 책정기준 및 일반관리비율 및 이윤율을 입찰공고의 내용에 명시하지 않는 사례

32) 낙찰자가 계약을 체결하지 않는 경우 입찰보증금을 귀속하도록 규정하고 있음에도 관련 법령에 따른 등록 기준미달 등으로 인해 적격심사 대상자에서 제외된 자에 대해 입찰보증금을 귀속하는 사례

33) 협상에 의한 계약 시 계약이행과 무관하거나 발주기관 소재 지역업체만 유리한 평가항목을 포함하여 평가하는 사례

34) 계약담당자가 낙찰자 통과점수 미달로 인하여 입찰참가자의 심사서류 제출을 생략하게 하거나 심사 포기서를 제출하게 한 입찰참가자에 대하여 부정당업자 입찰참가자격 제한 조치를 하는 사례

35) 계약 체결 이전에 낙찰자에게 신기술·특허공법 보유자와 사용협약을 체결하고 협약서를 제출하도록 요구하는 사례

| 재해복구 예산집행 요령 | No. 123215 |

- 제1장 입찰 및 계약 일반기준 제11절 재해복구계약 운영요령(2024.2.14.) -

1. 신속한 복구 사업자 선정

가. 단가계약제도 우선 활용(件당 추정가격 5천만 원 이하)

나. 개산(概算) 계약제도 적극 활용(추정가격 10억 원 미만)

- 추정가격 종합공사 30억 원 미만, 그 외 공사 6억 원 미만)

- 2억 원 미만 용역 중 재해복구와 관련된 용역

1. 예산실무

2. 지출실무

3. 계약실무

4. 보조금관리

5. 결산실무

6. e-호조실무

7. 복식부기

8. 공유재산및물품

9. 변상과 회계 책임

10. 감사 사례

| 세부 대상사업 |

■ 도로공사

■ 하천공사(석축, 옹벽, 호안블록, 벽돌쌓기 및 제방축조 등을 포함한다)

■ 상·하수도공사(간이 상수도, 관로교체 등을 포함한다)

■ 지방계약법 제8조에 따라 지방자치단체가 계약을 대행하는 농경지 피해복구공사

■ 재해복구 공사와 관련된 설계·감리 등의 용역

■ 쓰레기 처리 용역

■ 그 밖에 지방자치단체의 장이 정하는 복구공사

다. 단가계약은 개산계약으로 체결할 수 없으나 수의계약은 가능

2. 재해복구계약 절차의 단축

가. 필요시 설계지원단 구성·운영

나. 계약심사제도의 합리적 운영(예규 제1장 제11절 3 절차 단축 참고)

다. 긴급입찰 및 적격심사기준 단축운영

○ 긴급입찰공고제도 활용(지방계약법 시행령 제35조 제4항)

일반사업	재해복구사업
○ 10억 원 미만: 7일 ○ 10억 원 이상~50억 원 미만: 15일 ○ 50억 원 이상: 30일 ○ 고시금액 이상: 40일	○ 입찰서 제출마감일의 전일부터 기산하여 5일전까지 공고

○ 적격심사기간 단축(낙찰자 결정기준 제2장의1 시설공사 적격심사 세부기준)

일반사업	재해복구사업
○ 심사서류제출: 7일 이내 ○ 서류보완: 7일 이내 ○ 심사: 7일 이내 ○ 심사연장: 3일 이내	○ 심사서류제출: 4일 이내 ○ 서류보완: 3일 이내 ○ 심사: 4일 이내 ○ 심사연장: 2일 이내

3. 재해복구예산의 신속한 집행

가. 성립 전 예산집행제도 적극 활용(선택)

나. 회계연도 개시 전 또는 예산배정 전 계약체결(선택)

다. 자금 부족 시 대체재원 확보 대책강구(선택)

4. 예산집행의 투명성 및 효율성 확보

가. 지역제한 입찰의 합리적 운영

나. 무분별한 분리·분할발주의 금지

 재난복구공사 발주 관련 행정안전부 질의답변

1. "재난복구확정예산의 해당 지방자치단체의 당초예산(일반회계 기준)을 초과하는 경우"
   에서의 당초예산의 의미?
   ▶ 재해복구에 사용될 예산이 당초 해당 "사업"의 예산을 초과하는 경우
2. 재난복구공사 적격심사 중 "재난발생일 전에 해당지역에 소재한 업체"에서 해당 지역
   이 재난발생지역만 해당하는지? 광역자치단체 기준인지?
   ▶ 광역자치단체 기준
3. 수의계약 배제사유 10번 결격여부 심사일 및 기타 질의
   ▶ 관급공사 해당업종 기준, 금액상한 없음, 전국을 대상으로 하며 결격여부 심사일은
      개찰일 - 계약체결 전 계약체결건수는 현재 진행중, 체결예정을 모두 포함
4. 특별재난지역으로 선포된 지역의 재난복구공사 평가기준 재난 발생일의 판단시점이 특
   별재난지역 선포일인지? 최초호우피해일인지?
   ▶ 최초 호우 피해일, 재난발생원인이 나타난 최초의 날
5. 재난복구공사에서의 계약해지는 임의규정인데, 부정당제재도 임의사항인지?
   ▶ 부정당 제재는 의무사항

4 수의계약 운영 요령

| 수의계약의 유형 | No. 194391 |

- 지방계약법시행령 제25조, 수의계약 운영 요령 -

1. 수의계약의 의의

입찰에 부치지 아니하고 계약담당자가 목적물 이행에 가장 적합한 자를 선정하여 수의계약 심사를 거쳐 계약을 체결하는 행위로서 이는 경쟁에 관한 절차를 생략하여 자본과 신용이 있고 경험이 풍부한 상대방을 선택할 수 있는 장점이 있다.

2. 수의계약의 유형

구분	유형	주요 내용				견적서 제출 방법
		종합공사	전문공사	전기 등 그밖의공사	용역·물품 기타	
2인 이상 견적 제출	금액 기준	추정가격 4억 원 이하	추정가격 2억 원 이하	추정가격 1.6억 원 이하	추정가격 1억 원 이하	• G2B 에 의한 계약 • 예외: 제6절참조
1인 견적 제출 가능	금액 기준	추정가격 2천만 원 이하 단, 여성기업, 장애인기업 및 사회적기업(취약계층 30% 이상 고용), 자활기업 등은 5천만 원 이하)				• G2B 에 의하지 않고 수의계약 가능
	하자 곤란 등	• 하자 구분 곤란, 혼잡, 마감공사 및 특허공법 등에 따른 수의계약(시행령 제25조 제1항 제4호 가·나·다·마목)				
	천재 지변 등	• 천재지변, 감염병 예방 및 확산방지, 긴급한 행사 등 입찰에 부칠 여유가 없는 경우 등(시행령 제25조) • 계약을 해제·해지한 경우(시행령 제27조)				

구분	유형	주요 내용				견 적 서 제출 방법
		종합공사	전문공사	전기 등 그밖의 공사	용역·물품 기타	
1인 견적 제출 가능	천재 지변 등	• 재공고 입찰결과 입찰이 성립하지 아니하거나 낙찰자가 없는 경우(시행령 제26조제1항) • G2B 를 이용하여 견적서를 제출받았으나 견적서 제출자가 1인뿐인 경우로서 다시 견적서를 제출받더라도 견적서 제출자가 1인뿐일 것으로 명백히 예상되는 경우(시행령 제30조 제1항 제3호)				• G2B 에 의하지 않고 수의계약 가능

※ 주 1) 물품·용역 수의계약(2천만 원 초과 1억원 이하): 소기업·소상공인 참가자격 확인
　　 2) 수의계약 대상도 입찰로 집행이 가능하며 의무적 구매규격 사전공개 대상은 아님(No. 331177)

3. 천재지변 등 금액 제한 없는 1인 견적 수의계약 (No. 11676)

○ 천재지변, 긴급한 행사 등으로 입찰에 부칠 여유가 없는 경우

○ 재난 응급복구, 이재민 구호 시설·물품·방역·소독 등

○ 특허·실용신안·디자인 제품으로 대체·대용품이 없는 경우

○ 특정인만 가능한 학술연구 용역

○ 생산자·소지자가 1인 뿐인 경우(대체품이 없어야 함)

○ 장애인사업장, 사회복지, 상이군경단체, 중증장애인 시설 직접 생산물품

○ 계약을 해제·해지 하는 경우(지계령 제27조)

○ 재공고 입찰에서 입찰 미성립 또는 낙찰자가 없는 경우(지계령 제26조)

4. G2B 이용하지 않고 2인 견적가능 수의계약 (No. 11677)

품질 확인 등이 필요한 추정가격 5천만 원 이하 물품 · 용역 계약

○ 음식물(재료, 공산품 포함) 품질 우선적으로 고려해야 하는 경우

○ 안전과 품질을 우선 고려해야 하는 국내외 연수

(수학여행·수련활동 제외)

○ 기존 시설물 계속적 유지보수하는 경우

－ 호환 불가, 유지보수 곤란, 예산낭비 우려 시

○ 학문적 전문성 등 전문지식을 활용하는 학술연구 용역

○ 중기 간 경쟁물품 중 중소기업협동조합이 2인 이상 추천한 경우

1. 예산실무

2. 지출실무

3. 계약실무

4. 보조금 관리

5. 결산실무

6. e-호조실무

7. 복식부기

8. 공유재산및물품

9. 변상과 회계책임

10. 감사 사례

수의계약 계약 상대자 결정 | No. 11671

1. 금액기준에 따른 1인 견적서 제출 가능 수의계약

구 분	유 형	주요 내용				견적서 제출
1인 견적서 제출 가능	금액기준	종합공사	전문공사	전기· 정보·소방· 기타공사	용역· 물품·기타	• G2B 에 의하지 않고 수의계약 가능 • G2B 에 의하지 않고 수의계약 가능
		• 추정가격 2천만 원(단, 여성기업, 장애인기업과 또는 사회적기업 등의 경우에는 5천만 원) 이하				

○ 추정가격 2천만 원 이하는 1인 견적 가능

※ 계약금액 결정: 예정가격 이하(세입의 원인이 되는 경우 예정가격 이상) 범위 내에서 거래실례가격 등과 비교 검토 후 품질 등을 고려하여 최종 계약금액 결정

2. 금액기준에 따른 2인 이상 견적서 제출 수의계약

○ 전자견적에 의한 수의계약 유형

구 분	유 형	주요 내용				견적서 제출
2인 이상 견적서 제출	금액 기준	종합공사	전문공사	전기·정보· 소방·기타공사	용역· 물품·기타	• G2B 에 의함 • G2B 에 의하지 않을 수 있는 경우(제6절)
		추정가격 4억 원 이하	추정가격 2억 원 이하	추정가격 1.6억 원 이하	추정가격 1억 원 이하	

○ 2인 이상 견적서 제출 낙찰하한율: 88%(공사 87.745%) 이상

(단, 2천만 원 이하 용역·물품: 90% 이상)

○ 간행물을 구매하는 경우 낙찰하한율: 90% 이상 (No. 277315)

○ 계약상대자 결정 요령

　– 결격사유에 해당되면 제외하고 차 순위자와 계약

　– 낙찰자가 계약 포기 시 차 순위자와 최초 견적률로 계약 가능

– 계약 포기 시 부정당 제재 대상 아님 / 3개월간 수의계약 결격사유자 등록

　　　– 계약 포기 시 ⇒ 입찰 보증금 귀속 대상 아님

3. 천재지변 등에 따른 1인 견적서 제출 가능 수의계약 (No.11676)

　　○ 2인 이상 중에서 선택하는 경우

　　　– 신용도, 기술능력, 경험, 접근성 등을 고려하여 가장 적합자 선정

　　○ 계약상대자와 협상을 통하여 계약금액 결정

　　　– 거래실례가격, 원가계산에 따른 가격, 유사거래실례가격, 감정가격 등을 비교 검토하여 예정가격 이하(세입의 원인이 되는 경우 예정가격 이상) 범위 안에서 계약금액을 적정하게 결정

4. 위 1~3에 의한 수의계약 체결 시: 수의계약 각서 징구 (No. 22426)

수의계약 배제 사유　　|　　No. 22426

---

① 견적서 제출 마감일 현재 부도·파산·해산·영업정지 등이 확정된 경우

② 입찰 참가자격 제한기간 중에 있는 자(법 제31조 제5항에 해당되는 경우 예외)

③ 견적서 제출 마감일을 기준으로 법 제31조 또는 다른 법령에 따라 부실이행, 담합행위, 입찰·계약 서류의 허위·위조 제출, 입찰·낙찰·계약이행 관련 뇌물 제공으로 부정당업자 제재 처분을 받고 그 종료일로부터 3개월이 지나지 아니한 자(법 제31조 제5항에 해당되는 경우 예외)

④ 공사 또는 기술용역의 경우 기술자 보유현황이 관련 법령에 따른 업종등록기준에 미달하는 자

　　※ 기술자보유현황의 심사는 「낙찰자결정기준」 제1장 입찰 참가자격 사전심사 기준 제5절 "4"의 그밖에 해당 공사 수행능력상 결격 여부, 제2장의2 기술·학술연구 용역 적격심사 세부기준 〈별표〉의 기술인력 평가방법을 준용한다. 이때 '입찰공고일'은 '안내공고일'로 '적격심사서류 제출마감일'은 '견적서 제출마감일'로 본다.

1. 예산실무

2. 지출실무

3. 계약실무

4. 보조금관리

5. 결산실무

6. e-호조실무

7. 복식부기

8. 공유재산및물품

9. 변상과 회계 책임

10. 감사 사례

⑤ 견적서 제출 마감일 기준 최근 3개월 이내에 해당 지방자치단체의 입찰·계약 및 그 이행과 관련하여 10일 이상 지연 배상금 부과, 정당한 이행명령 거부, 불법 하도급, 5회 이상 하자보수 또는 물의를 일으키는 등 신용이 떨어져 계약 체결이 곤란하다고 판단되는 자

⑥ 견적서 제출 마감일 기준 최근 3개월 이내에 해당 지방자치단체와의 계약 및 그 이행과 관련하여 정당한 이유 없이 계약에 응하지 아니하거나 포기서를 제출한 사실이 있는 자

※ 정당한 이유 없이 계약을 체결하지 아니하는 경우는 법 제31조에 따른 입찰참가자격 제한에는 해당되지 아니하나 수의계약 배제사유에 해당됨.

⑦ 수의계약 체결일 현재 법 제33조에 해당하는 자

    1. 지방자치단체의 장 또는 지방의회의원의 배우자인 사업자(법인은 대표자)

    2. 지방자치단체의 장 또는 지방의회의원(배우자 포함)의 직계 존·비속인 사업자

    3. 지방자치단체의 장 또는 지방의회의원이 자본금 총액의 50%이상을 소유한 자

    4. 지방자치단체의 장 또는 지방의회의원 가족(배우자, 직계존·비속)의 합산 금액이 자본금 총액의 50% 이상을 소유한 사업자

    5. 지방자치단체의 장 또는 지방의회의원 소유 업체의 계열회사 등

⑧ 발주기관이 제한한 자격요건 등을 충족하지 아니한 자

⑨ 그밖에 계약담당자가 계약 이행 능력이 없다고 판단되는 명백한 증거가 있는 자

⑩ 「재난 및 안전관리 기본법」 제60조에 따라 특별재난지역으로 선포된 지역의 재난 복구공사(용역)의 경우 결격 여부 심사일 현재 계약금액 5천만 원 이상 해당 업종 관급공사 또는 계약금액 2천만 원 이상 관급용역이 3건 이상인 자. 다만, 동시에 여러 건의 수의계약 체결 예정자로 선정된 경우에는 기존 계약을 포함하여 3건까지 수의계약을 체결할 가능

 TIP 감사 사례

지방의원 배우자 업체와의 수의계약 체결 ⇒ No.234713

수의계약 체결 제한 및 대상자 확인 | No. 284459

1. 자료 제출 요구 등 확인 강화 (법 제33조의2)

가. 지방자치단체의 장 또는 계약담당자는 제33조 제2항에 따라 수의계약을 체결할 수 없는 자의 여부를 확인하기 위하여 관계 행정기관 등에 자료의 제출이나 사실 조회를 요구하여야 한다.

> <예시 수의계약 배제 사유 확인>
> 계약부서에서 의회사무처 등에 의원관련 자료(업체 소유자 등 해당자)를 요구하여 제출받음[정기적/변동시]

2. 2인 견적 물품·용역 수의계약(2천만 원 초과 1억 원 이하)의 소기업·소상공인 확인

가. 시행령 제25조 제1항 제5호에 따라 2천만 원 초과 5천만 원 이하인 물품의 제조·구매 및 용역 계약의 경우 소기업 또는 소상공인 여부를 확인 하여야 한다. 다만, 다음 각 호의 경우 대기업·중기업 참여가 가능하다.

1) 추정가격 2천만 원 이하인 경우(단, 중기간 경쟁제품의 경우 제외)

2) 지정 정보처리장치를 이용하여 견적서를 제출받았으나 견적서 제출자가 1인뿐인 경우로서 다시 견적서를 제출받더라도 1인뿐일 것이 명백히 예상되는 경우

3) 품질 확인·예산절감 필요에 따라 지정 정보처리장치를 이용하지 않고 2인 이상으로부터 견적서를 직접 제출받는 계약인 경우(음식물의 구입, 농·수산물의 구매 등 품질을 우선적으로 고려해야 하는 경우 등)

4) 지방계약법 시행령 제25조 제1항 제5호 라목의 특수한 지식·기술 또는 자격을 요구하는 계약의 경우

5) 지방계약법 시행령 제25조 제1항 제5호 마목에 따라 해당하는 기업 또는 조합과 계약을 체결하려는 경우. 사회적기업 등은 취약계층 고용 비율이 30% 이상인 경우만 해당

6) 추정가격 5천만 원 이하인 임대차 계약 등 물품 제조·구매와 용역이 아닌 계약의 경우

<table>
<tr><td>**수의계약 매뉴얼**</td><td>No. 20045</td></tr>
</table>

1. 예산집행 품의 (사업부서)

○ 기본 결재서류 작성 ○ 품의서 작성(물품구입, 수리, 운반, 용역 등) ○ 산출기초서 또는 원가계산서 ○ 주문서(시방서, 과업지시서, 규격서 또는 사양서) ○ 청렴서약서	○ 품의서의 생략 - 인건비, 특정업무비 - 여비, 일·숙직수당 - 공공요금, 제세공과금 - 간단한 집행품의는 지출결의서에 기재

2. 수의계약 대상 여부 조사

○ 금액기준에 따른 1인 견적서 제출 가능 수의계약(No. 8812)
 - 추정가격이 2천만 원 이하인 공사, 물품 또는 용역계약(일반기업)
 - 추정가격이 5천만 원 이하인 공사, 물품 또는 용역계약(여성기업, 장애인기업, 사회적기업)
○ 금액기준에 따른 2인 이상 견적서 제출 가능 수의계약(No. 194391)
 - 추정가격이 4억 원(전문공사의 경우는 2억 원, 전기공사, 전기통신공사, 소방공사는 1.6억 원) 이하인 공사, 추정가격(임차 또는 임대의 경우에는 연액 또는 총액기준)이 1억 원 이하인 물품의 제조·구매·용역 기타 계약
○ 천재지변 등에 의한 1인 견적서 제출 가능 수의계약(No. 11676)
 - 천재지변, 감염병예방 및 확산방지, 긴급한 행사, 비상재해, 기타 이에 준하는 경우로서 경쟁에 부칠 여유가 없을 때
 - 특정인의 기술, 용역 또는 특정한 위치·구조·품질·성능·효율등으로 인하여 경쟁할 수 없는 경우
 - 다른 법률의 규정에 의하여 특정 사업자와 계약을 체결하는 경우
 - 특정 연고자, 지역주민, 특정물품 생산자와 수의계약에 의할 경우 등

3. 예정가격 결정 (사업부서 조사 가격→(분임)재무관 결정)

ㅇ 거래실례가격(일반관리비, 이윤 제외) ㅇ 원가계산에 의한 가격(공사 등) ㅇ 실적공사비에 의한 가격(표준시장단가) ㅇ 감정가격 ㅇ 유사한 거래실례가격 ㅇ 견적가격(단순 제시가격)	ㅇ 예정가격조서 작성 생략 - 국가기관, 지방자치단체와의 계약 - 추정가격 4억 원(전문공사 2억 원, 전기, 전기통신, 소방공사는 1.6억 원) 이하 공사 (단, 지정 정보처리장치를 이용하여 견적서를 제출하게 하는 경우에는 예정가격을 작성) - 추정가격 2천만 원 이하인 물품의 제조·구매·용역 기타 계약 - 협상에 의한 계약 등

4. 견적서 징구 (입찰서와 같은 개념임)

ㅇ 총액에 대한 견적서 ㅇ 단가에 대한 견적서(No. 222658) * 단일품목: 단가, 다수 품목: 단가의 합 ㅇ 2인 이상으로부터 견적서 징구(원칙) *나라장터 견적제출 안내공고 대상(입찰절차 준용) * 낙찰하한율 88%(공사 87.745%) (단, 추정가격 2천만 원 이하 용역·물품 90% 이상) ㅇ 1인으로부터 견적서 징구 - 계약금액 추정가격이 2천만 원 이하인 계약 - 재공고입찰에 의한 수의계약 - 계약해지·해제시의 수의계약 - 특정인의 기술·용역 또는 특정한 위치·구조·품질·성능·효율 등으로 인하여 경쟁을 할 수 없는 경우	ㅇ 견적서 제출의 생략 가능(지계칙제33조) - 전기·가스·수도 등의 계약 - 추정가격이 200만 원 미만인 물품의 제조·구매·임차 및 용역계약 - 추정가격이 200만 원 미만인 물품을 신용카드로 구매 - 국가 및 다른 지방자치단체와 수의계약을 체결하는 경우 ㅇ 1인 견적시 계약금액 결정(No.8812) - 거래실례가격 등과 비교 검토 후 품질 등을 고려하여 최종 계약금액을 결정 - 10% 내외 수의시담 금액

5. 계약(주문)

○ 계약은 (분임)재무관과 계약상대자의 기명날인으로 성립(전자서명 포함)

○ 계약서의 작성
- 공사도급표준계약서
- 물품구매표준계약서
- 기술용역표준계약서

○ 계약보증금 접수(No.39466)
- 10/100 이상
- 공사 이행보증서 40/100 이상(예정가격의 100분의 70 미만으로 낙찰된 경우 50/100)
- ※ 특례적용시 50% 감액

○ 설계서(도면, 규격서, 시방서, 현장설명서), 계약 일반조건, 계약특수조건, 규격서, 기타 자격증, 등록증, 보험가입증명 등 필요한 서류 징구

○ 조달물품 주문
- 4대 관급자재(레미콘, 아스콘, 철근, 시멘트) 등

○ 인지세법에 의한 인지 첨부
- 부동산임대차
- 도급에 관한 증서
(생산자의 시장 생산 방법에 의하여 제조·판매되는 대체성이 있는 규격물품의 구매시는 면세)

○ 계약서 작성의 생략
- 경매에 부치는 경우
- 물품매각 시 매수인이 즉시 대금을 납부하고 그 물품을 인수하는 경우
- 국가기관 및 지방자치단체와의 계약
- 전기·가스·수도의 공급계약 등

○ 계약서 생략 시에도 청구서·각서·협정서·승낙사항 등 계약성립의 증거가 될 수 있는 서류를 받아 비치. (지출결의서의 승낙사항 작성으로 계약에 갈음할 수 있음)

○ 계약보증금 납부 면제(각서 대체)
- 국가, 지방자치단체, 정부투자기관, 출연기관(정부 50%이상), 농협, 수협, 축협, 임협, 중소기업협동조합, 농지개량조합, 어촌계 등
- 중소기업협동조합과의 단체수의계약
- 계약금액 5천만 원 이하인 계약
- 계약보증금 받기 부적합한 계약

※ 계약 관련 각종 생략 규정 → No. 8520

6. 계약 이행

○ 공사 준공   ○ 물품의 납품   ○ 용역의 이행 완료

1. 예산실무
2. 지출실무
3. 계약실무
4. 보조금관리
5. 결산실무
6. e-호조실무
7. 복식부기
8. 공유재산및물품
9. 변상과 회계 책임
10. 감사 사례

7. 검사·검수

○ 계약상대자의 계약이행 완료사실 통지 받은 날로부터 14일 이내에 검사(특례 7일) ○ 검사조서 작성 　- 검사자는 검사조서 작성 ○ 공사의 준공검사 　- 계약서, 설계서, 준공신고서 등 관계서류에 의해 계약상대자 입회하에 검사 ○ 물품구매 검사 　- 검사는 품질, 수량, 포장, 표기상태, 포장명세서, 품질식별번호 등 검사 　- 물품은 신규로 제조할 필요가 있거나, 그 성질상 제조과정이 중요한 경우에는 제조과정에서 검사 　- 검사 소요비용과 검사로 변형, 소모, 파손 또는 변질로 생기는 손상은 계약상대자가 부담	○ 계약담당공무원 또는 지정된 전문회사가 확인 ○ 계약 이행 내용의 전부 또는 일부가 계약에 위반 또는 부당할 때 시정조치 ○ 검사조서 생략 　- 계약금액 3천만 원 이하 　- 매각계약 　- 전기·가스·수도의 공급계약 ○ 물품구매 시 검사 면제 　- KS표시품, 품질경영촉진법상 등급사정 물품

8. 인수 및 하자보수 보증금 징수

○ 공사준공 후 인수 - 검사완료 후 계약상대자가 인수요청 시 인수증명서 발급후 인수 → 계약상대자는 준공명세서 제출(공사목적물의 사진, 준공보고서 등) ○ 하자보수보증금 징수(No. 45263) 　- 징수시기: 준공검사 후 대가지급 전 　- 보증금률 * 조경공사: 5/100 * 도로(포장 포함), 매립, 상하수도관로, 일반 건축공사: 3/100 * 기타 공사: 2/100 　- 공종별 하자담보 책임기간(규칙 제68조) ○ 지체상금 징수(No. 46802) 　- 정당한 이유 없이 계약이행을 지체한 경우 　- 지연배상금률 * 공사: 0.5/1000 * 물품의 제조·구매: 0.8/1000 * 물품의 수리·가공·대여,용역 및 기타: 1.3/1000 * 운송 및 보관: 2.5/1000	○ 물품 및 재산의 취득 전 유의사항 　- 정수물품은 정수 취득 후 구입 　- 국·공유재산 취득에 국·공유재산심의회의 심의필요 시 사전 심의 ○ 하자보수보증금 납부면제 　- 계약금액 3천만 원 이하인 공사(조경공사 제외) 　- 구조물 해체공사 　- 국가기관 등 입찰보증금 면제자와 계약 　- 모래·자갈채취공사 등 공사의 성질상 하자보수가 불필요한 경우 ○ 하자검사 및 하자관리 　(No. 122445, 31693) 　- 연 2회 이상 하자관리 　- 하자만료 14일전까지 최종검사 실시 　- 계약상대자에게 하자보수완료확인서 발급

9. 물품출납부 (재산등록) 등기

○ 물품관계법령 및 재산관계법령에 의하여 관련 대장에 등재(전산화시 전산등록) - 물품관리 및 운용카드, 도서대장, 연료수불부, 약품수불부 등 - 재산대장, 공사대장 등	○ 물품 및 재산의 취득 전 유의사항 - 정수물품은 정수취득 후 구입 - 국·공유재산 취득에 국·공유재산심의회의 심의필요 시 사전 심의 ○ 물품대장 기재 생략 - 구입과 동시에 소모하는 물품 - 공문, 관보, 신문, 잡지 및 이와 유사품

10. 청구

○ 청구 -계산서, 세금계산서, 보험료 등	○ 공공요금 납부고지서, 조달물품 대가지급 통지서 등

11. 대가지급 (No. 225295)

○ 부분급(기성급), 완성급(준공급), 선금급 ○ 계약상대자의 청구일로부터 5일 이내(토요일,공휴일 제외) - 재난, 경기침체, 대량실업 시 3일 이내(행안부 고시) - 기한 내 대가지급을 할 수 없는 때에는 금융기관의 연체이자율을 적용한 지체이자 지급 ○ 대가지급 관련서류 - 납세증명서(국세 및 지방세) 징구 - 납부증명서(건강, 연금, 고용, 산재) 징구 - 계좌입금의뢰서	○ 대가지급은 특별한 사유가 없는 한 계약상대자의 계좌입금 또는 여신전문금융업법에 의한 카드로 결제(시설비 구매카드 불가) ○ 납세증명서 징구 생략 - 영 제26조제1항제1호 내지 제8호에 의한 수의계약(제7호 가목 내지 다목 제외) - 세무서장에게 조회하여 그 체납사실 유무를 확인함으로써 납세증명서의 제출을 생략 가능

12. 증빙 서류 편철 및 보존

○ 증빙서류 및 장부는 5년간 보존 -증빙서류는 원본에 한함	○ 증빙서류의 사본 제출 -사업자등록증, 공사면허증, 자격증 등 원본이 1개뿐인 경우(원본대조필)

5 추정가격과 예정가격

공공계약 가격 관련 용어 | No. 35504

1. 사용 목적에 따른 구분

구분	사용 목적	내용	비고
계약방법 결정	국제입찰, 지역제한 등 계약 방법 결정을 위한 기준 금액	추정가격, 고시금액	계약금액 등 계약 체결과는 직접 관련 없음
계약체결 기준	계약체결을 위한 기준 금액	예산액, 기초금액, 예정가격, 계약금액	계약체결 금액의 기준이 되는 가격 ※ 부가가치세 등 포함 금액

2. 계약 방법 결정 관련 가격 (물품, 용역) (No.105558)

구분	내용	예시
추정가격	예산액(계약금액)에서 부가가치세를 제외한 금액	부가가치세 (예산액/1.1)
고시금액	국제입찰 등 계약 방법 결정에 사용할 금액을 관계 부처(기재부, 행안부)에서 고시	23~24년 물품·용역 2.2억 원, 공사 83억(기재부 고시)

3. 계약 체결 관련 주요 가격

구분	주요 내용
예산액	예산서에 반영된 당해 계약 건의 사업 예산
추정가격	• 예산, 규격, 설계서 등에 계상된 금액을 기준으로 결정 • 설계금액에서 관급자재비와 부가세 제외한 가격

구분	주요 내용
설계(조사)가격	설계서(원가계산서)에 따라 작성
기초금액	설계 가격 또는 조사가격의 적정성을 검토한 가격
복수예비가격	기초금액±3% 내에서 15개 작성(+7, −8)
예정가격	입찰자가 2개씩 추첨한 번호 중 가장 많이 선택된 4개 선정 → 산술평균(예정가격)
입찰가격 (투찰가격)	입찰 또는 계약 대상자가 당해 계약 건에 대하여 제시하는 금액 (부가가치세 등 포함 금액)
계약금액	입찰가격 등을 기준으로 최종 계약이 이루어지는 금액

※ 관련 규정: 「지방자치단체 입찰 및 계약집행기준」제2장 예정가격의 작성 요령

 가격결정 시 주의할 사항

1. 거래 실례가격으로 예정가격을 작성하는 경우에는 일반 관리비와 이윤을 따로 계상하면 안 됨.
2. 면세업체와 계약시 부가가치세 제외하고 계약(공고문에 명시 필수)
 * 예정가격 조사할 때에는 부가세 포함 가격으로 작성
3. 사후정산: 국민건강보험, 노인장기요양보험, 국민연금, 산업안전보건관리비, 환경보전비, 퇴직공제부금, 품질관리비, 안전관리비, 하도급대금 지급 보증 수수료 등

예정가격 작성 요령 | No. 219934

1. 예정가격의 의의

입찰 또는 계약 체결 전에 낙찰자 및 계약금액의 결정기준으로 삼기 위해 미리 작성하여 갖춰 두는 가액(價額)으로서 「지방계약법 시행령」제9조에 따라 작성된 가격으로 예산의 효율적 집행과 부당한 가격 형성 방지에 그 목적이 있다.

1. 예산실무
2. 지출실무
3. 계약실무
4. 보조금관리
5. 결산실무
6. e-호조실무
7. 복식부기
8. 공유재산및물품
9. 분석과 회계책임
10. 감사 사례

2. 예정가격 작성 절차

① 예산확인(추정가격) → ② 조사가격·설계가격 작성(사업부서) → ③ 기초금액 작성(계약부서) → ④ 복수예비가격 작성 → ⑤ 예정가격 조서 작성 → ⑥ 예정가격 결정

※ 예정가격에는 부가가치세, 개별소비세, 교육세, 관세 및 농어촌특별세 등을 포함해야 함.

※ 1인견적 수의계약은 ①~③까지 이행한다.

※ 2인견적 수의계약, 입찰은 G2B 등 지정정보 처리장치에서 ④~⑥이 처리된다.

3. 예정가격 결정 우선순위

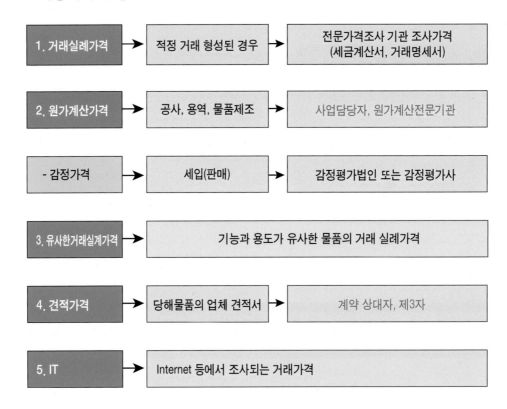

※ 관련법규: 지방계약법 시행령 제10조(예정가격의 결정기준)

4. 예정(기초) 가격 체계도

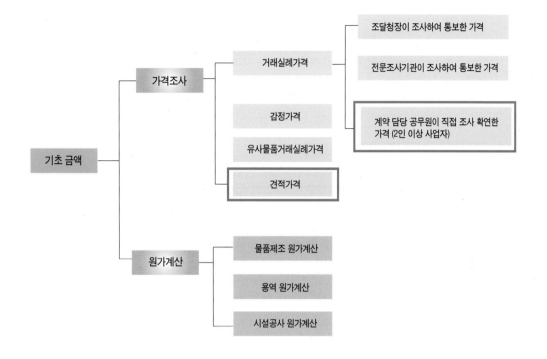

5. 거래 실례가와 견적가격 결정기준

가. 거래 실례가격

- ○ 조달청장이 조사하여 통보한 가격(가격정보)

- ○ 전문 가격조사 기관이 조사·공표한 가격(거래가격, 물가정보 등)

- ○ 법령에 따라 가격이 결정된 경우 그 범위에서의 거래 실례가격

- ○ 계약담당자가 현지 출장하여 2개 이상 업체로부터 직접 조사한 가격

  - 조사 대상: 직접 제조·생산 업체

  - 근거 서류: 세금계산서, 거래명세표, 계약서 등

  - 일반관리비, 이윤 가산 제외(단, 원가계산 방식은 가산)

  - 가격 결정: 최빈가격-가중평균-최저가 순

1. 예산실무
2. 지출실무
3. 계약실무
4. 보조금관리
5. 결산실무
6. e-호조실무
7. 복식부기
8. 공유재산및물품
9. 변상과 회계 책임
10. 감사 사례

나. 견적가격

　　○ 감정가격·유사거래 실례가격이 없는 경우

　　○ 계약 상대자나 제3자로부터 직접 제출받은 가격

　　　－ 2인 이상 업체의 총액 견적을 비교하여 최저가격을 조사가격으로 함.

　　　－ 특허 등 가격 비교 대상이 없는 경우 단독 가격 제출 가능

6. 예정가격의 생략 (No. 8812)

가. 국가기관이나 다른 지방자치단체와 수의계약을 체결할 경우

나. 추정가격이 4억 원(전문 2억 원, 기타 1.6억 원) 이하인 공사 또는 추정가격이 1억 원 이하인 물품 제조·구매 및 용역을 수의계약할 경우, 다만 지정정보 처리장치를 이용하여 견적서를 제출하게 하는 경우에는 예정가격을 작성해야 함.

다. 개산계약, 경쟁적 대화에 의한 계약, 협상에 의한 계약을 할 경우에는 예정가격 작성 생략 가능

라. 일괄입찰 및 실시설계 시공입찰, 설계공모·기술제안 입찰인 경우에는 예정가격을 작성하지 말아야 함.

마. 예정가격 생략이 가능한 수의계약은 예정가격 대신 추정가격에 부가세 포함한 금액을 기준으로 수의시담하여 계약금액을 결정함.

　　※「예정가격결정(조서 작성) 생략」이 가능하다 하더라도 가격조사가 가능한 수의계약 시 등에는 예정가격 조사는 철저히 하여 회계 집행이 투명하고 적정하게 이루어지도록 하여야 합니다.

🙍 유찰 후 수의계약 시 반드시 예정가격 조서작성

※ 협상계약, 입찰공고 유찰 후 수의계약 시 반드시 수기로 재무관이 예정가격조서 작성하고 그 금액을 기준으로 계약금액을 결정해야 함.

1. 예산실무

2. 지출실무

3. 계약실무

4. 보조금관리

5. 결산실무

6. e-호조실무

7. 복식부기

8. 공유재산및물품

9. 변상과 회계책임

10. 감사 사례

7. 예정가격의 끝수 처리 (No. 28932)

가. 수입과 지출에서 10원 미만은 계산하지 아니한다.

나. 예정가격 단위가 1원 미만일 경우는 절상한다.

다. 다만, 단가계약의 경우에는 소수점 셋째 자리에서 절상한다.

물품 · 일반용역 예정가격	No. 193660

1. 물품구매

가. 거래실례가격

○ 조달청장이 조사 통보한 가격정보 http://shopping.g2b.go.kr/

○ 기재부 등록 전문가격조사기관 가격(물가정보, 거래가격, 물가자료, 유통물가)

나. 제조 구매 원가계산

총원가	(비목구성)	
재료비	직접재료비, 간접재료비, 작업설 부산물	작업설, 공제
노무비	직접노무비, 간접노무비	
경비	전력비, 수도광열비, 운반비, 보험료, 복리후생비 등	
일반관리비	(재료비+노무비+경비)×율	6~14%
이윤	(노무비+경비+일반관리비)×율 *기술료, 외주가공비 제외	25%
부가가치세	총원가×10%	10%

2 용역계약

가. 용역 원가계산 대가 산정 기준

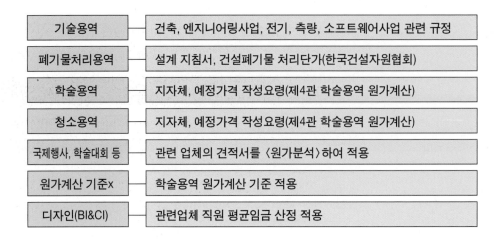

기술용역	건축, 엔지니어링사업, 전기, 측량, 소프트웨어사업 관련 규정
폐기물처리용역	설계 지침서, 건설폐기물 처리단가(한국건설자원협회)
학술용역	지자체, 예정가격 작성요령(제4관 학술용역 원가계산)
청소용역	지자체, 예정가격 작성요령(제4관 학술용역 원가계산)
국제행사, 학술대회 등	관련 업체의 견적서를 〈원가분석〉하여 적용
원가계산 기준x	학술용역 원가계산 기준 적용
디자인(BI&CI)	관련업체 직원 평균임금 산정 적용

나. 학술용역 (No. 193782)

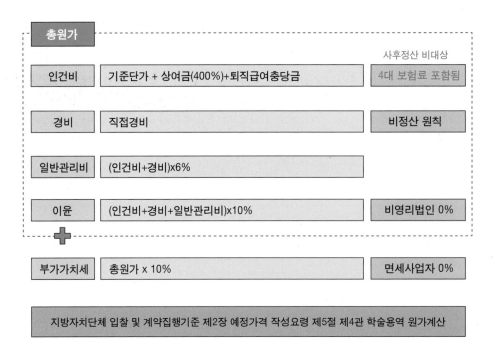

총원가		사후정산 비대상
인건비	기준단가 + 상여금(400%)+퇴직급여충당금	4대 보험료 포함됨
경비	직접경비	비정산 원칙
일반관리비	(인건비+경비)x6%	
이윤	(인건비+경비+일반관리비)x10%	비영리법인 0%

➕

부가가치세	총원가 x 10%	면세사업자 0%

지방자치단체 입찰 및 계약집행기준 제2장 예정가격 작성요령 제5절 제4관 학술용역 원가계산

다. 전시 · 대행용역

총원가	비목구성	
인건비	기준단지+상여금(400% 이하)+퇴직금여충당금	4대 보험료 포함됨 사후정산×
경비	직접경비-비정산 원칙	비정산 원칙
일반관리비	(인건비+경비)x8%	규칙 제8조제1항
이윤	(인건비+경비+일반관리비)x10%	비영리법인 0% 규칙 제8조제2항
부가가치세	총원가x10%	면세사업자 0%

지방자치단체 입찰 및 계약집행기준 절 제2장 예정가격 작성요령 제5절 제4관 학술용역 원가계산

건설기술용역 대가산정 방법	No. 69930

1. 설계 · 감리 용역의 종류

구 분	용역대가 산출기준	관련근거	비고
건축공사	공공발주사업에 대한 건축사의 업무범위와 대가기준	건축사법	국토부
토목공사	엔지니어링 사업대가의 기준	엔지니어링산업 진흥법	산자부
전기공사	전력기술관리법 운영요령	전력기술관리법	산자부
정보통신공사	엔지니어링 사업대가의 기준	정보통신공사업법	과기부 산자부
소방시설공사	엔지니어링 사업대가의 기준	소방시설공사업법	소방청 산자부

1. 예산실무
2. 지출실무
3. 계약실무
4. 보조금 관리
5. 결산실무
6. e-호조실무
7. 복식부기
8. 공유재산 및 물품
9. 변상과 회계 책임
10. 감사 사례

2. 실비정액가산 방식

가. 용역대가의 산출 원칙: 실비정액가산방식

나. 직접인건비, 직접경비, 제경비, 기술료와 부가가치세를 합산하여 대가를 산출하는 방식

다. 건설공사 설계용역 실비정액가산방식 적용 의무화(서울시)

   ○ 의무 대상: 기재부 고시금액 이상(2.2억 원)

   ○ 시행 시기: 2013년 1월 1일부터

   ○ 적용 대상: 도로, 철도, 항만, 하천, 댐의 타당성조사, 기본계획, 기본설계, 실시설계

라. 관련 규정: 지방자치단체 입찰 및 계약 집행기준, 엔지니어링 사업 대가의 기준

마. 실비정액가산방식 모식도

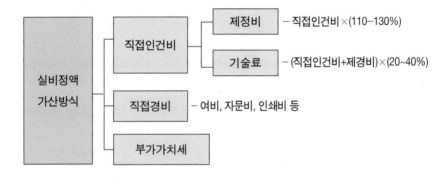

- 기본설계: 배치도, 평면도, 단면도 등 기초 설계도와 설명서
- 실시설계: 상세도면, 시방서, 물량내역서 등이 나옴

3. 공사비 요율 방식

가. 공사비에 해당 요율을 곱하여 산출한 금액에 추가 업무비용과 부가가치세를 합산하여 대가를 산출하는 방식

나. 공사비: 용지비, 보상비, 법률 수속비 및 부가가치세를 제외한 일체의 금액

다. 요율 산정 방법: 직선보간법 산정식

$$y = y_1 - \frac{(x-x_2)(y_1-y_1)}{x_1-x_2}$$

※ x: 당해 금액, x1: 큰 금액, x2: 작은 금액, y: 당해 공사비 요율, y1: 작은금액 요율, y2: 큰 금액 요율

라. 요율의 조정: 다음의 경우 10%의 범위에 대해 증액 또는 감액 가능

- 기획 및 설계의 난이도, 비교 설계의 유무, 도면 기타 자료 작성의 복잡성, 제출 자료의 수량

마. 관련 규정: 지방자치단체 입찰 및 계약 집행기준, 엔지니어링 사업대가의 기준

바. 공사요율방식 모식도

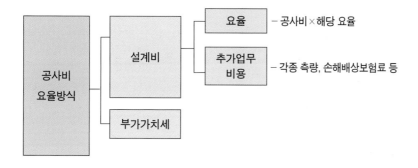

4. 실비정액가산 방식과 공사비 요율 방식 비교

구분	실비정액가산방식	공사비 요율 방식
내용	직접인건비+직접경비+제경비+ 기술료+부가가치세	설계비(공사비×해당 요율)+ 추가업무비용+부가가치세
장점	- 과업 내용 변경에 따라 대가 변경이 용이함	- 설계용역 대가 산출이 용이함
단점	- 설계용역 대가 산출이 복잡함 - 해당 항목별 투입 기술자 인원 산정 이 어려움	- 과업 내용 변경에 따라 대가 변경이 복잡함

 TIP

공공발주사업에 대한 건축사의 업무범위와 대가기준에 따른 설계 및 감리대가

※ 건축용역 설계대가 자동계산 프로그램 ⇒ No. 103312

1. 예산실무
2. 지출실무
3. 계약실무
4. 보조금관리
5. 결산실무
6. e호조실무
7. 복식부기
8. 공유재산및물품
9. 변상과 회계 책임
10. 감사 사례

건축설계비 산출 방법 | No. 56566

1. 건축물이 없는 장소에 전기, 통신, 소방공사를 설계할 경우

구 분	설계용역비 산출규정	설계 자격	산출 방법
전 기	전력기술관리법 운영 요령	• 전력시설물 종합설계업 또는 • 전문설계업(제1종) 등록업체 (전력기술관리법 제14조 및 동법 시행령 제27조 제1항 별표 4)	• 공사비 요율에 의한 방식만 적용 • 전력기술관리법 운영 요령(전기)에 규정된 대가의 기준 적용
정보통신	엔지니어링 사업 대가의 기준	• 엔지니어링 사업자 통신·정보 처리 부문(정보통신) 신고업체 또는 • 정보통신부분 기술사 사무소를 개설 등록한 업체(엔지니어링산업진흥법 제21조, 기술사법 제6조)	• 실비정액 가산 방식 또는 공사비 요율에 의한 방식 • 엔지니어링 사업 대가의 기준 적용
소 방	〃	• 일반소방시설설계업(기계분야, 전기분야) 또는 • 전문소방시설설계업 면허를 등록한 업체(소방시설공사업법 제4조 및 동법 시행령 제2조)	〃

※ 설계용역비: 전기 + 통신 + 소방

2. 건축물에 건축 · 기계설비 · 통신, 전기, 소방공사를 설계할 경우 (No.358785)

구 분	설계용역비 산출규정	설계 자격	산출 방법
정보통신	엔지니어링 사업대가의 기준	• 정보통신용역업자(엔지니어링, 기술사) • 건축사(ICT분야로 한정) (2024.7.19. 시행)	• 실비정액가산방식 또는 공사비 요율에 의한 방식

구 분	설계용역비 산출규정	설계 자격	산출 방법
전 기	전력기술 관리법 운영 요령	• 전력시설물 종합설계업 또는 • 전문설계업(제1종) 등록업체 (전력기술관리법 제14조 및 동법 시행령 제27조 제1항 별표 4)	• 공사비 요율에 의한 방식만 적용 • 전력기술관리법 운영 요령(전 기)에 규정된 대가 기준 적용
소 방	엔지니어링 사업 대가의 기준	• 일반소방시설설계업(기계분야, 전기분야) 또는 • 전문소방시설설계업 면허를 등 록한 업체	• 실비정액 가산 방식 또는 공사 비 요율에 의한 방식 • 엔지니어링 사업 대가의 기준 적용

※ 종합건축공사 설계용역: 건축 · 기계설비 · 통신 + 전기 + 소방

3. 건설 등 설계 · 감리 자격(정보통신)

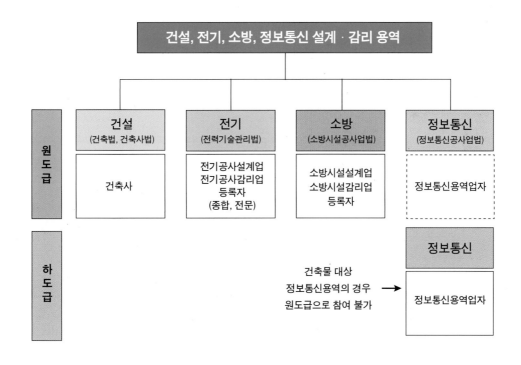

1. 공사원가의 체계 (No. 59615)

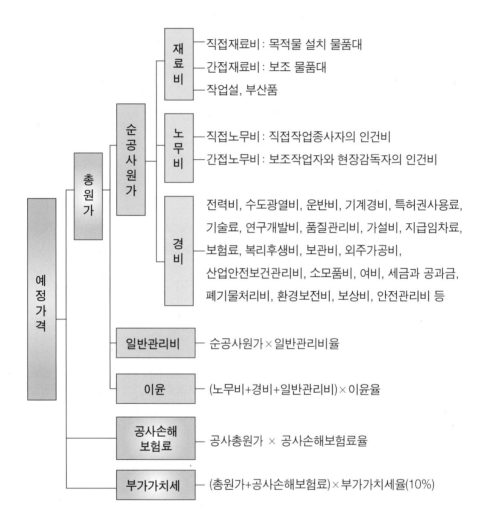

재료비
- 직접재료비 : 목적물 설치 물품대
- 간접재료비 : 보조 물품대
- 작업설, 부산품

노무비
- 직접노무비 : 직접작업종사자의 인건비
- 간접노무비 : 보조작업자와 현장감독자의 인건비

경비
전력비, 수도광열비, 운반비, 기계경비, 특허권사용료, 기술료, 연구개발비, 품질관리비, 가설비, 지급임차료, 보험료, 복리후생비, 보관비, 외주가공비, 산업안전보건관리비, 소모품비, 여비, 세금과 공과금, 폐기물처리비, 환경보전비, 보상비, 안전관리비 등

일반관리비 — 순공사원가 × 일반관리비율

이윤 — (노무비+경비+일반관리비) × 이윤율

공사손해보험료 — 공사총원가 × 공사손해보험료율

부가가치세 — (총원가+공사손해보험료) × 부가가치세율(10%)

순공사원가 / 총원가 / 예정가격

※ 계약 목적물의 시공 중에 발생되는 작업설, 부산품, 연산품 등은 그 매각액이나 이용 가치를 추산하여 재료비에서 공제.
다만, 기존 시설물의 철거, 해체, 이설 등으로 발생되는 작업설, 부산물 등은 재료비에서 공제하지 않음.

2. 공사 원가계산 대가기준 (No. 192814)

1) 노임단가

  ○ 대한건설협회 공표 시중 노임단가(1, 9월 발표)

  ○ 대한건설협회(www.cak.or.kr)→ 건설업무→ 건설적산기준→ 건설임금

2) 자재가격

  ○ 나라장터 쇼핑몰 가격, 조달청 시설공통자재, 시장시공가격 등 활용

  ○ (자료위치) 나라장터(www.g2b.go.kr)→ 가격정보

3) 표준시장단가 (추정가격 100억 원 이상 적용)

  ○ 토목, 건축, 기계공사(한국건설기술연구원), 항만공사(한국항만협회), 전기공사
    (한국전기산업연구원) 자료 활용

  ○ (자료위치/토목 · 건축 · 기계 예시) 건설기술정보 시스템(www.codil.or.kr)→
    품셈/표준시장단가→ 표준시장단가

  ○ (통합자료) 공사원가통합관리시스템   **공사원가통합관리시스템**
    (https://npccs.g2b.go.kr:8785) → 자원 서비스 → 자료실

4) 표준 품셈

  ○ 토목, 건축, 기계공사(한국건설기술연구원), 전기공사(대한전기협회), 정보통신
    공사(한국정보통신산업연구원) 자료 활용

  ○ (자료 위치/토목 · 건축 · 기계 예시) 건설기술 정보 시스템(www.codil.or.kr)→
    품셈/표준시장단가→ 표준품셈

5) 공사원가 제비율

  ○ 조달청 시설공사 원가계산 제비율 적용기준 적용

  ○ 조달청 홈페이지→ 정보제공→ 업무별 자료→ 시설공사

  ○ (주)건설계약관리연구소(http: //www.concm.net/)

3. 시설공사 원가계산 시 주의사항 (한 번 더 챙겨보기!)

1) 자재 단가 중복 확인!!

○ 사급 자재(주요 자재), 관급 자재에 적용된 금액(단가)이 일위대가, 단가산출서에 이중 적용되었는지 반드시 확인

2) 자재 · 노임 단가 적용 시 단위 확인

○ 설계서(일위대가 단가산출서 포함)에 적용된 단위당 단가가 적정하게 적용되었는지 반드시 확인

※ g 단가에 Kg 단가가 적용되었는지, l 단가에 kl 단가가 적용되었는지, kg 단가에 포(40kg) 단가가 적용되었는지 확인

3) 가설공사 등에 손료가 적정하게 적용되었는지 확인

○ 가설공사(가설건축물, 규준 틀, 동바리, 비계, 흙막이판 등)에 적용되는 손료가 적정하게 적용되었는지 반드시 확인

※ 가설공사는 가설재의 존치 기간에 따라 손료를 적용하므로, 존치 기간 확인 후 손료 적용

4) 최신 자재 · 노임단가, 표준 품셈, 표준 시장단가, 제잡비율 확인

○ 최신 자재 · 노임, 품셈, 표준시장단가, 제잡비율이 적용되었는지 확인

※ 특히, 매년 초에는 노임단가 표준품셈이 개정되므로, 검증 후 원가계산 실시!!

 예시

- **가설공사(붙였다 떼었다)**
  - 가설 시설물: 가설 건축물(컨테이너 박스), 가설 울타리(EGI 휀스), 가설 방음벽, 세륜 세차시설, 축중기 등
  - 비계, 동바리, 규준 틀, 시스템 동바리, 잭 서포트 등
  - 가시설공법(흙막이/물막이 공사): 흙막이판(토류판), 스트러트 공법(H-PILE), CIP 공법(H-PILE), 렉커(H-PILE), 강널말뚝(SHEET PILE)
  - 거푸집: 합판거푸집, 유로품, 강재거푸집 등

1. 예산실무

2. 지출실무

3. 계약실무

4. 보조금관리

5. 결산실무

6. e-호조실무

7. 복식부기

8. 공유재산및물품

9. 변상과 회계 책임

10. 감사 사례

6 발주 준비

| 계약 발주 단계 확인사항 | 계약 |

1. 체크리스트

단계	확인사항	비고
사업 기본구상	[사업의 기본적 개요 작성] ① 사업 관련 개별법령 검토 (예: 건설산업기본법, 건축사법) ② 과업 내용 검토 ③ 사업 예산 검토, 추정가격 작성	타법령
부서별 사전절차	[사업의 특성, 금액 등에 따른 사전심의 절차] - 기술용역타당성 - 공법선정위원회 - 정보화심의 - 학술용역심의회 - 일상감사 - 홍보물 · 영상물 · 간행물 - 계약심의위원회 - 원가심사 등	
발주계획 등	[사업 발주계획 등록] - (원칙) 분기별, (예외) 수시	법43조,영 124조, 예규

단계	확인사항	비고
계약발주 방침수립	**[계약방법 검토]** ① 경쟁방법 검토 | 구분		내용(추정가격 기준)
수의 계약	1인 견적	공사ㆍ용역ㆍ물품 2천만원 이하 또는 지방계약법 시행령 제25조에 따른 법적사유
	2인 이상 견적 (전자 공개)	종합공사 4억, 전문공사 2억, 기타공사 1.6억 용역ㆍ물품 1억 이하
경쟁 계약	일반경쟁	타 법령에 따른 면허, 허가 등 기본 요건만 필요
	제한경쟁*	지역, 실적, 기술, 중소기업자 등 별도 요건 필요
	지명경쟁	설비,기술 등 보유한 사전 지명자만 참여 가능 (일반적으로 대상자가 10인 미만인 경우적용) | *세부기준은 「지방자치단체 입찰 및 계약 집행기준」 제4장 제한입찰 운영요령 참고 ② 낙찰자결정방법 검토: 적격심사, 협상계약, 2단계입찰 등 ③ 계약체결방법 검토: 단독계약, 공동계약 (공동, 분담, 혼합) **[과업내용 검토]** - '부당계약 특수조건 체크리스트' 통해 과업지시서, 특수조건 등 검토(서울시)	
사전규격 공 개	**[사전규격 「나라장터(G2B)」 공개]** - 5천만 원 이상 용역ㆍ물품 및 신규 용역ㆍ물품(입찰) ※ 5일 이상 공개(긴급한 경우 3일)	법9조의2,영 32조의2
지출품의 계약의뢰	**[지출품의]** **[계약부서 재정합의]** - 지자체별 회계관리에 관한 훈령 규정 참고하여 계약의뢰 시 협 조결재	

2. e-호조 계약 지출품의 절차

이호조 지출관리 → 지출품의 → 지출품의 승인내역등록 → 결재문서번호에서 해당

결재건 등록 → 품의유형 '공사·용역·물품 중 택 1' → 계약승인요청

※ 상세자료: 계약관리 매뉴얼 (No.329675)

<table>
<thead>
<tr><th>계약심사(원가) 제도</th><th>No. 94812</th></tr>
</thead>
</table>

1. 계약심사의 의의

가. 입찰·계약을 하기 위한 원가계산(기초금액, 예정가격), 설계변경 증감 금액의 적정성을 심사·검토하는 제도(영 제10조 제3항, 입찰 및 계약집행기준, 제3장)

나. 심사절차

| 설계
(원가계산)
사업부서 | → | 원가산정의
적정성심사
계약심사부서 | → | 입찰
계약부서 | → | 계약
계약부서 | → | 설계변경
심사
사업부서
계약심사부서 |

다. 주요 심사 내용

　○ 설계서간 불일치 사항 여부

　○ 원가계산 작성 방식 및 표준 시장단가 적용의 적정성

　○ 표준품셈 등 대가 산정기준 적용의 적정성

　○ 각종 법정경비요율의 적정성

　○ 가격정보, 전문가격조사기관이 조사하여 공표한 가격, 견적가격 등 가격 결정의 적정성

　○ 산출된 물량의 적정 산출 여부

　○ 그밖에 심사를 위해 필요한 사항 검토 등

2. 의무적 계약심사 대상

가. 시·도 계약심사 대상 사업

심사내용	의무적 심사대상 사업
원가심사	• 공사: 추정금액 5억 원(종합공사가 아닌 공사는 3억 원) 이상 • 용역: 추정금액 2억 원 이상 • 물품: 추정금액 2천만 원 이상
설계변경 심　사	• 계약금액 20억 원 이상 공사의 1회 설계변경이 당해 계약금액의 10% 이상 증가하는 경우(2회 이후 설계변경의 경우 누적금액)

나. 시·군·구 계약심사 대상 사업

심사내용	의무적 심사대상 사업
원가심사	• 공사: 추정금액 3억 원(종합공사가 아닌 공사는 2억 원) 이상 • 용역: 추정금액 7천만 원 이상 • 물품: 추정금액 2천만 원 이상
설계변경 심　사	• 계약금액 5억 원 이상 공사의 1회 설계변경이 당해 계약금액의 10% 이상 증가하는 경우(2회 이후 설계변경의 경우 누적금액)

3. 심사 제외 대상

○ 지방자치단체 예산으로 편성되어 추진되는 사업이 아니거나, 행정 절차가 자치단체가 아닌 국가에서 추진하거나 시급한 국가사업(교육청 임의 적용)

○ 예정가격을 미리 작성하지 않는 사업(협상계약, 1인 수의계약 대상 등)

○ 천재지변, 재해복구사업 등 긴급한 사정으로 계약심사가 불가능한 경우

○ 심사실익이 없는 완제품 구매(상품권, 유류, 종량제 봉투, 예술품 등)

○ 조달청 제3자단가 물품 및 관급자재 구매

○ 상급기관, 조달청 및 전문기관 등에 공사원가 사전검토를 요청한 경우

※ 계약심사는 공공감사법 제22조의 일상감사와는 별개 운영(No.150238, 29180)

용역근로자 근로조건 보호지침 준수	No. 67914

1. 근거: 용역근로자 근로조건 보호지침 설명자료 (2019.9)

2. 내용

구　분	내　용
목　적	• 외주화하는 용역의 계약과정을 개선하고 발주기관의 관리·감독 등을 강화함으로써 용역근로자 근로조건 보호

구 분		내 용
대 상		• 일반용역 중 청소·경비·시설물관리 등 단순노무용역 • 생활폐기물 수집·운반 용역
유의 사항	일반 공고	• 용역 규모에 따른 근무인원 등 명시 • 일반용역 적격심사기준에 외주근로자 근로조건 보호 항목을 포함(관련 확약서 제출을 명시) 　- 예정가격 산정 시 적용한 노임에 낙찰률을 곱한 수준 이상의 임금을 지급 　- 퇴직금, 4대 보험료 등 법정부담금 지급 　- 포괄적 재하청 금지 　-「근로기준법」,「최저임금법」,「남녀고용평등과 일·가정 양립 지원에 관한 　　법률」위반 금지 • 제출내용 미이행 시 계약 해지·해제 가능 명시
	예정 가격	• 노임단가는 최저임금이 아닌 시중노임단가로 산정 중소기업중앙회 발표 '중소제조업 직종별 임금조사 보고서'의 '단순노무종사 원' 노임 적용 시설물관리용역은 '중소제조업 직종별 임금조사 보고서'의 해당 직종 노임을 적용 생활폐기물 수집·운반용역은 대한건설협회가 발표하는 보통 인부 단가 적용
	낙찰률	• [입 찰] 예정가격의 87.745% 이상 • [2인이상 견적제출] 　- 예정가격 대비 견적가격 88% 이상(추정가격 2천만 원 이하인 경우 90% 이상)
	계약서에 명기할 사항	• 특별한 사정이 없는 한 고용승계 • 특별한 사정이 없는 한 용역계약기간 중 고용유지 • 외주근로자 근로조건 보호 관련 사항 위반 시 계약해지 및 향후 입찰참가자격 제한 가능 • 노무비 산출내역 등 계약내용을 홈페이지에 공개 가능 • 분기별로 발주기관에 임금지급명세서 제출
관리감독		• 확약 내용의 이행여부를 수시로 확인 • 확약내용 불이행 시 계약해지 및 향후 입찰참가자격 제한(단, 미이행 사실 즉시 시정·보완시 제외)

※ [법규] 단순노무용역 최저임금에 미치지 못하는 경우 설계변경 가능 여부(No.285085)

1. 입찰계약

첨부서류	확인사항	비고
- 기안문 (e-호조 품의번호 기재, 입찰참가 제출 자격 명시) - 사업 시행 방침서 - 과업지시서, 시방서 등 - 산출기초조사서 - 산출기초조사서에 대한 증빙(견적서 등) - 각종 사전심의 결과서 - 긴급공고사유서 (긴급공고시) - 제한 · 지명경쟁사유서 (제한 · 지명경쟁시) - 입찰참가자격 명시한 공문 - 청렴계약이행서약서 (발주) - 부당계약 특수조건 체크리스트(서울시 해당)	① 부서별 사전 절차 ② 발주계획 〈서울계약마당〉 등록 ③ 부당계약 여부 확인 ④ 5천만 원 이상 용역·물품 입찰시 사전규격 〈나라장터〉 공개	

2. 협상에 의한 계약

첨부서류	확인사항	비고
- 기안문 (e-호조 품의번호 기재, 입찰참가 제출 자격 명시) - 사업 시행 방침서 - 제안요청서, 과업지시서 - 산출기초조사서 - 산출기초조사서에 대한 증빙(견적서 등) - 각종 사전심의 결과서 - 긴급공고사유서 (긴급공고시) - 제한·지명경쟁사유서 (제한·지명경쟁시) - 청렴계약이행서약서 (발주) - 부당계약 특수조건 체크리스트(서울시)	① 부서별 사전 절차 ② 발주계획 〈서울계약마당〉 등록 ③ 부당계약 여부 확인 ④ 5천만 원 이상 용역·물품 입찰시 사전규격〈나라장터〉 공개	

1.예산실무

2.지출실무

3. 계약 실무

4.보조금관리

5. 결산실무

6.e-호조실무

7.복식부기

8.공유 재산및 물품

9.보상과 회계 책임

10.검사 사례

7 입찰 및 계약의 절차

<table>
<tr><td>계약업무 흐름도</td><td>No. 338251</td></tr>
</table>

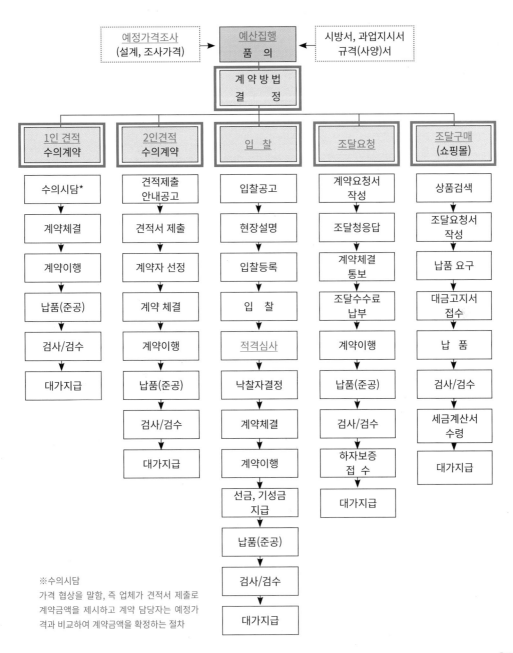

예정가격조사
(설계, 조사가격)
→
예산집행
품 의
←
시방서, 과업지시서
규격(사양)서

계약 방법
결 정

1인 견적 수의계약	2인견적 수의계약	입 찰	조달요청	조달구매 (쇼핑몰)
수의시담*	견적제출 안내공고	입찰공고	계약요청서 작성	상품검색
계약체결	견적서 제출	현장설명	조달청응답	조달요청서 작성
계약이행	계약자 선정	입찰등록	계약체결 통보	납품 요구
납품(준공)	계약 체결	입 찰	조달수수료 납부	대금고지서 접수
검사/검수	계약이행	적격심사	계약이행	납 품
대가지급	납품(준공)	낙찰자결정	납품(준공)	검사/검수
	검사/검수	계약체결	검사/검수	세금계산서 수령
	대가지급	계약이행	하자보증 접 수	대가지급
		선금, 기성금 지급	대가지급	
		납품(준공)		
		검사/검수		
		대가지급		

※수의시담
가격 협상을 말함, 즉 업체가 견적서 제출로
계약금액을 제시하고 계약 담당자는 예정가
격과 비교하여 계약금액을 확정하는 절차

입찰 및 계약 절차도 (적격심사 대상) | 계약

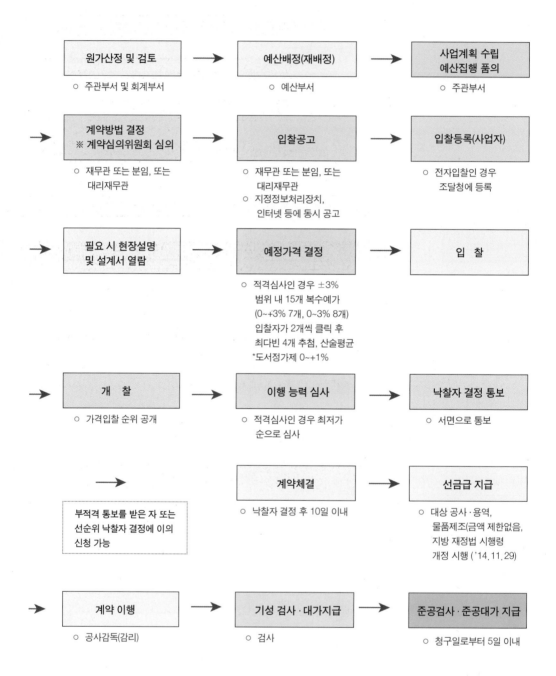

원가산정 및 검토
○ 주관부서 및 회계부서

→ **예산배정(재배정)**
○ 예산부서

→ **사업계획 수립 예산집행 품의**
○ 주관부서

계약방법 결정 ※ 계약심의위원회 심의
○ 재무관 또는 분임, 또는 대리재무관

→ **입찰공고**
○ 재무관 또는 분임, 또는 대리재무관
○ 지정정보처리장치, 인터넷 등에 동시 공고

→ **입찰등록(사업자)**
○ 전자입찰인 경우 조달청에 등록

필요 시 현장설명 및 설계서 열람

→ **예정가격 결정**
○ 적격심사인 경우 ±3% 범위 내 15개 복수예가 (0~+3% 7개, 0~3% 8개) 입찰자가 2개씩 클릭 후 최다빈 4개 추첨, 산술평균 *도서정가제 0~+1%

→ **입 찰**

개 찰
○ 가격입찰 순위 공개

→ **이행 능력 심사**
○ 적격심사인 경우 최저가 순으로 심사

→ **낙찰자 결정 통보**
○ 서면으로 통보

부적격 통보를 받은 자 또는 선순위 낙찰자 결정에 이의 신청 가능

계약체결
○ 낙찰자 결정 후 10일 이내

→ **선금급 지급**
○ 대상 공사·용역, 물품제조(금액 제한없음, 지방 재정법 시행령 개정 시행 ('14. 11. 29)

계약 이행
○ 공사감독(감리)

→ **기성 검사·대가지급**
○ 검사

→ **준공검사·준공대가 지급**
○ 청구일로부터 5일 이내

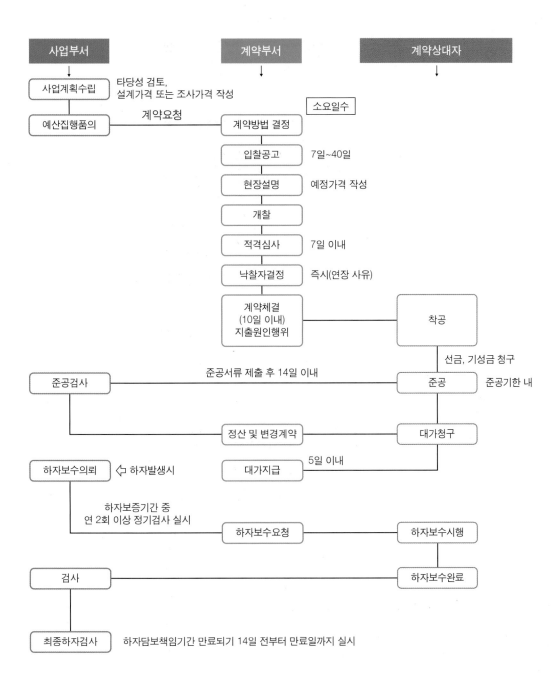

공사계약 흐름도 | No. 17764

사업부서

사업계획수립

예산집행품의

타당성 검토, 설계가격 또는 조사가격 작성

계약요청

계약부서

소요일수

계약방법 결정

입찰공고 — 7일~40일

현장설명 — 예정가격 작성

개찰

적격심사 — 7일 이내

낙찰자결정 — 즉시(연장 사유)

계약체결 (10일 이내) 지출원인행위

계약상대자

착공

선금, 기성금 청구

준공검사 — 준공서류 제출 후 14일 이내 — 준공 — 준공기한 내

정산 및 변경계약 — 대가청구

하자보수의뢰 ⇦ 하자발생시 — 대가지급 — 5일 이내

하자보증기간 중 연 2회 이상 정기검사 실시

하자보수요청 — 하자보수시행

검사 — 하자보수완료

최종하자검사 — 하자담보책임기간 만료되기 14일 전부터 만료일까지 실시

1.예산실무
2.지출실무
3. 계약 실무
4.보조금관리
5.결산실무
6.e-호조실무
7.복식부기
8.공유재산및물품
9.변상과 회계책임
10.검사사례

용역계약 흐름도 | No. 17764

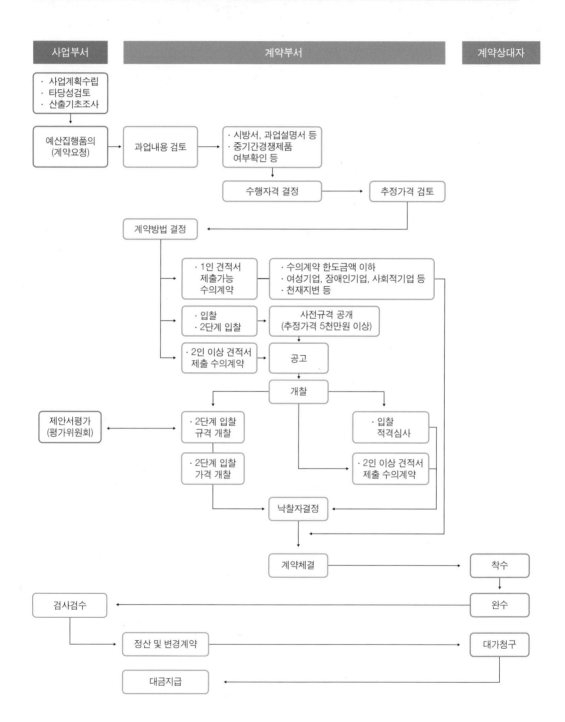

사업부서

- 사업계획수립
- 타당성검토
- 산출기초조사

예산집행품의
(계약요청)

계약부서

과업내용 검토

- 시방서, 과업설명서 등
- 중기간경쟁제품
  여부확인 등

수행자격 결정 → 추정가격 검토

계약방법 결정

- 1인 견적서
  제출가능
  수의계약

- 수의계약 한도금액 이하
- 여성기업, 장애인기업, 사회적기업 등
- 천재지변 등

- 입찰
- 2단계 입찰

사전규격 공개
(추정가격 5천만원 이상)

- 2인 이상 견적서
  제출 수의계약

공고

개찰

제안서평가
(평가위원회)

- 2단계 입찰
  규격 개찰

- 입찰
  적격심사

- 2단계 입찰
  가격 개찰

- 2인 이상 견적서
  제출 수의계약

낙찰자결정

계약체결

계약상대자

착수

완수

검사검수

정산 및 변경계약 → 대가청구

대금지급

1. 예산실무

2. 지출실무

3. 계약실무

4. 보조금관리

5. 결산실무

6. e-호조실무

7. 복식부기

8. 공유재산및물품

9. 변상과 회계 책임

10. 감사 사례

다수공급자(MAS) 2단계 계약 흐름도 | No. 276863

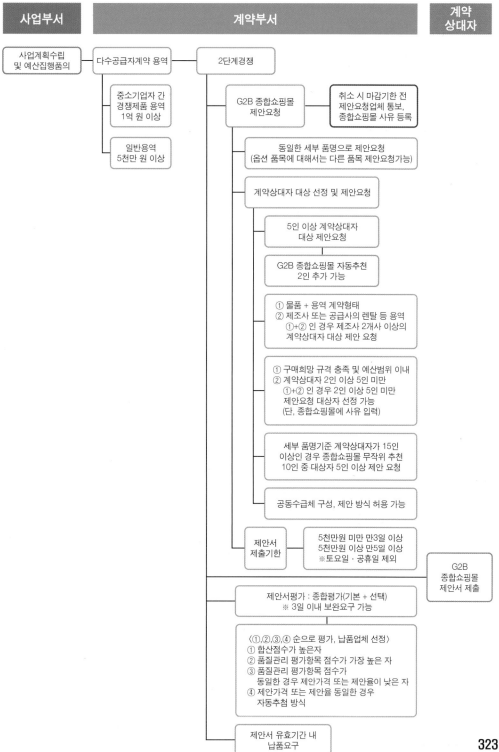

사업부서

계약부서

계약 상대자

- 사업계획수립 및 예산집행품의
- 다수공급자계약 용역
  - 중소기업자 간 경쟁제품 용역 1억 원 이상
  - 일반용역 5천만 원 이상
- 2단계경쟁
  - G2B 종합쇼핑몰 제안요청
    - 취소 시 마감기한 전 제안요청업체 통보, 종합쇼핑몰 사유 등록
  - 동일한 세부 품명으로 제안요청 (옵션 품목에 대해서는 다른 품목 제안요청가능)
  - 계약상대자 대상 선정 및 제안요청
    - 5인 이상 계약상대자 대상 제안요청
    - G2B 종합쇼핑몰 자동추천 2인 추가 가능
    - ① 물품 + 용역 계약형태
      ② 제조사 또는 공급사의 렌탈 등 용역
      ①+② 인 경우 제조사 2개사 이상의 계약상대자 대상 제안 요청
    - ① 구매희망 규격 충족 및 예산범위 이내
      ② 계약상대자 2인 이상 5인 미만
      ①+② 인 경우 2인 이상 5인 미만 제안요청 대상자 선정 가능 (단, 종합쇼핑몰에 사유 입력)
    - 세부 품명기준 계약상대자가 15인 이상인 경우 종합쇼핑몰 무작위 추천 10인 중 대상자 5인 이상 제안 요청
    - 공동수급체 구성, 제안 방식 허용 가능
  - 제안서 제출기한
    - 5천만원 미만 만3일 이상
      5천만원 이상 만5일 이상
      ※토요일 · 공휴일 제외
      - G2B 종합쇼핑몰 제안서 제출
  - 제안서평가 : 종합평가(기본 + 선택)
    ※ 3일 이내 보완요구 가능
  - 〈①,②,③,④ 순으로 평가, 납품업체 선정〉
    ① 합산점수가 높은자
    ② 품질관리 평가항목 점수가 가장 높은 자
    ③ 품질관리 평가항목 점수가 동일한 경우 제안가격 또는 제안율이 낮은 자
    ④ 제안가격 또는 제안율 동일한 경우 자동추첨 방식
  - 제안서 유효기간 내 납품요구

323

1. 규모별 적용 기준

용역비	기본계획 / 기본설계	실시설계
2.2~10억		PQ
10~15억	PQ &SOQ	
15~25억		PQ &SOQ
25억 이상	PQ &TP	

2. 사업수행능력평가(PQ) 절차

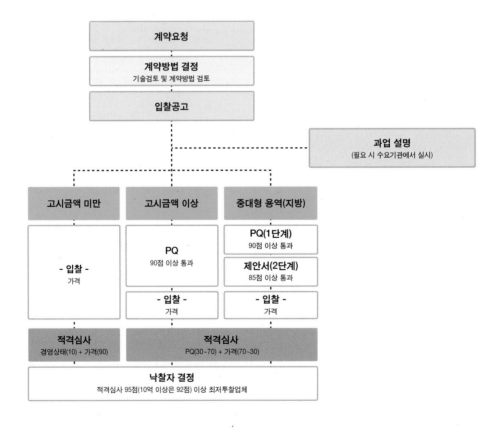

3. 기술자평가(SOQ) 및 기술제안서평가(TP) 절차

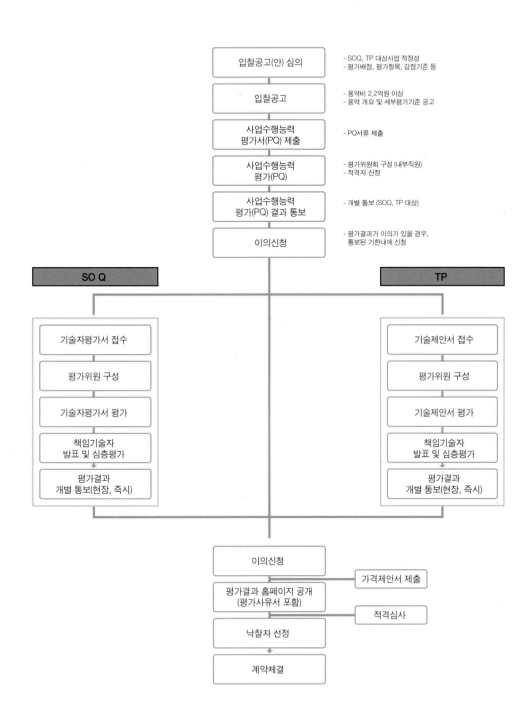

1. 예산실무

2. 지출실무

3. 계약실무

4. 보조금관리

5. 결산실무

6. e-호조실무

7. 복식부기

8. 공유재산및물품

9. 발생과 회계 책임

10. 감사 사례

1. 전자입찰 흐름도

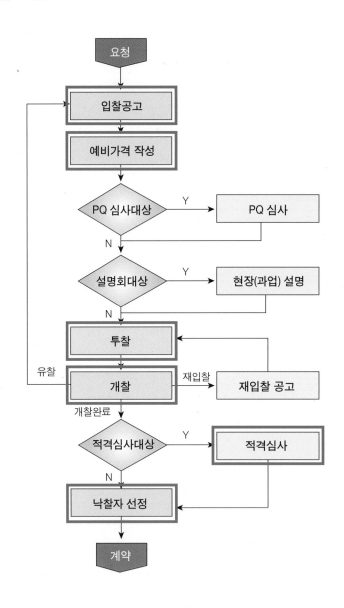

- 전자입찰 시스템 세부업무(http: //www.g2b.go.kr)

  ●G2B 이용 가이드에 상세한 처리 절차가 소개되어 있음.

2. 입찰공고 흐름도

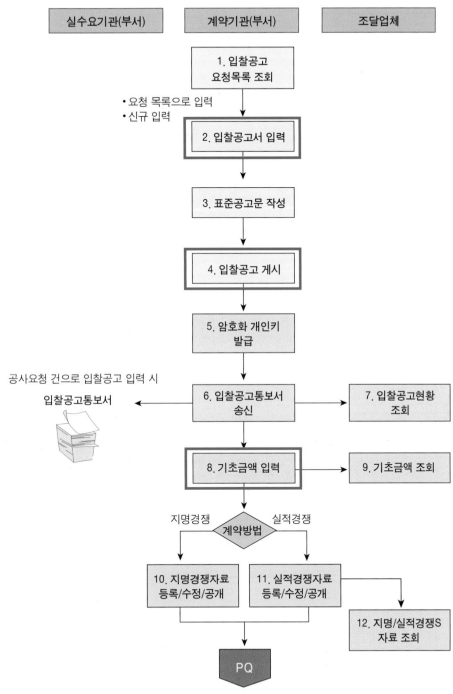

1. 예산실무

2. 지출실무

3. 계약실무

4. 보조금관리

5. 결산실무

6. e-호조실무

7. 복식부기

8. 공유재산및물품

9. 변상과 회계 책임

10. 감사 사례

3. 협상 계약 흐름도

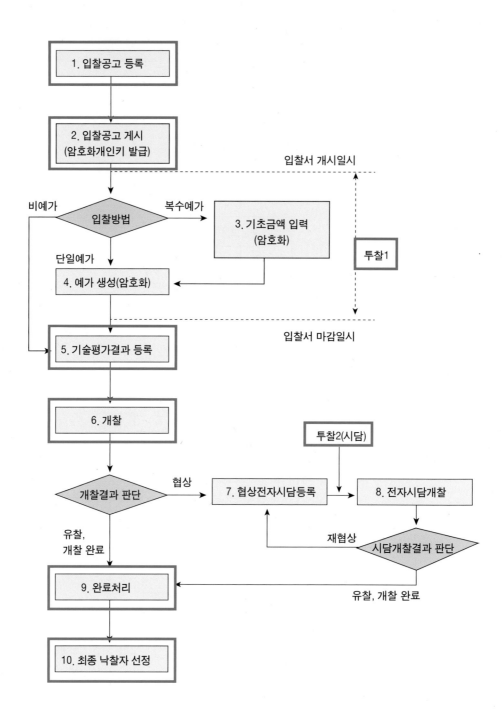

4. 전자계약 흐름도

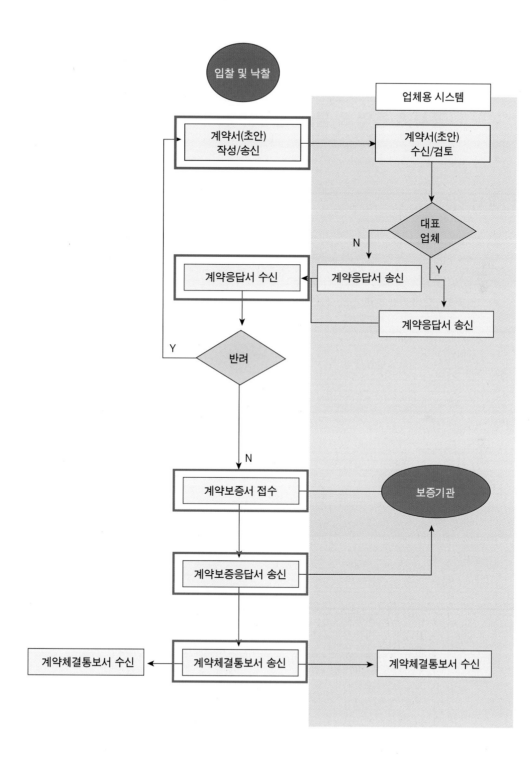

1. 예산실무

2. 지출실무

3. 계약실무

4. 보조금관리

5. 결산실무

6. e-호조실무

7. 복식부기

8. 공유재산및물품

9. 발생과 회계 책임

10. 감사 사례

8 입찰공고

> ## 공사 & 용역 & 물품 참가자격 | No. 289209

1. 공사 업종

가. 공사의 종류

구분		면허명	근거규정
공사	건설	종합건설업, 전문건설업	건설산업기본법
	전기	전기공사업	전기공사업법
	정보통신	정보통신공사업	정보통신공사업법
	소방	전문소방시설공사업, 일반소방시설공사업(기계, 전기)	소방시설공사업법
	국가유산	국가유산수리법(종합, 전문)	국가유산 수리 등에 관한 법률

나. 건설공사 업종

구 분	면허명	
종합공사 (5)	가. 토목공사업 다. 토목건축공사업 마. 조경공사업	나. 건축공사업 라. 산업·환경설비공사업
전문공사 (14)	가. 지반조성·포장공사업 다. 금속창호·지붕건축물조립공사업 마. 조경식재·시설물공사업 사. 구조물해체·비계공사업 자. 철도·궤도공사업 카. 수중·준설공사업 파. 기계설비·가스설비공사업	나. 실내건축공사업 라. 도장·습식·방수·석공사업 바. 철근·콘크리트공사업 아. 상·하수도설비공사업 차. 철강구조물공사업 타. 승강기·삭도공사업 하. 가스·난방공사업

※ 전문건설업종 개편(2022.1.1.시행): 29종 → 14종

2. 물품 업종

구분		면허명	근거규정
물품	유류	석유판매업	석유 및 석유대체연료사업법
	의료기기	의료기기 판매업	의료기기법
	인쇄 등 중소기업자간 경쟁 제품	면허제도는 아니나, 공장 등 직접 생산 요건 반드시 필요	중소기업 제품 구매 및 판로지원에 관한 법률

3. 용역 업종 (No. 9602)

구분		면허명	근거규정
용역	건설 기술	계획·조사, 설계, 감리 등	건설기술진흥법, 기술사법 엔지니어링산업 진흥법
		측량(측지, 공공, 일반, 연안조사, 항공촬영업, 공간영상도화업, 영상처리업, 수치지도제작업, 지하시설물, 지적)	측량·수로조사 및 지적에 관한 법률
		안전진단전문기관	시설물의 안전 및 유지관리에 관한 특별법
	건축	건축사업무신고	건축사법
	전력	전력설계 및 감리업	전력기술관리법
		전기안전관리대행사업자	전기사업법
	소프트웨어	소프트웨어사업자	소프트웨어산업진흥법
	청소등 일반 용역	위생관리용역업, 경비업, 저수조청소업, 근로자파견사업	공중위생관리법, 경비업법, 수도법, 파견근로자보호 등에 관한 법률
	건설폐기물	건설폐기물 수집·운반업 및 중간처리업	건설폐기물의 재활용촉진에관한법률
	석면조사	석면조사기관	산업안전보건법
	보험	보험업	보험업법

– 건설공사 발주 세부기준(국토부 고시)–

1. 「종합공사」와 「전문공사」의 구분 (제4조)

○ 발주자는 건설공사의 세부내역을 검토하여 주된 공사와 부대공사를 결정하고

○ 해당 공사의 종합적인 계획·관리·조정의 필요성 여부에 따라 종합공사와 전문공사로 구분해야 한다.

2. 「신설공사」와 「유지보수공사」의 구분 (제4조의2)

○ 발주자는 건설공사 발주 시 신설공사와 유지보수 공사 여부를 구분하여 입찰공고문에 기재하여야 한다.

〈입찰공고 예시〉

1. 입찰에 부치는 사항

가. 공사명: 2022년 금현교 등 5개소 보수공사

- (공사구분) 전문공사(유지보수공사)

- (공종비율) 시설물유지관리업 100%

　　　　　　지반조성·포장공사업(주력분야: 포장공사업)83%, 철근·콘크리트공사업7%

나. 위치: 경기도 포천시, 파주시 일원

다. 공사개요: 교면재포장, 표면보수, 인도교 설치 등(붙임 과업내역서 참조

라. 공사기간: 착공일로부터 90일

3. 부대공사 판단기준 (제5조)

○ 주된 공사를 시공하기 위하여 또는 시공함으로 인하여 필요하게 되는 종된 공사

○ 2종 이상의 전문공사가 복합된 공사로서 공사 예정금액이 3억 원 미만이고, 주된 전문공사의 공사 예정금액이 전체 공사 예정금액의 2분의 1 이상인 경우 그 나머지 부분의 공사

4. 주된 공사와 종된 공사의 구분

○ "주된 공사"란 「건설산업기본법 시행령」별표 1에 따른 종합공사를 시공하는 업종 및 전문공사를 시공하는 업종의 업무내용에 속하는 공사

○ "종된 공사"란 주된 공사 업종의 업무내용에 속하지 아니한 공사로써 시공 과정상 필수적으로 수반되는 공사

※ 상하수도공사가 대표적인 예임(주: 상하수도, 종: 토목공사)

물품분류(식별)번호 & G2B 활용 | No. 236919

1. 물품분류번호와 물품식별번호 구조

구분	번호내용	사용명칭		
대	25(운송기기)	물품분류번호 (8자리) 25101503	물품세부품명번호* (10자리) 25101503-01	물품목록번호 (10자리) 25101503- 25032970
중	10(자동차)			
소	15(버스 및 승용차)			
품명	03(일반승용차) -01(세부번호)			
식별 (생산자+번호)	25032970 (무의미 일련번호)	물품식별번호 (8자리) 25032970		

※ 현대자동차 디올뉴그랜저 2.5 캘리그리피 = 세부품명번호 2510150301 검색됨

2. 용어의 정의

① "물품분류"란 물품을 기능, 용도, 성질에 따라 대, 중, 소, 세(細) 분류로 나누어 고유번호를 매기는 체계를 말한다. (8자리 수)

② "물품식별"이란 물품을 생산자와 물리적·화학적 특성 등에 따라 나누어 고유번호 를 매기는 체계를 말한다. (물품분류번호+2=10자리 수)

1. 예산실무
2. 지출실무
3. 계약실무
4. 보조금관리
5. 결산실무
6. e-호조실무
7. 복식부기
8. 공유 재산 및 물품
9. 변상과 회계 책임
10. 감사 사례

3. 물품분류(식별)번호 구조

○ 물품목록번호는 2자리씩 4단계 계층 구조로 이루어진 8자리 숫자이다. 예를 들면 〈표〉에서 보는 봐와 같이 물품분류는 대분류(25 운송기기), 중분류(10 자동차), 소분류(15 버스 및 승용차), 세부분류(03일반승용차)로 구분한다.

○ 물품식별은 물품을 생산자와 물리적·화학적 특성 등에 따라 나누어 고유번호를 매기는 체계를 말한다(「물품목록정보의 관리 및 이용에 관한 법 시행령」 제2조). 물품식별번호는 무의미 일련번호로 생산자 물품의 고유번호다. 예로 25032970(현대자동차 디올뉴그랜저 2.5 가솔린 캘리그래피)이다.

4. 입찰공고에 물품 세부품명 번호 기재 예시

가. 국가종합전자조달 시스템 입찰 참가자격 등록규정(조달청고시 제2022-21호, 2022.10.4.)에 따라 반드시 입찰 마감일 전일까지 나라장터(G2B 시스템)에 측량업(기타-항공촬영업5026), 측량업(측지측량업5021), 측량업(기타-영상처리업5028), 소프트웨어사업자(컴퓨터관련서비스사업1468)로 모두 입찰참가 등록한 업체

나. 중소기업 제품 구매촉진 및 판로지원에 관한 법률에 의한 중소기업자로서, 동법령에 따라 입찰 마감일 전일까지 발급된 유효기간 내에 있는 직접생산확인증명서("물품세부품명번호:8111159901(물품분류명:정보시스템개발서비스, 특이사항: 20억원 미만에 한함(소프트웨어진흥법 제48조 적용))"과 "물품세부품명번호: 8115169901(세부품명: 공간정보DB구축서비스, 특이사항: 1. 20억 미만에 한함(소프트웨어진흥법 제48조 적용), 2. 토지, 도시계획, 지하시설물 등 지리정보를 전자매체로 제공하기 위한 측량, 탐사, 수치지도, 정사 영상지도 제작 등의 기초활동 포함))"를 모두 소지한 자

1. 예산실무

2. 지출실무

3. 계약실무

4. 보조금관리

5. 결산실무

6. e-호조실무

7. 복식부기

8. 공유 재산및물품

9. 변상과 회계 책임

10. 감사 사례

입찰공고문에 명시해야 하는 사항 | No. 55741

- 지방자치단체 입찰 시 낙찰자 결정기준 -

1. 공사

○ 건설공사 발주 시 신설공사와 유지보수 공사 여부를 구분하여 기재(국토부고시)

○ (물품, 공사, 용역 공통) 입찰공고 시 제경비 기준 및 비율 공개(영 제36조)

○ '동일한 종류의 공사실적 인정범위(규모·양)' 구체적으로 명시

○ 공사실적 인정규모를 하향 조정하는 경우(참가자격 제한규모 70%까지 하향 가능)

○ 추정가격을 기준으로 "평가대상 업종"과 "평가대상 업종별 추정가격"명시, 단, 복합 업종 중 일부 업종만 평가하는 경우는 평가대상 업종만을 대상으로 "업종평가비율"을 다시 백분율로 산정하여 입찰공고에 추가 명시

○ 추정가격 기준으로 업종 평가 비율이 20% 미만인 업종은 평가에서 제외 가능하고 (제외 대상 업종이 2개 이상인 경우에도 제외하는 업종의 합산 비율은 20%를 초과할 수 없음) 서로 다른 법령에 따른 업종이 복합되는 경우에는 주공사에 해당하는 동일법령 내 업종만 평가하고 다른 법령에 따른 업종은 평가에서 제외할 수 있음. 이 경우, 추정가격을 기준으로 "평가대상업종"과 "평가대상 업종별 추정가격"을 입찰공고에 명시해야 한다. (복합 업종 중 일부 업종만 평가하는 경우는 평가대상 업종만을 대상으로 "업종평가비율"을 다시 백분율로 산정하여 입찰공고에 추가 명시)

○ 해당 지역 영업활동기간 적용을 하지않는 경우 입찰자 모두 만점(배점한도)

2. 용역

○ 지역 업체 참여도를 적용하지 않는 경우에는 해당용역 수행능력 배점(점수)에 합산하여 평가한다는 내용. (모두 만점)

※ 공동도급시 대표사 구분 없이 지역 참여율 적용(단독, 20% 미만은 0점, 엔지니어링산업진흥법령·건설기술 진흥법령 등에 의한 용역과 전기·정보통신·소방·그밖의 다른 법령에 의한 용역을 분담 이행하는 경우엔 10% 미만 0점)

○ 동일한 종류의 용역실적 인정범위(규모·양)와 인정규모 및 평가기준 규모

○ 기술자 보유 상황은 평가대상용역과 용역평가비율은 입찰공고에 명시

○ (최근 3년간 해당 용역과 동일한 용역의 실적평가) 동일한 종류의 용역을 도로설계, 건축설계, 토목감리, 건축감리, 측량 등으로 입찰공고에 명시

○ (최근 3년간 동일한 용역 실적누계금액의 인정기준) 관련 협회가 없거나 협회가 있어도 실적관리를 하지 않은 경우 발주자로부터 직접 발급받은 실적증명서로 평가한다는 내용 공고문에 명시

○ (1억 원 미만 특별 신인도 평가) 해당 용역의 실적 인정 범위와 기준규모·금액을 공고에 명시

○ 해당 지역 영업활동기간 적용을 하지 않는 경우 입찰자 모두 만점(배점한도)

○ (지역 업체 참여도 평가 방법) 분담이행방식은 발주대상 용역의 추정가격 대비 과업내용별 추정가격에 대한 비율을 확인하여 지역 업체에 해당하는 참여비율을 산정하며, 입찰공고시 과업내용별 용역참여비율(분담비율)을 명시

○ (재무비율 평가방법) 경영상태 평가 기준비율은 최근년도에 관련 협회에서 발행한 "기업경영분석" 자료를 적용하되, 심사항목별 기준비율은 입찰공고에 명시. 다만, 관련협회의 "기업경영분석" 자료가 없는 경우에는 한국은행 발행 자료를 적용

3. 물품

○ 물품의 특성·사용 목적 및 내용 등에 따라 〈별표 1〉, 〈별표 2〉의 심사분야별(입찰가격 제외) 배점한도를 10%의 범위 안에서 가감 조정 가능, 이 경우 입찰공고나 입찰설명서에 그 조정 내용을 명시.

○ (이행실적) 규모·양으로 실적을 평가하는 경우에는 실적인정범위와 실적인정규모 및 평가기준규모, 실적누계금액으로 평가하는 경우에는 평가대상 물품과 물품규격별 추정가격을 입찰공고에 명시해야 한다. 품목이 많거나 규격별 비율이 낮아 평가가 곤란한 경우에는 주 품목 또는 평가대상 품목을 명시하여 평가할 수 있으며, 입찰공고에 평가대상을 명시하지 아니한 경우에는 비율이 20% 이상인 품목 3종으로, 없으면 높은 비율 순으로 5개 이내 품목으로 평가.

○ (기술능력) 시설·장비 보유 평가기준을 입찰공고에 구체적으로 명시하지 않은 경우 보유자는 A등급, 미보유자는 C등급으로 평가.

4. 협상에 의한 계약

○ 정성적 평가는 위원별 합계점수 중에서 최고점수와 최저점수를 준 위원을 제외하고 평가함. 다만, 필요한 경우 항목을 세분화한 경우는 세부항목별로 최고·최저점수를 제외하고 평가한다는 내용을 입찰공고에 명시하거나 제안요청서 등에 세부기준을 정하여 평가할 수 있다. 최고점수 또는 최저점수가 2개 이상인 경우는 하나만 제외함.

○ 제안서 평가결과 합산점수가 70점 이상인 자('소프트웨어 사업'에 대해서는 제안서 평가결과 기술능력 평가 점수가 기술능력 평가분야 배점한도의 85% 이상인 자)를 협상적격자로 선정. 다만, 특성상 필요하다고 판단되는 경우 협상적격자 대상점수를 조정가능. 이 경우 공고에 명시

5. 공동계약 (영 제88조)

○ 계약이행 규모가 소규모이거나 동일 현장에 2인 이상의 수급인을 투입하기 곤란하거나 긴급한 이행이 필요한 경우 등 계약의 목적·성질상 공동계약에 의함이 곤란하다고 인정되는 경우를 제외하고는 가능한 한 공동계약이 가능하다는 뜻을 입찰공고에 명시(영 제88조 제2항)

○ 공동계약의 이행 방식과 공동수급체 구성원의 자격 제한 사항을 입찰공고에 명시(시행령 제88조 제1항·제3항)

○ 공동이행 방식으로 발주하는 경우 입찰참가자가 주계약자 관리 방식으로 참여할 수 있도록 부계약자가 시공할 수 있는 공종 내역을 구분하여 입찰공고에 명시

○ 주계약자 관리방식의 경우 공동수급체 구성원 중 시공참여비율(발주기관이 기초금액을 기준으로 공종별로 산정하여 입찰공고에 명시한 비율)이 가장 높은 자가 주계약자가 되도록 해야 하나 공사의 특성상 필요한 경우 공종의 특성을 고려하여 시공비율이 낮더라도 주계약자가 될 수 있는 경우에는 입찰공고에 이러한 내용을 명시

1. 산림사업의 참가자격 구분(산림자원법령)(No. 73912)

업무 구분	산림법	건산법
산림의 조성·육성·이용·재해예방·복구 등 산림의 기능을 유지·발전 또는 회복시키기 위하여 산림에서 이루어지는 사업	산림조합 또는 산림사업법인	
도시림(수목 등의 식재 및 편의시설의 설치)·생활림·가로수의 조성·관리 등을 위하여 시행하는 사업	〃	조경공사업 또는 조경식재공사업

2. 산림사업은 공사인가 용역인가? (No. 136514)

○ 산림청 회신(2017)

  - 산림사업은 공사 또는 물품·용역이 아닌 기타 사업에 해당함.

○ 감사원 감사 사례(2010)

  - 산림자원법에 공사에 대한 정의가 없거나 공사 관련 면허가 없음.

  - 산림사업은 국가계약법에 따라 5천만 원 초과 시 수의계약이 가능한 기타 공사로 볼 수 없으므로 한도를 초과하여 수의계약하는 일이 없도록 주의 요구

3. 나무병원 & 나무의사(산림보호법)(No. 225520)

○ 나무병원 제도 도입 개요

  - 생활권 수목(아파트, 공원 등)에 대한 국민 수요는 증가하는 반면, 기후변화 및 국제교류 등에 따라 수목 피해가 다양해지는 추세임. 수목병해충 방제를 비전문가인 실내 소독업체 등이 주로 실시하고 있어 부적절한 약제 살포 등 국민 안전에 위협 요소로 산재되고 있어 2018. 6. 28일 이후부터는 나무병원과 나무의사만이 수목 진료를 할 수 있도록 법제화 됨.

○ 수목의 진료 체계

나무병원	나무의사	수목치료 기술자
수목 피해 진단, 처방 수목 피해 치유	수목 진료 담당	나무의사의 진단·처방에 따라 예방과 치료 담당

※ 나무병원제도 시행일 이전의 적격심사 실적은 "병해충 방제" 조경식재업체의 실적만 인정

공동도급 제한입찰 시 참가자격 확인 │ No. 58578

1. 공동도급 제한입찰 시 참가자격 요건 확인 (시행령 제20조 제1항)

구분		입찰 참가여부 결정(통과기준)	비고
시공능력평가액		구성원 각각의 시공능력평가액에 시공비율을 곱하여 합산한 시공능력평가액을 기준으로 함.	
시공 실적	공동이행	어느 하나의 구성원이라도 발주자가 제한한 실적 이상을 보유한 경우	
	분담이행	발주자가 제시한 실적기준을 해당 분야 시공에 참여하고자 하는 어느 하나의 구성원이 실적을 보유한 경우(각각 보유한 경우 포함)	
	주계약자 관리	발주자가 제시한 실적기준을 주계약자가 보유한 경우	
	공동+분담이행	발주자가 제시한 실적기준을 구성원 중 해당 분야 시공에 참여하는 어느 하나의 구성원이 보유한 경우	
기술 보유 상황		구성원 중 해당 분야 시공에 참여하는 구성원이 시공에 필요한 기술을 보유한 경우(시공에 참여하는 구성원이 각각 보유한 기술을 합산하여 요건을 충족하는 경우 포함)	

1. 예산실무
2. 지출실무
3. 계약 실무
4. 보조금관리
5. 결산실무
6. e-호조실무
7. 복식부기
8. 공유재산및물품
9. 변상과 회계 책임
10. 감사 사례

2. 참가자격 실적 & 적격심사 실적 비교

○ 참가자격 인정실적

- 최근 10년간 동일한 종류의 1건의 실적
- 공동도급시 구성원의 실적 인정
  (A사 실적) or (B사 실적): 둘 중 하나라도 충족하면 인정

○ 적격심사 시공실적

- 참가자격에서 정한 실적의 누계액 인정
- 공동도급 시 구성원별 시공비율 적용 합산 실적 인정
  (A사 실적×A사 시공비율)+(B사 실적×B사 시공비율)≥평가기준금액

| 입찰공고 시기 | No. 47359 |

---

1. 입찰공고 산정 방법

가. 입찰서 제출 마감일의 전일부터 기산하여 7일(긴급공고 5일) 전에 입찰공고하는
것이 일반적이나, 낙찰자 결정 방법 및 기초금액 등에 따라 공고 기간이 다름.

나. 수의계약

2. 협상계약 및 공사계약

구분		세부 구분	일반공고	긴급공고
적격 심사	공사	추정가격 10억 원 미만	7일	5일
		추정가격 10억 원 이상 50억 원 미만	15일	
		추정가격 50억 원 이상 249억 원(고시금액) 미만	30일	
		추정가격 249억 원(고시금액) 이상	40일	
규격·기술입찰, 협상에 의한 계약, 경쟁적 대화 방식에 의한 계약		추정가격 1억 원 미만	10일	10일
		추정가격 1억 원 이상 10억 원 미만	20일	
		추정가격 10억 원 이상	40일	

※ 현장설명회 개최시 현장설명일 전날부터 기산하여 7일전 공고

기간 계산과 금액의 단위 표준 | 계약

1. 민법상 기간 계산 방법 (No.10094)

조문	내용
제155조 (본장의 적용범위)	기간의 계산은 법령, 재판상의 처분 또는 법률행위에 다른 정한 바가 없으면 본 장의 규정에 의한다.
제156조 (기간의 기산점)	기간을 시, 분, 초로 정한 때에는 즉시로부터 기산한다.
제157조 (기간의 기산점)	기간을 일, 주, 월 또는 연으로 정한 때에는 기간의 초일을 산입하지 아니한다. 그러나 그 기간이 오전 영시로부터 시작하는 때에는 그러하지 아니하다.
제159조 (기간의 만료점)	기간을 일, 주, 월 또는 연으로 정한 때에는 기간 말일의 종료로 기간이 만료한다.
제161조 (공휴일 등과 기간의 만료점)	기간의 말일이 토요일 또는 공휴일에 해당한 때에는 기간은 그 익일로 만료한다.

1. 예산실무

2. 지출실무

3. 계약실무

4. 보조금관리

5. 결산실무

6. e-호조실무

7. 복식부기

8. 공유 재산및물품

9. 변상과 회계 책임

10. 감사 사례

2. 금액의 단위 표준 (No. 28932)

구 분	금액의 단위 표준	비고
설계금액	설계총액 1,000원 이하 버림, 기타 1원 미만은 버림(단, 일위대가표 금액은 0.1원 미만은 버림)	건설공사표준품셈 1-2-3
예정가격	1원 미만 절상(단, 단가입찰은 소수점 셋째 자리 절상)	제2장 예정가격 작성요령(예규)
입찰금액	총액 입찰은 원 단위, 단가입찰은 소수점 둘째 자리까지("0원 이상 입찰"을 유효함-유권해석NO.43918)	제8장 입찰유의서 (예규)
계약금액	원단위 이하는 절사(단, 단가계약의 각 품목별 단가는 소수점 5째 자리에서 반올림한 후 합계를 내고 원단위 이하는 절사)	회계법 55조(끝수 처리)/적격심사

재입찰, 재공고, 정정공고　　|　　No. 47359

1. 입찰공고 절차도

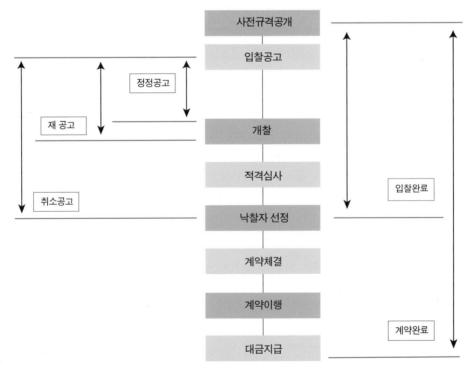

2. 공고 용어의 의미

1) 재입찰 (시행령 제19조) – 개찰 완료 버튼 누르기 전

○ 2인 이상의 유효한 입찰이 없거나 2인 이상의 유효한 입찰이 있어도 낙찰자가 없는 경우 다시 공고하지 않고 같은 장소에서 다시 입찰에 부칠 수 있음. (재입찰 공고 시간 2~3시간 정도)

○ 재입찰은 새로운 입찰로 보지 아니하며, 입찰자 또는 입찰 횟수에 제한을 받지 아니함.

⇒ 2인 이상이 입찰에 참가하여도 유효한 입찰이 2인 이상이 있어야 유효한 입찰로 봄.

2) 재공고 입찰 (시행령 제19조) – 개찰 완료 버튼 누른 후

○ 입찰자나 낙찰자가 없을 때 또는 입찰자가 1인뿐이거나 낙찰자가 계약을 체결하지 아니하는 경우에는 재공고 입찰에 부칠 수 있음.

○ 공고 기간은 긴급입찰과 같이 5일로 단축할 수 있음.

3) 재입찰 또는 재공고입찰 시 유의사항 (시행령 제19조)

○ 기한을 제외하고는 최초 입찰에 부칠 때에 정한 예정가격, 참가 자격, 기타의 조건을 변경할 수 없음.

4) 새로운 입찰 (시행령 제19조 및 제33조 제2항)

○ 유찰된 경우 재공고 입찰을 거치지 않고 기초금액 등 조건 변경 후 새로운 입찰 가능

5) 정정공고 (시행령 제33조 제2항)

○ 입찰공고 내용에 관련 법령의 오기(誤記) 등 경미한 하자가 있어 정정공고를 하는 경우에는 공고 기간의 잔여 일수에 5일을 가산하여 공고하여야 함.

○ 계약 목적물 수량과 입찰 참가자격 등의 주요 공고 내용을 변경한 경우에는 정정공고가 아닌 새로운 입찰임.

1. 예산실무
2. 지출실무
3. 계약실무
4. 보조금관리
5. 결산실무
6. e-호조실무
7. 복식부기
8. 공유재산 및 물품
9. 변상과 회계 책임
10. 감사 사례

개찰 오류 시 처리 방안 | No. 31218

1. 복수예가(지방 ±3%, 국가 ±2%) 오류로 예정가격이 공고문과 달리 작성되었을 때

⇒ 정당한 이익 침해 및 입찰 공정성 저해, 재공고 또는 새로운 공고 조치

⇒ 입찰 절차를 취소하거나 무효로 할 수 있다. (대법원 2010. 4. 8. 자2009마)

2. 낙찰 하한율을 잘못 적용하여 개찰을 진행한 경우 (No. 31218)

⇒ 공고문에 잘못 안내된 경우는 재공고 또는 새로운 공고 조치

⇒ 나라장터에 잘못 입력된 경우는 수기 개찰 후 기관별 공지사항에 안내

※ 수기 개찰 요령: 개찰조서를 엑셀 다운받아 순위 정정 후 안내공고

3. 무자격자의 참가로 사전판정 누락으로 예정가격에 영향을 미친 경우

⇒ 무효인 입찰자가 추첨한 번호도 예정가격 결정에 반영됨(국가종합전자조달시템 이용약관 제22조)

4. 공고문과 G2B에 입력한 기초 금액이 상이한 경우

⇒ 낙찰자를 결정함에 있어서 중대 오류에 해당하므로 재공고 또는 새로운 공고 조치

5. 낙찰 금액이 기초 금액을 초과하는 경우 (No. 43919)

⇒ 높은 예비가격이 추첨될 경우 기초 금액을 초과할 수 있으므로 예산을 초과하는 경우 전용 또는 추가예산을 확보하여 계약 체결을 하여야 하며, 이를 예방하려면 기초금액을 예산액 이하로 2~3% 하향 조정할 필요가 있음.

6. G2B 개찰 일자를 앞당겨 입력한 경우

⇒ 중대 오류에 해당하므로 재공고 조치

9 낙찰자 결정 방법

낙찰자 결정 방법 개념 | 계약

구분		개념	근거
적격심사 낙찰제		예정가격 이하로서 낙찰하한율 직상의 최저가격 입찰자 순으로 당해계약 이행능력(이행실적, 재무상태 등)과 입찰가격을 종합심사하여 일정점수 이상인 자를 낙찰자로 결정하는 제도	영 42조
협상에 의한 계약		계약이행의 전문성·기술성·창의성·안전성 등의 목적이 있는 경우 다수의 입찰자로부터 제안서를 제출 받아 평가 기준을 정하여 평가한 후 협상절차를 통하여 낙찰자를 결정하는 제도	영 43조
종합평가 낙찰제		시공실적, 시공품질, 기술능력, 경영상태 및 사회적 신인도 등을 종합 평가하여 가장 높은 점수를 획득한 업체를 낙찰자로 결정하는 제도	영 42조
희망 수량 입찰		다량의 수요물품을 제조하거나 구매하는 경우 희망수량에 따라 최저가 입찰자부터 순차적으로 수요량에 달할 때까지의 입찰자를 낙찰자로 결정하는 제도	영 17조
2단계 입찰	2단계 경쟁입찰 (원칙)	미리 적절한 규격 등을 작성하기 곤란한 물품·용역 계약의 경우 1단계로 규격(기술)입찰 실시 후, 규격 적격자에 한해 2단계로 가격입찰 실시하여 가장 낮은 가격으로 입찰한 자를 낙찰자로 결정하는 제도	영 18조
	규격·가격 분리동시입찰 (예외)	규격(기술)입찰과 가격입찰을 동시에 실시하여 낙찰자를 결정하는 제도	영 18조
설 계 공 모		상징성, 기념성, 예술성 등의 창의성이 요구되는 공사의 설계용역이나 물품 제조 디자인용역을 할 때 공모에 당선된 자를 낙찰자로 결정하는 제도	영 42조의4

구분		공사	용역	물품
적격심사 낙찰제		(종합) 추정가격 4억원 초과, (전문) 추정가격 2억원 초과, (기타) 추정가격 1.6억원 초과 ~ 추정가격 300억원미만	추정가격 1억원 초과	
		※ 일반적으로 상기 금액 범위인 경우 적격심사를 통해 낙찰자를 선정하나, 상기 금액보다 낮은 금액의 경우에도 적격심사 가능		
협상에 의한 계약		없음	영 43조, 44조 해당하는 경우 (단순노무 제외)	영 43조, 제44조 해당하는 경우 (단순물품 구매 제외)
종합평가 낙찰제		추정가격 300억 원 이상	없음	없음
희망수량입찰		없음	없음	규칙 19조 해당하는 경우
2단계 입찰	2단계 경쟁입찰 (원칙)	없음	영 18조 해당하는 경우 (단순노무 등 제외)	영 18조 해당하는 경우
	규격·가격 분리동시 입찰 (예외)			
설계공모		없음	영 42조의4 해당하는 경우	없음

1. 예산실무

2. 지출실무

3. 계약실무

4. 보조금관리

5. 결산실무

6. e-호조실무

7. 복식부기

8. 공유재산및물품

9. 변상과 회계 책임

10. 감사 사례

사업별 적격심사 적용기준(예규) | No. 27805

구 분		적용기준	비고
공 사	기술형 입찰 (턴키, 대안, 기술제안)	조달청 기준 적용	
	종합평가 낙찰제 (300억 원 이상)	– 지방자치단체 입찰시낙찰자 결정기준 제3장 – 종합평가 낙찰자 결정기준	
	PQ 공사(18종) (200억 원 이상 300억 원 미만)	지방자치단체 입찰 시 낙찰자 결정기준 제1장	
	공 사 (300억 원 미만)	지방자치단체 입찰 시 낙찰자 결정기준 제2장	
	건설업역 개편에 따른 낙 찰자 결정기준	지방자치단체 입찰시 낙찰자 결정기준 제11장	
용 역	기술 용역	지방자치단체 입찰 시 낙찰자 결정기준 제2장의2	
	학술 용역	지방자치단체 입찰 시 낙찰자 결정기준 제2장의2	
	건설폐기물처리용역	건설폐기물처리용역 적격업체 평가기준(환경부)	
	일반폐기물처리용역	(서울특별시) 폐기물처리용역 적격심사 세부기준	
	일반 용역	(서울특별시) 일반용역 적격심사 세부기준	
	교통신호 제어기 유지 보수 용역	(서울특별시) 교통신호제어기 유지보수용역 적격 심사 세부기준	
	상·하수도 검침 용역	(서울특별시) 상·하수도 검침관련용역 적격심사 세 부기준	
물 품	일반 물품	지방자치단체 입찰시 낙찰자 결정기준 제2장의3	
	중소 기업자 간 경쟁 물품	중소기업자간 경쟁제품 중 물품의 구매에 관한 계 약이행능력 심사세부기준(중소벤처기업부)	

※ 일반용역은 광역시도별로 세부기준을 별도로 정할수 있음(시행령 제42조제3항)

※ 해당 시·도 및 조달청 일반용역 세부기준 준용가능(교육청, 공공기관 등)

적격심사 낙찰자 결정 | No. 27805

1. 지방자치단체 적격심사 기준 (No. 234423)

○ 시설공사 낙찰하한율 $= \dfrac{(\text{입찰가격} - A)}{(\text{예정가격} - A)} \times 100$

※ A값: 국민연금보험료, 국민건강보험료, 퇴직공제부금비, 노인장기요양보험료, 산업안전보건관리비, 안전관리비, 품질관리비의 합산액

2. 적격심사 방법

가. 근거: 지방계약법 제42조, 지방자치단체 입찰시 낙찰자 결정기준(행안부)

나. 심사 방법

구 분	내용
적격심사 서류제출	7일 이내(재난복구사업은 4일 이내)
적격심사 실시	• 7일 이내(재난복구사업은 4일 이내) • 3일 이내(재난복구사업은 2일 이내) 연장가능
보완요구(1회)	• 7일 이내 • 계약담당자가 요구한 보완·추가서류 제출 가능
적격심사 결과통보	G2B 또는 서면으로 해당자에게 지체없이 통보
재심사 요청	• (이의선청) 부적격통보를 받은 선순위자, 심사내용이 부당하다고 판단한 후순위자는 3일 이내에 이의신청이나 재심사 요청 가능 • 계약담당자는 요청서 접수일로부터 5일 이내에 재심사

3. 공사 난이도 계수: 낙찰하한율 반영 없이 입력 (No. 247777)

4. PQ용역 점수 입력: 100점 만점 기준으로 입력후 적격환산비율 입력 (No. 58486)

5. 협상기술 점수 입력: 가격배점 입력 후 100점만점 기준으로 기술점수 입력 (No.15099)

적격심사 배점과 심사 항목 | No. 262221

1. 시설공사 입찰

심사항목	공사규모별						
	300억 미만 100억 이상	100억 미만 50억 이상	50억 미만 30억 이상	30억 미만 10억 이상	10억 미만 4억 이상	4억 미만 2억 미만	2억 미만
계	100	100	100	100	100	100	100
수행능력	70	50	30	30	20	10	10
시공경험	14	15	15	15	10	4.8 (종합) 5 (전문, 기타)	4.8
경영상태	15	15	10	15	10	5	5
기술능력	15						
직접시공 및 하도급 관리 계획 적정성	12	10	5				
자재와 인력 조달 가격적 정성	14	10					
접근성					+0.5	+0.2 (종합) +0.5 (전문, 기타)	0.2
신인도	±2.0	±2.0	±1.2		+1.0	+1.0	+1.0
입찰가격	30	50	70	70	80	90	90
낙찰하한선	79.995%	85.495%	86.745%	86.745%	87.745%	87.745%	87.745%
종합평점	92점	95점	95점	95점	95점	95점	95점

※ g2b에서 적격심사를 실시하여, 제출받은 서류와 결과를 대조, 확인함. 수기로도 평가 가능함)

2. 용역 입찰

가. P.Q 대상 기술용역의 평가기준

심 사 항 목	용역 규모별(추정가격 기준)		
	10억 원 이상	10억 원 미만 5억 원 이상	5억 미만
계	100점	100점	100점
용역수행능력	70	50	40
이행실적 평가	65	45	35
기술능력 평가	3	3	3
경영상태 평가	2	2	2
입 찰 가 격	30	50	60
기 술 인 력	△10	△10	△10
계약질서준수	△1.0	△1.0	△1.0
낙찰 하한선	79.995%	85.495%	86.745%
종 합 평 점	92점 이상	95점 이상	95점 이상

나. 비 P.Q 대상 기술용역의 평가기준

심 사 항 목	용역 규모별(추정가격 기준)				
	10억 원 이상	10억 원 미만 5억 원 이상	5억 원 미만 2억 원 이상	2억 원 미만 1억 원 이상	1억 미만
계	100점	100점	100점	100점	100점
용역수행능력	70	50	50	20	10
이행실적 평가	27	17	22	10	
지역업체 참여도	3	3	3		
기술능력 평가	10	10	5		
기술능력 평가	3	3	3		
경영상태 평가	30	20	20	10	
입 찰 가 격	30	50	50	80	90
기 술 인 력	△10	△10	△10	△10	△10
계약질서 준수	△1.0	△1.0	△1.0	△1.0	△1.0
낙찰 하한선	79.995%	85.495%	86.745%	87.745%	87.745%
종 합 평 점	92점 이상	95점 이상	95점 이상	95점 이상	95점 이상

3. 물품구매 입찰

가. 지방자치단체 물품구매

심 사 항 목	물품 규모별(추정가격 기준)			
	10억 원 이상	10억 원 미만 2.2억 원 미만	2.2억 원 미만	출판간행물
계	100점	100점	100점	100
납품이행능력	70	40	30	50
납품실적 평가	30			30
기술능력 평가	10	10	10	
경영상태 평가	30	30	20	20
입 찰 가 격	30	60	70	50
신 인 도	±2	±2	±2	±2
낙찰 하한선	80.495%	80.495%	84.245%	89.995%
종 합 평 점	85점 이상	85점 이상	85점 이상	85점 이상

나. 중소기업자 간 경쟁제품 중 물품의 구매

심 사 항 목	물품 규모별(추정가격 기준)		
	10억 원 이상	10억 원 미만 2.2억 원 이상	2.2억 원 미만
계	100점	100점	100점
납품이행능력	45	40	30
납품실적 평가	5		
기술능력 평가	10	10	
경영상태 평가	30	30	30
입 찰 가 격	55	60	70
신 인 도	+3 ~ -2	+3 ~ -2	+3 ~ -2
결격사유	-30	-30	-30
낙찰 하한선	87.995%	87.995%	87.995%
종 합 평 점	88점 이상	88점 이상	88점 이상

1. 예산실무
2. 지출실무
3. 계약실무
4. 보조금관리
5. 결산실무
6. e호조실무
7. 복식부기
8. 공유재산및물품
9. 변상과 회계 책임
10. 감사 사례

「건설공사발주 세부기준(국토부)」 및 낙찰자 결정 기준(제11장)

1. 참가자격 확인

구분	전문건설업자→종합공사 참여	종합건설사업자→전문공사 참여
기술능력	상대 업종 기술능력 적합 판단 * 건산법시행령[별표 2]	좌동
자본금	업종에 맞는 자본금액 확인 * 건산법시행령[별표 2]	해당 없음
시설·장비보유 여부	해당 없음	보유 및 임대 증명서(서류 확인)

※ 상대 업종 등록기준을 갖추었음을 증명하는 서류를 첨부하여 적격심사 서류 제출 마감 전(입찰이 아닌 경우 도급계약 체결전)까지 제출, 계약담당자는 건설산업기본법 제16조 및 영 제13조 별표 2의 건설업 등록기준 확인(국토교통부 고시 건설공사 발주 세부기준에 따름)

2. 종합공사와 전문공사 시공자격의 적용 예시

종합공사	전문공사
토목공사	토공사, 습식·방수공사, 석공사, 도장공사, 비계·구조물해체공사, 금속구조물·창호·온실공사, 철근·콘크리트공사, 기계설비공사, 상·하수도설비공사, 보링·그라우팅공사, 철도·궤도공사, 포장공사, 수중공사, 강구조물공사, 철강재설치공사, 승강기설치공사, 삭도공사, 준설공사 및 가스시설공사
건축공사	실내건축공사, 토공사, 습식·방수공사, 석공사, 도장공사, 비계·구조물해체공사, 금속구조물·창호·온실공사, 지붕판금·건출물조립공사, 철근·콘크리트공사, 기계설비공사, 상·하수도설비공사, 보링·그라우팅공사, 강구조물공사, 철강재설치공사, 승강기설치공사, 가스시설공사 및 난방공사
토목건축공사	토목공사와 건축공사의 전문공사에 속하는 공사
산업·환경설비공사	토공사, 비계·구조물해체공사, 금속구조물·창호·온실공사, 철근·콘크리트공사, 기계설비공사, 상·하수도설비공사, 강구조물공사, 철가재설치공사, 승강기설치공사, 가스시설공사 및 난방공사
조경공사	토공사, 석공사, 상·하수도 설비공사, 포장공사, 조경식재공사, 조경시설물설치공사

※ 위 표에 명시되지 아니한 건설공사의 구분은 해당 공사의 시공에 필요한 기술·재료·시설·장비 등의 유사성에 따라 구분

3. 전문공사 업종별 주력 분야 – 주력 분야 제한과 시공경험 평가

○ 전문공사 입찰참가시 주력분야의 제한이 가능함(세부기준 제8조의2 제2항)

○ 적격심사 시공경험 평가시 주력분야 실적으로만 평가(낙찰자결정기준)

○ 업종별 주력분야

업 종	주력분야	기술능력	자본금
1. 지반조성·포장공사업	1) 토공사 2) 포장공사 3) 보링·그라우팅·파일공사	2인	1.5억 원
2. 실내건축공사업	4) 실내건축공사	2인	1.5억 원
3. 금속창호·지붕건축물조립공사업	5) 금속구조물·창호·온실공사 6) 지붕판금·건축물조립공사	2인	1.5억 원
4. 도장·습식·방수·석공사업	7) 도장공사 8) 습식·방수공사 9) 석공사	2인	1.5억 원
5. 조경식재·시설물공사업	10) 조경식재공사 11) 조경시설물설치공사	2인	1.5억 원
6. 철근·콘크리트공사업	12) 철근·콘크리트공사	2인	1.5억 원
7. 구조물해체·비계공사업	13) 구조물해체·비계공사	2인	1.5억 원
8. 상·하수도설비공사업	14) 상하수도설비공사	2인	1.5억 원
9. 철도·궤도공사업	15) 철도·궤도공사	2인	1.5억원 (법인) 3억원 (개인)
10. 철강구조물공사업	16) 철강구조물공사	4인	1.5억원 (법인) 3억원 (개인)
11. 수중·준설공사업	17) 수중공사 18) 준설공사	수중 1인 준설 3인	1.5억 원
12. 승강기·삭도공사업	19) 승강기설치공사 20) 삭도설치공사	2인	1.5억 원
13. 기계가스설비공사업	21) 기계설비공사 22) 가스시설공사(제1종)	2인	1.5억 원
14. 가스난방공사업	23) 가스시설공사(제2종), 24) (제3종) 25) 난방공사(제1종), 26) (제2종), 27) (제3종)	2인	1.5억 원
※ 시설물유지관리업	23년 말까지 종합 또는 전문으로 전환		

4. 적격심사시 실적인정

가. 종합공사업자(전문공사)

종합공사 실적을 관련협회가 비율표에 따라 분개하여 각각 2/3를 적용하여 발급한 실적증명서인 경우는 그대로 인정한다.

> **예시**
>
> <공고> 추정가격 20억 실내건축공사에 종합건설업자 A(건축면허)가 입찰에 참여한 경우로서 발주하는 시설물 유형이 고층 아파트인 경우
>
> <평가> 관련협회에서 종합공사 실적에 대한 전문업종별 구분 비율표에 따라 분개하고, 2/3만 인정하여 발급한 A의 5년간 실내건축공사 실적
>
> *18억/20억 × 100 = 90% → A등급 15점으로 평가

나. 전문공사업자(10억 이상 종합공사)

○ 입찰공고에 명시한 추정가격 기준 전문업종별 구성비율(No.266545)로 배점을 구분하고 각 전문 업종별로 실적을 평가하여 합산한다.

> **예시**
>
> | 시공할 금액 | 전문공사의 실적(I) | 전문공사의 실적(II) |
> |---|---|---|
> | 전체 20억 원 | | |
> | 토공사업 8억 원 | 10억 원 | 6억 원
(8억 원 미만) |
> | 포장공사업 12억 원 | 14억 원 | 18억 원 |
> | 결과 | 적격 | 부적격 |

다. 전문공사업자(10억 미만 종합공사)

○ 전문 업종별 추정가격 대비 10% 이상의 실적을 갖춘 경우에는 업종 전체의 실적을 합산하여 평가한다.

○ 업종별 추정가격 대비 10% 이상을 갖추지 못한 실적이 있는 경우에는 "나"와 같이 평가한다.

적격심사 수기 예시 자료　　|　No. 27805

공사 적격심사 결과 보고

(단위: 원)

입찰공고 번호	2020-385	실수요 기관	○○재단	기초금액	1,067,695,120
입찰 공고일	2020.8.31	공고명	중증장애인요양원 건립공사	예정가격	1,071,361,725
		1순위	○○건설산업(주) (대표 ○○○)	투찰금액	945,281,660

◎ 추정가격 10억 원 미만 3억 원 이상 입찰공사(전문 3억~1억, 기타 3억~1.5억)

심사항목	기준 점수	평 가 방 법 / 평 가 점 수		심사 점수
시공경험 평가	10점	$$\dfrac{\text{3년간 실적누계액}}{\text{추 정 가 격}}$$		10점
		$\dfrac{9,693,000,000}{970,631,935}$	= 998.62% = 50% 이상 = 10점	
경영 상태	10점	$\dfrac{\text{해당 업체의 부채비율}}{\text{평균 부채비율}}$ (5) + $\dfrac{\text{해당 업체의 유동비율}}{\text{평균 유동비율}}$ (5)		10점
		$\{\dfrac{25.55}{147.88}$ = 17.2% (100% 미만) = 5점$\}$ + $\{\dfrac{380.55}{138.32}$ = 257.1% (100% 이상) = 5점$\}$		
결격 여부	△10점	입찰공고일 현재 기술자 보유현황이 건설산업기본법령 등 공사 관련 법령에 따른 등록기준에 미달하는 자는 10점을 감점한다.		0점
입찰가격	80점	$80-20 \times \left\| (88/100 - \dfrac{\text{입찰가격}-\text{A}}{\text{예정가격}-\text{A}}) \times 100 \right\| \geqq 75$		75점
		$80-20 \times \left\| (\dfrac{88}{100} - \dfrac{901,239,128}{1,027,319,192}) \times 100 \right\| = 75점$		
총계		(A값=44,042,532)		95점

◎ 적격심사 결과: 적격(95점 이상)

구분	담당자	팀장	(분임)재무관
결재			
협조			

※ 업종별 경영상태 평균비율 조회 ⇒ 카페/회계자료실/업종경영상태(링크)

1. 2단계 경쟁과 규격가격 동시경쟁 입찰 개요도

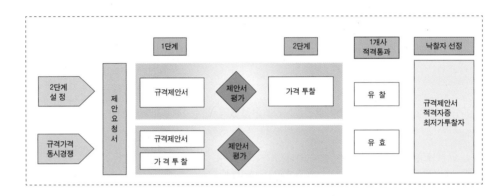

※ 계약담당자는 물품의 제조·구매(청소, 경비 등 단순한 노무에 의한 용역으로
서 행정안전부령으로 정하는 용역의 계약은 제외) 또는 용역계약(청소, 경비 등
단순한 노무에 의한 용역으로서 행정안전부령으로 정하는 용역의 계약은 제외
한다)에서 미리 적절한 규격 등을 작성하기 곤란하거나 그 밖의 계약 특성상 필
요하다고 인정되는 경우에는 규격입찰과 가격입찰 또는 기술입찰과 가격입찰
을 동시에 실시 가능하며 규격입찰 또는 기술입찰의 개찰 결과 적격자로 확정
된 자에 한정하여 가격입찰을 개찰하여야 함.

2. 2단계 입찰 요령

가. 적용 대상: 적절한 규격 등 사전 작성이 어렵거나 기타 계약 특성상 필요한 용역,
물품 계약

※ 제외 대상: 청소, 검침, 단순경비, 인력지원 용역 등

나. 관리 방법

○ 1단계: 규격 또는 기술입찰 실시, 평가기준은 발주자가 만들어야 함.

○ 2단계: 규격 또는 기술입찰 통과한 업체 대상으로 최저가 입찰 실시

※ 기술·규격과 가격입찰을 동시에 실시할 수 있음

○ 평가항목: 예시) 정량(30)+정성(70), 70~80점 정도에서 적격자 선정

다. 규격·기술평가위원 구성 및 평가방법: 협상에 의한 계약 낙찰자 결정기준 준용

○ 위원수 7~10인 이내(위원장 포함) / 예비평가위원 21~30명 구성

○ 3배수 이내 후보자명단 작성 신청 ⇒ 고유번호 부여 ⇒ 입찰자가 추첨 ⇒ 다빈도
순에 의해 최종 선정

○ 소속기관 공무원 위원 제외 / 최고 및 최저 점수 제외하고 합산 후 산술평균

○ 규격 적격자 중 최저가 입찰자 낙찰(규칙 제46조 제2항)

협상 계약 요령   │ No. 276863

1. 협상에 의한 계약 절차

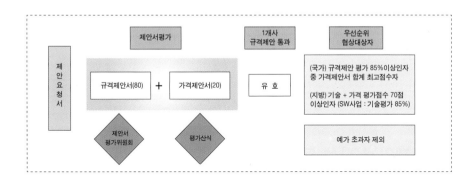

2. 협상 계약 방법

가. 적용 대상

○ 물품, 용역: 전문성·기술성·창의성·예술성·안전성 등이 요구되는 경우

○ 지식기반사업 등: 엔지니어링, 정보통신, 정보화, 산업디자인, 문화, 온라인디지
털콘텐츠, 학술연구용역, 조형물, 공간정보사업

나. 제외대상: 시설분야·폐기물·육상운송 용역 등 단순인력 투입으로 전문성·창의성 등 미약, 보험용역은 최저가 입찰 대상으로 제외

다. 평가항목: 정량평가(20점) + 정성평가(60점) + 가격평가(20점)

1) 10점 범위 내 가감조정 가능/정량평가는 항목당 30%까지 가능

2) 공공조형물의 경우 지방자치단체 입찰시 낙찰자 결정기준 제7장 〈별표 3〉 적용·집행

라. 심사위원 및 평가방법

○ 국가, 다른 지자체 공무원, 관련 전문가 등으로 7~10인으로 구성

  ※ 위원수는 위원장 포함하며, 위원장은 위원중에서 호선함

○ 3배수 이내 후보자 명단 작성 신청 ⇒ 고유번호 부여 ⇒ 입찰자가 추첨 ⇒ 다빈도 순에 의해 최종 선정

○ 당해 소속기관 근무자는 위원에서 제외

○ 최고 및 최저 점수는 제외하고 합산 (중위평가)

○ 70점 이상인 자(소프트웨어 사업"에 대해서는 제안서 평가결과 기술능력 평가 점수가 기술능력 평가분야 배점한도의 85% 이상인 자)를 우선 협상 대상자로 결정

○ 평가위원 평가점수 공개 (평가위원명단 공개)

제안서 작성 요령 (협상, 2단계) | No. 193659

1. 2단계 경쟁과 규격가격 동시경쟁 입찰 개요도 1. 관련 규정

구분	관련규정
협상에 의한 계약	지방계약법 시행령 제43조, 제44조 지자체입찰 시 낙찰자결정기준 제7장 협상에 의한 계약체결 기준
2단계 입찰 규격가격동시입찰	지방계약법 시행령 제18조, 규칙 제23조의 2, 규칙 제46조 제2항

※ 청소, 검침용역 등 단순노무 성격의 경우 2단계 입찰제외(적격심사제 이용)

2. 제안요청서 작성기준

○ 수요 목적이 분명해야 한다

○ 이를 뒷받침하는 규격(범위)을 명확히 해야 한다.

○ 평가위원이 명확히 평가할 수 있도록 해야 한다.

○ 2단계, 규격가격 동시, 협상 계약 모두 해당

3. 제안요청서 명시사항

입찰공고문	제안요청서
○사업명, 사업내용, 사업기간, 예산 ○해당 계약이 협상(2단계) 계약이라는 사실 ○제안요청서 사전 설명회 사항 ○협상(2단계)계약 체결기준 및 절차 ○제안서 제출기간 ○제안서 내용 ○제안서 평가요소 및 평가 방법 ○기타 필요사항	○과업 내용 ○요구 사항 ○계약 조건 ○평가 요소와 방법 ○제안서 규격 ○기타 필요사항

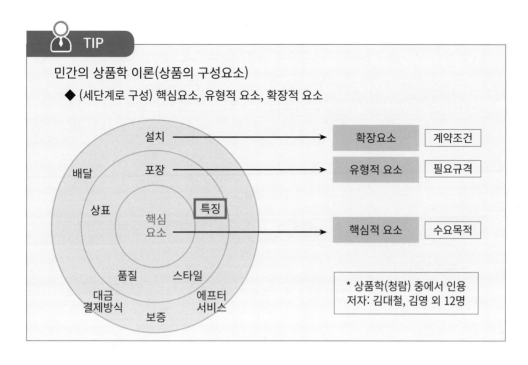

TIP

민간의 상품학 이론(상품의 구성요소)

◆ (세단계로 구성) 핵심요소, 유형적 요소, 확장적 요소

설치 → 확장요소 — 계약조건

포장 → 유형적 요소 — 필요규격

배달
상표
핵심요소 / 특징 → 핵심적 요소 — 수요목적
품질   스타일
대금 결제방식   에프터서비스
보증

* 상품학(청람) 중에서 인용
  저자: 김대철, 김영 외 12명

1. 예산실무
2. 지출실무
3. 계약실무
4. 보조금관리
5. 결산실무
6. e-호조실무
7. 복식부기
8. 공유재산및물품
9. 변상과 회계 책임
10. 감사 사례

10 계약체결 및 이행

계약체결 및 이행	계약

1. 계약체결

○ 계약체결: 계약담당공무원과 계약 상대자의 기명·날인·전자서명으로 확정

○ 계약시기:낙찰통지를 받은 날로부터 10일 이내내

○ 계약서류

시설공사	공사도급표준계약서, 공사계약일반조건 및 공사입찰유의서, 공사계약 특수조건, 공사비산출내역서, 계약보증금, 사업자 등록사본, 해당면허증 및 면허수첩사본, 사용 인감신고서, 법인등기부등본, 인감 및 사용인감 지참, 수입인지
물품제조 · 구매	물품표준계약서, 규격서, 물품구매입찰유의서, 물품구매계약일반조건, 물품구매계약특수조건 및 산출내역서 등
용역	기술용역표준계약서 등

※ ●G2B 상의 시설공사, 물품제조 구매, 용역 등 계약서 사용

○ 계약보증금: 공사·용역·물품 계약금액의 10%(단, 이행보증 40%)

○ 계약 인지세(No.48728, 2인 이상 시 연대 납부-국가. 지자체는 면세)

| 인지세액 |

과세문서	계 약 금 액	인지세액
도급 또는 위임에 관한 증서	~ 1천만 원 이하	면제
	1천만 원 초과 ~ 3천만 원 이하	2만 원

360 예산회계실무[기본서]

과세문서	계 약 금 액	인지세액
도급 또는 위임에 관한 증서	3천만 원 초과 ~ 5천만 원 이하	4만 원
	5천만 원 초과 ~ 1억 원 이하	7만 원
	1억 원 초과 ~ 10억 원 이하	15만 원
	10억 원 초과 ~	35만 원
부동산 전세권에 관한 증서		1만 원

※ '매매계약'인 경우에는 인지세 과세 대상이 아님 (No. 28180)

○ 계약금액에 따른 생략 및 면제 가능 문서

계약금액 3천만 원 이하	계약금액 5천만원 이하
• 검사조서 작성 생략 가능 • 하자 검사결과 하자검사조서 작성 생략 가능	• 표준계약서 생략 가능 (약식 계약서로 대체 가능) • 계약보증금 납부 면제 가능

2. 계약의 이행

1) 물품의 납품

○ 계약서상의 납품 기한 내

　※ 계약담당자가 필요에 따라 분할 납품을 요구하거나 계약상 분할납품이 허용된
　　경우를 제외하고는 분할 납품 불가

2) 용역의 이행

○ 계약서상의 완료(완수) 기한 내

3) 공사의 감독

○ 계약서, 설계서 등에 의하여 감독
○ 필요 시 전문 기관을 지정하여 감독대행 가능
○ 하도급계약을 한 경우

- 하도급 계약서

- 하도급 직불을 하는 경우 직불합의서

○ 노무비 구분 관리 및 확인제 실시하는 경우

　- 합의서 및 통장사본 제출

　- 하도급 직불을 하는 경우 직불합의서

4) 공사이행감독: 공사감독일지 작성

○ 착공신고서 접수: 계약 문서에 정한 시기(공사기간 30일 미만 시 생략 가능)

○ 계약기간 조정 시: 변경 계약서 작성

　- 사유: 우기, 월동기 등

　- 계약보증증권(기간 연장 추가 보증), 재착공계(예정공정표) 첨부

○ 계약금액 조정 시

　- 사유: 물가변동, 설계 변경, 기타 계약 내용의 변경

　- 기간: 계약 상대자의 조정 신청일로 부터 30일 이내 계약금액 조정

 TIP

- **착공 신고 시 제출서류**
  - 착공계, 현장대리인계 2부, 공사공정표, 안전관리계획서, 환경관리계획, 품질관리계획서, 공정별인력 및 장비투입계획서, 착공전 현장사진 기타

- **계약의 해제·해지**
  - 정당한 이유 없이 약정한 착공 기일을 경과하고 공사에 착공하지 아니할 경우
  - 정당한 이유 없이 계약담당자의 이행 촉구에 따르지 아니한 경우
  - 준공기한까지 완성하지 못하거나 완성 할 가능이 없음이 명백하다고 인정될 경우
  - 지연배상금이 계약금액의 100분의 10이상인 경우
  - 시공계획서를 제출 내지 보완하지 않거나 정당한 이유 없이 계획서대로 이행하지 않은 경우
  - 정상적인 계약관리를 방해하는 불법·부정행위가 있거나 계약조건을 위반하고 그 위반으로 인하여 계약의 목적을 달성할 수 없다고 인정될 경우

  ※ 계약이 해제·해지된 경우 계약상대자는 지급받은 선금에 대하여 미정산 잔액이 있는 경우에는 그 잔액에 대한 약정이자 상당액을 가산하여 발주기관에 상환해야 하며 계약담당자는 상환할 금액과 기성부분의 대가를 상계처리

계약 시 생략, 면제, 예외 가능 사항 | No. 8520

1. 지방계약법

구분	근거	면제대상(내용)	비고
입찰보증금면제	영 37조 3항	국가, 지자체, 공공기관 등	확약서
계약서작성 생략	영 50조	계약금액 5천만 원 이하	간이계약
검사조서 생략	영 65조	계약금액 3천만 원 이하	결의서상 날인
하자검사조서 생략	영 70조 3항	계약금액 3천만 원 이하	검사는 실시
하자보수보증금 면제	영 71조 1항	계약금액 3천만 원 이하 등	
수의 견적서제출생략	규칙 33조	추정가격 200만 원 미만 물품, 용역, 카드 사용 시 등	

2. 기타 법령

구분	근거	면제대상(내용)	비고
인지세 비과세 (인지세법)	법 6조	국가, 지자체	No. 48728
국세 납세증명서 예외 (국세징수법)	영 91조	국가,지자체,공공기관과 수의계약 체결시	No.119738
연금 납부증명서 예외 (연금보험법)	영70조의4	국가,지자체,공공기관과 일상거래행위,계약서작성생략시	
건강 납부증명서 예외 (건강보험법)	영 47조의3	국가,지자체,공공기관과 일상거래행위	

3. 각종 채권 매입(소화)

구 분	근거	매입소화 기관	매입기관아닌곳
국민주택채권	법 68조 영 95조	국가, 시·도교육청 및 소속기관, 정부출연기관	시·도, 시·군·구
도시철도채권	법 21조 영 14조	서울시 및 5개 광역시	매입기관 산하 자치구, 교육청 등
지역개발공채	시·도조례	시·도 및 시·군·구, 지방자치단체 출연기관	서울시 및 5개 광역시, 산하 자치구, 교육청 등

1. 기본 사항

가. 구매목적 및 용도

나. 계약방법(입찰, 지명입찰, 수의계약, 단가계약 및 희망수량 입찰 등)

다. 입찰참가자격

라. 납품기한 및 장소

마. 검사방법(관능, 이화학시험)

바. 품질보증기간 및 부품보유기간

사. 예산과목

2. 완제품 구입

가. 구체적인 규격서

나. 구체적인 사양서

3. 제조 가공품

가. 시방서

나. 도면

다. 제조원가계산서

4. 수입물품

가. 수입원

나. 수입물품 산출내역서(품대, 운송료, 적하보험료, 관세 등)

다. 기타 시장재고, 유통여부나 참고자료 제시

5. 운송보관

가. 운송구간 및 거리제원

나. 운송수단(차종)

다. 운송 조작비 적용구분(용적 또는 중량치, 시간제 및 거리제)

라. 보관 수단 및 장소

6. 수 리

가. 수리명세

나. 수리단위별 내역서

7. 임 차

가. 임차 대상

나. 임차 기간 및 장소

다. 임차 조건

1. 예산실무

2. 지출실무

3. 계약실무

4. 보조금관리

5. 결산실무

6. e-호조실무

7. 복식부기

8. 공유 재산및물품

9. 변상과 회계 책임

10. 감사 사례

공사 용역계약 품의 시 명시사항 | No. 28209

1. 공사 시행품의 기본 사항

    가. 공사명

    나. 계약 방법

    다. 입찰 참가자격

    라. 준공 기간

    마. 하자보증기간 년(적용 조문 조항)

    바. 예산과목

    사. 첨부서류: 설계도서, 관급자재를 사전에 확보하지 못한 경우에는 소요 관급자재 수급계획서와 구매요구서 송부

2. 설계도서의 내용 및 기준

    가. 설계도서에는 공사설명서, 시방서(규격서), 내역서, 도면 및 그 밖의 필요사항 첨부

    나. 공사 설명서에는 공사 개요표와 예정 공정표를 첨부

    다. 공사 시방서는 공사 시공 중 야기될 교통 문제, 공해 문제와 불의의 사고 등 제반 문제에 대한 대책 또는 책임 구분과 특수 작업, 설계 변경, 공사 기간 변경에 대한 사항 등 예견되는 필요사항을 명시

3. 설계상의 책임 구분

    ○ 설계내역서 중 기술적 · 전문적인 수량 책정과 단가 적용상의 오류는 주관과의 관계 공무원이, 계산상의 오류는 주관과와 재무과의 관계 공무원이 그 책임을 진다. (서울시 규칙 제37조)

4. 용역계약

    가. 용역계약에는 계약 내용 달성에 필요한 과업지시서를 작성해야 함.

    나. 그 밖의 사항은 시설공사 도급계약의 예에 준하여 처리

1. 물품계약 서류

1) 계약 시

발주자	계약 상대자

○ 품의서(규격서, 시방서 등 첨부)
○ 물품구매 표준계약서(5천만 원 초과)
○ 계약 일반조건
○ 계약 특수조건(필요 시)
○ 입찰유의서
○ 산출내역서
○ 과업지시서(필요 시)
	○ 계약보증금납부서
	  - 보증금(보증서) : 계약금액의 10%
	  - 보증각서 : 5천만원 이하
	○ 각서(수의계약시)
	○ 수의계약 체결 제한 여부 확인서(수의계약시)
	○ 조세포탈서약서
	○ 사업자등록증 사본
	○ 법인등기부 등본(개인인 경우 사업자등록
	  증명원)
	○ 사용인감신고서
	○ 보안각서(필요시)
	○ 청렴서약서
	○ 수입인지(1천만원 초과)
	○ 도장(계약자)
	○ 신분증(대리인-위임장, 재직증명서)

2) 대가 지급 시

발주자	계약 상대자

○ 납세증명 확인(관세, 국세, 지방세)
○ 납부증명 확인(건강, 연금)
	○ 청구서
	○ 전자세금계산서(면세일 경우 전자계산서)
	○ 거래명세서(납품계)
	○ (설치도) 사진대지(전, 중, 후)
	○ 하자보수보증금(보증보험증권)
	  - 보증금
	  ·물품구매 : 계약금액의 2%
	  ·물품제조 : 계약금액의 3%
	  - 보증각서 : 3천만원 이하
	○ 통장 사본
	○ 국세·지방세 납세증명서
	○ 건강·연금 납부증명서
	○ 지역개발공채 매입필증(해당기관)

2. 용역계약 서류

1) 계약 시

발주자	계약 상대자
○ 품의서(계획서 등 첨부) ○ 용역 표준계약서(5천만 원 초과) ○ 계약 일반조건 ○ 계약 특수조건(필요 시) ○ 입찰유의서 ○ 과업내용서 ○ 산출내역서	○ 계약보증금납부서 　- 보증금(보증서) : 계약금액의 10%이상 　- 보증각서 : 5천만원 이하 ○ 각서(수의계약시) ○ 수의계약 체결 제한 여부 확인서(수의계약시) ○ 조세포탈서약서 ○ 사업자등록증 사본 ○ 용역업등록증 및 자격증 사본 ○ 법인등기부 등본(개인인 경우 사업자등록증명원) ○ 사용인감신고서 ○ 손해배상증권(감리계약) ○ 청렴서약서 ○ 수입인지(1천만원 이상) ○ 도장(계약자) ○ 신분증(대리인-위임장, 재직증명서)

2) 착수 시

발주자	계약 상대자
○ 공사감독 임명조서 사본 　(전문기관에 감독 지정 시)	○ 착수신고서 ○ 용역공정예정표 ○ 공정별 인력 및 장비투입계획서 ○ 산재고용보험 가입증명서 ○ 보안각서(필요시) ※ 각 2부 제출

3) 기성검사 시

발주자	계약 상대자
○ 기성부분 검사조서 ○ 납세증명 확인(관세, 국세, 지방세) ○ 납부증명 확인(건강, 연금)	○ 기성검사원 ○ 기성청구서 ○ 기성명세서

발주자	계약 상대자
	○ 하도급업체 기성내역서(해당 사업) ○ 세금계산서(법인 전자세금계산서) ○ 통장 사본 ○ 관세·국세·지방세 납세증명서 ○ 건강·연금 완납증명서

4) 완성검사 시

발주자	계약 상대자
○ 완성검사조서	○ 용역 완료 신고서 ○ 보험료 정산서(해당시) ○ 선금 사용 정산서

5) 대가 지급 시

발주자	계약 상대자
○ 납세증명 확인(관세, 국세, 지방세) ○ 납부증명 확인(건강, 연금)	○ 청구서 ○ 전자세금계산서(면세일 경우 전자계산서) ○ 하자보증증권(3천만원 이상) 　※ 3천만원 미만은 각서로 대체 가능 ○ 손해배상증권(설계업체) ○ 통장 사본 ○ 국세·지방세 납세증명서 ○ 건강·연금 납부증명서 ○ 지역개발공채 매입필증(해당기관)

 용어

■ 공사시방서
공사에 쓰이는 재료, 설비, 시공체계, 시공기준 및 시공기술에 대한 기술설명서와 이에
적용되는 행정명세서로서, 설계도면에 대한 설명 또는 설계도면에 기재하기 어려운 기
술적인 사항을 표시해 놓은 도서

3. 공사계약 서류

1) 계약 시

발주자	계약 상대자

○ 품의서(계획서 등 첨부)
○ 공사도급표준계약서(5천만 원 초과)
○ 계약일반조건
○ 계약특수조건(필요 시)
○ 입찰유의서
○ 설계서(시방서, 설계도면, 현장설명서)
○ 공종별 물량내역서(1억 원 이상)
	○ 계약보증금납부서
	  - 보증금(보증서): 계약금액의 10%
	  - 보증각서: 5천만 원 이하
	○ 공사이행보증서(100억 원 이상)
	  : 계약금액의 40%
	○ 각서(수의계약 시)
	○ 수의계약 체결 제한 여부 확인서(수의계약시)
	○ 조세포탈서약서
	○ 사업자등록증 사본
	○ 건설업등록증 사본
	○ 법인: 등기부 등본, 사용인감신고서
	○ 하도급계약서(하도급 계약 시)
	○ 하도급직불합의서(하도급 직불 시)
	○ 청렴서약서
	- 수입인지(인지세법)
	  - 1천만 원 미만: 해당없음
	  - 1천만 원~3천만 원: 2만 원
	  - 3천만 원~5천만 원: 4만 원
	  - 5천만 원~1억 원: 7만 원
	  - 1억 원~10억 원: 15만 원
	  - 10억 원 초과: 35만 원
	○ 도장(계약자)
	○ 신분증(대리인-위임장, 재직증명서)

2) 착공 시

발주자	계약 상대자
○ 공사감독 임명조서 사본	○ 착공신고서 ○ 산출내역서 ○ 산재고용보험 가입증명서 ○ 공사공정예정표 ○ 현장대리인 지정서 ○ 현장대리인 경력증명서 ○ 현장대리인 재직증명서

1. 예산실무
2. 지출실무
3. 계약실무
4. 보조금관리
5. 결산실무
6. e-호조실무
7. 복식부기
8. 공유재산 및 물품
9. 변상과 회계 책임
10. 감사 사례

발주자	계약 상대자
	○ 현장대리인 자격증(면허) 사본
	○ 직접시공계획서(계약일 30일 이내)
	※ 4천만 원 미만, 공사기간 30일 이내 사업은 제외
	○ 안전·환경 및 품질관리계획서
	○ 공정별 인력 및 장비투입계획서
	○ 착공 전 현장사진
	○ 노무비 구분관리 및 지급확인제합의서(공사기간 1개월 이상)
	○ 노무비 지급용 전용통장 사본 (공사기간 1개월 이상)

3) 기성검사 시

발주자	계약 상대자
○ 기성부분검사조서 ○ 납세증명 확인(관세, 국세, 지방세) ○ 납부증명 확인(건강, 연금)	○ 기성검사원 ○ 기성청구서 ○ 기성명세서 ○ 하도급업체 기성내역서(해당 사업) ○ 기성 사진(전, 중, 후) ○ 세금계산서(법인 전자세금계산서) ○ 통장 사본 ○ 관세·국세·지방세 납세증명서 ○ 건강·연금 완납증명서

4) 준공검사 시

발주자	계약 상대자
○ 준공검사조서	○ 준공신고서 ○ 준공 사진(전, 중, 후) ○ 보험 정산서 ○ 환경보전비 사용내역서 ○ 안전관리비 사용내역서 및 증빙서류 ○ 선금사용 정산서

5) 대가 지급 시

발주자	계약 상대자
○ 납세증명 확인(관세, 국세, 지방세) ○ 납부증명 확인(건강, 연금)	○ 청구서 ○ 세금계산서(법인 전자세금계산서) ○ 하자보증증권(3천만 원 이상) 　※ 3천만 원 미만은 각서로 대체 ○ 통장 사본 ○ 관세·국세·지방세 납세증명서 ○ 건강·연금 완납 증명서 ○ 지역개발공채 매입필증(해당기관) ○ 지역개발공채 매입필증(해당기관) ○ 국민주택(도시철도)채권 매입필증 　(해당기관)

 TIP

- 납세증명서 제출의 예외: 수의계약과 관련하여 대금을 지급받는 경우

  - 국세징수법 시행령 제5조(납세증명서 제출의 예외)

- 보험료 납부 사실 증명의 예외: 일상경비로 지출되는 일상거래행위

  - 국민연금법 시행령 제70조의4(납부 사실 증명의 예외)
  - 국민건강보험법 시행령 제47조의3(보험료의 납부 증명 등)

Q&A

일상경비로 지출되는 일상거래행위의 범위

Q. 일상경비로 처리되는 경우는 완납증명서를 받지 않아도 된다고 규정되어있는데 학교에는 일상경비로 처리되는 경우가 없음. 이 경우 사유에만 해당하면 완납증명서를 받지 않아도 되는지

A. 일상경비로 처리되지 않았더라도 같은 성격의 자금은 제외처리될 수 있으므로, 각 지자체가 정한 일상경비 교부범위에 속한 것인지 확인하여 제외여부 확인

건설·기술용역의 각종 보증서 | No. 40796

1. 하자·선금·계약·입찰 보증서

구분	종류	대 상	보험가입기간	보험가입금액	제출시점	비 고
하자보증서	공사	모든 공사	초일은 목적물을 인수한 날과 준공검사를 완료한 날 중 먼저 도래한 날로 하고 만료일은 하자담보 책임기간 종료일 이후	공종별로 상이	준공 시	장기계속 공사의 차수 준공은 각서로 갈음 가능
	용역물품	계약의 성질상 필요할 경우 가능	공사 준용	공사 준용	준공 시	
	감리용역	전면책임감리용역, 시공감리용역	용역준공검사 완료일부터 공사하자담보 책임기간까지	계약금액의 2% 이상	준공 시	
선금보증서	모두	공사·용역·물품	선금 지급일 이전부터 이행기간의 종료일부터 60일 이상	선금액+당해선금액에 대한 보증 또는 보험 기간에 해당하는 약정이자 상당액	선금 지급 시	
계약보증서	모두	〃	초일은 계약기간의 개시일(착공일이 아니며 계약체결일을 말함)로 하고 만료일은 계약기간 종료일 이후	납부 방법에 따라 상이(2가지 방법 존재) ※ 계약보증금 제출방법 참조	계약 시	보증서로 납부하는 경우만 해당
입찰보증서	세입	• 수입의 원인이 되는 계약 ※지출의 원인이 되는 계약은 입찰보증금 각서 대체 가능	초일은 입찰서 제출마감일 이전이고 만료일은 입찰서 제출 마감일 다음 날부터 30일 이후 다만, 영 제94조의 규정에 의한 대형공사 입찰 등의 경우에는 만료일은 입찰서 제출 마감일 다음 날부터 90일 이후	입찰 금액의 5% 이상	입찰 참가 신청 시	〃

2. 손해배상보험 또는 공제 가입 보증서

구분	종류	대 상	보험가입기간	보험가입금액	제출 시점	비 고
손배보증서	공사	300억 원 이상 대형 공사, 대입입찰, 일괄 입찰, 200억 원 이상 18개 공사	당해 공사 착공 시부터 발주기관 인수 시까지	공사계약금액(관급 자재 포함)에서 부가세와 손해보험료를 제외한 금액	계약 시	
	건설기술용역	건설사업관리, 검측감리, 시공감리, 책임 감리	공사 착공일로부터 완공일까지	용역계약금액에서 부가세와 손해보험료를 제외한 금액	〃	
		기본 및 실시 설계 용역	〃	〃	용역 완료 전	
	건축	건축물의 설계 및 공사감리	〃	〃	계약 시	
	엔지니어링사업	타당성조사, 설계, 분석, 계약, 구매, 조달, 시험, 평가, 견적	그 사업의 목적이 되는 시설물의 시공·제작·설치 또는 구축의 착공일부터 완공일 후 1년이 되는 날까지	엔지니어링 계약금액에서 부가세와 손해보험료를 제외한 금액	용역 완료 시	내용이 중복될 경우 건설기술 용역이 우선 적용
		감리, 시험운전, 검사, 안전성 검토, 관리, 유지, 보수, 사업관리, 설계의 경제성 및 기능성 검토, 시스템의 분석 및 관리	해당 엔지니어링사업의 착수일로부터 완료일 후 1년이 되는 날까지	〃	계약 시	
	전력	전력기술물의 기본·실시설계 및 공사감리	전력시설물공사 시작일로부터 공사 완공일까지	용역계약금액에서 부가세와 손해보험료를 제외한 금액	공사 시작 전	

1. 예산실무
2. 지출실무
3. 계약실무
4. 보조금관리
5. 결산실무
6. e호조실무
7. 복식부기
8. 공유재산및물품
9. 변상과 회계책임
10. 감사 사례

설계변경 및 기간 연장 | No. 106955

1. 설계변경의 의의

설계변경이라 함은 계약 당사자 간에 문서로써 '설계서'를 변경하는 합의 행위로 공사의 시공도 중 예기치 못했던 사태의 발생이나 공사 물량의 증감, 계획의 변경 등으로 당초의 설계 내용을 변경시키는 것을 말한다. 이와 같이 설계변경으로 공사 양의 증감이 있는 경우에는 그에 따른 계약 금액의 조정을 하게 된다. 설계변경은 성격상 당초 계약의 목적, 본질을 바꿀 만큼의 변경이 되어서는 아니 되며, 이러한 경우에는 설계변경이 아니라 오히려 새로운 계획으로 보는 것이 타당하다 할 것이다.

| 설계변경 체계 |

01	02	03	04
공사의 종류와 설계서	설계변경 사유	설견변경 절차	계약금액의 조정
현재 시공 중인 공사의 종류와 당해 공사의 설계서 확인	당해 공사의 이해 중 발생된 사유가 설계변경 사유에 해당되는 지 여부 확인	설계변경에 따른 법령에서 정한 절차가 제대로 이루어졌는지 여부 확인	공사의 종류와 설계변경 사유에 따른 단가 산정 추진

2. 설계변경 및 기간 연장의 사유

구분	설계 변경	기간 연장
공사	① 설계서의 내용이 불분명하거나 누락·오류 또는 상호 모순되는 점이 있을 경우 ② 지질, 용수 등 공사현장의 상태가 설계서와 다를 경우 ③ 새로운 기술·공법 사용으로 공사비의 절감과 시공기간의 단축 등의 효과가 현저할 경우 ④ 그밖에 발주기관이 설계서를 변경할 필요가 있다고 인정할 경우 등	① 불가항력의 사유에 따른 경우 ② 계약 상대자가 대체 사용할 수 없는 중요 관급자재 등의 공급이 지연되어 공사의 진행이 불가능한 경우 ③ 발주기관의 책임으로 착공이 지연되거나 시공이 중단된 경우 ④ 부도 등으로 보증기관이 보증이행업체를 지정하여 보증 시공할 경우 ⑤ 설계 변경으로 인하여 준공기한 안에 계약을 이행할 수 없을 경우 ⑥ 원자재의 수급 불균형으로 인하여 해당 관급자재의 조달 지연이나 사급자재(관급자재에서 전환된 사급자재를 포함한다)의 구입 곤란 등
	※ 도급인은 가설구조물 등의 붕괴 등으로 산재 발생 우려가 있는 경우 산업안전보건법 제71조에 따라 발주자에게 설계변경 요청(위반 시 과태료 1,000만 원)	
용역	① 추가업무 및 특별업무의 수행 ② 용역공정계획의 변경 ③ 특정 용역 항목의 삭제 또는 감소	① 불가항력의 사유에 따른 경우 ② 발주기관의 책임으로 용역 착수가 지연되거나 용역 수행이 중단된 경우 ③ 부도 등으로 보증기관이 보증이행업체를 지정하여 보증 이행할 경우 ④ 그밖에 계약 상대자의 책임에 속하지 않는 사유로 인하여 지체된 경우
물품	① 수량 조절: 필요에 따라 계약된 물품(품목·규격)의 수량을 100분의 10 범위 안에서 증감 조절 ② 부득이한 경우 물품의 수급 상황 등을 고려하여 계약 상대자의 동의를 얻어 100분의 10 범위 초과 수량 증가 ※ (NO.72868)	① 천재·지변 등 불가항력의 사유에 따른 경우 ② 계약 상대자가 대체 사용할 수 없는 중요 관급재료의 공급이 지연되어 제조공정의 진행이 불가능한 경우 ③ 계약 상대자의 책임 없이 납품이 지연된 경우 ④ 그밖에 계약 상대자의 책임에 속하지 않은 사유로 인하여 지체된 경우

TIP

Q 불가항력이란?

A 불가항력이란 태풍·홍수, 그밖에 악천후, 전쟁 또는 사변, 지진, 화재, 전염병, 폭동 그 밖에 계약대상자의 통제범위를 초월하는 사태의 발생 등의 사유(이하 "불가항력의 사유"라 한다)로 인하여 계약당사자 누구의 책임에도 속하지 아니하는 경우를 말한 다. 다만, 이는 대한민국 국내에서 발생하여 공사이행에 직접적인 영향을 미친 경우에 한한다.(지방자치단체 입찰및계약집행기준/공사계약일반조건 제9절10)

물가변동으로 인한 계약금액의 조정 | No. 39176

1. 물가변동으로 인한 계약금액 조정 요건

가. 기간: 계약체결 후 90일 이상 경과

나. 조정률: 품목/지수조정률이 3% 이상 증감

※ 특정 자재(재+노+경 합계액의 1000분의 5 초과 자재)는 15% 이상 증감

다. 조정 기준일

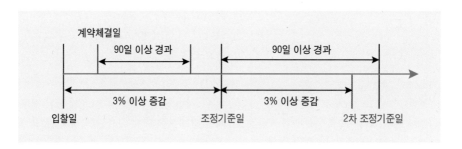

2. 물가변동 계산식(품목)

가. 계약금액 증감액 = (물가변동 적용 대가) × (품목 조정률)

※ 물가 변동 적용 대가란 계약금액 중 공사공정예정표상 조정기준일 이후에 이행되어야 할 부분의 대가를 의미함.

나. 품목 조정률 = $\dfrac{\text{각 품목의 수량에 등락 폭을 곱하여 산출한 금액의 함계}}{\text{계약금액}}$

다. 조건별 등락 폭

구분	물가변동 적용 조건	등락폭
1	물가변동가격〉설계가격〉계약가격	계약단가 × 등락률
2	물가변동가격〉계약가격〉설계가격	물가변동 당시 산정한 가격 − 계약단가
3	계약단가〉물가변동가격〉설계가격	등락 폭=0

※ 입찰당시 가격=입찰당시 조사(설계)가격

3. 품목조정률 및 지수조정률에 의한 방법 비교

구 분	품목조정률에 의한 방법	지수조정률에 의한 방법
개 요	• 계약금액의 산출을 구성하는 품목 또는 비목의 가격변동으로 당초 계약 금액에 비하여 3% 이상 증감 시 동 계약금 조정	• 계약금액의 산출을 구성하는 비목군의 지수변동이 당초 계약금액에 비하여 3% 이상 증감 시 동 계약금 조정
조정률 산출 방법	• 계약금액을 구성하는 모든 품목 또는 비목의 등락을 개별적으로 계산하여 등락률을 산정	• 계약금액을 구성하는 비목을 유형별로 정리한 "비목군"을 분류. 당해 비목군에 계약금액에 대한 가중치 부여(계수) • 비목군별로 생산자물가, 기본분류지수 등을 대비하여 산출
장 점	• 계약금액을 구성하는 각 품목 또는 비목별로 등락률을 산출하므로 당해 비목에 대한 조정 사유를 실제대로 반영 가능	• 한국은행에서 발표하는 생산자물가 기본분류지수, 수입물류지수 등을 이용하므로 조정률 산출이 용이
단 점	• 조정할 때마다 수많은 품목 또는 비목의 등락률을 산출해야 하므로 계산이 복잡하였으나, • 최근 전산기기 발달로 계산에 어려움이 적어진 상황	• 평균가격 개념인 지수를 이용하므로 당해 비목에 대한 조정 사유가 실제대로 반영되지 않는 경우가 있음
용 도	• 계약금액의 구성 비목이 적고 조정 횟수가 많지 않을 경우에 적합(단기, 소규모, 단순공종 등)	• 계약금액의 구성 비목이 많고 조정 횟수가 많을 경우에 적합(장기, 대규모, 복합공종공사)

377

※ 물가변동(E/S) 적용 시 제외하는 경우

　①「지방계약법시행규칙」제72조 제6항의 규정에 따라 선금을 지급한 경우

　② "지방자치단체 입찰 및 계약집행기준" –제1장 입찰 및 계약집행기준 – 제6절 물가변동 조정률 산출 – 10. 계약금액의 감액조정 – "사"목의 규정에 따른 기성(준공)대가가 지급된 경우

　③ 같은 기준–제1장 – 제7절– 5.계약금액의 조정–"나"목의 규정에 따른 물가변동 조정기준일 공정예정표의 조정기준일 전에 이행이 완료되지 않은 부분(단, 지방자치단체의 책임 있는 사유나 천재·지변 등 불가항력적인 요인으로 지연된 경우에는 예외)

※ 계약담당자는 계약금액을 감액조정할 경우 시행규칙 제72조 제6항에 따른 선금공제를 적용하지 않음

공사 설계변경 증감 시 적용단가　│　No. 58615

구 분			계약 상대자의 책임이 있는 경우	발주기관의 요구 및 계약 상대자의 책임 없는 경우
턴키공사 및 대안입찰 부분	기존 비목	증	계약금액 조정 없음	협의단가 적용
		감	계약단가 적용	계약단가 적용
	신규 비목	증	–	설계변경 당시의 단가
일반공사	기존 비목	증	계약단가 적용 (단, 예가단가보다 높은 경우 예가단가)	협의단가 적용
		감	계약단가 적용	계약단가 적용
	신규 비목	증	설계변경 당시 단가*낙찰률	협의단가 적용
신기술, 공법에 의한 설계변경			계약 상대자의 제안으로 수행되며 총 절감액의 50%를 계약 상대자에게 보상비로 지급	

- 협의단가 적용기준
  - 턴키공사 및 대안입찰 부분: 산출 내역서상 계약단가와 설계변경 당시의 단가의 범위 내에서 협의
  - 일반공사: 설계변경 당시 단가와 동단가에 낙찰률을 곱한 단가의 범위 내에서 협의

- 협의의 의미
  - 재경부 해석에 의하면, "원칙적으로 설계 변경 당시를 기준으로 산정한 단가를 적용하되, 다만, 예외적으로 계약의 목적, 특성 또는 공사에 필요한 자재등의 시장거래에 있어서의 조달상황 등을 종합적으로 고려하여 동 단가보다 다소 낮은 가격을 적용할 수 있다."

- 상황별 조정방법
  - 예정가격의 100분의 86 미만으로 낙찰된 공사계약의 계약금액을 증액조정하려는 경우 : 증액조정금액이 당초 계약서의 계약금액의 100분의10 이상인 경우에는 지방자치단체의 장의 승인을 얻어야 함
  - 새로운 기술·공법 등을 사용한 경우 : 새로운 기술·공법 등을 사용함으로써 공사비의 절감, 시공기간의 단축 등에 효과가 현저할 것으로 인정되어 설계변경을 한 경우에는 절감액의 100분의 30에 해당하는 금액을 감액함
  - 계약금액의 증감액 산출 시 적용되는 일반관리비 및 이윤: 산출내역서상의 일반관리비 및 이윤율 등에 의하되 시행규칙 제8조에서 정한 율을 초과할 수 없음

설계변경시 반영하는 증감비율(승률) 구하는 법 | No. 379048

설계변경시 승률*구하는 방법은 보험료와 같이 비율이 적용되는 경우와 비율이 없는 경우 크게 두가지 방법으로 구분되고 산업안전관리비 처럼 산정기준이 기준에 정해진 경우로 나눌수 있으며, 조달청,행안부 질의회신 등을 기초로 작성함

※ 승률이란 대상액의 증감 비율

1. 건강,연금 등 보험료의 승률

○ 승률 = (당초보험 요율)과 (설계변경 당시 보험요율) 중 작은값 적용

○ 산정식 : 당초보험액 ± (증가액 * 승률) = 보험료 설계변경 산정액

2. 요율이 없는 과목

○ 승률 = [(설계변경후 대상액 – 설계변경전 대상액)/설계변경전 대상액] X 100%

○ 산정식 : 당초 대상액 ± (당초 대상액 ×승률) = 대상액 설계변경 산정액

※ 당초 대상액 : 귀책사유에 따라 설계변경 증감 단가적용

3. 산업안전관리비

○ 산업안전보건관리비는 건설업 산업안전보건관리비 계상 및 사용기준의 별표1 의3에 설계변경시 안전관리비 조정 계상 방법에 따라 산정식은 2번을 적용함

실정보고 및 설계변경 절차 | No. 67799

1. 실정보고란?

설계변경이 필요한 사항에 대하여 시공자의 의견을 포함하여 공사감독자(건설사업관리기술자)가 서면으로 검토의견 등을 발주청에 설계변경 전에 보고하고 발주청으로부터 승인 등 필요한 조치를 받는 행위

2. 설계변경 절차(예)

※ 설계변경 또는 물가변동 등의 사유로 계약금액이 조정되는 경우 이에 상응하는 계약보증금을 추가 납부하게 하거나 반환조치 (규칙 제60조

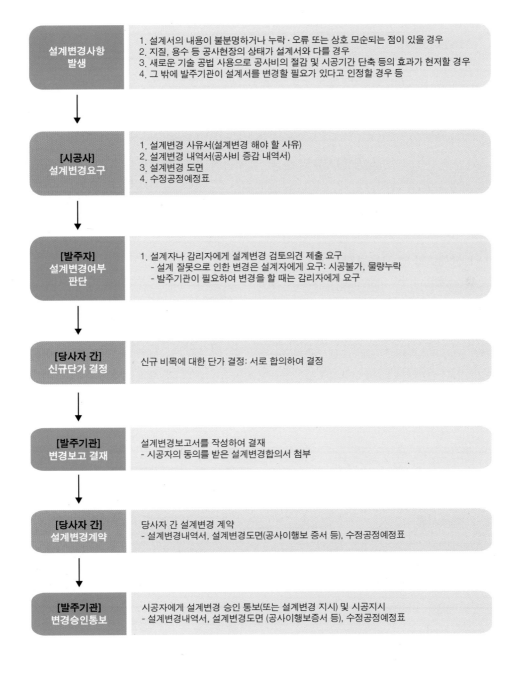

설계변경사항 발생	1. 설계서의 내용이 불분명하거나 누락·오류 또는 상호 모순되는 점이 있을 경우 2. 지질, 용수 등 공사현장의 상태가 설계서와 다를 경우 3. 새로운 기술 공법 사용으로 공사비의 절감 및 시공기간 단축 등의 효과가 현저할 경우 4. 그 밖에 발주기관이 설계서를 변경할 필요가 있다고 인정할 경우 등
[시공사] 설계변경요구	1. 설계변경 사유서(설계변경 해야 할 사유) 2. 설계변경 내역서(공사비 증감 내역서) 3. 설계변경 도면 4. 수정공정예정표

[발주자]
설계변경여부
판단
	1. 설계자나 감리자에게 설계변경 검토의견 제출 요구
	  - 설계 잘못으로 인한 변경은 설계자에게 요구: 시공불가, 물량누락
	  - 발주기관이 필요하여 변경을 할 때는 감리자에게 요구

[당사자 간] 신규단가 결정	신규 비목에 대한 단가 결정: 서로 합의하여 결정
[발주기관] 변경보고 결재	설계변경보고서를 작성하여 결재 - 시공자의 동의를 받은 설계변경합의서 첨부
[당사자 간] 설계변경계약	당사자 간 설계변경 계약 - 설계변경내역서, 설계변경도면(공사이행보 증서 등), 수정공정예정표
[발주기관] 변경승인통보	시공자에게 설계변경 승인 통보(또는 설계변경 지시) 및 시공지시 - 설계변경내역서, 설계변경도면 (공사이행보증서 등), 수정공정예정표

1. 예산실무

2. 지출실무

3. 계약실무

4. 보조금관리

5. 결산실무

6. e-호조실무

7. 복식부기

8. 공유 재산및물품

9. 변상과 회계 책임

10. 감사 사례

공사감독 체크리스트 | No. 237767

(착공 단계부터 준공, 유지관리 체크리스트)

1. 착공

1-1 산재보험 및 고용보험

확인사항	관련근거
대 상: 모든 공사(건설, 전기, 정보통신, 소방 등) 시 기: 시공사는 착공일로부터 14일 이내 근로복지공단에 신고 ※ 공사명으로 기입된 사업장으로 가입·신고 여부 확인 단, 고용보험은 총공사금액 2천만 원 미만의 건설공사를 건설업자가 아닌 자가 시공 시 미적용	•고용보험 및 산업재해보상 보험의 보험료징수 등에 관한 법률 제11조 •산업재해보상보험법 제6조 •고용보험법 제8조

1-2 착공서류

확인사항	관련근거
현장대리인계, 재직증명서, 공정표 등 확인(감독관 경유 날인) 후 재무과 (계약담당자) 제출	•지방자치단체 공사계약일반 조건 •제13장 제5절 5. 착공·공정 보고

확인사항	관련근거

계약업체의 공사면허와 계약목적물 유형 등을 고려한 현장대리인 **해당직무분야**(건축, 토목, 전기, 통신 등) 및 **배치기준**(자격조건) 확인

공사예정금액	건설기술인의 배치기준
100억 원 이상	1. 기술사 또는 기능장 2. 기사 자격취득 후 해당 직무분야에 5년 이상 종사한 사람 3. 「건설기술 진흥법」에 따른 건설기술인 중 다음 각 목의 어느 하나에 해당하는 사람 　가. 해당 직무분야의 특급기술인 　나. 해당 직무분야의 고급기술인으로서 해당 공사와 같은 종류의 공사현장에 배치되어 시공관리업무에 3년 이상 종사한 사람 4. 산업기사 자격취득 후 해당 직무분야에서 7년 이상 종사한 사람
30억 원 이상	1. 기사 이상 자격취득자로서 해당 직무분야에 3년 이상 실무에 종사한 사람 2. 산업기사 자격취득 후 해당 직무분야에 5년 이상 종사한 사람 3. 「건설기술 진흥법」에 따른 건설기술인 중 다음 각 목의 어느 하나에 해당하는 사람 　가. 해당 직무분야의 고급기술인 이상인 사람 　나. 해당 직무분야의 중급기술인으로서 해당 공사와 같은 종류의 공사현장에 배치되어 시공관리업무에 3년 이상 종사한 사람
30억 원 미만	1. 산업기사 이상 자격취득자로서 해당 직무분야에 3년 이상 실무에 종사한 사람 3. 「건설기술 진흥법」에 따른 건설기술인 중 다음 각 목의 어느 하나에 해당하는 사람 　가. 해당 직무분야의 중급기술인 이상인 사람 　나. 해당 직무분야의 초급기술인으로서 해당 공사와 같은 종류의 공사현장에 배치되어 시공관리업무에 3년 이상 종사한 사람

건설산업기본법 제40조 및 동법 시행령 제35조 [별표 5] 공사예정금액의 규모별 건설기술인 배치기준 (300억 이상은 별표 참고)

[건설사업자가 시공하는 1건 공사의 공사예정금액이 5억원 미만의 공사인 경우에는 해당 업종에 관한 등록기준 중 기술능력에 해당하는 사람으로서 해당 직무분야 3년 이상 종사자 배치 가능]
[전문공사를 시공하는 업종을 등록한 건설사업자가 전문공사를 시공하는 경우로서 1건 공사의 공사예정금액이 1억원 미만의 공사인 경우에는 해당 업종에 관한 등록기준 중 기술능력에 해당하는 사람 배치 가능]

확인사항	관련근거

· 관련 법령에 의거 건설기술인의 **교육(기본,전문)** · 훈련 이수여부 확인

[교육 · 훈련의 종류]

종류		내용
기본교육		건설기술인으로서 갖추어야 하는 직업윤리, 소양, 안전과 건설기술 관련법령 또는 제도 등에 대한 이해를 증진하기 위한 교육
전문교육	최초 교육	건설기술 업무를 처음으로 수행하는 경우 받아야 하는 교육
	계속 교육	건설기술 업무를 일정기간 이상 수행한 건설기술인이 해당 건설기술 업무를 계속하여 수행하려는 경우 받아야 하는 교육
	승급 교육	현재의 건설기술인 등급보다 높은 등급을 받으려는 경우 받아야 하는 교육

[교육 · 훈련 이수시기]

교육·훈련 종류		교육·훈련 대상	교육·훈련 시간	교육·훈련 이수시기
최초교육	일반 최초 교육	발주청 소속이아닌 건설기술인	35시간 이상	최초로 설계·시공 등 업무를 수행하기 전
	발주청 소속 건설 기술인 최초 교육	발주청 소속 건설 기술인	35시간 이상	발주청에 소속되어 최초로 건설공사 및 건설 엔지니어링에 대한 감독이나 건설사업관리를 시행하는 건설공사에 대한 관리 업무를 수행하기 전
계속교육		다음의 어느 하나에 해당하는 특급 건설기술인 (1) 현장배치기술인 (2) 책임기술인	35시간 이상. 이 경우 국토교통부장관이 고시하는 학점인정 기준에 따른 학점을 90학점 이상 취득한 특급 건설기술인은 계속교육을 이수한 것으로 본다.	설계·시공 등 업무를 수행한 기간이 매 3년을 경과하기 전
승급교육		초급·중급·고급 건설기술인	35시간 이상	현재 등급보다 높은 등급으로 승급하기 전

관련근거 열:

건설기술진흥법 제20조 제2항 및 동법 시행령 제42조
[별표 3] 교육·훈련의 이수시기 및 시간
(건설사업관리업무 및 품질관리 업무 별표 참고)

확인사항	관련근거
건설기계 대여대금 지급보증서 제출 　- 보증대상: 건설업자가 건설기계대여업자와 건설기계임대계약을 체결한 경우(공사현장 단위) 　- 보증방법: 건설업자가 시공하는 공사현장에서 대여받은 건설기계의 대여대금을 보증하는 「현장별보증서」를 발주자에게 제출 　- 보증서 교부기한 : 공사 착공일 이전까지 현장별 보증 예외(대여계약별 보증이 가능한 경우) 　- 도급금액이 1억원 미만이고 공사기간이 5개월 이내 　- 하도급금액이 5천만원 미만이고 공사기간이 3개월 이내 　- 도급금액 산출내역서(하도급 포함)에 기재된 건설기계 대여금액의 합계금액이 400만원 미만인 경우 건설기계 대여대금 지급보증 면제조건 　- 발주자, 건설사업자 및 건설기계대여업자가 직불 합의 　- 대여계약별 보증 시 1건 대여계약금액 200만 원 이하	· 건설산업기본법 제68조의3 · 동법 시행규칙 제34조의4

1-3 안전관리

확인사항	관련근거
현장근로자 개인 안전장구 · 방역물품 지급 및 착용여부 확인 　- 안전장구: 안전모, 안전화, 안전장갑 등 　- 방역물품: 방역마스크, 손소독제 등 	· 착공서류(안전관리계획서) · 산업안전보건법 제72조 · 건설공사 사업관리방식 검토 기준 및 업무수행지침 제151조(국토교통부 고시) · 건설업 산업안전보건관리비 계상 및 사용기준(고용노동부 고시)

385

1-4 환경관리

확인사항	관련근거
건설사업자는 환경관리비의 사용계획을 환경오염 방지시설을 최초로 설치하기 전까지 발주자에게 제출하고, 발주자 또는 건설사업관리용역사업자가 확인한 비용 중 간접공사비에 대해서는 그 사용실적에 따라 정산 [환경관련 법령] **관련법령 / 내용** 대기환경보전법 / 비산먼지 및 대기오염 배출의 저감대책 소음진동규제법 / 장비의 작업 및 이동, 발파 등에 따른 소음 및 진동 제어 폐기물관리법 / 건설폐기물 발생의 최소화 및 적법처리 100톤 이상 건설폐기물은 분리발주 지하수법 / 지하수개발에 따른 지하수오염방지 및 현장용수의 유출 관리 환경영향평가법 / 환경영향평가법 제22조 및 동법 시행령 제31조에 해당하는 공사는 환경영향평가 의무대상이며, 착공 전 환경영향평가로 환경오염피해의 최소화	· 건설기술진흥법 제66조 및 동법 시행규칙 제61조 · 건설공사 사업관리방식 검토기준 및 업무수행지침 제154조(국토교통부 고시)

[환경관련 법령]

관련법령	내용
대기환경보전법	비산먼지 및 대기오염 배출의 저감대책
소음진동규제법	장비의 작업 및 이동, 발파 등에 따른 소음 및 진동 제어
폐기물관리법	건설폐기물 발생의 최소화 및 적법처리 100톤 이상 건설폐기물은 분리발주
지하수법	지하수개발에 따른 지하수오염방지 및 현장용수의 유출 관리
환경영향평가법	환경영향평가법 제22조 및 동법 시행령 제31조에 해당하는 공사는 환경영향평가 의무대상이며, 착공 전 환경영향평가로 환경오염피해의 최소화

1-5. 품질관리

확인사항	관련근거
품질관리계획 및 품질시험계획 수립 대상공사에 해당하는 경우 착공 시 해당 계획서를 제출 - 품질관리비: 품질시험비 및 품질관리활동비로 구분 계상하며, 해당 공사의 품질확보를 위하여 품질시험 및 검사의 종목·방법 및 횟수를 설계서(도면, 시방서 등)에 명시	· 건설기술진흥법 제56조 · 동법 시행규칙 [별표 6] 품질관리비의 산출 및 사용기준 · 건설공사 품질관리 업무지침 (국토교통부 고시)

[품질관리계획 및 품질시험계획 수립대상 공사]

대상	내용
품질관리계획	총공사비가 500억원 이상인 건설공사 다중이용 건축물 건설공사로서 연면적이 3만㎡ 이상 해당 건설공사의 계약에 품질관리계획을 수립하도록 되어 있는 공사
품질시험계획	총공사비가 5억원 이상인 토목공사 연면적이 660㎡이상인 건축물의 건축공사 총공사비가 2억원 이상인 전문공사
품질관리계획 등 수립 예외공사	조경식재공사 철거공사

1-6. 건설공사 대장 전자통보(KISCON)

확인사항	관련근거
관련 법령에 의거 일정금액 이상 도급받은 경우 시공사는 건설산업종합정보망(www.kiscon.net)을 통하여 전자적으로 건설공사대장을 통보하고 발주자는 이를 확인하여야 함. - 대상: 도급금액 1억 원 이상 또는 하도급금액 4천만 원 이상 - 시기: 계약일(원도급,하도급)일로부터 30일 이내 또는 통보사항의 변동사항이 발생하거나 추가사항이 발생한 날로부터 30일 이내 - 방법: 건설산업종합정보망(KISCON)을 이용한 전자적 통보	건설산업기본법 제22조 제4항, 제6항 및 동법 시행령 제26조

구분	건설공사대장	하도급건설공사대장
시행시기	2003. 1. 1.	2008. 1. 1.
통보하는 주체	원도급업체	하도급업체
통보받는 주체	발주자	발주자
통보대상공사	2003. 1. 1. 이후 3억원(VAT 포함) 이상 원도급공사를 도급받은 경우 2004. 1. 1. 이후 1억원(VAT 포함) 이상 원도급공사를 도급받은 경우	2008. 1. 1. 이후 4천만원(VAT포함) 이상 하도급공사를 하도급받은 경우. 단, 원도급공사가 건설공사대상 통보대상(1억원 이상의 공사)인 경우에 한함
통보방법	건설산업종합정보망(www.kiscon.net)을 이용하여 전자적으로 통보	
통보내용	건설공사대장 기재사항 및 변경(추가)사항	하도급 건설공사대장 기재사항 및 변경(추가)사항
통보시기	원도급계약일로부터 30일 이내 통보한 사항에 변경이 발생하거나 새로이 기재하여야 할 사항이 발생한 경우 발생한 날로부터 30일 이내	하도급계약일로부터 30일 이내 통보한 사항에 변경이 발생하거나 새로이 기재하여야 할 사항이 발생한 경우 발생한 날로부터 30일 이내

2. 준공

2-1 확인 항목

확인사항	관련근거
공사명으로 가입된 산재·고용보험료 완납여부 확인 증빙서류: 산재 및 고용보험료 완납증명서 	· 고용보험 및 산업재해보상 보험의 보험료 징수 등에 관한 법률 제11조 · 산업재해보상보험법 제6조 · 고용보험법 제8조

2-2 정산 항목

확인사항	관련근거
1) 국민건강보험료, 연금보험료, 노인장기요양보험료 - 국민건강보험공단 및 국민연금관리공단에서 발급한 공사명으로 가입된 사업장 가입증명서와 개인별 납입확인서상의 금액 중 사업주 부담금 반영(납부액의 50%만 반영) ※ 관련 법령에 의거 보험납부액은 근로자 50% + 사업주 50% 각각 부담한 합계액으로 사업주 부담금 보전 개념임.	· 건설산업기본법 제22조 제7항 및 시행령 제26조의2 제3항 · 지방자치단체 입찰 및 계약 집행기준 제1장 제8절
2) 퇴직공제부금비 - 건설근로자공제회에 공사명으로 가입된 공제부금 납부확인서로 계약금액과 비교하여 차액 정산	건설산업기본법 제87조 및 시행령 제83조 제6항

확인사항	관련근거

3) 산업안전보건관리비
- 정 의: 현장근로자(직접노무자)의 산업재해와 건강장애 예방
- 증빙서류: 사용내역서[별지 제1호 서식], 거래명세표, 세금계산서, 사진대지 등

※ 세금계산서 상의 공급가액(VAT 제외)만 반영

항목	주요내용
적용 대상	- 산업재해예방업무만을 수행하는 작업지휘자, 유도자, 신호자의 임금 전액 - 스마트 안전장비 구매·임대비용 사용가능 - 감염병 예방을 위한 마스크, 손소독제, 체온계 등 허용 - 휴게시설의 온도, 조명설치, 관리를 위해 소요되는 비용
비적용 대상	- 근로자의 안전보건과 무관한 교통신호수(안전관리비 계상 대상) - 공사장 경계울타리 - 방범CCTV, 안전순찰차량 구입·임차비용 - 안전기원제 개최와 관련없는 비용(착공식, 준공식)

관련근거:
· 산업안전보건법 제72조 제5항
· 건설업 산업안전보건관리비 계상 및 사용기준 제8조 (고용노동부 고시)

---

4) 안전관리비
- 건설공사의 안전관리에 필요한 비용으로 산업안전보건관리비와 구분됨
예) 안전관리계획의 작성 및 검토비용, 안전점검 비용, 통행안전관리대책 비용, 공사장 주변 건축물의 피해방지대책 비용, 가설구조물 구조적 안전성 확인에 필요한 비용 등

관련근거:
건설기술진흥법 제63조 및 동법 시행규칙 제60조

---

5) 환경관리비
- 정 의: 건설공사로 인한 환경훼손 및 오염의 방지 등에 소요되는 비용으로 환경보전비(환경오염 방지시설 설치 및 운영)와 폐기물 처리비(폐기물 처리비용 등)으로 구분함.
- 증빙서류: 사용내역서, 거래명세표, 세금계산서, 사진대지 등

※ 세금계산서 상의 공급가액(VAT 제외)만 반영

항목	주요내용
적용 대상	- 환경보전시설 설치 및 운영비용: 살수차량, 물탱크, 분진막, 이동식화장실, 집진시설, 가설방음벽, 세륜시설, 고압분무기, 오수정화시설, 부직포(방진덮개용) 등 - 환경계측비용: 환경기술개발 및 지원에 관한 법률에 의한 위탁측정비용 - 환경자료 및 홍보물 구입비용 - 환경관련 인건비 - 환경교육에 필요한 비용
비적용 대상	- 단순청소도구(빗자루, 쓰레기봉투, 마대, 쓰레받이 등) - 단순청소용 진공청소기, 인건비 - 가설펜스(울타리) - 부직포(일반용)

관련근거:
· 건설기술진흥법 시행규칙 제61조 제2항
· 환경관리비의 산출기준 및 관리에 관한 지침 제10조(정산)

확인사항	관련근거
6) 하도급대금 지급보증서 발급수수료 　- 증빙서류: 지급보증서 확인 후 계약금액과의 차액 정산 　　**계약내역서 반영 의무** 　　· 관련근거: 건설산업기본법 시행령 제34조의 4 　　· 조항내용: 지급보증서 발급에 소요되는 금액을 국토교통부장관이 고시하는 기준에 따라 도급금액 산출내역서에 명시하여야 함.	· 건설산업기본법 제34조 및 동법 시행령 제34조의4 제4항 · 하도급대금지급보증서 발급금액 적용기준
7) 건설기계 대여대금 지급보증서 발급수수료 　- 증빙서류: 지급보증서 확인 후 계약금액과의 차액 정산 　※ 계약내역서 반영 의무 　　**계약내역서 반영 의무** 　　· 관련근거: 건설산업기본법 시행령 제64조의3 　　· 조항내용: 지급보증서 발급에 소요되는 금액은 도급금액 산출내역서(하도급금액 산출내역서 포함)에 기재된 재료비, 직접노무비 및 경비 등을 고려하여 산출한다. 구체적인 산출방법은 국토교통부장관이 정하여 고시하는 기준에 따른다.	· 건설산업기본법 제68조의3 및 시행령 제64조의3 제3항 · 건설기계대여대금 지급보증서 발급금액 적용기준

2-3 정산 시 주의사항

정산 시 주의사항
※ 건강·연금·노인장기요양보험료, 퇴직공제부금비, 산업안전보건관리비 상기 금액은 원가계산서상에 직접노무비의 일정요율로 계상함에 따라 공사현장에서 계약목적물을 형성하는데 직접 참여하는 일용, 상용근로자를 대상으로 지급하는 비용으로 본사직원, 안전관리자, 품질관리자, 공무, 현장소장 등 대상 제외됨. (확인방법: 「하도급지킴이」의 노무비 개인별 지급내역 활용)

2-4 계약금액 변경할 경우(서울시)

확인사항	관련근거
• 계약금액조정 검증시스템 활용(http://98.33.2.89/cav) 　- 대 상: 모든 공사 　- 시 기: 설계변경, 물가변동, 제경비 정산 등의 사유로 계약금액 증·감이 발생할 경우 　- 방 법: 검증시스템 활용하여 검증확인서 설계변경 공문 첨부	• 「계약금액조정 검증시스템」 시행 (市 기술심사담당관-21841호, 17.12.26)

2-5 공사대금 지급할 경우

확인사항	관련근거
산업안전보건관리비 정산검토 [2020. 9. 1.이후 시행] – 대 상: 계약내역서상의 산업안전보건관리비가 반영된 모든공사 – 시 기: 산업안전보건관리비가 포함된 준공 및 기성대가 지급 전 – 방 법: 계약금액조정 검증시스템의 「산업안전보건관리비 정산」기능을 활용하여 검증 실시 (재무과 제출) 기성, 준공 검사요청 → 검증요청 → 검토 및 결과입력 → 검토결과 반영입력 → 승인 → 검토결과서 출력 계약상대자 사업부서 감사담당관 사업부서 감사담당관 사업부서	• 산업안전보건법 제72조 제5항 • 건설업 산업안전보건관리비 계상 및 사용기준 제8조 • 「계약금액조정 검증시스템」활용-(市 기술심사담당관-6342호, 19.3.28) • 「고용사회안전망 강화실시계획」(감사담당관-7791호, 20.8.7.)

2-6 준공검사

정산 시 주의사항	관련근거
재무관이 주관과장에게 검사 또는 검수원의 지정을 요청하여 검사 또는 검수를 행하고 현장감독 공무원의 확인이 있어야 하며, 필요시 회계관계공무원이 입회할 수 있다. (규칙 제124조 발췌) 즉 현장감독 공무원을 제외한 복수의 공무원(2명) 이 검사(검수) 실시	지방계약법 제17조 및 시행령 제66조 (감독과 검사 직무의 겸직) 건설공사 사업관리방식 검토기준 및 업무수행지침 제161조 제2항

○ 검사(검수)공무원 기준(서울시 예시)

구분		물품		공사 · 용역		관련근거
		계약금액	검사 · 검수	계약금액	검사 · 검수	
본청		2천만 원 이상	- 주관과 주관담당자 6급이하 2명	2억 원 미만	- 주관과 주관담당자 6급이하 2명	서울특별시 회계관리에 관한 규칙 [별표 4] 기관별 검사(검수)공무원 기준
		2천만 원 미만	- 주관과 주관담당사무과 - 주관담당자 6급이하 1명	2억 원 이상	- 주관과 주관담당사무관 - 주관담당자 6급이하 1명	
직속기관 사업소		1천만 원 이상	- 주관부서 직원 2명	2천만 원 미만	- 주관부서 직원 2명	
		1천만 원 미만	- 주관부서 담당사무관 · 담당주사 또는 주무자 - 주관부서 직원 1명	2천만 원 이상	- 주관부서 담당사무관 · 담당주사 또는 주무자 - 주관부서 직원 1명	

3. 유지관리

3-1 하자검사

확인사항	관련근거
• 종류: 정기 하자검사 및 최종 하자검사 - 정기: 하자담보 책임의 존속기간 중 연 2회 이상 실시(상, 하반기) - 최종: 하자담보 책임기간 만료되기 14일 전부터 만료일까지 기간 중 실시 [예시 20.1.30.~21.1.30. 경우 최종검사 1.17.~1.30. 기간 내 실시] • 조치방법: 점검 리스트 활용 현장 점검 후 하자검사조서(전자문서 양식) 작성 • 기록유지: 하자보수관리부 비치 또는 E-호조시스템에 하자검사 내역 입력	• 지방계약법 시행령 제70조 및 동법 시행규칙 제69조 • 지방자치단체 공사계약일반조건 제10절 3.하자검사 • 공사계약 관련 준공시설물 하자관리 계획 (재무과-19157호, 16.12.12.)
• e-호조[계약관리-공사하자관리] 하자담보책임기간 확인 ※전기, 정보통신, 소방공사: 전기공사업 · 정보통신공사업 · 소방시설공사업 시행령 참고	건설산업기본법 시행령 제30조 [별표 4] 종류별 하자담보 책임기간

4. 건설폐기물

4-1 발주방법-처리절차-준공정산

확인사항	관련근거
1) 건설폐기물의 정의(법 제2조 제1호 및 시행령 별표 1의 건설폐기물 종류) - 건설공사로 인해 발생하는 5톤 이상의 폐기물 2) 건설폐기물 처리용역의 발주방법(법 제15조 및 시행령 제11조) - 건설공사에서 발생하는 건설폐기물의 발생량 중 위탁처리하는 건설폐기물의 양이 100톤 이상인 건설공사의 경우는 건설공사와 건설폐기물 처리용역을 분리 발주하여야 함 3) 건설폐기물 처리절차 - 배출자 신고(법 제17조 및 시행규칙 제9조) ▶ 건설공사의 착공일까지 건설폐기물 처리계획서를 작성하여 관할 폐기물 인허가 부서 신고	건설폐기물의 재활용 촉진에 관한 법률 ※ 폐기물관리법에 따른 지정 · 사업장 · 생활폐기물과 구분됨

도급내역서에 포함된 경우	처리용역 분리 발주한 경우
발주자 또는 도급받은 자	발주자

확인사항	관련근거
– 건설폐기물의 인계 및 인수(법 제18조 및 제19조, 규칙 제10조)	
▶ 방법: 올바로시스템을 활용하여 입력 (www.allbaro.or.kr)	
▶ 시기: 건설현장에서 그날근라 수집·운반 또는 처리할 때마다	
※ 다만, 건설폐기물 총 배출량이 10톤 미만의 경우 【건설폐기물 간이 인계서】 의 작성으로 갈음 가능(시행규칙 별지 제9호 서식)	
4) 준공(정산) 확인서류	
– 올바로 이용: 건설폐기물 관리대장, 올바로 인계서	
– 올바로 미이용: 건설폐기물 처리계획 신고필증, 건설폐기물 관리대장, 간이인계서	

 올바로 시스템 (No.224076)

Q 건설폐기물 올바로 시스템 입력 주체?

① 발주자 ② 발주자로 부터 최초로 건설공사 전부를 도급받은자(이하 "수급자")

A 배출자는 위의 ①의 경우 발주자가 폐기물 처리업체와 직접 계약을 하여 분리발주 한 경우 배출자가 발주자이기 때문에 발주자가 올바로 시스템 인수인계 처리를 하 여야 합니다. 건폐법상 건설폐기물이 100톤 이상인 경우 의무적으로 분리발주하 여야 함, 그러나 ②의 경우 배출자는 수급자이기 때문에 수급자가 올바로 시스템 을 처리하고 폐기물처리 관련 증빙서류를 발주자에게 제출하고 발주자가 확인하 여야 함.

건설공사 하도급 체크리스트　　　| No. 237767

1. 종합 · 전문건설 상호시장 허용에 따른 원·하도급체계 개편 (2021.1.1.)

확인사항	관련근거
하도급 제도 개편 주요내용 요약 1) 일괄하도급 금지(제1항) 　■ 도급받은 건설공사 전부 또는 부대공사를 제외한 주요부분 전부를 다른 건설사업자에게 하도급 불가 　-다만, 수급인이 계획, 관리 및 조정하는 경우로서 2인 이상의 건설사업자에게 분할하여 하도급하는 경우로서 아래 요건의 어느 하나에 해당하는 경우 예외적으로 가능 　① 전문공사를 업조별로 분할하여 전문공사를 시공할 수 있는 자격을 보유한 건설사업자에게 각각 하도급 하는 경우 　② 도서지역 또는 산간벽지에서 행해지는 공사로서 당해 지역의 중소건설사업자 또는 협력업자에게 하도급하는 경우	건산법 제29조 (건설공사의 하도급 제한)
2) 전문공사를 도급받은 수급인(종합건설업 포함)의 하도급 제한(제2항) 　■ 다만, ① 발주자 서면 승낙 및 ② 대통령령으로 정하는 요건* 　(종합이 전문공사를 도급받은 경우에 한함)에 해당하는 경우 예외적으로 하도급 가능 　* 하도급 하려는 공사가 도급받은 전체공사 금액의 20%를 초과하지 않는 경우로서 신기술, 특허공법 등이 적용되는 공사	
3) 전문건설업자가 도급받은 종합공사에 대한 하도급 제한(제5항) 　① 발주자 서면승낙 및 ② 대통령령으로 정하는 요건*에 해당하는 경우 예외적으로 하도급 가능 　* 하도급 하려는 공사가 도급받은 전체공사 금액의 20%를 초과하는 않는 경우로서 신기술, 특허공법 등의 적용되는 공사	
4) 종합건설사업자가 도급받은 종합공사에 대한 하도급(제2항, 제4항) 　■ 도급받은 건설공사의 일부를 하도급 받으려는 종합건설사업자의 업무내용에 해당하는 종합공사에 대해 하도급 가능 　-다만, 10억 원 미만의 건설공사를 원도급(전문업체를 포함)받은 경우에는 전문건설사업자에게만 하도급 기능(종합건설사업자에게 하도급 불가)	
5) 하도급받은 건설공사에 대한 재하도급 제한(제3항) 　■ 종합건설사업자가 재하도급 가능한 경우: 하도급받은 종합건설사업자는 직접시공이 원칙이나, 발주자의 서면승낙을 받아 전문건설사업자에게 재하도급 가능 　■ 전문건설사업자가 재하도급 가능한 경우: 1수급인의 서면승낙* 및 2대통령령으로 정하는 요건*에 해당하는 경우 예외적으로 재하도급 가능 　*1) 하도급받은 공사의 20% 이내, 2)신기술, 특허공업 등이 적용되는 공사, 3) 하수급인의 재하도급대금 지급보증(또는 직불)과 재하수급인이 사용한 자재, 장비대금 및 건설근로자 임금 지급에 대한 연대책임 합의서 작성, 제시	

확인사항	관련근거
6) 발주자에게 하도급계약 통보를 해야하는 대상(제6항) ■ 도급받은 건설공사의 일부를 하도급한 건설사업자 ■ 전문공사의 일부를 전문건설사업자에게 재하도급하는 것을 서면승낙한 수급인 * 통보예외: 발주자가 하도급 또는 재하도급 하는 것을 서면승낙한 경우	

2. 직접시공계획서 적정성 검토

확인사항	관련근거
· 대상: 건설사업자는 1건 공사의 금액이 70억 미만의 건설공사의 도급금액 산출내역서에 기재된 총 노무비 중 아래 표와 같이 정한 비율에 따른 <u>노무비 이상에 해당하는 공사를 직접 시공</u>하여야 함. · 노무비의 범위: <u>직접노무비 + 간접노무비의 합계</u>	건산법 제28조의 2 시행령 제30조의 2 시행규칙 제25조의 5 서식: 동법 시행규칙 [별지 제22호의 6]

도급금액	3억 미만	3~10억 미만	10~30억 미만	30~70억 미만
총노무비의	50% 이상	30% 이상	20% 이상	10% 이상

· 건산업 19.7.1.시행내용: (도급금액 → 노무비 변경) 및 (50억 미만 → 70억 미만 확대) · 시기: 도급계약을 체결한 날로부터 30일 이내 발주자에게 통보 의무 ※ 예외: 1건 도급액 4천만 원 미만이고 공사기간 30이내 · 설계변경 등 도급받은 계약금액 변동 발생 시에도 동일하게 적용 · 발주자는 건산업 개정(19.7.1)에 따른 변경된 직접시공계획서 제출여부 확인	

3. 직접시공 확인보고

확인사항	관련근거
· 확인대상: 직접시공계획 통보 대상의 건설공사 · 확 인 자: 건설공사의 발주자 · 확인방법: 직접시공계획을 기준으로 노무비 지급, 자재납품, 장비사용 내역, 사회보험 및 소득세 납부 내역 등 직접시공을 증빙할 수 있는 서류를 통하여 확인 · 확인기한: 해당공사의 준공일까지 · 제출방법: 건설공사의 발주자는 관련 법령에 의거 직접시공 준수여부 확인한 후 건설산업종합정보망(www.kiscon.net, KISCON[키스콘])을 통하여 그 내용을 국토교통부장관에게 보고해야 하며, 위반사실시 확인된 경우에는 그 사실을 해당 건설사업자의 등록관청에도 통보해야 함	건산법 제28조2제4항 시행규칙 제25조의6

4. 건설업자 하도급 참여 제한

확인사항	관련근거

· 제한대상: 국가, 지방자치단체 또는 공공기관에서 발주하는 건설공사
· 제한기간: 건산업 시행령 제33조로 정한 바에 따른 최대 2년 이내 범위
· 제한범위: 노동관계 법령 등을 위반한 건설사업자의 공공공사
  ㉠ 건산법 하도급 제한규정(제29조) 위반하여 처분 받은 자
  ㉡ 건설근로자의 고용개선 등에 관한 법률(제26조)의 퇴직공제부금 미납하여 2년 이내 2회 이상 과태료 처분받은 자
  ㉢ 근로기준법(제43조의 2)에 따라 체불 사업주로 명단이 공개된 자
  ㉣ 산업안전보건법(제10조의 2)에 따라 산업재해 발생건수 등이 공표된 자
    (사망재해자 연간 2명 이상, 산업재해율 평균 이상, 사망만인율 평균 이상, 산업재해 은폐 등)
  ㉤ 외국인 근로자의 고용 등에 관한 법률(제8조)에 따라 외국근로자 고용제한 처분받은 자
  ㉥ 출입국관리법(제18조)에 따라 외국인 체류자에 대한 처벌 및 처분을 받은 자
· 제한업체 확인방법: 건설산업종합정보망(www.kiscon.net, KISCON[키스콘]) 조회
	건산업 제29조의3
	시행령 제33조
	※ ㉤, ㉥의 참여제한은 21.12.19. 시행

하도급계약 통보 시 검토 항목 | No. 237767

1. 하도급 시행계획 이행 유무

확인사항	관련근거
1) 하도급계획서 이행 여부 · 대상공사: 추정가격 300억 원 이상 (최저가 대상공사) · 제출대상 – 하도급 '할' 공사의 주요 공종: 입찰금액 산출내역서에 기재된 공종금액이 전체 금액의 10% 이상인 공종 – 하도급 계약금액 5억 원 이상인 공종 · 내용: 입찰 시 제출한 계획서 내용대로 준수 또는 변경 시 사전 변경승낙 여부 2) 하도급관리계획서 이행여부 · 대상공사: 추정가격 30 ~ 300억 원 (적격심사 대상공사) · 내용: 당초 적격심사 시 제출한 계획서 내용대로 준수 또는 변경 시 사전승낙 여부 확인, 변경 시 당초계획 동등 이상으로 변경 여부(적격심사 평가기준, 하수급인 포기각서 제출 등)	건산업 제31조의2 시행령 제34조의2 지방자치단체 입찰 시 낙찰차 결정기준

2. 하도급 통보 기간 준수 여부

확인사항	관련근거
· 통보기한: 하도급계약 체결하거나 다시 하도급하는 것을 승낙한 날로부터 30일 이내 ※ 건설산업종합정보방(KISCON) 이용한 통보 포함 · 제출서류: 1. 건설공사의 하도급계약통보서(시행규칙 별지 제23호 또는 제23조의2) 2. 시행규칙 제26조 2항의 각호 서류 (하도급계약서, 공사내역서, 예정공정표, 하도급대금지급보증서 등)	건산법 제29조 시행령 제32조 시행규칙 제26조 시행규칙 별지 제23호 및 제23조의2

3. 건설공사 대장 전자통보

확인사항	관련근거
· 대상: 하도급금액 4천만 원 이상 · 시기: 하도급 계약일로부터 30일 이내 또는 통보 사항의 변동 사항이 발생하거나 추가사항이 발생한 날로부터 30일 이내 · 방법: 건설산업종합정보망(www.kiscon.net, KISCON[키스콘])을 이용한 전자적 통보	건산법제22조 제6항 시행령 제26조

4. 표준하도급계약서 사용 여부

확인사항	관련근거
· 공정거래위원회에서 권장하는 건설공사표준하도급계약서의 작성 및 사용 권장 (자료실: 공정거래위원회 사이트/정보공개/표준계약서/표준하도급계약서/건설업종) · 확인사항: 노무비 기재, 지급일자 · 방법 기입여부, 최신서식 사용여부 등	건산업 제22조3항 하도급법 제3조의2 최신서식:20.12.17 개정본

5. 하도급계약 적정성 검토

확인사항	관련근거
1) 하도급 산출내역서 작성의 적정성 검토 ㉠ 간접노무비, 기타경비, 일반관리비 및 이윤 등 하도급율 산정 시 포함 ㉡ 건강 · 연금 · 노인장기요양보험료 하도급 계약기간 1개월이상 반드시 포함 ㉢ 수급인이 산재 · 고용보험, 퇴직공제부금비 일괄가입 시 하도급율 산정 제외 ㉣ 산업안전보건관리비 하수급인 부담 시 하도급율 산정 포함 ㉤ 공사이행, 손해보험, 하도급대금지급발급수수료 하도급율 산정 제외 ㉥ 물가변동 시행이후 하도급 계약체결 시 하도급부분금액에 E/S 증액품 포함 ㉦ 설계변경으로 계약금액의 내용과 비율에 따라 하도급대금 증액 · 계약금액 증액 · 감액받은 날로부터 15일 이내 통보(수급인→하수급인) · 계약금액 증액 · 감액받은 날로부터 30일 이내 하도급금액 증액 · 감액 실시	건산업 제22조2항 시행령 제25조 건산업 제36조 하도급법 제16조

확인사항	관련근거
2) 하도급율 적정성 검토 (아래 2가지 조건 모두 충족) ㉠ 하도급계약금액 / 도급금액 중 하도급부분에 상당하는 금액 대비 82% 이상 ㉡ 하도급계약금액 / 하도급부분에 대한 발주자의 예정가격 대비 64% 이상 하도급율 82% 미달 또는 예정가격 대비 64% 미달할 경우 ▷하수급인의 시공능력, 하도급계약내용의 적정성 등을 심사하여야 함.	건산업 제16조 시행령 제34조

6. 하도급 자격의 적정성 검토

확인사항	관련근거
1) 하도급 부분의 공종 대비 시공자격(면허) 적정 여부 (무면허 하도급 주의) 예) 철근콘크리공사업 면허로 외부 강관비계 시공사례 => 강관비계 무면허 시공 철근콘크리트공사업: 철근 가공 · 조립, 거푸집 · 동바리, 콘크리트 타설 구조물해체 · 비계공사업: 건축물 등을 건축하기 위하여 비계 설치	건산법 제16조 시행령 제7조, 별표 1
2) 하도급 공종의 시공능력평가 확인 · 내용: 발주자 또는 수급인은 시공능력과 공사실적, 기술능력 등을 기준으로 하수 급인의 자격제한 가능 · 확인사항: 시공능력평가액 ≥ 하도급부분금액(원도급금액) 적정	건산법 제25조 3항

7. 건설기술인 자격 및 중복 배치 여부

확인사항	관련근거
1) 건설기술인 자격 적정 여부 (1-1 착공서류 참고) ㉠ 하도급 계약 부분의 공정에 대한 면허와 계약 목적물 유형 등을 고려한 현장대 리인 해당 직무분야(건축, 토목 등) 및 배치기준(자격조건) 확인 ㉡ 관련 법령에 의거 건설기술인의 교육(기본, 전문) · 훈련 이수 여부 확인	건산법 제40조 시행령 제35조
2) 건설기술인 중복 배치 여부 확인 - 건설산업종합정보망(www.kiscon.net, KISCON[키스콘]) 조회	건산법 시행령 제35조 3항, 5항

확인사항	관련근거

3) 중복배치 허용기준
 - 허용기준: 공사품질 및 안전에 지장이 없는 범위 내에 1명의 건설기술인을 3개
    의 건설공사현장에 배치 가능
㉠ 공사예정금액 3억 원 미만의 동일한 종류로서 동일한 시·군의 관할 지역에서
    시행되는 공사 또는 시·군을 달리하는 인접한 지역에서 시행되는 공사로서 발
    주자가 시공관리 기타 기술상 관리에 지장이 없다고 인정하는 공사
㉡ 이미 시공 중에 있는 공사의 현장에서 새로이 행하여지는 동일한 종류의 공사
 	
다만 공사예정금액 3억 원 이상 5억 원 미만의 동일한 종류의 공사는 2개의
건설현장까지 배치가능	

- 허용 방법: 사전에 발주자의 승낙 받을 것 (공문 또는 문서)	

 TIP-소액 전문공사 건설기술자 배치기준 (No. 42376)

○ 공사예정금액이 5억 원 미만의 공사인 경우에는 해당 업종에 관한 별표 2에 따른 등록기준 중 기술능력에 해당하는 자로서 해당 직무분야에서 3년 이상 종사한 자를 배치할 수 있다.

○ 공사예정금액이 1억 원 미만의 공사인 경우에는 해당 업종에 관한 별표 2에 따른 등록기준 중 기술능력에 해당하는 자를 배치할 수 있다.

- 건설산업기본법 개정(2021.1.1. 시행) -

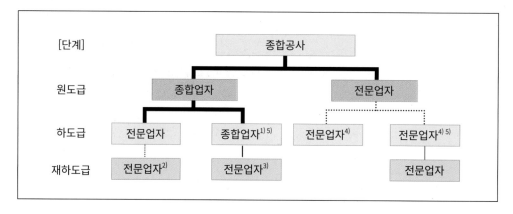

1) 별도 요건 없음, 일괄하도급은 금지(법 제29조 제1항)

2) 20% 범위 내+발주자 및 수급인 서면 승낙 등(법 제29조 제3항 제2호, 규칙 제25조의7)

3) 발주자 서면 승낙(법 제29조 제3항 제1호)

4) 발주자 서면 승낙+20% 범위 내(법 제29조 제5항, 영 제31조의2)

5) 10억 원 미만 도급공사는 종합에 하도급 금지(법 제29조 제4항)

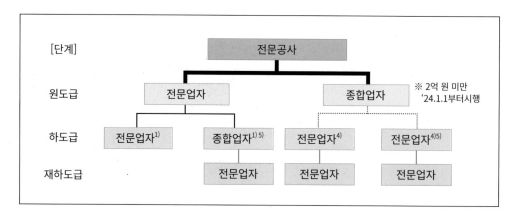

1) 발주자 서면승낙(법 제29조 제2항 제1호)

4) 발주자 서면승낙+20% 범위 내(법 제29조 제3항 제1호 및 제2호, 영 제31조의2)

5) 10억 원 미만 도급공사는 종합에 하도급 금지(법 제29조 제4항)

건설폐기물 및 지정폐기물(석면) 처리 | 건설 No.331143, 석면 No.92889

1. 폐기물 처리용역의 종류

구분	내용	관련법규
건설폐기물 처리용역	건설공사에서 발생되는 건설폐기물을 수집하여 처리 장소로 운반, 분리·선별, 파쇄 처리하는 용역 ※ 건설폐기물 수집·운반업자 및 중간 처리업자는 위탁받은 성질·상태 그대로 재위탁 금지	「건설폐기물의 재활용촉진에 관한법률」 제2조 제2호
폐기물 처리용역	쓰레기, 연소재(燃燒滓), 오니(汚泥), 폐유(廢油), 폐산(廢酸), 폐알칼리 및 동물의 사체(死體) 등으로서 폐기물처리업자가 폐기물을 수집, 처리장소로 운반하여 소각·파쇄·고형화·매립등의 방법에 의하여 처리하는 용역	「폐기물관리법」 제2조 제1호 및 제25조

2. 건설폐기물 처리용역

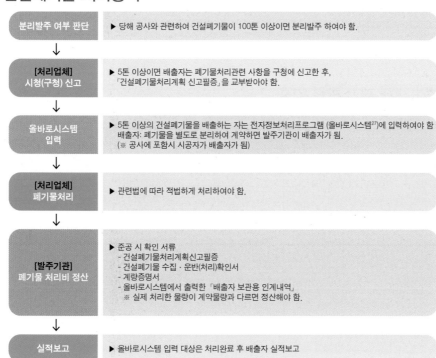

분리발주 여부 판단
▶ 당해 공사와 관련하여 건설폐기물이 100톤 이상이면 분리발주 하여야 함.

↓

[처리업체] 시청(구청) 신고
▶ 5톤 이상이면 배출자는 폐기물처리관련 사항을 구청에 신고한 후, 「건설폐기물처리계획 신고필증」을 교부받아야 함.

↓

올바로시스템 입력
▶ 5톤 이상의 건설폐기물을 배출하는 자는 전자정보처리프로그램 (올바로시스템[27])에 입력하여야 함
배출자: 폐기물을 별도로 분리하여 계약하면 발주기관이 배출자가 됨.
(※ 공사에 포함시 시공자가 배출자가 됨)

↓

[처리업체] 폐기물처리
▶ 관련법에 따라 적법하게 처리하여야 함.

↓

[발주기관] 폐기물 처리비 정산
▶ 준공 시 확인 서류
- 건설폐기물처리계획신고필증
- 건설폐기물 수집·운반(처리)확인서
- 계량증명서
- 올바로시스템에서 출력한 「배출자 보관용 인계내역」
  ※ 실제 처리한 물량이 계약물량과 다르면 정산해야 함.

↓

실적보고
▶ 올바로시스템 입력 대상은 처리완료 후 배출자 실적보고

3. 지정폐기물 처리용역

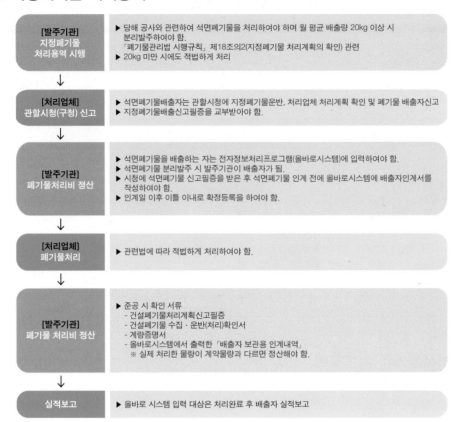

| [발주기관]
지정폐기물
처리용역 시행 | ▶ 당해 공사와 관련하여 석면폐기물을 처리하여야 하며 월 평균 배출량 20kg 이상 시 분리발주하여야 함.
「폐기물관리법 시행규칙」 제18조의2(지정폐기물 처리계획의 확인) 관련
▶ 20kg 미만 시에도 적법하게 처리 |

↓

| [처리업체]
관할시청(구청) 신고 | ▶ 석면폐기물배출자는 관할시청에 지정폐기물운반, 처리업체 처리계획 확인 및 폐기물 배출자신고
▶ 지정폐기물배출신고필증을 교부받아야 함. |

↓

| [발주기관]
폐기물처리비 정산 | ▶ 석면폐기물을 배출하는 자는 전자정보처리프로그램(올바로시스템)에 입력하여야 함.
▶ 석면폐기물 분리발주 시 발주기관이 배출자가 됨.
▶ 시청에 석면폐기물 신고필증을 받은 후 석면폐기물 인계 전에 올바로시스템에 배출자인계서를 작성하여야 함.
▶ 인계일 이후 이틀 이내로 확정등록을 하여야 함. |

↓

| [처리업체]
폐기물처리 | ▶ 관련법에 따라 적법하게 처리하여야 함. |

↓

| [발주기관]
폐기물 처리비 정산 | ▶ 준공 시 확인 서류
 - 건설폐기물처리계획신고필증
 - 건설폐기물 수집·운반(처리)확인서
 - 계량증명서
 - 올바로시스템에서 출력한 「배출자 보관용 인계내역」
 ※ 실제 처리한 물량이 계약물량과 다르면 정산해야 함. |

↓

| 실적보고 | ▶ 올바로 시스템 입력 대상은 처리완료 후 배출자 실적보고 |

4. 석면 해체 제거 관련 업종

구분	업 종	관련법	자격요건	비고
공사	석면 해체·제거업	· 석면안전관리법 · 산업안전보건법	고용노동부 장관에게 석면해체·제거업 신고를 한 자	안전성 평가결과 공개
용역	석면 조사기관	산업안전보건법	고용노동부 장관에게 석면조사기관의 지정을 받은 자	농도 측정
	(지정)폐기물수집·운반업 (지정)폐기물중간처분업 (지정)폐기물최종처분업	폐기물관리법	폐기물처리업의 허가를 받은 자	폐석면
	석면 해체 작업 감리인	석면안전관리법	시·도지사에게 석면해체작업감리인으로 등록한 자	석면감리

13 선금 및 대가 지급

| 선금 지급 | No. 59170 |

1. 대상 및 용도

○ 공사, 물품 제조(구매는 제외) 및 용역계약

○ 인건비, 재료비

2. 지급범위

○ 선금제도의 실효성을 확보하기 위하여 일정률(30%이상)은 의무적으로 지급해야 한다.

○ 공사·제조 또는 용역 계약의 대가로서 계약금액의 100분의 70(지방자치단체의 장이 원활한 공사 진행의 필요성, 계약상대방의 재무건전성 등을 고려하여 필요하다고 인정하는 경우에는 100분의 100)을 초과하지 않는 금액(지방회계법 시행령 제44조제1항13호)

○ 계약금액의 70%를 초과하는 금액을 선금으로 지급하기 위해 필요한 경우 계약상대자에게 최근 1개월 이내 신용평가, 주거래은행 금융거래 확인서, 채권 압류 없음을 확인하는 각서 등 계약상대자의 재무건전성을 확인하기 위한 서류를 요청할 수 있다.

○ 계약금액에서 직접노무비를 제외한 금액을 기준으로 한다.

3. 선금 신청 및 정산 서류

○ 선금신청시: 선금신청서, 대금청구서, 통장사본, 선금보증서, 세금계산서, 조세 및 공과금 관련 납부(완납) 증명서

  ※ 선금사용계획서 제출 폐지(2003. 4. 30. No. 254466)

○ 계약담당자가 계약금액의 100분의 70을 초과한 선금을 지급한 경우에는 선금 사용의 적정성을 확인하기 위하여 계약상대자에게 선금 사용내역서를 제출하게 할 수 있다.

1. 검사 및 인수

가. 물품 제조·구매

납품확인: 물품검수조서 작성

나. 공사

○ 준공신고서 접수

○ 첨부서류: 준공사진, 안전관리비 사용내역서, 4대 보험료 납부확인서

다. 검사(검수): 준공검사조서 작성

○ 계약서, 설계서, 준공신고서 등 관계서류에 의해 계약 상대자 입회하에 검사

○ 계약 위반 사항 또는 부당함 발견 시 시정조치 요구

라. 검사기간: 14일(기간연장 7일) - 특례 7일(기간연장 3일)

| 물품 검사검수 담당자 |

구 분	검사 및 검수		비고
	검 사	검 수	
물품매입 기타검사	사업담당자	물품출납원(분임물품)	
관급자재	감독	물품출납원	물품조례

2. 청구 및 대가의 지급

○ 청구 후 5일 (공휴일 및 토요일, 근로자의 날은 제외) 이내-특례 청구 후 3일

○ 관련서류: 세금계산서, 조세 및 공과금 관련 납부(완납) 증명서

○ 공사의 경우 필요시 안전관리비정산서, 보험료납부 영수증 등 첨부

– 안전관리비 미사용시 정산 (준공정산사유서 징구

하자관리(법 제20조)　│ No. 45263

1. 하자담보 책임기간(1~10년) 설정

○ 목적물 인수일과 준공검사일 중 먼저 도래한 날부터 설정

○ 하자담보 책임 기산점(시행령 제69조 제1항)

– 해당 계약의 전체 목적물 중 일부분을 자치단체에서 인수·사용할 경우 해당 부분
은 인수 · 사용일부터 하자담보 기간 산정('20.7.14. 개정)

2. 하자보수보증금 징구

○ 하자보수보증금 납부서 등

○ 징구시기: 준공검사 후 대가지급 전까지 납부

3. 하자보수의 이행: 하자보수착공신고서 제출

○ 하자보수 통보 받은 7일 이내

○ 설계서 첨부 및 공사이행 소요기간 명시

※ 시급을 요하는 경우에는 즉시 하자공사 착공

4. 하자검사 (공사계약 일반조건, No. 31693)

– 하자담보 책임기간 중 정기검사 연2회

– 하자담보 책임기간 만료일 14일 전부터 만료일까지 최종검사 실시

– 최종검사 완료 후 하자보수 완료 확인서 발급

5. 하자보수 보증금률과 면제 대상

○ 하자보수 보증금율

공종별	보증금률	보증 기간
조경공사	5%	1년~10년 (6단계)
일반 건축 등 공사	3%	
기타 공사	2%	

※ 하자보험증권(계약) 보험기간=책임기간

○ 하자보수보증금의 면제

　– 지역주민과의 계약, 정부투자 기관, 50% 이상 출연 법인, 각종 협동조합과의 계약

○ 3천만 원 이하의 소액공사(조경공사 제외)

보험료 등 사후정산　｜　No. 193021

---

1. 법정경비

가. 입찰공고서에 금액 명시후 계약서에 금액 조정 없이 반영하는 경비

나. 대상: ① 국민건강보험료, ② 국민연금보험료, ③ 노인장기요양보험 ④ 퇴직급여충당금 및 건설근로자 퇴직공제부금 ⑤ 산업안전보건관리비 ⑥ 품질관리비 ⑦ 안전관리비

　예시) 국민건강 0000원, 국민연금 0000원, 노인장기 000원....

※ 다만, ①~④는 지계칙 제23조의2 각 호에 따른 단순노무용역의 경우에는 예정가격상의 보험료에 낙찰률을 곱한 금액을 기준으로 반영할 수 있다.

※ 보험료 정산 제외 대상: 1개월 미만, 물품구매 계약 등 노무비가 없는 계약, 학술용역 등 보험료 비목이 없는 경우(No. 47403)

2. 관계 법령에서 요구하는 금액 이상을 반영

가. 기초금액 발표 시 명기하는 법정(직공비) 요율을 적용

나. 대상: ① 환경보전비, ② 건설하도급대금 지급보증서 발급수수료, ③ 고용보험료, ④ 건설기계 대여대금 지급보증서 발급수수료, ⑤ 산업재해보상보험료

3. 경비의 사후정산 항목

구 분	적용대상	관련근거
건강보험료, 국민연금 노인장기요양보험료	1개월 이상의 1건의 공사	일반 조건, 입찰유의서 건산법 규정
고용보험료 산업재해보상보험	모든 건설공사	사회보험의 보험료 적용 기준(국토부)
산업안전보건관리비 (안전보건관리비)	2천만 원 이상	산업안전보건법 제30조
건설근로자 퇴직공제부금비	1억 원 이상	건산법시행령 제83조
환경보전비	제반환경오염 방지시설 설치 및 운영에 비용이 소요될 경우	건설기술진흥법 시행규칙 제61조
건설하도급대금 지급보증서 발급수수료	일반 건설공사	건설사업기본법제34조
건설기계대여대금지급보증	1건 대여금액 200 만원 초과	건설산업기본법 제68조의3
품질관리비	5억 원 이상 토목공사, 2억 원 이상 전문공사, 연면적 660㎡ 이상 건축공사	건설기술진흥법 시행규칙 제53조

※ 공사손해보험료는 별도의 정산 조항이 없음.
※ 지적빈도: 산업안전보건관리비, 국민건강(연금)보험, 환경보전비 정산

국세 및 보험료 납부 증명과 예외　　| No. 199876

1. 관련근거

- ○ 관세: 관세법 제116조의3

- ○ 국세: 국세징수법 제107조

- ○ 지방세: 지방세징수법 제5조

- ○ 연금보험: 국민연금법 제95조의2

- ○ 건강보험: 국민건강보험법 제81조의3

- ○ 고용, 산재보험: 고용산재보험료징수법 시행령 제41조의5

2. 증명 제출 대상자

○ 국가 또는 지방자치단체 등으로 부터 대금을 수령하는 모든 자(=재화와 용역 등의 거래로 인하여 대가를 지급받을 권리가 있는 자)

○ 채권양도로 인한 경우: 양도인과 양수인

○ 법원의 전부명령(轉付命令)에 따르는 경우: 전부명령 채권자

○ 하도급대금을 직접 지급받는 경우: 하도급사

3. 증명 제출의 예외 사유

○ 국가 계약법 시행령 제26조 제1항 각 호(같은 항 제1호 라목 제외) 및 지방 계약법 시행령 제25조 제1항 각 호(같은 항 제7호 가목 제외) 수의계약(2인 이상 견적서 제출공고 포함)을 체결하여 받는 대금에 의한 경우(조세채권에 한함.)

○ 국가 또는 지방자치단체가 대금을 지급받아 그 대금이 국고 또는 지방자치단체의 금고에 귀속되는 경우(조세채권에 한함.)

○ 압류에 의하여 공무원 또는 공단 담당자가 그 대금을 지급받는 경우

○ 계약대금 일부 또는 전액을 체납 세액(보험료)으로 납부하는 경우

○ 채무자 회생 및 파산에 관한 법률에 따른 파산관재인이 증명서를 발급받지 못하여 파산절차의 진행이 곤란하다고 관할법원이 인정하고, 해당 법원이 증명서의 제출 예외를 발주처에 요청한 경우

○ 회생계획에서 보험료와 그에 따른 연체금 및 체납처분비의 징수를 유예하거나 체납처분에 의한 재산의 환가를 유예하는 내용을 정한 경우.(해당 징수유예 또는 환가유예된 금액에 한함.)(공과금(4대보험 채권)에 한함.)

○ 관서운영경비, 일상경비 등(공과금(4대보험 채권)에 한함.)

대가지급 관련 유의사항 | No. 67580

구 분		유 의 사 항	비고

대금지급	선금	○ 보증기간 만료일: 준공일로부터 60일 이상 확인
		○ 원도급사 및 하도급사 시공비율로 선금 배분 확인
		  – 하도급 계약 이전: 가급적 원도급사 직접 시공분만 지급
		  – 하도급 계약 이후: 선금교부 반드시 확인
		○ 낙찰자 결정 시 경영상태 평가를 받지 않고 계약한 업체는 가급적 선급지급 비율 최소화
			선금
			규정

	기성
	및
	준공
		○ 선금, 기성금 및 준공금 지급 시마다
		  – 하도급 대금 지급 확인 서류 징구 후 대금 지급
		  – 노무비 지급 확인 서류 징구 후 대금 지급
		○ 조세 및 공과금 납부(완납) 증명서류 징구	

	타절 준공	○ 16장 계약의 패널티 참조	
채권압류	관리 요령	○ No. 277329 참조	채권압류 관리 No. 43107

	조세
	공과금
	납부
	증명
		○ 전부명령: 압류채권자
		○ 추심명령: 계약상대자, 압류채권자(이견있음)
		○ 채권양도·양수: 계약상대자, 양도 및 양수자
		○ 하도급대금지급시
		  – 원도급 부도시: 하도급 업자
		  – 직불합의시: 하도급업자
			증명서
			No. 199876

채권압류	우선 순위	○ 가압류만 존재: 집행공탁 ○ 가압류/체납처분 공존: 집행공탁(공탁선례 제202311호) ○ 본압류 1건만 존재: 채권자 지급 or 집행공탁 ○ 체납처분만 존재: 체납처분에 응함(원칙, 공탁불가) ○ 다수의 압류 존재(1건 이상 본압류 존재, 체납처분 포함): 집행공탁 ○ 전부명령(선)/체납처분(후): 전부명령 확정 시 전부채권자에게 지급 그러나, 미확정 시 집행공탁으로 변제 ○ 채권압류(선)/전부명령(후): 공탁(전부명령 무효. 예외존재) ○ 체납처분(선)/전부명령(후): 공탁(다른방법 존재) ○ 채권양도: No. 145647 참조 ○ 하도급 직불: No. 142457 참조	선착&후착 채권압류 처리 No. 277327

※ 3천만 원 이상의 일반공사 원·하도급 기성·준공금 및 노무비 대금지급 하도급 지킴이 사용

14 건설근로자 대가지급

건설근로자 대금 보호 관련 제도 | No. 389355

구분		보호방안	근거규정
하도급대금		(의무) 계약내용 발주처 통보(도급액의 82%, 설계액의 64% 이상 준수)	건산법 제31조
		(의무) 하도급대금 직접지급 또는 하도급대금 지급보증 가입 (택1)	건산법 제34조의2 ·제35조
노무비		(의 무) 공사대금 중 (직,간접)노무비 압류 금지	건산법 제88조 시행령 제84조
		(의 무) 노무비 구분관리 및 지급확인	행안부 공사계약일반조건
		(구분관리) 노무비 직불(매월) * 적용제외 가능	행안부 공사계약일반조건
		(지급확인) 노무비 지급내역 및 실 지급여부 확인(준공 시→매월) * 적용제외 불가	행안부 공사계약일반조건
건설기계 대여대금		(의무) 건설기계 대여대금 지급보증 가입(원칙-현장별 일괄보증, 예외-개별보증)	건산법 제68조의3 시행규칙 제34조의4
		(조건부) 건설기계 대여대금 직접지급(직불합의, 1회이상 지체 등)	건산법 제32조 ·제35조
	타워크레인	(의무) 계약내용 발주처 통보(도급액의 82%, 설계액의 64% 이상 준수)	건산법 제68조의4 시행령 제64조의4
제작납품대금 ·가설기자재		(조건부) 제작납품업자*, 가설기자재 대금 직접지급(직불합의, 1회이상 지체 등)	건산법 제32조 ·제35조
기 타		(조건부) 하도급지킴이 사용(총 공사비 3천만원 이상, 공기 1개월 이상)	건산법 시행령 제34조
		(조건부) 하도급대금 직불 중지(하도급자가 각종 대금을 체불하여 원도급자가 하도급대금 직불 중지를 요구한 경우)	건산법 제35조
		(임의) 미지급대금 채권양도	
부도 발생 후		(사후조치) 채권 (가)압류 및 채권추심	
		(사후조치) 체불임금 대지급금	임금채권보장법 제7조의2

※ 건설공사에 소요되는 부품을 건설업자가 제시한 설계도, 시방서 등에 따라 주문받아 가공 또는 조립하여 납품하는 자(시행규칙 제27조의4)

1. 예산실무

2. 지출실무

3. 계약실무

4. 보조금관리

5. 결산실무

6. e-호조실무

7. 복식부기

8. 공유재산및물품 9. 법인과 회계 책임 10. 감사 사례

공사근로자 노무비 구분관리 및 지급확인제 │ No. 35875

1. 「노무비 구분관리 및 지급확인제」란

- ○ 발주기관, 계약 상대자 및 하수급인이 노무비를 노무비 이외의 대가와 구분하여 관리하고 근로자 개인계좌로 입금(구분관리제)
- ○ 발주기관에서 매월 근로자별 노무비 지급 여부 확인(지급확인제)

2. 적용 제외 대상

- ○ 노무비 구분관리제 적용 제외(단, 지급확인제는 적용)

- ▶ (先지급) 노무비 청구 기일 전에 근로자 전원에게 노무비를 지급한 경우(단, 미지급자가 1인이라도 있을 경우에는 적용)
- ▶ (현금지급) 계좌개설 불가 등의 사유로 계좌입금 대신 현금 지급하는 경우
- ▶ 계약기간이 1개월 미만인 공사(단, 1개월 이상으로 계약기간이 연장되는 경우에는 적용)
- ⇒ 발주기관은 매월 노무비를 계약 상대자 및 하수급인의 전용계좌로 입금하고, 계약 상대자 및 하수급인은 지급 후 발주기관에 지급내역 제출

- ○ 노무비 구분관리제 및 지급확인제 적용 제외

- ▶ 직접노무비 지급 대상 전원이 계약 상대자의 상용 근로자만으로 구성된 공사
- ▶ 기타 천재지변 등의 사유로 객관적으로 동 제도를 적용할 수 없다고 발주기관이 인정하는 경우
- ⇒ 발주기관은 매월 노무비를 계약 상대자 및 하수급인의 통장(노무비 전용통장이 아니어도 됨)으로 입금

3. 업무처리 절차

합의서 및 통장사본 등 제출	노무비 청구	노무비 지급 (발주 기관)
착공계 제출 시	지급일 -5	합의서상 지급일

노무비 지급 (계약 상대자)	노무비 지급 (하수급인)	노무비 지급 결과 보고 (계약 상대자 → 사업부서)
수령일 +2	수령일 +4	지급일 +9

노무비 지급 확인 및 보완 (사업부서)	익월 노무비 청구 및 전월 지급내역 제출	......
익월 청구 전까지	익월 지급일-5	......

최종월 노무비 청구	최종월 노무비 지급	최종월 지급 결과 보고
최종월 지급일-5	최종월 지급일	최종월 지급일 +9

4. 사전 준비 사항

○ 노무비 구분관리 및 지급확인에 대한 합의서(서식 1) 체결
  - 노무비 구분 관리 및 지급확인제 세부사항 합의, 공사 근로자 노무비 지급기일을 확정(하수급인 소속 근로자 포함)
○ 계약 상대자, 하수급인 명의 노무비 지급용 전용통장 개설
  - 계약 상대자 및 하수급인은 계약체결 후 노무비 전용 통장을 개설한 후 통장 사본 제출
  - 전용 통장은 노무비를 제외한 공사비 관리 통장과는 구분
○ 계약 상대자는 동 제도를 적용할 수 없는 경우에는 착공계 제출 시 해당 사유서를 첨부하여 발주기관에 승인을 요청하여야 함.
  - 근로자의 계좌 개설불가 또는 현금지급 희망 등 사유의 경우에는 해당 근로자의 확인서명 날인
○ 법정관리 등의 업체는 동 제도가 원활히 운영될 수 있도록 법원 허가 등 필요한 조치를 사전에 취할 것 ⇒ 합의서, 통장사본 등은 착공 시 제출있도록 법원 허가 등 필요한 조치를 사전에 취할 것 ⇒ 합의서, 통장사본 등은 착공 시 제출

1. 예산실무

2. 지출실무

3. 계약 실무

4. 보조금관리

5. 결산실무

6. e-호조실무

7. 복식부기

8. 공유 재산 및 물품

9. 법인세와 회계 책임

10. 감사 사례

하도급대금 및 건설기계 대여금 지급확인 제도 | No. 36478

1. 하도급대금 지급확인 제도

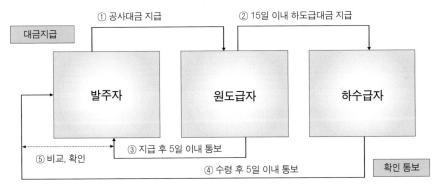

※ 자발적 통보가 없는 경우에는 발주자가 통보를 요청

2. 건설기계 대여금 지급확인 제도

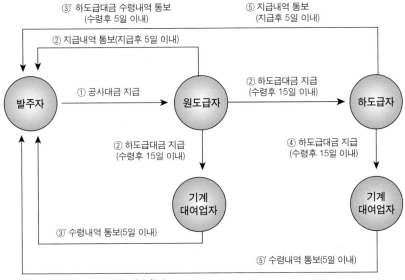

발주자는 ③과 ③', ⑤와 ⑤' 비교 확인

※ 하도급 지킴이 사용 (조달청)

1. 하도급 지킴이 (No. 278898)

○ 근거: 건설산업기본법 제34조, 시행규칙 제28조, 전자조달법 제9조의2

○ 적용 공사: 도급금액이 3천만 원 이상이고 공사기간이 30일을 초과하는 공사는 전
　자대금 시스템(하도급지킴이) 의무 사용

○ 처리 절차

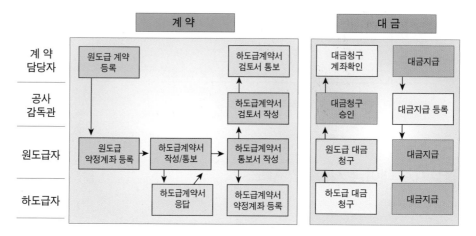

2. 임금비용의 구분지급 및 확인 (No. 252079)

○ 근거: 건설근로자법 제7조의3

○ 대상공사: 도급금액이 5천만 원 이상이고 공사기간이 30일 초과인 건설공사

○ 방법: ① 수급인은 건설근로자 명부(성명·임금 및 연락처 등), 전월 임금 지급내역
　및 증명자료를 도급인에게 제출 ② 도급인은 5일 이내에 수급인이 별도 지정한 노
　무비 계좌로 지급 ③ 수급인은 임금비용을 지급받은 날로부터 5일 이내에 건설근
　로자의 계좌로 임금 이체

○ 미이행 시: 과태료 300만 원 이하 부과

대형공사에 관한 특례

1. 예산실무

2. 지출실무

3. 계약실무

4. 보조금관리

5. 결산실무

6. e-호조실무

7. 복식부기

8. 공유재산및물품

9. 변상과 회계 책임

10. 감사 사례

대형공사의 의의	No. 303154

1. 대형공사의 의의

대형공사라 함은 총공사비 추정가격이 300억 원 이상인 신규 복합공종공사를 말한다. 대형공사의 유형으로는 설계·시공 일괄입찰에 의한 계약, 대안입찰에 의한 계약, 특정 공사의 계약(300억 원 미만 신규복합공종 공사 중 대안입찰 또는 일괄입찰 공사), 기술 제안입찰, 종합평가(종합심사) 낙찰제등이 있다.

※ 특정공사 : 추정가격 300억원 미만 신규복합 공종 공사중 대안입찰

또는 일괄입찰로 집행하는 것이 유리하다고 인정하는 공사

2. 대안입찰 또는 설계시공 일괄입찰 등 대상공사의 공고

집행기본계획서 제출: 매년 1월 15일까지

↓

중앙(지방)건설기술심의위원회 심의: 1월 말까지

↓

공고: 국토교통부장관, 국방부장관, 지방자치단체장이 홈페이지 및 정보처리장치
공고 (인터넷, 일간신문 공고 병행 가능)

3. 예정가격의 결정

일괄입찰공사에 있어서는 예정가격을 정하지 않는다.

대형공사의 입찰 및 낙찰자 선정 | No. 303154

1. 개념

일괄입찰(턴키) 공사는 발주기관이 설계서를 작성하지 아니하고 공사 기본계획 및 지침만 제시하면, 계약 상대자가 설계와 시공을 모두 수행하는 입찰 방식이며, 대안입찰공사는 원안 입찰과 함께 따로 입찰자의 대안 제출이 허용된 입찰방식.(국계령 제79조, 지계령 제95조)

2. 대상공사

총공사비 추정가격이 300억 원 이상인 신규 복합공종공사(대형공사)와 총공사비 300억 원 미만인 신규 복합공종공사 중 일괄입찰 또는 대안입찰로 시행함이 유리하다고 인정하는 공사(특정공사)가 해당.

| 대형공사와 일반공사의 차이점 |

분야별	적격심사	일괄입찰공사	기술제안 또는 대안입찰공사
설계 주체	발주 기관이 설계서 작성	입찰자가 설계서 작성 제출	발주 기관이 설계서 작성 제시(원안)
예정가격 작성 여부	작성	작성하지 않음	작성
낙찰자 결정 방법	예정가격 이하 최저가 입찰자 중 적격심사 통과자	기본설계에 대한 심사 결과 최고 득점자를 실시설계적격자로 선정	대안 또는 기술제안에 대한 심사결과 최고 득점자를 낙찰자로 결정
계약금액 조정 여부	설계변경 시 계약금액 조정 가능	설계변경시 증액불가 * 국계령제91조 및 지계령 제103조에 예외 규정 있음	좌동

1. 예산실무

2. 지출실무

3. 계약실무

4. 보조금관리

5. 결산실무

6. e-호조실무

7. 복식부기

8. 공유재산및물품

9. 변상과 회계 책임

10. 감사 사례

| 일괄 · 대안 · 기술제안입찰의 장 · 단점 |

장 점	단 점
· 일괄책임(설계·시공) · 공기단축 및 품질향상 · 공사비 절감(신기술,신공법) · 발주자 행정부담 감소	· 과도한 입찰 준비비용 소요 · 중소업체 참여 기회 제한 · 총공사금액의 사전파악 곤란 · 발주자의 점검과 조정기능 결여

대형공사 설계비보상

- 대상공사: 일괄입찰 및 실시설계 · 시공입찰에 의하여 시공되는 공사

- 보상 대상자: 탈락자 중 설계 점수가 입찰공고에 명시한 점수 이상인 자

- 보상비 지급기준: 설계보상비로 책정된 금액

  (총공사비의 20/1000에 해당하는 금액, 기술제안 입찰의 경우는 10/1000))

3. 대형공사 심의 기관 및 심의 종류

○ 심의 기관: 중앙건설(지방) 기술심의위원회

○ 심의 기준: 대형공사 입찰방법 심의 기준(국토교통부 제정) 적용

○ 심의 종류(지자체 기준)

입찰방법 심의	입찰 안내서 심의	기본설계 심의	실시설계 심의
지방위원회	지방위원회	지방위원회	지방위원회

○ 입찰방법 심의(국계령 제80조, 지계령 제96조)

○ 입찰안내서 심의(국계령 제85조, 지계령 제98조)

○ 기본·실시설계심의(국계령 제85조, 지계령 제98조)

Q&A

Q. 지방자치단체 또는 국가기관의 경우 대형공사 및 특정공사의 입찰 방법 심의는어떻게 이루어져야 하는지 여부

A. 국가계약법령 및 지방계약법 시행령에 따라 (지방)건설기술심의위원회에서 대형공사 및 특정공사의 입찰 방법을 심의해야 하는 것임.

417

4. 대형공사의 낙찰자 결정 방식 선택 체계와 대상 공사

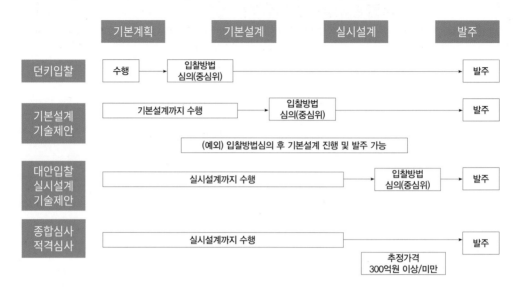

> **대형공사 등의 입찰방법 심의기준 국토교통부 고시 제2019-91호(2019.02.25)**

※ 적용범위

1. 총공사비 추정가격이 300억원 이상인 신규복합공종 공사(이하"대형공사"라한다)
2. 총공사비 추정가격이 300억원 미만인 신규복합공종공사 중 대인입찰 또는 일괄입찰로 집행함이 유리하다고 인정하는 공사(이하 "특정공사"라 한다)
3. 상징성·기념성·예술성이 필요하다고 인정되거나 난이도가 높은 기술이 필요한 시설물로서 기본 설계 기술제안입찰 또는 실시설계 기술제안입찰로 집행하려는 공사
4. 공기단축이 필요한 공사 중 일괄입찰로 진행하는 것이 유리하다고 인정되는 공사

※ 심의기준 등

1. 일괄입찰

가. 심의대상시설에 해당하는 공종이 계약단위 공구를 기준으로 해당 총공사비의 50%이상을 차지

나. 공사기간이 촉박하여 공기단축이 필요한 공사, 스마트건설 적용공사

2. 대안입찰 : 심의대상시설에 해당하는 공종이 계약단위 공구를 기준으로 해당 총공사비의 40%이상을 차지하는 경우

3. 기본설계 기술제안입찰

가. 심의대상에 해당하는 공종이 계약단위 공구를 기준으로 해당 총공사비의 40%이상을 차지하거나 200억원(수정가격) 이상인 경우

나. 공사기간이 촉박하여 공기단축이 필요한 공사, 스마트건설 적용공사

4. 실시설계 기술제안입찰 : 심의대상에 해당하는 공종이 계약단위 공구를 기준으로 해당 총공사비의 30%이상을 차지하거나 200억원(추정가격) 이상인 경우

대형공사의 수행절차 | No. 303154

입찰방법 심의단계	발주기관의 장

입찰방법 심의단계
- 집행 기본계획서 제출 (매년 1월 15일까지)
- 심의기관의 장 (매년 2.20까지 발주청에 통보) → 심의결과 (매년 2월 20일까지 통보)
- 요청 / 통보 → 지방위원회 (입찰방법 심의)
- 집행 기본계획서 조정제출 (매년 3월 10일까지)
- 입찰방법 확정 및 공고 → 시도지사는 심의결과를 관보에 공고

입찰공고 단계
- 발주기관
- 입찰 안내서 작성 → (심의요청) / (결과통보) → 지방위원회 (입찰 안내서 심의)
- 입찰공고

설계심의 단계
- 기본설계서 제출
- 실시설계 적격자 선정 ···· 지방위원회
- 실시설계 실시 → 실시설계, 시공 입찰 → 지방위원회
- 낙찰자 결정

계약단계
- 계약체결 및 착공

419

1. 설계·시공일괄입찰(턴키입찰)

설계·시공일괄입찰(이하 "턴키입찰"이라 한다) 공사란 대안입찰공사와 마찬가지로 추정가격이 300억 원 이상인 공사 중 연초에 중앙(지방)건설기술심의위원회의 대형공사 입찰방법 심의 시 턴키입찰방법에 의하여 낙찰자를 선정하도록 결정되어 실시되는 입찰 방식이다. 턴키입찰제도는 입찰 시에 그 공사의 설계서 기타 시공에 필요한 도면 및 서류를 작성하여 입찰서와 함께 제출하는 입찰방법으로 설계·시공상의 기술능력 개발을 유도하고 설계 경쟁을 통한 공사의 품질 향상을 도모하며, 설계용역과 공사입찰을 통합하여 실시함으로써 계약상대자 선정에 소요되는 입찰기간을 단축할 수 있는 제도이다.

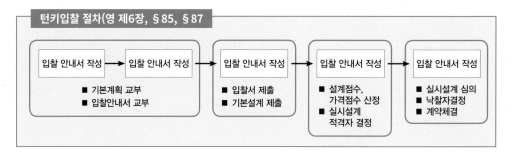

2. 대안입찰

대안입찰공사란 추정가격이 300억 원이상인 공사 중 매년 초에 「건설기술진흥법」에 의하여 설치된 중앙(지방)건설기술심의위원회의 대형공사 입찰방법 심의 시 대안입찰 방법에 의하여 낙찰자를 선정하도록 결정되고 이에 따라 실시하는 입찰방식이다.

대안입찰 제도는 원안입찰과 함께 입찰자의 의사에 따라 대안설계서 및 대안입찰서 제출이 허용되는 입찰방법인데 설계·시공상의 기술능력 개발을 유도하고 설계 경쟁을 통한 공사의 품질 향상을 도모하기 위한 제도이다.

대안입찰 시 '대안'이라 함은 발주자가 작성한 설계서상의 공종 중에서 대체가 가능한 공종에 대하여 기본방침의 변경 없이 정부가 작성한 설계에 대체될 수 있는 동등 이상의 기능 및 효과를 가진 신공법·신기술·공기 단축 등이 반영된 설계로서 당해 설계서상의 가격이 정부가 작성한 설계서상의 가격보다 낮고 공사기간이 정부가 작성한 설계상의 기간을 초과하지 아니하는 방법으로 시공할 수 있는 설계를 말한다.

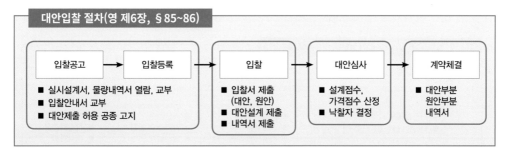

3. 실시설계기술제안입찰

실시설계기술제안입찰제도는 발주기관이 교부한 실시설계서 및 입찰안내서에 따라 입찰자가 시공 효율성 검토 등을 통한 공사비 절감방안, 생애주기비용 개선방안, 공기단축방안, 공사관리방안 및 발주기관이 교부한 실시설계서 및 입찰자가 제출하는 기술제안서의 내용을 반영하여 물량과 단가를 명백히 한 산출내역서 등이 포함된 기술제안서를 작성하여 입찰서와 함께 제출하는 입찰방식이다.

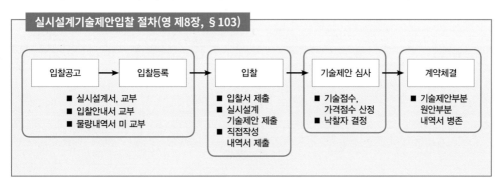

4. 기본설계 기술제안입찰

기본설계 기술제안입찰은 발주기관이 교부한 기본설계서 및 입찰안내서에 따라 입찰자가 시공 효율성 검토 등을 통한 공사비 절감방안, 생애주기비용 개선방안, 공기단축방안 및 공사관리방안 등이 포함된 기술제안서를 작성하여 입찰서와 함께 제출하는 입찰방식이다. 기본설계 기술제안입찰의 경우에는 입찰시 산출내역서를 제출하지 아니하며, 낙찰자가 아닌 실시설계적격자를 선정한다는 점에서 턴키입찰과 유사하며, 실시설계 기술제안입찰, 순수내역입찰과 다르다. 설계와 시공을 병행하는 Fast track 방식이 가능하다.

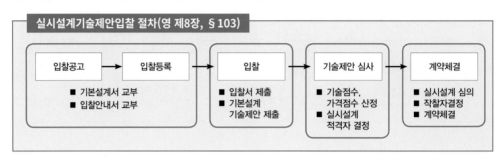

실시설계기술제안입찰 절차(영 제8장, §103)

입찰공고	입찰등록	입찰	기술제안 심사	계약체결
■ 기본설계서 교부 ■ 입찰안내서 교부		■ 입찰서 제출 ■ 기본설계 기술제안 제출	■ 기술점수, 가격점수 산정 ■ 실시설계 적격자 결정	■ 실시설계 심의 ■ 작찰자결정 ■ 계약체결

Q&A

Q. 턴키공사도 설계변경대상인지

A. 중턴키입찰공사의 경우에도 설계서의 변경이 발생하는 경우에는 설계변경의 책임여부와 관계없이 설계변경은 가능토록 하고 있음. 다만, 설계변경의 사유가 정부에 책임있는 사유 또는 천재지변 등 불가항력의 사유로 인한 경우에만 그 계약금액을 증액할 수 있도록 하고 있음.

1. 예산실무

2. 지출실무

3. 계약실무

4. 보조금관리

5. 결산실무

6. e-호조실무

7. 복식부기

8. 공유재산및물품

9. 변상과 회계 책임

10. 감사 사례

16 계약의 패널티

지연배상금 (법 제30조, 영 제90조) | No. 46802

1. 지연배상금

- ○ 정당한 이유없이 계약 이행을 지체한 때 지연배상금 산정 부과
- ○ 계약보증금 징수와 지연배상금 부과는 병립할 수 없음.
- ○ 지연배상금액이 계약금액의 10/100 이상인 경우, 계약을 해제·해지하지 아니한 경우에는 잔여 계약 이행 금액에 대하여 계약보증금 추가 납부 조치
- ○ 지급할 대가, 그 밖의 예치금과 상계할 수 있음.
- ○ 지연배상금은 계약금액(기성 및 인수 부분 제외)의 100분의 30을 한도로 함.

2. 지연배상금 계산법

- ○ 지연배상금=계약금액 × 지연배상금율 × 지체일수
- ○ 지연배상금 징수율(규칙 제75조)

구 분	징 수 율(시행규칙 제75조)
공사	계약금액 × 0.5/1000
물품의 제조·구매	계약금액 × 0.8/1000
수리·용역·가공·대여	계약금액 × 1.3/1000
운송·보관·양곡가공	계약금액 × 2.5/1000

3. 지체일수 산정

제출일	지체일수
준공기한 내 준공 신고서 제출	준공검사에 소요 된 기간은 지체일수에 산입하지 않음

제출일	지체일수
준공기한 내 준공 신고서 제출, 준공기한 후 시정조치를 받은 경우	시정조치한 날부터 최종 준공검사일까지
준공 기한 후 준공 신고서 제출	준공 기한 익일부터 최종 준공 검사일까지
준공 기한의 말일이 공휴일인 경우	공휴일의 익일 다음 날부터 지체 일수 산정

※ 발주기관의 동절기 등 공사중지 기간은 지체일수에 포함하지 아니함.

4. 기성 부분 등

○ 기성 부분(기납 부분)이 있는 경우(영 제90조 제2항)

 - 그 부분을 제외한 미 이행 부분에 대하여 징수하되, 성질상 분할할 수 없는 것은 검사를 거쳐 인수한 것에 한함.

○ 공동수급체의 구성원이 직접 지연을 야기한 경우(영 제90조 제4항)

 - 해당 구성원으로 하여금 지연배상금을 납부 조치

 - 해당 구성원의 계약금액을 기준으로 지연배상금 계산

유찰 · 계약 포기 · 해제 · 해지 및 타절준공 │ No. 58209

1. 입찰단계별 처리 구분 (No. 58209)

계약 구분	개찰 전 포기	유찰 시		개찰 후 포기 시		계약 해지, 해제 시	
		최초공고	재공고	적격자	부적격자 (제외자)	입찰 유효 (계약 해지)	입찰 무효 (계약 해제)
수의 계약	제출 취소	1인 수의계약	1인 수의계약	- 결격 사유 - 차순위	차순위	- 차순위 - 부정당제재 - 계약보증금	- 새로운공고 ※ 부정선정자 결격사유
입찰 계약	투찰 취소	- 재공고 - 재입찰	1인 수의계약	- 재공고 - 부정당제재 - 입찰보증금	차순위	- 1인 수의계약 - 부정당제재 - 계약보증금	- 새로운입찰 ※ 부정낙찰자 부정당제재

2. 건설공사 시공사 파산 (타절준공) ⇒ (No. 30416)

가. 타절검사 시점

　○ 공사 추진이 정상적으로 이루어지지 않을 경우, 공사타절 또는 출자지분 변경을 목적으로 공사포기서 제출 또는 중도타절 통보 후 즉시 시행한다.

　　－ 계약자(부도 또는 파산업체 및 공동수급인, 연대보증인)에게는 입회 요청을, 보증기관(선금 또는 공사이행보증)에게는 검사시행 사실을 통보한다.

　　－ 입회하지 않을 경우 발주청에서 확정한 기성량에 동의하는 것으로 간주하겠다는 의사를 명시한다.(단, 이런 내용을 반드시 내용증명으로 발송)

나. 대금지급 우선순위(논란 있음-실행 시 법적 검토 필요)

　○ 부도나 파산 현장에서 현장 조건이나 채무관계 등 여건이 모두 상이하여 정확한 처리기준을 일률적으로 정하기는 어려우나 기본적인 사항은 아래와 같으며, 본 내용은 사건을 바탕으로 작성된 것으로 일반화를 할 수 없기에 반드시 법률 전문가의 조언을 얻어 방향을 잡기를 바란다.

　　① 선금반환 채권이 존재하는 경우

　　　1) 발주자에게 직접 지급 대항력이 존재하는 미지급 하도급 대금(단, 물품과 용역에 대해서는 보험회사 약관에 의함.)

　　　2) 선금 반환 채권

　　　3) 지연배상금, 각서로 갈음한 계약보증금

　　　4) 하자보수보증금(세입 조치 사유 발생 시 3번과 동등 순위)

　　　※ 지연배상금, 하자보증금에 대해서는 사실상 지급 가능한 기성금이 없으므로 논의의 실익이 없으며, 나머지 채권은 더 말할 것도 없다.

　　　※ 단, 미지급 하도급 대금을 선금반환 채권보다 우선하여 지급하는 경우에는 2가지의 경우의 수가 존재한다.

　　　※ 현 상황에서 타절 하도급 계약에 상응한 하자 담보채권을 직접 징구하며, 이에 대한 변제의 효과를 별도로 설정하였다면 발주자는 하도급사에 항변권 행사가 가능하다고 판단된다.

　　　※ 더 나아가, 지연배상금도 위 상황에서 지체를 야기한 하도급사에 대해서 대금에서 직접 상계할 수 있으며, 이에 대한 변제의 효과를 별도로 설정한

특약이 존재하면 가능할 여지가 있다고 판단된다.

② 선금 반환 채권이 존재하지 않는 경우(일반 기성금 집행 시 상황과 유사)

   1) 지연배상금, 각서로 징구한 계약보증금(하도급 대금에서 상계 불가)

   2) 하자보수보증금(세입 조치 사유 발생 시 1번과 동등 순위)

   3) 채권압류, 채권양도, 질권 vs 미지급 하도급 대금 직불 대항력

※ 현 상황에서 타절 하도급 계약에 상응하는 하자 담보채권을 직접 징구하며, 이에 대한 변제의 효과를 별도로 설정하였다면 발주자는 하도급사에 항변권 행사가 가능하다고 판단된다.

※ 더 나아가, 지연배상금도 위 상황에서 지체를 야기한 하도급사에 대해서 대금에서 직접 상계할 수 있으며, 이에 대한 변제의 효과를 별도로 설정한 특약이 존재하면 가능할 여지가 있다고 판단된다.

부정당업자 제재 및 수의계약 배제 | No. 58209

1. 부정당업자와 수의계약 배제 대상자 구분

구분	부정당업자	수의계약 배제 대상자
개념	○ 경쟁의 공정한 집행 또는 정한 이행 조건을 해칠 염려가 있거나 그 밖에 입찰에 참가시키는 것이 부적합하다고 인정되는 자에 대하여 지방자치단체가 실시하는 입찰에 일정기간 동안 참여할 수 없도록 하는 제도	○ 수의계약 배제사유에 해당하는 자에 대하여 수의계약 집행 시 계약상대자 결정에서 제외하도록 하는 제도
법령	○ 법 제31조, 시행령 제92조, 시행규칙 제76조	○ 계약집행기준 제5장 수의계약 운영요령

구분	부정당업자	수의계약 배제 대상자
공개방법	○ 국가종합전자조달시스템(G2B 등)에 게재 ○ 나라장터 〉로그인 〉수요기관업무 〉물품 또는 공사 〉부정당업자 〉부정당업자통보	○ 발주기관 자체적으로 관리
계약체결 제한대상	○ 전 공공기관과 모든 계약(입찰·수의)을 체결할 수 없음	○ 해당지자체 및 산하기관과 수의계약만 체결할 수 없음
계약체결 시 유의사항	○ 계약체결 이전 G2B 등에 부정당업자 해당 여부 확인 ※ 부정당업자 제재기간 중에 "제재정지 중"으로 표기된 것은 계약체결이 가능함	※ 수의계약 배제 기간의 시작일 전까지는 계약체결 가능
	※ 계약체결 이후 처분받은 부정당 제재나 수의계약 배제는 계약의 해제·해지 사유에 해당하지 않음	

2. 부정당업자 제재

부정당업자 제재	과징금 부과
법 제31조, 시행령 제92조, 시행규칙 제76조 및 76조의2	법 제31조의2, 시행령 제92조의2~제92조의4, 시행규칙 제77조의2

※ 국가계약: 심사평가 서류 미제출, 낙찰자 계약 미체결 부정당제재 비대상

3. 법인에 대한 입찰 참가 제한과 승계 (No. 58338)

구 분	제한사항(법 제92조)	비고
대표이사에 대한 제재	법인에 대한 제재 시 필연적으로 제재	제4항
대표이사의 변경	부정당행위 시점의 대표이사 제재	제4항
제재 대표이사 영입한 법인	법인의 해당 입찰참가 제한됨	제5항
재재 처분의 승계	합병, 면허양수, 영업양도 시 제재 승계	제5항

1. 채권 압류의 종류

구 분	의의 및 규정
가압류 결정	• 의의: 채권에 대한 강제집행을 보전하기 위하여 채무자의 재산을 잠정적으로 확보하는 절차 • 가압류 결정 후 본 압류명령이 도달해야 압류채권을 지급할 수 있다. • 당해 공사의 근로자에 지급될 임금채권은 압류 대상에서 제외(산출내역서에 기재된 노임의 합산 금액): 건설산업기본법 제88조 같은법 시행령 제84조 • 임금채권의 우선채권을 가진 가압류라 하더라도 체납처분 절차를 배제할 수 없다는 대법원 판례가 있어 자의적 해석 여지 있음.
압류명령	• 의의: 제3채무자에 대해서는 채무자에게 지급을 금하고 채무자에 대하여 채권의 처분을 임의로 하지 못하도록 하는 법원의 명령 • 제3채무자에게 송달됨으로써 효력발생(민법 도달주의) • 채무자가 제3자에게 임의로 한 채권양도나 제3채무자가 채무자에게 행한 임의변제는 압류채권자에게 대항하지 못함
추심명령	• 의의: 채권자가 채무자가 아닌 제3채무자에게 직접 추심하는 권한을 부여하는 법원의 결정 • 제3채무자는 채무액을 공탁할 권리가 있다. 그러나, 채권자가 배당요구 또는 청구를 하는 경우 제3채무자는 채무액을 공탁할 의무가 있다. • 채권자의 추심금 청구 시, 제3채무자가 정당한 사유 없이 이를 이행하지 않으면, 채권자는 제3채무자에게 직접 소를 제기할 수 있다.
전부명령	• 의의: 채무자의 압류목적물의 소유권을 압류채권자에게 이전하여 채권자에게 변제한 것으로 갈음하도록 하는 법원의 명령 • 전부명령은 송달되고 확정되어야 효력이 있다. • 전부명령이 송달되기 전 다른 압류 또는 배당요구를 한 때에는 전부명령은 효력이 없다. (예외 있음.) • 전부명령이 송달된 후에는 다른 채무자가 압류 또는 배당요구를 하지 못한다. • 전부명령채권자는 각종 증명서 제출대상 계약 등 채권에 대해 압류한 경우는 제출대상

2. 공탁의 종류

구 분	의 의
변제공탁	채무자가 채무를 현실적으로 제공하려고 하였으나, 채권자가 변제를 받지 않거나, 변제를 받을 수 없는 경우 또는 과실 없이 채권자가 누구인지 알 수 없는 경우 채무자는 채무의 목적물을 공탁소에 공탁하고 채무를 면책받는 제도
집행공탁	강제집행 또는 보전처분절차에서 집행기관이나 집행당사자 또는 제3채무자가 「민사집행법」에 따른 권리·의무로서 집행목적물을 공탁소에 공탁하여 그 집행 목적물의 관리와 집행법원의 지급위탁에 의한 공탁물 지급을 공탁절차에 따라 하는 것을 말함
혼합공탁	공탁원인 및 공탁근거법령이 다른 실질상 두개 이상의 공탁을 공탁자의 이익보호를 위해 하나의 공탁절차에 따라 하는 공탁

3. 압류의 경합

경 합	우선순위
근로복지공단채권 vs 조세채권	근로복지공단 채권 중 임금 대위변제 채권의 경우 조세채권보다 우선함.
(선)체납처분 / (후)압류명령(전부제외)	(우선순위 명확)한채권에 응함 (우선순위 불분명)공탁
(선)전부명령 / (후)체납처분	(전부확정)전부채권자 (미확정)공탁
압류 및 전부명령 선송달	(전부확정)전부채권자 (미확정)공탁
전부명령 전 선행압류 존재	공탁(전부명령 무효)
하도급 직불 vs 압류채권자 등	No. 142457 참조
채권양도 사건 등	No. 145647 참조

※ 개별 사안마다 판례의 해석이 상이함으로 전문가의 자문 및 대가지급 시점까지 가압류 채권이 있거나 판단이 어려운 압류의 경합이 발생하면 공탁처리

4. 법령에서 규정한 압류금지 내용

공종	근거법	압류금지 범위	계약서필수 명시 여부	비고
건설공사	건설산업기본법 제88조	산출내역서에 적힌 노무비 합산금액 (직노+간노)	○	
국가유산수리공사	국가유산수리법 제50조	산출내역서에 적힌 노무비 합산금액 (직노+간노)	○	
전기공사	전기공사업법 제34조	설계서에 기재된 노무비 합산금액 (직노+간노)	×	
통신공사	정보통신공사업법 제71조의2	설계서에 기재된 노무비 합산금액 (직노+간노)	×	
소방공사	소방시설공사업법 제21조의2	설계서에 기재된 노무비 합산금액 (직노+간노)	×	
물품 및 용역	없음	-	-	

5. 공사 압류금지 제도 vs 노무비 구분관리 제도(NO.366946)

구분	압류금지채권	노무비구분관리제도	비고
개요	공사도급 계약서에 기재된 노무비 상당 금액을 제3자가 강제로 집행하지 못하도록 하는 제도	발주자가 직접 임금을 구분하여 관리함으로써 임금의 체불을 방지하는 제도	근로자임금 보호공통사항
근거	4번 참조	(국가, 지방)계약예규 당사자 간 약정	
적용공사	건설, 전기, 통신, 소방, 국가유산수리	ALL	
적용대상	무관	기관별 상이 (건설근로자법 제7조의3 공사 제외)	의무 근거: 건설근로자법

구분	압류금지채권	노무비구분관리제도	비고
요건	법률요건 충족 시, 강행규정	제도를 운영할 수 없는 사유가 존재 시 예외 가능 (건설근로자법 제7조의3 공사불가)	
대상 근로자	직접, 간접근로자	직접 근로자에 한함.	원가계산서상 노임지급대상
성립요건	법률에 근거를 요함	당사자 간 약정수립 원칙(건설근로자법 제7조의3 공사 해당없음)	
실지급 관련성	내역서에 기재된 노무비를 기준 (실제 발생 여부와는 무관)	실제 발생 여부를 기준으로 삼으며, 잔여 노무비 처리 방법에 대한 별도의 언급은 없음.	
제도 상호관계	구분관리제 여부와 관련 없이 법률 요건이 충족해야 만 가능.	법률에 근거 없이 구분관리제를 한다고 하여 압류 금지 노무비를 인정받을 수 없음.	

6. 각 채권압류(체납처분 포함) 사건별 처리 방법

순번	사례유형	처리방법	비고
1	가압류만 존재하는 경우(건수 중요×)	가압류를 원인으로 하는 집행공탁으로 채무변제	
2	1건의 채권압류 및 추심명령만 존재하는 경우(다수의 채권이 있어도 압류경합사유 미존재)	집행공탁으로 처리하는 것이 원칙, 그러나 채권자 청구가 있으면 채권자에게 추심금 지급가능	
3	1건의 채권압류 및 전부명령만 존재하는 경우(다수의 채권이 있어도 압류경합사유 미존재)	전부명령이 확정되어 채권자의 청구가 있으면 채권자에게 지급하고 그와 반대로 채권자의 청구가 없다면 변제공탁으로 처리(집행공탁으로도 처리함.) 그러나, 전부명령이 미확정되었다면 집행공탁으로 처리	
4	다수의 채권압류 및 추심명령이 존재하는 경우(경합사유 존재)	집행공탁으로 처리	

순번	사례유형	처리방법	비고
5	채권압류 및 전부명령 선행도달/ 채권압류(체납처분 포함) 후행도달 ((경합사유를 가정함. 미경합의 경우 2번과 3번 사안에 따라 처리)	전부명령 확정되면 전부채권자 청구에 의하여 지급하고 잔여 대금은 상황에 따라 처리 그러나, 전부명령 확정되지 않았다면 집행공탁으로 처리	
	채권압류(체납처분 포함) 선행도달/ 채권압류 및 전부명령 선행도달 (경합사유를 가정함. 미경합의 경우 2번과 3번 사안에 따라 처리)	집행공탁으로 처리	
6	가압류/체납처분만 존재하는 경우	집행공탁(공탁선례 제202311호)	
7	다수의 본압류/체납처분이 존재	집행공탁으로 처리	
8	채권양도 사건	No. 145647 참조	
9	하도급 직불과 압류의 경합	No. 142457 참조	

※ 2번째 사례(1건의 채권압류 및 추심명령만 존재하는 경우)에서 채권자의 청구가 있다 하더라도, 채권자와 채무자 간 강제집행 사항에 대해서 다툼이 존재하여 이중변제의 위험부담이 존재하는 경우에는 공탁하는 것이 타당함.

※ 본 사례는 채권양도, 하도급 직불대항력 사건 등을 배제하고 작성하였음.

채권압류 처리 방법 및 우선순위 | No. 277329

구분		내 용	비고
채권압류	처리방법	○ 가압류만 존재: 공탁 ○ 가압류/체납처분 공존: 집행공탁(공탁선례 제202311호) ○ 본압류 1건만 존재: 채권자 지급 or 집행공탁 ○ 체납처분만 존재: 체납처분에 응함(원칙, 공탁불가) ○ 다수의 압류 존재(1건 이상 본압류 존재, 체납처분 포함): 집행공탁 ○ 전부명령(선)/체납처분(후): 전부명령 확정 시 전부채권자에게 지급 그러나, 미확정 시 집행공탁으로 변제 ○ 채권압류(선)/전부명령(후): 공탁(전부명령 무효. 예외존재) ○ 체납처분(선)/전부명령(후): 공탁(다른방법 존재) ○ 채권양도: No. 145647 참조 ○ 하도급 직불: No. 142457 참조	
	납세증명	○ 납세 및 납부증명 제출에 관한 사항(No. 199876) 참조	

구 분		내　용	비고
채권압류	우선순위	○ 1순위: 임차보증금, 3개월치 임금, 3년치 퇴직금, 재해보상금 ○ 2순위: 2순위 외 임금채권 ○ 3순위: 국세 및 지방세(조세채권에 한함. 압류선착주의 적용) ○ 4순위: 공공요금(보험료 등) ○ 5순위: 일반채권(체납처분을 준용한 일반채권 포함)	질권 채권양도 없다는 가정

※ 채권압류 우선순위는 부동산, 저당권 상황을 제외하고 법원 배당실무 자료를 토대로 편집한 자료이니, 저당권, 당해세, 필요비, 유익비 등의 언급이 필요없는 채권은 생략하였음. 그러나, 향후 법령개정으로 인하여 채권의 순위가 변동되는 경우 개정된 법령에 따라야 하며, 참고자료로만 활용할 것.

※ 임차보증금은 주택 임대차보호법 시행령 및 상가건물 임대차보호법 시행령 참조

※ 위 우선순위에도 불구하고 선행에 확정된 전부명령, 압류명령문 송달 전 하수급인 시공분의 하도급 대금 및 양수금에 대해서는 위 순위를 뛰어넘어 우선변제를 받게 됨.

※ 압류공제금 회계처리 시 반드시 세입세출외현금에 넣어야 하는 것은 아님. 법적검토가 오래걸리지 않는 단순한 사건의 경우 세입세출외현금을 거치지 않고 즉시 집행처리가 가능함.

Q&A

계약업체의 대금 청구없이 공탁가능 여부

Q. 공사계약업무를 맡고 있는데, 공사대금에 대한 가압류,압류 등이 많아 공사업체에서 대금 청구를 하지 않고 있습니다. 업체의 청구가 없을 경우 처리방법에 대하여 문의하고자 하오니 처리하여 주시기 바랍니다.

- 지급할 공사대금보다 압류(가압류 등)금액이 많음.

- 업체에서 미청구 (통상 준공금 청구시 구비서류) 1. 청구서 및 세금계산서 2. 지역개발공채 (대금의 2.5%) 3. 국세 지방세 납부증명서 4. 하자보수보증서 등등

　1. 업체에서 미청구시 공탁이 가능한지요?

공탁이 가능하다면

　2. 공탁하기 위한 선행 절차가 있는지요?

　3. 공탁 할 경우 채권은 어케 처리해야 하는지요?

A.

　1. 업체의 청구여부와는 관련이 없으며, 압류 등으로 채권자가 여럿인 상황에는 당연히 공탁을 하실 수 있습니다.

　2. 공탁 선행 절차는 별도로 없으며 바로 관할 법원에 공탁을 하시면 됩니다.

　3. 채권의 처리라는 것이 정확히 무엇을 말씀하시는지 모르겠으나, 공탁시 산정된 공사대금전액을 공탁하는 것으로 족하며, 그 이후에는 채권자와 압류채권자 등이 그 공탁금에서 배당을 받아가게 되는바 이는 공탁자가 관여할 부분은 아닙니다.

433

채권압류 및 공탁업무 FAQ | No. 236333

17 | FAQ & 감사 사례

| 계약 관련 유권해석 | No.387436 |

1. 입찰참가자격, 발주 방법 결정

○ 건설업역 간 상호시장 진출 허용 공사의 입찰

○ 경기도에 본점을 둔 법인이 서울시 지역제한입찰에 참가 가능 여부

○ 발주기관과 인접한 시·도에 위치한 사업소의 경우 지역제한입찰 기준

○ 차선도색 차량보유업체로 입찰참가자격 제한이 가능한지 여부

○ 신기술(특허)공법 사용협약 적용 기준

○ 2인 이상 견적 수의계약 시 여성·장애인 기업으로 참가자격 제한 가능 여부

○ 단순노무용역의 노임단가 결정 기준

2. 입찰 및 개찰

○ 법인 주소변경 등기 관련 입찰무효 해당 여부

○ 지정정보처리장치(g2b) 낙찰하한율 착오 적용 건 계약체결 가능 여부

○ 계약조건 변경하여 재공고 입찰 가능 여부

○ 회계연도 시작 전 입찰 및 계약 관련 질의

○ 입찰 시 복수 예비가격 추첨의 유효성 여부

○ 대표자 성명이 개명으로 인해 변경되었으나 변경 등록하지 않고 입찰서 제출한 경우 입찰무효 여부 (법제처, 2017.4)

○ 입찰참가자격이 없는 자가 추첨한 예정가격의 효력 여부

○ 사전심사를 거친 후 가격입찰 유찰에 따른 재공고입찰 가능 여부

○ 입찰공고 시 단가공개 가능 여부

3. 적격심사

○ 건설업역 간 상호시장 진출 허용 공사의 실적평가

○ 시설공사 적격심사 접근성 평가방법

○ 적격심사 신용평가방법

○ 시설공사 적격심사 수행능력 결격사유

○ 시설공사 적격심사 시 실적 인정 기준

○ 물품 적격심사 시 이행실적 평가 방법

○ 물품 적격심사 세부기준 중 납품실적 인정 여부

○ 물품 적격심사 세부기준 중 이행실적 판단 기준

○ 공제조합에서 발급한 신용평가등급확인서 인정 기준

○ 양도·양수 계약 시 양수업체 실적 인정 범위

○ 기술용역 적격심사 시 허위서류 판단 기준

4. 협상에 의한 계약

○ 협상에 의한 계약의 제안서 보완 가능 여부

○ 협상에 의한 계약 시 제안서 변경 가능 범위

○ 제안서평가위원회 구성 기준

○ 협상에 의한 계약으로 가능한 학술연구용역 범위

○ 협상에 의한 계약에서 2개 업체 중 1개 업체가 예가 초과 시 나머지 협상적격자 1개 업체만으로 입찰이 유효하게 성립되는지

○ 협상에 의한 계약에 있어 지역업체(또는 지역업체 공동도급) 항목의 배점부여 여부

○ 협상계약 체결 전 발생한 업체의 실비 보상 기준

5. 수의계약

○ 수의견적서 제출 무효 여부

○ 수의계약 결격사유

○ 적격심사 포기서 제출이 수의계약 결격사유 해당 여부

○ 장애인 표준사업장 우선구매제도 적용

○「지방계약법 시행령」제25조제1항제8호 사목의 '다른 법령'의 범위

○ 협상에 의한 계약의 경우 재공고 입찰 유찰 시 수의계약 가능 여부

○ 취약계층 고용비율 확인서 발급기준에 명시된 근로자 인정기준에서 '고용보험가입 일수가 180일 이상인 취약계층근로자'가 동일한 자만 해당하는지?

6. 낙찰자 결정, 계약체결

○ 개인과 계약체결 가능 여부

○ 총액 물품계약 시 산출내역서 제한 기준

○ 낙찰자의 계약이행보증 미이행에 따른 입찰제재 기준

○ 물품계약 시 기술지원협약서 적용 방법

○ 계약체결 이후 적격심사 가능 여부

○ 장기계속계약 상대자의 입찰참가자격 제한 시 연차별 계약체결 가능 여부

○ 계약체결 시 계약상대자의 이익을 부당하게 제한하는 관행 금지

7. 공동계약

○ 공동분담이행방식의 계약이행보증금 납부 기준

○ 공동계약(공동이행방식)에 대한 하자보수 책임 범위

○ 공동계약의 최소지분율 위반의 경우 입찰무효 여부

○ 주계약자 공동도급 계약에 있어서 지연배상금 부과대상 인정 범위

○ 일부구성원 중도 탈퇴의 경우 공동계약 해지 여부

○ 공동수급체 구성원 간 지분율 조정 기준

○ 채무불이행에 따른 계약보증금 귀속 여부

○ 공동계약 탈퇴한 구성원의 계약보증금 귀속

8. 선금 및 대가지급

○ 국민연금보험료 사후정산 방법

○ 계약기간 1년 미만 청소용역 근로자에 대한 퇴직금 지급 여부

○ 확정계약 시 용역비 정산 가능 여부

9. 계약일반

○ 조사설계용역 계약 시 설계변경 방법

○ 턴키공사에서 설계서 누락·오류 등에 따른 계약금액 조정 가능 여부

○ 장기계속공사 미발주 차수분에 대한 계약체결 가능 여부

10. 계약 이행지체, 해제·해지, 부정당업자 제한

○ 장기계속공사 지연배상금 부과 기준

○ 계약 미이행 시 '정당한 이유'의 의미

○ 종합계약으로 추진한 용역 지연배상금 부과 여부

○ 계약심의위원회 심의결과 수용 가능 여부

○ 조달청 의뢰 건에 대한 부정당업자 입찰참가자격 제재 처분 주체

○ 청문과 계약심의위원회 심의 중 먼저 수행해야 하는 절차

○ 공동도급 계약 시 부정당업자 입찰참가자격 제한 가능 여부

○ 계약보증금 세입조치 및 부정당업자 입찰참가자격 제한 기준

○ 허위 실적증명서 제출 관련 부정당업자 입찰참가자격 제한 방법

○「건설산업기본법」에 따른 처분을 받은 경우 부정당업자 입찰참가자격 제한가능 여부

○ 발주자 요구로 적격심사 포기 시 부정당업자 제재 대상 여부

○ 입찰보증금 세입조치 및 부정당업자 제재처분 기준

○ 입찰참가자격 제한처분 제척기간 적용 여부

○ 과징금 부과 시 금액 산정기준

○ 하도급자에 대한 입찰참가자격 제한 가능 여부

1. 예산실무

2. 지출실무

3. 계약실무

4. 보조금관리

5. 결산실무

6. e-호조실무

7. 복식부기

8. 공유재산및물품

9. 분식과 회계 책임

10. 감사 사례

계약 분야 감사 사례 | No. 387437

1. 입찰참가자격, 발주 방법 결정

- ○ 특정규격 모델 지정하여 입찰 등 구매업무 부당 처리
- ○ 청소용역 발주 시 제한입찰하고 지역과 실적으로 중복 제한
- ○ 다수공급자계약 대상 물품을 분할하여 제3자 단가계약으로 구매
- ○ 지방계약법령에서 규정하지 않은 계약방법 (SLA) 적용
- ○ 동일구조물 공사 분리 발주
- ○ 임대아파트 시설물 보수공사 시 전기공사 분리 발주 미이행
- ○ 입찰참가자격(실적) 없는 업체와 공사계약 체결

2. 입찰 및 개찰

- ○ 학교보안관 운영업체 선정 업무 처리 부적정
- ○ 공원시설 내 편익시설 위탁계약관련 규정 불합리
- ○ 국외공급 용역 입찰공고 시 부가가치세 영세율 미적용
- ○ 국민건강보험료 등을 사후정산한다는 내용 누락한 채 시설공사 입찰공고
- ○ 낙찰 후 계약 미체결한 업체에 대한 입찰보증금 귀속처리 미실시

3. 적격심사

- ○ 시설공사 적격심사 서류 미제출자 업무처리 부적정

4. 수의계약

- ○ 보도경계표석 구매계약업무 처리 부적정
- ○ 지방의원 관련 업체와 부당 수의계약 체결
- ○ 동일·유사사업을 분할하여 수의계약 발주
- ○ 시스템 전산운영 사업 개발업체와 수의계약
- ○ 중소기업자가 건설신기술 지정받은 지 3년 경과하였음에도 수의계약 체결

5. 낙찰자 결정, 계약체결

○ 계약보증금 면제 사유에 해당하지 않는 경우인데도 계약보증금 각서로 대체

6. 선금 및 대가 지급

○ 공사 선금급 채권확보 미조치

○ 선금 지급한도 초과 및 정산 부적정

7. 계약 변경

○ 설계변경 없이 공사 임의 시공

8. 계약 이행 지체, 해제·해지, 부정당업자 제한

○ 부정당업자 제재업무 처리 부적정

○ 공사계약 기간 부당 연장하여 지연배상금 미징수

자주하는 계약 질의응답 | No.387436

---

1. 전자계약 흐름도

Q1. 사전규격 공개 방법?

Q2. 사전규격 공개 대상 금액?

Q3. 이호조 지출품의는 언제 해야 하는지? 금액은 얼마로 해야 하는지?

Q4. 내년도 사업을 올 연말에 미리 발주할 수 있는지?

Q5. 재무과로 계약 의뢰 시 협조결재(재정합의)를 어떻게 받아야 하는지?

Q6. 용역사업은 얼마 이상부터 계약심사(원가심사)를 받아야 하는지?

Q7. 비영리법인의 경우 이윤 계상이 가능한지?

Q8. 발주시 예정가격을 작성할 때 거래실례가격을 조사하여 작성하도록 되어 있는데, 여기서의 거래실례가격은 업체의 견적서를 의미

2. 입찰공고 및 입찰 참가자격

Q1. 재공고 시 과업의 내용을 변경해도 되는지?

Q2. 공사 현장설명 참가자만 투찰에 참가하도록 제한할 수 있는지?

3. 제한 경쟁

Q1. 용역, 물품제조의 경우 실적제한 가능 금액이 정해져 있는지?

Q2. 실적으로 제한하는 경우 규모와 금액으로 이중 제한 가능한지?

Q5. 실적제한 시 입찰업체의 최근 몇 년간 실적을 인정할 수 있는지?

Q6. 중소기업자와 계약하려는 경우, 업체의 직접생산증명서가 반드시 필요한지?

Q7. 중소기업자 간 경쟁에 부쳐야 하는 경우는 어떤 경우인지?

Q8. 서울시로 지역제한을 하는 경우 인접 시도(경기도, 인천광역시)까지 확대할 수 있는지?

4. 협상계약

Q1. 제안서평가위원 선정 시 서울시 공무원을 위원으로 위촉할 수 있는지?

Q2. 협상에 의한 계약의 제안서 평가 시 최고점수와 최저점수를 제외하도록 되어 있는데 제외 기준을 위원별로 하는 게 맞는지, 항목별로 하는 게 맞는지?

Q3. 협상에 의한 계약 평가항목은 어떻게 구성해야 하는지?

Q4. 제안서평가결과를 반드시 공개해야 하는지

5. 수의계약

Q1. 여성기업과 5천 5백만 원까지 수의계약 가능?

Q2. 경쟁입찰 2회 유찰 후 수의계약 시 과업의 조건 등을 변경 가능한지?

Q3. 수의계약 시 반드시 일정비율을 네고해야 하는지?

6. 공동계약

Q1. 공동도급 시 계약보증서는 업체들이 각자 분할 납부해야 하는지?

Q2. 실적으로 입찰참가자격을 제한한 경우, 입찰업체가 공동도급(공동이행방식)으로 참여 시 구성원이 모두 실적기준을 각각 충족하여야 하는지?

1. 예산실무

2. 지출실무

3. 계약실무

4. 보조금관리

5. 결산실무

6. e-호조실무

7. 특수부기

8. 공유재산및물품

9. 변상과 회계 책임

10. 감사 사례

Q3. 공동계약 체결 후 분담비율을 변경할 수 있는지?

Q4. 공동도급 시 반드시 공동수급체 구성원 수 5인 이하, 최소지분율 5% 이상 규정 준수해야 하는지?

Q5. 공동도급의 경우 대가 각각 지급하는지?

7. 계약체결

Q1. 서면으로 계약체결이 가능한지?

Q2. 계약보증증권은 반드시 제출해야 하는지?

Q3. 계약체결 시 인지세 부과 대상은?

Q4. 계약을 체결해야 하는 기한이 정해져 있는지?

Q5. 개인과 계약을 체결할 수 있는지?

8. 선금 및 대가지급

Q1. 선금은 업체가 신청하지 않더라도 무조건 지급?

Q2. 계약상대자가 선금을 신청하는 경우 발주부서에서 해야 할 일은?

Q3. 선금은 최대 몇 %까지 지급할 수 있는지?

Q4. 공사의 경우 노무비에 대해 선금 지급이 불가한지?

Q5. 선금 정산 시 어떤 서류를 확인해야 하는지?

Q6. 지연배상금이 발생한 경우 대가에서 지연배상금 부분을 제외하고 지급 가능한지? (지연배상금과 대가가 상계처리 가능한지?)

Q7. 대가지급 소요 기간

Q8. 업체가 사업을 완료하면 언제까지 어떤 서류를 제출해야 하는지?

Q9. 계약보증금은 대금과 상계처리 가능한지?

Q10. 과업 도중에 기성금(부분준공금)을 신청하려고 하는데, 계약부서로 제출해야하는 서류는 무엇이며, 향후 절차는 어떻게 되는지?

9. 계약 일반

Q1. 추정금액과 추정가격은 무슨 차이인지?

Q2. 분임재무관이 누구인지?

Q6. 이호조에서 계약 현황을 확인하고 싶으면 어떻게 조회해야 하는지?

Q7. 물품계약 일반 조건에 규정된 '신품'의 의미는?

10. 계약 변경

Q1. 변경계약 시 발주부서에서 계약부서로 송부해야 하는 서류는?

Q2. 물가변동으로 인해 계약금액을 증액할 수 있는지?

Q3. 계약기간 연장 시 계약담당자가 업체로부터 징구해야 하는 서류는?

11. 계약 후속조치

Q1. 계약체결 후 계약정보를 홈페이지에 별도로 게시해야 하는지?

Q2. 발주부서 사정으로 계약을 해지하는 경우 후속 절차는?

Q3. 계약상대자가 업무 지시를 불이행하는 경우 계약 해지 가능한지?

Q4. 물품도 하자담보기간이 있나요?

Q5. 용역계약도 하자담보 기간을 반드시 설정해야 하는지?

12. 부정당업자

Q1. 계약업체가 폐업한 경우, 폐업한 업체에 대해서도 부정당업자 입찰참가자격 제한 처분 해야 하는지?

Q2. 계약상대자에게 과징금 부과와 입찰참가자격 제한을 동시에 할 수 있는지?

Q3. 업체가 계약 미이행한 경우 어떻게 해야 하는지?

업무별	착안사항
예정가격조서	– 예정가격 미봉서 및 누설 여부 – 지출의 원인이 되는 계약의 예정가격을 조사가격의 최저가격 적용 여부 – 견적서 징구 시 입찰참가 유자격자로부터 징구 여부
계약방법의 선택	– 경쟁 회피 목적에 의한 분할 수의계약 여부 – 경쟁에 부쳐야 할 계약을 수의계약 여부
지명입찰계약	– 입찰참가자 지명 시 미리 입찰에 참가할 의사를 확인하지 아니한 지명 입찰 여부 – 경영 부실 또는 신용이 없거나 특수한 기술과 장비가 없는 자 지명 여부
일반입찰계약	– 당해 사업에 필요한 시설의 소유 또는 임차자 입찰 여부 – 입찰 참가 자격요건에 적합한 소정기간을 계속하여 그 영업에 종사한 자 참가 여부 – 부정당 업자로서 입찰 참가자격 제한 자의 입찰참가 여부 – 입찰자격 등록서류 불비 여부
제한입찰계약	– 제한 기준 적용의 적정성 여부
수의계약	– 하자보증 책임기간이 경과하였음에도 전차공사와 책임이 곤란하다는 사유로 수의계약 체결 여부 – 동일 구조물 단일공사를 분할하여 수의계약 체결 여부 – 전문공사 수의계약 시 해당 업종의 면허를 받은 자와의 계약체결 여부
입　찰	– 입찰 공고 기간의 정당 여부 – 예정가격의 일정 금액 이상 입찰 시 지정정보처리장치(G2B)
계약의 내용	– 계약 내용의 기재사항 누락 여부(금액, 지체상금율, 하자보수보증금 등) – 계약의 목적, 금액, 이행기간 등 주요사항 오류 기재 여부 – 계약서의 작성 생략 시 계약 성립의 증거서류 징구 여부(청구서, 각서, 협정서, 승낙사항)
계약이행	– 계약서 미이행 및 계약 후 임의 내용 변경 여부 – 계약 변경사유 사실 상위 여부 – 계약 기간 연기 사실 상위 여부 – 계약금액 변경 사후조치 여부 – 부정당 업자에 대한 통보 조치 여부 – 검사 지연 또는 불이행 여부 – 허위 검수조서 작성 여부
지급시기	– 대가 부당지연 지급 여부 – 기성금 및 선급금 지급 요건 적정 여부

보조금 관리

PART 04 보조금 관리

1. 예산실무

2. 지출실무

3. 계약실무

4. 보조금 관리

5. 결산실무

6. e-호조실무

7. 복식부기

8. 공유 재산 및 물품

9. 변상과 회계 책임

10. 감사 사례

1 지방보조금 관리기준

지방보조금 관련 최근 개정 내용	보조금

1. 지방보조금관리법 주요 개정 내용(2021.1.11. 제정)

○ 지방재정법에서 분법 → 지방자치단체보조금관리에 관한 법률 제정

○ 부정수급 시 보조금 총액 5배 이내 제재부가금 징수

○ 부정수급 최대 10년이하 징역, 1억 원 벌금

○ 보조사업 수행배제자 또는 교부 제한자, 해당 지자체 홈페이지 공포(1~2년)

○ 지방보조금통합관리망 구축(2023년)-보탬e 개통

○ 실적보고서 3억 원 이상 검증(사업별, 지방비 기준) 및 10억 원 이상 회계감사(사업자, 지방비 기준) 보고서 제출 의무화

2. 지방보조금 관리기준 제9조의2 신설(2023.1.1. 개정)

구 분	개 정	현 행
지방보조금 교부 (제9조제2항)	보탬e 사용 시 자치단체 명의 전용계좌 사용	보조사업자 명의 전용계좌 사용
전용계좌 등 개설 (제9조의2,별표2,3)	자치단체 명의 전용계좌 및 지방보조사업자 명의의 전용카드 개설 및 관리(지정은행)	(신설)
보조사업관리 통장 (제10조제4항단서)	보조금 관리관 및 담당 회계관직 지정	보조사업자 명의의 자부담 및 보조금전용계좌(통장)를 각각 사용 가능
	지자체 명의 보조금 전용계좌와 보조사업자 명의 자부담계좌를 사용함	

지방보조금 근거 및 지원대상 | No.208385

1. 보조금 관련 규정

○ 지방자치단체 보조금 관리에 관한 법률(2021.1.12.제정)

○ 지방자치단체 보조금 관리에 관한 법률 시행령(2021.7.13.시행)

○ 지방보조금관리기준

○ 지방자치단체 조례

　－ 보조금관리위원회 구성·운영, 보조금 예산편성, 교부절차 등에 관한 사항 등

2. 보조금 종류(법 제2조 제1호)

구분	지방보조금의 종류
공공단체 보조	자치단체 경상·자본보조, 예비군육성지원 경상·자본보조. 교육기관에 대한 보조, 지역대학에 대한 경상·자본보조, 사회보장적 수혜금(301-02, 301-03)
민간 보조	민간경상사업보조, 민간자본사업보조(이전,자체), 민간행사사업보조, 민간단체 법정운영비보조, 사회복지시설 법정운영비보조, 사회복지사업보조, 운수업계보조

※ 사회보장적 수혜금은 광역자지단체만 해당

3. 보조금 지원 대상 (지방재정법 제17조, 제23조)

○ 법률에 규정이 있는 경우

○ 국고보조 재원에 의한 것으로서 국가가 지정한 경우

○ 용도가 지정된 기부금의 경우

○ 보조금 지출에 관한 근거가 조례에 직접 규정*되어 있고, 그 보조금을 지급하지 아니하면 사업을 수행할 수 없는 경우로서 자치단체가 권장하는 사업을 위하여 필요하다고 인정되는 경우

○ 지방자치단체의 소관에 속하는 사무와 관련하여 당해 지방자치단체가 권장하는

1. 예산실무

2. 지출실무

3. 계약실무

4. 보조금관리

5. 결산실무

6. e-호조실무

7. 복식부기

8. 공유 재산 및 물품

9. 변상과 회계책임

10. 감사 사례

사업을 하는 공공기관*에 지원하는 경우

* 그 목적과 설립이 법령 또는 법령의 근거에 따라 그 지방자치단체의 조례로 정하여진 기관 또는 지방자치단체를 회원으로 하는 공익법인(2016)

○ 시·도가 정책상 또는 시·군·구의 재정 사정상 특히 필요하다고 인정하여 시·군·구에 지원하는 경우

4. 지방보조사업의 심의 (법 제26조 제2항)

가. 심의대상 및 시기

① 지방보조금 예산 편성 시, ② 지방보조금 관련 조례안을 지방의회에 제출할 때, ③ 지방보조사업과 관련하여 지방보조금과 지방보조사업의 재원분담에 관한 사항을 결정할 때, ④ 법 제25조에 따른 신고포상금을 지급할 때, ⑤ 지방보조사업의 운용평가가 이루어진 때, ⑥ 법 제30조 제1항에 따른 명단 공표 여부

※ 국·시(도)비 보조(매칭)사업, 수정예산, 정리추경의 집행잔액 삭감에 대해서는 예산편성 심의 제외 가능

※ 다만, 지방보조금 예산편성 시, 법령에 근거한 연례 반복 사업, 당초 예산대비 30% 이하 증액 사업은 리스트에 의한 심의 대체 가능

※ 기금에 지방보조금 예산을 편성하는 경우에도 보조금관리위원회 심의 필요

나. 심의주관 : 지방보조금관리위원회

5. 지방보조사업의 관리(법 제6조, 제27조, 영 제4조, 제16조)

○ 지방자치단체장은 지방보조금이 중복으로 교부되거나 부적격자에게 교부되지 않도록 교부된 이력 등을 체계적으로 관리

○ 지방자치단체장은 지방보조사업에 대하여 매년 성과평가를 실시하고, 특별한 사유가 없는 한 그 평가결과를 예산 편성 시 반영하고 그 결과를 지방보조금 통합관리망에 등록 관리

○ 지방자치단체장은 지속적으로 이루어지는 보조사업에 대해서는 3년마다 유지 필요성을 평가하고 '지방보조금관리위원회'의 심의를 거쳐 그 평가결과에 따라 조치

지방보조사업자 선정 및 교부 | No.286149

1. 지방보조사업 공모 및 사업자 선정(법 제7조, 제8조)

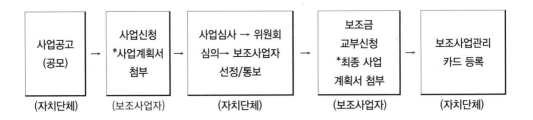

○ 지방보조사업자는 예산의 범위 내에서 원칙적으로 공모절차에 따른 신청자를 대상으로 '지방보조금관리위원회'의 심의를 거쳐 선정

○ 공모를 통해 지방보조사업자 선정 시 자치단체 홈페이지나 공보 외에 지방보조금 통합관리망을 통한 사업자 선정하도록 공고방법 추가

> #### 공모절차 제외(법 제7조 제2항)
>
> 1. 법령이나 조례에 지원 대상자 선정방법이 다르게 규정된 경우
> 2. 국고보조사업으로서 대상자가 지정되어 있는 경우
> 3. 용도가 지정된 기부금의 경우
> 4. 지방보조사업을 수행하려는 자의 신청에 따라 예산에 반영된 사업으로서 그 신청자가 수행하지 아니하고는 해당 지방보조사업의 목적을 달성할 수 없다고 인정되는 경우
> 5. 지방보조사업을 수행하려는 자가 지방자치단체의 장인 경우
> 6. 제1호부터 제5호까지에서 규정한 경우 외에 천재지변이나 그 밖의 부득이한 사유로 인하여 공모방식으로 하는 것이 적절하지 아니하다고 인정되는 경우

2. 지방보조금 교부신청(법 제7조, 영 제5조)

1) 지방보조금 교부신청서 등의 제출

○ (교부신청서) 신청자의 성명 또는 명칭과 주소, 보조사업의 목적과 내용, 보조사업 총 경비 및 교부신청 금액, 자기자본 부담액, 보조사업 기간, 기타 자치단체장이 정하는 사항

○ (사업계획서) 사업개요, 신청자의 자산과 부채, 보조사업 수행계획, 교부신청 금액과 그 산출기초, 소요경비 사용방법 및 보조금 이외 자부담하는 금액 및 방법, 보조사업 효과, 보조사업에 따른 수입금액 처리, 기타 자치단체장이 정하는 사항

[참고] 민간공공보조사업자의 집행을 위한 보조비목·세목

보조비목	보조세목	내역
인건비(101)	보수(101-01)	일반 상근직원 * 법정운영비 보조에 한함
	기간제근로자등보수 (101-04)	단시간 근로자, 단순 인건비 * 보조사업 운영 등에 필요한 인건비
일반운영비(201)	사무관리비(201-01)	물품구입비, 사무용품비, 간담회비, 강사료, 피복비, 임차료, 홍보비, 인쇄비, 수수료, 급량비, 수당
	공공운영비(201-02)	우편료, 전기료, 가스료, 상하수도료, 연료비, 시설장비유지비, 차량·선박비 * 법정운영비 보조에 한함
	행사운영비(201-03)	행사운영을 위한 일체의 일반운영비 * 원칙적으로 민간행사보조에 한함
여비(202)	국내여비(202-01)	출장여비(현지교통비, 식비 포함)/필요시 숙박비 ※ 공무원 여비규정 준용
	국외업무여비(202-03)	국외출장여비 중 업무수행 관련 여비 ※ 공무원 여비규정 준용
재료비(206)	재료비(206-01)	제품 또는 생산에 소비되는 물적재화에 관한 비용 * 원칙적으로 민간자본사업보조사업에 한함
연구개발비(207)	연구용역비(207-01)	연구 등 용역에 대한 반대급부
	전산개발비(207-02)	S/W 개발비, 감리비
	시험연구비(207-03)	사업용 및 시험연구, 실험·실습 등의 구입비
일반보전금(301)	행사실비지원금 (301-11)	체육행사, 문화제행사, 세미나·공청회 등 출연자 및 발표자의 반대 급부적 사례금 등 (단순 참가자에게는 지급할 수 없음) * 원칙적으로 민간행사보조에 한함

보조비목	보조세목	내역
포상금(303)	포상금(303-01)	각종 시상금 * 원칙적으로 자부담에 한함 / 지자체 승인 여부 확인 후 편성 가능
민간이전(307)	민간경상사업보조 (307-02)	민간이 행하는 사업에 대하여 민간공공보조사업자가 교부하는것으로 자본적 경비를 자본적 경비를 제외한 보조금
시설비 및 부대비 (401)	시설비(401-01)	기본조사설계비, 실시설계비, 토지매입비, 시설비, 문화재발굴경비, 시설의 안전진단 및 정밀점검 경비
	감리비(401-02)	시설비에 직접 소요되는 감리비
	시설부대비(401-03)	시설비에 직접 소요되는 부대비
	행사관련시설비 (401-04)	행사장 각종 시설 및 장치 등 * 원칙적으로 민간행사보조에 한함
민간자본이전(402)	민간자본사업보조 (이전재원) (402-02)	민간의 자본 형성을 위하여 민간이 추진하는 사업을 권장할 목적으로 민간이 민간에게 지급하는 보조금 ※ 교부조건에 구체적인 사용용도(영리행위 허용 범위 등) 및 필요한 경우 단체 해산 시 환수에 대한 내용을 적시 * 투자사업 성격이 아닌 경비는 민간경상사업보조에 편성
자산취득비(405)	자산및물품취득비 (405-01)	건물 및 공작물, 대규모 설비 등 * 원칙적으로 민간자본사업보조사업에 한함

2) 지방보조금 관리 통장(계좌) 등 사본 제출

○ 민간에 대한 지방보조금 통장은 자부담을 포함한 보조금만 관리할 수 있도록 1개 사업에 1개의 통장(계좌)을 별도 개설(예금주는 법인은 법인명의, 기타 단체는 단체명과 대표자를 명기) 다만, 아래의 경우에는 예외로 함

[예외 사항]

○ 단체 보조사업자에 대해서는 자부담 및 정산의 명확화를 위해 자부담 전용 통장과 보조금 전용 통장을 각각 사용 가능

○ 자치단체장이 보조금 집행 및 정산에 문제가 없다고 판단하는 경우는 기존통장 사용 가능

1. 예산실무

2. 지출실무

3. 계약실무

4. 보조금 관리

5. 결산실무

6. e-호조실무

7. 복식부기

8. 공유 재산 및 물품

9. 법령 상과 회계 책임

10. 감사 사례

- 100만 원 범위 내에서 개인에게 지급하는 보조금
- 기존 일반통장의 잔고를 0원으로 하여 보조금 전용통장으로 사용하는 경우
※ 자치단체장은 보조사업자의 정산을 위해 개인보조사업자의 기존통장 사용, 단체보조사업자의 2개 통장 사용 등에 따른 입금서류 보관 등에 대해 교육 등의 조치를 하고 정산에 철저를 기해야 함

자부담이 있는 경우 자부담금 예치 여부를 확인하기 위하여 보조금 교부 전 용통장사본(또는 계좌번호 지정서) 제출

3) 지방보조사업자 관리카드 제출 및 관리

○ 지방보조사업자는 '지방보조사업자 관리카드〈서식1〉'를 작성하여 자치단체장에게 제출
※ 단, 자치단체를 통해 교부되는 '국고보조사업'은 작성 대상에서 제외
※ 자치단체장이 100만 원 범위 내에서 정하는 바에 따라 개인에게 보조금을 지급하는 1회성 보조사업에 대해서는 보조사업 관리카드 작성대상에서 제외 가능
○ 다만, 지방보조금 관리기준(행안부 예규)에서 정한 〈서식1〉을 각 보조사업자 개인별로 받지 않는 경우, 자치단체에서 별도의 간편 서식으로 보조사업 내역을 받아야 함.
○ 자치단체장은 제출받은 '지방보조사업자 관리카드〈서식1〉'를 기초로 지방재정관리시스템(e호조)의 '지방보조사업 관리카드〈서식2〉'에 등록(사업부서 등록 신청 → 예산부서 등록 승인)하여 5년간 관리
※ 지방보조사업 관리카드〈서식2〉은 시스템 구축 여건 등에 따라 일부 변경 가능
※ 지방보조사업 관리카드는 보조사업 이력관리와 함께 매년 시행하는 보조사업의 성과평가와 3년 단위 유지 필요성 평가에 활용

3. 지방보조금 교부(법 제8조, 제9조, 제10조)

1) 교부결정 및 교부 전 사전 확인

○ (대상사업 여부) 사업계획 및 동일 단체 유사·중복사업 등 보조금 지원불가 단체 여부를 면밀히 검토(지방보조금 시스템을 활용한 온라인 방식으로 확인 가능)

○ (사업계획서의 적정성) 교부신청서가 제출되면 법령과 예산의 목적에 위배 여부, 보조사업 내용의 적정 여부, 금액 산정의 착오 유무, 자기 자금의 부담 능력 유무 (자부담이 있는 경우) 등 확인

○ (보조금 교부 전 확인) 보조금 전용 계좌 개설 및 보조사업자와 일치 여부, 보조금 관련 서류구비 여부, 전용통장(계좌)에 자부담금을 예치한 통장사본 등 확인을 거쳐 교부

　※ 사업 특성에 따라 사업비 집행방법을 달리 적용할 필요성이 있는 사업의 경우 부서장 책임 하에 사업비 집행방법을 정하여 자부담 시점을 달리 정할 수 있음. (관계법령 및 지침에 의거 사업 진도율에 따라 지급하는 보조금 또는 사업의 완성 후 사업 결과에 따라 지급하는 보조금 등)

　※ 보조사업비 중 자부담을 조달하지 못할 경우, 교부를 결정한 후에도 결정 취소 또는 환수될 수 있음을 고지

2) 교부결정서(No.286149)

① 사업 개요

② 교부 이후 보조금 취소 사유 안내

③ 보조금 부정수급 시 제재 및 벌칙

④ 교부조건 [별지1]

○ 일반사항: 지방보조금법등 준수법령, 목적외사용금지, 자부담 집행, 별도 계좌 및 별도 계정관리, 효율적이고 투명한 회계처리, 수익발생 시 반환조건 등 부여

○ 사업집행: 단체장 승인사항, 카드사용, 시공 및 구매계약 시 지방계약법 준용, 부기등기 등

○ 사업 정산: 2개월 이내 실적보고서(3억 원 검증, 10억 원 회계감사), 잔액 및 이자 등 초과수익 반납, 회계증빙서류 구비 및 원본 5년 보관, 이월조건 명시, 취득한 중요재산 관리(처분 제한)

○ 부정수급 대응

○ 빈도가 높은 지적사항 등 하면 안되는 사항 안내(부서별, 사업별 추가)

3) 교부결정 통지

○ 보조금의 교부를 결정한 때에는 교부결정 통지서를 보조금 신청자에게 통지

 ※ 원칙적으로 보조금 교부결정 통지 전에 시행한 공사나 사업에 대하여는 보조금을 교부할 수 없으나, 불가피한 사유로 사전에 자치단체장의 승인을 받은 사항은 예외적으로 교부할 수 있음.

4) 교부방법

○ 공사비는 사업 진도에 따른 실적비로, 기타 사업 또는 운영경비는 보조사업 특성에 따라 미리 또는 추진 상황에 따라 교부

※ 다만, 공공기관에 대하여는 사업 완성 전 또는 사업연도 만료 전이라도 보조금을 교부할 수 있음.

○ 보조금의 교부는 지방보조금 시스템을 통하여 자치단체 명의의 지방보조금 전용계좌로 지방보조금을 예치하여 교부할 수 있으며, 증빙자료 등록 후 자금을 자부담 계좌로 배정받아 정당한 채주에게 입금하여야 함.

지방보조금사업 집행기준 | No.286149

1. 지방보조금의 용도 외 사용금지 (법 제13조)

○ 보조사업자는 법령, 보조금 교부결정의 내용 또는 자치단체장의 처분에 따라 선량한 관리자의 주의로 성실히 보조사업을 수행하여야 하며, 그 보조금을 다른 용도에 사용하여서는 아니 됨.

용도 외 사용한 경우(예시)

· 당초 사업계획 및 교부결정에 없는 용도의 사업비 집행
· 사업기간이 종료 후 사업비 집행잔액을 집행한 경우
· 사업계획이 변경되었음에도 사전 사업계획 변경 승인없이 집행한 경우 등

1. 예산실무
2. 지출실무
3. 계약실무
4. 보조금관리
5. 결산실무
6. e-호조실무
7. 독식부기
8. 공유재산및물품
9. 변상과회계책임
10. 감사사례

2. 지방보조사업의 내용 변경 (법 제14조, 제15조)

○ 지방보조사업자는 사정의 변경으로 지방보조사업의 내용 또는 지방보조금과 자부담 간 소요되는 경비의 배분을 변경하려면 당해 지방자치단체장의 승인을 받아야 함.
  - 다만, 사업계획에 포함된 세부항목 간 변경 사용, 통계목 내 항목 간 변경 사용 등 경미한 사항의 경우에는 목적 사업의 범위 내에서 협의를 거치지 아니할 수 있다.
○ 사정의 변경으로 그 지방보조사업을 다른 사업자에게 인계, 중단 또는 폐지하고자 할 때에는 미리 자치단체장의 승인을 받아야 함.

3. 지방보조사업의 수행 상황 점검 (법 제16조)

1) 보조사업자의 보고

보조사업자는 자치단체장이 정하는 바에 따라 지방보조사업의 수행 상황을 자치단체장에게 보고하여야 함.

 보조사업자가 자치단체장에게 보고하는 경우(예시)

· 보조사업이 개시 또는 완료되었을 때
· 그 단체가 해산하거나 파산하였을 때
· 사업수행 단체의 대표자 변경 등

2) 지방보조사업의 수행 상황 점검 등

○ 지방보조금의 적정한 집행을 위해 필요한 경우 자치단체 소속 공무원으로 하여금 현지 조사를 할 수 있음.
○ 지방보조사업자는 지방보조사업의 수행과 관련된 자료를 5년 동안 보관
  - 계산서: 지방보조사업자가 취급한 회계사무의 집행실적을 기간별로 합산한 서류
  - 증거서류: 계산서의 내용을 증명하는 서류
  - 첨부서류: 계산서 또는 증거서류의 내용을 설명하기 위하여 필요한 서류
○ 자치단체장은 지방보조사업자가 지방보조사업을 정상적으로 수행하지 아니할 경

우에는 필요한 명령을 할 수 있으며, 지방보조사업자가 그 명령을 위반한 경우에는 그 보조사업의 수행을 일시 정지시킬 수 있음.

○ 시설공사비 지급 시 감독공무원에 의한 착공계·준공계 등 제반 서류를 반드시 첨부하고, 공사 진도 확인을 거쳐 보조금 교부

4. 지방보조금의 회계관리 (법 제24조, 영 제12조)

1) 지방보조금 계정의 설정 등

○ 보조사업자는 교부받은 보조금에 대하여 따로 계정을 설정하고 수입 및 지출을 명백히 구분하여 계리

○ 지방보조사업자는 보조금으로 취득한 중요한 재산*에 대해 장부를 비치하고 증감액과 현재액을 명백하게 하여야 함.

  * 부동산과 그 종물(從物), 선박, 부표(浮標), 부잔교(浮棧橋) 및 부선거(浮船渠)와 그 종물, 항공기, 그 밖에 자치단체장이 보조금의 교부 목적을 달성하기 위하여 특히 필요하다고 인정하는 재산

○ 지방보조사업자의 보조금 집행은 보조금 결제 전용카드(신용카드 등) 사용을 원칙으로 하며, 보조금 정산 시에는 증빙서를 제출하되 부득이한 경우에는 세금계산서 등 관련 증빙자료로 첨부

※ 다만, 자치단체장은 사업보조자의 정산을 위해 개인보조사업자의 기존통장 사용, 단체보조사업자의 2개 통장 사용 등에 따른 입금서류 보관 등에 대해 교육 등의 조치를 하고 정산에 철저를 기해야 함.

보조금전용카드 결제계좌 별도 개설–민간보조사업자

보조금 시스템 사용에 따라 보조금이 지자체 명의로 예치됨에 따라 보조금 결제전용 카드가 신용카드로 통일됨. 12월 카드 사용 시 연도를 넘겨 청구되는 사례가 있어 자 부담 통장에서 미지출 사례가 발생하므로 카드전용계좌(세입세출외현금, 예수금통장) 를 별도로 만들어 연도 내 처리하여야 회계처리에 문제가 발생하지 않음을 반드시 참 고(e-나라도움 사례 발생 빈번)

1. 예산실무
2. 지출실무
3. 계약실무
4. 보조금관리
5. 결산실무
6. e-호조실무
7. 복식부기
8. 공유재산 및 물품
9. 범죄와 회계 책임
10. 감사 사례

2) 지출결의서 작성 및 일괄 인출 금지

○ 보조금 지출 시에는 지출결의서를 작성, 대표자의 결재를 득한 후 지출하게 하는 등 집행 관리를 철저히 하여야 함.

※ 보조금전용카드 등에 따른 지출결의서 및 집행일자, 상호명 일치

※ 보조사업자가 개인인 경우에는 지출결의서 작성을 생략할 수 있음.

○ 사업비를 일괄 인출하여 사후 정산하는 형태의 회계처리 금지

※ 보조금 통장, 회계장부, 지출결의서, 영수증, 채주 등 사용 내역이 일치

3) 보조금 교부결정 이전에 집행한 사업비는 보조금으로 보전 불가

○ 자치단체장의 사전 사용 승인을 받은 사업 외에는 보조결정 통지일(사업개시일) 이전에 집행한 사업비는 보조금으로 보전할 수 없음.

※ 교부결정 전 집행액은 자부담으로 처리해야 하며, 위반 시 회수 등 조치

4) 지방보조금 집행 시 사업계획서 준수

○ 사업계획서에 따라 집행토록 하고, 사업계획의 변경이 불가피한 경우에는 사전에 승인을 받도록 조치

※ 사업계획에 포함된 항목 간 변경 사용 등 자치단체장이 정하는 경미한 사항의 경우에는 목적사업 범위 내에서 승인 없이 변경 가능

※ 지자체별로 경미한 사항을 규정한 것이 다르므로 사업계획 변경대상 여부 확인 (예산부서 확인 가능하며 보통 비목별 20% 이내를 경미한 사항으로 정의)

5) 각종 수당은 관련세법에 따라 원천징수 및 납부 (NO.158186)

○ 강사료, 인건비, 원고료 등의 각종 수당은 관련 세법에 따라 원천(특별) 징수한 후 법인 또는 단체의 관할 세무서 등에 납부

6) 지방보조사업비는 당해 회계연도내 완료 및 집행

○ 지방보조사업은 특별한 사유가 없는 한 그 회계연도 내에 완료토록 하고, 회계연 도말까지(12.31.) 집행

○ 지방보조사업의 특성상 불가피하게 회계연도를 넘어 사업이 완료가 예상되는 경우 보조금 교부 시 집행 및 정산 등에 관한 사항을 구체적으로 명시

○ 정산 결과, 미 집행액 및 집행 잔액, 예금 결산이자는 반환토록 조치

　　※ 보조금에 따른 예금이자는 보조금과 자부담 비율, 보조사업비의 통장 예치기간 등을 계산하여 그 발생된 금액만큼 반환토록 조치

7) 지방보조사업과 직접 관련이 없는 보조 법인·단체 운영경비 지출 불가

○ '민간단체 법정운영비 보조'와 '사회복지시설 법정운영비 보조' 이외의 보조금 예산과목에서 보조 법인 또는 단체의 기본적인 업무 수행에 필요한 인건비, 단체 사무실 임차료 및 공과금 등 운영비 명목으로 지출할 수 없음.

8) 지방보조사업비에 포함된 자부담 비용의 집행 관리

○ 자부담 예산에 대한 집행을 전제로 하여 보조금 지급이 결정된 것이므로 보조금의 집행기준과 동일하게 집행

○ 자부담 사업비도 반드시 집행하여야 하며, 집행 비율이 낮을 경우 총 집행액을 기준으로 보조금과 자부담 비율로 나누어 정산 후 반환토록 조치

사업 변경으로 자부담 감소 시 지자체 승인

사업의 변경으로 자부담이 감소된 경우 반드시 사업계획 변경 승인을 받아야 향후 보조금 비율상 반납을 하지 않음. 민원 사항이 빈번하므로 사업 중간 점검 시 반드시 확인 및 안내 필요

5. 교부결정의 내용 변경 (법 제14조)

○ 교부결정 후 사정의 변경으로 인해 자치단체장이 필요하다고 인정되는 경우, 그 교부결정 내용과 조건을 변경할 수 있음.

예산비목	집 행 방 법 (기 준)	비고
공 통	○ 보조금 예산을 집행하기 위해서는 - 보조사업의 목적과 예산서(실행계획서)상의 편성 내역과 부합하는지 여부를 확인한 뒤 품의서를 작성, 결재를 득한 후 - 보조사업 경비별 예산편성 기준표 및 물가정보지 등의 단가를 기초로 계약상대방의 견적서(가급적 복수견적)를 받아 지출원인행위(계약)를 체결하고 - 물품 또는 용역을 납품(제공)받아 검수를 필한 뒤 - 지출 시기가 도래하면 보조금 결제 전용카드에 의거 대금 결제 ※ 강사료, 수당 등 인건비의 경우 원천징수를 필하고 지급	
회의비	○ 회의운영과 관련된 회의자료 준비, 회의참석비 등 직접 경비로 집행하고 식대 등 소모성 지출 억제 ※ 소속단체 임직원 간의 회의에 대한 회의 참석 수당 지출 불가	
원고료	○ 최종적으로 제출된 원고 매수를 기준으로 지급하고, 출강에 따른 교재 원고료는 강의시간을 고려하여 차등 지급	
교통비	○ 사업 목적 수행을 위한 출장에만 집행할 수 있으며, 기간을 제한하지 않은 장기출장, 사업수행과 관련이 없는 출·퇴근성 출장 등에 소요되는 교통비 등으로는 지출할 수 없음.	
활동비	○ 사업 수행에 통상적으로 소요되는 임직원(직접 사업수행자)의 소액 경비에 대해서 단체 자율적 집행 허용 ※ 활동비: 시내교통비, 특근매식비, 사무용품비, 수수료, 재료비 등 ○ 사업 수행기간 전체에 대해 월별로 균등 집행하여야 하며, 일시 또는 2~3회에 일괄 지출할 수 없음. ○ 활동비에 대해서는 최종 사용처의 영수증 구비를 생략하고, 지출결의서 및 수령자의 영수증(또는 수령날인)으로 회계증빙서류를 간소화함.	
영수증처 리	○ 영수증은 보조금 결제 전용카드 전표, 금전등록기 영수증, 세금계산서를 원칙으로 하되, 영수증 교부업체에 한하여 (간이)영수증 인정 ※ 영수증 교부업체기준: 부가가치세법시행령 제79조의2에 의거	

1.예산실무
2.지출실무
3.계약실무
4.보조금관리
5.결산실무
6.e-호조실무
7.복식부기
8.공유재산및물품
9.발생주의회계책임
10.감사사례

지방보조사업의 정산 및 중요 재산의 관리 | No.286149

1. 지방보조사업의 정산 (법 제17조, 영 제9조)

○ 보조사업자는 사업을 완료하거나 폐지 승인을 받은 때, 회계연도가 끝났을 때에는 그 보조사업의 실적보고서를 작성하여 자치단체장에게 제출

※ 지방보조금 시스템을 통한 온라인 제출

 보조금 실적보고시 제출서류(예시)

보조금 실적보고서, 보조금 정산서 및 지출내역, 보조금으로 취득한 중요 재산 관리대장, 보조금 전용통장(거래내역 포함) 사본, 공사대장 관련서류, 영수증 등 기타 증빙서류

○ 사업비 정산액이 보조금 산출의 기초가 되는 사업량보다 감소되었을 때에는 그 감소율에 의해 보조금을 감액 조치

○ 단일 지방보조사업의 보조금이 3억 원 이상인 경우 실적보고서의 회계검증보고서와 같은 회계연도 중 교부받은 지방보조금 총액이 10억 원 이상인 경우 외부 감사인에게 받은 감사보고서를 반드시 제출(감사의견 포함)

※ 지방보조사업 특성상 감사보고서 제출이 적합하지 않은 경우 제출하지 아니할 수 있으므로 단일 건으로 종료되는 민간자본보조사업 등은 제외할 수 있을 것임.

2. 지방보조금의 반환 또는 상계 (법 제33조)

○ 기 교부된 보조금과 이에 따라 발생한 이자를 포함한 금액이 보조사업을 확정한 금액을 초과한 경우 그 초과액에 대해 반환 조치

○ 반환 명령을 받은 지방보조사업자가 반환하지 않는 경우, 해당 자치단체의 동종의 지방보조금이 있으면, 이를 일시 정지하거나 그 지방보조금과 반환하지 아니한 금액을 상계

3. 반환받는 지방보조금에 대한 이자의 계산 (법 제31조)

○ 지방보조금으로 인해 금융기관의 통장계좌에서 발생한 이자

○ 보조금 반환 기한을 경과한 기간의 이자

- 별도의 협약이 없는 경우 「민법」제379조의 법정이율인 연 5%를 적용하여 산정

- 지방보조금을 지급받은 날부터 1개월 이내에 집행된 지방보조금, 천재지변 등의 사유로 지연된 기간에 발생한 이자는 반납하지 않음

4. 중요 재산 관리 및 처분 (법 제21조, 제22조 영 제12조, 제13조)

1) 중요 재산의 관리

○ 보조사업자는 장부를 갖추어 두고 중요 재산에 대하여 지방자치단체장이 정하는 바에 따라 현재액과 수량의 증감을 기록하고, 해당 보조사업 관련 서류를 첨부하여 반기별로 해당 지방자치단체장에게 보고하여야 함.

○ 지방자치단체장은 「지방보조금법 시행령」제12조에 따른 중요 재산의 현황을 해당 지방자치단체의 인터넷 홈페이지 등을 통하여 항상 공시하여야 함.

○ 관리대상: 취득가액이 50만 원 초과, 50만 원 이하의 내구성 재산

< 작성 예시 >

취 득 재산명	규격 및 모델명	취득년도	단가 (원)	수량	취득가액 (원)	설치(시설) 주소

2) 중요 재산의 처분

○ 보조사업자는 보조금으로 취득하거나 그 효용이 증가된 중요재산은 당해 사업을 완료한 후에 자치단체장의 승인 없이 임의로 처분할 수 없음

○ 보조금의 전부에 상당하는 금액을 반환하거나 보조금의 교부 목적과 해당 재산의 내용연수를 감안하여 자치단체장이 정하는 기간을 경과한 경우 승인 없이 처분 가능

3) 중요 재산의 부기등기

○ 중요 재산 중 부동산에 대한 소유권 등기를 할 때에는 다음 각 호에서 정한 사항을 표기내용으로 하는 부기등기*(附記登記)를 하여야 함(지자체가 취득 관리하는 재산 제외)

  ※ 소유권보존등기, 소유권이전등기 또는 토지·건물표시변경등기이며 실적보고서 제출전까지는 완료

  - 해당 부동산은 지방보조금을 교부받아 취득하였거나 그 효용가치가 증가한 재산이라는 사항

  - 지방자치단체의 장이 정한 기간 내에 해당 부동산을 지방보조금의 교부 목적 외의 용도로 사용, 양도, 교환, 대여하거나 담보로 제공하려는 경우에는 지방자치단체의 장의 승인을 받아야 한다는 사항

○ 부기등기일 이후에 중요재산을 교부 목적 외의 용도로 사용, 양도, 교환, 대여하거나 담보로 제공한 경우에는 그 효력을 무효로 함

○ 지방보조사업자는 아래 어느 하나에 해당하는 경우에는 부기등기 사항을 말소 가능

  - 지방보조사업자가 지방보조금의 전부를 지방자치단체에 반환하고, 지방자치단체의 장으로부터 이러한 사실을 확인받은 경우

  - 지방보조금의 교부 목적과 부동산의 내용연수를 고려하여 지방자치단체의 장이 정한 기간이 지난 경우

〈건축물 부기등기 예시〉

등기사항전부증명서(말소사항 포함) - 건물

[건물] ○○○도 ○○○군 ○○○면 ○○○리

[갑 구] (소유권에 관한 사항)				
순위번호	등기목적	접 수	등기원인	관리자 및 기타사항
1	소유권보전	0000년 0월00일 제00000호	0000년0월00일 신축	소유자 ○○○ 마을회 000000-0000000 주소
1-1	1번 소유권 금지사항	0000년0월00일 제00000호	0000년0월00일 ○○○마을회	이 부동산(건물, 토지)은 지방보조금이 지원되어 있으며, 0000년00월00일까지 ○○군수의 승인 없이 지방보조금의 교부 목적에 위배되는 용도에 사용, 양도, 교환, 대여 및 담보의 제공을 할 수 없다.

1. 예산실무
2. 지출실무
3. 계약 실무
4. 보조금관리
5. 결산실무
6. e-호조실무
7. 부식부기
8. 공유 재산 및 물품
9. 빠상과 회계 책임
10.감사 사례

5. 중요 재산의 보고 및 공시(기준 제31조)

1) 지방보조사업자 등이 중요 재산 보고

○ '중요 재산 현황'을 작성하여 중요 재산 취득 후 15일 이내에 해당 지방자치단체의 장에게 보고하고 이후 중요 재산 처분제한기간 이전까지 매년 6월과 12월에 변동 현황을 보고하여야 한다. 다만, 변동 사항이 없거나 미미한 경우에는 보고 생략 가능.

2) 지방자치단체장은 중요 재산 공시

○ 취득 현황은 보고를 받은 날부터 1개월 이내에 지방자치단체가 설치·운영하는 인터넷 홈페이지에 공시하고, 변동 현황은 매년 6월말과 12월말까지 공시. 이 경우 공시 기간은 최초 공시일로부터 다음 각호의 기간으로 한다.
- 부동산과 그 종물의 경우 10년
- 선박, 부표, 부잔교, 부선거와 그 종물의 경우 10년
- 항공기의 경우 10년
- 그 밖의 기계, 장비 등 중요 재산의 경우 5년
○ 중요 재산의 관리대상: 취득가액이 50만 원 초과, 50만 원 이하의 내구성 재산

[참고] 중요 재산 표준 내용연수 – 예산집행지침(기재부. 2022)

구 분		내용연수
분 류	대 상	
부동산	철근콘크리트조건축물 또는 강구조건축물	50년
	그외의 건축물	35년
고가동산 (5천만 원 이상)	선박, 항공기	30년
	차량	20년
	그외 기계류 등	15년
기타 동산	위 대상에 포함되지 않는 동산	조달청 내용연수 +5년

* 부동산 중 토지는 내용연수 적용을 받지 아니한다.

지방보조사업이 수행 배제 등 제재, 벌칙 | No.286149

1. 지방보조사업의 수행 배제 등 (법 제32조, 제34조)

1) 교부결정 취소를 받은 보조사업자

○ 거짓이나 그 밖의 부정한 방법으로 지방보조금을 지급받은 경우(1회)

○ 지방보조금의 지급 목적과 다른 용도에 사용한 경우(2회)

○ 법령, 조례, 지방보조금 교부 결정의 내용 또는 법령에 따른 지방자치단체의 장의 처분을 위반한 경우(3회)

2) 반환 명령을 받은 보조금 수령자

○ 거짓이나 그 밖의 부정한 방법으로 지방보조금을 지급받은 경우(1회)

○ 지방보조금의 지급 목적과 다른 용도에 사용한 경우(2회)

○ 지방보조금을 지급받기 위한 요건을 갖추지 못한 것으로 밝혀진 경우(3회)

2. 제재부가금 및 가산금의 징수 (법 제35조, 영 제21조)

제재부과금 부과 사유 및 부과대상자	위반 행위	제재부가금 부과율
가. 보조금의 반환의 사유에 해당하는 지방보조사업자	1) 거짓 신청이나 그 밖의 부정한 방법으로 지방보조금을 교부받은 경우	500%
	2) 지방보조금을 다른 용도에 사용한 경우	300%
	3) 법령, 조례, 지방보조금 교부 결정의 내용이나 법령에 따른 지방자치 단체의 장의 처분을 위반한 경우	200%
나. 지방보조금의 환수 사유에 해당하는 지방보조금수령자	1) 거짓이나 그 밖의 부정한 방법으로 지방보조금을 지급받은 경우	500%
	2) 지방보조금을 지급 목적과 다른 용도에 사용한 경우	300%
	3) 지방보조금을 지급받기 위한 요건을 갖추지 못한 것으로 밝혀진 경우	100%

1. 예산실무
2. 지출실무
3. 계약실무
4. 보조금관리
5. 결산실무
6. e-호조실무
7. 독서부기
8. 공유 재산 및 물품
9. 변상과 회계 책임
10. 감사 사례

3. 벌칙 및 양벌규정 (법 제37조~제40조)

○ 부정보조사업자 등에 대한 벌칙

연번	구 분	벌 칙
1	거짓 신청이나 그 밖의 부정한 방법으로 지방보조금을 교부받은 경우	10년 이하의 징역 또는 1억 원 이하의 벌금
2	지방보조금을 다른 용도에 사용한 경우	5년 이하의 징역 또는 5천만 원 이하의 벌금
3	승인 없이 중요 재산에 대하여 금지된 행위를 한 자	"
4	승인을 받지 아니하고 보조사업의 내용을 변경한자	2년 이하의 징역 또는 2천만 원 이하의 벌금
5	승인을 받지아니하고 보조사업을 인계, 중단 또는 폐지한자	"
6	보조사업의 수행과 관련된 자료를 5년의 범위에서 보관하지 않은 자	1년 이하의 징역 또는 1천만 원 이하의 벌금
7	보조사업자가 법령, 보조금 교부결정의 내용에 따른 보조사업을 수행하지 아니 하였을 때	"
8	보조사업 수행에 관한 실적을 적은 보고서를 거짓으로 보고한 자	"
9	소속공무원으로 하여금 장부, 서류 또는 그 밖의 재산을 검사하거나 질문할 때 거짓으로 보고한 자	"

○ (양벌규정) 법인의 대표자나 법인 또는 개인의 대리인·사용인, 그 밖의 종업원

지방보조금 정산 착안사항 | No.156782

점 검 항 목			검 사 기 준
정산시기 적정 여부			• 사업 종료 후 30일 이내 정산서 제출 여부
사업계획 대 비 집행결과	예 산 집 행	자체부담 비율 준수	• 보조금 신청 시 단체 자체부담 비율 준수 여부
		당초 보조금 신청 목적에 사용 여부	• 보조금 신청 시의 사용목적으로 사용 여부
	사업실적 달성 여부 (신청 시: 정산 시)		• 보조금 신청 시 사업계획을 달성하였는지 • 당초 계획의 사업 효과가 있었는지
보조금 전용통장 사 용	입출금 내역 전체 표시면 통장 사본 제출 여부		• 보조금 입출금 전체 내역이 표시된 통장 사본을 제출하였는지
	통장 인출 일자와 지출 일자 일치 여부		• 통장의 인출일자와 회계 지출일자와 일치하는지
	다른 비용과 혼용 사용 여부		• 기존의 통장을 사용하는 경우 통장잔액을 정리한 후 사용하는지 • 보조사업비(자부담 포함)가 아닌 다른 비용을 함께 사용하고 있는지
	집행 잔액 반납 여부		• 집행 잔액이 있는 경우 반납하였는지
회계분야	전용카드 사용 여부		• 전용카드를 사용하였는지 (인건비 등 신용카드 사용 비대상은 제외)
	지출 증빙서류 구비 여부		• 지출증빙 서류를 잘 구비하였는지 • 지출결의서 영수증 쪽수번호와 증빙서류 일련번호 일치 여부
	적정 집행 여부		• 구입, 지출 시 단체장의 결재를 득하였는지 • 사업활동 시간과 카드결제 시간이 맞는지 • 정당한 채주에게 지출하였는지 • 명확한 산출근거를 명시하고 지출하였는지
보조금 교부조건 이행 여부			• 보조금 교부조건을 준수하였는지
사업 추진실적 증빙자료 제출 여부			• 전반적인 사업추진 실적을 알 수 있도록 충분한 증빙자료를 첨부하였는지

기능보강사업 집행검사 시 체크리스트 | No.38546

1. 사업계획 성실 이행 여부

구분	항목	확인사항	이상 여부
1-1	상급기관 승인 없이 사업계획을 임의로 변경하여 집행한 사실이 있는가?	사업계획서, 내부 기안, 변경승인 공문	
1-2	기능보강사업이 당초 사업 목적대로 활용되고 있는가?	사업계획서, 내부 기안, 변경승인 공문, 비품대장, 현장 확인	
1-3	사업계획서에 명기한 자부담 계획을 달성하였는가?	승인받은 사업계획서, 보조금, 자부담 지출결의서 확인 후 집행률 계산	
1-4	자부담의 재원은 적정한가?	통장입금내역, 수입지출결의서, 총계정원장보조부 등	
1-5	기초금액을 적정하게 산정하였는가?	조달청 입찰공고문, 변경승인 공문	

2. 계약 관련 제 법규 준수 여부

구분	항목	확인사항	이상 여부
2-1	당해 시설의 수의계약 사유는 타당한가?	수의계약 사유서, 내부 품의서	
2-2	입찰의 경우 공고와 계약자 선정 절차가 적정한가?	입찰공고서, 현장 설명자료, 입찰자 리스트, 적격심사자료, 낙찰결과보고서 등	
2-3	계약문서는 적정하게 구비되었는가?	계약서, 설계서, 공정예정표, 감독자임명조서, 계약보증서, 수입인지 등	
2-4	계약서에 명기되어 있는 착공시기와 준공기한을 준수하여 공사가 착공(개시)되고 준공(완료)되었는가?	계약서, 착공신고서, 준공신고서	

구분	항목	확인사항	이상여부
2-5	준공(납품) 기한을 초과한 경우 계약상대자로부터 지체 상금을 적정하게 받았는가?	계약서, 준공신고서, 지체상금 적정 금액 입금 여부, 보조금 반납처리 여부	
2-6	준공(납품) 통지를 받은 날로부터 14일 이내에 관계서류에 의한 준공검사 (물품검수)를 실시하였는가?	준공신고서, 검사조서	
2-7	선금 지급요건(계약금액 & 이행기간)을 충족하지 않았음에도 불구하고 선금을 지급한 사실이 있는가?	계약서, 선금사용내역서	
2-8	선금 지급 시 채권 확보 후 선금을 지급하였는가?	계약서, 선금보증증권	
2-9	동일 구조물 공사 및 단일 공사임에도 불구하고 공사를 분할하여 발주한 사실이 있는가?	사업계획서, 계약서	
2-10	준공 검사 후 계약 상대방으로부터 청구를 받은 날로부터 5일 이내에 대가를 지급하였는가?	하자보수보증증권	
2-11	예산 교부가 되기 전에 타당한 사유 없이 선집행한 사실이 있는가?	검사(검수)조서, 지출결의서, 통장사본	
2-12	기능보강 사업비 집행과 관련한 예산과목은 적정하게 편성되었는가?	수입결의서, 지출결의서	
2-13	기능보강 보조금과 자부담(법인전입금 등)은 구분 경리되어 집행되었는가?	지출결의서, 총계정원장 보조부, 현금출납부, 통장사본	
2-14	대가 지급 시 필요한 서류를 제출받아 구비하고 있는가?	세금계산서, 기성검사조서(기성대금일 경우), 국세,지방세 완납증명서	
2-15	사업비 산출을 위한 시장(가격)조사는 적정하게 수행되었는가?	산출기초조사서, 복수견적서	
2-16	수의계약의 경우 2인 이상으로부터 지정정보처리장치를 통하여 견적서를 받았는가?(전자공개수의계약 여부)	조달청 공고서(전자입찰, 수의소액, 제한적 최저가)확인	

보탬e 운영가이드 & 매뉴얼

지방보조금 관리 시스템 운영 개요 | No.377905

1. 지방보조금 관리와 포털 역할

가. 지방보조금 관리(자치단체 공무원)

국고보조금	예산계상신청, 예산통지(내시) 및 교부신청 보조금 교부(e호조 연계지출), 중요재산, 정산보고, 보조금결산자료관리
시도비보조금	예산통지, 교부신청 및 교부결정, 집행점검, 중요재산, 정산보고, 보조금결산자료관리, 운용성과평가
지방보조사업 (민간 보조)	〈 사업부서 사업담당자 〉 보조사업자 선정(공모, 지정), 사업계획검토, 교부결정 보조금 예치(교부, e호조 연계지출), 집행점검, 정산검사, 운용성과평가, 공시관리
	〈 금융관리 담당자 〉 금융관리(예치계좌관리), 정산반납 이체(세입)

나. 지방보조금 포털(민간 지방보조사업자)

지방보조사업 (민간 보조)	회원가입, 단체관리, 공모신청, 사업계획서 제출, 교부신청 집행등록, 중요재산, 계약관리, 정산보고 및 반환, 정보 공시

2. 지방보조금 비목별 관리 시스템

통계목 구분		시스템	관 리
공공단체 보조 (5+1개)	자치단체 자본·경상보조	보탬e	시도비예산통보(내시), 교부신청·결정, 송금통지 매핑, 보조금결산, 정산, 운용성과평가, 중요재산 관리 등 ※ 사회보장적수혜금은 기초 지원사업인 경우에 해당함
	사회보장적수혜금 (지방재원)	e호조	보조금 예산편성(정보관리사업 등록, 예산현액) 보조금 예산지출(송금통지 등록)
	교육기관 보조, 예비군육성지원자 본·경상보조	e호조	일반지출 처리
민간보조 (8개)	일반적인 경우*	보탬e (포털)	공모, 교부, 집행, 정산, 중요재산 등 관리
		e호조	타시스템을 통해 보조금 교부·정산하는 경우, 행안부에서 안내한 시스템에 한하여 e호조에서 일반지출 처리함
	수령자 지급형	e호조	정산이 필요 없는 수령자 지급형과 운수업계 보존금 등은 행안부에서 별도 안내 시까지 일반지출 처리 * 예. 유류비 수지차액 보전

※ 민간보조: 민간경상사업보조, 민간자본사업보조(이전,자체), 민간행사사업보조, 민간단체 법정운영비보조, 사회복지시설법정운영비보조, 사회복지사업보조, 운수업계보조

※ 일반적인 경우: 보조사업자 선정 ⇒ 교부 ⇒ 집행 ⇒ 정산 ⇒ 공시

※ 지방보조금 적용대상 :「지방자치단체 예산편성 운영기준」별표3 지방보조금 참고

Q&A

Q. IT취약계층에 대한 공무원의 업무대행 지원 방법은?

A. - IT취약계층의 업무대행자로 등록하고, 공무원ID로 인터넷으로 접속해서 민간 보조사업자처럼 교부, 집행등록 등 업무대행을 처리

- IT취약계층의 보조사업은 비예치형 사업으로 등록 관리

- 절차(No.329879)

1. 지방보조금 시스템("보탬e")을 통한 관리 의무

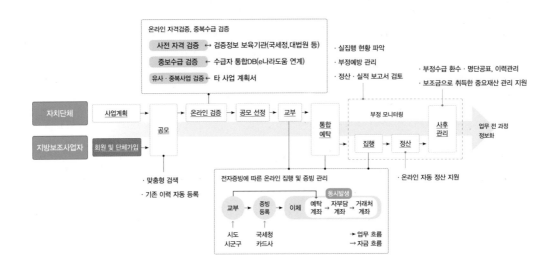

〈지방보조금 실시간 집행 관리 – 선증빙 후배정 방식〉

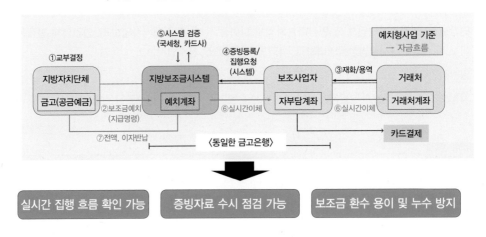

실시간 집행 흐름 확인 가능   증빙자료 수시 점검 가능   보조금 환수 용이 및 누수 방지

※ 지방보조금관리시스템(보탬e)을 통한「선증빙, 후배정」방식으로 전환, 온라인 집행 및 실시간 검증으로 부정수급 예방

※ 사업별 지자체 '예치계좌', 보조사업자 자부담계좌, 전용카드 구비

1. 예산실무
2. 지출실무
3. 계약실무
4. 보조금관리
5. 결산실무
6. e-호조실무
7. 복식부기
8. 공유재산 및 물품
9. 변상과 회계 책임
10. 감사 사례

지방보조사업 유형별 구분 | No. 377799

1. 보조사업의 유형별 구분

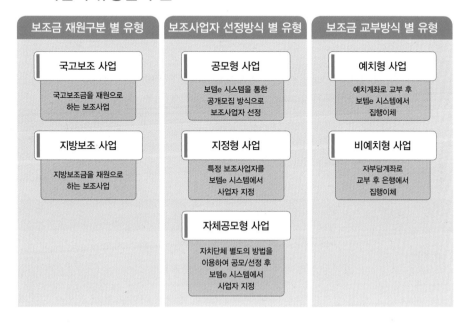

보조금 재원구분 별 유형

국고보조 사업
국고보조금을 재원으로 하는 보조사업

지방보조 사업
지방보조금을 재원으로 하는 보조사업

보조사업자 선정방식 별 유형

공모형 사업
보템e 시스템을 통한 공개모집 방식으로 보조사업자 선정

지정형 사업
특정 보조사업자를 보템e 시스템에서 사업자 지정

자체공모형 사업
자치단체 별도의 방법을 이용하여 공모/선정 후 보템e 시스템에서 사업자 지정

보조금 교부방식 별 유형

예치형 사업
예치계좌로 교부 후 보템e 시스템에서 집행이체

비예치형 사업
자부담계좌로 교부 후 은행에서 집행이체

2. 보탬e 적용범위

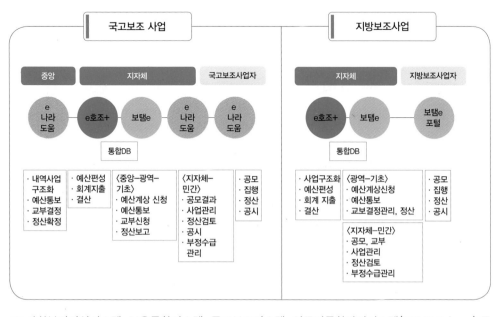

국고보조 사업

중앙 | 지자체 | 국고보조사업자

e나라도움 — e호조+ — 보탬e — e나라도움 — e나라도움

통합DB

- 내역사업 구조화
- 예산통보
- 교부결정
- 정산확정
- 예산편성
- 회계지출
- 결산

〈중앙-광역-기초〉
- 예산계상 신청
- 예산신청
- 교부신청
- 정산보고

〈지자체-민간〉
- 공모결과
- 사업관리
- 정산검토
- 공시
- 부정수급 관리

- 공모
- 집행
- 정산
- 공시

지방보조사업

지자체 | 지방보조사업자

e호조+ — 보탬e — 보탬e 포털

통합DB

- 사업구조화
- 예산편성
- 회계 지출
- 결산

〈광역-기초〉
- 예산계상신청
- 예산통보
- 교보결정관리, 정산

〈지자체-민간〉
- 공모, 교부
- 사업관리
- 정산검토
- 부정수급관리

- 공모
- 집행
- 정산
- 공시

※ 사회복지시설시스템, 보육통합시스템, 국고보조시스템, 연구비통합관리시스템(RCMS,Ezbaro) 등을 사용하는 경우는 '보탬e'를 활용하지 않고 현행대로 집행 관리

473

3. 지방보조금 공모 방식

유 형	내 용
공 모 형	지자체는 보탬e를 통해 사업을 공모하는 유형으로 보조사업자는 보탬e에서 공모를 확인하고 신청서를 제출
자체공모형	보탬e가 아닌 자체 홈페이지 또는 오프라인 공모를 통해 보조사업자를 선정하고, 지자체는 보탬e에 자체 공모 결과를 등록하고 보조사업자는 사업 등록을 진행
지 정 형	지자체가 해당 사업에 적합한 사업자를 지정하는 유형으로 법령 또는 조례 등에 따라 지정, 보조사업자는 사업등록을 진행

4. 지방보조금 공모 방식

유 형	내 용
예 치 형	일반사업형으로 종전 선집행 후증빙으로 처리하던 사업 → 선증빙 건별 집행 방식으로 처리 (원칙)
비예치형	사업 성격, 금융망 이용 곤란 등 건별 집행이 어렵고, 소액 사업으로 실익이 크지 않은 등 보조금 예치가 적절하지 않다고 판단되는 경우(예외) → 예시)교육기관/자치단체, 실적형 사업, IT취약계층

> **비예치형 가능 사유**
>
> ① 사업성격이 예치형으로 적절하지 않은 유형
>
>   (실적형[1], 지급형[2], 제3자 지급형[3], 서비스제공형[4])
>
> ② 소액(200만원 이하)
>
> ③ 단기 행사 사업
>
> ④ IT취약계층: PC 사용이 어렵거나 금융망 이용이 어려운 보조사업자
>
> ⑤ 그 밖에 지자체장이 필요하다고 인정하는 지방보조사업의 경우

1) 사업 수행 후 또는 사업 실적이나 증빙자료 확인하여 교부신청에 따라 보조금 교부

2) 직접 보조금수령자에게 보조금 지급(보육교사 수당 등)

3) 서비스를 제공하는 제3업체에게 보조금 지급(농업인 보험료의 보험회사, 전기자동차 보조의 자동차회사, 유가보조금의 주유소)

4) 서비스를 제공하는 보조사업자에게 보조금 교부

1. 예산실무

2. 지출실무

3. 계약실무

4. 보조금관리

5. 결산실무

6. e호조실무

7. 복식부기

8. 경우 제산 및 물품

9. 변상과 회계 책임

10. 검사 사례

5. 지방보조사업자 유형별 보탬e 적용 방안

	유 형	적용가능 대상	보탬e사용
유형1	예치형(예치 후 교부), 신용카드		O
유형2	비예치형(교부), 체크카드	예치형으로 적절하지 않은 사업	O
유형3	e호조+일반지출로 교부, 사후 보탬e를 통해 업무처리	경로당운영사업 · 농어촌 지원 사업 등 (보탬e를 통한 지방보조금 업무 처리가 어려운 경우)	O (사용시점 별도 안내)
유형4	수기관리 *보조사업 담당부서는 부정수급행위가 발생하지 않도록 철저하게 관리 요망	보조사업자가 지자체가 협약한 금고은행의 자부담계좌 개설 및 보탬e 전용카드 발급이 어려운 경우	X

※ 유형2: 보탬e 사용이 어려운 IT취약계층의 경우 해당 지방보조사업 담당공무원이 업무를 대행하거나, 업무대 행자를 지정하는 기능 제공 중

보조금 지급 방법과 통장 및 전용카드 개설	No. 377799

1. 보조금 지급 방법 변경

개 정 후	개 정 전
① 보조사업비(예치계좌 및 자부담계좌) 각각 예치 ② 선증빙, 후배정 방식 ③ 건별 지급(검증후 실시간 이체)	자부담계좌로 선 배정
○ 신용카드사용 권장(예치형) ※ 체크카드도 사용가능(비예치형) ○ 예치형 사업으로 체크카드사용시에는 본인부담금 우선사용	체크카드 사용

2. 통장 및 전용카드

자부담계좌	카드 (신용/체크/ 제로페이)	카드 결제계좌	
		신용카드	체크카드/ 제로페이
자치단체에서 협약한 금고은행	자치단체에서 협약한 카드사	자부담계좌 또는 타은행 계좌	자부담계좌

전용카드 발급 신청시 주의사항

- 보조사업자가 국세청 사업자번호·고유번호가 있는 경우 사업자번호·고유번호로 발급
  신청하고, 그 외는 대표자 주민등록번호로 신청해야 함

- 신용카드가 아닌, 체크카드인 경우 결제계좌는 자부담계좌로 신청해야 함

 TIP 보조사업자 보탬e 가입시 및 이체시 인증서(No.380966)

필요시기	발급용도	세부내용
회원가입시	-	인증서 없이 보탬e 가입 가능
신규 단체등록시	개인용 인증서	– 기관의 기관용 인증서를 등록하면 안됨 – 반드시 단체정보가 필요함 – 단체가 아닌 개인인 경우에도 사업자분류를 개인으 로 선택 하여 단체 등록은 반드시 필요함
단체에 구성원으로 가입시	개인용 인증서	– 본인의 개인용 인증서를 등록합니다 – 단체의 기관 인증서가 아님
이체시	기관용 인증서	– 국세청 사업자번호 · 고유번호가 있는 경우 – 사업자번호 · 고유번호로 발급
	개인용 인증서	– 국세청 사업자번호 · 고유번호가 없는 경우 – 대표자 주민등록번호로 발급

※ 공동인증서는 인증기관(발급자)이 crosscert, signgate, signkorea, tradesign,
yessign 5개로 설정되어 있음

보탬e 사용 시 자금의 흐름과 회계처리 │ No. 377799

1. 보탬e시스템 자금의 흐름

보조금전용카드(신용카드)

1 카드신청(오프라인)

2 보조금전용 카드등록

3 보조금전용 카드지출

4 보조금전용카드 집행등록

5 집행요청

이체담당자
6 이체실행)자부담계좌

(개선)카드결제계좌

보조금전용카드(체크카드) 제로페이 원청징수

1 카드신청(오프라인)

2 보조금전용 카드등록

3 집행등록

4 집행요청

이체담당자
5 이체실행)자부담계좌

체크카드, 제로페이, 원천징수

6 보조금카드 지출

2. 전용카드 회계처리 일자 기준

전용카드 결제계좌	카드 결제일 기준
보탬e 자부담계좌인 경우	▶ 카드사에 입금한 날짜
보탬e 자부담계좌와 다른 경우	▶ 카드 결제계좌에 입금한 날짜

※ 보탬e 자부담계좌에 자금이 이체되는 경우는 실제 지급명령한 일자와 지출일자가 불일치하므로써 회계처리원칙에 반하게됨. 이를 보완하기 위하여 전용카드 회계처리 일자를 특별히 규정한 것임.

비예치형 대상사업 예시

① 실적형 : 분기별 가스지원량 확인 후 보조금 지원

② 지급형 : 보육교사 수당 등

③ 제3자 지급형 : 농업인 보험료의 보험회사, 전기자동차보조의 자동차회사

1. 예산실무
2. 지출실무
3. 계약실무
4. 보조금 관리
5. 결산실무
6. e-호조실무
7. 복식부기
8. 공유 재산 및 물품
9. 배상과 회계 책임
10. 감사 사례

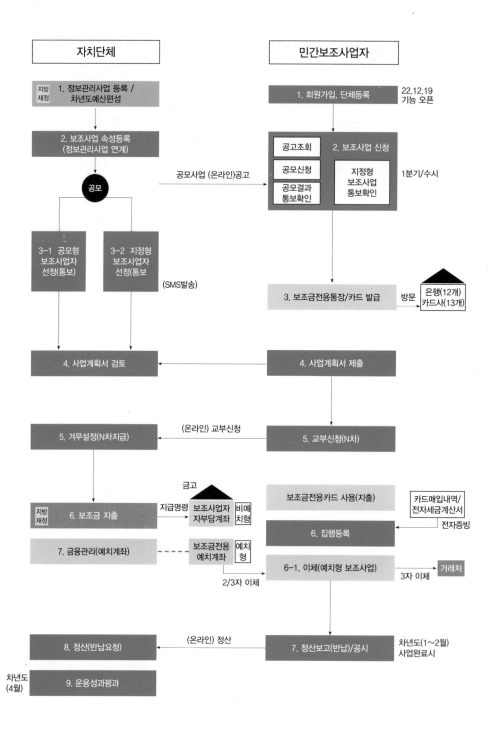

보탬e 민간보조 프로세스 | No. 377799

자치단체

민간보조사업자

자치단체	민간보조사업자
지방재정 1. 정보관리사업 등록 / 차년도예산편성	1. 회원가입, 단체등록 — 22.12.19 기능 오픈
2. 보조사업 속성등록 (정보관리사업 연계)	공고조회 / 공모신청 / 공모결과 통보확인 — 2. 보조사업 신청 — 지정형 보조사업 통보확인 — 1분기/수시
공모 ··· 공모사업 (온라인)공고	
3-1 공모형 보조사업자 선정(통보) / 3-2 지정형 보조사업자 선정(통보) (SMS발송)	3. 보조금전용통장/카드 발급 — 방문 — 은행(12개) 카드사(13개)
4. 사업계획서 검토 ←	4. 사업계획서 제출
5. 거무설정(N차지급) ← (온라인) 교부신청	5. 교부신청(N차)
지방재정 6. 보조금 지출 — 지급명령 → 금고 보조사업자 자부담계좌 비예치형	보조금전용카드 사용(지출) — 카드매입내역/ 전자세금계산서
7. 금융관리(예치계좌) ---- 보조금전용 예치계좌 예치형	6. 집행등록 ← 전자증빙
	6-1. 이체(예치형 보조사업) → 거래처 — 3자 이체
	2/3자 이체
8. 정산(반납요청) ← (온라인) 정산	7. 정산보고(반납)/공시 — 차년도(1~2월) 사업완료시
차년도 (4월) 9. 운용성과평가	

| 지방보조사업 관리 체계 | No. 331663 |

1. 지방보조사업 관리 흐름도

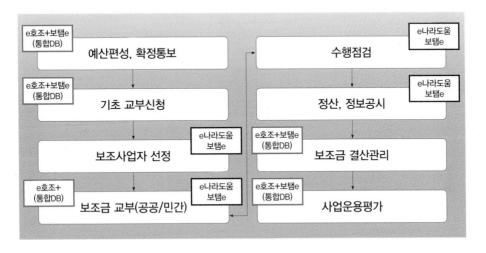

2. 비예치형과 예치형 사업 흐름도

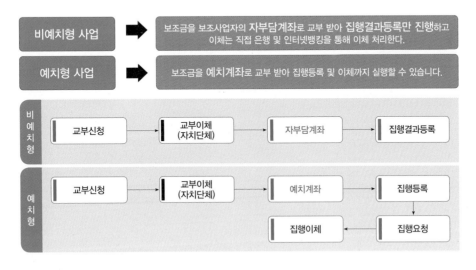

1. 공모형

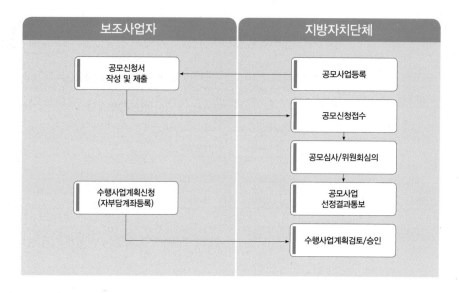

2. 자체공모형

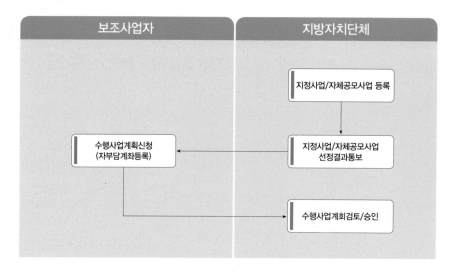

1. 민간 교부 신청에 의한 교부

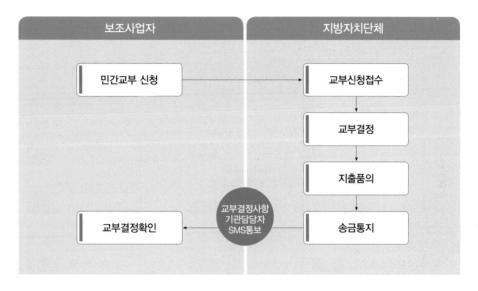

2. 직권 교부

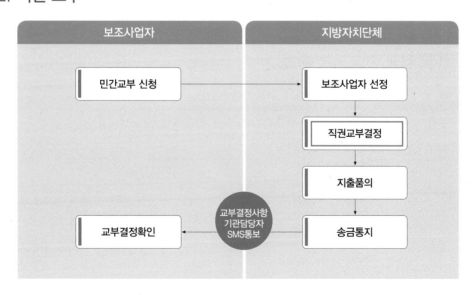

1. 예산실무
2. 지출실무
3. 계약실무
4. 보조금 관리
5. 결산실무
6. e-호조실무
7. 복식부기
8. 공유 재산 및 물품
9. 판상과 회계 책임
10. 감사 사례

1. 보조금 집행

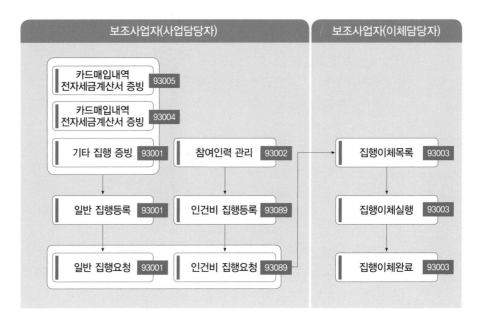

2. 보탬e 집행 증빙 등록 방법

구 분	증빙유형	증빙자료등록
신용카드	보조금전용신용카드	카드매입내역 조회
체크카드	보조금전용체크카드	"
전자세금계산서	(연계전)기타	증명서류파일 첨부
	전자세금계산서	국세청 전자세금계산서 발행 정보조회
제로페이	(상반기)기타	파일첨부
	(하반기)제로페이	한국간편결제원의 제로페이 이용 내역을 조회
계약서	거래처계약관리(93006) 등록	해당 계약건을 선택하기
중요재산 취득	민간중요재산관리(93011)등록	중요재산 등록건을 선택하기

구 분	증빙유형	증빙자료등록
파일첨부 대상	지급결의서(결재 문서), 계좌입금표, 원천징수납부 영수증, 공공요금 자동이체영수증, 지로 · 고지서납부영수증, 보조금 교부조건에서 정한 서류 등	

3. 보탬e 집행 플랫폼 화면

전자계산서 발행정보는 연계 서비스 오픈 전까지는 '증빙유형'을 "기타"로 선택하여 증빙서류 파일 첨부로 집행 등록함

* 제로페이는 '24년 상반기 서비스 예정으로 이전까지는 '증빙유형'을 "기타"로 선택하여 파일 첨부하여 집행등록 함

1. 집행점검(상시)

순	기 관	내 용		메 뉴	비고
1	자치단체	보조사업 집행내역을 조회하고 수행점검대상 사업으로 등록	93020	점검대상사업 조회	

2. 보조사업 수행점검

순	기 관	내 용		메 뉴	비고
1	자치단체	수행점검 기준을 등록하여 수행점검대상 사업으로 일괄 등록	93021	수행점검 기준 관리	
2	자치단체	수행점검 계획 등록	93022	수행점검 대상사업 관리	
3	자치단체	수행점검결과 등록	93023	수행점검 결과 관리	
4	자치단체	시정명령 등록 * 서면(공문)으로 통지 * 문제사업으로 등록됨	93024	수행명령관리	
5	보조사업자	수행명령 조치결과 등록 * 이의신청은 서면(공문)으로 제출	93027	수행명령 조치결과 관리	
6	자치단체	보조사업자의 수행명령 조치결과 확인	93024	수행명령관리	
7	자치단체	수행점검 결과, 수행명령 등록일자, 조치결과 제출일자, 검토일자 등 수행점검 전반의 진행 상태를 확인.	93025	수행점검 현황 조회	

1. 예산실무

2. 지출실무

3. 계약실무

4. 보조금 관리

5. 결산실무

6. e호조실무

7. 특수부기

8. 공유 재산 및 물품

9. 변상과 회계 책임

10. 감사 사례

보조금 정산	No. 329879

1. 보조금 정산 흐름도

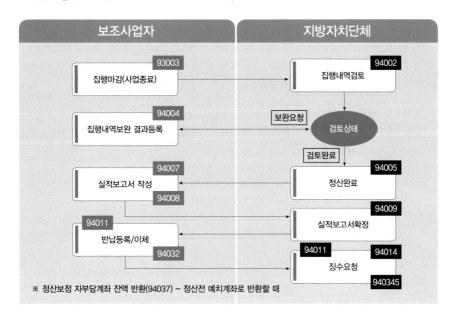

2. 집행정산~정산반환 프로세스

집행정산 및 실적보고	집행마감 (보조사업자)	⇒	정산 검토 (지자체)	⇒	보완요청시 집행내역 보완 (보조사업자)	⇒	보조금 확정 (지자체)	⇒	실적 보고서 등 제출 (사업담당자)	⇒	실적 보고서 확정 (지자체)
정산반환	정산반환금 입금하기 (보조사업자)	⇒	민간 정산반환이체* (보조사업자)		⇒		지자체 (세입)계좌등록 (징수요청) (지자체-사업부서)		⇒		자치단체 정산반환 이체* (지자체-총괄)

※ 민간 정산반환이체: 민간보조사업이체담당자(SM011)가 이체실행

※ 자치단체 정산반환이체: 지방보조금전용(예치)계좌에서 자치단체 (세입)계좌로 이체 실행

- 권한: (광역) SM015(광역보조사업이체담당자), (기초) SM016(기초보조사업이체담당자)

1. (예치형)지방보조금 일반지출 후 수기정산 방법

〈집행정산 및 실적보고〉

〈정산반납전 수행〉

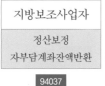

1) 예치형 사업으로 수기집행을 등록한 경우 보탬e 집행관리시 처리해왔던 복원처리 가능(수기등록구분 항목에서 '수기집행' 사업 선택 후 진행 가능)
2) 예치계좌로 교부된 지방보조금을 전액 복원 처리한 경우는 수기집행이 아닌 일반집행 등록 화면을 통해 처리

2.(비예치형)지방보조금 일반지출 후 수기정산 방법

〈수기 집행등록〉

- 자치단체 사업담당공무원은 보탬e를 통해(자체공모, 지정사업) 지방보조사업자를 반드시 선정해야 함
- 지방보조사업자는 보탬e를 통해 자치단체 명의의 전용계좌의 같은 은행의 자부담 계좌 등 수행사업계획을 등록해야 함

1. 예산실무

2. 지출실무

3. 계약실무

4. 보조금 관리

5. 결산실무

6. e-호조실무

7. 복식부기

8. 공유 재산 및 물품

9. 변상과 회계 책임

10. 감사 사례

4 국고보조금 보탬e 매뉴얼

보조사업관리 및 보조금신청 주요 내용 | No. 389369

1. 지방보조금시스템에서 관리하는 보조사업

○ 보조재원을 포함하여 운영하는 사업(국고보조재원, 시도비보조재원)

○ 예산의 성질별 구분인 통계목 중 보조금 성질 통계목(광역13개/기초11개) 예산사업

비목	비목명	비목	비목명
307-02	민간경상사업보조	308-01	자치단체경상보조금
307-03	민간단체 법정운영비 보조	308-08	교육기관에 대한 보조
307-04	민간행사사업보조	308-09	예비군육성지원경상보조
307-09	운수업계보조금	402-01	민간자본사업보조(자체재원)
307-10	사회복지시설법정운영비 보조	402-02	민간자본사업보조(이전재원)
307-11	사회복지사업보조	403-01	자치단체자본보조
		403-03	예비군육성지원자본보조

2. 지방보조금시스템의 보조사업 관리 단위

○ 차세대재정시스템의 '관리사업'을 활용하여 지방보조금시스템에서 실제 수행하는
  '보조사업'을 관리
  ※ 지방보조금시스템 '지자체 보조사업'은 재정시스템에서 등록한 '관리사업'임
  ① 국고보조사업 : 중앙부처에서 통보된 '내역사업'과 '지자체 보조사업'을 연결 관리
  ② (광역) 자체재원 보조사업(시군구지원), (기초) 시도비보조사업
  – 광역에서 등록한 광역보조사업과 기초에서 등록한 기초보조사업을 매핑하여 관
  ※ 광역은 '지자체경상보조, 지자체자체보조' 통계목의 보조사업을 기초에 지원 사
    업으로 통보하여 예산편성 및 사업을 관리하도록 함
  ③ 자체재원 보조사업(민간공공지원): 광역과 기초에서 민간에 지원하는 보조사업
  ※ 민간지원 13개 통계목에서 자치단체경상보조, 자치단체자본보조 제외

3. 보조사업 관리 및 보조금신청 주요 업무 흐름

○ 국고보조사업은 전년도(FY-1년도) 사업을 기준으로 예산계상신청을 수행하고 관리사업 생성 후 해당 사업을 기준으로 시도비 보조사업 예산계상신청 수행

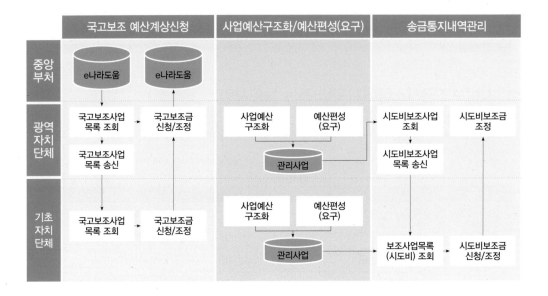

4. 관리사업(보조사업) 생성 기준

① 보조금 교부, 사업관리, 집행·정산관리의 원활화를 위해 세부사업 하위 단위의 산출부기를 바탕으로 별도 관리사업을 생성(차세대재정시스템) → 지방보조금시스템에서 관리사업이 보조사업으로 활용

　* 특히, 지자체 지원 사업, 민간 지원 사업 등은 실제 수행하는 단위(산출부기)로 나누어 구분 관리 필요

② 별도 구분 관리할 필요 없는 사업인 경우는 기본관리사업으로 설정(차세대재정시스템에서 세부사업을 기본관리사업으로 기본적으로 설정)

③ 관리사업이 도입되더라도 종전 세부사업의 설정 방식은 그대로 유지

　- 보조재원 유형에 따라 분리(국고보조, 시도비보조)

　- 직접사업과 지원사업을 분리

　- 보조재원사업과 자체사업은 분리

④ 관리사업도 N :1 사업으로 매핑되지 않도록 주의

5. 속성 정보 등록

○ 재정사업 운영 속성 중 보조사업인 경우는 보조사업속성 관리 수행

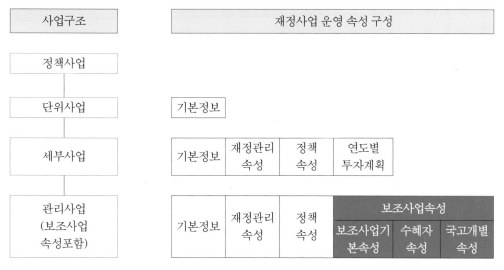

※ ▆▆▆ 관리사업 기본정보 중 보조사업여부: '예' 인 경우에만 해당

구분	내용	비고
기본정보	사업예산의 정책 · 단위 · 세부사업 별 기본정보등록 시 입력하여 기초항목별 재정사업을 분류하여 관리하기 위한 속성	
재정관리속성	법령 · 조례 등에 따른 사전심사 대상사업 등 법적절차를 거치는 예산분류, 재정분석 등 지표 반영 항목, 교부세 보정수요항목 예산 등을 분류하기 위한 속성	
정책속성	중앙부처별 주요시책, 지자체별 자치단체장 공약사업 등 특정 정책수행 목적의 재정사업을 분류하기 위한 속성	
보조사업기본속성	보조사업의 기본인 정보를 관리하기 위한 속성	
수혜자속성	수혜자속성은 맞춤형정보제공, 통계 등에 활용하기 위해 시도비 보조사업에서도 관리가 필요하며, 관리(보조)사업을 생성할 때 부터 입력하여 활용	
국고개별속성	국고보조사업의 주관 부처에서 정의하는 속성으로서 e나라도움의 내역사업의 정보를 상속받아 해당 내용 관리	

○ 보조사업 속성 정보는 관리사업 화면 및 보조사업 화면에서 등록 및 수정 가능

구분	기본정보	재정관리속성	정책속성	보조사업속성		국고개별속성
				보조사업 기본속성	수혜자속성	
관리사업화면	등록/수정/삭제/조회					조회
보조사업화면	조회			수정/조회		등록/수정/삭제/조회

1. 예산실무

2. 지출실무

3. 계약실무

4. 보조금관리

5. 결산실무

6. e-호조실무

7. 특별부기

8. 공유재산 및 물품

9. 발생주의 회계 책임

10. 감사 사례

| 보조사업 관리 및 보조금 신청 업무흐름도 |

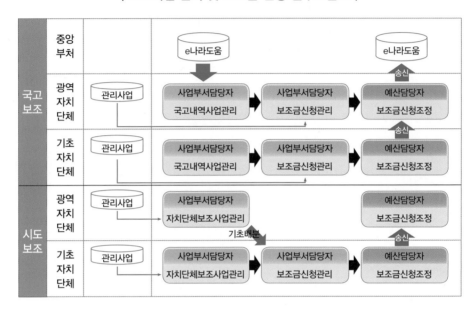

1. 보조사업 관리 조회(기초)(91001)

○ 화면 위치: 보탬e→보조금예산→ 보조사업관리→국고내역사업관리

○ 작업 시기: 국고보조사업 목록 수신 시, 보조사업 정보 확인 시

2. 보조금 신청 관리(91002)

○ 화면 위치: 보탬e→보조금예산→ 보조금신청관리→보조금신청관리

○ 작업 시기: 다음연도 국고보조금을 신청할 때 (매년 4월)

○ 작업 내용: 세부사업을 등록한 경우 세부사업을 선택해 보조금을 신청할 수 있으나 그렇지 않은 경우는 사업명만 수기로 입력해 보조금 신청을 할 수 있음(1:N).

국고보조금 내시 관리 및 자금교부 신청 | No.329688

| 보조금 통보(내시) 관리 및 교부신청 업무처리 흐름도 |

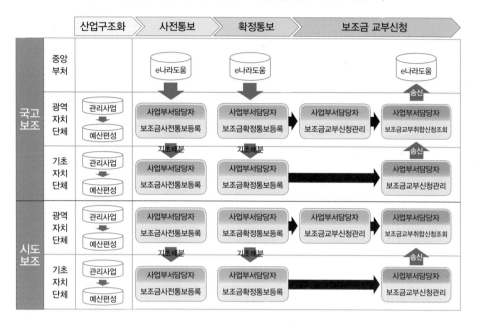

1. 보조금 사전통보(가내시) 관리(기초)(91013)

○ 화면 위치: 보탬e→보조금예산→보조금통보(내시)관리→보조금사전통보(가내시)
   등록

○ 선행 업무: 보조사업관리조회(국고보조사업목록 수신)

○ 작업 시기: 광역자치단체에서 내려온 사전통보(가내시)를 등록할 때(10월 경)

○ 작업 내용: 기초자치단체 보조금 총괄 담당자가 국고보조금 사전통보(가내시)를
   수동으로 수신하거나 사업부서 국고보조금 담당자가 국고 보조금에 대한 사전통
   보(가내시)를 등록하는 화면. 보조금 사전통보(가내시) 등록 순서는 다음과 같다.

   ▶ 보조금 사전통보(가내시) 수신: 예산부서, 자동 수신되므로 생략 가능.

   ▶ 보조금 사전통보(가내시) 등록: 보조사업담당, 보조사업과 자치단체 사업을 연
      결하고 재원별 금액을 입력.

○ 사전통보(가내시) 등록을 완료하면 자동으로 해당 정보가 상급기관으로 송신됨.

2. 보조금 확정통보(확정내시) 관리(기초)(91017)

○ 화면 위치: 보탬e→보조금예산→보조금통보(내시)관리→보조금확정통보(확정내시)관리

○ 선행 업무: 보조사업관리조회(국고보조사업목록 수신)

○ 작업 시기: 광역자치단체에서 내려온 확정통보(확정내시)를 등록할 때(광역 확정내시 등록 후)

○ 작업 내용: 기초자치단체 보조금 총괄 담당자가 국고보조금 확정통보(확정내시)를 수동으로 수신하거나 사업부서 국고보조금 담당자가 국고보조금에 대한 확정통보(확정내시)를 등록하는 화면. 보조금 확정통보(확정내시)등록 순서는 다음과 같다.

▶ 보조금 확정통보(확정내시) 수신: 예산부서, 자동 수신되므로 생략 가능.

▶ 보조금 확정통보(확정내시) 등록: 보조사업담당, 보조사업과 자치단체 이월사업을 연결하고 재원별 금액을 입력.

○ 확정통보(확정내시)등록을 완료하면 자동으로 해당 정보가 상급기관으로 송신됨.

3. 보조금 교부신청 관리(기초)(92011)

○ 화면 위치: 보탬e→교부관리→기초교부관리→기초교부신청

○ 선행 업무: 보조금확정통보(확정내시) 등록

○ 작업 시기: 보조금교부신청 자료를 확인 및 송신할 때. (수시)

○ 작업 내용: 확정내시 등록에 의해 자동으로 등록된 보조금 교부신청 자료가 올바른지 확인하거나 수정하기 위해 사용하는 화면. 확인 및 수정이 완료된 교부신청 자료는 광역자치단체로 송신한다. 교부신청 자료의 송신은 사업부서에서도 가능하지만 교부신청액, 확정내시액, 예산액이 다른 경우 사업부서에서 전송이 불가하며 예산부서에서만 전송할 수 있음.

국고보조금 집행실적 관리	No.155386

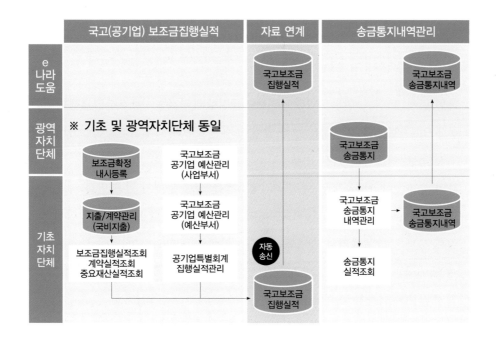

1. 보조금 집행실적 조회(96047)

○ 화면 위치: 보탬e → 현황모니터링 → 집행실적조회 → 보조금집행실적조회

○ 선행 업무: 보조금 확정내시 등록 및 국고재원으로 지출 완료

○ 작업 시기: e나라 도움으로 송신된 보조금 집행실적 확인 시

2. 국비보조금 정산자료 등록(기초)(94018)

○ 화면 위치: 보탬e → 정산관리 → 지자체보조금정산 → 국비보조금정산자료 등록

○ 선행 업무: 지출품의등록(802-01 과목)

○ 후속 업무: 지출품의 승인 요청

○ 작업 시기: 기초자치단체에서 광역자치단체로 국고보조금을 반납할 경우

○ 작업 내용: 기초자치단체에서 광역자치단체로 국고보조금을 반납하려고 국고보조
금반환금(802-01) 통계목으로 지출품의 시 반납정보(사업정보, 반납금액)를 e나라
도움으로 연계 전송하기 위해서 국고보조금사업을 매핑하고 반납금액을 입력하는
화면이다. (기초자치단체, 제주도청 해당)

3. 보조사업 집행내역 검증(96049)

○ 화면 위치: 보탬e→현황모니터링→보조금집행내역검증→보조사업집행내역검증
○ 선행 업무: 보조금 확정내시 등록 및 국고재원으로 지출 완료
○ 후속 업무: 지출품의 승인 요청
○ 작업 시기: e나라도움으로 보조금 집행실적 송신에 문제가 있을 만한 자료 확인 시
○ 작업 내용: 각 사업부서 담당자가 e나라 도움으로 전송할 보조금 집행실적 집계 관
련해 문제가 발생했거나 발생할 수 있는 항목들을 확인하기 위해 사용하는 화면.
각 탭에서는 문제가 있는 자료들을 조회해 확인할 수 있으며 탭별로 자료가 조회
되지 않도록 가능한 조치해야 함.

4. 기초보조금 집행실적 조회(광역)(96052)

○ 화면 위치: 보탬e → 현황모니터링 → 보조금집행내역검증 → 기초보조금집행실
적조회
○ 선행 업무: 보조금 확정내시 등록 및 국고재원으로 지출 완료.
○ 후속 업무: 지출품의 승인 요청
○ 작업 시기: 광역에서 기초의 보조금 집행실적 조회 시
○ 작업 내용: 광역자치단체 보조금 담당자가 기초자치단체의 국고보조사업 집행실
적을 확인하기 위해 사용하는 화면. 기초자치단체에서 집행 후 평균 1시간 내로
실적이 조회된다.

1. 예산실무

2. 지출실무

3. 계약실무

4. 보조금 관리

5. 결산실무

6. e-호조실무

7. 복식부기

8. 공유재산 및 물품

9. 변상과 회계 책임

10. 감사 사례

국고보조금 결산/정산/이력자료 관리 | No.155386

1. 보조금 결산자료 취합(34433)-회계담당자

○ 화면 위치: 수입관리 → 보조금관리 → 보조금결산관리 → 보조금결산자료취합

○ 선행 업무: 예산결산 차수 생성, 결산마감일 관리의 "보조금집행현황등록" 마감일 입력

○ 후속 업무: 보조금 결산자료 관리

○ 작업 시기: 예산결산 작업 중 보조금 결산자료 생성 시

2. 보조금 결산자료 관리(34434)

○ 화면 위치: 수입관리→보조금관리(2017년부터)→보조금결산관리→보조금결산자료관리

○ 선행 업무: 보조금 결산자료 취합

○ 후속 업무: 보조금 결산자료 관리

○ 작업 시기: 예산결산 중 보조금 결산서 작성 시

○ 작업 내용: 생성된 보조금 결산자료를 확인해 잘못된 정보를 추가/수정/삭제하기 위해 사용하는 화면. 결산자료를 수정해도 해당 업무의 실제 자료(예산액, 집행액, 이월액)는 변경되지 않으며 결산서 출력용으로만 사용됨.

| 보조금 결산/정산/반납/이력관리 체계도 |

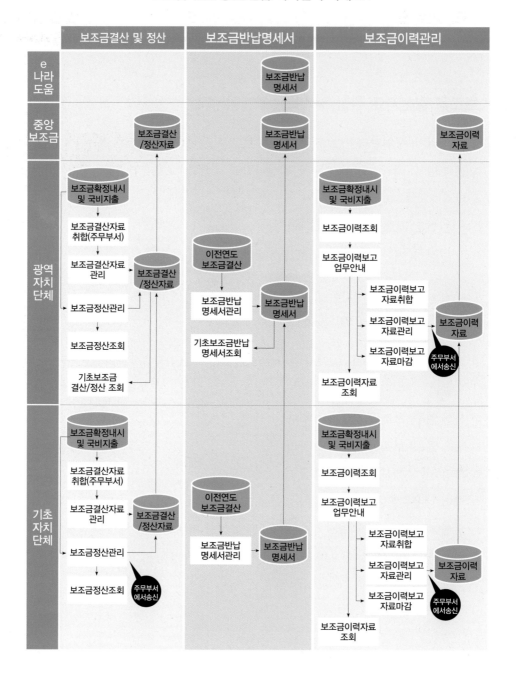

3. 기초보조금 결산조회(34435) – 광역단체 사업담당자

○ 화면 위치: 수입관리 → 보조금관리(2017년부터) → 보조금결산관리 → 기초보조금결산조회

○ 선행 업무: 보조금 결산(광역), 보조금 결산자료 송신(기초자치단체에서 작업)

○ 후속 업무: 보조금 결산자료 관리

○ 작업 시기: 기초자치단체로부터 수신되거나 등록한 결산내역을 확인하고자 할 때

4. 보조금 정산관리(34436)

○ 화면 위치: 수입관리→보조금관리(2017년부터)→보조금결산관리→보조금정산관리

○ 선행 업무: 보조금 사업의 종료

○ 후속 업무: 보조금 정산 송신내역

○ 작업 시기: 보조사업의 종료 후 보조금 정산내역 작성 시

○ 작업 내용: 보조금 정산을 위해 지출관리에 입력한 보조사업(국비/시도비) 집행내역을 보조금 정산 자료로 생성하기 위해 사용하는 화면.

5. 기초보조금 정산조회(34437) – 광역단체 사업담당자

○ 화면 위치: 수입관리→보조금관리(2017년부터)→보조금결산관리→기초보조금정산조회

○ 선행 업무: 보조금 정산 등록

○ 작업 시기: 기초로부터 수신되거나 광역에서 등록한 보조금 정산내역을 확인할 때

6. 보조금 반납명세서 관리(34438) – 사업담당자, 회계 담당자

○ 화면 위치: 수입관리→보조금관리(2017년부터)→보조금결산관리→보조금반납명세서관리

○ 선행 업무: 전년도 보조금결산 및 결산회계연도 보조금 집행현황 마감일 등록

○ 후속 업무: 보조금 정산 송신내역

○ 작업 시기: 보조금 결산/반납 후 반납내역을 중앙으로 보고 시

○ 작업 내용: 보조금반납명세서를 작성하는 화면. 예산결산 담당자가 보조금 반납자료 생성을 하면, 사업부서 담당자는 반납내역을 확인하고 입력하는 작업을 함. 이전 회계연도의 보조금 결산자료를 바탕으로 자료가 자동 생성되며 누락된 자료는 [추가등록] 버튼으로 직접 추가해야 함. 입력한 보조금 반납명세서는 결산담당자가 [송신] 버튼으로 상급기관에 송신해야 함.

| 보조금 반납 명세서 형태 |

20XX회계연도 보조금 반납 명세서
(당해) 일반회계

(단위: 원)

조직 - 분야 - 부문 (단위 / 세부)	목	부처 / 사업명	구분	결산년도	보조금수령액	집행액	이월액	집행잔액	현년도반납금액 (20XX 회계연도)	반납일자	미반납금액	비고 (미반납사유 등)
총계			계 국비 시도비		280,698,000 280,698,000 0	270,252,145 270,252,145 0	0 0 0	10,445,855 10,445,855 0	8,165,119 8,165,119 0		2,716,296 2,716,296 0	
합계			계 국비 시도비		280,698,000 280,698,000 0	270,252,145 270,252,145 0	0 0 0	10,445,855 10,445,855 0	8,165,119 8,165,119 0		2,716,296 2,716,296 0	
소계			계 국비 시도비		17,900,000 17,900,000 0	17,897,660 17,897,660 0	0 0 0	2,340 2,340 0	2,340 2,340 0		0 0 0	
행정과 - 일반공공 행정 - 일반행정		통일부 전시납북 진상규명 명예회복	계 국비 시도비		17,900,000 17,900,000 0	17,897,660 17,897,660 0	0 0 0	2,340 2,340 0	2,340 2,340 0		0 0 0	
중앙·지방간 행정 협력 강화 6.25전쟁 납북피해 진상규명	101-04 기간제근로자 등보수		계 국비 시도비	2013	17,900,000 17,900,000 0	17,897,660 17,897,660 0	0 0 0	2,340 2,340 0	2,340 2,340 0	2014 - 04 - 29	0 0 0	

7. 기초보조금 반납명세서 조회(34439) - 광역 사업담당자

○ 화면 위치: 수입관리 → 보조금관리(2017년부터) → 보조금결산관리 → 기초보조금반납명세서조회

○ 선행 업무: 보조금 정산 등록

○ 작업 시기: 기초자치단체로부터 수신되거나 등록한 반납내역을 확인하고자 할 때

8. 보조금 이력 조회(34440)

○ 화면 위치: 수입관리 → 보조금관리(2017년부터) → 보조금결산관리 → 보조금이력
조회

○ 선행 업무: 보조금 확정내시 등록

○ 작업 시기: 보조금 이력을 확인하고자 할 때

○ 작업 내용: 보조사업 담당자가 보조금 관리, 예산 관리, 지출 관리 자료를 통해 생
성된 보조금 이력을 확인하는 화면.

9. 보조금 이력보고 업무 안내(34441)

○ 화면 위치: 수입관리→보조금관리(2017년부터)→보조금결산관리→보조금 이력보
고 업무안내

○ 선행 업무: 보조금 확정내시 등록, 보조금 정산관리

○ 작업 시기: 보조금 이력보고를 위한 업무를 시작할 때

○ 작업 내용: 행정안전부에 제출하는 보조금 이력보고 업무 안내와 이를 위해 보조
금이력 자료를 취합해 정리한 후 송신하는 일련의 메뉴로 이동하기 위한 화면.

○ 연계 작업

9-1. 보조금 이력보고자료 취합 - 예산담당자

9-2. 보조금 이력보고 관리

9-3. 보조금 이력보고자료 마감 - 예산담당자

9-4. 보조금 이력보고자료 조회 -광역 사업담당자

10. 공공민간정산정보조회(34442) - 광역 사업담당자

○ 화면 위치: 수입관리 → 보조금관리(2017년부터) → 보조금결산관리 → 공공민간
정산정보조회

○ 작업 시기: 공공민간보조금에 대한 정산 정보를 조회해 확인하고자 할 때

○ 작업 내용: e나라도움에서 넘어온 공공민간(e나라도움)연계에 따른 보조금 교부
내역의 정산 정보를 확인하기 위해 사용하는 화면.

1. 예산실무
2. 지출실무
3. 계약실무
4. 보조금관리
5. 결산실무
6. e-호조실무
7. 특사부기
8. 공유 재산 및 물품
9. 반상과 회계 책임
10. 감사 사례

5 국고보조금 e나라도움 연계

1. e-나라도움이란?

국고보조금의 예산 교부·집행·정산 등 보조금 처리 전 과정을 전산화·정보화하여 통합·관리함으로써 국고보조사업을 효율적으로 운영하기 위한 시스템이다.

※ 관련 법령: 보조금 관리에 관한 법률, 보조금 관리에 관한 법률 시행령

2. e나라도움 개요도

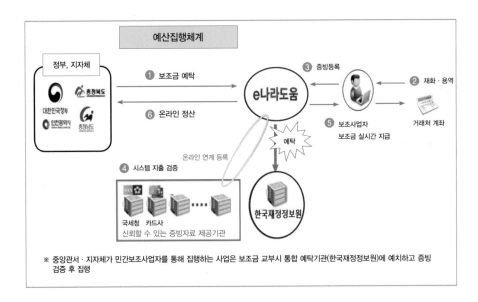

※ 중앙관서·지자체가 민간보조사업자를 통해 집행하는 사업은 보조금 교부시 통합 예탁기관(한국재정정보원)에 예치하고 증빙 검증 후 집행

3. e나라도움 사용 대상 보조사업

구분	내용
지자체 보조사업	(지자체 직접사업)은 e-호조(or 에듀파인)를 통한 지출 내역이 e나라도움에 자동적으로 연계하여 담당 공무원은 별도 e나라도움을 이용하지 않음.
	(지자체→민간이전사업)은 각각의 민간보조 사업자가 e나라도움에 등록하고 보조금 교부 신청, 지출행위 등 모든 업무를 처리하므로 담당공무원도 e나라도움을 이용하여 정산 검토 및 확정 처리해야 하며, 반납은 e호조(or 에듀파인)를 통하여 상위기관(중앙관서)에 반납 처리함.
민간 보조사업	중앙관서로부터 국고보조금을 교부받아 직접 집행하는 모든 민간보조 사업자 (상위보조 사업자)

※ 결산 이후 정산자료 변경은 e나라도움에서 변경 가능(No.276800)

4. 보조금 교부 방식 (예치형 & 비예치형)

가. 예치형은 한국재정정보원에 보조금을 예치하고 보조금을 이체할 때 증빙자료(자세금계산서, 신용카드 영수증, 계좌이체증, 기타)를 등록한 후 3자이체(한국재정정보원 자부담계좌 → 자부담 통장 → 계좌 이체)로 집행하는 방식임

나. 비예치형은 1천만 원 이하 등의 소액보조금이 대상이며, 보조금을 직접 자부담통장으로 받은 후 선 집행하고 집행결과 및 증빙서류를 등록하는 방식임. 대부분의 사업은 예치형으로 진행되므로 비예치형으로 진행 시에는 반드시 상위보조 사업자와 협의하여야 함(No.221765).

5. 지자체 담당 공무원 유의사항

○ 국고보조금 등이 보조사업자한테 직접 교부되면 집행내역이 등록되지 않아 부정수급 검증이 어려우므로, 예탁을 통해 집행될 수 있도록 보조사업자에게 직접 교부하는 경우에는 반드시 「e호조의 공공민간(e나라도움) 품의 등록 메뉴」에서 교부해야 함.

○ 호조 품의등록 메뉴: 지출관리 → 기타연계등록 → 공공민간(e나라도움)

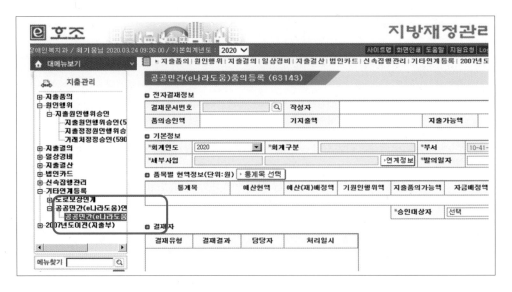

※ e호조 거래처 설정

    – 예치형: 한국재정정보원 예탁계좌

    – 비예치형: 보조사업자 계좌

6. 보조사업자 계좌 및 지출 안내사항

가. 교부받은 보조금에 대하여 별도의 계정·설정하여 회계처리

나. 보조사업별로 기관 명의의 보통예금 계좌 별도 개설·관리

다. 2개 이상의 보조사업의 경우에도 별도의 계좌 사용

    다만, 보조사업에 따라 하나의 계좌를 사용할 수 있으나, 이 경우 보조사업별로 별도 계정 관리

라. 공모사업 신청서 작성 및 사업등록 시 국고보조금과 시·도비, 자부담 등에 대한 집행계획 금액을 등록

마. 집행 시 재원 구분을 통해 국고보조금과 시·도비, 자부담 등에 대한 집행금액을 입력

바. 집행계획에 비목별로 설정된 재원에 따라 집행 가능

사. 자부담이 있는 경우, 자부담 비율보다 자부담 금액을 많이 집행하여야만 집행 가능(자부담 우선 사용).

7. 보조금 예탁체계

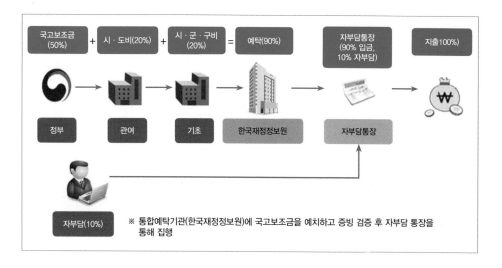

※ 통합예탁기관(한국재정정보원)에 국고보조금을 예치하고 증빙 검증 후 자부담 통장을 통해 집행

8. 국고보조사업 교부 및 집행 개념도

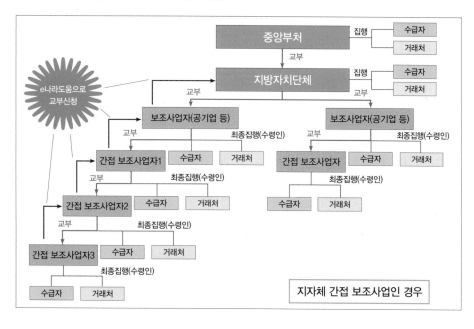

1. 예산실무
2. 지출실무
3. 계약실무
4. 보조금 관리
5. 결산실무
6. e-호조실무
7. 부속부기
8. 공유 재산 및 물품
9. 변상과 회계 책임
10. 감사 사례

e-나라도움 정산 시 확인사항 | No.276800

1. 시·도 및 기초단체 확인 및 조치사항(요약)

① (e호조) 수입관리 → 보조금 결산관리 → 보조금 정산관리 → 정산보고서 작성 → 저장 → 송신

※ 잔액이 없는 경우도 처리, 송신 후 e나라도움에서 정산내용 수정 가능

② (e나라도움) 보조사업관리 → 사업별관리 → 정산/실적보고관리 → 정산/실적보고 접수 → 2021년 검색 → 확정(정산금액 수정가능)

③ (e나라도움) 수행기관(예치형)징수요청 등록방법 : 집행정산 → 정산관리 → 반납관리 → 지자체 징수요청 등록 및 반납결과 조회

2. 기초단체에서 e나라도움 정산보고서 수정 방법

① (e나라도움) 사업수행관리 → 사후관리 → 정산보고관리 → 정산보고서작성현황 메뉴 '보고서 제출' 상태의 사업을 선택 후 '정산금액 수정' 버튼을 클릭하여 정산실적을 입력 후 저장

3. 원단위 절사 관련 엑셀 정산보고서와 e나라도움 확인할 사항

① 수행기관에서 e나라도움을 통하여 집행한 예치형 정산액은 수정 불가

② e나라도움을 통하여 수행기관(예치형) 집행 시 시군에서 정산내역을 입력하면 이중 입력이 됨. (e호조를 통해 집행한 내역만 수정 가능)

③ 수행기관(예치형) e나라도움 정산을 통하여 반납 완료되어야 중앙부처에서 정산내역 조회 및 고지서 발부 가능. e나라도움 내 세입처리가 늦어지는 경우 e나라도움 예탁계좌에서 이자가 발생되어 정산액이 계속 바뀌게 됨.

4. 시·도 e나라도움 검토 화면

① 1차 검토(예치형 사업 세입처리 완료 여부 확인) : 집행정산 → 정산관리 → 반납결
과목록조회

② 2차 검토(예치형 사업이 없다면 2번부터 검토) : 보조사업관리 → 사업별관리 →
정산/실적보고관리 → 정산/실적보고접수

5. 정산 마감 후 전년도 등 추가 반납 필요 시 정산 방법

① e나라도움 지원단에 추가 반납에 대한 협의 및 공문 발송

② 집행정산 → 정산관리 → 반납관리 → 정산추가반납등록 → 사업년도 선택 → 사
업선택 → 검색 → 반납정보 → 저장 → 입금요청 → 고지서출력 → 이체

6. 지자체 결산 이후 정산자료 변경 방법

① e호조에서 전송한 정산보고서 자료를 e나라도움에서 확인할 수 있다.

② 회계결산 마감 이후 중앙관서에 공문으로 보고한 정산내역과 e나라도움에서의 정
산내역이 불일치할 경우 e나라도움에서 정산자료를 변경할 수 있다.

※ e호조에서는 수정 불가

③ 〈e나라도움〉 사업수행관리》 사후관리》 정산보고관리》 정산보고서 작성현황

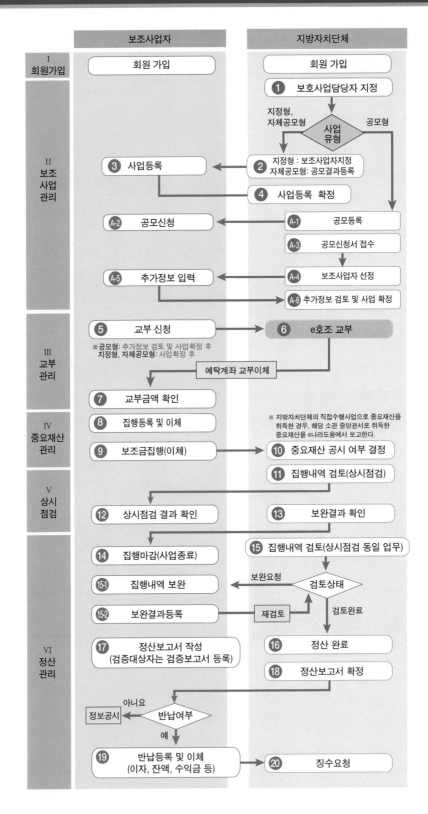

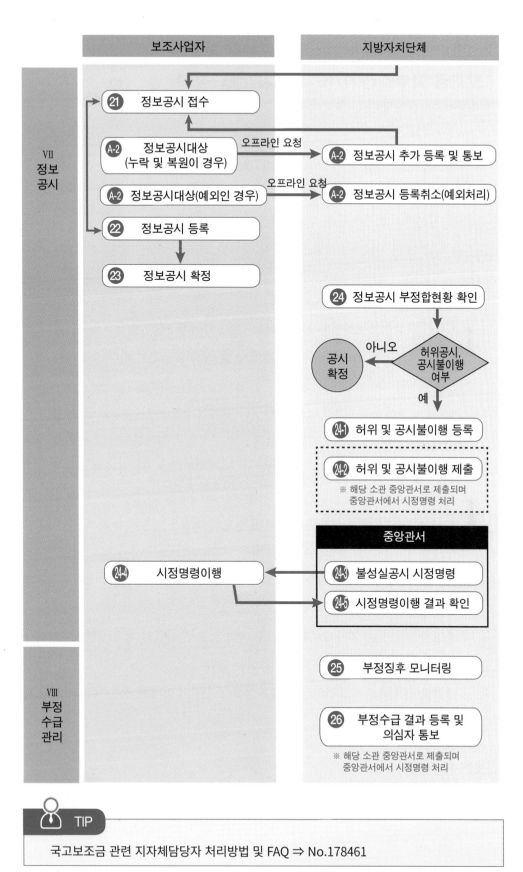

보조사업자	지방자치단체

VII 정보공시

㉑ 정보공시 접수

Ⓐ-2 정보공시대상 (누락 및 복원이 경우) — 오프라인 요청 → Ⓐ-2 정보공시 추가 등록 및 통보

Ⓐ-2 정보공시대상(예외인 경우) — 오프라인 요청 → Ⓐ-2 정보공시 등록취소(예외처리)

㉒ 정보공시 등록

㉓ 정보공시 확정

㉔ 정보공시 부정합현황 확인

공시 확정 ← 아니오 ─ 허위공시, 공시불이행 여부 ─ 예

㉔-1 허위 및 공시불이행 등록

㉔-2 허위 및 공시불이행 제출
※ 해당 소관 중앙관서로 제출되며 중앙관서에서 시정명령 처리

중앙관서

㉔-4 시정명령이행 ← ㉔-3 불성실공시 시정명령

㉔-5 시정명령이행 결과 확인

VIII 부정 수급 관리

㉕ 부정징후 모니터링

㉖ 부정수급 결과 등록 및 의심자 통보
※ 해당 소관 중앙관서로 제출되며 중앙관서에서 시정명령 처리

TIP

국고보조금 관련 지자체담당자 처리방법 및 FAQ ⇒ No.178461

1. 예산실무
2. 지출실무
3. 계약실무
4. 보조금관리
5. 결산실무
6. e-호조실무
7. 복식부기
8. 공유재산 및 물품
9. 범인세와 회계 책임
10. 감사 사례

보조금 교부조건(자치단체보조사업에도 참조) | No. 382737

※ 아래 내용은 부처별 업무 참고를 위한 샘플로서 각 중앙관서에서는 보조금법, 예산및기금운용집행지침, 국고보조금 통합관리지침을 반영하여 자체 실정에 맞게 수정·활용하여 교부조건을 작성하여 주시기 바랍니다.
  * 출처: 예산 및 기금운용계획 집행지침(기재부.2024)

[일반사항]

1. 보조사업자(간접보조사업자 포함. 이하 "보조사업자"에는 간접보조사업자가 포함됨)는 "보조금법"과 기타 회계 관계법령 및 이 교부조건에 따라 보조사업을 성실하게 수행하여야 합니다.

2. 보조금은 보조사업 목적인 「○○○」사업비 이외의 용도로 사용할 수 없습니다.

3. 보조사업자는 교부신청서상의 자부담액을 우선적으로 집행하되 보조사업에 전액 집행하여야 하며 타당한 사유 없이 감액 집행한 경우에는 정산시 동률의 국고보조금을 감액 조치할 수 있습니다.

4. 보조사업자는 교부받은 보조금에 대하여 별도의 계정을 설정하고 자체 수입 및 지출과 명백히 구분하여 계리하여야 합니다.

5. 보조사업자는 교부신청시 제출한 보조사업 추진계획에 따라 효율적이고 투명하게 집행을 하여야 합니다.

6. 각 중앙관서의 장은 지자체보조사업 중 국비 선교부 사업의 경우, 해당 지자체가 지방비를 미확보시 전액 반납하도록 하여야 합니다.

7. 각 중앙관서의 장은 보조사업의 수행과정에서 수익이 발생한 경우 국고 반환조건을 부여할 수 있습니다.

[보조사업 집행]

1. 보조사업자는 아래의 경우에는 중앙관서장(이하 '우리부')의 승인을 얻어야 합니다.

가. 사정의 변경으로 보조사업의 내용을 변경하거나 보조사업에 소요 되는 경비의 배분을 변경(사업 안 내역사업변경 포함)하고자 하는 경우

나. 보조사업을 다른 사업자에게 인계하거나 중단 또는 폐지하고자 하는 경우

다. 보조금에 의하여 취득하거나 그 효용이 증가된 중요 재산을 양도·교환 또는 대여하거나 담보로 제공하고자 하는 경우

2. 보조사업자는 보조금 교부신청 시 신고한 보조금 통장에서 직접 계좌이체하거나 보조사업비 카드를 이용하여 보조금을 집행하여야 하며, 유흥업소 등 보조사업비 카드 사용이 제한되는 업종에서의 보조금 사용은 정당한 집행으로 인정받을 수 없습니다.

3. 보조사업자가 시공 및 구매계약을 체결하는 경우, 국가계약법령 등에 따라 계약을 체결하고 집행하여야 하며, "통합관리지침"에서 정한 금액 이상의 계약체결·집행은 조달청 "국가종합전자조달시스템"을 이용하여 입찰·계약체결·대금지급 등을 하여야 합니다.

4. 보조금과 관련된 제반 규정에 위반되는 사실이 발견된 때에는 우리 부에서 시정을 명하거나 현지조사를 할 수 있습니다.

5. 보조사업자는 보조금을 지원받아 취득하거나 보조금 지원으로 그 효용가치가 증가한 토지 등 부동산에 관한 소유권 등기에는 부기등기를 하여야 합니다.

[보조사업 정산]

1. 보조사업자는 보조사업을 완료하였을 때, 폐지의 승인을 받았을 때 또는 회계연도가 끝났을 때에는 그때로부터 2개월(지자체보조사업의 경우 3개월) 이내에 보조사업실적보고서(보조사업 정산보고서 포함)를 제출하여야 하며, 해당 1억 원(지방 3억 원) 이상인 경우에는 정산보고를 외부 검증기관에서 검증받아야 합니다.

2. 보조사업자는 보조사업 완료 후 집행한 보조금을 정산·반납할 경우 사용잔액 및 이자를 함께 반납하여야 합니다.

3. 보조사업 수행에 따라 발생된 수익금은 우리부와 협의하여 국고 반환 심사를 받아야 합니다. 또는 당해 보조사업 목적 범위에 맞도록 집행하고 정산보고서에 포함하여 심사를 받아야 합니다.

4. 다음의 정산잔액은 소정의 절차를 거쳐서 즉시 반납하여야 합니다.

1. 예산실무
2. 지출실무
3. 계약실무
4. 보조금 관리
5. 결산실무
6. e-호조실무
7. 복식부기
8. 공유 재산 및 물품
9. 변상과 회계 책임
10. 감사 사례

ㅇ 이미 교부된 보조금과 이로 인하여 발생한 이자를 더한 금액이 확정된 교부금액을 초과한 경우 그 초과액

ㅇ 집행증빙서류가 집행내역과 일치하지 않을 경우에 그 차액

5. 보조사업자는 보조사업의 수행과 관련된 계산서, 증거서류, 첨부서류 등 사용내역을 증명하는데 필요한 서류를 자체 규정에 따라 구비하여야 하고, 당해 보조사업 종료연도부터 5년간 이를 보존하여야 합니다.

6. 각 중앙관서의 장은 국고보조금 교부결정 시 보조사업자가 보조금을 교부받은 후 원칙적으로 보조금의 이월은 허용되지 않으나 중앙관서의 장이 인정한 경우에만 이월할 수 있다는 조건을 명시해야 합니다.

7. 보조금으로 취득한 중요 재산의 관리

ㅇ 교부받은 보조금으로 취득한 중요 재산은 사업이 완료된 후 재산처분의 제한을 받습니다.

ㅇ 교부받은 보조금으로 취득한 재산에 대하여는 보조금 정산 시 재산목록을 제출하여야 합니다. 또한 중요 재산 관리대장을 비치하고 목적에 맞게 관리하여야 하며, 변동현황을 주기적으로 보고하고, 그 처분 등에 있어서는 우리 부의 승인을 받아야 합니다.

[보조사업 부정수급 대응]

보조금을 거짓 신청 등으로 교부받거나, 교부 목적과 다르게 사용 또는 법령 등에서 정한 교부 목적 등을 위배한 사실이 확인되는 경우에는 법령에 정하는 바에 따라 보조금 교부 결정 취소, 보조금 반환, 제재부가금 징수 및 보조사업 수행 배제 등의 조치를 취할 수 있습니다

[기타-부서별, 사업별 강조사항]

※ 빈도가 높은 지적사항 등 하면 안 되는 사항 안내(부서별,사업별 추가)

1. 예산실무

2. 지출실무

3. 계약실무

4. 보조금관리

5. 결산실무

6. e호조실무

7. 복식부기

8. 공유재산 및 물품

9. 법령과 회계 책임

10. 감사 사례

e나라도움 & 보탬e 시스템 비교 | No. 384493

구 분	e나라도움 시스템	e나라도움 시스템
사용 시기	○ 2016.12. 법령 개정 ○ 2017.1 부분 사용 ○ 2017.6. 전면 개통	○ 2020.1.12. 법령 제정 ○ 2023.1. 부분 사용(광역) ○ 2023.7. 전면 사용(기초)
대상 사업	○ 국고보조금(민간수행사업) ○ 민간위탁금, 민간대행사업비, 공기관등에 대한 자본적 대행사업비, 출연금, 출자금 등 포함	○ 지방보조금(8개 과목) * 운수업계보조금 제외 가능
하위단체교부	○ 가능	○ 불가
전용통장 및 카드개설 은행	○ 전국 은행 중 e나라도움 제휴 은행 및 카드사 ○ 사업별 개설	○ 지방자치단체 지정 은행 및 카드사 ○ 사업별 개설
전용카드 우선	○ 신용카드, 체크카드 임의 사용	○ 신용카드 우선, 체크카드, 제로페이 사용가
카드결제통장	○ 신용카드: 보조금계좌 or 별도결제계좌 ○ 체크카드: 보조금계좌	○ 신용카드: 좌동 ○ 체크카드,제로페이: 보조금계좌
원천징수금 처리	○ 보조금계좌 → 국세청 납부(사용자분 합산)	○ 좌동
선증빙 후집행	○ 전자세금계산서, 신용카드	○ 전자세금계산서, 신용카드, 체크카드, 제로페이 * 체크카드 집행 시 본인자금 선입금 후 사용
선집행 후증빙	○ 체크카드, 인건비,지로 등 기타	○ 인건비, 지로 등 기타
보조금 반납	○ 반납 등록(이자,잔액,수익금 등) ○ 이체 실행 → 예탁계좌(한국재정정보원 명의)	○ 반납 등록(이자,잔액,수익금 등) ○ 이체 실행 → 예치계좌(지자체 명의)
징수 요청	○ 반납(세입)계좌 등록 및 징수 요청	○ 좌동

중앙관서에서 광역자치단체를 거쳐 기초자치단체를 거쳐 공공·민간으로 교부한 보조금을 반납받는 방법(중앙관서→광역자치단체→기초자치단체→공공·민간기관)

정산반납 흐름도

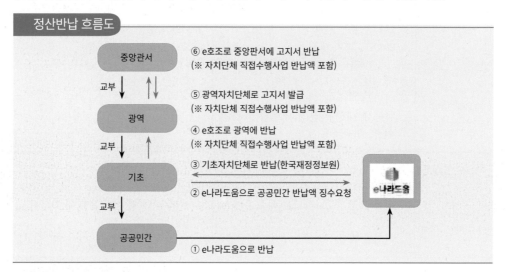

정산반납 절차

수행기관	시스템	업무추진내용
공공민간기관	e나라도움	① 공공/민간 보조사업자는 정산·반납액을 e 나라도움에 반납
기초자치단체	e나라도움	② 기초자치단체 사업담당자가 보조사업의 정산·반납액을 e나라도움에 징수요청
		집행관리 > 정산관리 > 반납관리 > 지자체 징수요청등록
예탁기관	e나라도움	→ 예탁기관이 기초자치단체로 정산·반납액을 반납 이체
기초자치단체	e호조	③ [공공/민간반납액] 기초가 광역자치단체로 정산·반납액을 반납
		❶ [지자체직접수행사업반납액] 기초가 광역자치단체로 정산·반납액을 반납
중앙관서	e나라도움	④ [공공/민간반납액] 내역사업담당자가 광역자치단체에 징수요청
		❷ [지자체직접수행사업반납액] 기초가 광역자치단체로 정산·반납액을 반납
		잔액: 집행관리 > 정산관리 > dBrain반납관리 > e호조/에듀파인잔액반납요청
		이자: 집행관리 > 정산관리 > dBrain반납관리 > e호조/에듀파인이자반납요청
	dBrain	징수요청 건을 dBrain에서 결의/승인 → 고지서 발급
광역자치단체	e호조	→ 광역자치단체가 중앙관서에 고지서 반납

결산실무

PART 05 결산실무

1. 예산 실무

2. 지출 실무

3. 계약 실무

4. 보조금 관리

5. 결산 실무

6. e-호조실무

7. 복식부기

8. 공유 재산 및 물품

9. 맞춤과 회계책임

10. 감사 사례

1 결산의 의의 & 개관

지방예산 결산의 의의	결산

1. 결산의 의의

○ 결산은 회계연도 내의 모든 세입·세출예산의 실적을 확정적 수치로 표시하는 행위임

○ 결산심사·승인은 심의·의결된 예산대로, 즉 의회의 의도대로 예산을 집행하였는가를 규명하는 사후적 재정 감독수단임.

○ 결산은 예산과의 괴리 정도, 재정운영성과 등을 체계적으로 분석할 수 있고 그 결과를 다음 연도의 예산편성과 재정운영에 환류하는 데 의의가 있음.

2. 결산 업무 순기

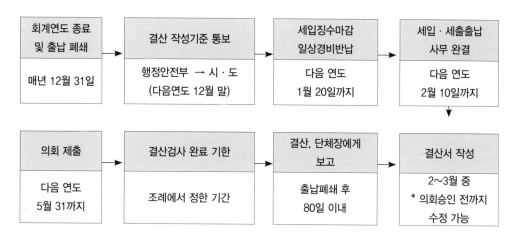

회계연도 종료 및 출납 폐쇄	결산 작성기준 통보	세입징수마감 일상경비반납	세입·세출출납 사무 완결
매년 12월 31일	행정안전부 → 시·도 (다음연도 12월 말)	다음 연도 1월 20일까지	다음 연도 2월 10일까지

의회 제출	결산검사 완료 기한	결산, 단체장에게 보고	결산서 작성
다음 연도 5월 31까지	조례에서 정한 기간	출납폐쇄 후 80일 이내	2~3월 중 * 의회승인 전까지 수정 가능

515

1. 결산의 과정(시 · 도)

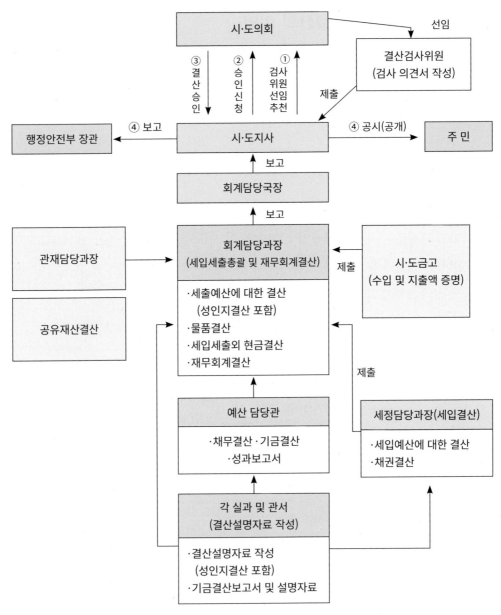

* 2016회계연도부터 재무제표, 성과보고서, 결산서 첨부서류도 결산검사 대상에 포함

2. 결산의 과정(시·군·구)

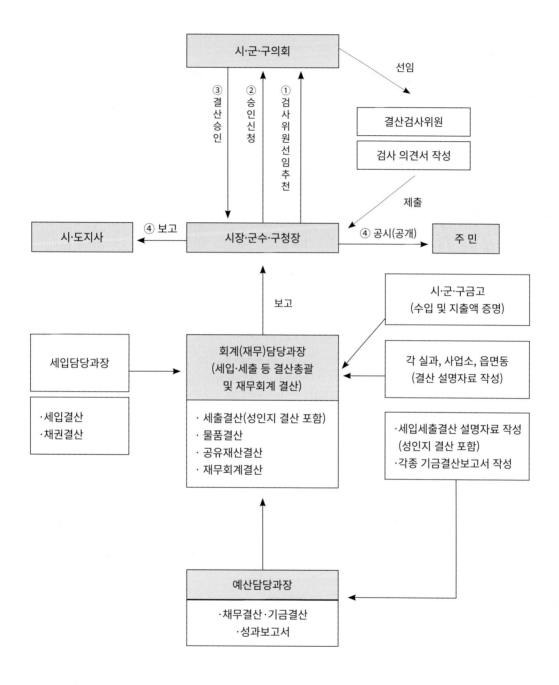

* 2016회계연도부터 재무제표, 성과보고서, 결산서 첨부서류도 결산검사 대상에 포함

1.예산실무

2.지출실무

3.계약실무

4.보조금관리

5.결산실무

6.e-호조실무

7.복식부기

8.공유재산및물품

9.원가와 회계책임

10.감사 사례

예산회계 & 재무회계 결산 비교 | 결산

1. 결산서 작성 부서별 비교

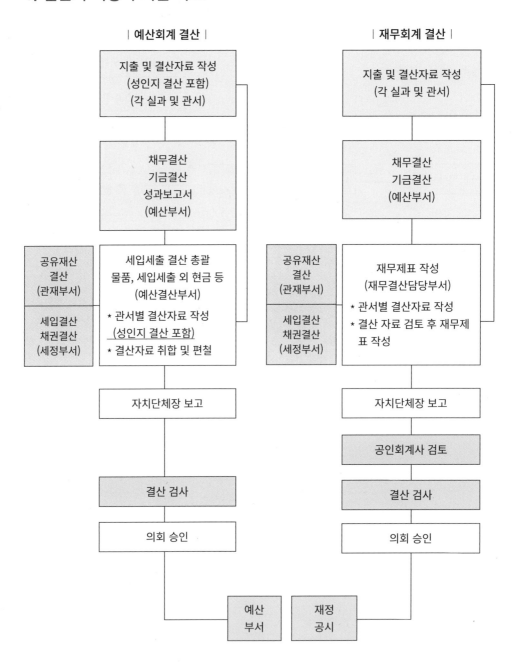

| 예산회계 결산 |

지출 및 결산자료 작성
(성인지 결산 포함)
(각 실과 및 관서)

채무결산
기금결산
성과보고서
(예산부서)

공유재산
결산
(관재부서)

세입결산
채권결산
(세정부서)

세입세출 결산 총괄
물품, 세입세출 외 현금 등
(예산결산부서)
* 관서별 결산자료 작성
  (성인지 결산 포함)
* 결산자료 취합 및 편철

자치단체장 보고

결산 검사

의회 승인

| 재무회계 결산 |

지출 및 결산자료 작성
(각 실과 및 관서)

채무결산
기금결산
(예산부서)

공유재산
결산
(관재부서)

세입결산
채권결산
(세정부서)

재무제표 작성
(재무결산담당부서)
* 관서별 결산자료 작성
* 결산 자료 검토 후 재무제표 작성

자치단체장 보고

공인회계사 검토

결산 검사

의회 승인

예산
부서

재정
공시

★ 2016 회계연도부터 재무제표, 성과보고서, 결산서 첨부 서류도 결산 검사 대상에 포함
★ 성인지 결산서 작성 관련, 결산부서는 필요 시 여성정책 등 관련 부서 협조를 요청할 수 있음.

2. 결산 일정별 비교

일 정	재무회계 결산	예산회계 결산
회계연도 종료 출납폐쇄일 (매년12월31일)		지출원인행위 마감 세출금의 지출, 반납, 지급 완료
↓		
출납정리기한 (다음연도 1월20일)	결산자료의 수집 및 대사 회계처리의 확정	세입금의 금고납입 마감
↓		
출납사무의 완결 (다음연도 2월10일)	회계장부 마감, 회계별 재무정보 집계	제반 장부 마감
↓		
결산서 작성 (출납폐쇄후 80일 이내)	재무제표 작성, 공인회계사 검토	부문별 결산서 작성
↓		
결산 검사 (20일간)	결산검사위원회 결산 검사	
↓		
결산 승인 신청 (다음연도 5월 31일)	제1차 정례회 회기	

3. 결산 일정별 비교

구 분	예산회계 결산	재무회계 결산
결산서	세입·세출결산서 (세입결산서+세출결산서) ※ 첨부서류 26종(지방채발행보고서, 보증채무현재액, 기금결산보고서, 공유재산증감 및 현재액보고서, 물품증감 및 현재액보고서 등)	재정상태표 재정운영표 순자산변동표 현금흐름표(작성유예)
회계기간	1.1 ~ 12.31	예산회계결산과 동일
기장방식	경상과 자본의 구분이 불명확	경상회계와 자본회계 구분
인식기준	(수정)현금주의	발생주의
과목분류	세입, 세출	자산, 부채, 순자산, 수익, 비용
과목체계	예산과목(세입: 장-관-항-목) (세출: 분야-부문-정책사업-단위사업 -세부사업-편성목-통계목)	재무회계과목 (대분류-중분류-회계과목-관리과목)

1. 예산 실무
2. 지출 실무
3. 계약 실무
4. 보조금 관리
5. 결산 실무
6. e-호조실무
7. 복식부기
8. 공유 재산및 물품
9. 반상과 회계책임
10. 감사 사례

2 결산서의 구성 및 첨부서류

예산회계 결산서의 내용	결산

1. 재무회계 결산서 구성

```
┌─────────────────────────┐
│     ○○ 회계연도 결산서      │
└─────────────────────────┘
```

인사말

Ⅰ. 결산개요

Ⅱ. 세입·세출결산
- 세입·세출결산 총괄설명
- 세입결산
- 세출결산
- 예산의 이용, 전용 및 이체조서
- 예비비 지출
- 채무부담행위
※ 일반·특별회계구분 작성

Ⅲ. 기금결산
- 기금조성총괄
- 조성총괄
- 조성세부명세서
- 당해연도 기금운용명세서
- 기금별
- 기금 운용계획변경내용 명세서

Ⅳ. 재무제표
- 재무제표(총괄설명)
- 재무제표
- 필수보충정보 5종
- 부속명세서 5종
- 첨부서류 2종

Ⅴ. 성과보고서

결산서 첨부 서류(22종)

① 총수입 및 지출액 증명
② 전년대비 세입·세출결산 현황
③ 재원별·경제성질별 결산액
④ 세입금 결손처분 현황
⑤ 세입금 미수납액 현황
⑥ 세입금 환급 현황
⑦ 기능별·성질별 결산현황
⑧ 보조금 집행현황 및 반환명세서
⑨ 주요 사업 추진현황
⑩ 세입세출외현금 현재액
⑪ 지방채 발행 보고서
⑫ 보증채무현재액

⑬ 계속비 결산명세서
⑭ 다음연도 이월사업비 현황
⑮ 수입대체경비 사용명세서
⑯ 공유재산증감 및 현재액보고서
⑰ 물품증감 및 현재액보고서
⑱ 지방공기업에 대한 출자출연보고서
⑲ 지방자치단체 출자출연기관에 대한 출자출연보고서
⑳ 지방세 지출보고서(실적기준)
㉑ 성인지결산서
㉒ 지역통합재정통계 보고서

2. 재무회계 결산서 내용

○ 재무회계결산 및 분석결과가 종합 반영된 재무제표

○ 구성: 재무제표, 필수보충정보, 부속명세서

    - 재무제표: 재정상태표, 재정운영표, 순자산변동표, 현금흐름표, 주석

    - 필수보충정보: 예산결산요약표, 성질별 재정운영표, 관리책임자산, 예산 회계와

      재무회계의 차이에 대한 명세서

    - 부속명세서: 재무제표 과목별 세부 내역

3. 재무제표의 종류

구 분	정보 특성	특 징
재정상태표	회계연도 말 현재	• 회계연도 말 기준으로 자산·부채현황에 대한 재정상태를 나타내주는 표
재정운영표	회계연도 기간	• 회계연도 기간(期間) 중의 재정운영 결과를 나타내는 표 • 지방자치단체의 기능을 기준으로 비용(사업총원가, 관리운영비, 비배분비용)을 표시하면서 해당 기능에 관련된 수익(사업수익, 비배분수익, 일반수익)을 차감하여 기능별 순원가를 표시하는 기능별 재정운영표가 재무제표에 해당 ※ 경제적 특성에 따라 비용의 현황을 표시하는 성질별 재정운영표는 필수보충정보에 공시
순자산변동표	회계연도 기간	• 회계연도 동안의 순자산 증감 내역을 보여주는 표 • 기초순자산, 재정운영표의 재정운영결과 및 기타 순자산 변동을 포함
현금흐름표	회계연도 기간	• 회계연도 동안의 현금자원의 변동(자금의 조달 및 운영현황을 경상활동, 투자활동, 재무활동)을 그 성격별로 구별하여 정보를 주는 표 ※ 지방회계기준 부칙 제2조에 의거 행정안전부장관이 따로 정하는 회계연도부터 적용(작성유예)
주석		• 재무제표의 각 회계과목에 대한 세부 내역 및 중요한 회계처리 사항을 상세하게 설명하는 첨부 자료

3 결산의 준비

회계연도 소속 구분 & 지난연도 지출 | No.120662

1. 출납사무 완결을 위한 회계연도 소속 구분

- 수입과 지출의 발생에서 종결에 이르기까지 2개년도 이상에 걸칠 경우 어느 회계연 도에 소속시키느냐가 문제
- 회계연도 소속 구분 기준
- 실질주의:세입, 세출의 원인이 발생하는 날이 속하는 연도를 기준
- 형식주의:현실적으로 수입, 지출이 행하여진 날이 속하는 연도를 기준
⇒ 지방자치단체에서는 원칙적으로 실질주의를 채택, 출납정리기한을 경과한 수 입·지출에 대해서 예외적으로 형식주의 인정

1) 세입의 회계연도 소속 구분(「지방회계법 시행령」 제2조 제1항)

○ 납부기한이 정해져 있는 수입 : 그 납부기한이 속하는 연도. 다만, 그 납부기한이 속한 회계연도 내에 납입고지서를 발급하지 아니한 경우에는 납입고지서를 발 급한 날이 속하는 연도

○ 납입고지서를 발급하는 수시수입 : 그 납입고지서를 발급한 날이 속하는 연도. 다만, 수시수입으로서 기본수입에 부수되는 수입의 경우에는 그 기본수입이 속 하는 연도

○ 납입고지서를 발급하지 아니하는 수시수입 : 영수한 날이 속하는 연도. 다만, 지 방채증권·차입금·부담금·교부금·보조금·기부금·상환금 또는 그 밖에 이와 유 사한 수입의 경우에는 그 예산이 속하는 연도

2) 세출의 회계연도 소속 구분(「지방회계법 시행령」 제2조 제2항)

- 지방채의 원리금 : 지급기일이 속하는 연도

- 반환금·결손보전금·상환금 또는 그 밖에 이와 유사한 것: 지급결정을 한 날이 속하는 연도

- 부담금·교부금·보조금·기부금 또는 그 밖에 이와 유사한 것: 해당 예산이 속하는 연도

- 실비보상·급여·여비·수수료 또는 그 밖에 이와 유사한 것: 지급을 하여야 할 사실이 발생한 날이 속하는 연도

- 사용료·보관료·전기료 또는 그 밖에 이와 유사한 것: 지급청구를 받은 날이 속하는 연도

- 공사비·제조비·물건구입비·운반비 또는 그 밖에 이와 유사한 것으로서 상대방의 행위가 완료된 후에 지급하는 것: 지급이 확정된 날이 속하는 연도

- 그 밖의 경비: 지급명령을 한 날이 속하는 연도

2. 지난 회계연도의 지출(지방회계법 제37조)

1) 개 념

지난 회계연도에 속하는 채무확정액으로 채권자로부터 청구가 없거나 기타의 사유로 인하여 출납폐쇄기한 내에 지출하지 못한 경우에 현년도의 세출예산에서 지출할 수 있도록 하는 제도

2) 지출의 제한

- 지난 회계연도의 지출은 그 경비의 소속년도인 지난연도 세출예산 항목별 불용액을 초과할 수 없음. 단, 지방회계법시행령 제47조에 의한 보충적 경비는 불용액을 초과하여 지출 할 수 있음(공무원 보수, 배상금, 소송비용, 제세공과금 등).

- 지난 회계연도의 지출은 다음 연도에 이월하여 집행할 수 없음
  ※ 전 전년도분에 대한 과년도 지출은 불가

- 채무이행을 위한 부득이한 경우의 특례인 만큼 남용 금지

1. 예산실무
2. 지출실무
3. 계약실무
4. 보조금관리
5. 결산실무
6. e-호조실무
7. 특산부기
8. 공유 재산 및 물품
9. 민상과 회계업
10. 감사 사례

| 세출예산의 원인행위 정리 시기 | 결산 |

1. 회계연도 내

○ 지출원인행위의 마감

※ 지출원인행위는 세출예산, 계속비 또는 채무부담행위에 의하여 지방자치단체
의 지출의 원인이 되는 계약 또는 기타의 행위를 하는 것을 말하고, 지출원인행
위의 대종은 계약이라 할 수 있으나 계약 이외에도 보조금 교부결정 등이 있음

○ 일반적인 지출원인행위(舊, 지방자치단체 재무회계규칙 별표2)

구 분	정 리 시 기	금 액 구 분
1. 법령에 의한 경비 • 급여류 • 수당류 • 보조금, 부담금 및 교부금	지출 결정 시 지출 결정 시 지출 결정 시(교부 결정 시)	해당 기간분 급여액 지출하고자 하는 금액 지출결정액(교부 결정액)
• 출자금·출연금 • 제 세 • 기 타	출자 또는 출연 결정 시 납입 결정 시(신고시) 지출 결정 시	출자·출연 결정액 납부세액 지출하고자 하는 금액
2. 계약에 의한 경비 • 보험료 • 융자금 • 공사비 • 기 타	납입 결정 시 융자 결정 시 계약 체결 시 계약 체결 시(청구받은 때)	납부 결정액 융자를 요하는 금액 계약금액 계약금액(청구받은 금액)
3. 기타 경비 • 전출금 • 보증금 • 특별판공비 • 기 타	전출 결정 시 납부 결정 시 지출 결정 시(계약체결 시) 지출 결정 시	전출을 요하는 금액 납부를 요하는 금액 지출을 요하는 금액 (계약금액) 지출을 요하는 금액

○ 예외적인 지출원인행위

구　분	정 리 시 기	금액구분
1. 관서의 일상경비	교부 결정 시	교부 금액
2. 세계현금의 전용	전용 결정 시	전용 결정 금액
3. 과년도 지출	과년도 지출결정 시	지출을 요하는 금액
4. 이월예산 등에 의한 지출	지출결정 시	지출을 요하는 금액
5. 지출금의 반납	현금 반납통지가 있는 때	반납 금액
6. 계속비	계약체결 시	계약금액
7. 채무부담행위	채무부담행위 시	채무부담행위액

2. 출납폐쇄기한 내

○ 세출주의 정산지출개산금, 선금급(사고이월시)

○ 지출원이 지출한 세출금의 반납

○ 세입세출집행오류과목의 경정

○ 세계현금 간 전용자금의 변제

○ 출납원의 세입금 수납

○ 출납원의 세출금의 지출 및 지급

○ 세출예산의 이월(V.예산편성 참고자료 제8조)

　　※ 명시 . 계속비 이월 회계연도 끝나는 날로부터 10일 이내 확정

3. 출납폐쇄기한 경과 후 20일 이내

○ 출납원이 수납한 세입금의 금고 납입

○ 결산승인 신청 시 첨부할 최종 잔액증명 발행

　　※ 미수납액은 익년도 1월 20일자로 이월 정리

4. 회계연도 종료 후 2월 10일까지

○ 보고 또는 장부의 정리, 계산증명서류의 정리 등

1. 예산 실무
2. 지출 실무
3. 계약 실무
4. 보조금 관리
5. 결산 실무
6. e-호조 실무
7. 복식부기
8. 공유 재산 및 물품
9. 법인세 회계책임
10. 감사 사례

4 출납사무의 완결

출납사무의 완결	78144

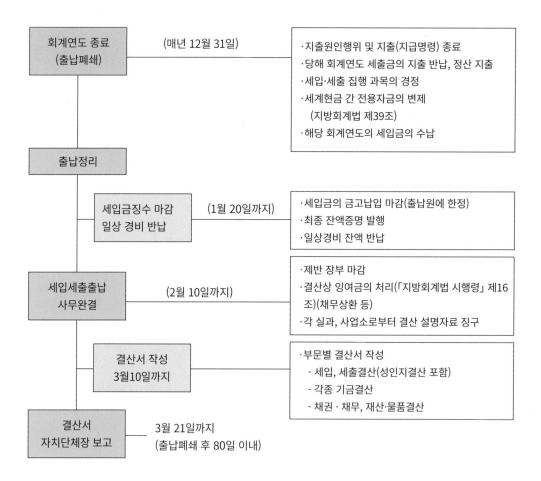

```
회계연도 종료        (매년 12월 31일)      ·지출원인행위 및 지출(지급명령) 종료
(출납폐쇄)                                ·당해 회계연도 세출금의 지출 반납, 정산 지출
                                          ·세입·세출 집행 과목의 경정
                                          ·세계현금 간 전용자금의 변제
                                            (지방회계법 제39조)
                                          ·해당 회계연도의 세입금의 수납

출납정리

        세입금징수 마감      (1월 20일까지)   ·세입금의 금고납입 마감(출납원에 한정)
        일상 경비 반납                       ·최종 잔액증명 발행
                                           ·일상경비 잔액 반납

세입세출출납        (2월 10일까지)      ·제반 장부 마감
사무완결                                ·결산상 잉여금의 처리(「지방회계법 시행령」 제16
                                         조)(채무상환 등)
                                        ·각 실과, 사업소로부터 결산 설명자료 징구

        결산서 작성                      ·부문별 결산서 작성
        3월10일까지                         - 세입, 세출결산(성인지결산 포함)
                                           - 각종 기금결산
                                           - 채권 · 채무, 재산·물품결산

결산서          3월 21일까지
자치단체장 보고   (출납폐쇄 후 80일 이내)
```

※ 재무회계결산(재무보고서 작성)의 원활한 추진을 위해 자치단체에서는 월말까지 세입·세출결산서 작성이 완료되어야 한다.

1.예산실무

2.지출실무

3.계약실무

4.보조금관리

5.결산실무

6.e-호조실무

7.복식부기

8.공유재산및물품

9.변상과회계책임

10.감사사례

출납 폐쇄기한 이내 처리의 예외	결산

1. 출납 폐쇄기한 및 출납사무 완결기한(지방회계법 제7조)의 예외

○ 다음 회계연도 1월 20일까지 수입 또는 지출 처리를 할 수 있는 경우

- 회계연도 말에 계약 이행이 완료되어 회계연도 내에 지출하기가 곤란한 경우
- 국가나 다른 지방자치단체 등으로부터 자금이 교부되지 아니하여 회계연도 내에 지출하기가 곤란한 경우
- 그 밖에 해당 회계연도 내에 지출 또는 수입 처리하기가 곤란한 경우로서 <u>대통령령으로 정하는 경우</u>
- 수납한 세입금과 관서 운영에 드는 경비 또는 일상경비 반납

2. 출납 폐쇄기한 이내 처리의 예외(지방회계법시행령 제3조)

○ 대통령령으로 정하는 경우

- 국가의 보조금 및 특별시 · 광역시 · 특별자치시 · 도 · 특별자치도의 보조금을 정산하여 반납하는 경우
- 지방보조사업자가 보조금을 정산하여 반납하는 경우
- 지방자치단체 내 회계 상호간 지급금액을 대체(對替)납입하는 경우
- 선금급(先金給)을 반납하는 경우
- 해당 회계연도에 사용한 신용카드의 사용대금을 지급하는 경우
- 민간위탁사업의 비용을 정산하여 반납하는 경우

결산관련 법규

- □ 「지방자치법」 제134조, 제134조의2 및 같은 법 시행령 제82조~제84조
- □ 「지방회계법」 제14조~제19조 및 같은 법 시행령 제10조~제17조
- □ 「지방자치단체 기금관리기본법」 제8조
- □ 「지방공기업법」 제35조, 제66조, 제66조의2 및 같은 법 시행령 제36조
- □ 「지방자치단체 결산 통합 기준」 (행정안전부 훈령)
- □ 각 지방자치단체의 결산검사 위원 선임 및 운영 조례

5 (e-호조) 결산 전 점검 및 결산서 작성

결산업무 처리순기에 따른 해야 할 일

구 분	내 용	기준일자	담당자
회계연도 종료 및 출납폐쇄기한	■ 세입·세출예산 정리기한	매년 12월31일	예산편성담당자
	■ 지출원인행위 마감		원인행위담당자
	■ 세출예산 지출마감 – 지출, 반납, 과목경정 등 완료		지출(경비)담당자
	■ 세입세출외현금 마감		세입세출외현금출납원
출납정리	■ 예외지출 및 일상경비교부금 반납	다음연도 1월20일	지출담당자
결산자료생성	■ 세입·세출 결산자료 생성 ■ 보조금 결산자료 생성 ■ 세입세출외현금 결산자료 생성	다음연도 1월20일 이후	예산결산담당자
세입·세출 사무완결기한	■ 제반장부 마감 ■ 결산상 잉여금의 처리 ■ 각 실과, 사업소로부터 결산 설명자료 징구	다음연도 2월10일까지	세입/세출 출납담당자 자치단체장 예산결산담당자
결산서작성	■ 세입·세출 결산	다음연도 1월~3월	예산결산담당자
	■ 기금결산보고서		총괄기금담당자
	■ 채권현재액보고서		총괄채권담당자
	■ 채무결산		채무담당자
	■ 공유재산결산(공유재산관리 시스템)		공유재산담당자
	■ 물품결산(물품관리 시스템)		물품담당자
	■ 재무제표		재무결산담당자

구 분	내 용	기준일자	담당자
결산서작성	■ 성과보고서	다음연도 1월~3월	성과보고서담당자
	■ 성인지결산서		성인지결산담당자
	■ 지역통합재정통계보고서		예산/재무결산담당자
단체장 보고	■ 세입·세출총괄 및 재무회계결산서	다음연도 3월21일	통합지출관
결산검사 결산검사	■ 자치단체 부문별 결산서 검사	20일간	결산검사위원
	■ 검사의견서 제출 – 검사종료 후 10일이내		
의회승인신청	■ 검사의견서 첨부 신청	다음연도 5월31일까지	자치단체장
시도 및 행정안전부 보고	■ 세입·세출총괄 및 재무회계결산서 – 시·군·구·시·도지사 – 시·도지사·행정안전부장관		자치단체장

※ 지방회계법 및 동법 시행령 시행에 따라서 일정 반영

예산결산 전 e-호조 점검 내역 | NO.86323

구 분	점 검 사 항
예 산	○ 세입·세출 예산액 확인 (당초/최종) – 메뉴: 예산관리→예산편성→예산서관리→합본예산서 – 메뉴: 예산관리→예산배정→예산현황조회→사업별예산집행현황
	○ 성과계획서 및 성인지예산서 확인 – 메뉴: 예산관리→예산편성→성과계획→성과계획서출력 – 메뉴: 예산관리→예산편성→성인지예산관리→성인지예산서출력
	○ 예산변경내역 및 이월액(전년도/다음연도) 확인 – 메뉴: 예산관리→예산배정→이월관리→이월요구서관리/이월사업관리카드 – 메뉴: 예산관리→예산변경→예산변경배정→예산변경내역서
	○ 보조사업(국고·시도비) 확정내시 등록 및 보조금집행실적 확인 – 메뉴: 수입관리→보조금관리(2017년부터)→보조사업내시관리→보조금확정내시등록 – 메뉴: 수입관리→보조금관리(2017년부터)→보조금집행내역관리→보조사업집행내역 검증

구 분	점 검 사 항
회 계	○지출관리 자료 확인(일반지출/일상경비) - 메뉴: 지출관리→지출결산→일반지출집행실적→경비정산내역조회 - 메뉴: 지출관리→지출결산→일반지출집행실적→지급명령발행부조회/지출부조회/지출계산서/현금출납부 - 메뉴: 지출관리→지출품의→지출품의→지출집행현황/통계목별조회 - 메뉴: 지출관리→지출결산→결산자료조회관리→예산결산대비검증/예산대비지출재원검증 - 메뉴: 지출관리→지출품의→지출재원변경 - 메뉴: 지출관리→지출결산→마감일자관리→마감일자등록 ※지출 단계별 자료 중에 중복/미처리 자료가 존재하는 경우에는 자료 정리 ※결산대비 검증 화면으로 통해서 확인되는 오류자료는 재원 변경 등 기능을 통해서 정리
	○채권관리(보증금,미수금,융자금,기타) 현황 확인 - 메뉴: 수입관리→채권관리→출력관리→채권현황 ※채권현재액보고서 작성을 위해 채권관리부서에서 채권현황을 관리해야 함
	○세입세출외현금 확인 - 메뉴: 채무관리→세입세출외현금관리→마감관리→일계표출력 - 메뉴: 채무관리→세입세출외현금관리→마감관리→이월조서 - 메뉴: 채무관리→세입세출외현금관리→승인관리→분개처리 ※세입세출외현금 현금 종류별 현재액이 금고 현재액과 일치하는지 확인

예산결산 대비 검증 | No.86323

1. 예산결산 대비 검증

○ 메뉴: 예산관리→ 예산배정→ 예산현황조회→ (사업별/재원별)예산집행현황

○ 내용: 예산집행현황을 확인 오류자료 조치 후 결산에 반영

1. 예산실무

2. 지출실무

3. 계약실무

4. 보조금관리

5. 결산실무

6. e-호조실무

7. 복식부기

8. 공유재산및물품

9. 변상과회계책임

10. 감사사례

2. 사업별 예산집행현황(19072)

사업	예산현액		재배정	예산배정		자금배정	지출		다음연도 이월액
	계			예산배정	유보액		원인행위액	지출액	
	A		B	C		D	E	F	G

- A 〈 C ⇒ 예산감배정
- A 〈 E ⇒ 과목경정 또는 지출재원변경
- A 〈 F ⇒ 과목경정 또는 지출재원변경
- C 〈 B ⇒ 예산감재배정
- C 〈 E ⇒ 원인행위정정(감) 또는 예산수시배정
- D 〈 F ⇒ 과목경정 또는 자금수시배정
- E 〈 F ⇒ 반납 및 과목경정 처리 완료 또는 지출재원변경
- A 〈 D ⇒ 자금감배정
- A 〈 (F-G) ⇒ 이월정정
- C 〈 D ⇒ 자금감배정

※ 모든 지출건은 예산현액(A) ≥ 예산배정액(C) ≥ 원인행위액(E) ≥ 자금배정액(D) ≥ 지출액(F)에 부합해야 함.

3. 재원별 예산집행현황 검증(19074)

사업	예산현액			표준재원별 지출액								
	계	편성액	이월액계	국고보조금	광특보조금	기금보조금	특별교부세	분권교부세	시도비	시군구비	지방채	특별교부금
	A	B	C	D	E	F	G	H	I	J	K	L

| 보조금 결산 내역 |

부처명	회계구분	보조사업	이월구분	부서명	지자체사업명	통계목명	재원구분	총사업비(예산액)	예비비	증감액	예산현액	목별수령액	집행액	차년도이월액	집행잔액
	일반 균특 기금		당해 / 이월				국비 시도비 시군구비	B			A				

※ 결산재원(국비): D+E+F, 결산재원(시도비), 결산재원(시군구비)

※ 「광특보조금→균특보조금」, 「분권교부세→소방안전교부세」로 명칭 변경

6 결산서 및 첨부서류 작성 요령

| 결산서 작성 요령 | No.335865 |

항 목	내용설명	작성요령
인사말	○ 지방자치단체장의 인사말	○ 결산서 서식의 예시를 참고하여 자치단체별로 자유롭게 기술
Ⅰ. 결산개요	○ 결산서에 대한 총괄적인 개요	○ 주민이 알기 쉬운 결산보고서로 대체
Ⅱ. 세입·세출결산 ·1장 세입·세출 총괄설명	○ 결산내용에 대한 총괄적인 개요	○ 일반회계와 특별회계(공기업특별회계 포함)에 관한 개괄적 사항
·2장 일반회계 세입결산	○ 조직, 장, 관, 항, 목별 예산현액, 수납액 및 과·오납, 결손처분 상황 등 기록 ○ 재원은 지방세, 세외수입, 지방교부세, 조정교부금 및 재정보전금, 보조금 및 지방채로 구분 ○ 세입이월은 세입액이 확정된 것으로 이행시기가 도래되지 않거나 수납이 되지 않는 세입	○ 해당 사업과목이 없으면 과목을 신설할 것(해당연도 예산편성 운영기준 및 기금운용계획 수립기준 참조) ○ 과목 고유번호를 기재하고 과목 순서대로 작성 ○ 전년도 기채승인 사업으로 이월 차입한 것은 비고란에 "전년도 승인채"로 표기
·일반회계 세출결산	○ 조직, 분야, 부문 정책, 단위, 세부, 편성목, 통계목별로 작성	○ 예산사업 순서별로 작성하되 사업별 고유번호 및 명칭을 기재(해당연도 예산편성 운영기준 및 기금운용계획 수립기준 참조) ○ 예산현액에는 전년도이월액, 예비비사용액, 전용액, 이용액, 수입대체경비를 포함 ○ 예산현액, 지출원인액, 지출액, 이월액, 집행잔액을 기록
·3장 기타특별회계 세입·세출결산	○ 일반회계에 따름	○ 일반회계에 따름

항 목	내용설명	작성요령
·4장 예산의 이용·전용·이체사용	○ 기정예산 일부를 예산성립 후 불가피한 사유로 변경 집행한 사항에 대한 기록	○ 다음과 같이 구분하고 각각 작성 ┌ 이용: 정책사업 간 상호 융통 지출 ├ 전용: 정책사업 내 단위 간의 융통 지출 └ 이체: 직제 또는 직무 권환의 변경에 따른 융통 지출
·5장 예비비 지출	○ 예측이 곤란한 예산외의 지출이나, 세출예산 초과 지출에 충당하기 위하여 특정수요에 사용 결정된 예산의 사용 내용	○ 세부사업에 대한 내용을 작성하되 예비비 지출 사유 기재
·6장 채무부담행위	○ 해당연도 채무부담 행위에 대한 집행결과 기록	○ 사업별 사업으로 작성 ○ 채무부담행위 사유를 간단히 기재
III. 기금결산(23025)		○ 종류별로 증감 및 현재액을 파악 ○ 금융기관 등에 예탁하여 발생한 미수수익(주로 미수이자)은 현실적으로 수입, 지출이 행하여진 날이 속하는 연도를 기준으로 작성 ○ 예치금융기관이 발행한 잔액증명 첨부(2023.1.20. 기준)
·기금조성 총괄설명	○결산내용에 대한 총괄적인 개요	○ 각종 법령, 조례에 의거 설치·관리하고 있는 기금에 관한 개괄적 사항 ·법령: 생활보호기금, 재해구호기금, 식품진흥기금, 문예진흥기금, 운수종사자 연수원설립기금, 도시재개발사업기금, 중소기업육성기금 등 ·조례: 장학기금, 중기감가상각적립기금, 저소득주민관련지원기금, 체육진흥기금, 농어촌진흥기금, 교육시상기금, 여성발전기금 등
·기금조성총괄		○ 기금총괄부서인 예산담당과장이 각종 기금운용관으로부터 제출받아 총괄작성
·기금조성 세부명세서		○ 기금별로 그 기금의 설치근거, 설치목적, 설치연도, 운용관서, 재원조달, 당해연도 사용액의 사유, 기금보관상황과 당해연도말 조성액을 작성
·기금운용계획변경 내용 설명서	○기금운용계획의 변경사항에 대한 설명서	○ 의회의 사전의결(추경포함)을 받아 변경이 확정되는 기금운용계획은 제외하고, 기금별 작성

항 목	내용설명	작성요령
IV. 재무제표	○ 재무제표 총괄설명, 재정상태표, 재정운영표, 순자산변동표, 주석, 필수보충정보, 부속명세서 및 첨부서류	○ 지방자치단체의 회계기준에 관한 규칙 ○ 재무회계운영규정(제5절) 등 참조
·채권현재액보고서	○ 금전의 지급을 목적으로 하는 지방자치단체의 권리 예)임대차 채권, 융자채권 등 ○ 적용제 외(「지방재정법 시행령」 제109조) 1.과태료 그밖에 이와 유사한 채권 2.지방세와 그 가산금 및 체납처분에 관한 채권 3.증권으로 된 채권 4.지방자치단체의 금고에 대한 예금에 관한 채권 5.일상경비 출납원 및 세입세출외현금출납원이 예탁한 예금에 관한 채권 6.보관금이 될 금전의 지급을 목적으로 하는 채권 7.보조금 또는 기부금에 관한 채권 8.외국 또는 국제기구를 채무자로 하는 채권 9.외국의 대사·공사 그 밖에 외교관이나 이에 따르는 자에 대한 채권	○ 관련부서별, 회계별 및 종류별로 작성 ·총괄설명서 ·총괄계산서: 회계별, 종류별 ·채권현재액 계산 ·소관별 총괄 ·종류별 총괄 ○ 금액단위는 "원"(십 원 미만은 절사하지 않음) ○ 채권현재액은 원금+이자 기준 ○ 채권총괄부서인 세입주관과장이 관련부서별, 회계별 및 종류별로 제출받아 총괄 작성
·채무결산 보고서	○ 금전의 지급을 목적으로 하는 지방자치단체의 의무	·총괄설명서 ·총괄계산서 – 회계별, 종류별, 상환재원별 계산서 – 연도별 현재 원금이 원칙 ·지방채 발행 채무 현재액계산서 – 지하철, 지역개발, 주택공채발행 및 원리금 상환명세
·채무결산 보고서	○ 채무의 종류 ·지방채 ·차입금(일시차입금 제외) ·해외차관 ·채무부담행위 ·지방자치단체보증채무	·차입금 채무현재액계산서(회계별) ·채무부담행위액 계산서(채무현황 세부 내용) ·지방자치단체 보증채무액계산서 ○ 금액단위는 "원"(십 원 미만은 절사하지 않음) ○ 채무현재액은 원금을 기준 다만, 이자에 관한 사항은 요구하면 원금과 이자를 구분하여 기재 ○ 외화표시는 채권보고서와 같게 표기 다만, 전신환 매도율 적용(은행은 입장에서 전신환 매도)
V. 성과보고서	○ 과목표 관리체계 및 재정운용 방향 ○ 전략목표별 성과보고	○ 지방자치단체 결산 통합기준의 성과보고서에 의함

1. 예산실무
2. 지출실무
3. 계약실무
4. 보조금 관리
5. 결산실무
6. e-호조실무
7. 복식부기
8. 공유 재산 및 물품
9. 법령과 회계책임
10. 감사 사례

첨부서류 작성 요령	No.335865

항 목	작 성 요 령
(1) 총수입 및 지출액 증명	○ 지방자치단체 금고에서 작성 ○ 최종 금고 잔액증명은 1월 20일자를 기준으로 작성된 증명서 첨부 ○ 총수입 및 지출액 증명의 금액단위는 "원"으로 하며 10원미만은 절사하지 않음
(2) 전년도 세입·세출 결산 현황	○ 자치단체의 결산규모를 전년도와 비교하기 위한 자료로서 일반회계, 공기업특별회계, 기타특별회계의 결산 총규모를 비교
(3) 재원별·경제성질별 결산액	○ 세입분야: 세정부서에서 작성 ○ 세출분야: 관련부서에서 작성 **2023년도 예산편성 운영기준 및 기금운용계획 수립기준 참조** · 100 인건비 　　　　 · 500 융자 및 출자 · 200 물건비 　　　　 · 600 보전재원 · 300 경상이전 　　　 · 700 내부거래 · 400 자본지출 　　　 · 800 예비비 및 기타
(4) 세입금 결손처분 현황	○ 일반회계와 특별회계로 구분 작성 ○ 결손처분 사유는 배분금액 부족, 체납처분 중지, 소멸시효 완성, 행방불명, 무재산, 채무자회생법에 따른 면제, 국세결손, 평가액부족, 기타로 구분
(5) 세입금 미수납액 현황	○ 미수납 사유는 무재산, 행방불명, 납세태만, 폐업 또는 부도, 채무자회생법에 따른 유예, 격리 또는 입원, 소송계류, 국외이주, 자금압박, 기타, 납기미도래로 구분
(6) 세입금 환급 현황	○ 세입금 환급 현황을 회계별 사유별로 등록 - 환급 총괄: 회계별 사유별 총괄 - 회계별 현황: 과목별 사유별 현황 ※ 사유별(행정기관 착오, 납세자 권리구제, 납세자 착오, 차량 미등기, 경정청구, 법령개정, 법인정산, 기타)

항 목	작 성 요 령
(7) 기능별·성질별 결산 현황	○ 총괄은 성질별(목별)로 예산현액, 결산액, 잔액을 작성 ○ 기능별·성질별결산액(나.서식)은 분야별로 작성 ○ 회계별·정책사업별로 결산액을 작성
(6) 세입금 환급 현황	○ 세입금 환급 현황을 회계별 사유별로 등록 - 환급 총괄:회계별 사유별 총괄 - 회계별 현황:과목별 사유별 현황 ※ 사유별(행정기관 착오, 납세자 권리구제, 납세자 착오, 차량 미등기, 경정청구, 법령개정, 법인정산, 기타)
(8) 주요 사업추진 현황	○ 시설공사는 단위사업별로 총사업비 기준 ·시·군·자치구는 20억 원 이상, 광역시·도는 50억 원 이상, 서울특별시는 100억 원 이상 ○ 조사·연구 용역사업비는 건당 3억 원 이상
(9) 세입세출외현금 현재액	○지방자치단체가 법령에 따라 지방자치단체에 귀속시킬 수 없으나 보관·관리토록 되어있는 보증금, 보관금, 잡종금 등 일체 ·보증금:계약상대방의 채무를 불이행할 경우를 대비하여 그 채무 불이행으로 인한 손해를 보전하고자 미리 상대방에게 납부시키는 금전을 뜻하며, 상대방의 채무이행과 동시에 반환 　예) 입찰보증금, 계약보증금, 하자보수보증금, 병원입원보증금 등 ·보관금:법률이나 명령에 따라 지방자치단체에 보관하는 금전 등 　예) 체납처분에 의한 압류물건 경매대금의 미교부금 등 ·잡종금 등 기타:보관금, 보증금 이외의 세입세출외현금으로써 회계목적과 관계없이 지방자치단체에서 취급하는 금전 　예) 불우이웃돕기성금, 위문금, 재해의연금, 기여금 등 　　※각종 기금은 세입세출외현금 관리대상에서 제외 　　※세입세출외현금으로 관리할 때 세입세출외현금 출납원이 예산부서, 세입부서와 협의 후 조치 ○보증금에 대한 이자는 철저히 관리하고 반환 요구 시 원금과 함께 지급 ○종류별 증감 및 현재액을 파악 계산 ○12월 31일 현재 금고 발행 잔액증명 첨부
(10) 보증채무현재액	○지방자치단체가 「지방자치법」 제124조제3항에 따라 지방자치단체의 보증을 받고자 하는 자의 사업내용·보증채무 현황을 기재

항 목	작 성 요 령
(11) 계속비 결산명세서	○수개연도에 걸쳐 지출되는 사업비에 대한 해당연도 집행결과 기록 ○전년도 결산서와 대조하여 작성하되 예산부서와 사업부서로부터 자료 요구 ○사업별로 각각 작성 ○계속비의 연부액 최후의 지출이 속하는 연도의 세입·세출의 결산보고서와 함께 제출
(12) 수입대체경비 사용명세서	○수입의 직접 사용금지규정에 불구하고 그 수입이 확보되는 범위 안에서 직접 지출할 수 있는 지출 특례적 경비(「지방회계법」제26조) ○기획관리실장의 승인을 받아 초과 수입에 직접 관련되는 경비에 초과 지출할 수 있는데 이 경우 초과 승인액을 기재
(13) 이월명세서 및 이월비 집행명세서	○ 다음 회계연도로 이월되는 이월비에 대한 사항 정리 -사업별 이월현황에는 이월비가 발생한 사업의 예산현액, 집행액, 이월액, 집행잔액을 기재 -사유별 현황에는 각 이월유형(명시이월, 사고이월, 계속비이월)별로 이월이 발생한 사업의 구체적인 이월 사유를 기재 -명시이월:해당연도 내에 지출을 완료치 못할 것이 예상되는 경비에 대하여 미리 의회의 승인을 얻은 것 -사고이월:해당연도에 지출원인행위를 하고 불가피한 사유로 그 연도에 지출하지 못한 경비와 지출원인행위를 하지 아니한 부대 경비를 다음연도에 이월하는 것 -계속비이월:수 연도에 걸쳐 시행하는 계속비로 사업 완성연도까지 차례차례로 이월하여 사용할 수 있는 것 ○사업은 세출결산과 같게 하나 과목 통폐합의 경우에는 통합 과목에 편입 ○ 이월 사유는 구체적으로 기재 ○ 명시이월, 사고이월 및 계속비이월로 구분 작성 　※자금 없는 이월 ·지방자치단체가 재원의 사용 용도를 지정하여 지원하는 국비보조금으로 추진하는 사업 중 해당 자금이 부득이 해당 회계연도에 교부되지 않고 다음 회계연도에 교부되는 것이 확실할 경우 해당 금액의 범위 내에서 자금의 이월 없이 세출예산을 이월처리 ·지방채 발행 사업이 불가피한 사정으로 추진되지 못하여 지방채 발행을 다음연도로 이월하는 경우 자금의 이월 없이 세출예산을 이월 처리 ·세출결산 총괄 다음연도 이월액에는 자금 없는 이월을 포함하고 하단에 ( )내서 기재 ·결산상 세입·세출 처리상황에는 포함하지 아니하고 ( )내서 기재

1. 예산실무

2. 지출실무

3. 계약실무

4. 보조금 관리

5. 결산실무

6. e-호조실무

7. 복식부기

8. 공유재산 및 물품

9. 발생과 회계책임

10. 감사 사례

항 목	작 성 요 령
(14) 성인지 결산서	○ 예산이 성차별을 개선하는 방향으로 집행되었는지 평가 ○ 내 용 - 성인지 결산의 개요 - 성인지 예산의 집행실적 - 성평등 효과분석 및 평가 - 그 밖에 행정안전부장관이 정하는 사항(여성가족부장관과 협의) ○ 사업 결산 및 성인지 예산과 연계하여 작성 - 실·과는 사업 총괄표와 사업별 집행내용 작성 - 실·국은 성인지예산 집행결과, 총괄표 및 사업별 총괄표 작성 - 결산부서는 성평등 목표, 성인지예산 집행결과, 성인지결산의 개요 및 분야별 규모 작성
(15) 지방세 지출보고서 (실적 기준)	○ 직전 회계연도 지방세 비과세·감면 실적 ○ 행정안전부 지방세 특례 제도 과에서 정하는 바에 따라 별도 작성 제출(지방세특례제한법 제5조) ※ 표준지방세 정보시스템에서 작성 및 출력
(16) 보조금 집행현황 및 반납명세서	○ 국고보조금 수령액은 세입부서와 해당세입과목별 세입조치 여부를 대조 확인한 후 작성 ·부처별: 보조금 소관부처명(예: 국토교통부, 보건복지부 등) ·총사업비: 사업계획서상의 총소요사업비 　- 국비: 사업계획서상의 국고보조내시액과 보조비율 　- 시·도비: 사업계획서상의 시·도비(부담)내시액과 보조(부담)비율 　- 시·군·구비: 사업계획서상의 시·군·구비 부담지시액과부담비율 ·국비수령액: 국고보조를 수령하여 세입 조치한 금액 ·시·도비수령액(시·군·자치구): 시·도비를 수령하여 세입 조치한 금액 ·집행액: 국비, 시·도비, 시·군·구비의 총집행액을 국비수령액과 지방비 확보액 기준비율을 적용 산정 기재 ·집행잔액: 집행액 산정 기준비율과 같은 방법으로 재원별 집행잔액 산정

항 목	작 성 요 령
(17) 지역통합재정통계 보고서	○ 별도 지침
(18) 지방채 발행 보고서	○ 당해연도 지방자치단체가 발행한 지방채 현황 - 작성대상: 지방채 증권, 차입금 -사업별로 발행한 건별 작성
(19) 지방공기업에 대한 출자 출연보고서	○지방자치단체가 지방공기업(공사나 공단)에 출자, 재정 지원 한 건에 대하여 작성 ※지방공기업법 제17조(출자 등), 제71조의2(재정지원)
(20) 지방자치단체 출자 출연기 관에 대한 출자 출연보고서	○지방자치단체가 지방자치단체 출자·출연기관에 출자, 출연 및 재정 지원한 건에 대하여 작성 ※지방자치단체 출자 제4조(지방자치단체의 출자·출연과 대상 사업 등), 제20조(재정지원)
(21) 공유재산 증감 및 현재액보 고서	○ 재산의 종류 ·공용재산, 공공용재산, 기업용재산, 보존용재산, 일반재산 ○ 공유재산 증감 및 현재액 내용 작성 ○ 용도별, 종류별로 작성 ※ 시도 및 새올 행정시스템에서 작성 및 출력
(22) 물품증감 및 현재액보고서	○ 대상 물품: 정수 물품 ○ 정수 물품은 해당연도 물품관리지침 참조 ○ 물품의 증감 및 현재액 내용 작성 ○ 품명별, 증감 사유별로 작성 ※시도 및 새올 행정시스템에서 작성 및 출력

1. 예산 실무
2. 지출 실무
3. 계약 실무
4. 보조금 관리
5. 결산 실무
6. e-호조 실무
7. 복식부기
8. 공유 재산 및 물품
9. 변상과 회계책임
10. 감사 사례

보조금 집행현황 작성 시 유의사항	결산

결산에서 보조금 집행현황을 제대로 작성하면 결산작업의 90%를 마무리하는 것이다. 따라서 결산 총괄담당자와 부서의 서무는 가장먼저 세정과에서 최종 통보된 보조금수입내역과 각 부서별 편성된 보조사업의 국·시도비 수령액을 정확하게 일치시키는 것이 가장 중요한 작업이다.

가. 일반사항

○ 세출예산 집행잔액현황의 보조금 집행잔액과 보조금 집행잔액현황의 집행잔액(국비+시·도비)이 서로 일치해야 함. 단, 실제 수령액이 예산과 다를 경우 차이가 일치하지 않을 수 있음.

○ 세출결산 보조사업의 집행잔액에 대하여 국·시·구비별 집행내역을 작성하되, 전년도 이월예산액(사업비)의 집행잔액이 있는 경우에는 당해연도분과 별도로 이월종류별(명시,사고,이월) 보조금 집행현황을 작성함

※ 2023회계연도 기준, 전년도분 보조금이라 함은 2022회계연도에서 2023회계 연도로 이월된 예산으로서 2022회계연도 결산서(사업별세출결산 또는 당해연도 보조금 집행현황)의 "다음연도 이월액"을 의미함. 그러므로 2022회계연도 일반회계 및 특별회계 결산서의 보조금집행현황에 이월액이 있는 부서는 전년도 보조금 집행현황을 필히 작성하여야 함.

○ 인센티브(상사업비)예산 등 예산이 편성된 부서와 집행부서가 상이 할 경우, 당초 예산이 편성(성립 전, 간주처리)된 부서, 즉 수령부서에서 수합 작성해야 하므로, 집행부서에서는 지출내역을 예산이 편성된 부서에 신속히 제출해야 함.

나. 항목별 작성 요령

○ 사업별로 작성하되 동일세목에 여러 사업이 있는 경우 소계 작성 요망

○ 예산과목 및 사업명에는 해당 예산과목 및 단위사업명을 기재

○ 목별수령액: 국고보조를 수령하여 세입조치한 금액

  - 국·시비: 과별 국·시비 보조금 수령내역 금액과 일치(가장 중요)

  - 구 비: 국/시비의 편성액 대비 수령액 비율을 근거로 산출

○ 집행액: e-호조 지출액 확인

○ 다음연도 이월액: 예산부서의 이월예산 결정 통보 공문과 결산자료의 세출결산의 다음 연도 이월액 부분을 대조

○ 집행잔액: 보조금 수령액 - 보조금 집행액

  ※ ① 집행잔액 중 국비보조와 시비보조금의 잔액은 차후에 예산편성 후 광역시에 반납 예정이므로 금액 산정 시 사업담당별 확인이 필요함.
  즉 사업담당별로 광역시에 반납예정액(집행잔액) 보고액이 일치하여야 하며, 차후 예산팀에 예산편성 요구 시에도 금액이 일치되어야 함에 유의
  ② 재원별 보조금 지출액 및 집행잔액이 "원" 단위로 나오는 경우에는 국/시비 재원 변경을 통해 국/시비 지출액 및 잔액이 "원"단위가 되지 않도록 할 것.

다. 기타 유의사항

○ 결산서식별 연결되는 항목은 반드시 일치시켜 제출
  예) 세출예산 집행잔액 서식 중 보조금 집행잔액과 보조금 집행현황의 집행잔액, 예비비 전용사용 시 예비비 지출 잔액과 집행 잔액 서식 중 예비비 항목

○ 기금결산보고서: 기금관련 부서는 결산자료를 기금총괄부로 제출

○ e- 호조에서 "지출계산서" 출력 후 지출계산서 맨 우측 자금배정잔액란이 "0"인지 확인 후 "0"이 아닌 경우 자금일괄감배정 처리

  - 작업위치: [자금관리/자금배정/자금수시배정요구/일괄감배정요구]

  - 담당자 감배정 승인 요청→팀장 승인

1. 예산실무
2. 지출실무
3. 계약실무
4. 보조금관리
5. 결산실무
6. e-호조실무
7. 부록보기
8. 공유재산및물품
9. 반상과 회계책임
10. 감사 사례

결산서 및 결산서 첨부서류 작성 방법 | No.215493

결산서 및 결산서 첨부서류	e호조	작 성 방 법
인사말	X	자치단체별로 자유롭게 작성
Ⅰ. 결산개요	△	결산개요 자료 다운 받아서 수기로 작성
Ⅱ. 세입·세출결산	○	
– 세입세출결산 총괄 설명	○	세입·세출결산 자료 입력
– 세입결산	○	세입결산 자료 입력
– 세출결산	○	세출결산 자료 입력
– 예산의 이용, 전용 및 이체조서	○	예산의 이용, 전용 및 이체 자료 가져와서 반영
– 예비비 지출	○	예비비 지출 자료 입력
– 채무부담행위	○	채무부담행위 자료 입력
Ⅲ. 기금결산	○	
– 기금 조성 세부명세서	○	
– 기금운용명세서	○	기금결산 자료 입력
– 기금 수입·지출결산	○	
– 기금운용계획변경내용 설명서	○	
Ⅳ. 재무제표	○	
– 재무제표 총괄설명	△	결산총평 자료 다운로드 받아서 수기로 작성
– 재무제표	○	재정상태표, 재정운영표, 순자산변동표 작성
– 필수보충정보 5종	○	예산결산요약표, 성질별 재정운영표 등 작성
– 부속명세서 5종	○	일반유형자산명세서, 주민편의시설명세서 등 작성
– 첨부서류 2종	○	채권현재액보고서, 채무결산보고서 작성

결산서 및 결산서 첨부서류	e호조	작 성 방 법
V. 성과보고서	O	성과보고서 작성
① 총수입 및 지출액 증명	O	세입·세출결산 자료 입력
② 전년대비 세입·세출결산 현황	O	세입·세출결산 자료 입력 및 전년도 결산액 가져오기
③ 재원별·경제 성질별 결산액	O	세입·세출결산 자료 입력
④ 세입금 결손처분 현황	O	세입금 결손처분 사유별 현황 입력
⑤ 세입금 미수납액 현황	O	세입금 다음연도 이월액 사유별 현황 입력
⑥ 세입금 환급 현황	O	세입금 환급 현황 입력
⑦ 기능별·성질별 결산 현황	O	세출결산 자료 입력
⑧ 주요사업 추진현황	O	주요사업 추진현황 입력
⑨ 세입세출외현금 현재액	O	세입세출외현금 종류별 현재액(총괄) 입력
⑩ 보증채무현재액	O	보증채무현재액 결산자료 생성
⑪ 계속비 결산명세서	O	계속비집행현황 입력
⑫ 수입대체경비 사용명세서	O	수입대체경비 사용명세서 입력
⑬ 이월명세서 및 이월비 집행명세서	O	세출결산 자료 생성
⑭ 성인지 결산서	O	성인지결산 자료 입력
⑮ 지방세 지출보고서(실적기준)	X	표준지방세정보시스템에서 작성
⑯ 보조금 집행현황 및 반납명세서	O	보조금 집행현황 및 반납명세서 입력
⑰ 지역통합재정통계 보고서	O	지역통합재정통계 보고서 입력
⑱ 지방채 발행 보고서	O	지방채관리 현황 결산자료 생성
⑲ 지방자치단체 출자출연기관에 대한 출자출연보고서	X	결산 서식에 맞게 수기로 작성
⑳ 지방자치단체 출자출연기관에 대한출자출연보고서	X	결산 서식에 맞게 수기로 작성
㉑ 공유재산증감 및 현재액보고서	O	시도 및 새올 행정시스템에서 자료연계
㉒ 물품증감 및 현재액보고서	△	결산서식에 맞게 수기로 작성 또는 시도 및 새올 행정시스템에서 자료연계(사업단 요청)

[e-호조] 예산결산 세출자료 입력 | No.285517

1. [자치단체세출자료결산관리(23011)]-결산서무담당자

2. [집행잔액원인별현황(23012)]-결산서무담당자

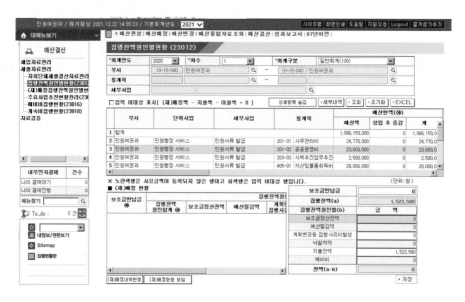

[e-호조] 보조금 결산자료 입력 | No.285481

1. [보조금결산자료 관리(34434)]

| 보조금결산자료 등록 |

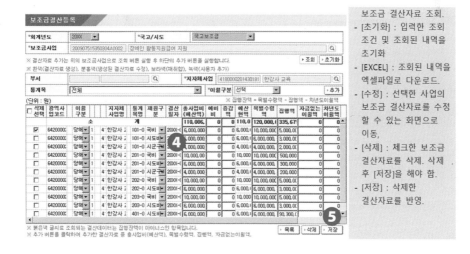

보조금 결산자료 조회.
- [초기화] : 입력한 조회 조건 및 조회된 내역을 초기화
- [EXCEL] : 조회된 내역을 엑셀파일로 다운로드.
- [수정] : 선택한 사업의 보조금 결산자료를 수정할 수 있는 화면으로 이동.
- [삭제] : 체크한 보조금 결산자료를 삭제. 삭제 후 [저장]을 해야 함.
- [저장] : 삭제한 결산자료를 반영.

2. [보조금반납명세서관리(34438)]

결산담당자		사업담당자		사업담당자		결산담당자
반납자료 생성	➡	반납명세서 등록	➡	누락자료 추가	➡	반납명세서 송신

| 반납자료생성 |

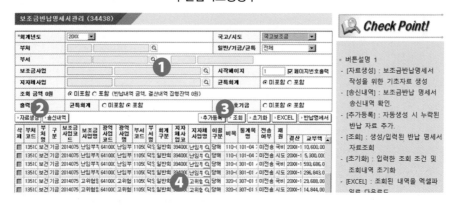

| 반납명세서 등록 |

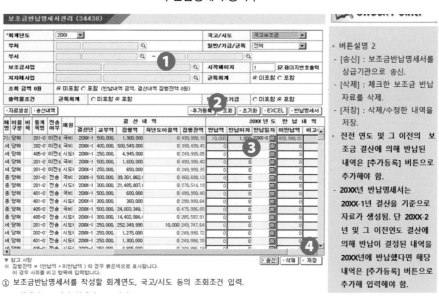

① 보조금반납명세서를 작성할 회계연도, 국고/시도 등의 조회조건 입력.

e-호조 실무

06 PART

PART 06 e-호조 실무

1. 예산실무

2. 지출실무

3. 계약실무

4. 보조금관리

5. 결산실무

6. e-호조실무

7. 부식부기

8. 공유 재산 및 물품

9. 반성과 회계책임

10. 감사 사례

1 e-호조 개선 이력

e-호조 지출 관련 시스템 개선 주요 이력 | No.232396

1. 카드연계 지출 기능 배포(' 16년 2월, 개선18.11)(No.174609)

○ 지출품의에서 카드연계 체크하여 카드사용내역을 입력하여 지출 가능(지출결의서 뒷면에 매출전표 자동출력) ('19년 4월)

- 지출품의에서 카드연계한 지출자료는 원인행위, 지출결의에서 거래처 정보 수정 및 카드연계 해지 불가
- 지출품의에서 카드연계를 등록한 지출 건은 원인행위 정정 불가능

2. 일상경비 교부방식 기능 개선(' 16년 9월)(No.115333)

○ 일상경비 교부 [지출품의 등록] 시 "교부상세" 내역 필수 입력

○ 일상경비 교부 [일괄품의 등록] 신규 메뉴 추가

3. e호조와 새올결재시스템 연계 품의 시행(' 19년 4월)(No.187595)

○ 전자결재 연계 제외 대상 지출(품의 비대상: 인건비, 공공요금, 여비 등)

○ 지출품의 결재 요청 메뉴에 타부서 예산결재 요청 기능 추가

4. 내부 전자결재 시스템 도입(' 20년 5월)(No.225971)

○ 지출결의서 및 증빙서류 전자화

5. 타 시스템 연계가 가능한 경우(인건비, 복지급여, 도로보상, 재난지원금, 보육정보, 민간보조금 등) 지출품의 등록이 아닌 각 연계품의 화면을 통해 지출품의 자료 등록

○ 공공민간보조금 지출품의는 공공민간(e나라도움) 품의 등록을 통해 작업함('17년 1월)

6. 일상경비교부 시 품의유형을 "일반"으로 잘못 선택해 지급명령 처리한 경우 "품의유형변경" 화면에서 품의유형을 "일상경비교부"로 수정해야 함.

7. 「19년 개인정보의 안정성 확보조치 기준」 개정에 따라 개인정보를 다운로드할 때 사유 확인이 필요(20년 8,9월)

○ 개인정보를 다운 받을 수 있는 모든 화면에서 정보 다운로드 시 팝업이 나타남

8. 지출이 완료된 자료에 대해 첨부파일(증빙자료) 추가 등록 기능 배포 (21년 7월)

○ 일반지출의 지급명령 결재, 지출반납 결재와 일상경비의 경비지급명령 결재, 지급반납결재가 완료된 자료에 대해 결재요청자가 [사후문서 추가] 버튼으로 증빙서류를 추가할 수 있음.

1. 예산실무

2. 지출실무

3. 계약실무

4. 보조금관리

5. 결산실무

6. e-호조실무

7. 복식부기

8. 공유 재산 및 물품

9. 법인 상과 회계책임

10. 감사 사례

예산집행 실명제 e-호조 승인 권한부여 기준 │ No.39376

1. 지출관리

구분	일반지출			일상경비지출		
품의	담당자	각 사업담당자*				
	승인자	직상급자(사업담당팀장)				
	*품의문서상 기안자가 e-호조상으로도 담당자가 됨 ※ 과 서무담당자가 일괄 등록 시 등록한 자가 회계책임을 부담					

○ 계약 (일반지출)

구분	담당자	계약담당자	
원인 행위	승인자	지출원이 아닌 계약팀장이 있는 경우	직상급자 (계약팀장)
		지출원이 계약팀장을 겸하는 경우	계약담당 부서장 (과장)

○ 계약 (일상경비지출)

구분	담당자	일상경비담당자	
원인 행위	승인자	일상경비출납원이 사업담당팀장이 아닌 경우	일상경비 출납원
		일상경비출납원이 사업담당팀장인 경우	부서장 (과장)

○ 비계약 (일반지출)

구분	담당자	회계부서의 각 원인행위 담당자
원인 행위	승인자	각 원인행위 담당자의 직상급자(팀장)

○ 비계약 (일상경비지출)

구분	담당자	각 원인행위 담당자
원인 행위	승인자	각 원인행위 담당자의 직상급자(팀장)

구분	일반지출		일상경비지출	
지출 지급	담당자	지출담당자	담당자	일상경비담당(실무)자
	승인자	직상급자(지출담당팀장)	승인자	일상경비출납원

2. 자금관리

구분	자금	
자금 요구	담당자	사업담당자*
	승인자	직상급자(사업담당팀장)
	※ 자금 자동배정 절차 제외: 자금 수시배정 요구 승인요청까지 자동 진행	

구분		자금
자금 배정	담당자	각 자금담당자
	승인자	자금관리관(자금부서의 직상급자)

3. 예산집행 실명제도 운영(No.40637)

○ 예산편성 부서 집행품의 ⇒ 지출원인행위 ⇒ 지출결의 및 지급 全단계 참여자 실명이 기재되는 『예산집행 실명관리카드』 작성

○ e-호조상 사업부서·회계부서 예산집행 참여자는 반드시 실명 결재

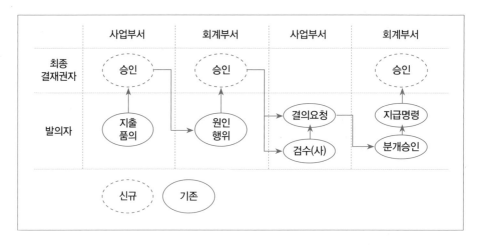

---

e-호조 전자 결재경로 등록 | No.226903

---

1. 결재경로 등록(전자결재/결재경로관리)

○ 일반지출

구분	계약(원인)담당자	지출담당자	사업담당자
경로	(담당자)팀장-분임재무관 (담당자)팀장-회계과장-재무관	취급자 - 지출원	담당자-팀장

구분	계약(원인)담당자	지출담당자	사업담당자
업무	(일반)지출원인행위결재 (일반)원인행위정정결재	(일반)지급명령결재 (일반)지출반납결재 (일반)과목경정결재 교부금반납결재 개산급정산결재	(일반)검사(수)결재 (일반)지출반납요청결재 (일반)과목경정요청결재

○ 일상경비

구분	계약(원인)담당자	지급담당자	사업담당자
경로	담당자-팀장-분임재무관	취급자 - 일상출납원	담당자-팀장
적요	(일상)지급원인행위결재 (일상)지급원인행위정정결재	(일상)지급명령결재 (일상)지급반납결재 (일상)지급과목경정결재 개산급정산결재	(일상)검사(수)결재 교부금반납요청결재

2. 일반지출 개요도

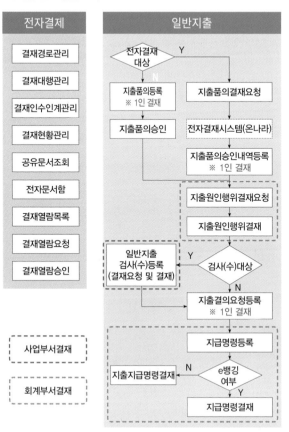

지출 문서의 전자화 | No.227398

1. 일반지출(비계약)

○ 일반지출

○ 일상경비

※ 품의 승인내역 등록 시 공통정보/관리항목에서 "계약대장 등록 여부"를 "아니오"로 선택하면 하단의 버튼이
[원인행위 등록 요청]이 됨.

※ 전자결재 연계 제외(No.226903) - 인건비, 공공요금, 여비, 직무수행경비, 일상경비교부.

2. 계약지출

○ 일반지출

○ 일상경비

※ 품의 승인내역 등록 시 공통정보/관리항목에서 "계약대장 등록 여부"를 "예"로 선택하면 하단의 버튼이 [계약
승인요청]이 됨.(물품, 용역, 공사는 자동선택)

1. 예산실무

2. 지출실무

3. 계약실무

4. 보조금관리

5. 결산실무

6. e-호조실무

7. 복식부기

8. 공유재산및물품

9. 변상과 회계책임

10. 감사 사례

<table>
<tr><td>2</td><td>자주 찾는 메뉴</td></tr>
</table>

| 일상경비 교부 신청 | No.115333 |

1. 일상경비 교부 흐름도

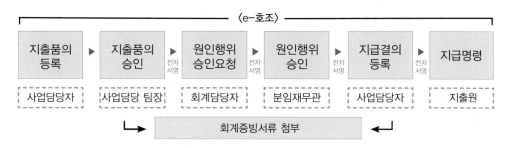

〈e-호조〉

지출품의 등록	▶	지출품의 승인	전자서명 ▶	원인행위 승인요청	전자서명 ▶	원인행위 승인	전자서명 ▶	지급결의 등록	전자서명 ▶	지급명령
사업담당자		사업담당 팀장		회계담당자		분임재무관		사업담당자		지출원

회계증빙서류 첨부

※ 일상경비 교부는 전자결재 연계 제외대상임

2. 일상경비 체크사항

가. 일상경비 교부기준(지방회계법 시행령 제38조 제1항)

교부한도	해당 경비
1천만 원	여비(국내여비, 공무원 교육여비)
필요 금액	일반운영비, 업무추진비(기관운영, 시책추진, 정원가산, 부서운영)

나. 체크사항

○ 교부금액 및 대상과목 확인

  - 교부한도액을 초과하거나 교부대상이 아닌 예산과목으로 신청하지 않도록 유의

○ 집행잔액 확인 후 교부 신청

○ e호조상품의 유형 선택

  - 지출품의 등록 시 반드시 품의 유형을 "일상경비교부"로 등록

3. e-호조 매뉴얼

1) 일상경비 교부 등록 - 단일 건

○ 지출관리 ⇒ 지출품의 ⇒ 지출품의 ⇒ 지출품의등록(21105)

○ 품의 등록 시 품의 유형은 "일상경비교부", "교부상세내역" 필수 입력

예시) 사무관리비 100,000원 일상경비 교부 요청 시

      - 복사용지 50,000원, 바인더 50,000원

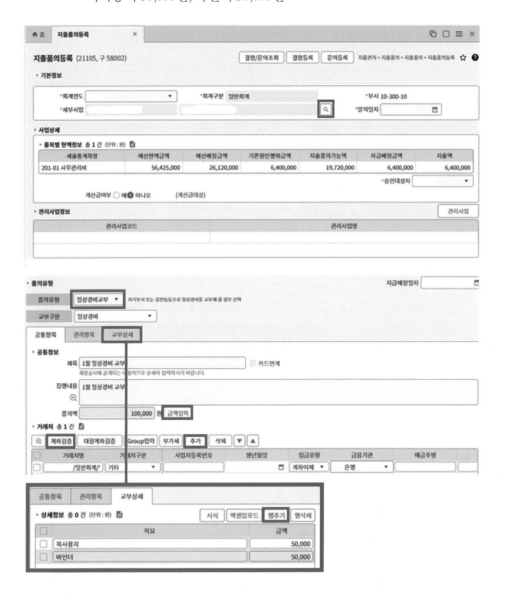

2) 일상경비 교부 일괄등록 – 다수 건

○ e-호조를 통한 새올결재(행정정보) 연계 미사용

○ 작업설명: 일상경비 교부를 예산과목별로 일괄 등록합니다.

　　　　　　(일반지출 품의는 등록할 수 없음)

○ 지출관리 ⇒ 지출품의 ⇒ 지출품의 ⇒ 일상경비교부일괄등록(22110)

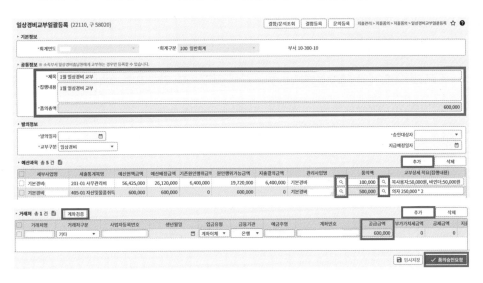

○ 세부사업-통계목별로 교부상세 적요(집행내용)를 상세하게 기재함.

　※ 예를 들어 사무관리비로 100,000원을 교부 요청할 경우, 어떤 용도로 집행할 것
　　인지에 대한 상세한 내용을 기재하여 재무관이 교부액의 집행내용을 사전에 파
　　악할 수 있도록 함.

　(ex. 복사용지 50,000원, 바인더 50,000원)

1. 예산실무

2. 지출실무

3. 계약실무

4. 보조금관리

5. 결산실무

6. e-호조실무

7. 복식부기

8. 공유재산및물품

9. 발생주의 회계책임

10. 감사 사례

1. 카드 연계 지급품의 등록

① 카드사용(제로페이) 체크   ② [카드 사용내역] 버튼 클릭 - 팝업창 실행

※ 카드 연계 시에도 일반 거래처를 추가로 등록할 수 있음.

※ ☑ 카드연계 체크 해제를 하면 카드 연계 거래처를 자동으로 삭제

※ (일반/일상) 원인행위/지출결의 단계에서 거래처 수정 불가

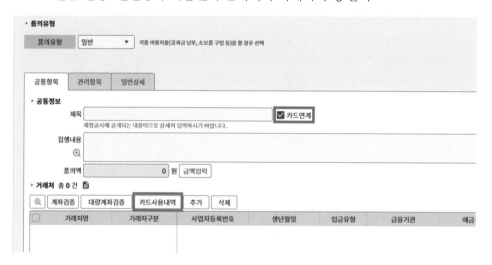

2. 카드 사용 내역(팝업창)

① 카드번호 및 승인일자 선택

② [조회] 버튼 클릭

③ 카드 승인내역 체크

④ [선택] 버튼 클릭

⑤ 사용자 실명 입력 및 거래처 구분 선택

⑥ [저장] 버튼 클릭

※ 카드사용 내역이 여러 건인 경우, 사용자 실명을 일괄 적용할 수 있음.

※ '☐ 제로페이'에 체크하면 제로페이 카드 목록만 선택해 조회할 수 있음.

1. 예산실무

2. 지출실무

3. 계약실무

4. 보조금관리

5. 결산실무

6. e-호조실무

7. 부속부기

8. 공유재산및물품

9. 변상과 회계책임

10. 감사사례

① 부서선택 ② 사용한 부서카드 선택

❸번 조회를 하면 이곳에 카드 사용내역이 나열되는데,
해당 사용건 더블클릭

더블클릭하면 관련정보가 이곳에 보임. 사용자 실명 입력

※ 또는 부서(□ 전체)에 체크 후 사용한 카드번호 입력 후 조회 가능

- 카드번호 항목의 우측 라디오버튼을 클릭하면 카드번호 마지막 4자리를 입력해 카드사용 내역 조회 가능.

- '정보유형': '승인정보(10분마다 연계)'가 기본적으로 지정되며, 필요 시 '매입정보(1일마다 연계)'를 선택해 사용

- ⊙ 승인정보에서 누락된 결제 내역은 ⊙ 매입정보를 선택해 조회

3. 지출결의서 출력 화면

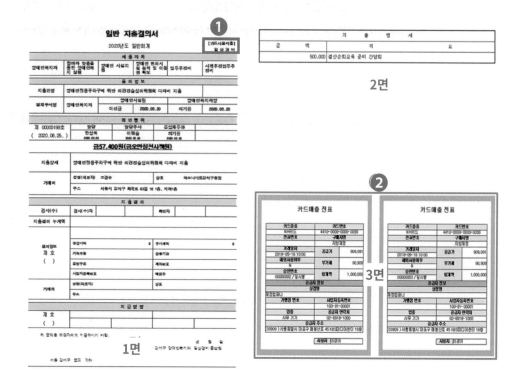

※ 카드 사용내역 연계하여 등록한 경우 카드매출 전표 자동으로 출력

4. 직불카드·직불전자지급수단(제로페이 등)의 사용 및 관리

가. 근거: 회계관리훈령 [별표7] 지방자치단체 구매카드 발급 및 사용기준

나. 제로페이 사용 가능 비목(일상경비 지급에 한함)

　ㅇ 업무추진비: 시책추진업무추진비, 기관운영업무추진비, 부서운영업무추진비

　ㅇ 사무관리비: 기본업무수행급량비

　ㅇ 행사운영비·행사실비지원금: 급량비성 경비 허용

다. 사용 및 지급절차

　ㅇ 제로페이를 사용하여 지급원인행위를 한 때에는 그 시점에 일상경비출납원이 지급명령을 한 것으로 본다.

　ㅇ 지급 원인행위가 있은 날부터 5일 이내에 확인하여야 한다.

지출품의 가능액 부족–예산 수시배정 | No.50890

1. 일상경비가 부족한 경우

가. (단일건) 지출관리-지출품의-지출품의등록(21105)

나. (여러건) 지출관리-지출품의-일상경비교부일괄등록(22110)

2. 일반지출 시 품의 가능액 부족한 경우

가. 예산관리-예산배정-예산수시배정-예산수시배정요구(16025) 요청

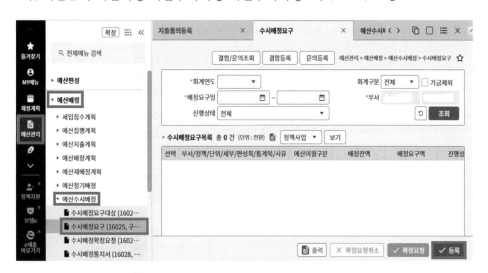

나. 돋보기 클릭하여 예산 수시배정이 필요한 세부사업 선택

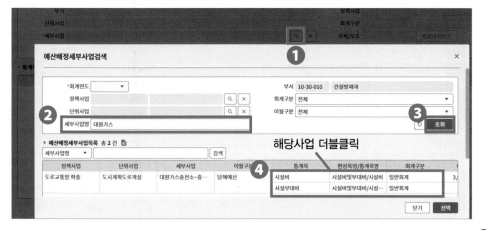

561

다. 예산 수시배정을 받아야 하는 해당 통계목 선택

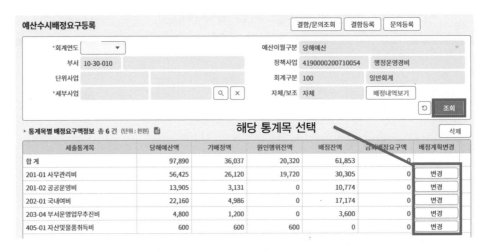

라. 필요 요구액을 해당 월에 입력하고 늘어난 만큼 이후 월에서 감액 후 저장

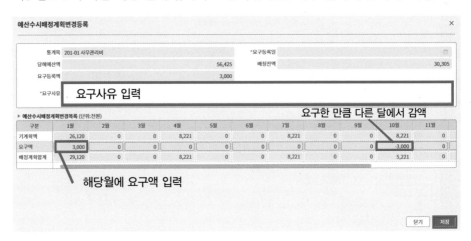

마. 예산관리-예산배정-예산수시배정-수시배정확정요청(16026)에서 확정 요청

→ 예산팀에서 확정처리 해 주면 품의 가능액이 증액됨.

지출결의 시 자금 부족–자금 수시배정 | No.258540

1. 자금배정과 예산배정 비교

구 분	예산배정	자금배정
배정통제	예산의 집행	대금의 지출
배정방법	정기/수시	정기/수시
배정시기	집행품의 이전	지출결의(검사검수) 후

2. 자금배정의 이해

○ 일반지출 품의 후 실제로 거래처에 돈을 지급하기 위해 필요한 절차라고 이해하면 됨.

○ 일반지출로 연간 계약을 한 경우, 거래처에 기성금 지급할 때마다 자금배정 (54201) 요청을 해야 함.

○ 예산을 재배정받은 관서는 지출결의 후 자금부서에 자금배정을 요구(e-호조시스템에서 지출결의 시 자동 자금배정 요구를 설정하면 편리)

○ 일상경비 지출의 경우, 일상경비를 교부받을 때, 자금배정 요청을 했으므로 별도의 자금배정을 할 필요 없음.

3. 자금배정의 요구

○ 경로: 자금관리-자금배정-수시배정요구등록-수시배정요구(54201)

○ 상태구분: '지출결의요구배정'인 경우에는 지출결의 요청 등록 시에 자금배정 요구서가 자동 등록됨(No258543).

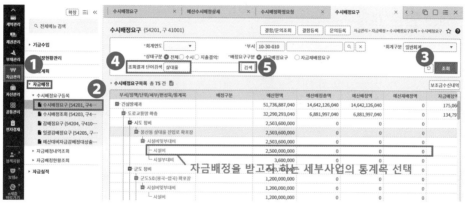

자금배정을 받고자 하는 세부사업의 통계목 선택

통계목을 선택 후, 하단에 신규를 클릭하면 아래와 같은 창이 하나 뜨는데,

요구 사유, 요구 금액, 승인대상자(팀장님) 입력 후 저장

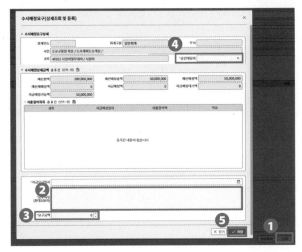

반드시 아래 승인 요청까지 해야 자금배정 요구가 완료됨.

※ 승인 대상자(팀장님)가 승인한 것은 부서 회계담당자의 회계부서에 자금배정 요구에 대한
승인을 한 것이므로, 회계부서에서 자금배정 처리를 해야 자금배정이 완료됨.

지출재원 변경(21109) | No.86323

1. 재원 변경 개요

○ 메뉴: 지출관리 → 지출품의 → 지출재원변경요청(21109)

○ 작업 시기: 지출재원 간의 금액 수정을 해야하는 경우

예) 국 · 도 · 시비 매칭 사업인데, 품의 시 매칭을 하지 않고 어느 한쪽 예산으로만
지출하여 수정이 필요한 경우

2. 지출재원 변경

조회 후, 해당 건 선택하여, 재원정보에서 품의액, 원인행위액, 지출결의액 수정 후 승인 요청

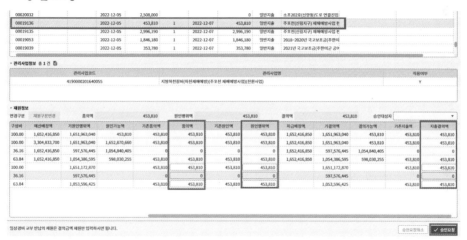

④ 재원 변경은 가능하면 품의액부터 결의액까지 모두 변경하고 어렵다면 결산서에 반영되는 원인행위액, 결의액은 반드시 변경한다.

　▶ 재원별 예산현액보다 지출액이 큰 경우에는 재원 간의 금액을 조정

　▶ 예산결산대비 검증 화면에서 검출되는 오류자료를 확인하여 조치

　▶ 예산 잔액이 마이너스(-)인 재원이 발생한 경우

　　※ 추경예산 편성 시 예산 삭감으로 인해 발생

　▶ 이월예산과 당해예산 간의 재원 변경은 지출담당자에게 변경 요청해야 함.

지출(지급) 반납 시 가상계좌 등록 요령 | No.86323

1. 메뉴 위치

○ 지출관리 → 지출결의 → 반납결의요청 → 반납가상계좌요청등록(21412)

○ 지출관리 → 일상경비 → 일상경비지급결의 → 반납가상계좌요청(22317)

2. 작업 화면

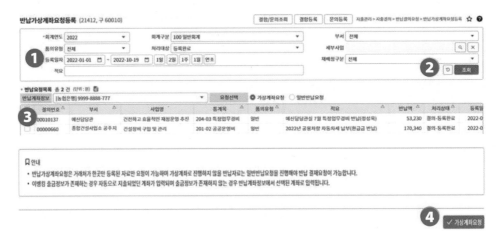

○ 일반지출 메뉴와 일상경비 반납 메뉴는 유사함.

○ 요청 선택

▶ 가상계좌 요청 : 자료를 가상계좌를 요청하려 할 경우 선택

▶ 일반 반납 요청 : 자료를 가상계좌가 아닌 일반 반납으로 할 경우 선택

※ 반납 가상계좌 요청 화면은 가상계좌를 사용하는 자치단체인 경우에만 사용 가능

계약 지연배상금 준공금 상계처리 방법 | No.335848

상계처리 시, 청구서류 일체(전자세금계산서, 지역개발공채, 청구서 등)는 최종 계약금액으로 발급받을 것
- 주의사항: 지연배상금 차감된 금액으로 받으면 안 됨.
- 사유: 지연배상금은 정산 개념이 아닌 준공일 초과 시 상계처리하는 위약금 개념이며, 지방계약법상 상계처리 조항이 있어 계약대금의 원활한 지급을 위해 처리하는 사항이기 때문

1. 계약대장등록 / 공정검사지급

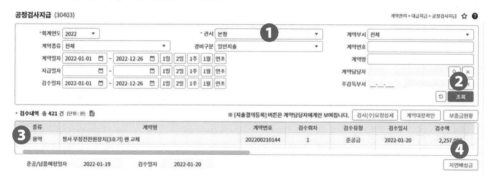

○ 준공(완료, 납품) 예정일 초과 시에는 "지연배상금" 버튼이 활성화됨.

2. 지체상금내역

○ 지체상금내역 정보 입력 및 검수내용 지연배상금 금액 입력

○ 지출결의등록

567

3. 계약대장등록·공정검사지급·지출결의등록

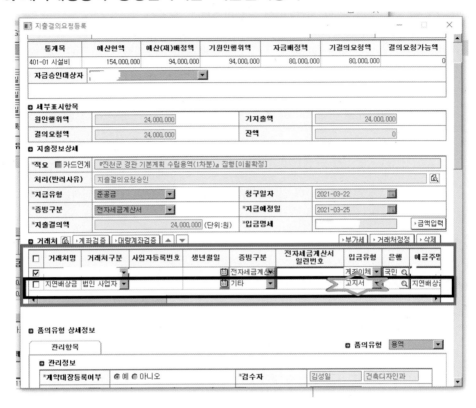

○ 거래처가 2개로 나뉘어진 것을 확인할 수 있음.

  - 계약업체: 실제 준공금(혹은 선금이나 기성금 기지급 시는 잔여 준공금)에서 지연배상금 제한 금액 [지급방식: 계좌이체]

  ※ 지연배상금 제외되는 금액과 상기 언급한 지연배상금 제한 금액은 의미가 다른 것이며, 지연배상금은 최종 계약금액 기준으로 산정해야 되며, 제외되는 기성(기납)부분은 '성질상 분할할 수 있는 공사·물품 또는 용역 등에 대한 완성 부분으로서 인수하는 것으로 한정됨'을 의미함.

  - 지연배상금 : 세외수입프로그램에서 "위약금"으로 세입처리[지급방식 : 고지서]

  ※ 지출결의 진행 시 고지서도 동시에 진행하거나, 미리 발급하여 지출팀 지출 서류 전달 시 준공서류와 고지서 같이 전달할 것

1. 예산실무

2. 지출실무

3. 계약실무

4. 보조금관리

5. 결산실무

6. e-호조실무

7. 부록부기

8. 알아두면 재산 및 물품

9. 년상과 회계책임

10. 감사 사례

3 호조 메뉴 옵션별 용어

예산집행 관련 용어 | No.287187

1. 예산현액: 예산액+이월사업비+예산변경+예비비

2. 재배정: 본청에서 하급관서 및 다른 부서에 배정한 예산

3. 집행잔액: 예산현액-기원인행위액

4. 예산배정액: 예산 범위 내에서 예산부서로부터 사용 가능하도록 허락한 예산액

5. 기원인행위액: (분임)재무관의 책무 확정(또는 계약완료)이 끝난 예산

6. 지출품의가능액: (예산현액+재배정액)-기원인행위액

7. 지출품의: 사업부서에서 예산을 사용하겠다고 전결권자에게 결재보고한 예산

8. 자금배정액: 지출결의액에 대해 정기 및 수시로 자금을 사용할 수 있게 허락받은 금액

9. 지출결의액: 원인행위 이후 자금배정 범위 내에서 지출(급)을 결정하는 것(자산등록 등 분개처리단계)

10. 지급명령: 금고에 지급(계좌이금, e뱅킹)을 명령하는 것

〈예산집행현황조회 화면〉

1. 품의 유형 선택

○ 일반: 비용 지출(소모품 구입, 공과금 납부 시 등).

○ 물품 구입: 물품(물품관리규정 참고) 구입 또는 계약에 의한 구매

○ 공사: 공사를 위한 품의 (관급자재는 "관급자재"로 품의)

○ 용역: 용역을 위한 품의 (관급자재는 "관급자재"로 품의)

○ 수리/수선: 수리/수선을 위한 품의

○ 관급자재: 공사나 용역을 위한 관급자재 구매

○ 인건비: 봉급, 수당, 휴가비, 급식비 등 인건비와 관련 품의

○ 여비: 출장비, 숙박비, 교육훈련여비 등 여비와 관련 품의

○ 이전거래: 전출금, 회계 간 예치금 등 내부거래 지출

○ 채무 상환: 지방채 상환 시 선택

○ 일상경비 교부: 일상경비 계좌로 일상경비를 교부할 경우

 e-호조사업단 공지사항(2008.1.28.)

지출품의 유형 및 지출결의서 양식 : No.43066

2. 품의 유형 선택 시 유의사항

○ 품의 유형 "물품", "공사", "용역", "수리/수선", "관급자재"만 계약처리 가능

○「품의 유형」선택 시, "일반"과 "물품구입" 구분 철저

  - 신용카드로 소규모 물품 구매 및 용역 등을 제공받는 경우 "일반" 선택 가능

    ※ 행안부 회계제도과-2137호(2020.05.07.) "신용카드 사용에 따른 지출결의서
       사용 안내"(No.252957, 230945)

1. 예산실무

2. 지출실무

3. 계약실무

4. 보조금관리

5. 결산실무

6. e-호조실무

7. 복식부기

8. 공유 재산 및 물품

9. 변상과 회계책임

10. 감사 사례

○ 기타 필수 입력항목

- "물품 구매" 품의 등록 시는 물품 상세의 실거래처 사업자등록번호를 반드시 입력
- 채권자명, 지출금액, 계좌번호를 정확히 입력한 후 계좌검증으로 계좌오류 확인하여 등록처리

〈e-호조 지출품의 가능액〉

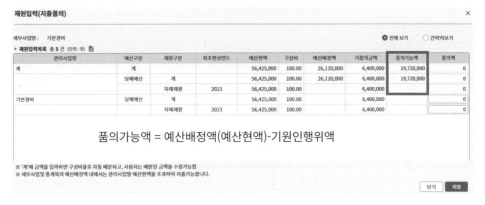

품의가능액 = 예산배정액(예산현액)-기원인행위액

지급·입금 유형 & 증빙·명령 구분 | No.53188

1. 지출정보상세(지출결의 요청 등록)

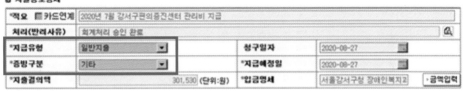

1) 지급 유형

○ 일반지출: 다른 지급 유형에 해당하지 않는 지출

○ 선금: 공사, 제조 및 용역계약에 있어서 선금을 지출해야 하는 경우

○ 기성금: 공사, 제조 및 용역계약에 있어서 계약이행분에 대한 기성대가를 지급하는 경우

○ 준공금: 공사, 제조 및 용역계약에 있어서 계약이행이 완료되어 준공대가를 지급하는 경우

○ 부분급: 구입하는 물품대금 중에 일부만 지급하는 경우

○ 완납급: 구입하는 물품대금 전체를 지급하는 경우

○ 노무비: 공사대금 중에 노무비를 지급하는 경우

2) 증빙 구분 선택 방법 (지출에 대한 증빙서 첨부 내역)

○ 세금계산서: 사업자가 물건을 사고 팔 때 부가가치세법에 따라 발행하는 영수증

○ 전자세금계산서: 세금계산서를 전자적으로 발급, 지출사업이 국고보조금 확정시 등록 사업인 경우 전자세금계산서 일련번호(24자리 코드)를 필수로 입력해야 한다(e나라 도움에 전자세금계산서 일련번호가 검증 요청됨).

○ 계산서: 부가가치세 면세사업자가 소득세법 또는 법인세 법에 의해 발행하는 영수증

○ 전자계산서: 계산서를 전자적으로 발급

○ 신용카드매출영수증: 신용카드로 대금을 결제한 경우

○ 현금영수증: 사업과 관련하여 현금(지출증빙)이 기재된 현금영수증을 발급받은 경우

○ 원천징수영수증: 소득금액 또는 수입금액을 지급할 때, 그 지급받는 자가 부담할 세액을 미리 국가를 대신하여 징수하고 증명하기 위하여 교부하는 영수증

○ 무증빙: 지출 증빙서류가 없는 경우(예: 일상경비 교부 등)

○ 기타: 위 증빙구분에 해당하지 않는 경우

　　– 증빙구분을 채주별로 다르게 설정하려면 각 거래처의 증빙구분을 수정

2. 거래처(지출품의 등록, 원인행위 결재 요청, 지출결의 요청 등록)

가. 증빙 구분: 1-나와 같음

나. 입금 유형 선택

○ 계좌이체: 계좌이체로 지급하는 경우 선택(예금주명, 계좌번호 필수)

○ 원천징수: 공제 금액을 세입세출 외 현금 계좌로 입금하는 경우 선택

　※ 강사료, 원고료 등 기타 소득 지급 시, 소득세 및 지방소득세 원천징수 시

○ 고지서: 고지서를 통해 납부하는 경우 선택

　※ 고지서의 가상계좌로 입금하는 경우는 '계좌이체' 선택

○ CMS: CMS 계좌로 입금하는 경우에 선택한다. (CMS 번호 필수)

○ 수표: 은행 영업점에서 수표를 발행하여 지급하는 경우 선택

○ 현금: 현금으로 대금을 지급할 경우 선택

○ 대량이체: 급여 지출 등을 금융결제원으로 대량이체 경로로 처리할 경우

3. 지급정보(지급명령 등록)

가. 명령 구분 선택

○ 계좌 지급명령: 계좌이체, 대량이체, 원천징수, CMS 유형만 선택 가능

○ 현금 지급명령: 고지서, 수표, 현금 유형만 선택 가능

○ 계좌·현금 지급명령: 전체 입금 유형 선택 가능(조달청 구매인 경우 물품구매대금 계좌이체, 조달수수료 고지서로 지급)

1. 예산실무
2. 지출실무
3. 계약실무
4. 보조금관리
5. 결산실무
6. e-호조실무
7. 복식부기
8. 야무 재산 및 물품
9. 발생주의 회계책임
10. 감사 사례

구 분	재정계획	예산관리	수입관리	자금관리	계약관리	지출관리
e-호조 업무매뉴얼 카페 검색 코드						No.237073
검색코드	220	140	230	210	160	190

일반지출 흐름도 | 지출 · 계약

1. 일반지출(No.149349)

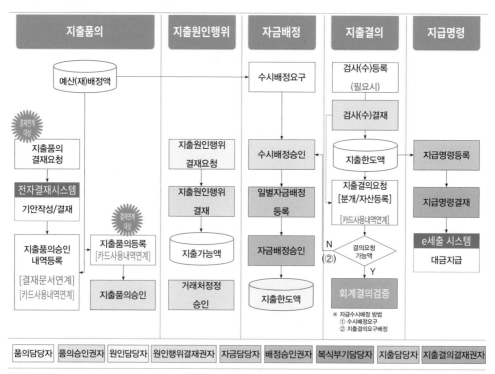

2. 일상경비(No.57517)

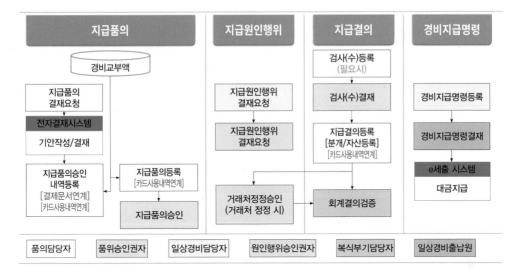

계약지출 흐름도 | No.67490

1. 계약지출(No.67490)

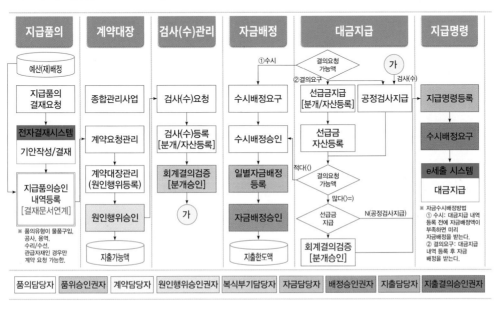

1. 예산실무

2. 지출실무

3. 계약실무

4. 살포자금 관리

5. 결산실무

6. e-호조실무

7. 복식부기

8. 공유 재산 및 물품

9. 재무제표 회계책임

10. 감사 사례

1) 계약대장 및 원인행위 등록 절차

①사업담당자	②사업담당자	③예산배정담당자	④사업담당자
지출품의 결재요청	기안 작성 / 결재 [전자결재시스템]	예산 (재) 배정	지출품의 승인내역등록

⑤계약담당자(관서)	⑥계약담당자(관서)	⑦계약담당자(관서)	⑧재무관
계약요청관리 (p.9)	계약대장등록 (p.20)	지출원인행위등록 (p.34)	지출원인행위승인

2) 선급금 지급 절차(계약 이행 전)

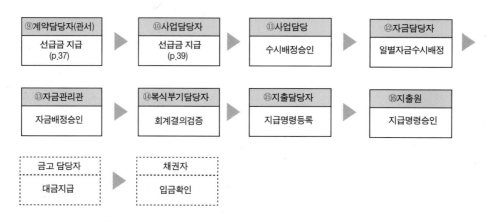

⑨계약담당자(관서)	⑩사업담당자	⑪사업담당	⑫자금담당자
선급금 지급 (p.37)	선급금 지급 (p.39)	수시배정승인	일별자금수시배정

⑬자금관리관	⑭복식부기담당자	⑮지출담당자	⑯지출원
자금배정승인	회계결의검증	지급명령등록	지급명령승인

금고 담당자	채권자
대금지급	입금확인

3) 공정검사 지급 절차(계약 이행 후)

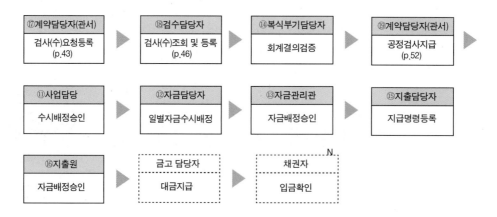

⑰계약담당자(관서)	⑱검수담당자	⑭복식부기담당자	⑲계약담당자(관서)
검사(수)요청등록 (p.43)	검사(수)조회 및 등록 (p.46)	회계결의검증	공정검사지급 (p.52)

⑪사업담당	⑫자금담당자	⑬자금관리관	⑮지출담당자
수시배정승인	일별자금수시배정	자금배정승인	지급명령등록

⑯지출원	금고 담당자	채권자
자금배정승인	대금지급	입금확인

과목경정, 반납, 원인행위 정정 등 흐름도 | 호조

1. 일반지출(No.329654)

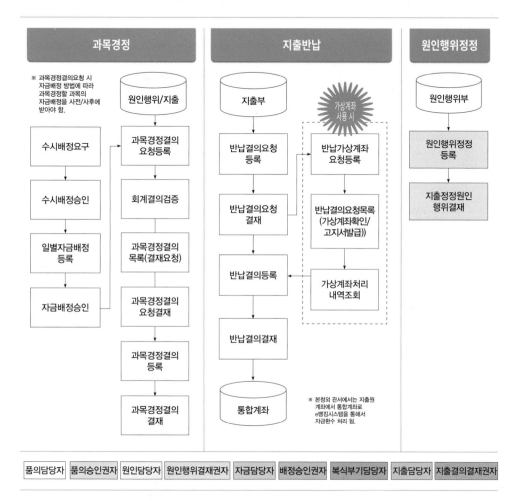

※ 모든 작업의 결재 요청을 위해 "전자결재 → 전자결재 → 결재환경 → 결재선관리 (89003)" 메뉴에서 결재경로를 사전에 등록해야 함.

※ 모든 작업은 반드시 최종 결재까지 완료해야 함. 결재까지 완료되지 않으면 작업되지 않은 것으로 보아 결산에 반영되지 않음.

2. 일상경비(No.329663)

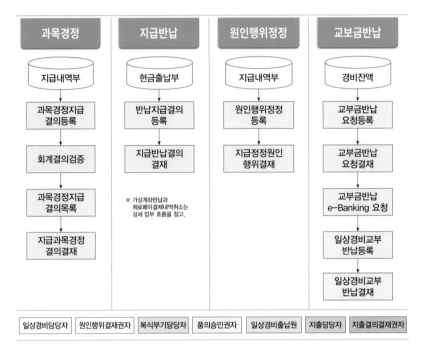

※ 모든 작업의 결재 요청을 위해 "전자결재 → 전자결재 → 결재환경 → 결재선관리 (89003)" 메뉴에서 결재 경로를 사전 등록해야 함.

※ 모든 작업은 반드시 최종 결재까지 완료해야 함. 결재까지 완료되지 않으면 작업 되지 않은 것으로 보아 결산에 반영되지 않음.

예) 과목경정지급결의 등록 후 일상경비출납원 결재까지 완료하지 않는다면 결산 에는 과목경정되지 않은 것으로 처리됨.

※ 일상경비 지급반납 작업 시 반드시 반납액이 일상경비출납원 통장에 입금 완료되 었는지 확인하고 일상경비출납원이 결재 처리를 해야 함.

※ 일상경비 지급반납 시 반납된 금액만큼 자동으로 원인행위 금액이 감액됨.

※ 교부금 반납 e-Banking 사용 시 반드시 교부금 반납액이 지출원 통장에 입금되었 는지 확인하고 지출원 결재 처리를 해야 함.

1. 예산실무

2. 지출실무

3. 계약실무

4. 보조금관리

5. 결산실무

6. e-호조실무

7. 특수받기

8. 공유 재산및물품

9.면성과 회계책임

10.감사 사례

5 e-호조 사전 준비사항(12월 말)

| 사업부서 담당자 확인사항 | No.287159 |

1. 신년도 지출품의를 위하여 예산배정이 완료되었는지 확인

○ 품의등록 화면에서 세부사업 조회 시 조회되는 사업은 품의가 가능한 상태의 사업임(즉 신년도 예산이 편성되어 예산배정까지 완료된 사업).

2. 신년도 지출품의를 위하여 전자결재(온-나라 등) 완료되었는지 확인

○ 전년도와 이어지는 이월사업, 계약건들은 전년도에 전자결재받은 내역으로 '신년에 지출품의 등록 가능('구년도 전자결재문서를 조회)

○ 전자결재 대상통계목들은 전자결재 시스템에서 결재처리가 완료되어야 품의승인내역 등록처리 가능

3. 타 부서로 일상경비 교부되는 사업의 경우 일상경비 사업연계 수행

○ 실과 예산이 타 부서·읍면동·사업소로 교부되는 일상경비의 경우 일상경비 사업연계가 되어야 교부받는 부서의 일상경비 출납원 선택 가능

○ 예산관리 → 예산배정관리 → 예산재배정 → 일상경비사업연계 메뉴를 통해 해당 사업을 교부받을 부서를 등록

회계 담당자 확인사항 | No.287159

1. e뱅킹을 사용하는 자치단체는 신년도 계좌 등록

<관서 출금계좌 등록>
- 지급명령 담당자: 지출관리→지급명령→일반지출지급명령→출금계좌관리 메뉴에서 '신년 출납계좌 등록
- 지급명령 승인자: 지출관리→지급명령→e-Banking→출금계좌승인 메뉴에서 '신년 출납계좌 승인

<부서 일상경비출납계좌 등록>
- 일상경비출납업무 담당자: 지출관리→일상경비→일상지급명령→경비출금계좌관리 메뉴에서 일상경비출납계좌 등록
- 일상경비지급명령 승인자: 지출관리→일상경비→일상지급명령→경비출금계좌승인 메뉴에서 일상경비출납계좌 승인

○ e뱅킹 사용을 위한 계좌관리는 연도별로 관리 중임으로 e뱅킹을 통한 지급처리를 위해서는 각 관서 및 부서별 출납계좌 등록 필요

2. 자금 배정을 위한 지급부서 계좌(자금 모계좌), 입금계좌(관서 출금계좌) 등록

○ 자금담당자 : 자금관리 → 자금배정 → 자금배정 → 지급부서계좌관리, 자금관리 → 자금배정 → 자금배정 → 입금계좌관리 메뉴에서 계좌 등록

○ 자금배정 승인자 : 자금관리 → 자금배정 → 자금배정 → 지급부서계좌 승인, 자금관리 → 자금배정 → 입금계좌 승인 메뉴에서 계좌 승인

3. 세입세출외현금 반환지급을 위한 반환출금계좌 등록

○ 세입세출외현금출납원은 반환지급을 위해 반환출금계좌를 세입세출외현금 → 반환/지급등록 → 반환출금계좌 등록 메뉴에서 등록

4. 신년도 자금배정 방법 등록

○ 지출결의 등록 시 자동 배정요구 방법으로 운영하는 자치단체는 자금당당자가 '신년도 자금수시배정방법을 설정하여야 함
  - 자금관리 → 자금배정 → 자금수시배정방법 설정 메뉴를 이용하여 '구년도 자금배정방법을 확인하고'신년도에도 동일하게 등록

1. 예산실무

2. 지출실무

3. 계약실무

4. 보조금관리

5. 결산실무

6. e-호조실무

7. 복식부기

8. 공유 재산 및 물품

9. 변상과 회계책임

10. 감사 사례

복식부기

07
PART

PART 07 복식부기

1. 예산실무

2. 지출실무

3. 계약실무

4. 보조금관리

5. 결산실무

6. e-호조실무

7. 복식부기

8. 공유재산및물품

9. 면상과 회계책임

10. 감사 사례

1 복식부기의 제도

복식부기 회계제도의 이해 | No.107527

1. 예산회계와 재무회계의 연계도

예산 회계	세입세출 예산	→	집행 세입(징수결의, 수납) 세출(검수검사, 지급)	→	예산회계 (세입세출) 결산	→	통 합 재 정 정 보
			회계처리 ↓ 자동분개				
재무 회계	자산 · 부채 수익 · 비용	→	지방재정관리시스템 (총계정원장) (감가상각)	→	재무회계 (복식부기) 결산		

2. 예산회계와 재무회계의 비교

구 분	예 산 회 계	재 무 회 계 (복식부기)
의 의	예산의 집행실적 기록 (분야–부문–정책사업–단위사업)	재정 상태 및 재정운영 결과 보고 (자산과 부채, 수익과 비용 등)
회계 방식	현금주의, 단식부기	발생주의, 복식부기
결산보고서	세입세출결산서	재무보고서(재무제표 등)
보고 형식	회계단위별 분리 보고	회계단위 간 연계와 통합 보고
가치 지향	행정 내부조직 중심 –예산집행 통제, 법규 준수	주민의 삶의 질 향상 –투명한 공개, 효율적 집행
자기 검증 기능	없음	회계 오류의 자동 검증(대차평균)

3. 자산의 분류

자산의 분류			정의	유형
유동자산			1년 내에 현금화가 가능하거나 또는 실현될 것으로 예상되는 자산	현금, 단기금융상품, 미수세금, 단기대여금, 재고자산 등
투자자산			투자 또는 권리행사 등의 목적으로 보유하고 있는 비유동자산	장기금융상품, 장기대여금, 장기투자증권 등
고정자산	유형자산	일반유형자산	공무원이 주민에 대한 공공서비스 제공을 위해 사용하는 자산	토지, 입목, 건물, 구축물, 기계장치, 차량운반구, 집기비품 등
		주민편의시설	지역주민이 공동으로 이용하는 편의시설인 공동체 자산	도서관, 주차장, 공원, 의료시설 문화관광시설, 체육시설, 사회복지시설 등
		사회기반시설	초기에 대규모의 투자가 이루어지고 파급효과가 장기간에 걸쳐 나타나는 지역사회의 기반적 자산	도로, 상수도시설, 하천부속시설, 폐기물처리시설, 농수산기반시설, 재활용시설, 어항 및 항만시설 등
	무형자산	기타비유동자산	유동자산, 투자자산, 일반유형자산, 주민편의시설, 사회기반시설에 속하지 않는 자산	보증금
	기타자산			지적재산권, 전산소프트웨어, 용익물권 등

※ 재무제표는 자산, 부채, 순자산, 수익, 비용이라는 5가지 요소로 구성됨

4. 회계처리 유형 요약

구분	회계처리 유형분류	회계처리 유형 설명
비용지출	일반지출	인건비, 단순한 소모성 지출. 일반적으로 소모품비, 공공요금, 임차료, 보험료, 교육훈련비 등의 일회성 지출
	수선유지비	기존에 소유하고 있는 건물, 구축물, 차량, 집기비품 등에 대한 수리 및 유지보수 비용 ※ 수선유지 시 자산의 분류: 일반유형자산, 주민편의시설, 사회기반시설, 기타 자산
	민간등이전비용	법령 및 조례에 근거하여 민간에 지급하는 경비와 사회보장적 수혜금
자산취득	일반유형자산 주민편의시설 사회기반시설 기타비유동자산	토지 매입, 구축물 설치, 물품 구입, 차량 구입, 임차보증금 등 자산형성적 지출
	건설 중인 자산	건물 신축, 도로 공사, 부지 매입, 상표권 등록 등 자산 형성에 장기간이 소요되는 지출 ※ 건설 중인 자산의 분류: 일반유형자산, 주민편의시설, 사회기반시설, 무형자산

1. 예산실무

2. 지출실무

3. 계약실무

4. 보조금 관리

5. 결산실무

6. e-호조실무

7. 부록부기

8. 공유 재산 및 물품

9. 분식과 회계책임

10. 감사 사례

2 자주 사용하는 회계 유형 등

| 자주 사용하는 회계처리 유형 | No.278145 |

업무코드명	지출대상 적용 사례
도서구입 및 인쇄비	○ 신문, 잡지 구독료·명함 인쇄·사진 인화료 ○ 홍보인쇄물 제작비·관보구독 및 법령추록 ·표창장 제작비
소모품비	○ 기본 사무용품비·범용S/W(한글, 엑셀 등) 구입·감사패, 상패 제작 ○ 토너, 드럼 교체·소모성 집기비품 구입·쓰레기봉투(종량제 아닌 것) ※ 자산의 수선유지와 관련된 비용은 해당 자산 수선유지비로 처리 〈예〉 복사기, 프린터 롤러 등 수리 → 집기비품 수선유지 　　　청사의 전기시설 처리 → 건물 수선유지비
홍보 및 광고비	○ 현수막 제작비·간판, 명패 제작비·공고 및 광고료· 인쇄물 외 홍보물 제작비
지급수수료	○ 속기료, 원고료, 번역료, 건물청소용역 등 각종 용역에 대한 반대급부 ○ 전기안전관리대행, 무인경비, 냉온수기 소독료, 정밀검사 수수료 ○ 주차료, 세차료, 세탁료, 온비드 이용료 ○ 감정평가, 수질검사시험 등 시험료·등기 및 소송료
직원교육훈련비	○ 소속공무원 등 직원 교육훈련을 위한 비용 중 실비변상적 지출에 한함. 　- 강사수당, 교육비, 교육여비(교통비, 숙박비 등) ※ 교육교재, 원고료, 회의실 사용료 등은 제외
기타교육훈련비	○ 민간인의 교육·훈련을 위해 지출한 비용 중 실비변상적 지출에 한함. 　- 요가교실, 노래교실 등의 강사수당, 참석수당, 교통비, 숙박비 등 　- 시험출제수당 등 시험관리비

업무코드명	지출대상 적용 사례
공무원능력 개발비	○ 사설 어학원 등에 등록 시 지급되는 수강료 보조 경비
협의회 및 부담금	○ 법령 또는 협약에 의해 각종 협회에 부담하는 비용 ○ 환경개선 부담금, 원인자 부담금, 교통유발 부담금 등 시설 사용에 따른 각종 　법정 부담금 ※ 도로복구원인자 부담금: 도로수선유지비 아님
통신요금	○ 이동전화료, 시내전화료, 유선방송비 ※ 결합 상품의 경우 전화요금 외 인터넷 사용료, IPTV 요금 등 포함
우편요금	○ 서류 등 발송료, 등기우편료, 국제우편료, 우표구입비 등 ※ 택배요금은 지급수수료
기타제세 공과금	○ 종량제 쓰레기봉투 ※ 종량제가 아닌 쓰레기봉투는 소모품비 ○ 정화조 청소료 · 고속도로 통행료 · 음식물 처리비 ○ 자산 취득 부대비용으로 처리되지 않은 조달수수료, 나라장터수수료 ※ 자산취득 부대비용으로 처리되는 조달수수료: 해당자산 취득비
임차료	○ 회의실 사용료 · 차량 임차료 · 각종 시설 및 장비 임차료 ※ 임차보증금, 전세보증금은 보증금으로 분류 ※ 재해복구에 투입되는 장비 임차료는 복구대상 자산의 수선유지비
위원회운영비	○ 위원회 참석수당, 심사수당 ○ 위원회 운영 관련 제경비(물품, 인쇄비, 장소대여비 등) ※ 단순회의 관련 물품(ex, 회의 위한 문구류, 다과류 구입 등): 소모품비
행사운영비	○ 워크숍, 액션미팅 등 행사운영을 위한 일체의 경비 　(물품, 강사료, 식대, 현수막, 차량 및 건물임차, 보험료 등)

○ 신문 구독료 → 도서구입및인쇄비 청소용역 → 지급수수료

○ 청사 도어락 교체 → 건물수선유지비

○ 수입인지 구입 → 기타제세공과금

○ 정수기 임대(렌탈) → 임차료

○ 유선방송(케이블)요금 → 통신요금

○ 정수기 관리비 → 지급수수료

○ 현수막, 플래카드, 입간판, 현황판 구입 → 홍보및광고비

○ 비데 관리비 → 지급수수료

○ 고지서 및 각종 인쇄물 제작 → 도서구입및인쇄비

○ 홍보물품 구입 → 홍보및광고비

○ 관용차 점검 → 차량운반구수선유지비

○ 건물 및 관용차 정기검사 → 지급수수료

○ 도시가스 사용료 → 난방연료비

○ 관용차 엔진오일 교체 → 차량운반구수선유지비

○ 기계장비 유류 구입 → 기타연료비

○ 관용차 세차 → 지급수수료

○ 군 홈페이지 유지보수 및 도메인 등록 → 기타비유동자산수선유지비

○ 스티커, 포스터 및 리플릿 구입 → 홍보및광고비

○ 환경개선부담금, 협회 부담금 납부 → 협회비및부담금

○ 프린터 토너 및 드럼교체 → 소모품비

○ 프린터 부품교체 → 집기비품수선유지비

○ 관용차 자동차세 납부 → 제세

○ 고속도로 통행료 납부 → 기타제세공과금

○ 무인경비 비용 지출 → 지급수수료

○ 유류 공동구매 수수료 → 기타제세공과금

1.예산실무
2.지출실무
3.계약실무
4.보조금관리
5.결산실무
6.e-호조실무
7.복식부기
8.공유재산및물품
9.발생제 회계책임
10.감사 사례

○ 온비드사용료 → 지급수수료

○ 군민을 위한 교육 강사료 → 행사운영비 또는 기타교육훈련비

○ 직원을 위한 교육 강사료 → 행사운영비 또는 직원교육훈련비

○ 전산시스템 유지보수 → 기타비유동자산수선유지비

○ 전산장비 유지보수 → 집기비품수선유지비

○ 고장가로등 유지보수 → 기타사회기반시설수선유지비

○ 방조제 개보수공사 → 농수산기반시설수선유지비

○ 마을회관 보수공사 → 기타주민편의시설수선유지비

○ 사회복지관 보수공사 → 사회복지시설수선유지비

○ 배수로준설공사 → 기타사회기반시설수선유지비

○ 하천을 고치거나 정비하는 공사 → 하천부속시설수선유지비

○ 농로를 포장하거나 정비하는 공사 → 농수산기반시설수선유지비

○ 저수지 정비사업 → 농수산기반시설수선유지비

○ 마을 안길을 정비하는 공사 → 기타사회기반시설수선유지비

○ 상수도 노후관로 교체 → 상수도시설수선유지비

○ 임도 보수 → 기타사회기반시설수선유지비

○ 한부모가족, 자활장려금, 아동급식 → 민간생계지원보조금

○ 장제급여, 긴급복지대상자 의료비 → 민간의료보조금

○ 사회복지시설, 어린이집에 지원되는 보조금 → 민간복지시설보조금

○ 기초연금, 주거급여, 생계급여, 양육수당, 가정위탁세대 위로금 → 민간생계지원보조금

○ 장애수당, 장애아동수당, 장애인연금 → 민간생계지원보조금

○ 노인복지시설, 경로당 등에 지원되는 보조금 → 민간복지시설보조금

○ 다문화가족시설에 지원되는 보조금 → 민간복지시설보조금

○ 각종 사회단체에 지원하는 보조금 → 민간사회단체보조금

○ 도로보수 및 도로 아스콘덧씌우기공사 : 도로수선유지비

○ 상수도 정비 및 유지보수공사 : 상수도시설수선유지비

○ 하수도 정비 및 유지보수공사 : 수질정화시설수선유지비

○ 상하수도사업소 시설물 정비 및 유지보수공사 : 상수도시설 또는 수질정화시설수선
  유지비

○ 농로를 정비하거나 농로포장공사 : 농수산기반시설수선유지비

○ 기존 배수로 또는 가로등을 정비하거나 수리수선 공사 : 기타사회기반시설수선유지비

○ 체육시설이나 스포츠파크 시설물 정비 및 유지보수공사 : 체육시설수선유지비

○ 회산백련지나 생태갯벌사업소 시설물 정비 및 유지보수공사 : 문화및관광시설수선
유지비

○ 전통시장 시설물 정비 및 유지보수공사 : 기타주민편의시설수선유지비

○ 복합센터나 마을회관 시설물 정비 및 유지보수공사 : 기타주민편의시설수선유지비

올바른 회계처리 유형 | 자산

○ 도로를 개설하기 위한 토지 매입 : 도로토지

○ 마을 안길을 개설하기 위한 토지 매입 : 기타사회기반시설토지

○ 배수로를 개설하기 위한 토지 매입 : 기타사회기반시설토지

○ 농공단지, 산업단지를 조성하기 위한 토지 매입 : 기타사회기반시설토지

○ 농로 개설, 밭 기반 정비사업을 위한 토지 매입 : 농수산기반시설토지

○ 어항을 조성하기 위한 토지 매입 : 어항 및 항만시설토지

○ 상수도시설을 위한 토지 매입 : 상수도시설토지

○ 하수도시설을 위한 토지 매입 : 수질정화시설토지

○ 주차장 조성을 위한 토지 매입 : 주차장토지

○ 공원 조성을 위한 토지 매입 : 공원토지

○ 수목원 및 휴양림 조성을 위한 토지 매입 : 수목원및휴양림토지

○ 관광시설 조성을 위한 토지 매입 : 문화및관광시설토지

○ 의료시설 조성을 위한 토지 매입 : 의료시설토지

○ 사회복지시설 조성을 위한 토지 매입 : 사회복지시설토지

○ 주민복합센터 조성을 위한 토지 매입 : 기타주민편의시설토지

○ 도로 및 자전거도로 개설 → 건설중인도로

○ 상수도시설 신규 신축 → 건설중인상수도시설

○ 하수도시설 신규 신축 → 건설중인수질정화시설

○ 농로개설 신규 신축 → 건설중인농수산기반시설

○ 배수로 신규 신축 → 건설중인가티사회기반시설

○ 마을안길 신규 신축 → 건설중인기타사회기반시설

○ 가로등 신규 신축 → 건설중인기타사회기반시설

○ 하천 주변 구축물 신규 신축 → 건설중인하천부속시설

○ 농공단지나 산업단지 신규조성 → 건설중인기타사회기반시설

○ 주차장 신규 조성 → 건설중인주차장

○ 휴양림 신규 조성 → 건설중인수목원및휴양림

○ 관광지 신규 조성 → 건설중인문화및관광시설

○ 보건소(지소), 의료시설 신규 신축 → 건설중인의료시설

○ 전통시장 신규 조성 → 건설중인기타주민편의시설

○ 주민복합센터 신규 신축 → 건설중인기타주민편의시설

○ 마을회관 신규 신축 → 건설중인기타주민편의시설

○ 본청이나 읍면동사무소에서 컴퓨터 구입 : 집기비품(물품)

○ 건설교통과에서 도로유지보수사무실에 에어컨 구입 : 도로집기비품(물품)

○ 상하수도사업소에서 구입하는 물품

   상수도관련 물품이면 상수도시설집기비품(물품)

   하수도관련 물품이면 수질정화시설집기비품(물품)

○ 문화체육과에서 국악원에 책상 구입 : 문화및관광시설집기비품(물품)

○ 문화체육과에서 도서관에 의자 구입 : 도서관집기비품(물품)

○ 회산백련지 생태갯벌사업소에서 구입하는 물품 : 문화및관광시설집　기비품(물품)

○ 보건소에서 구입하는 물품 : 의료시설집기비품(물품)

○ 문화체육과 스포츠파크에서 구입하는 물품 : 체육시설집기비품(물품)

○ 사회복지과에서 복지관에 차량 구입 : 사회복지시설차량운반구(물품)

○ 주민복합센터와 관련된 물품 구입 : 기타주민편의시설집기비품(물품)

1. 예산 실무

2. 지출 실무

3. 계약 실무

4. 보조금 관리

5. 결산 실무

6. e-호조실무

7. 복식부기

8. 공유 재산 및 물품

9. 변상과 회계책임

10. 감사 사례

3 e-호조 분개 매뉴얼

| 분개의 원리 이해하기 | No.146276 |

1. 분개의 분류

○ 분개는 크게 위의 5개로 분류되며 대차평균의 원리에 따라 차변과 대변의 합계액
은 항상 같아야 한다.(양쪽 컵에 물의 양이 항상 같다고 생각하면 된다.)

차 변	대 변
자산, 비용	부채, 순자산, 수익

○ 차변에 있는 자산, 비용과 대변에 있는 부채, 순자산, 수익은 해당 위치에 있을 때
는 (+증가)금액이 되고 반대 위치에 있을 때는 (-감소)가 된다.

※ 분개는 (-)금액이 있을 수 없다. 위치에 따라 자동으로 (+ 증가), (- 감소)가 된다.

[분개의 원리]

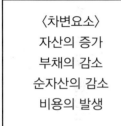

〈차변요소〉
자산의 증가
부채의 감소
순자산의 감소
비용의 발생

〈대변요소〉
자산의 감소
부채의 증가
순자산의 증가
수익의 발생

2. 분개의 예시

○ 분개를 하다 보면 차변/대변 중 하나는 명확하나 나머지 하나가 뭐로 들어와야 될 지가 헷갈릴 때가 많다.

○ 분개는 하나의 적요에 검수분개, 지출분개, 즉 2개의 분개가 생성된다.

예 1) 소모품 100원어치를 구입할 경우

(검수분개) 소모품(비용) 100원 / 일반미지급비용(부채) 100원

차변에 비용(+) 100원이 발생하고, 대변의 부채(+) 100원이 소모되는 것을 볼 수 있다.

(지출분개) 일반미지급비용(부채) 100원 / 현금과예금(자산) 100원

차변에 부채(-) 100원이 발생하고, 대변의 자산(-) 100원이 소모되는 것을 볼 수 있다.

즉 하나의 적요에 검수분개 대변 일반미지급비용(부채)과 지출분개 차변 일반미지급비용(부채)가 서로 상계되므로 실질적인 분개는

소모품(비용) 100원 / 현금과예금(자산) 100원이 되는 것이다.

예 2) 도로토지 200원을 구입할 경우

(검수분개) 도로토지(자산) 200원 / 일반미지급금(부채) 200원

차변에 자산(+) 200원이 발생하고, 대변의 부채(+) 200원이 소모되는 것을 볼 수 있다.

(지출분개) 일반미지급금(부채) 200원 / 현금과예금(자산) 200원

차변에 부채(-) 200원이 발생하고, 대변의 자산(-) 200원이 소모되는 것을 볼 수 있다.

즉 하나의 적요에 검수분개 대변 일반미지급금(부채)과 지출분개 차변 일반미지급금(부채)가 서로 상계되므로 실질적인 분개는

도로토지(자산) 200원 / 현금과예금(자산) 200원이 되는 것이다.

1. 예산실무

2. 지출실무

3. 계약실무

4. 보조금관리

5. 결산실무

6. e-호조실무

7. 부서부기

8. 공유 재산 및 물품

9. 태상과 회계책임

10. 감사 사례

<table>
<tr><td>e-호조 분개처리 요령</td><td>No.149349</td></tr>
</table>

1. 분개의 분류

○ 이호조상에서 지출되는 성격에 따라 3가지로 분류

- 지자체 자산을 구입하기 위하여 지출 → 분개 후 자산등록 필수

- 소모품이나 비용의 지출

- 채무를 상환하기 위한 지출

2. 이호조 분개처리 메뉴

○ 일반지출: 지출관리 - 지출결의 - 지출결의요청등록(21402)

○ 일상경비(일반): 지출관리 - 일상경비 - 일상경비지급결의 - 지급결의등록(22302)

○ 계약지출(일상계약 포함): 계약관리 - 검사검수관리 - 검사검수등록 - 검사(수) 조회
및 등록(30311)

3. 이호조 분개처리 방법

○ 토지

- 사업을 추진하기 위해 토지를 매입하는 경우 자산으로 분개 후 필지별로 자산등록

- 토지 면적, 지목 등은 매입한 토지 등기를 보고 입력

- 재산구분은 행정 목적으로 공무원이 사용하는 토지인 경우 공용재산

- 행정 목적으로 군민을 위해 사용하는 토지인 경우 공공용재산

- 필지별로 자산등록 된 토지는 공유재산으로 관리됨

※ 토지 매입을 위한 토지보상, 영농보상, 지장물보상, 영업보상 등은 토지의 취득원
가에 포함

ex) 1. 도로 개설을 위해 무안읍 성동리 1번지 1월 15일에 토지매입비 1,000,000원 지출 → 도로 토지로 분개 후 자산등록 후 자산등재 완료

2. 1월 20일 성동리 1번지에 대해 영농보상, 지장물보상 등 500,000원 지출 → 도로 토지로 분개 후 자산등록 시 자본적지출여부 y로 놓고 검색 → 상위자산관리에서 성동리 1번지 조회 후 더블클릭 → 취득단가(500,000원), 취득사유 입력 후 저장 → 자산등재완료

3. 1월 25일 성동리 1번지 도로 개설을 위해 성동리 2번지에 대해 영업보상 300,000원 지출(2번지는 토지매입 안함) → 도로 토지로 분개 후 자산등록 시 자본적지출여부 y로 놓고 검색 → 상위자산관리에서 성동리 1번지 조회 후 더블클릭 → 취득단가(300,000원), 취득사유 입력 후 저장 → 자산등재 완료

※ 자본적 지출: 자산 취득에 대하여 관련된 모든 지출

○ 자산건설공사
  - 유형자산을 공사에 의해 취득하게 될 때 착공 시부터 준공 시 까지 지출된 모든 설계용역비, 도급액, 관급자재, 기타 경비 등을 처리하는 임시자산
  - 자산건설공사 완공되면 본 자산으로 대체

ex) 사업명: 품바공연장 건립
  1. 품바공연장 건립공사와 관련하여 가장 먼저 실시설계용역비 집행 (5,000,000원)
    다중분개 시 건설중인문화및관광시설 선택 후 자산등록 클릭
    품바공연장 건립과 관련하여 처음 예산이 지출되는 경우 공사등록을 해야함 (공사등록은 1회만 하면 됨)
    공사명: 품바공연장 건립공사
    대체조서정보 오른쪽에 추가버튼을 눌러 자산유형 선택 (자산유형 선택도 1회만 하면 됨)
    자산유형 돋보기 버튼 클릭
    주민편의시설 - 문화및관광시설 - 건물 선택

공정구분 상, 하 선택 후 취득수량 입력

대체금액 밑에 칸에다가 현재 검수금액 입력

자산유형 밑에 대체금액과 합계의 금액이 일치화면 저장버튼 클릭

진행사항 화면에 지급차수 1 설계용역에 관한 집행 내용이 나오면 자산등재 완료 버튼 클릭

2. 품바공연장 건립공사에 따른 관급자재(철근) 구입 (3,000,000원)

　　다중분개 시 건설중인문화및관광시설 선택 후 자산등록 클릭

　　공사명 돋보기 버튼을 글릭하여 설계용역비 지출 시 공사등록을 했던 품바공연장 건립공사 선택 공정구분 상, 하 선택 후 대체금액 밑에 현재검수금액 3,000,000원 입력

　　이전에 설계용역비로 지출되었던 5,000,000원과 현재검수금액 3,000,000원이 자동으로 더하기 계산되어 8,000,000원 표시됨

　　자산유형 밑에 대체금액과 합계의 금액이 일치화면 저장버튼 클릭

　　진행사항 화면에 지급차수 2 철근에 관한 집행 내용이 나오면 자산등 재완료 버튼 클릭

3. 신규 신축공사와 관련된 모든 지출(도급액, 관급자재 기타 등)은 위와 같은 방법으로 지급차수 1. 2. 3. 4. 5.~ 순서로 공사 누계액이 쌓이게 됨 → 공사가 완공되면 건설중인문화및관광시설이 문화및관광시설 건물로 대체됨

○ 집기비품, 차량운반구, 기계장치

　- 집기비품은 내용연수가 1년 이상이고 취득단가가 개당 10만 원 이상으로 소모품성 물품이 아닌 것

　- 차량운반구는 관용차나 이륜 자동차 구입 시 사용하는 계정과목

　- 기계장치는 농기계임대사업소에서 임대사업을 위해 구입하는 기계장치

　- 집기비품의 종류: 책상, 의자, 컴퓨터, 모니터, 프린터, 티비, 냉장고, 복사기 등등

※ 방독면, 선풍기, 연필깎이, 벽걸이시계 같은 취득단가가 10만 원미만 물품은 소모품비 (비용)로 분개

ex 1) 경리업무 추진에 따른 천공기 구입 (물품가액 350,000원 조달수수료 2,500원) 352,500원

분개과목 집기비품으로 등록 후 자산등록

자산등록 시 물품코드번호가 생성되지 않았거나 뒷번호가 00000000인 경우 돋보기 버튼을 클릭하여 천공기 물품 규격 등을 찾아서 입력

(지출품의승인내역등록 시 물품상세에서 물품관리번호 및 규격번호를 정확히 입력을 했으면 자산등록 시 연동되기 때문에 규격 등을 찾아서 입력 할 필요 없음)

물품 코드번호가 생성되었으면 업무구분(상), 업무구분(하) 투자중심점 등을 선택

취득단가 352,500원 입력 (물품구입에 필요한 수수료 등은 취득가액에 포함)

취득부서, 용도별 구분(행정재산 공용재산), 취득사유, 보관장소, 입력 후 저장

검수금액과 자산총취득금액이 같아야 하고 자산취득잔액이 0원이 되어야 함

자산등재완료 버튼 클릭 → 복식부기담당자 검증 및 승인 → 새올 물품관리시스템으로 전송

ex 2) 보건업무 추진에 따른 관용차 구입 (관용차 계약금액 52,000,000원 선급금 34,000,000원 완납금 18,000,000원)

3월 2일 선급금 34,000,000원 지출 (이호조 메뉴 선급금 자산등록)

분개과목 의료시설차량운반구(물품)으로 분개

위와 같은 방법으로 자산등록을 함

5월3일 관용차 납품이 완료되어 완납금 18,000,000원 검수 및 지출

선급금 지출하였을 때와 같이 분개과목 의료시설차량운반구(물품)으로분개 후 자산등록

자본적지출여부 Y로 놓고 검색

상위자산관리에서 최초취득일자 3월2일(선급금 자산등록 한 날)부터 3월2일까지 놓고 조회

선급금 지출시 자산등록 된 건 선택

취득단가 18,000,000원, 취득사유 입력 후 저장 → 자산등재완료

용차 금액은 52,000,000원 (선급금 34,000,000원 + 완납금 18,000,000원) 으로
물품대장 등록

 실무 TIP

■ 자본적지출과 경상적지출 유형별 사례

자본적지출	경상적지출
• 용도 변경을 위한 개조 • 건축물의 리모델링과 같은 개축 • 엘리베이터 또는 냉난방 장치의 신규 설치 • 재해 등에 따라 건축물, 시설물 등이 멸실 또는 훼손되어 당해 자산의 본래 용도에 사용할 수 없게 된 것의 복구공사 • 빌딩 등에 있어서 피난시설 등의 설치 • 개량, 확장, 증설, 증축, 개축 등 위와 유사한 성질의 것	• 건물 또는 벽의 도장 • 파손된 유리나 지붕의 대체 • 재해를 입은 자산의 외장 복구, 도장, 유리 교체 • 기계장치 또는 차량운반구 등의 소모품 대체 • 위와 유사한 자산의 현상 유지를 위한 것 • 기타 조업 가능한 상태의 유지 등

1. 예산실무
2. 지출실무
3. 계약실무
4. 보조금관리
5. 결산실무
6. e-호조실무
7. 부서마기
8. 공유 재산 및 물품
9. 변상과 회계책임
10. 감사 사례

공유재산 및 물품

PART 08 공유재산 및 물품

1. 예산실무

2. 지출실무

3. 계약실무

4. 보조금 관리

5. 결산실무

6. e-호조실무

7. 복식부기

8. 공유 재산 및 물품

9. 변상과 회계 책임

10. 감사 사례

1 공유재산 일반

| 공유재산 용어의 정의 | No.278007 |

① **공유재산**: 지방자치단체의 부담, 기부채납이나 법령에 따라 지방자치단체의 소유로 된 법 제4조제1항 각호의 재산을 말함

② **기부채납**: 지방자치단체 외의 자가 법 제4조제1항 각호에 해당하는 재산의 소유권을 무상으로 지방자치단체에 이전(기부)하여 지방자치단체가 이를 취득(채납)하는 것을 말함(법 제7조).

> ※ 대법원 1996. 11. 8. 선고. 96다20581 판결
> – 기부채납의 법적 성질(증여계약) 및 그 해제의 효과

> ※ 대법원 2019. 01. 24. 선고 2016다264556 전원합의체 판결
> – 기부채납은 기부자가 그의 소유재산을 지방자치단체의 공유재산으로 증여하는 의사표시를 하고 지방자치단체는 이를 승낙하는 채납의 의사표시를 함으로써 성립하는 증여계약

③ **취득**: 매입, 기부채납, 무상양수, 환지, 무상귀속, 교환, 건물의 신·증축 및 공작물의 설치 등의 방법으로 자치단체로 소유권을 이관하는 것을 말함.

> ※ 대법원 2011. 7. 14. 선고 2009다97628 판결
> – 구 도시 및 주거환경정비법 제65조 제2항 전단에 의하여 국가 또는 지방자치단체에 무상으로 귀속되는 정비기반시설

> ※ 무상귀속: 「국토의 계획 및 이용에 관한 법률」 제 65조 등 개별 법률에 의거 사업시행자가 새로 설치한 공공시설을 그 관리청에 무상으로 소유권을 이전하는 행위(일부 법령에서는 신설 공공시설로 인해 용도가 폐지되는 기존 공공시설을 사업시행자에게 양도하는 행위를 포함하는 사례도 있음)

④ **관리**: 공유재산 및 물품의 취득·운용과 유지·보존을 위한 모든 행위를 말함.

　※ 대법원 2019. 01. 24. 선고 2016다264556 전원합의체 판결
　　- 토지 소유자 스스로 그 소유의 토지를 일반 공중을 위한 용도로 제공한 경우에 그 토지에 대한 소유자의 독점적이고 배타적인 사용·수익권의 행사가 제한되는 법리가 확립됨

⑤ **처분**: 공유재산 및 물품의 매각, 교환, 양여, 신탁, 현물 출자 등의 방법으로 공유재산 및 물품의 소유권이 해당 지방자치단체 외의 자에게 이전되는 것을 말함.

　※ 대전지방법원 2009. 8. 11. 선고 2007가단37506 판결
　　- 지방자치단체가 매도한 토지의 전전매수인이 그 토지에 다량의 폐기물이 매립된 사실을 발견시 손해배상 책임

　※ 대법원 2018. 5. 17 선고 2017도4027 전원합의체 판결
　　- 매도인이 매수인에게 계약내용에 따라 부동산의 소유권을 이전해 주기 전에 그 부동산을 제3자에게 처분하고 제3자 앞으로 그 처분에 따른 등기를 마쳐 준 경우, 배임죄가 성립

⑥ **사용·수익허가**: 법 제5조제2항에 따른 행정재산을 해당 지방자치단체 외의 자가 일정 기간 유상이나 무상으로 사용·수익할 수 있도록 허용하는 것을 말함.

　※ 대법원 1997. 4. 11. 선고 96누17325 판결
　　- 공유재산의 관리청이 행정재산의 사용·수익을 허가한 다음 그 사용·수익 하는 자에 대하여 하는 사용·수익허가취소는 순전히 사경제주체로서 행하는 사법상의 행위라 할 수 없고, 이는 관리청이 공권력을 가진 우월적 지위에서 행한 것으로써 항고소송의 대상이 되는 행정처분이다.

⑦ **대부계약**: 법 제5조제3항에 따른 일반재산을 해당 지방자치단체 외의 자가 일정 기간 유상이나 무상으로 사용·수익할 수 있도록 체결하는 계약으로 민법상 "임대차계약"과 유사한 의미임. 공유재산 대부계약은 「공유재산 및 물품 관리법」이 적용되며, 임대차계약 관련 법령이 적용되지 않음.

　※ 대법원 1998. 9. 22. 선고 98두7602판결
　　- 지방자치단체장이 일반(국유잡종)재산을 대부하여 달라는 신청을 거부한 것은 항고소송의 대상이 되는 행정처분이 아니므로 행정소송으로 그 취소를 구할 수 없다.

1. 예산실무

2. 지출실무

3. 계약실무

4. 보조금 관리

5. 결산실무

6. e-호조실무

7. 복식부기

8. 공유 재산 및 물품

9. 변상과 회계 책임

10. 감사 사례

※ 대법원 2000. 2. 11. 선고 99다61675 판결

    – 대부계약은 사경제 주체로서 상대방과 대등한 위치에서 행하는 사법상의 계약임.

⑧ **관리위탁**: 행정재산을 민간 또는 법인에게 지방자치단체를 대신하여 그 재산의 사용과 관리를 맡기는 것(법 제27조)

※ 대법원 2019. 1. 17. 선고 2016두60287 판결

    – 국가나 지방자치단체가 어느 단체에게 시설의 관리 등을 위탁하여 이를 사용·수익하게 하고, 그 단체가 자신의 명의와 계산으로 재화 또는 용역을 공급하고 부가가치세를 납부한 경우, 그러한 사정만으로 위탁자인 국가나 지방자치단체가 법률상 원인 없이 채무를 면하는 등의 이익을 얻어 부당이득을 한 것인지 여부

※ 대법원 1997. 12. 26. 선고 96누19338 판결

    – 지방자치단체장이 도시공원 내 골프연습장의 관리를 위탁하면서 사용·수익을 허가한 경우, 그 사용·수익으로 인한 위탁사용료를 징수할 수 있는지 여부

※ 대법원 2017. 7. 11. 선고 2015두48754 판결

    – 국가나 지방자치단체가 어느 단체에게 시설의 관리 등을 위탁하여 이를 사용·수익하게 하고 그 단체가 자신의 명의와 계산으로 제3자에게 재화 또는 용역을 공급하는 경우

⑨ **위탁관리**: 일반 재산의 관리·처분에 대한 사무를 「공유재산 및 물품관리법 시행령」 제48조의2에 따른 수탁기관이 관리하는 것(법 제43조의2)

⑩ **위탁개발**: 일반 재산을 자치단체의 승인을 받아 「건축법」상 신축, 증축, 리모델링 등을 하는 것을 말함(법 제43조의3).

공유재산의 보호 | No.278008

1. 관리처분의 기본원칙(법 제3조의2)

○ 해당 지방자치단체 전체의 이익에 맞도록 할 것

○ 취득과 처분이 균형을 이룰 것

○ 공공 가치와 활용 가치를 고려할 것

○ 투명하고 효율적인 절차를 따를 것

2. 공유재산의 보호(법 제6조)

1) 공유재산 보호

○ 누구든지 「공유재산 및 물품 관리법」 또는 다른 법률에서 정하는 절차와 방법에 따르지 아니하고는 공유재산을 사용하거나 수익하지 못함(법 제6조제1항).

○ 이를 위반하여 행정재산을 사용하거나 수익한 자는 2년 이하의 징역 또는 1천만원 이하의 벌금에 처함(법 제99조).

　※ 헌법재판소 2013. 6. 27. 자 2012헌바17 결정

　　– 공유재산 및 물품 관리법 제6조 제1항 등 위헌소원 = 합헌

2) 사권 설정 금지

○ 사권이 설정된 재산은 그 사권이 소멸되기 전에는 공유재산으로 취득하지 못함. 다만, 법원의 판결에 따라 취득하는 경우에는 그러하지 아니함(법 제8조).

　※ 국가·다른 지방자치단체, 사인과 공동 소유로 취득(공유지분)하는 것은 관리·처분에 제한을 받을 수 있음

　※ 대법원 2022. 7. 21. 선고 2017다236749 전원합의체 판결

　　– 토지와 건물을 각각 별개의 독립된 부동산으로 취급하므로 토지와 건물의 소유자가 분리될 때 건물의 철거로 인한 사회경제적 손실을 방지할 공익상 필요가 있어 관습법상 법정지상권을 인정함. 다만, 관습법상 법정지상권을 취득한 사람은 토지사용료 등을 내야 함.

3) 등기·등록

○ 지방자치단체의 장은 공유재산으로 취득하는 경우 법령에서 정하는 바에 따라 해당 지방자치단체의 소관에 속하게 된 날부터 60일 이내에 등기·등록이나 그밖에 권리 보전에 필요한 조치를 하여야 함(법 제9조제1항).

4) 권리자 명의

○ 공유재산 등기·등록 명의는 해당 지방자치단체로 함.
- 시·도, 시·군·구는 해당 지방자치단체명 (경기도, 서울시 등)
- 교육비특별회계 재산은 교육감 부기(법 제9조)

5) 전대 금지

○ 사용·수익 허가, 대부를 받은 자는 그 공유재산을 다른 자에게 사용·수익하게 하여서는 아니 됨.
- 전대를 하는 경우 사용·수익 허가와 대부의 취소 대상이 됨.
- 다만, 행정재산 사용·수익의 허가를 받은 자가 해당 행정재산의 기부자와 그 상속인 또는 그 밖의 포괄승계인인 경우에는 지방자치단체의 장의 승인을 받아 다른자에게 사용·수익하게 할 수 있음.

6) 원상복구 의무

○ 사용·수익허가 또는 대부를 받은 자는 그 계약기간이 끝나거나 취소가 된 경우에는 그 공유재산을 원상태로 반환하여야 함.
- 사용·수익 허가 종료 또는 취소 이후에도 계속하여 점유한 경우 무단점유에 해당되어 변상금 등 처분 대상임.
- 다만, 지방자치단체의 장이 미리 원상의 변경을 승인한 경우와 사용목적의 성질상 재산의 원상회복이 불필요한 경우(이 경우 시설물 포기각서 징구 필요)로서 지자체장이 지자체의 이득이 되는 것으로 판단하는 경우에는 변경된 상태로 반환할 수 있음.
- 사용·수익 또는 대부재산을 인도받을 시에는 원상변경 및 제공과금의 미납 여부 등을 면밀히 조사하여야 하며, 원상변경된 경우 원상 회복 조치를 하고 미납 제공과금이 있을 시에는 재산 인도일까지 정산토록 함.

※ 대법원 2001. 10. 12. 선고 2001두4078 판결
- 대부계약이 적법하게 해지된 이상 그 점유자의 공유재산에 대한 점유는 정당한 이유 없는 점유라 할 것이고, 따라서 지방자치단체의 장은 지방재정법 제85조에 의하여 행정대집행의 방법으로 그 지상물을 철거시킬 수 있다.

1. 예산실무
2. 지출실무
3. 계약실무
4. 보조금관리
5. 결산실무
6. e-호조실무
7. 특약부기
8. 공유재산및물품
9. 변상과 회계책임
10. 감사사례

※ 대법원 2013. 1. 24. 선고 2012다79828 판결

- 변상금의 부과는 관리청이 공유재산 중 일반재산과 관련하여 사경제 주체로서 상대방과 대등한 위치에서 사법상 계약인 대부계약을 체결한 후 그 이행을 구하는 것과 달리 관리청이 공권력의 주체로서 상대방의 의사를 묻지 않고 일방적으로 행하는 행정처분에 해당한다. 그러므로 만일 무단으로 공유재산 등을 사용·수익·점유하는 자가 관리청의 변상금부과처분에 따라 그에 해당하는 돈을 납부한 경우라면 위 변상금부과처분이 당연 무효이거나 행정소송을 통해 먼저 취소되기 전에는 사법상 부당이득반환청구로써 위 납부액의 반환을 구할 수 없다.

3. 다른 법률과의 관계

1) 법 적용

○ 공유재산 및 물품의 관리·처분에 관하여는 다른 법률에 특별한 규정이 있는 경우외에는 「공유재산 및 물품 관리법」에서 정하는 바에 따라야 함(법 제2조의2).

○ 공유재산의 관리·처분 등에 관한 일반적인 사항은 「공유재산 및 물품 관리법」에서 규정하고 있으나, 도로·하천 등 특별한 관리가 필요한 공유재산은 「도로법」, 「하천법」 등 각 개별법에서 별도로 규정하고 있음.

2) 법령안의 협의

○ 중앙행정기관의 장은 공유재산의 관리와 처분에 관련되는 법령을 제정, 개정 또는 폐지하려면 미리 행정안전부 장관과 협의하여야 함(법 제17조).

○ 지방자치단체는 공유재산의 관리·처분에 관련되는 조례가 제·개정되는 경우, 행정안전부 장관에게 보고하여야 함(지방자치법 제28조).

3) 「지방재정법」 등의 준용

○ 공유재산 계약, 금전채권과 채무의 소멸시효, 부정당업자의 입찰참가자격 제한 등에 대하여 「공유재산 및 물품 관리법」에서 정한 사항 외에는 「지방재정법」 및 」지방자치단체를 당사자로 하는 계약에 관한 법률」을 준용함(법 제97조제1항)

※ 다른 법령을 준용하더라도 「공유재산 및 물품 관리법」에서 규정하고 있지 않은 행정 절차 등을 준용하여야 하며, 「공유재산 및 물품 관리법」에서 명백히 규정한 사항까지 준용하는 것은 아님에 유의

※ 예시) 「공유재산 및 물품 관리법」에서 행정재산의 사용·수익 허가의 방법으로 일반경쟁입찰, 지명경쟁, 수의계약을 명백히 규정하고 있으므로 「지방계약법」에 의한 제한경쟁 입찰 등의 다른 계약방법은 준용은 불가함.

4) 시효 취득의 예외

○ 행정재산은 「민법」 제245조에도 불구하고 시효 취득의 대상이 되지 아니함.

※ 대법원 1997. 11. 14. 선고 96다10782 판결

- 원래 잡종(일반)재산이던 것이 행정재산으로 된 경우 일반(잡종)재산일 당시에 취득시효가 완성되었다고 하더라도 행정재산으로 된 이상 이를 원인으로 하는 소유권이전등기를 청구할 수 없다.

○ 일반재산에 대하여는 「민법」 제245조에 따른 시효취득의 대상이 됨.

※ 다만, 매년 실태조사 등을 통해 재산 사태를 확인하고, 변상금 부과, 사용대부계약을 체결하여 평온공연한 점유를 유지하지 못하므로 현실적으로 시효취득 대상이 될 수 없음.

※ 헌법재판소 1991. 5. 13. 선고 89헌가 97 결정

- 국유재산법(1976. 12. 31. 법률 제2950호) 제5조제2항을 동법의 국유재산 중 잡종재산(일반재산)에 대하여 적용하는 것은 헌법에 위반된다.

※ 대법원 1998. 5. 22. 선고 96다24101 판결

- 취득시효완성 후 각서를 제출하면서 국유재산 대부계약을 체결하고 현상금 및 대부료를 납부한 경우, 시효이익을 포기하였다고 본 사례

5) 체납처분

○ 사용료, 대부료, 연체료를 납부기한까지 내지 아니하면 지방세 체납처분의 예에 따라 징수할 수 있음(법 제97조제2항).

○ 변상금은 「지방행정제재·부과금의 징수 등에 관한 법률」에 따라 징수함(법 제97조제3항)

1. 예산실무
2. 지출실무
3. 계약실무
4. 보조금 관리
5. 결산실무
6. e-호조실무
7. 특색보기
8. 공유재산 및 물품
9. 변상과 회계 책임
10. 감사 사례

※ 대법원 2017. 4. 13. 선고 2013다207941 판결

- 공유 일반재산의 대부료의 징수에 관하여도 지방세 체납처분의 예에 따라 간이하고 경제적인 특별한 구제절차가 마련되어있어 공유 일반재산의 대부료의 지급을 특별한 사정이 없는한 민사소송으로 구할 수는 없다.

4. 조례의 제정 및 운영 등

가. 지방자치단체는 법령의 범위 내에서 공유재산의 관리·처분·수입 및 지출에 관한 사항을 조례 또는 규칙으로 제정·운영 할 수 있음(법 제94조의2제2항).

ㅇ「공유재산 및 물품관리법」에서 조례로 위임한 사항

※ 대법원 2003. 5. 27. 선고 2002두7135 판결

- 지방자치단체는 자치사무에 관하여 이른바 자치조례를 제정할 수 있고, 이러한 자치조례에 대해서는 지방자치법 제15조가 정하는 '법령의 범위안'이라는 사항적 한계가 적용될 뿐, 일반적인 위임입법의 한계가 적용될 여지가 없으며, 여기서 말하는 '법령의 범위 안'이라는 의미는 '법령에 위반되지 아니하는 범위 안'으로 풀이된다.

나. 운영 기준

ㅇ 행정안전부 장관은 지방자치단체가 공유재산의 관리·처분·수입 및 지출을 통일적으로 운영할 수 있게 하기 위하여 공유재산의 운영기준을 정할 수 있음(법 제94조의2제1항).

1. 공유재산의 범위(공유재산 및 물품관리법 제4조 제1항)

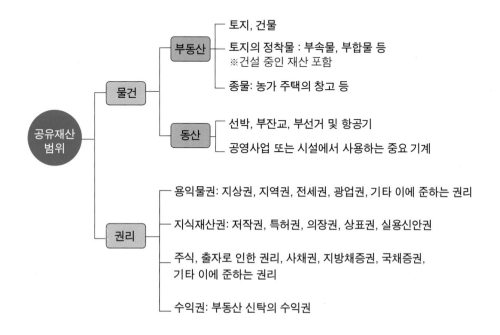

부동산
- 토지, 건물
- 토지의 정착물 : 부속물, 부합물 등
  ※건설 중인 재산 포함
- 종물: 농가 주택의 창고 등

동산
- 선박, 부잔교, 부선거 및 항공기
- 공영사업 또는 시설에서 사용하는 중요 기계

물건

권리
- 용익물권: 지상권, 지역권, 전세권, 광업권, 기타 이에 준하는 권리
- 지식재산권: 저작권, 특허권, 의장권, 상표권, 실용신안권
- 주식, 출자로 인한 권리, 사채권, 지방채증권, 국채증권, 기타 이에 준하는 권리
- 수익권: 부동산 신탁의 수익권

공유재산 범위

2. 행정재산과 일반재산의 구분과 종류

구 분		종 류
행정재산	공용재산	청사, 관사, 박물관, 학교, 도서관, 공무원아파트 등
	공공용재산	도로, 하천, 항만, 주차장, 공원, 제방, 지하도, 광장 등
	기업용재산	병원, 상하수도, 도시철도 등
	보존용재산	문화재, 사적지, 명승지 등
일반재산		행정재산 외의 모든 공유재산(필요에 따라 대부 및 매각이 가능한 재산)

1. 예산실무
2. 지출실무
3. 계약실무
4. 보조금관리
5. 결산실무
6. e-호조실무
7. 복식부기
8. 공유재산및물품
9. 빈상과회계 책임
10.감사 사례

3. 공유재산 이용의 유형

구 분	공유재산의 종류	이 용 유 형	
공유재산의 이용	행정재산	사용·수익 허가	예외적으로 양여, 교환 가능
	일반재산 (구 잡종재산)	대부	매각, 교환, 양여

4. 관리체계

회계관계공무원	업무내용
총괄재산관리관	공유재산관리에 대한 당해 자치단체의 총괄 기능을 수행하기 위하여 지방자치단체의 장에게 위임받은 공무원
재산관리관	재산의 종류별·소관별로 지정하여 관리
분임재산관리관	재산관리관의 사무의 전부를 대리 또는 하거나 그 일부를 분장

1. 예산실무
2. 지출실무
3. 계약실무
4. 보조금관리
5. 결산실무
6. e-호조실무
7. 복식부기
8. 공유재산및물품
9. 발생과회계책임
10. 감사사례

2 공유재산 관리

| 공유재산 관리계획 | 공유재산 |

1. 공유재산 관리계획

○ 예산을 편성하기 전에 매년 공유재산의 취득과 처분에 관한 공유재산 관리계획을 세워 지방의회의 의결을 받아야 하며 관리계획을 변경할 때에도 지방의회의 의결을 받아야 함.

○ 관리계획은 중요 재산의 취득 및 처분에 관한 사항임.

○ 사업의 계획이 있는 경우 본 사업의 예산을 편성하기 전에 관리계획을 수립하여야 함.

2. 관리계획의 대상

중요재산의 구 분	취득의 경우	처분의 경우
1건당 기준가격	20억 원 이상인 재산 (시 · 군 · 자치구의 경우에는 10억 원 이상인 재산)	10억 원 이상인 재산 (서울특별시와 경기도의 경우에는 20억 원 이상인 재산)
1건당 토지면적	6천 제곱미터 이상인 재산 (시 · 군 · 자치구의 경우에는 1천 제곱미터 이상인 재산)	5천 제곱미터 이상인 재산 (시 · 군 · 자치구의 경우에는 2천 제곱미터 이상인 재산)

3. 관리계획의 변경(공유재산 및 물품관리법 제10조 제1항)

1) 변경 기준

○ 취득·처분의 목적이 변경된 경우

○ 관리계획에 포함된 토지 또는 시설물의 면적이나 기준가격이 30퍼센트를 초과하여 증감된 경우

○ 다만, 공사 중 물가 변동으로 인하여 계약금액이 변경된 경우에는 변경계획을 수립하지 않아도 됨.

2) 변경 절차

지방자치단체의 장은 공유재산관리계획의 변경 기준에 해당되는 경우에는 공유재산 관리계획을 변경한 후 지방의회의 의결을 받아야 함.

4. 관리계획 수립의 제외(공유재산 및 물품관리법 시행령 제7조 제3항)

① 공유재산 및 물품관리법이 아닌 다른 법률에 따른 무상 귀속

② 도시개발법 등 다른 법률에 따른 환지

③ 법원의 판결에 따른 소유권 등의 취득 또는 상실

④ 공익사업을 위한 토지 등의 취득 및 보상에 관한 법률에 따른 취득(국토의 계획 및 이용에 관한 법률 제2조제6호 가목·나목 또는 마목의 기반시설을 설치·정비 또는 개량하는 경우만 해당한다)·처분

⑤ 「도시 및 주거환경정비법」 제101조에 따른 무상 양여

⑥ 「기업활동 규제 완화에 관한 특별조치법」 제14조에 따른 중소기업자에 대한 공장용지 매각

⑦ 지방의회의 의결 또는 동의를 받은 재산의 취득·처분

⑧ 「지방세법」 제117조에 따른 물납 취득

⑨ 다른 법률에 따라 관리계획의 적용이 배제된 재산의 취득·처분 등

⑩ 다른 법률에 따라 해당 지방자치단체의 취득·처분이 의무화된 재산의 취득·처분

⑪ 다른 법률에 따라 인가·허가 또는 사업승인 시 조건에 의하여 주된 사업대상물에 딸린 공공시설의 취득

※ 개별 개발사업 인허가시 부관 등으로 시설물을 기부채납토록 하는 경우

⑫ 공유재산을 종전과 동일한 목적과 규모로 대체하는 재산의 취득

공유재산의 사용관리

1. 예산실무

2. 지출실무

3. 계약실무

4. 보조금관리

5. 결산실무

6. e-호조실무

7. 특수부기

8. 공유재산및물품

9. 변상과 회계책임

10. 감사 사례

사용 · 수익 허가 / 대부 방법 | No.233692

---

1. 허가 · 계약 방법

구 분	기본 원칙	예외	비고
사용허가(행정재산)	일반입찰	제한경쟁, 지명경쟁, 수의계약	
대부계약(일반재산)			

※ 관련 근거
- 「공유재산 및 물품관리법」 제20조제2항, 같은 법 시행령 제13조
- 「공유재산 및 물품관리법」 제29조제1항, 같은 법 시행령 제26조, 제29조

2. 일반입찰

가. 그 재산의 목적 또는 용도에 장애가 되지 아니하는 범위 내에서 사용허가 · 대부 계약을 하여야 함.

나. 재산의 목적 또는 용도에 장애가 되지 아니하는 범위
- 행정 목적 또는 보존 목적의 수행에 필요한 경우
- 공무원의 후생 목적을 위하여 필요한 경우
- 그 밖에 해당 재산의 용도 또는 목적에 장애가 되지 않는 경우로서 해당 지방자치단체의 장이 필요하다고 인정하는 경우

다. 수입의 원인이 되는 입찰로서 최고가격의 입찰자를 낙찰자로 하여야 함.

라. 일반입찰 방법 중 제한입찰, 적격심사 등의 방법으로 할 수 없음에 유의

마. 원상회복이 어렵거나 당해 기간을 초과하여 이용이 예상되는 용도로는 사용 · 대부를 하지 않아야 함.

※ 진입로 용도, 수목·다년생식물 식재 등

3. 지명경쟁

　가. 지명경쟁도 입찰의 한 방법임.

　나. 토지의 용도 등을 고려할 때(건축법상 최소 분할 면적에 미달하는 등 해당 토지 단독으로 활용이 곤란한 경우) 해당 재산에 인접한 토지의 소유자를 지명하여 경쟁에 부칠 필요가 있는 경우

　다. 그 밖에 재산의 위치·형태·용도 등이나 계약의 목적·성질 등으로 보아 대부계약을 받은 자를 지명할 필요가 있는 경우

　라. 사용·수익허가 또는 대부신청이 경합하는 경우

4. 수의계약

1) 행정재산 수의에 의한 방법 요건(시행령 제13조 제3항)

　(1) 국가·지방자치단체·공법인·공익법인이 직접 사용하려는 경우

　(2) 일단(一團)의 면적이 1만 제곱미터 이하인 농경지를 경작의 목적으로 해당 지방자치단체에 거주하는 농업인(「농업·농촌 및 식품산업 기본법」 제3조제2호에 따른 농업인을 말한다. 이하 같다)에게 사용허가를 하는 경우

　(3) 청사의 구내재산을 공무원 후생 목적으로 사용하기 위하여 그 재산의 사용허가를 하는 경우

　(4) 법률에 따라 해당 재산의 무상 사용허가를 받을 수 있는 자에게 그 재산의 유상 사용허가를 하는 경우

　(5) 법 제24조제1항 또는 그 밖의 다른 법률에 따라 사용료 면제의 대상이 되는 자에게 사용허가를 하는 경우

　(6) 사용허가의 신청 당시 제31조제2항 각호의 방법을 적용해서 산출한 가격(행정재산 중 일부에 대해 사용허가를 하는 경우에는 해당 행정재산 전체의 가격을 말한다)이 1천 만원(특별시·광역시의 자치구에 소재하는 재산인 경우에는 3천 만원) 이하인 재산의 사용허가를 하는 경우

　(7) 2회에 걸쳐 유효한 일반입찰이 성립되지 아니한 경우

(8) 지역경제 활성화에 기여할 수 있는 해당지역 특산품 또는 해당지역 생산제품 등을 생산·전시 및 판매하는데 필요하다고 지방자치단체의 조례로 정하는 경우

(9) 지방자치단체가 시행하는 사업을 위하여 이전하는 공익시설의 소유자가 그 공익시설과 직접 관련된 재산을 그 공익시설을 이전하는 기간 동안 사용하려는 경우

(10) 건물 등을 신축하여 기부하려는 자가 신축기간 동안 그 부지를 사용하는 경우

(11) 천재지변이나 그 밖의 재해를 입은 지역주민에게 임시로 사용허가를 하는 경우

(12) 공익사업을 위하여 자진 철거를 전제로 하여 임시로 사용허가를 하는 경우

(13) 다른 법률에 따라 공유재산을 우선 임대할 수 있는 자에게 그 재산의 사용허가를 하는 경우

(14) 「정부출연연구기관 등의 설립·운영 및 육성에 관한 법률」에 따른 정부출연연구기관, 「과학기술분야 정부출연연구기관 등의 설립·운영 및 육성에 관한 법률」에 따른 과학기술분야 정부출연연구기관, 「특정연구기관 육성법」 제2조에 따른 특정연구기관(이하 "정부출연연구기관등"이라 한다) 또는 「산업기술혁신 촉진법」 제42조제1항에 따른 전문생산기술연구소에 사용허가를 하는 경우

(15) 지방자치단체와 재산을 공유하는 자에게 지방자치단체의 지분에 해당하는 부분에 대해 사용허가를 하는 경우

(16) 지방자치단체의 현재의 사용 및 이용에 지장을 주지 않는 범위에서 해당 공유재산의 공중·지하에 건물이 아닌 공작물을 설치하는 경우

(17) 공유재산을 「중소기업창업 지원법」에 따른 창업기업에 창업을 위한 사무실 또는 사업장 등 창업 공간(창업보육센터는 제외하며, 이하 "창업공간"이라 한다)으로 사용허가를 하는 경우

(18) 다음 각 목의 어느 하나에 해당하는 기구 또는 단체로서 지방자치단체의 조례로 정하는 기구 또는 단체에 사용허가를 하는 경우
  - 국제기구(국제연합과 그 산하기구·전문기구, 정부 간 기구, 준정부 간 기구를 말한다)
  - 50개국 이상의 서로 다른 국가의 회원을 보유한 비영리민간단체

(19) 이동용 음식판매 용도의 자동차를 이용하여 「식품위생법 시행령」 제21조제8호 가목의 휴게음식점 영업 또는 같은 호 바목의 제과점 영업을 하려는 사람에게

사용허가를 하는 경우

(20) 해당 지방자치단체가 출자 또는 출연한 비영리 공공법인 또는 공법인의 비영리 사업을 위하여 사용허가를 하는 경우

(21) 지방자치단체의 장이 수립한 일자리정책에 따라 미취업 청년 등 미취업자의 창업을 위해 행정재산의 사용허가를 하는 경우

(22) 행정안전부 장관이 정하여 고시하는 취약계층 고용비율을 충족하는 다음 각 목의 기업 또는 조합에 사용허가를 하는 경우
 -「사회적기업 육성법」제2조제1호에 따른 사회적기업
 -「협동조합 기본법」제2조제3호에 따른 사회적협동조합
 -「국민기초생활 보장법」제18조에 따른 자활기업
 -「도시재생 활성화 및 지원에 관한 특별법」제2조제1항제9호에 따른 마을기업으로서 행정안전부 장관이 정하여 고시하는 기준에 적합한 기업

(23)「고용보험법」제19조제2항에 따른 우선지원 대상기업으로서 청년 친화적 근로조건을 갖추고 있다고 고용노동부 장관이 정하여 공고하는 기업에 사용허가를 하는 경우

(24) 제1호부터 제23호까지에서 규정한 사항 외에 행정재산의 위치·형태·용도 등이나 계약의 목적·성질 등으로 보아 일반입찰에 부치기 곤란한 경우로서 지방자치단체의 조례로 그 내용 및 범위를 정한 경우

2) 일반재산 수의대부계약 요건(시행령 제29조 제1항)

(1) 국가·지방자치단체·공법인·공익법인이 직접 사용하려는 경우

(2) 일단의 면적이 1만 제곱미터 이하인 농경지를 경작의 목적으로 해당 지방자치단체에 거주하는 농업인에게 대부하는 경우

(3) 재산의 성질상 또는 사회정책상 일반입찰로 매각하기가 곤란한 재산을 대부하는 경우

(4) 임야를 목축·광업·채석 등의 목적으로 대부하는 경우

(5) 청사의 구내재산을 공무원의 후생 목적으로 사용하기 위하여 대부하는 경우

(6) 법률에 따라 해당 재산을 양여하거나 무상으로 대부할 수 있는 자에게 그 재산을

유상으로 대부하는 경우

(7) 동일인의 사유지에 둘러싸인 부지를 대부하는 경우

(8) 「건축법」 제57조제1항에 따른 최소 분할면적에 미달하는 건물이 없는 토지를 해당 토지와 이해관계가 있는 인접 사유지의 소유자에게 대부하는 경우

(9) 대부계약 신청 당시 제31조제2항 각호의 방법을 적용해서 산출한 가격(일반재산 중 일부를 대부하려는 경우에는 해당 일반재산 전체의 가격을 말한다)이 3천만 원(특별시·광역시의 자치구에 소재하는 재산인 경우에는 5천만 원) 이하인 재산을 대부하는 경우

(10) 2회에 걸쳐 유효한 일반입찰이 성립되지 아니한 경우

(11) 지역경제 활성화에 기여할 수 있는 해당지역 특산품 또는 해당지역 생산제품 등을 생산·전시 및 판매하는 데 필요하다고 지방자치단체의 조례로 정하는 경우

(12) 「수도권정비계획법 시행령」 제3조제1호부터 제3호까지 및 제5호에 따른 수도권 인구집중유발시설을 지방으로 이전하기 위하여 해당 시설을 이전하는 자에게 재산을 대부하는 경우

(13) 지방자치단체가 시행하는 사업을 위하여 이전하는 공익시설의 소유자가 그 공익시설과 직접 관련된 재산을 그 공익시설을 이전하는 기간 동안 사용하려는 경우

(14) 건물 등을 신축하여 기부하려는 자가 신축기간 동안 그 부지를 사용하는 경우

(15) 천재지변이나 그 밖의 재해를 입은 지역주민에게 임시로 대부하는 경우

(16) 해당 지방자치단체가 출자·출연한 비영리 공공법인에 대부하는 경우

(17) 공익사업을 위하여 자진철거를 전제로 임시로 사용하는 경우

(18) 지역경제를 활성화하기 위하여 해당 지역에 거주하는 상시 종업원의 수가 10명 이상인 다음 각 목의 어느 하나에 해당하는 시설을 유치하기 위하여 대부하는 경우. 이 경우 대부 대상자의 세부 선정기준, 선정절차와 방법은 행정안전부장관이 정하여 고시한다.
　- 공장 또는 연구시설과 그 지원시설
　- 「관광진흥법」 제3조에 따른 관광시설 또는 「문화예술진흥법」 제2조에 따른 문화시설 중 행정안전부 장관이 일자리 창출 효과가 크다고 판단하여 지정하는 시설
　- 그 밖에 지역경제 활성화를 위하여 필요하다고 지방자치단체의 조례로 정하

1. 예산실무
2. 지출실무
3. 계약실무
4. 보조금관리
5. 결산실무
6. e-호조실무
7. 특수시기
8. 공유재산및물품
9. 변상과 회계 책임
10. 감사 사례

는 시설

(19) 지방자치단체의 장이 수립한 일자리정책에 따라 미취업 청년 등 미취업자가 창업을 위하여 사용하도록 대부하는 경우

(20) 다른 법률에 따라 공유재산을 우선 임대할 수 있는 자에게 그 재산을 대부하는 경우

(21) 다른 법률에 따라 특정사업 외의 목적으로 사용하는 것이 제한된 재산을 그 사업의 시행자에게 대부하는 경우

(22) 정부출연연구기관등 또는 「산업기술혁신 촉진법」 제42조제1항에 따른 전문생산기술연구소를 유치하기 위하여 대부하는 경우

(23) 「중소기업창업지원법」에 따른 창업기업에 공유재산을 창업공간으로 대부하는 경우

(24) 행정안전부 장관이 정하여 고시하는 취약계층 고용비율을 충족하는 제13조제3항제22호 각 목의 기업 또는 조합에 대부하는 경우

(25) 「고용보험법」 제19조제2항에 따른 우선지원 대상기업으로서 청년 친화적 근로조건을 갖추고 있다고 고용노동부 장관이 정하여 공고하는 기업에 대부하는 경우

(26) 법 제34조제1항 또는 그 밖의 다른 법률에 따라 대부료 면제의 대상이 되는 자에게 대부하는 경우

(27) 그 밖에 일반재산의 위치·형태·용도 등이나 계약의 목적·성질 등으로 보아 일반입찰에 부치기 곤란한 경우로서 지방자치단체의 조례로 그 내용 및 범위를 정한 경우

사용 · 수익 허가/대부 계약 시 고려 및 유의사항 | 공유재산

1. 허가 및 계약 시 고려할 사항

가. 국가 또는 지방자치단체가 직접 공용 또는 공공용으로 사용하기 위하여 지방자치단체의장이 그 대부재산의 반환을 요구하는 때에는 즉시 이에 응하도록 할 것(법 제35조)

나. 사용·수익허가 및 대부계약일부터 허가·대부 목적으로 사용하여야 하며, 그 허가 및 대부 목적 이외에 절대 사용하지 아니할 것

    − 원상회복이 어렵거나 당해 기간을 초과하여 이용이 예상되는 용도로는 사용·대부를 하지 않아야 함.

    ※ 진입로 용도, 수목·다년생식물 식재 등

다. 사용·수익허가 및 대부시 영구시설물 축조를 할 수 없음.

    ○ 예외적으로 시행령 제9조에 의거 영구시설물을 축조하는 경우 지방자치단체의 장의 승인을 받아야 하며, 영구시설물 축조가 가능하더라도 원상회복 조치 등에 대한 담보를 반드시 확약하여야 함.

    ※ 대법원 1992. 10. 27 선고 91누8821 판결

    − 농경지 또는 유휴지인 국유지를 사용 목적을 잡종지로 하여 대부받아 콘크리트 포장하여 차량 진입로 등 주유소 부지로 사용하는 것은 대부 목적의 변경이나 원상 변경 내지 영구시설물의 설치로 볼 수 없다고 한 사례

라. 사용·수익허가 또는 대부를 받는 자에게 연고권을 인정하지 아니함.

마. 건물, 선박 중요한 공작물 및 기계기구의 대부시에는 유상·무상을 불문하고 사용·수익 허가 및 대부받은 자에게 보험료나 공제금에 해당하는 금액을 징수

바. 사용·수익허가 및 대부재산의 성질에 따라 지방자치단체의 장이 필요하다고 인정하는 사항을 조건으로 부여할 수 있음.

사. 자신의 귀책사유로 인하여 대부계약이 해제 또는 해지된 자에게는 해제 또는 해지된 날부터 3년간 해당 재산을 대부하지 않을 수 있음.

2. 허가 및 계약 체결 시 유의할 사항

가. 사용·수익허가, 대부계약을 체결하는 경우에는 다음 사항에 각별히 유의하여야 함.

    ○ 계약기간, 이용의 제한(전대 행위금지 포함) 등 계약조건에 대하여 본인이 충분히 숙지할 수 있도록 주지시킬 것

    ○ 신분증(주민등록증, 운전면허증 사본 징구 등) 확인하여 본인 여부를 파악하며, 대리인이 계약을 체결하는 경우에는 계약체결 권한이 있는지를 확인할 것

나. 계약조건을 주지시킨 경우에는 계약서(약정서) 마지막에 계약자의 자필로 계약

내용을 확인받도록 함.

다. 주거용 건물의 사용·대부시 참고사항

○ 1인이 1건의 주거용 건물에 대한 대부계약으로 제한(법인은 주거용으로 사실상 사용하는 것이 맞지 않으므로 제외)

○ 1인이 수개의 주거용 건물을 낙찰받은 경우: 본인의 의사를 확인한 후 1개의 건물만 유효한 입찰로 낙찰 처리(나머지 건물은 무효 처리), 이 경우 일정한 시간을 주고 의사를 확인하였으나, 의사를 명확히 표시하지 않는 경우 전부를 무효 처리하고 해당 내용을 기록으로 보존

○ 주거용 재산의 경우 그 목적에 맞게 사용하도록 하여야 하며, 목적 외로 사용시 사용·수익허가 및 대부계약 취소 등 조치

○ 주거목적 이외의 용도로의 사용을 금지하기 위하여 대부계약 체결일로부터 3월 이내에 주민등록 이전된 내용이나 거주를 입증하는 서류를 제출하도록 조치

 계약서 작성 시 방법 예시

① 본인이 직접 서명 날인토록 함(계약서의 내용 숙지 할 수 있도록 설명)

> 계약 내용을 충분히 숙지하였으며, 전대 행위나 불법건축물 등의 설치를 하지 않겠음
>
> 계약자(을) ○○○ (서명 또는 인)

② 법인의 경우 서명 시 법인명뿐만 아니라 대표자 직위·성명도 함께 기재

　예: ○○○○주식회사 대표이사 ○○○ (인)

　　　○○○○ 조합 조합장 ○○○ (인)

③ 대리인이 계약 체결 시 위와 같이 기재하고 아래에 대리인 성명 등 인적사항을 기재(대리인이 대리인의 인감을 날인토록 함)

　예: ○○○○주식회사 대표이사 홍길동 (인)

　　　위 대리인 김갑동(000000-0000000) (인)

※ 대리인에 의한 계약체결 시 계약자 본인의 인감날인을 요하지 않으나 위임행위의 진정성을 확보하기 위하여 날인하는 것이 일반적임

사용·수익허가 / 대부 기간	공유재산

1. 관련 근거

○「공유재산 및 물품관리법」제21조, 제31조

○「공유재산 및 물품관리법 시행령」제30조

○ 다른 법률로 공유재산 사용 및 대부 기간을 정하고 있는 경우

2. 사용·수익허가 및 대부 기간

가. 행정재산 사용·수익허가 기간

○ 사용·수익허가 기간은 그 허가를 받은 날부터 5년 이내로 함.

○ 다만, 기부채납의 경우에는 공유재산으로 받아들인 후 무상사용을 허가받은 날부터 기부채납된 재산의 가액(국가, 지자체 등의 보조금액 공제)을 연간 사용료로 나눈 기간 이내로 함. 이 경우 무상사용 기간은 갱신을 포함하여 총 20년을 초과해서는 아니됨.

※ 대법원 1998. 2. 27. 선고 97누1105 판결

공유재산의 관리청이 행정재산의 사용, 수익에 대한 허가는 순전히 사경제 주체로서 행하는 사법상의 행위가 아니라 관리청이 공권력을 가진 우월적 지위에서 행하는 행정처분으로서 특정인에게 행정재산을 사용할 수 있는 권리를 설정하여 주는 강학상 특허에 해당한다.

나. 일반재산 대부계약 기간

○ 토지와 그 정착물 : 5년

○ 그 외의 재산 : 1년

○ 대부계약기간 특례 : 20년

※ 대법원 2011. 5. 26. 선고 2011다1231판결

국·공유 일반재산을 대부하는 행위는 국가나 지방자치단체가 사경제 주체로서 상

대방과 대등한 위치에서 행하는 사법상의 계약이다

3. 사용·수익허가 및 대부 계약의 갱신

가. 입찰에 의한 허가인 경우: 1회만 5년 범위 내에서 갱신, 이후 새로운 입찰 실시

나. 수의에 의한 허가인 경우: 갱신 시마다 법률로 수의에 의한 방법이 가능한 경우에 한함. 이 경우 갱신 계약기간은 이전 계약기간을 초과할 수 없음.

4. 허가 및 대부 기간 연장(법 제21조 제4항, 제31조 제4항)

○ 사용·수익허가 또는 대부를 받은 자가 실제로 사용·대부하지 못한 기간이 있는 경우 그 연장의 사유를 명확히 하여 실제 사용하지 못한 기간 이내로 하여야 함.

　- 「재난 및 안전관리 기본법」 제3조제1호의 재난으로 피해를 본 경우

　- 해당 지방자치단체의 귀책 사유로 그 재산의 사용에 제한을 받은 경우

5. 허가 및 대부 갱신 등의 신청기한(법 제21조 제5항, 제31조 제5항)

○ 사용·대부 기간을 갱신 또는 연장받으려는 자는 그 기간이 끝나기 1개월 전에 지방 자치단체의 장에게 갱신 또는 연장을 신청하여야 함.

공유재산 사용료, 대부료 산정 방법 　|　 공유재산

1. 근거

○「공유재산 및 물품관리법」제22조, 제32조

○「공유재산 및 물품관리법 시행령」제14조, 제31조

2. 산정기준

가. 산정 방법

○ 연간 사용료(대부료) = 재산 가격(시행령 제31조에 따라 산출한 재산 가격) × 사용료율(대부요율)

> 예) 토지면적 300㎡, 재산가액 결정 당시의 개별공시지가 10,000원,
> 사용 용도에 따른 대부요율 5%
> ⇒ (산출) 해당연도 산출가액 (300 × 10,000) × 5% = 150,000원

나. 일반입찰 시 사용료 및 대부료

○ 최초 연도: 최고 입찰가

○ 2차 연도 이후의 기간 (대부기간을 갱신하지 아니한 대부기간 중으로 한정)

$$\text{입찰로 결정된 첫째 연도의 대부료} \times \frac{\text{시행령 제31조제2항에 따라 산출한 해당 연도의 재산 가격}}{\text{시행령 제31조제2항에 따라 산출한 입찰 당시의 재산 가격}}$$

다. 갱신하는 경우 사용·대부료

○ 다음 각호의 금액 중 큰 금액

① 「공유재산 및 물품관리법 시행령」 제31조에 따라 산출한 대부료

② 다음의 계산식에 따라 산출한 대부료

$$\text{갱신하기 직전연도의 연간 대부료} \times \frac{\text{시행령 제31조제2항에 따라 산출한 해당 연도의 재산 가격}}{\text{시행령 제31조제2항에 따라 산출한 갱신하기 직전연도의 재산 가격}}$$

라. 사용료율(대부료율)

○ 사용료율·대부료율은 시가를 반영한 해당 재산 평정가격의 연 1천분의 10 이상의 범위*에서 지방자치단체의 조례 적용(단기 계약의 경우 월할 또는 일할 계산 가능)

　* 주거용 1%, 공용공공용 2.5%, 일반 5% 이상

○ 공유재산의 사용·대부료율은 이용목적에 따라 정해지는 것이며, 그 이용목적은 실제적으로 그 공유재산이 이용되고 있는 상태를 고려하여야 함

1. 예산실무
2. 지출실무
3. 계약실무
4. 보조금관리
5. 결산실무
6. e-호조실무
7. 복식부기
8. 공유재산및물품
9. 변상과 회계 책임
10. 감사 사례

3. 재산 가격 평가

가. 토지: 사용·대부료 산출을 위한 재산 가격 결정 당시의 개별공시지가 적용

○ 개별공시지가가 없는 경우 표준지공시지가 적용하고, 지방자치단체의 장이 인정하는 경우 감정평가 적용

※ 하나의 필지로서 그 필지의 주된 용도와 다른 용도로 이용되는 일부분의 토지이거나 위치에 따라 지가를 달리 적용하여야 할 필요가 있는 토지 등

– 감정평가를 적용하는 경우 첫째 연도에는 측량 또는 감정평가 등에 든 비용을 포함할 수 있음.

나. 주택: 대부료 산출을 위한 재산 가격 결정 당시의 주택가격

○ 단독주택:「부동산 가격공시에 관한 법률」제16조제2항에 따라 공시된 해당 주택의 개별주택가격

○ 공동주택:「부동산 가격공시에 관한 법률」제17조에 따라 공시된 해당 주택의 공동주택 가격

○ 개별주택가격 또는 공동주택가격이 공시되지 아니한 주택:「지방세법」제4조제1항 단서에 따른 시가표준액

다. 토지 및 주택 외의 재산:「지방세법」제4조제2항에 따른 시가표준액, 다만, 해당 시가 표준액이 없는 경우에는 하나의 감정평가법인의 평가액 적용

※ 상가 및 오피스텔, 신축 건물 등

라. 토지, 주택 외의 재산으로 시가표준액이 없는 경우 감정평가액을 적용하며, 감정평가일로 부터 3년마다 결정할 수 있음.

건물 재산가액 산출 예시 | 공유재산

---

1. 건물을 대부하는 경우 재산가액(산출기준)

① 재산가액 = 건물가액 + 부지가액

② 건물가액 = 건물면적* × (시행령 제31조제1항의 건물공시가격, 시가표준액 등)

※ 건물면적 = 사용 허가받은 자의 건물 전용면적 + 해당 건물의 총

$$공용면적 \quad × \quad \frac{사용\ 허가받은\ 자의\ 건물\ 전용면적}{해당\ 건물의\ 총\ 전용면적}$$

③ 부지가액 = 부지면적** × (시행령 제31조제1항의 개별공시지가 등)

** 부지면적 = 사용 허가받은 자의 부지 전용면적 + 해당 부지의 총 공용면적

$$× \quad \frac{사용\ 허가받은\ 자의\ 건물\ (전용+공용)면적}{해당\ 건물의\ 연면적}$$

2. 건물재산가액 산출 예시

① 2층 전체 허가

2층 전체 허가

- 2층 건물면적: 600m^2
- 건물 층별 공용면적: 0
- 공시된 건물가격 또는 시가표준액, 감정평가액(m^2): 100,000원
- 부가면적: 1,000m^2
- 부지 공시지가(m^2): 150,000원

- 재산가액 = 60,000,000 + 49,950,000 = 109,950,000원

- 건물가액 = 600m^2×100,000원 = 60,000,000원

  ※ 건물면적 = 600+0×(600/1800)=600m^2

- 부지가액 =333m^2×150,000원 = 49,950,000원

  ※ 부지면적 = 0+1,000×(600/1800)=333m^2

② 2층 일부 허가

2층 일부 허가

- 2층 건물면적: 600m²
- 허가된 전용면적: 200m²
- 층별 전용면적: 500m²
- 층별 공용면적: 100m²
- 공시된 건물가격 또는 시가표준액,
  감정평가액(m²): 100,000원
- 부가면적: 1,000m²
- 부지 공시지가(m²): 150,000원

- 재산가액 = 24,000,000 + 19,950,000 = 43,950,000원

- 건물가액 = 240m² × 100,000원 = 24,000,000원

  ※ 건물면적 = 200+300×(200/1500) = 240m²

- 부지가액 = 133m² × 150,000원 = 19,950,000원

  ※ 부지면적 = 0+1,000×(240/1800) = 133m²

3. 부지가 넓은 공원의 매점 등 경계가 불명확한 재산 대부료 산출 방법

▶ 건폐율을 적용하여 대부료를 산출한 사례

조건	■ 부지가 넓은 공원의 매점을 대부하는 경우 ■ 구역의 총부지면적: 120,000㎡ (동별 경계 불명확) ■ 건폐율: 45%(일반주거지역) * 토지 공시지가: 150,000원/㎡, 건물시가표준액: 100,000원/㎡
참고 도면	<table><tr><td colspan="2">2층</td></tr><tr><td>1층</td><td>대부</td></tr></table> (공원 내 매점) ■ 매점 건물 바닥면적: 300㎡ ■ 매점 건물 대부면적: 150㎡ ■ 매점 건물 연면적: 600㎡ (연면적 중 공용면적 100㎡)

1. 예산실무

2. 지출실무

3. 계약 실무

4. 보조금 관리

5. 결산실무

6. e-호조실무

7. 독서부기

8. 공유 재산 및 물품

9. 변상과 회계 책임

10. 감사 사례

▶ **대부받는 건물(매점)의 건폐율 적용(단위:㎡, 원)**

가. 건물 대부면적 = 전용 + 공용(180 = 150 + 30)

   * 건물 공용면적 산출 = 건물 총 공용면적 × (대부 전용면적/ 건물 총 전용면적)

$$30 = 100 \times (150 / 500)$$

   * 건물평가액 = 대부면적 × 시가표준액[18,000,000 = 180 × 100,000]

나. 토지 대부면적 = 전용 + 공용(200.0 = 0 + 200.0)

   * 토지 전용면적은 "0",

   * 토지 총 공용면적은 건폐율(45%) 역산하여 산정: 666.7 = A동 바닥면적(300) / 건폐율(45%)

   * 부지공용면적 산출 = 해당 부지 총 공용면적 × [건물 대부면적(전용+공용) / 건물 연면적]

$$200.0 = 666.7 \times (180 / 600)$$

   * 부지평가액 = 부지면적 × 공시지가 [30,000,000 = 200.0 × 150,000]

다. 대부료 (대부료율 5%): (건물평가액 + 토지평가액) × 대부료율

$$(18,000,000 + 30,000,000) \times 5\% = 2,400,000원$$

4. 부지가 넓고 경계가 불명확하며 건물이 다수일 경우 재산 대부료 산출 방법

▶ **건폐율을 적용하여 대부료를 산출한 사례**

조건	■ 일단의 경계구역 안에 3동의 건물이 있고 각각의 건물 간에는 경계가 없으며, (A)동 4층 건물의 1층 일부를 대부할 경우 ■ 구역의 총 부지면적: 120,000㎡ (동별 경계 불명확) ■ 건폐율: 45%(일반주거지역) * 토지 공시지가: 150,000원/㎡, 건물시가표준액: 100,000원/㎡

참고 도면			
	4층		3층
	3층		2층
	2층	2층	1층
	1층　　대부	1층	
	(A동)	(B동)	(C동)

- A동 건물 바닥면적: 8,000㎡
- A동 건물 대부면적: 1,000㎡
- A동 건물 연면적: 32,000㎡ (연면적 중 공용면적 7,000㎡)
- B동 건물 바닥면적: 5,000㎡, 건물 연면적: 10,000㎡ (공용면적 2,000㎡)
- C동 건물 바닥면적: 3,000㎡, 건물 연면적: 9,000㎡ (공용면적 1,800㎡)

▶ 건물 전체(A, B, C 동)의 건폐율 적용(단위: ㎡, 원)

가. 건물 대부면적 = 전용 + 공용 (1,280 = 1,000 + 280)

 * 건물 공용면적 산출 = 건물 총 공용면적 × (대부 전용면적/ 건물 총 전용면적)

  280 = 7,000 × (1,000 / 25,000)

 * 건물평가액 = 대부면적 × 시가표준액 [128,000,000 = 1,280 × 100,000]

나. 토지 대부면적 = 전용 + 공용 (892.4 = 0 + 892.4)

 * 토지 전용면적은 "0",

 * 토지 총 공용면적은 건폐율(45%) 역산하여 산정: 35,555.6 = A, B, C동 바닥면적
   (16,000) / 건폐율(45%)

 * 부지공용면적 산출 = 해당 부지 총 공용면적 × [건물 대부면적(전용+공용) /
   A, B, C동 건물 연면적]

  892.4 = 35,555.6 × (1,280 / 51,000)

 * 부지평가액 = 부지면적 × 공시지가[133,860,000 = 892.4 × 150,000]

다. 대부료 (대부료율 5%): (건물평가액 + 토지평가액) × 대부료율

  (128,000,000 + 133,860,000) × 5% = 13,093,000원

5. 경계가 명확하고 건물이 다수이며 건물 전체를 대부하는 경우 대부료 산출 방법

조건	<ul><li>일단의 경계구역 안에 3동의 건물이 있고 C동 전체를 대부할 경우</li><li>구역의 총 부지면적: 30,000㎡</li><li>건폐율: 45%(일반주거지역)</li></ul> * 토지 공시지가: 150,000원/㎡, 건물시가표준액: 100,000원/㎡
참고 도면	 **4층 / 3층 / 2층 / 1층** (A동) **2층 / 1층** (B동) **3층 / 2층 / 1층** (C동 전체대부) <ul><li>A동 건물 바닥면적: 8,000㎡</li><li>A동 건물 대부면적: 1,000㎡</li><li>A동 건물 연면적: 32,000㎡ (연면적 중 공용면적 7,000㎡)</li><li>B동 건물 바닥면적: 5,000㎡, 건물연면적: 10,000㎡ (공용면적 2,000㎡)</li><li>C동 건물 바닥면적: 3,000㎡, 건물연면적: 9,000㎡ (공용면적 1,800㎡)</li></ul>

▶ 전체 부지면적, A·B·C동 합산 연면적 산출(단위: ㎡, 원)

가. 건물 대부면적 = 전용 + 공용 (9,000 = 7,200 + 1,800)

　* 건물평가액 = 대부면적 × 시가표준액 [900,000,000 = 9,000 × 100,000]

나. 토지 대부면적 = 전용 + 공용 (5,294.1 = 0 + 5,294.1)

　* 토지 전용면적은 "0"

　* 해당 부지 총 공용면적은 "30,000"

　* 부지공용면적 산출 = 해당 부지 총 공용면적 × [건물 대부면적(전용+공용) / A, B, C동 건물 연면적]

　　　5,294.1 = 30,000 × (9,000 / 51,000)

　* 부지평가액 = 부지면적 × 공시지가 [794,115,000 = 5,294.1 × 150,000]

다. 대부료 (대부료율 5%): (건물평가액 + 토지평가액) × 대부료율

　　　(900,000,000 + 794,115,000) × 5% = 84,705,750원

1. 예산실무
2. 지출실무
3. 계약실무
4. 보조금관리
5. 결산실무
6. e-호조실무
7. 복식부기
8. 공유재산 및 물품
9. 변상과 회계 책임
10. 감사 사례

6. 경계가 명확하고 건물이 다수이며 건물 일부를 대부하는 경우 대부료 산출 방법

조건	<ul><li>일단의 경계구역 안에 3동의 건물이 있고 A동 일부를 대부할 경우</li><li>구역의 총 부지면적: 30,000㎡</li><li>건폐율: 45%(일반주거지역)</li></ul>＊ 토지 공시지가: 150,000원/㎡, 건물시가표준액: 100,000원/㎡
참고 도면	<table><tr><td>4층</td><td></td></tr><tr><td>3층</td><td></td></tr><tr><td>2층</td><td></td></tr><tr><td>1층</td><td>대부</td></tr></table>(A동)　　(B동: 2층/1층)　　(C동: 3층/2층/1층) <ul><li>A동 건물 바닥면적: 8,000㎡</li><li>A동 건물 대부면적: 1,000㎡</li><li>A동 건물 연면적: 32,000㎡ (연면적 중 공용면적 7,000㎡)</li><li>B동 건물 바닥면적: 5,000㎡, 건물연면적: 10,000㎡ (공용면적 2,000㎡)</li><li>C동 건물 바닥면적: 3,000㎡, 건물연면적: 9,000㎡ (공용면적 1,800㎡)</li></ul>

▶ 대부면적, A B C동 합산 연면적 산출(단위: ㎡, 원)

가. 건물 대부면적 = 전용 + 공용 (1,280 = 1,000 + 280)

　＊ 건물 공용면적 산출 = 건물 총 공용면적 × (대부 전용면적/ 건물 총 전용면적)
　　　　　　280 = 7,000 × (1,000 / 25,000)

　＊ 건물평가액 = 대부면적 × 시가표준액 [128,000,000 = 1,280 × 100,000]

나. 토지 대부면적 = 전용 + 공용(752.9 = 0 + 752.9)

　＊ 토지 전용면적은 "0"

　＊ 해당 부지 총 공용면적은 "30,000"

　＊ 부지 공용면적 산출=해당 부지 총 공용면적 × [건물 대부면적(전용+공용) / A, B, C동 건물 연면적]

　　　　　752.9 = 30,000 × (1,280 / 51,000)

　＊ 부지평가액 = 부지면적 × 공시지가 [112,935,000 = 752.9 × 150,000]

다. 대부료 (대부료율 5%): (건물평가액 + 토지평가액) × 대부료율

　　　　(128,000,000 + 112,935,000) × 5% = 12,046,750원

1. 예산실무

2. 지출실무

3. 계약실무

4. 보조금관리

5. 결산실무

6. e-호조실무

7. 복식부기

8. 공유재산및물품

9. 변상과 회계 책임

10. 감사 사례

행정재산의 관리위탁	No.172519

1. 관리위탁의 의의

○ 지방자치단체의 장은 행정재산의 효율적인 관리를 위해 필요한 경우 지방자치단체 외의 자에게 행정재산의 관리를 위탁(이하 "관리위탁"이라 함)이라 함(「공유재산 및 물품관리법」제27조제1항).

- 위탁의 대상은 지자체 법정 사무 관련 재산의 '효율적 경영 & 시설관리'

- 단순 요금징수, 시설 관리 등은 `용역`에 해당

○ 일반재산의 위탁 방법 및 절차 등은 행정재산의 위탁과 상이하며, 행정재산을 위탁개발하고자 하는 경우에는 일반재산으로 용도 폐지 후 개발 가능

<관리위탁과 위탁관리의 비교>

관리위탁	구분	위탁관리
행정재산	대상 재산	일반재산
관리	대상 업무	관리 및 처분
제한 없음 ※ 특수한 기술이 요구될 경우 그 기술을 갖춘 자	수탁 자격	KAMCO, LH공사, 지방공사, 한국지방재정공제회, 한국국토정보공사
법 제27조	관련 근거	법 제43조의2

2. 관리위탁의 대상

가. 유지관리 성격의 재산

- 문화예술회관, 체육시설 등 주민 이용 개방시설과 같이 민간이 운영하면 운영이 활성화되는 재산

- 복지회관, 도서관, 박물관, 청소년수련시설 등 민간이 운영하면 관리가 효율적으로 이루어지는 재산

나. 주차장 등과 같이 공용, 공공용으로 이용되는 재산이나 특별한 기술을 요하지 않

고 수익을 창출(수익 목적)하는 성격의 재산

다. 유지관리 및 수익 목적의 혼합형 재산은 그 용도별로 구분하여 적용

3. 관리수탁자의 자격기준

○ 지방자치단체의 장이 행정재산을 관리위탁할 때 해당 행정재산의 관리를 위하여
특별한 기술과 능력이 필요한 경우에는 그 기술과 능력을 갖추는 등 해당 행정재
산을 관리하기에 적합한 자에게 관리위탁을 해야 함.

4. 관리위탁 기간

가. 관리위탁 기간

○ 행정재산의 관리위탁 기간은 5년 이내(시행령 제19조 제2항)

나. 관리위탁 기간의 갱신

○ 관리위탁 기간은 한 번만 갱신할 수 있고(최대 10년), 갱신기간은 5년 이내로 함.

○ 그럼에도 불구하고, 「공유재산 및 물품관리법 시행령」 제19조의5에 따라 수의계약
의 방법으로 관리위탁을 한 경우에는 갱신할 때마다 지방자치단체의 조례로 정하
는 바에 따라 해당 관리위탁을 받은 자의 수행실적 및 관리능력 등을 평가한 후 그
기간을 두 번 이상 갱신할 수 있음.

○ 갱신기간은 갱신할 때마다 5년을 초과할 수 없음.

5. 관리위탁 비용과 이용료

가. 관리위탁 비용과 이용료 징수

○ 지방자치단체는 관리위탁을 받은 자에게 관리에 드는 경비를 지원할 수 있음(법
제27조 제7항).

○ 관리위탁을 받은 자는 미리 해당 지방자치단체의 장의 승인을 받아 이용료를 징수
해 이를 관리에 드는 경비에 충당하거나, 그 행정재산의 효율적 관리 등으로 인해
이용료 수입이 증대된 경우 그 증대된 수입의 전부 또는 일부를 관리위탁을 받은
자의 수입으로 할 수 있음(법 제27조 제6항).

나. 이용료의 산정 방법

○ 행정재산의 사용·수익허가를 받은 것으로 보는 자 또는 전대받은 자로부터 받는 사용료는 「공유재산 및 물품관리법 시행령」 제14조에 따른 사용료율과 평가 방법에 따라 산출된 금액을 기준으로 결정하고, 이용료는 예상수익을 고려하여 지방자치단체의 조례로 정하는 바에 따라 결정(시행령 제21조 제4항).

○ 관리수탁자가 징수한 이용료와 관리에 든 경비의 차액에 대하여 지방자치단체가 지급한 금액과 관리수탁자가 징수할 금액의 산정 방법은 계약 전에 정해야 함(시행령 제21조 제5항).

6. 용어의 정리

가. 위탁료: 지방자치단체가 원가분석을 통하여 산출한 수입과 지출비용의 차액을 말함.

> 「공유재산 및 물품관리법」 제27조제3항에 의거하여 지방자치단체의 장은 행정재산을 관리위탁하는 경우에는 원가분석을 통해 위탁료를 산출하여 매년 징수할 수 있으며, 재산에서 발생하는 수입보다 지출이 많은 경우에는 위탁료를 징수하지 아니하고, 같은 조 제7항에 따라 지방자치단체의 장은 관리에 드는 경비를 지원할 수 있음.

나. 사용료: 수탁재산 중 일부 수익재산에 대하여 법 제20조 및 영 제14조에 따른 사용요율과 평가 방법에 따라 산출된 금액을 기준으로 징수하는 금액을 말함.

※ 문예회관, 체육관내 식당, 매점, 까페 등 위탁업무에 이용되지 않는 수익용 시설

다. 이용료: 수탁기관이 재산을 이용하는 자에게 조례 등에서 정하는 바에 따라 징수하는 금액을 말함(수영장 입장료, 문화회관 관람료 등).

라. 추정가격: 지출을 원인으로 하는 계약의 경우 산출된 위탁료를 기준으로 부가가치세법에 따른 부가가치세와 관급자재로 공급될 부분의 가격을 제외하고 산정된 가격을 말함.

마. 예정가격: 지방자치단체가 계약을 체결함에 있어 낙찰자, 계약상대자 또는 계약금액을 결정하는 기준으로 삼기 위하여 입찰이나 계약 체결 전에 미리 작성 비치해 두는 가격을 말함.

7. 관리위탁 기간 내의 행정재산의 전대

가. 관리위탁된 행정재산에 사용·수익허가의 대상이 되는 재산이 있는 경우 관리위탁된 행정재산의 사용·수익허가를 받은 것으로 보는 자는 해당 관리위탁의 조건에 반하지 않는 범위에서 사용·수익이 허가된 재산을 제3자에게 다시 빌려줄 수 있음(법 제27조제5항).

※ 당해 재산의 관리에 직접 이용되지 않는 시설은 비록 수탁자가 이용한다 할지라도 위탁이 아닌 사용허가의 대상임

나. 관리수탁자가 수탁재산의 일부를 사용·수익하거나 다른 사람으로 하여금 사용·수익하게 하려는 경우에는 관리위탁기간 내에서 해야 함(시행령 제19조제5항).

| 사무의 민간위탁과 행정재산 관리위탁 비교(No.130230) |

구 분	사무의 민간위탁	행정재산 관리위탁
정의	법률에 규정된 행정기관의 사무 중 일부를 지방자치 단체가 아닌 법인·단체 또는 그 기관이나 개인에게 맡겨 그 명의로 그의 책임 아래 행사하도록 하는 것	행정재산의 효율적인 관리를 위하여 필요하다고 인정되면 대통령령으로 정하는 바에 따라 기술과 능력을 갖춘 지방자치단체 이외의 자에게 그 재산의 관리를 위탁 하는 것
근거 법령	지방자치법 제104조(사무의 위임 등) 행정 권한의 위임 및 위탁에 관한 규정 시 사무의 위탁관리 조례 등	공유재산법 제27조 공유재산법 시행령 제19조 내지 제22조 공유재산 운영기준 제10조
위탁 대상	소관 사무 중 조사·검사·검정·관리업무 등 주민의 권리·의무와 직접 관계되지 아니하는 사무 • 단순 사실 행위인 행정 작용 •공익성보다 능률성이 현저히 요청되는 사무 • 특수한 전문지식 및 기술을 요하는 사무 • 기타 시설관리 등 단순행정 관리업무	관리운영에 있어 특별한 기술과 능력을 가지고 있는 기관, 단체 등에게 위탁하는 것이 효율적인 행정재산 • 민간운영이 활성화되는 경우/문화예술회관, 체육 시설 등 •관리가 효율적으로 이루어지는 경우/복지회관, 도서관, 박물관, 청소년수련시설 등 • 특별한 기술 없이 수익을 창출하는 경우/주차장 등
갱신 기간	3년, 재위탁 가능, 재위탁 시 수탁기관 선정 심의위원회 심의	5년 이내로 한 번만 갱신, 수의대장인 경우 수탁자 평가 후 두 번 이상 갱신 가능

구 분	사무의 민간위탁	행정재산 관리위탁
위탁 방법	공개 모집을 원칙으로 부득이한 경우 수의 계약	일반입찰, 예외적으로 입찰, 지명입찰, 수의계약(입찰절차 및 계약체결 방법은 지방계약법령과 예규 적용)
수탁자 선정	수탁기관선정심의위원회 심의	수입이 원인이 되는 입찰: 최고가 낙찰 재정지출의 부담이 되는 입찰: 적격심사 관리위탁 계약과 관련 전문성, 기술성, 창의성 긴급성 등이 인정되는 경우 제한적으로 '협상에 의한 경우' 적용 가능
위탁료 산정	수입과 지출 사후정산, 차액지원 등	비목별 가격 결정 및 원가계산(공유재산 운영기준 제10조) 및 사후정산
조례외의 관계	개별 조례 필요	공유재산법 및 관련 법령에서 조례로 위임한 사항에 대한 조례 필요

※ 사무의 민간위탁과 행정재산의 관리위탁이 혼용되는 경우: 공유재산 법령에 따라 관리 수탁자 선정 후, 사무와 재산을 동시에 위탁

1. 예산실무
2. 지출실무
3. 계약실무
4. 보조금 관리
5. 결산실무
6. e-호조실무
7. 복식부기
8. 공유 재산 및 물품
9. 맞춤과 회계 책임
10. 감사 사례

4 물품관리의 개요

| 물품과 정수물품 | No.172780 |

1. 물품의 구분

가. 소모품

○ 소모품의 정의

- 원재료나 일회용품과 같이 계속 사용이 불가능하거나 저가품 또는 단기 사용 일용품 등 비품으로 관리하기가 적당하지 않은 물품

- 사용에 따라 다시 사용할 수 없거나 소모되어 1년 이상 계속 사용할 수 없는 물품 또는 일반수용비로 취득한 물품 중 취득단가 50만 원 미만인 물품

○ 소모품의 종류

- 한번 사용하면 원래의 목적에 다시 사용할 수 없는 약품, 유류 등

- 단기간에 쉽게 소모되거나 파손되기 쉬운 시험용기, 사무용 소모품, 공구 등

- 다른 물품을 수립·조립·제작(생산)하는데 사용되거나 시설공사에 투입 사용 됨으로써 그 본성을 상실하는 수리용 부속품, 생산원료, 재료, 건축자재 등

- 1년 이상 사용할 수 있는 물품일지라도 취득단가가 50만 원 미만인 소액의 물품

※ 단, 내용연수(조달청고시, 제2021-41호)의 내용연수표에 게재되어 있는 물품은 비소모품으로 관리 (예: 휴대전화기 등)

나. 비소모품

① 사무용 집기·비품·차량운반구 등과 같이 1년 이상 계속적으로 사용할 수 있는 물품으로 수급관리가 필요한 물품

- 취득 시 물품취득원장에 등재하고 처분할 때까지 관리

② 취득단가가 50만 원 이상인 물품은 비소모품으로 분류할 수 있음

2. 물품관리 공무원의 지정(기초단체 예시)

가. 물품총괄관은 기획재정국장, 보조총괄관 재무과장

나. 소관별 관리책임

구 분	물품관리관	물품운용관	물품출납원	분임물품출납원
본 청	재무과장	각 실·과장	재무과 물품관리업무 담당주사	각실·과 물품관리업무 담당주사 • 청사 및 차량: 재산관리담당 • 통신 및 방송재: 정보통신담당 • 전산 관련 물품: 전산정보담당
구의회	사무국장		회계업무 담당주사	
보건소	회계담당과장		회계업무 담당주사	
동	동장		주무주사	

3. 정수물품관리(시행령 제58조, 물품관리 운영기준)

가. 정수품목의 지정

① 지정권자: 해당 지방자치단체의 장

나. 물품정수 책정

① 승인 대상: 정수를 승인받아 새로 구입해야하는 물품 및 당해 정수만큼 물품을 보유하고 있으나, 내구연한 초과 등으로 대체구입이 필요시되는 물품

② 신규 및 대체 구입 요청 시 유의사항

내구연한보다 1년 더 사용하기, 불요불급품의 신규 구매 지양, 자원의 재활용 확대 등

▶ **물품관리지침에 따른 정수물품 내역(예시)**

순번	물품번호	물품명	내용연수	순번	물품번호	물품명	내용연수
1	25101501	미니버스	7년 12만 km	17	39121011	무정전전원장치	10년
2	25101503	일반승용차	7년 12만 km	18	41115320	신호발생기	10년

순번	물품번호	물품명	내용연수	순번	물품번호	물품명	내용연수
3	25101502	버스	8년	19	41115703	기체크로마토그래프	10년
4	43191598	키폰주장치	9년	20	41115705	액체크로마토그래프	10년
5	45111705	구내방송장치	10년	21	41115406	분광광도계	10년
6	25101507	스포츠유틸리티차량	7년 12만 km	22	41104510	건조캐비닛 또는 오븐	10년
7	43222805	구내교환장비	10년	23	41103202	실험용세척기	10년
8	25101611	화물트럭	7년 12만 km	24	42281508	고압증기멸균기 또는 소독기	10년
9	45101507	인쇄기	11년	25	41103901	미량원심분리기	10년
10	44101501	복사기	5년	26	41111703	실체현미경	11년
11	40101715	항온항습기	9년	27	45111810	실물화상기	8년
12	40101806	열펌프	9년	28	43211503	노트북컴퓨터	5년
13	45111805	비디오편집기	9년	29	40101787	냉난방기	9년
14	45111616	비디오프로젝터	7년	30	46171610	보안용카메라	9년
15	45121516	디지털캠코더 또는 비디오카메라	9년	31	43211501	컴퓨터서버*	5년
16	52161545	디지털비디오레코더	6년				

4. 내용연수의 관리

가. 내용연수 책정기준

○ 물품별로 물품관리법 시행규칙 제25조 및 내용연수(조달청고시) 등을 준용

○ 지방자치단체 공용차량의 경우 해당 자치단체 공용차량 관리규칙의 '최단 운행 기준'을 적용(예, 7년 and 12만km)

○ 건설기계는 정부건설공사 표준품셈표 준용 및 실사용 년수 등 참작

○ 기타 물품의 경우 법인세법과 기업회계의 감가상각 기간의 기준 등을 참작하여 처리할 수 있음.

나. 내용연수의 활용

    ○ 물품수급관리의 참고자료

    ○ 물품의 평가액 산정의 기초자료

    ○ 수리한계비용 산출 시 자료

    ○ 기업회계의 감가상각 기간 기준 등

다. 불용 처분과의 관계

    ○ 물품의 불용결정 시기는 일차적으로 내용연수를 기준으로 판단

    ○ 내용연수가 경과하여도 사용에 지장이 없는 물품은 계속 사용

      – 내용연수가 도래하였다하여 불용처분하는 것은 아님에 유의

    ○ 내용연수가 경과하지 않았으나 경제적 수리한계가 초과되어 사용이 어려운 경우에는 불용 결정하여 처분 가능

    ○ 에너지이용합리화법 제14조에 따른 에너지 절약 제품으로 교체하는 것이 훨씬 경제적인 경우에도 처분 가능

    ※ 에너지 절감 효과를 증빙할 수 있는 자료 등 구비하여야 함.

라. 경제적 수리한계 검토

    ○ 경제적 수리한계는 정비하여 계속 사용하는 경우와 신품으로 대체하는 경우의 경제성을 비교 판단하여 결정

    ○ 최대치를 초과하면 불용 및 교체 가능

경제적 수리한계의 일반기준 | No.27166

1. 경제적 수리한계는 물품의 내용연수와 수리비용의 상관관계를 검토하여 정함

- 최초 사용 연도에 있어서는 수리비가 취득가격의 100분의 70이 될 때를 수리한계의 최대치로 하고, 내용연수 최종 연도에 있어서는 100분의 20을 최대치로 함.

① 경제적 수리한계 비율

∴ 경제적 수리한계 비율

= 최초 연도의 최대치 - (최초 연도의 최대치 - 최종 연도의 최대치) ÷ 내용연수

$\times$ 사용연수

$$= \frac{70}{100} - \left(\frac{70}{100} - \frac{20}{100}\right) \div \text{내용연수} \times \text{사용연수} = \frac{70}{100} - \frac{\text{사용연수}}{2 \times \text{내용연수}}$$

② 경제적 수리한계 금액

∴ 경제적 수리한계 금액

$$= \text{최초 연도의 최대치} \times \text{취득가격} - \frac{\text{사용연수}}{2 \times \text{내용연수}} \times \text{취득 가격}$$

$$= \frac{70 \times \text{취득가격}}{100} \times \frac{\text{사용연수} \times \text{취득가격}}{2 \times \text{내용연수}}$$

2. 물품의 사용연수 및 내용연수를 시간으로 측정하기 곤란한 때에는 측정 가능한 단위에 의해 위 계산 방법에 준하여 산정

① 차량의 경우는 최단거리 운행기준

② 복사기, 프린터의 경우에는 제조회사가 정한 사용 매수 기준 등

3. 경제적 수리한계를 결정하는 때에는 일반기준 외에 다음 사항을 고려하여야 함

① 수리 후의 사용 수명　　② 대체 시 물품 취득 가격 및 비용

③ 수리 부속품의 획득 가능성　④ 신개발 기종의 유무 및 유통 상황

 예시

취득 가격 100만 원, 내용연수 5년, 사용연수 3년인 경우

ㅇ (70/100) - 3년/(2×5년) × 100만원 = (0.7-0.3) × 100만 원 = 40만 원

1. 예산실무

2. 지출실무

3. 계약실무

4. 보조금관리

5. 결산실무

6. e-호조실무

7. 북서부기

8. 공유재산및물품

9. 방상과회계책임

10. 감사 사례

5 　**물품관리 운영**

불용품의 매각	No.3649

1. 매각 근거 및 대상

　가. 근거: 「공유재산법」제76조, 시행령 제78조 내지 제78조의2

　나. 매각 대상 물품: 불용물품 중 소관 전환 등이 되지 아니한 물품

2. 불용품의 처분 방법

　가. 처분 방법: 매각, 양여, 해체, 폐기, 불용품 보존 등이 있음.

　나. 처분절차

　① 불용결정(자치단체의 장 또는 물품관리관)

　② 불용품 소요 조회(소요가 있을 시 소관 전환)

　※ 소관전환 : 「공유재산법」제63조에 따라 물품관리관이 물품의 효율적 사용과 처분을 위하여 소관 물품을 같은 지방자치단체의 다른 물품관리관의 소관으로 전환하는 것을 말하며, 물품관리관의 변경이라는 점에서 물품운용관의 변경을 의미하는 사용 전환과는 다름

　③ 불용품 처분

　• 1단계: 매각, 보존, 재활용 양여(재활용)

　• 2단계: 양여(물품관리관 검토 후 양여받을 기관과 협의)

　• 3단계: 해체 또는 폐기(해체 또는 폐기 조서 작성)

　• 처분결과를 출납장부에 등재(전산입력)

다. 불용품의 소관 전환 소요 조회와 처분

○ 불용결정한 물품은 소관 전환 소요 조회 실시

○ 소관 전환 소요가 없는 불용품은 자체 보존하거나 매각 또는 재활용 양여 등을 할 수 있음.

라. 처분 결과 등 대장 정리

○ 물품이 불용품으로 결정된 때와 불용품이 처분된 때에는 표준서식에 따라 기록 관리(전산자료로 대체할 수 있음)

- 불용결정의 연월일, 물품 상태 분류기준에 의한 물품의 상태
- 처분의 구분(매각, 양여, 해체, 폐기 등), 처분 연월일, 처분금액(매각대금, 대부료 등)
- 해체에 의하여 취득한 부분품의 명세표 등

3. 불용품의 매각 절차

가. 처분 대상: 지방자치단체의 장은 매각을 목적으로 한 물품이나 불용품이 아니면 매각할 수 없으며,

○ 물품관리관은 매각이 필요할 때마다 계약 담당 공무원에게 매각에 필요한 조치를 하여야 함.

나. 매각 시 유의사항

○ 사용 가능 불용품은 소관 전환 소요 조회를 실시한 후 대상기관이 없는 경우 매각 가능

○ 계약 담당 공무원이 매각을 할 때에는 수의매각 물품을 제외하고는 지정정보처리 시스템을 이용

○ 매각되지 않은 불용품은 재활용 양여, 무상 양여 또는 폐기 가능

○ 매각대금은 세입고지서에 의하여 세입으로 처리하여야 함.

○ 폐기하기로 결정한 불용품을 처리할 경우에 한하여 「폐기물관리법」 등 관련 규정에 따라 처리할 수 있으나, 폐기 처리가 아닌 일반 불용품을 매각할 경우에는 「공유재산 및 물품관리법」에 따라 매각하여야 함.

다. 매각처리 절차

① 매각 대상품 선정(불용품 중에서)

② 물품관리관의 매각 요청(매각의 시기 등 통보)

③ 계약 담당 공무원의 매각(온비드 시스템 이용 - 수의매각 물품 제외)

㉮ 공고→ ㉯ 가격(매각대금) 산정→ ㉰ 입찰→ ㉱ 매각 대상자 선정→ ㉲ 계약→ ㉳ 대금 수납

라. 매각대금 결정(예정가격 책정)

○ 「감정평가 및 감정평가사에 관한 법률」에 따른 감정평가법인 등에 의뢰하여 평가한 감정평가액으로 책정함을 원칙으로 함

※ 단, 예외적인 경우*에 한하여 견적서를 받아 예정가격을 정할 수 있음.

| 견적서를 받아 예정가격을 정하는 경우 |

견적서 제출 대상	견적서 제출 가능 물품
계약대상자 또는 제3자	취득단가가 10만 원 이하인 불용품 감정비용이 예정가격을 초과할 것으로 예상되는 불용품 감정평가법인 등의 감정이 곤란한 불용품
「자동차관리법」제58조의5에 따른 자동차 가격의 조사·산정에 관한 자격을 갖춘 자	「자동차관리법」에 따른 자동차인 불용품

불용품의 매각 방법(입찰 및 수의계약) | No.50026

1. 일반입찰

○ 모든 물품의 매각은 일반입찰을 원칙으로 함.

- 지정정보처리장치를 이용하여 입찰공고·개찰·낙찰

- 예정가격 이상으로 1개 이상의 유효한 입찰이 있는 경우 최고가 낙찰

2. 수의매각 또는 경매

○ 국가나 다른 지방자치단체에 매각하는 경우

○ 2회 이상 일반경쟁 입찰로 매각되지 않은 물품

○ 처분단가가 10만 원 이하이며 처분총액이 500만 원 이하인 불용품을 매각하는 경우이거나, 처분단가가 500만 원 이하이며 처분총액이 1천만 원 이하인 불용농기계를 해당 지방자치단체에 거주하는 농업인에게 매각하는 경우

　　- 매각단가와 총액이 모두 충족할 경우 가능

3. 일반입찰 시 예정가격의 체감 방법

○ 2회에 걸쳐 입찰을 한 결과 유찰된 경우, 매수 희망자(수의계약)가 있는 경우에는 예정가격 이상으로 수의계약을 하여야 함.

○ 2회에 걸쳐 입찰을 한 결과 유찰된 후 매수 희망자가 없는 경우 3회차부터는 최초 예정가격을 체감하여 입찰 실시

○ 매 1회 체감 시마다 최초 매각 예정가격의 10% 이내의 금액만큼 체감하여 최고 50%까지 할 수 있음.

　　- 예정가격이 50% 미만으로 마지막 회차까지 일반입찰을 하여도 낙찰되지 않을 경우에는 동 물품을 재평가한 후 처음부터 다시 일반입찰

○ 수의매각은 반드시 당 회 입찰이 유찰되고 매수희망자가 있는 경우 할 수 있으며, 이 경우 최초 예정가격 이상으로 매각대금을 결정하여야 함.

○ 3회차부터 체감을 하여 낙찰자 결정이 완료된 후 그 낙찰자가 계약이행을 하지 아니(포기)한 경우에는 낙찰된 당시의 체감된 예정가격으로 새로운 계약 절차를 이행하여야 함.

※ 낙찰자 계약 불이행 시 입찰보증금의 경우 지자체에 귀속하고 입찰참가 자격을 제한 가능(지방자치단체를 당사자로 하는 계약에 관한 법률)

1. 예산실무

2. 지출실무

3. 계약실무

4. 보조금관리

5. 결산실무

6. e-호조실무

7. 북악보기

8. 공유재산 및 물품

9. 변상과 회계 책임

10. 감사 사례

물품의 보관	공유재산

1. 보관 물품의 관리 요령

○ 보관품의 구분 정리: 기능별, 성질별, 품명별, 규격별, 상태별로 구분하여 정리

○ 중요 물품에 대하여는 동산종합보험 가입

○ 보관품 관리

- 물품의 이동 상황 정리와 현품의 수시 확인

- 타소 보관 물품 및 자체 보관 물품에 대하여 정기점검 실시

2. 보관 책임

○ 재고품은 물품출납 공무원 또는 분임물품출납 공무원

○ 공용품은 물품출납 공무원, 분임물품출납원 또는 주관 부서장

○ 전용품은 주관부서장의 지도 감독을 받아 전용자가 책임을 지고 보관

3 물품 보관자의 변상 책임

○ 회계관계직원에 대한 변상은 「회계관계직원 등의 책임에 관한 법률」제6조제1항에 따라 처리

- 지방자치단체의 장은 물품을 출납·보관하는 회계관계직원이 선량한 관리자로서의 주의를 게을리하여 그가 보관하는 물품이 망실(亡失)되거나 훼손(毁損)됨에 따라 변상책임이 있다고 인정되는 경우에는 감사원이 판정하기 전이라도 해당 회계관계직원에 대하여 변상을 명할 수 있음.

물품의 소관 전환/대부 | 공유재산

1. 물품의 소관 전환

- 근거: 「공유재산 및 물품관리법」 제63조 및 동법 시행령 제62조
- 조건: 같은 지방자치단체의 다른 물품관리관의 소관으로 전환

○ 소관 전환 전: 물품관리관 상호 간에 미리 합의, 합의 내용을 명백히 하여 지방자치단체장 승인 필요, 유상이 원칙

○ 같은 지방자치단체 내에서 다른 회계 물품관리관 소관으로 전환할 경우: 유상 원칙(유상 전환 시 가격은 해당 물품의 대장가격, 대장가격 전환이 곤란할 시 시가로 전환)

※ 단, 다른 회계에서 공용 또는 공공용으로 사용하게 할 목적으로 전환하는 경우에는 무상 가능

○ 「지방회계법」제48조에 따라 국가기관이나 다른 지방자치단체의 공무원을 물품관리관으로 임명한 경우(예: 자치경찰)에는 그 물품관리관을 해당 지방자치단체의 물품관리관으로 보아 소관 물품을 다른 회계 물품관리관 소관으로 전환할 수 있음.

2. 물품의 대부

- 근거: 「공유재산 및 물품관리법」 제74조 및 동법 시행령 제74조제75조
- 대상물품: 물품을 대부를 목적으로 한 것이거나, 대부하여도 자치단체의 사업 또는 사무에 지장이 없다고 인정하는 것
- 대부 방법: 유상대부가 원칙

○ 대부료 산정
- 물품 평가액의 6%에 해당하는 금액 이상으로 지자체장이 정함.

- 물품평가액은 대부하는 물품의 장부가격과 내용연수 등을 고려하여 해당 지방자치단체의 장이 정함.

○ 대부료 납입기한
- 물품 대부기간이 1년 미만인 경우: 대부일부터 1개월 이내
- 물품 대부기간이 1년 이상인 경우: 대부일이 속한 해의 다음 해부터 매년 그 대부일에 해당하는 날부터 1개월 이내

○ 무상대부가 가능한 경우
- 국가, 다른 지방자치단체, 공공기관, 지방공기업법에 따른 지방공사 또는 지방공단이 그 물품을 직접 공용·공공용 또는 공익사업에 사용하려는 경우
- 법령에 따라 지방자치단체의 장으로부터 업무를 위탁받은 자가 그 물품을 해당 위탁 업무에 직접 사용하려는 경우
- 천재지변 그 밖의 재난·재해를 입은 지역주민에게 재해 복구 등에 필요한 물품을 대부하려는 경우
- 「사회적기업 육성법 시행령」제2조에 따른 취약계층으로서 해당 지방자치단체의 조례로 정하는 주민에게 소관 물품을 토요일 또는 공휴일(「관공서의 공휴일에 관한 규정」에 따른 공휴일 및 「지방공휴일에 관한 규정」에 따른 해당 지방자치단체의 지방공휴일을 말한다)에 사용할 수 있도록 대부하려는 경우

| 물품의 검사 | 공유재산 |

1. 관련 근거

○ 「공유재산 및 물품관리법」제90조, 동법 시행령 제90조

2. 검사 방법

○ 정기검사
- 매 회계연도 말을 기준으로 실시

1. 예산실무
2. 지출실무
3. 계약실무
4. 보조금관리
5. 결산실무
6. e-호조실무
7. 복식부기
8. 공유재산및물품
9. 변상과 회계 책임
10. 감사 사례

○ 수시검사

    - 물품관리관, 물품출납공무원 또는 물품운용관이 교체된 때

    - 지방자치단체의 장이 필요하다고 인정할 때

3. 검사 대상 물품 및 원칙

○ 물품관리대장에 등재된 모든 물품

○ 전자 태그 기반 조사를 원칙으로 함.

    - 다만 전자 태그 미부착 대상물품은 수기 검사 실시

4. 물품관리에 대한 검사 요령

가. 정기검사

○ 검사기준일: 매년 12. 31일 기준

○ 검사기간: 매년 1월 ~ 2월 말까지

    - 각 자치단체별로 자체계획을 수립(1월)하여 실시

나. 수시검사

○ 검사기준일: 수시검사 사유가 발생한 날을 기준

    ※ (예시) 물품관리관이 '18. 10. 1일 인사이동으로 교체된 경우 10. 1일을 검사기준일로 하여야 함.

○ 검사기간: 검사기준일을 기준하여 10일 이내 실시

    - 다만 조직, 물품 수량 등을 고려하여 30일 이내 실시 가능

5. 검사공무원

○ 물품출납 공무원 또는 물품운용관의 소관 사항인 경우 물품관리관 또는 그 물품관리관이 지명하는 공무원을 검사공무원으로 지정하여 검사를 실시

변상과 회계책임

PART 09 변상과 회계책임

1. 예산실무

2. 지출실무

3. 계약실무

4. 보조금 관리

5. 결산실무

6. e-호조실무

7. 복식부기

8. 공유 재산 및 물품

9. 변상과 회계책임

10. 감사 사례

1

회계책임과 변상책임

| 회계책임 | 회계책임 |

- 회계관계직원 등의 책임에 관한 법률 -

1. 의의

회계관계직원도 위법행위를 한 경우에는 일반 공무원과 같이 형사책임, 징계책임, 재정상 책임을 진다. 다만 회계관계직원의 재정상 책임은 변상책임을 지도록 하고 있다. 각 책임은 목적과 기능, 책임의 성립 기초가 다르므로 병과 가능하다.

예) 공금 횡령의 경우: 횡령죄로 고발, 파면 등 징계처분하고 변상책임을 병과할 수 있다.

2. 형사책임

○ 회계관계직원이 형사 법규를 위반한 경우
○ 횡령죄, 배임죄, 문서죄 등

3. 징계책임

○ 회계관계직원이 법령 위반 또는 직무상 의무 위반을 한 경우
○ 법령준수의무 위반, 성실의무 위반 등

4. 시효 기산점

○ 형사책임과 징계책임의 경우: 책임의 원인이 되는 행위가 있은 때부터 기산

○ 변상책임의 경우: 소속기관에 손해가 발생한 때부터 기산

○ 변상책임의 경우는 다른 책임보다 시효 기산점이 늦다. 예) 소송, 경매 등으로 손해확정이 된 때부터 기산되므로 위법행위 시보다 시효 기산점이 늦다.

변상책임	회계책임

- 회계관계직원 등의 책임에 관한 법률 -

1. 의의

회계관계직원이 고의 또는 중대한 과실로 직무상 의무를 위반하여 국가나 지방자치단체의 재산에 손해를 끼친 때에 그 손해를 변상하여야 하는 책임을 말한다. 다만, 출납보관 담당자는 경과실부터 변상책임이 있다.

2. 변상책임의 주체

회계관계직원: 회계사무 집행자, 대리자, 분임자, 보조자 등 회계사무를 처리하는 자를 의미한다. 특히 주의할 점은 변상책임의 주체인 회계관계직원에 해당되는 지의 판단은 특정 회계관계직원으로 지정되었는지가 아니라 그 업무의 실질에 비추어 회계사무를 집행 또는 보조하는 행위를 했는지 여부로 판단한다. (예, 市건설국 토지 및 지장물 수용보상업무 담당자: 직제상 회계업무담당자는 아니지만 보상금 지출대상 여부와 보상가액을 결정함으로써 재무국장의 보상금 지출결의업무를 보조-회계관계직원에 해당)

※ 보조자의 의미 해석 판결(No.245362)

- 대법원 1994.12.13.선고93누98판결.

3. 성립 요건

○ 아래 요건을 모두 충족해야만 변상의 요건이 성립한다.

① 회계관계직원

② 고의 또는 중대한 과실로 법령이나 그 밖의 관계 규정 및 예산에 정하여진 바를 위반한 행위를 했을 것, 다만 출납·보관의 경우는 경과실로 인한 경우까지 포함.

③ 국가, 지방자치단체 등의 재산에 손해를 끼쳤을 것

④ 변상책임의 소멸 사유가 없을 것

4. 중대한 과실 여부의 판단기준

○ 성실의무에 위반한 정도가 그 업무내용에 비추어 중대한 것으로 평가될 수 있는가에 따라 결정된다. 예) 청사 임대차계약업무 수행 시 선순위 압류 등 미확인, 하도급 직불 합의 후에 원청업체에 대가지급 등의 행위

5. 변상책임의 유형

○ 단독변상: 회계관계직원 1인의 행위로 인한 경우에는 단독책임을 진다.

○ 공동변상: 2명 이상의 회계관계직원의 행위로 인하여 발생되는 손해는 각자의 행위가 손해 발생에 미친 정도에 따라 각각 변상책임을 지고, 그 한계가 불분명한 경우에는 공동으로 분할하여 책임을 진다.

○ 연대변상: 회계관계직원의 상급자가 위법한 회계관계 행위를 지시하거나 요구하여 손해를 끼치게 한 경우, 해당 상급자는 그 지시를 집행한 회계관계직원과 연대하여 변상책임을 진다.

 계약서 작성 시 방법 예시

사업부서에서 예산집행품의를 하는 직원도 고의·중대한 과실로 법령 등을 위반하여 자치단체에 손해를 끼친 경우에 변상책임 대상이 될 수 있다.

예) 검사공무원, 현장감독관 등과 같이 회계직이 아니어도 재무관의 지출원인행위를 보조하는 경우는 회계직의 보조자로서 변상책임의 대상이 될 수 있다.

1. 예산실무

2. 지출실무

3. 계약실무

4. 보조금관리

5. 결산실무

6. e-호조실무

7. 복식부기

8. 공유재산 및 물품

9. 변상과 회계책임

10. 감사 사례

1. 변상책임의 판정

○ 지방자치단체의 장은 회계관계직원이 변상책임이 있다고 인정되는 경우에는 감사원이 판정하기 전에 해당 회계직원에게 변상을 명할 수 있다.

○ 회계관계직원 등의 책임 유무와 그 범위는 감사원의 판정에 의하여 확정된다.

2. 감면 사유

○ 변상금의 감면은 감사원에서 할 수 있다.

○ 손해가 고의로 인한 경우를 제외하고, 회계관계직원의 회계사무의 집행 내용, 손해 발생의 원인, 회계관계직원의 과실이 손해에 미친 정도, 손해 확대 방지를 위하여 행한 노력 등 모든 정황으로 보아 손해액 전부를 변상하게 하는 것이 부적절한 경우에 감면할 수 있다.

3. 변상책임의 구제

○ 변상판정이 위법 또는 부당하다고 인정하는 때에는 변상판정서가 도달한 날부터 3개월 이내에 감사원에 재심의를 청구할 수 있다.

○ 감사원의 재심의 불복 시는 법원에 행정소송 제기가 가능하다.

4. 변상책임의 소멸

○ 변상 완료 및 소멸 시효 완성에 의하여 소멸

1. 예산실무

2. 지출실무

3. 계약실무

4. 보조금관리

5. 결산실무

6. e-호조실무

7. 복식부기

8. 공유재산 및 물품

9. 변상과 회계책임

10. 감사 사례

감면, 무책판정 & 변상판정

| 감사원 감면 및 무책판정 사례 | 회계책임 |

1. 감면 사례

○ 건물 임차보증금 채권보전업무 부당 처리

- 요지: 임차보증금 회수가 불명확한데도 충분한 담보를 미설정

- 책임비율 산정: 관련자 3명에게 균분

- 변상금액 감면 여부 및 사유: 75% 감경 (① 계약 선례 부재 ② 건물주의 상환능력 을 신뢰할만한 사유 존재 ③ 채권회수 노력 등)

○ 시설공사 변경계약업무 부당처리

- 요지: 공사기간을 연장하면서 선급금보증보험 기간은 미연장

- 책임비율 산정: 관련자 3명에게 균분

- 변상금액 감면 여부 및 사유: 50% 감경 (① 교육훈련 미실시 ② 다른 예산절감에 기여)

○ 선급금 채권확보업무 부당처리

- 요지: 공사 중지를 명한 이후 선급금지급보증보험 기간은 미연장

- 책임비율 산정: 실무자/팀장/과장에게 4:4:2로 배분

- 변상금액 감면 여부 및 사유: 80% 감경(① 계약업무 과다 ② 내부적인 업무 인 수·인계가 미흡)

○ 재활용품 판매계약 및 판매대금 수납업무 부당처리

- 요지: 재활용품 수거업체의 대금 미납으로 계약보증금이 잠식되었는데도 추가 적인 담보 없이 재활용품 외상 판매를 지속.

- 책임비율 산정: 관련자 3명에게 균분.

－ 변상금액 감면 여부 및 사유: 75% 감경(① 재활용 쓰레기 처리의 불가피성 ② 업체에서 구두로 대금납부를 약속하고 재활용품만 수거)

ㅇ 수리계약 납품대금 지급의뢰 및 지출업무 부당처리

－ 요지: 제3채권자가 군수품 수리계약 대금청구권을 가압류하였음에도 계약대금 전액을 수리업체에 지급한 후 제3채권자에게 또다시 지급

－ 책임비율 산정: 관련자 2명에게 균분

－ 변상금액 감면 여부 및 사유: 75% 감경(① 연도말 회계업무 과중 ② 타 업무 겸직으로 지출업무 수행이 곤란 ③ 평소 예산절감 등에 기여)

2. 무책판정 사례

ㅇ 가압류 공사대금 부당지급에 대한 무책판정

－ 요지: 공사대금청구권에 대한 법원의 가압류 결정문이 송달된 이후에 공사업체에 대금을 지급하였다가 가압류권자에게 배상금을 지급한 사안에서, 관련자들이 법원의 가압류 결정문 송달 사실을 알 수 없었던 데 정당한 사유가 있어 고의나 중대한 과실은 없다고 본 사례

ㅇ 임차보증금 망실 관련 변상책임에 대한 무책판정

－ 요지: 임차보증금 일부를 회수하지 못하였으나, 계약체결 당시 임차건물의 시가 등을 감안할 때 고의나 중대한 과실이 없다고 본 사례

ㅇ 학교설립 관련 설계용역비 등 예산집행에 대한 무책판정

－ 요지: 학교 설립을 위해 실시설계를 완료한 이후 부지에서 암반이 발견되어 학교 부지를 변경, 당초 실시설계를 활용하지 못한 사안에서 학교 설립의 시급성 등을 감안하여 실시설계와 부지매입 등을 병행하여 추진할 수 밖에 없었으므로 중대한 과실을 인정하지 않은 사례

1. 예산실무
2. 지출실무
3. 계약실무
4. 보조금관리
5. 결산실무
6. e-호조실무
7. 복식부기
8. 공유 재산 및 물품
9. 변상과 회계책임
10. 감사 사례

감사원 변상판정 사례		회계책임

위법한 회계행위	손해의 발생 시기	손해액 산정 방법
건물을 전세 또는 임차하면서 객관적인 건물 가액, 선순위 채권액 등을 감안하여 충분한 담보를 확보하지 않은 채 계약을 체결	임차 건물에 대한 경매에서 임차보증금(전세금) 전액을 회수하지 못한 때	임차보증금(전세금) 미회수액
채무자의 재산보유 사실을 알고도 채권확보조치(가압류 등)를 이행하지 않아 소멸시효가 완성	채권확보 조치 미이행으로 소멸시효가 완성된 때	소멸시효가 완성된 채권액
구상채무자에게 변제자력이 있는데도 구상채권을 행사하지 않아 소멸시효가 완성	구상채권을 행사하지 않아 소멸시효가 완성된 때	소멸시효가 완성된 채권액
관련 규정에 위반하여 계약보증금(또는 보증보험서) 미징수	계약상대방이 정당한 사유 없이 채무를 이행하지 않아 계약이 해지·해제되는 등 계약보증금 귀속사유가 발생한 때	미징수된 계약보증금 상당액
계약이행이 완료되지 않았는데도 계약이행보증보험증권을 반환		
계약기간을 연장하면서 선급금 지급보증보험 기간은 미연장	계약상대방이 정당한 사유 없이 채무를 이행하지 않아 계약이 해지되는 등 선금 회수 사유가 발생한 때	회수하지 못한 선금 상당액
장기계속공사에서 연간 계약금액이 아닌 총계약금액을 기준으로 선금을 과다 지급		선금 과다지급을 사유로 보험사로부터 회수하지 못한 선금 상당액
실제 기성고와 정산된 선금액보다 많은 금액으로 '선금정산확인원'을 발급	부당하게 발급된 '선금정산확인원'으로 인하여 보험사의 선급금지급보증채무가 소멸한 때	보험사로부터 회수하지 못한 선금 상당액
건물을 전세 또는 임차하면서 객관적인 건물 가액, 선순위 채권액 등을 감안하여 충분한 담보를 확보하지 않은 채 계약을 체결	임차 건물에 대한 경매에서 임차보증금(전세금) 전액을 회수하지 못한 때	임차보증금(전세금) 미회수액

위법한 회계행위	손해의 발생 시기	손해액 산정 방법
채무자의 재산보유 사실을 알고도 채권확보조치(가압류 등)를 이행하지 않아 소멸시효가 완성	채권확보 조치 미이행으로 소멸시효가 완성된 때	소멸시효가 완성된 채권액
구상채무자에게 변제자력이 있는데도 구상채권을 행사하지 않아 소멸시효가 완성	구상채권을 행사하지 않아 소멸시효가 완성된 때	소멸시효가 완성된 채권액
손실보상 대상이 아닌데도 보상금을 지급하거나 정당 보상금보다 과다하게 지급	실제 보상금을 지급한 때	잘못 지급된 보상금과 정당 보상금의 차액
감정평가를 거치지 않는 등 보상금 결정이 잘못된 경우		
근저당권 등 사권(私權)을 말소하지 않은 채 보상금을 지급하고 토지나 지장물의 소유권을 취득	근저당권자 등에 의한 경매로 소유권을 상실한 때	토지나 지장물 소유권을 다시 취득하기 위해 지출된 비용
관련 규정에 위반하여 계약보증금 (또는 보증보험서) 미징수	계약상대방이 정당한 사유 없이 채무를 이행하지 않아 계약이 해지·해제되는 등 계약보증금 귀속사유가 발생한 때	미징수된 계약보증금 상당액
계약이행이 완료되지 않았는데도 계약이행보증보험증권을 반환		
계약기간을 연장하면서 선급금 지급 보증보험 기간은 미연장	계약상대방이 정당한 사유 없이 채무를 이행하지 않아 계약이 해지되는 등 선급 회수 사유가 발생한 때	회수하지 못한 선금 상당액
장기계속공사에서 연간 계약금액이 아닌 총계약금액을 기준으로 선금을 과다 지급		선금 과다지급을 사유로 보험사로부터 회수하지 못한 선금 상당액
실제 기성고와 정산된 선금액보다 많은 금액으로 '선금정산확인원'을 발급	부당하게 발급된 '선금정산확인원'으로 인하여 보험사의 선급금지급보증채무가 소멸한 때	보험사로부터 회수하지 못한 선금 상당액
건물을 전세 또는 임차하면서 객관적인 건물 가액, 선순위 채권액 등을 감안하여 충분한 담보를 확보하지 않은 채 계약을 체결	임차 건물에 대한 경매에서 임차보증금(전세금) 전액을 회수하지 못한 때	임차보증금(전세금) 미회수액

위법한 회계행위	손해의 발생 시기	손해액 산정 방법
채무자의 재산보유 사실을 알고도 채권확보조치(가압류 등)를 이행하지 않아 소멸시효가 완성	채권확보 조치 미이행으로 소멸시효가 완성된 때	소멸시효가 완성된 채권액
구상채무자에게 변제자력이 있는데도 구상채권을 행사하지 않아 소멸시효가 완성	구상채권을 행사하지 않아 소멸시효가 완성된 때	소멸시효가 완성된 채권액
손실보상 대상이 아닌데도 보상금을 지급하거나 정당 보상금보다 과다하게 지급	실제 보상금을 지급한 때	잘못 지급된 보상금과 정당 보상금의 차액
감정평가를 거치지 않는 등 보상금 결정이 잘못된 경우		
근저당권 등 사권(私權)을 말소하지 않은 채 보상금을 지급하고 토지나 지장물의 소유권을 취득	근저당권자 등에 의한 경매로 소유권을 상실한 때	토지나 지장물 소유권을 다시 취득하기 위해 지출된 비용

감면 사유

감사원은 변상금액을 정할 때 고의로 인하여 발생한 손해가 아닌 경우에는 다음의 사유가 있는 경우에 그 금액의 전부 또는 일부를 감면할 수 있다. (감사원에서 감경이 가능하다. 국가·지방자치단체·공공기관 등에서는 감면할 수 없다.)

1. 국가, 지방자치단체, 그 밖에 감사원의 감사를 받는 단체 등이 손해의 발생 및 확대를 방지하지 못한 데에 일부 책임이 있다고 인정되는 경우
2. 회계관계직원의 회계사무의 집행 내용, 손해 발생의 원인, 회계관계직원의 과실이 손해 발생에 미친 정도, 손해의 확대를 방지하기 위하여 한 노력 등 모든 정황으로 미루어 보아 해당 회계관계직원에게 손해액 전부를 변상하게 하는 것이 적절하지 아니하다고 인정되는 경우
3. 회계관계직원이 평소 예산의 절약이나 회계질서의 확립에 기여한 사실이 있는 경우
※ 회계관계직원 등의 책임에 관한 법률 제5조

3 회계책임과 의무위반 행위

회계관계직원 등의 의무위반 행위 | No.34994

회계관계직원 등의 책임에 관한 법률의 운용기준(감사원 내규)
제4조 [의무위반행위]

다음 각항 각호의 1에 해당하거나 기타 법령 또는 관계규정 등에 위배하여 직무를 수행한 경우에는 직무를 성실하게 수행한 것으로 보지 아니한다.

1. 재무관 또는 이와 유사한 직무를 행하는 자 및 그 보조자인 경우

1) 법령의 규정에 의하여 가격이 통제된 경우에 그 통제가격을 알아보지 아니하고 예정가격 등을 결정한 때

2) 적정한 거래실례가격이 형성되어 있는 경우에 2 이상의 사업자로부터 그 가격을 직접 조사하지 아니하거나 조달청장이 조사하여 통보한 가격을 참작하여 예정가격 등을 결정하지 아니한 때, 2 이상의 사업자로부터 가격을 조사하기 위하여는 계약수량의 다과, 계약조건, 이행의 난이, 이행기간의 장단, 수급상황 기타 제반여건 등을 고려하여 구입하고자 하는 경우와 동종 또는 유사한 거래의 실례가격을 알아보지 아니한 때

3) 다량의 물품을 도매가격으로 구입할 수 있는 경우에 소매가격을 조사하거나 공장도가격으로 구입할 수 있는 조건이 갖추어진 경우에 도매가격 또는 소매가격을 조사하여 예정가격을 결정한 때

4) 조달청장에게 구입 요청을 할 물품을 시중에서 구입한 때

5) 신규개발품, 특수규격품 등 특수물품, 공사, 용역 등 계약의 특수성으로 인하여 적정한 거래 실례가격이 없는 경우에 원가계산을 하지 아니하고 예정가격을 결정한 때

6) 적정한 거래 실례가격이 형성되어 있지 아니하거나 그 가격이 형성되어 있더라도 대량구매 등(생산량의 100분의 50 이상을 정부에서 사용하는 물품을 구입하는 경우 등)으로 그 거래 실례가격에 의하여 예정가격을 작성하는 것이 적당하지 아니한 경우에 원가계산을 하지 아니하고 예정가격을 결정한 때

7) 원가계산 전문기관에 의뢰하여 납품받은 원가계산서의 내용 검토를 소홀히 한 때

8) 여건 변동 등 사유가 있음에도 막연히 전회 구입 실례만을 답습하여 구입한 때

9) 수입물품 구입 시 수입면장을 제시받을 수 있거나 오퍼가격을 알아볼 수 있음에도 이를 알아보지 아니하고 예정가격을 결정한 때

10) 원가계산의 기초가 되는 각종 자료에 관한 서류가 사본인 경우 원본과 상위 없다는 인증이 없음에도 그대로 믿고 원가계산을 한 때

11) 물가 변동으로 인한 계약금액의 조정을 잘못한 때

2. 지출관 또는 이와 유사한 직무를 행하는 자 및 그 보조자인 경우

1) 재무관의 지출원인행위 없이 수표를 발행한 때

2) 지출관이 수표책이나 인장의 관리를 소홀히 한 때

3. 현금출납 공무원 또는 이와 유사한 직무를 행하는 자 및 그 보조자인 경우

1) 현금을 직접 보관하면서 견고한 용기 내에 보관하지 아니한 때

2) 수입금을 금고에 납부하여야 할 기한까지 납입하지 아니하고 보관한 때

3) 현금지급청구서의 기재 내용 및 인장을 확인하지 아니한 때

4. 물품출납 공무원 또는 이와 유사한 직무를 행하는 자 및 그 보조자인 경우

1) 물품관리관의 출납 명령에 의하지 아니하고 물품을 출납한 때

2) 물품의 보관에 따른 시건 등을 제대로 하지 아니한 때

3) 물품의 출납 사무를 정확히 취급하지 아니하여 재고 부족이 발생한 때

4) 정당한 수령권자의 확인이 없음에도 물품을 불출한 때

감사 사례

10 PART

PART 10 감사 사례

1. 예산실무

2. 지출실무

3. 계약실무

4. 보조금관리

5. 결산실무

6. e-호조실무

7. 복식부기

8. 공유 재산및 물품

9. 변상과 회계책임

10. 감사 사례

1 계약 분야 감사 사례

| 계약 분야 감사 사례 | No.387437 |

〈목록〉

예산회계 분야 감사 사례

| 예산회계 분야 감사 사례 | No.387437 |

〈 목록 〉

1. 예산실무

2. 지출실무

3. 계약실무

4. 보조금관리

5. 결산실무

6. e-호조실무

7. 복식부기

8. 경우 재산 및 물품

9. 발생과 회계책임

10. 감사 사례

[참고문헌]

- 감사원, 「감사원결정례집」, 2004 – 2010. 감사원, 「공공계약실무 편람」, 2019..
- 강인옥, "계약관련법규", 「회계전문과정 계약반 직무교육교재」, 감사교육원, 2023., 강인옥, 「공공계약법규 및 실무」, 감사교육원 사이버 강의 및 교재, 2011., 강인옥, "국가계약체결상의 과실책임에 관한 연구", 「연구논문집」, 감사교육원, 2004., 강인옥, "부정당업자제재 제도의 문제점과 개선방안에 관한 연구", 「연구논문집」, 감사교육원, 2010., 강인옥, 「국가재정의 이해」, 감사교육원 사이버 강의 및 교재, 2023., 강인옥, "회계관계직원과 민사상 손해배상청구", 「감사」, 2008봄호 통권 제98호, 강인옥, 「회계관계직원의 책임」, 광문각, 2010..
- 최두선, 「회계실무」, 지방행정연수원, 2003-2011., 최두선, "계약실무", 「회계전문과정 계약반 직무교육교재」, 감사교육원, 2012..
- 최기웅, "입찰실무", 감사교육원, 2023., 최기웅, "예산실무",인재개발원.2023., 최기웅, "회계실무", 인재개발원, 2023., 최기웅, "지방보조금실무", 인재개발원, 2023., 최기웅, "계약실무",인재개발원, 2023., 최기웅, "지방공기업회계실무", 인재개발원, 2023., 최기웅, "출자·출연기관회계실무",인재개발원, 2023., 최기웅, "사회복지시설회계실무",인재개발원, 2023., 최기웅, 예산회계실무카페, http://cafe.naver.com/gangseogu.
- 한길옥, 「지방회계실무교재」, 인재개발원, 2023., 한길옥, 「지방계약실무교재」, 인재개발원, 2023..
- 조양제, 「지방회계실무교재」,인재개발원, 2023..
- 지방자치인재개발원, 「예산실무」, 2022., 지방자치인재개발원, 「회계실무」, 2022..
- 행정안전부, 「지방계약 질의회신 사례집 」, 2016.,행정안전부, 「지방재정제도 해설 사례집계약질의회신 사례집」, 2015..
- 서울시, 지방계약 실무 매뉴얼, 2023..
- 경상남도교육청, 「계약실무편람」, 2021..
- 광주광역시, 「지방계약제도편람」, 2017..
- 한국지방재정공제회, 「공공계약판례평석 100선」, 2020..
- 서울시복지재단, 사회복지시설기능보강사업 「계약업무매뉴얼」, 2022..
- 류춘호, 지방의정 「의정활동 이슈와 쟁점」, 더퍼블릭뉴스.2021..
- 조달청, 대한민국 조달제도 기본서, 2023.
- 마차소의 학교회계 규칙과 지방계약법 해설, https://blog.naver.com/pdsph1004.
- 충청남도교육청, 교육행정매뉴얼, http://www.cne.go.kr/sub/info.do?page=0201&m=0201&s=manual.
- 공공조달역량개발원(교재), https://www.pps.go.kr.
- 법제처, 국가법령정보센터, https://www.law.go.kr.
- 행정안전부, 국민신문고, https://www.mois.go.kr.
- 조달청, "국가를당사자로하는계약에관한법규의" 「조달청 유권해석사례집」, 2010-2011. 12., 조달청, 계약법규 해석사례, https://pps.go.kr/.
- 건설계약관리연구소, http://www.concm.net/.
- 보탬e(지방보조금관리시스템), https://www.losims.go.kr/sp.
- e나라도움(국고보조금통합관리시스템) https://www.gosims.go.kr/hg/hg001/retrieveMain.do.
- 국세청, 질의응답, http://call.nts.go.kr/index.jsp.
- 대한법률구조공단, http://www.klac.or.kr/content/list.do?code=19.
- 알리오, 공공기관 정보, http://www.alio.go.kr/alio/public/p_org_list.jsp.
- 클린아이, 지방공공기관통합공시, https://www.cleaneye.go.kr/index.jsp.
- 인포21c, 입찰정보, https://www.info21c.net.
- 지방재정365(지방재정통합공개시스템), https://lofin.mois.go.kr/portal/main.do.
- 지방자치법규 검색, http://www.elis.go.kr.
- 기획재정부, 훈령/예규, http://www.mosf.go.kr.
- 행안부, 지방계약,회계예규, https://www.mois.go.kr.
- 환경부, 고시/훈령/예규, http://www.me.go.kr

1.예산실무
2.지출실무
3.계약실무
4.보조금관리
5.결산실무
6.e-호조실무
7.부속부기
8.잉여재산및물품
9.보상과 회계책임
10.감사 사례

2024년도 개정판

예산회계실무
기본서

| 2024년 | 4월 | 1일 | 1판 | 1쇄 | 인 쇄 |
| 2024년 | 4월 | 10일 | 1판 | 1쇄 | 발 행 |

지 은 이 : 강인옥 · 최두선 · 최기웅
펴 낸 이 : 박정태

펴 낸 곳 : **주식회사 광문각출판미디어**

10881
10881 파주시 파주출판문화도시 광인사길 161
광문각 B/D 3층
등   록 : 2022. 9. 2 제2022-000102호
전 화(代) : 031) 955-8787
팩   스 : 031) 955-3730
E - mail : kwangmk7@hanmail.net
홈페이지 : www.kwangmoonkag.co.kr

ISBN : 979-11-93205-21-1 93350

값 : 35,000원

한국과학기술출판협회회원
KSPA

http://cafe.naver.com/gangseogu.cafe   ☎ 문의 : 02-2600-6698

※ 본 교재에 내용의 추가·삭제가 필요한 부분이 있을 경우 카페, 메일, 전화 등으로 의견 주시면 검토·반영하겠습니다.